宏观经济学史
从凯恩斯到卢卡斯及其后

A History of Macroeconomics
From Keynes to Lucas and Beyond

［比利时］米歇尔·德弗洛埃
（Michel De Vroey） 著

房誉 李雨纱 等 译

著作权合同登记号：图字 01-2017-6591
图书在版编目（CIP）数据

宏观经济学史：从凯恩斯到卢卡斯及其后/（比）米歇尔·德弗洛埃（Michel De Vroey）著；房誉，李雨纱等译．—北京：北京大学出版社，2019.10
ISBN 978-7-301-30757-1

Ⅰ.①宏…　Ⅱ.①米…②房…③李…　Ⅲ.①宏观经济学—经济思想史—世界　Ⅳ.①F015

中国版本图书馆 CIP 数据核字（2019）第 194742 号

A History of Macroeconomics: from Keynes to Lucas and Beyond, first edition (1 107 58494 5) by Michel De Vroey first published by Cambridge University Press 2016
All rights reserved.

This simplified Chinese edition for the People's Republic of China is published by arrangement with the Press Syndicate of the University of Cambridge, Cambridge, United Kingdom.
© Cambridge University Press & Peking University Press 2019
This book is in copyright. No reproduction of any part may take place without the written permission of Cambridge University Press and Peking University Press.
This edition is for sale in the People's Republic of China (excluding Hong Kong SAR, Macau SAR and Taiwan) only.
此版本仅限在中华人民共和国（不包括香港、澳门特别行政区及台湾地区）销售。
Copies of this book sold without a Cambridge University Press sticker on the cover are unauthorized and illegal.
本书封面贴有 Cambridge University Press 防伪标签，无标签者不得销售。

书　　　名	宏观经济学史：从凯恩斯到卢卡斯及其后 HONGGUAN JINGJIXUESHI: CONG KAIENSI DAO LUKASI JI QIHOU
著作责任者	〔比利时〕米歇尔·德弗洛埃（Michel De Vroey）著 房　誉　李雨纱　等译
策划编辑	王　晶
责任编辑	王　晶
标准书号	978-7-301-30757-1
出版发行	北京大学出版社
地　　址	北京市海淀区成府路 205 号　100871
网　　址	http://www.pup.cn
微信公众号	北京大学经管书苑（pupembook）
电子信箱	em@pup.cn　　QQ：552063695
新浪微博	@北京大学出版社　@北京大学出版社经管图书
电　　话	邮购部 010-62752015　发行部 010-62750672　编辑部 010-62752926
印　刷　者	三河市北燕印装有限公司
经　销　者	新华书店
	650 毫米×980 毫米　16 开本　33 印张　558 千字 2019 年 10 月第 1 版　2023 年 7 月第 2 次印刷
定　　价	98.00 元

未经许可，不得以任何方式复制或抄袭本书之部分或全部内容。
版权所有，侵权必究
举报电话：010-62752024　电子信箱：fd@pup.pku.edu.cn
图书如有印装质量问题，请与出版部联系，电话：010-62756370

推荐语列表

米歇尔·德弗洛埃教授在本书中并非简单地将理论罗列出来，而是对宏观经济学提出了独到的见解，或许这是他为撰写本书而在多年的学术研究中逐渐发展起来的。他对经济学抱有很高的期许，强调我们这些宏观经济学家在学术史上具有重要地位，并且对我们目前所取得的理论成就赞赏有加。但他也没有掩饰自己对这门学科的遗憾之情，他坚信虽然没有回头路可走，但长路漫漫，仍需求索。

罗伯特·卢卡斯，芝加哥大学约翰·杜威杰出贡献教授

宏观经济学以八十年前凯恩斯的《通论》为起点，其经历的理论"革命"和"反革命"之多是其他经济学分支都没有经历过的。米歇尔·德弗洛埃教授的这本著作为这一时期宏观经济学主流理论的发展提供了一个既综合全面而又可读性颇高的概述。本书充分反映了每一种新理论范式出现时给学界带来的激动和欣喜，同时也指出了当下宏观经济学家们正面临的纯理论领域、实证领域以及政策建议领域愈发紧张的关系。

乔迪·加利，庞培法布拉大学国际经济研究中心、
巴塞罗那经济学研究生院教授

宏观经济学理论基本上是经由"革命"而发展起来的。诚然我们希望这门学科有一个更具线性或演进式的发展过程，希望大多数的新理论能够自然地契合，从而使宏观经济学的内核逐渐变得坚不可摧。但鉴于现代经济学巨大的复杂性以及在方法选择上的重重困难，"革命"持续发生，这催使现有理论不断被破坏、陷入混沌并最终进行重建。理解

这些革命的本质对于理解我们今天的处境是至关重要的,这恰恰是米歇尔·德弗洛埃教授在本书中取得的重要成果。阅读本书极具启发,充满乐趣。

奥利维尔·J. 布兰查德,麻省理工学院罗伯特·M. 索洛经济学教授

宏观经济学是一个复杂的思想演进体系。米歇尔·德弗洛埃教授的最新著作深入探讨了理论演进的复杂性,并通过区分马歇尔主义和瓦尔拉斯主义宏观经济学而使宏观经济学史更易于理解。遗憾的是许多经济学家并未作出类似的辨析。

戴维·科兰德,明德学院杰出教授

德弗洛埃教授的作品读起来像一部游记,记述了他作为一名宏观经济学家的人生历程,以及他对沿途遇到的关键思想所作出的思辨性回应。他始终用深思熟虑和精辟透彻的笔触来激励读者重新思考我们如何到达今天的位置以及未来可能去向何方。

佩里·梅林,波士顿大学帕迪全球研究学院教授

非常高兴看到《宏观经济学史》这部重要著作中文版的问世。它填补了目前中文世界因缺乏高水平专题经济学史而造成的空白。此书追根溯源,从凯恩斯、凯恩斯主义、新凯恩斯主义和 DSGE 模型入手,把现代主流宏观经济学缘起、嬗变和学术演化八十余年的历史脉络梳理得既清晰又专业,可读性很强。凡事,要知其然,更要知其所以然,宏观经济学的学习与研究自然也不例外。作者自述"我写该书的目的是为研究生和青年研究人员在'技术型'学术训练之外提供必要的补充",我认为,这个目的已经完全达到了。

罗卫东,浙江大学副校长、经济学院教授

作为一门只有八十余年历史的年轻学科,宏观经济学见证了 20 世纪最深刻的萧条和最持久的繁荣,它是塑造现代国家治理体系的基础方法论之一,引领无数中外学者为之奉献一生。然而正所谓"凡是过往,皆为序章",在全球宏观经济不确定性加剧的今天,如何审视当代宏观经济学的学术意义和实践意义,如何扬长避短、去粗取精,是当代宏观经济学者的历史责任。本书恰恰给我们提供了一个"穿透历史尘埃"

的机会，让我们站在学术逻辑的源头一览群峰。

陈彦斌，中国人民大学"杰出学者"特聘教授

  随着现实经济的飞速发展，过去三十年宏观经济学关注的问题、分析的工具甚至思维方式都发生了翻天覆地的变化。本书对宏观经济学的发展历程和最新突破做了系统梳理，能够帮助读者厘清理论脉络、把握学术方向，是一本不可多得的理解宏观经济学来龙去脉和最新前沿的佳作。

颜色，北京大学光华管理学院副教授

  对经济工作者来说，读经济学史的意义并不在于以博古的心情来观察博物馆中的陈列，而在于体味经济学发展过程中蕴含的生命力，把握塑造了现代经济学的关键问题和重要思想，从而让我们对经济学理论为什么会是现在这样，以及以后可能会走向什么方向有更深的理解。就这一点来说，本书是一部优秀的宏观经济学史著作。通过这本宏观经济学的"族谱"，我们可以回到关键思想的历史源头处，跟随历史发展的脚步来读懂当代宏观经济学。

徐高，中银国际证券总裁助理、首席经济学家

推荐序1

赖建诚
台湾新竹清华大学经济系荣誉退休教授

上世纪八十年代初期,我在比利时鲁汶大学常有机会见到本书的作者米歇尔·德弗洛埃教授。当时他刚任教职没几年,是位宁静儒雅的学者,看来没长我多少,但头发已明显稀疏。有一次听演讲,他正好坐在我旁边,因已互相眼熟,他看我手上有本书,便客气地借去看一下,用法语讲了两个字:fait voir(借看)。我完全不知道他的研究领域,常见他和年轻同事在一起,日后这几位都各领了风骚。

十多年后我逐渐在国际期刊上看到德弗洛埃写的许多论文,主要议题是瓦尔拉斯的均衡概念,他的分析是方法论取向,主要的争论对象则是美国的瓦尔拉斯专家唐纳德·沃克(Donald Walker,1934—,哈佛大学博士,印第安纳大学教授)。他们的长久争辩我没跟上,但我因此而注意到德弗洛埃在思想史与方法论领域的国际地位。本书的参考文献中列有他的主要著作,数量和质量皆超过我的预期。

我看到这本《宏观经济学史:从凯恩斯到卢卡斯及其后》的英文版时,真没想到他在这个领域已积累了二十多年的教学经验,马上拜读并深感内容坚厚。原想找人译为中文但未成功,没想到北京大学出版社这么快就做好了,好书永不寂寞。

简言之,我认为本书对宏观分析史提供了评判性的综述,兼具教学与研究功能。它给我印象最深的是以下几点。第一,厚积薄发,与时俱进;第二,架构清晰,文笔简炼,说理明畅,简洁易懂;第三,体系完整,视野开阔,各门各派了然于胸;第四,证据坚实,知识量大,文献丰富,惠我良多;第五,风格高雅,让人恍然大悟,余味延绵。

德弗洛埃的这本书让我立刻联想到马克·布劳格的《经济理论的回顾》（Economic Theory in Retrospect，第五版，1997年），两者的属性与层次相似：都是思想史的回顾分析，既综述又评判。布劳格以学派来探讨经济学近三百年的进展，而德弗洛埃的目标较明确（专注于单一领域，即宏观经济学波动理论），时期较短（半个多世纪，从凯恩斯1936年的《通论》到20世纪70—80年代的理性预期、RBC、DSGE等）。如何判断这两本书都是好书？有个简单方法：我知道的细节，他们都掌握得比我更丰富、更深入，让人心服口服。布劳格写作《经济理论的回顾》第五版时正好70岁，德弗洛埃比我稍年长，现已过70岁，还真希望他写第二版。

我找了好几篇本书的书评[①]，基本上都对其极力称赞，其中以Azariadis（2018）最为深入，很少见到39页的书评，并且还发表在美国经济学会的刊物上，可见本书所讨论议题的重要性与可争辩性。德弗洛埃对经济波动领域的经典文献真是读通搞懂了，写得又清晰又让人意想不到。对经济学相关专业研究生和宏观经济学专家来说，本书是不可回避的佳作。本书至少要详读两次，三次更值得。我认真读了前四章，越读越慢，主因是理解上的差距愈往后愈明显。因担心其余诸章会使眼疾恶化，只能浅浅翻阅。但试举三例，说明本书为何吸引读者，以及其分析的深度何在。

第一，前言的表0.1是两栏式的对照：左栏是1936—2000年间宏观经济学史中的重要节点，从《通论》到IS-LM，再从理性预期到DSGE（第一代、第二代等）的层层进展；右栏是各阶段的代表人物。作者在前言中说，这是不可或缺的"大图景"，因为理论的发展可视为一种"决策树"，其分支起源于对基本方法论节点的选择。采用某个分支而非另一个分支，会使理论走向不同的发展轨迹，进而产生深远影响。基于这个视角，前言中的专栏0.1用箭头来解说代表人物之间的影响方向：单箭头代表前后传承，双箭头代表对立，同时也标示这些派别与人物是本书哪一章的主题。这两个图表就是本书的宏观定位。

第二，首章综述凯恩斯《通论》的"研究计划"，分列七点解说凯恩斯时代经济学理论所面临的危机、有哪些主要病征，以及凯恩斯的研究目标。凯恩斯面临好几条叉路，自知处方不等于解药，所以自谦《通

---

① 具体请参见本序后列出的"书评选介"。

论》只是"温和的保守"(moderate conservative)。史实正好相反,《通论》是经济思想史上的大革新,也带来了政策史上的大创举。作者在这七点内,对凯恩斯的心路历程与转折,做了简明透彻的解说。

第三,再举个细节例子。首章的脚注⑤介绍了凯恩斯对瓦尔拉斯的态度。凯恩斯在 1934 年 12 月的一封信中写道:"无论如何,我都期望有一天能够说服你,瓦尔拉斯的理论和其他一些理论基本上就是胡闹!"睿智如凯恩斯,若今日棺中复起,看到瓦尔拉斯的一般均衡主宰学界,不知将如何自处?

以上三例才引到正文第 7 页,全书正文超过 400 页,相信它们同样精彩,且具有启发性,请读者慢慢品味吧!依我所见,第四章用长达 30 多页的篇幅分析货币论的争辩并形成表 4.1 的总结对照,写得实在内行,我屡屡回望,自叹不如:"我才不及卿,乃觉三十里"(《世说新语·捷悟·绝妙好辞》)。

下面我希望谈谈为何要读宏观经济思想史。首先,具备整体性的眼光很重要。其次,必须搞清各派间的来龙去脉、相似点与相异点。再次,掌握宏观经济学界的思潮变化是学者的责任。最后,厘清各派间的争执与歧异其实并不容易。亚洲学者过于擅长数理建模,常忽略模型背后的精神与立意,因而不易推陈出新。方程式犹如铁砂掌,是用来劈砖头的。功力大小的区别也仅仅是一块砖与十块砖之间,再会劈砖也无法一统江湖。

以《水浒传》为例,书中共有 36 天罡星与 72 地煞星,各路英雄好汉,如鲁智深、林冲、史进等,都有独门武功,但领军群英的宋江,只杀过一个弱女子阎婆惜。他凭什么天罡地煞排名第一?靠什么统领 108 条好汉?在我看来,单一个"义"字。义字的含义很广:眼界、胸怀、手腕、说理。亚洲经济学界已不缺好汉英雄,为何一直没得诺贝尔奖,恐怕就缺这个层次:身怀绝技,不如直指人心。

有志者不要停留在铁砂掌劈砖秀上,要先对义理与门派了然于胸。最低层的水果(修改模型、evidence from……)摘完后,如何更上层楼才是重点。除了数学建模,宏观经济学界更应明了自己在历史进程中的位置,勿当蒙眼马只走直线。历史就像汽车的后视镜,后视镜虽不能保证司机(决策者)往前开不出车祸,但可让其预见左右及后方的危险。决策层级愈高者,历史感的重要性愈显著,反之亦然。

我十岁初读《西游记》时只关心牛魔王、芭蕉扇、盘丝洞这些神怪。二十岁上大学重读,看到的是大唐与西域的历史。四十多岁陪儿子读，转而注意到各章回的"有诗为证"，那是吴承恩的禅修心得，并且正是《西游记》的核心讯息。退休后静心重读，对作者的布局与隐喻反而更有体会。

我对这本《宏观经济学史》的理解，还停留在"神怪与历史"层次，期盼专业研究者迅速进入"心得与布局"的境界。布劳格说他每五年都会重读熊彼特的《经济分析史》，重新感受此书的气魄与闪亮的错误。我听得懂他的心法，因为我年轻时认真读过几次他的《经济理论的回顾》，它助我打通任督二脉，终身受益。德弗洛埃教授的这本书也值得咀嚼反刍：了然于胸不是境界，而是必备技能。前人闪亮的错误，就是后人的灯塔。

书评选介

Assous, Michael (2017): "Review of Michel De Vroey's *A History of Macroeconomics from Keynes to Lucas and Beyond*", *Erasmus Journal of Philosophy and Economics*, 10 (1): 112 –119.

Azariadis, Costas (2018): "Riddles and models: a review essay on Michel De Vroey's *A History of Macroeconomics from Keynes to Lucas and Beyond*", *Journal of Economic Literature*, 56 (4): 1538 –1576.

Backhouse, Roger (2018): "Review of Michel De Vroey's *A History of Macroeconomics from Keynes to Lucas and Beyond*", *Journal of the History of Economic Thought*, 40 (1): 135 –137.

Collard, Fabrice (2016): "Review of Michel De Vroey's *A History of Macroeconomics from Keynes to Lucas and Beyond*", *Œconomia*, 6 (1): 139 –147.

Galbács, Peter (2016): "Review of Michel De Vroey's *A History of Macroeconomics from Keynes to Lucas and Beyond*", *Economy and Society*, 38 (3): 413 –426.

Sergi, Francesco (2016): "Review of Michel De Vroey's *A History of Macroeconomics from Keynes to Lucas and Beyond*", *Œconomia*, 6 (1): 117 –127.

推荐序2

苏剑
北京大学经济学院教授

宏观经济学作为一门学科正式诞生已有八十多年了。八十多年来，虽然这门学科曾经有过各种各样的"危机""革命"，但基本上都是围绕凯恩斯及其经济理论展开的，现在的宏观调控体系也基本上是依据他的理论建立起来的。

从2008年全球金融危机爆发到现在也已有十余年了。遗憾的是，直到现在，关于此次金融危机的根源和正确的应对措施，学术界都还没有一个明确的共识。事实上，各国的应对措施基本上还是凯恩斯主义需求管理。

然而，现在的宏观经济学面临的问题越来越多、越来越大，宏观经济学也越来越远离现实。

从理论上说，宏观经济学引入了政府调控，但对政府的调控职能却没有给出清晰、充分的界定。其结果是，政府的手越来越长、越来越有力，经过八十多年的发展，到现在，离开政府调控，各国经济都已经无法正常运行。市场机制自动调节经济的功能被严重抑制，实际上，各国宏观经济现在已经成为断不了奶的孩子，或者成为无法自我调节、自动运行的植物人。

从研究上说，现在的宏观经济学界是"泥瓦匠"的天下。思想家无处容身，设计师退居其次，"泥瓦匠"大行其道。宏观经济学研究展现的主要是令人炫目的方法，而不是深刻的思想和逻辑。就像你去饭馆吃面，厨师当着你的面表演他拉面的技术，你消费的已经不是那碗面，而是厨师拉面的那一手功夫。这样的经济学对解决现实经济问题有多大帮助？

从政策上说，凯恩斯主义需求管理对经济的健康、持续发展有害无益。财政政策会导致政府债务的累积，埋下政府债务危机的隐患。而货币政策刺激出来的投资的质量会越来越差，越来越经不起负面因素的冲击，最终会导致银行危机或其他形式的金融危机。应该说，2008年美国次贷危机的爆发，跟此前美国政府采取的大规模扩张性货币政策直接相关。

面对这些问题，宏观经济学需要一场真正的"革命"。这场"革命"会来自何方？会以何种形式出现？对于这些问题我们目前很难回答。但我们知道，要想开创未来，必先理解过去。米歇尔·德弗洛埃教授的这本《宏观经济学史：从凯恩斯到卢卡斯及其后》对宏观经济学的历史做了一个全面深入的总结，对于理解宏观经济学的发展脉络和发展逻辑很有帮助，从而也有助于我们更好地理解宏观经济与宏观经济学之间的互动以及宏观经济学的未来发展方向。在本书中文版出版之际，本人很荣幸能有机会为其作序，相信本书的出版对于我国宏观经济学的教学和研究会起到应有的促进作用。

谨以此书献给 Jean Cartelier、Marie-Paule Donsimoni、Franco Donzelli 和 Laurent d'Ursel，我对经济学理论的看法深受他们影响。

目录 CONTENTS

图目录 / 007

表目录 / 009

专栏目录 / 010

中文版序 / 011

前　言 / 021

致　谢 / 027

第一部分　凯恩斯与凯恩斯主义宏观经济学

第一章　凯恩斯的《通论》和现代宏观经济学的兴起 / 003
《通论》的研究计划 / 006
动物精神 / 008
凯恩斯研究计划的障碍 / 009
失业问题在马歇尔体系内无容身之处 / 010
马歇尔和凯恩斯之间的其他失业理论 / 015
凯恩斯对非自愿失业的解释：有效需求模型 / 017

一个批判 / 022
　　一个一般化的评价 / 024
　　凯恩斯主义宏观经济学的兴起 / 024

第二章　凯恩斯主义宏观经济学：IS-LM 模型 / 028
　　希克斯：《凯恩斯先生与古典经济学》/ 028
　　莫迪利安尼的工资黏性模型 / 031
　　克莱因和宏观计量经济学模型的兴起 / 036
　　菲利普斯曲线的诞生 / 043
　　新古典综合 / 047
　　结　语 / 049

第三章　新古典综合计划：克莱因和帕廷金 / 052
　　克莱因（1950），《美国经济波动（1912—1941）》/ 053
　　瓦尔拉斯的试错机制 / 055
　　帕廷金对凯恩斯的非均衡解释 / 057

第四章　米尔顿·弗里德曼和货币主义者的争论 / 068
　　米尔顿·弗里德曼：生平和成果 / 068
　　弗里德曼的方法论 / 073
　　弗里德曼对凯恩斯的评论 / 077
　　货币主义的主要信条 / 078
　　凯恩斯主义与货币主义之争 / 084
　　货币主义者挑战的缺陷 / 89
　　理论与意识形态 / 92
　　货币主义的衰落 / 94

第五章　菲尔普斯与弗里德曼：自然失业率 / 100
　　菲尔普斯 / 101
　　弗里德曼 / 107
　　对　比 / 113

第六章　莱荣霍夫德和克洛尔 / 117
　　莱荣霍夫德 / 117

克洛尔的《凯恩斯主义的反向革命》／122

第七章　非瓦尔拉斯均衡模型／128
　　巴罗-格罗斯曼模型（1971）／129
　　德雷茨模型（1975）／134
　　贝纳西／136
　　马林沃／141
　　从非均衡理论到非瓦尔拉斯均衡理论／144
　　非自愿失业？市场非出清？／145
　　夭　折／145

第八章　对凯恩斯主义宏观经济学的评价／149
　　本书的研究局限／149
　　对　比／149
　　含混的概念／150
　　凯恩斯主义宏观经济学的成就／153
　　结　语／153

第二部分　DSGE 宏观经济学

第九章　卢卡斯与 DSGE 宏观经济学的兴起／157
　　术语体系／158
　　卢卡斯理论框架的形成／159
　　卢卡斯对凯恩斯的经济学理论贡献的评述／169
　　卢卡斯对凯恩斯主义宏观经济学的评价／170
　　理性预期革命／177
　　结　语／180

第十章　方法论突破／182
　　研究议题的变化／183
　　卢卡斯谈方法论／185
　　新的均衡概念／190
　　比较凯恩斯主义宏观经济学与新兴古典宏观经济学／196

第十一章　评价卢卡斯 / 200

卢卡斯对凯恩斯的评价 / 200

跨期替代 / 201

瓦尔拉斯主义宏观经济学的利弊 / 202

模棱两可的卢卡斯 / 206

政治议程？/ 209

结　语 / 211

第十二章　对卢卡斯的早期回应 / 214

西姆斯对卢卡斯批判的反驳 / 214

卢卡斯与凯恩斯主义：最开始的冲突 / 218

理性预期假设：从抵抗到不情愿地采纳 / 222

拯救菲利普斯曲线的尝试 / 224

奥肯的搜寻观点 / 226

关于市场出清假设的争论 / 228

关于非自愿失业的争论 / 231

评　价 / 234

第十三章　回应卢卡斯：第一代新凯恩斯主义 / 237

主要特点 / 238

隐性合同模型：阿萨里迪斯模型 / 240

效率工资模型：夏皮罗和斯蒂格利茨的怠工模型 / 241

交错工资设定模型：费希尔模型 / 244

菜单成本和近似理性模型 / 248

评　价 / 251

卡林和索斯基斯的工资议价增强式 IS-LM 模型 / 251

第十四章　回应卢卡斯：其他研究思路 / 259

戴蒙德的搜寻外部性研究 / 259

罗伯茨的协作失灵模型 / 269

哈特的不完全竞争模型 / 270

结　语 / 272

第十五章　真实经济周期模型：基德兰德和普雷斯科特的贡献 / 274

将接力棒传给基德兰德和普雷斯科特 / 275
基德兰德和普雷斯科特的模型（1982）/ 276
锚定索洛模型的 RBC 模型 / 280
对索洛增长核算的早期态度 / 283
RBC 基准模型 / 286
模型背后的故事：一个巨大的"假设"/ 288
普雷斯科特对凯恩斯主义宏观经济学和 RBC
　宏观经济学的比较 / 292
方法论基础：完善的理论体系已经存在 / 294
巩固卢卡斯革命 / 295

第十六章　真实经济周期模型：批判和发展 / 297

早期回应 / 297
汉森-罗杰森的不可分劳动模型 / 300
家庭生产：本哈比、罗杰森和赖特模型 / 303
政府支出冲击 / 304
丹斯尼和唐纳森的怠工模型 / 305
晚期批判：实证方面取得的有限成就 / 307
晚期批判：对技术冲击驱动经济波动的质疑 / 309
方法论突破 / 312

第十七章　真实经济周期模型：我的评述 / 315

模型与其待解释现象之间的差异 / 315
是否应当推翻 RBC 模型 / 317
RBC 模型的局限性 / 319

第十八章　第二代新凯恩斯主义模型 / 324

新框架：包含价格黏性的垄断竞争框架 / 326
西姆斯论货币非中性 / 329
回归货币和货币政策问题 / 330
为货币政策规则丰富微观基础 / 334
第二代新凯恩斯主义基准模型 / 336
货币政策冲击 / 338

带有多重扭曲的新凯恩斯主义模型 / 340
新凯恩斯主义和 RBC 模型的综合 / 342
无人抵制的垄断竞争框架 / 344
共识中的裂痕 / 346
我的评价 / 348
结　语 / 352

第三部分　一个更宽广的视野

第十九章　马歇尔-瓦尔拉斯大分流视角下的宏观经济学史 / 355
马歇尔-瓦尔拉斯大分流 / 355
基于马歇尔-瓦尔拉斯大分流的宏观经济学史 / 362
结　语 / 372

第二十章　关于 DSGE 宏观经济学的论战 / 373
DSGE 模型在华盛顿 / 373
法默的自我实现预言模型 / 379
莱荣霍夫德和基于经济主体的模型 / 385
号召回归凯恩斯的克鲁格曼 / 388

第二十一章　继往开来 / 393
一般教训 / 393
重要的决定性节点 / 395
2008 年经济衰退的影响 / 401

参考文献 / 404

索　引 / 435

译后记 / 456

图目录

图 1.1　暂时均衡和正常均衡：马歇尔的渔业市场／012
图 1.2　企业产出决策／018
图 1.3　有效需求的决定机制／020
图 2.1　IS-LM 模型的均衡状态／029
图 2.2　希克斯所刻画的凯恩斯的 LM 曲线／031
图 2.3　比较两种工资刚性的设定／032
图 2.4　克莱因充分就业情形下储蓄和投资的均衡缺失状态／037
图 2.5　劳动力市场的结果／037
图 2.6　菲利普斯关系／043
图 2.7　菲利普斯关系和菲利普斯曲线的不一致／045
图 2.8　整合非自愿失业和摩擦性失业／045
图 2.9　菲利普斯曲线／046
图 3.1　商品市场和劳动力市场均衡／063
图 3.2　商品市场和劳动力市场非均衡／063
图 4.1　美国经济的货币流通速度／096
图 5.1　职位空缺率与失业率的关系／105
图 5.2　菲尔普斯的加入预期的菲利普斯曲线／106
图 5.3　加速主义的菲利普斯曲线／110
图 6.1　由于信号失效导致的非自愿失业／126
图 7.1　凯恩斯主义失业状态／131
图 8.1　早期宏观经济学的决策树／153
图 13.1　怠工模型中的非自愿失业／243
图 13.2　垄断企业的利润函数／250
图 13.3　劳动力市场的短期名义均衡／253
图 13.4　诉求的不一致性／254
图 13.5　劳动力市场非均衡和通胀动态／255
图 14.1　戴蒙德搜寻模型中的不同经济活动水平／263
图 14.2　罗伯茨模型中的交易结构／270

图 15.1　TFP 和实际 GDP ／ 284
图 18.1　迪克西特－斯蒂格利茨垄断竞争模型 ／ 328
图 19.1　马歇尔的经济部门划分 ／ 358
图 19.2　马歇尔的渔业案例 ／ 358
图 19.3　瓦尔拉斯处理复杂性的策略 ／ 359
图 20.1　凯恩斯的有效需求模型与法默的有效需求模型 ／ 382
图 20.2　产出决定机制 ／ 383

表目录

表 0.1　宏观经济学历史演进的主要节点／024
表 4.1　从弗里德曼的预期增强式菲利普斯曲线到卢卡斯模型以及基德兰德和普雷斯科特模型／098
表 6.1　帕廷金、克洛尔和莱荣霍夫德的异同／117
表 7.1　非瓦尔拉斯均衡状态的类型／142
表 8.1　各类凯恩斯主义研究计划／150
表 10.1　凯恩斯主义宏观经济学与新兴古典宏观经济学对比／196
表 14.1　卢卡斯和戴蒙德方法的比较／265
表 15.1　基德兰德和普雷斯科特研究的主要结果／279
表 18.1　第一代和第二代新凯恩斯主义建模策略的比较／325
表 18.2　新凯恩斯主义－RBC 综合／342
表 19.1　马歇尔主义和瓦尔拉斯主义研究方法：区别与共性／355
表 19.2　凯恩斯主义和 DSGE 方法的对比／363
表 19.3　作为瓦尔拉斯两产品交换模型修正版本的卢卡斯货币中性模型／368
表 19.4　马歇尔-瓦尔拉斯大分流视角下的宏观经济模型／372
表 21.1　对劳动力市场结果的不同主张／396
表 21.2　按照是否采用完整的一般均衡分析区分各类模型／399
表 21.3　20 世纪 70 年代的宏观经济学模型分类／400
表 21.4　各类模型的政策结论／401

专栏目录

专栏 0.1　宏观经济学史演进概览 ／ 025
专栏 1.1　马歇尔均衡（三位一体）v.s. 后马歇尔均衡（二位一体）／ 014
专栏 9.1　跨期替代弹性 ／ 162
专栏 12.1　VAR 方法 ／ 215
专栏 15.1　索洛剩余 ／ 282
专栏 18.1　迪克西特－斯蒂格利茨垄断竞争模型 ／ 327

中文版序

很荣幸我的《宏观经济学史：从凯恩斯到卢卡斯及其后》一书能翻译成中文出版，希望中文版可以和英文版一样成功。正如本书英文版前言所述，我写该书的目的是为研究生和青年研究人员在"技术型"学术训练之外提供必要的补充。我意识到宏观经济学在中国是一个蓬勃发展的领域。既然西方国家普遍认为"大图景式"的学术研究必不可少，那么我推测在中国也不会例外。

我在本书中的分析主要沿下述两条思路进行。第一，我受到阿克塞尔·莱荣霍夫德（Axel Leijonhufvud）观点的启发，认为经济学理论的发展可以被视作一种决策树，其分支起源于对基本方法论节点的选择。采用一个分支而不是另一个分支将使理论处于不同的发展轨迹，进而可能产生深远的影响。对经济学家而言，首先需要解决基础或基本节点的选择问题。其次，一旦选定的分支开始发展，尤其当第二级、第三级节点接踵而至时，选择将变得更加具体。然而，就算是蓬勃发展的研究路径，也会面临发展障碍。因此，变更分支、增加新节点和抛弃旧节点成为理论发展的常见特征。在某个时刻，一个成功的研究路径也可能失去发展动力：出现理论谜题、涌现反对意见，并且学界开始对该理论所采用路径的有效性产生怀疑。这种情况可能导致莱荣霍夫德所说的"回溯"，也就是返回到前一个节点并选择先前忽略的分支。利用这样的网格式分析方法，我们可以将宏观经济学的历史视为一系列转折：从"凯恩斯的经济学"（Economics of Keynes）转向"凯恩斯主义宏观经济学"（Keynesian Economics），再转向动态随机一般均衡研究计划（DSGE program）。其中，DSGE 的第一个阶段由卢卡斯和萨金特发起的新兴古典宏观经济学开启；第二阶段则转向了真实经济周期（RBC）宏观经济学；最终再转向动态随机一般均衡模型（这是迄今为止动态随机一般均衡研究计划的最新阶段）。虽然"科学革命"这一术语经常被过度使用，但如果宏观经济学史上有某个转折点配得上这一术语，那么我认为一定是卢卡斯革命，是它推翻了凯恩斯主义宏观经济学。与它相比，其他转折在某种程度上更像是内部的演化而非激进的突破。

本书的第二个引导思路是马歇尔-瓦尔拉斯大分流。很长一段时间以来，我一直认为新古典经济学中共存的三个不同分支——马歇尔主义、瓦尔拉斯主义和奥地利学派——互为替代而非相互补充。而就宏观经济学研究来说，只有马歇尔主义和瓦尔拉斯主义的理论观点是重要的。本书的一个核心主张是：马歇尔-瓦尔拉斯大分流为揭示宏观经济学的发展提供了有力的工具。凯恩斯的《通论》和凯恩斯主义宏观经济学完全是马歇尔式的，其具体的研究目标是将马歇尔的局部均衡分析一般化。至于卢卡斯，他自认为其发起的革命将宏观经济学从马歇尔主义转向了瓦尔拉斯主义，但又没有完全抛弃马歇尔的理论框架。相较而言，RBC 模型则是一种不同的理论混合。它研究等同的、自给自足的经济主体，因而不考虑交易，所以 RBC 基准模型既不是马歇尔式的也不是瓦尔拉斯式的。至于 DSGE 模型，则结合了马歇尔的交易技术和瓦尔拉斯的基本原则。

尽管本书的英文版在 2016 年出版，但本书所研究的内容止步于 2008 年经济衰退前夕。至于其中的原因，用黑格尔的话来说就是密涅瓦的猫头鹰只有在黄昏降临时才起飞。换言之，历史学家必须等到尘埃落定后才能开始他们的探究。2008 年经济衰退十年后，事情的脉络已经变得更加清晰。因此，对过去十年的发展进行评估是极具学术价值的，这也是我在本序言接下来的内容中将努力完成的任务。

DSGE 模型由于无法预见 2008 年的经济衰退而广受争议。但这不能算作一种致命的理论批判，因为经济衰退总是发生在意料之外。更重要的是，出于或好或坏的原因，DSGE 经济学家在经济衰退之前很少关注金融中介问题，这使得他们无法捕捉到本次经济衰退的迹象。例如，DSGE 领域的标志性模型斯梅茨-沃特斯模型（Smets-Wouters model）假设金融中介以无摩擦的方式运作。当为了解决这一缺陷而在此模型中引入金融摩擦后，该模型又被证明无法解释金融摩擦所具有的持久性。这样的缺点肯定是非常严重的。那些从一开始就对 DSGE 研究计划持怀疑态度的经济学家如今证实了他们早先的判断。而 DSGE 宏观经济学家则认为上述缺陷是他们需要解决的挑战。这导致近年来出现了大量研究金融和银行机制的论文,主要试图探讨委托代理和信息不对称问题对经济运行的影响。

其他一些主题的研究也取得了开创性突破。篇幅所限,我在此仅谈及其中的三种。第一,出于解决名义利率零值下限约束(zero lower bond)的需要,学界对货币政策的研究经历了一项重要的更新。鉴于传统的货币政策工具不再具有操作性,量化宽松和前瞻性指导*等非常规政策工具被引入。艾格森和伍德福德在经济衰退之前就已经开始研究这些政策(Eggertsson and Woodford, 2003),格勒特和卡若迪则在大衰退的背景下再次审视了这一议题(Gertler and Karadi, 2011)。第二,对异质性的研究也发生了很大的改变。早在20世纪90年代,克鲁塞尔和史密斯就已经开辟了这条研究道路(Krusell and Smith, 1998),然而对于异质性的早期研究只不过回应了与代表性经济主体模型基本上没有差异的全要素生产率冲击模型。当前关于异质性的最新研究则超越了此前的成果。异质性主体新凯恩斯模型(Heterogeneous Agent New Keynesian,HANK)就是其中的代表。在卡普兰(Kaplan)和维奥伦特(Violante)以及其他一些合作者的系列论文中,他们引入了被遗忘许久的凯恩斯主义的边际消费倾向概念——这可以说是一个非常好的莱荣霍夫德所说的"回溯"的案例。在这些模型中,异质性体现为不完全市场中的财富与投资组合的不同分布。在这种情况下,相较于代表性经济体模型,总需求冲击会对产出有更显著的影响。至少从目前来看,异质性假设会给模型带来不同的结果。诸如HANK模型的研究思路也证明了学界研究重点的逆转。在本世纪的第一个十年(即2008年大衰退之前的几年),DSGE模型的主流研究趋势是通过叠加新的随机冲击来改善模型的拟合结果,即便这些冲击的微观基础其实十分薄弱。相比之下,随着新模型的涌现以及相关数据库的迅速增加,人们开始重新研究微观经济行为及其传导机制。第三个必须面临的挑战是"消失的通缩之谜"(missing deflation puzzle)。尽管美国在2009年到2012年的失业人数大量增加,但同期通货膨胀率却几乎没有下降。正如霍尔(Hall, 2011)及鲍尔和玛祖德(Ball and Mazumder, 2011)所言,基于新凯恩斯菲尔普斯曲线(New Keynesian Phillips curve)的标准DSGE模型无法解释通胀率难以下降的现象。德尔内格罗、詹诺尼和肖菲尔德(Del Negro, Giannoni,

---

* 在中国,我们有另一个耳熟能详的名字,即窗口指导。——译者注

and Schorfheide，2015）以及克里斯蒂亚诺、艾肯鲍姆和特拉蓬特（Christiano，Eichenbaum，and Trabandt，2015）的论文尝试解决这一问题。前者证明了名义价格刚性的增加可以解释这一异常现象，后者证明了在中性技术冲击和存在风险性营运资本的条件下，具有可信工资议价机制的新凯恩斯主义模型可以对此给出有力的解释。

一篇序言无法详尽阐述这些最新的研究进展，感兴趣的读者可以参阅《经济学展望杂志》（*Journal of Economic Perspectives*）在2018年夏季刊出版的"大衰退十年后的宏观经济学"（Macroeconomics a Decade after the Great Recession）研讨会特刊。其中包括了格特勒和吉尔克里斯特关于金融中介的研究（Gertler and Gilchrist，2018）；米安和苏非对家庭需求渠道（household demand channel）的研究（Mian and Sufi，2018）；中村和斯坦森对识别问题的研究（Nikamura and Steinsson，2018）；加利（Gali，2018），克里斯蒂亚诺、艾肯鲍姆和特拉蓬特（Christiano，Eichenbaum，and Trabandt，2018）以及凯霍、米德里根和帕斯托里尼（Kehoe，Midrigan，and Pastorini，2018）对大衰退后宏观经济学整体发展概况的研究；此外还有卡普兰和维奥伦特对HANK模型的研究（Kaplan and Violante，2018）。

所有这些文章都表现出了相当高的学术热情，让人感觉虽然DSGE研究计划没有预测到2008年的经济衰退，但这反而促使其蓬勃发展。我们只需查看REPEC网站*中"动态一般均衡最新经济学论文"（new economic papers on Dynamic General Equilibrium）标题下的出版物清单或者《动态经济学评论》（*Review of Economic Dynamics*）中所收录的论文，就可以一览使用DSGE概念和实证工具可以解决的问题的范围。从下述两段引自凯霍等在《经济学展望杂志》上所发表论文的引文中就可以看出此中的基调：

> 大衰退从根本上来说对宏观经济学的方法论没有影响。（Kehoe et al.，2018：151）

> 从这个意义上来讲，宏观经济学并没有陷入危机，方法论并没有出现严重的缺陷，也并不需要引入无理论基础的摩擦和冲击。总的来说，现代宏观经济学家生活在一个欢迎创造性思考、使用统一

---

* Research Papers in Economics，一个经济学研究网站，网址是http://repec.org/。——译者注

语言、在基本层面上界定清晰并且受到外部有效性约束的"大帐篷"里。(Kehoe et al., 2018: 164)

以上便是大多数研究经济波动的学者所秉持的观点,但在这一专业领域之外的人们或许并不这么看。在媒体——即便是《经济学人》(The Economist)和《金融时报》(The Financial Times)之类的报刊——看来,宏观经济学似乎已经失去了往日的光辉。而在整个经济学界看来,今天的宏观经济学有些孤傲。随着各种实验性研究路径的开拓,经济学界其实已经开始偏离DSGE宏观经济学所坚持的高门槛的理论模式。事实上,这种模式正受到诸如诺奖得主约瑟夫·斯蒂格利茨(Joseph Stiglitz)、保罗·罗默(Paul Romer)和保罗·克鲁格曼(Paul Krugman)等学界巨擘的猛烈批判。容我在此对这三人的观点进行简述。

斯蒂格利茨在《牛津经济政策评论》(Oxford Review of Economic Policy)发表的《现代宏观经济学哪里出问题了》(Where Modern Macroeconomics Went Wrong)一文对DSGE宏观经济学表达了相当尖锐的批判:

> 我认为DSGE模型的大多数核心设定都存在缺陷——这些缺陷是如此严重以至于其并不能为构建一个好的宏观经济学模型提供良好的基础。(Stigliz, 2018: 76)

他列出了DSGE模型元素中存在的如下缺陷:①消费理论;②投资理论;③代表性经济主体;④分配问题;⑤加总问题;⑥冲击来源;⑦经济面对冲击的调整。其中最严重的缺陷是代表性经济主体假设。因为在斯蒂格利茨看来,采用代表性经济主体假设阻碍了将当代经济学理论中最重要的突破——信息经济学的发展(他本人是这一经济学分支的主要贡献者)——纳入模型。显然,当我们假设经济主体同质时,信息不对称无法被纳入研究范畴。诚如斯蒂格利茨所言,如果不考虑信息不对称,那么就很难对金融市场失灵给出有力的解释。但是,问题在于这种批评(缺乏对信息不对称的考虑)在某种程度上只适用于2008年大衰退之前的DSGE宏观经济学,而非此后的宏观经济学理论。在近期研究金融中介的文献中,借贷者之间的委托代理问题、资产负债表的脆弱性、银行挤兑等都是前沿而核心的议题,异质性问题也是如此。斯蒂格利茨在2018年所表达的批评,只是暴露了他对现在的学科前沿缺乏了解——加利和克里斯蒂亚诺等可以对此进行有力的反驳。

罗默在其 2016 年的论文《宏观经济学的问题》(The Trouble with Macroeconomics) 中同样发起了对现代宏观经济学的激烈批判。这篇文章包含了众多控诉，在此我们只关注其中最重要的两点。第一，罗默认为现代宏观经济学的"真实价值"(truth-value) 是零。这个判断与我常提到的马歇尔-瓦尔拉斯大分流相关。显然，马歇尔主义而非瓦尔拉斯主义更贴近经济现实，后者只是通过虚构的经济模型来间接地解决实际问题。虽然 RBC 经济学家自豪地宣称他们采用了瓦尔拉斯主义的方法论原则——但他们同时也宣称其模型的有效性必须通过与现实时间序列数据的拟合程度来衡量——从而向马歇尔走近了一步。但是从严格意义上讲，"复制"(replication) 与"解释"(explaining) 还相差甚远，因此其真实价值仍然是很低的。由此可见，罗默的基本论点在于他希望宏观经济学更多地基于马歇尔主义的原则而非瓦尔拉斯主义的原则，而 DSGE 宏观经济学却反其道而行之。但是，表达对某一研究思路方法论的偏好并不能被视为是对另一方法论的批判。第二，罗默认为 DSGE 模型不应将总体变量的波动归因于那些不是经济主体自发行为所产生的因素，因此他的批评对象主要是外生冲击、脉冲/传导机制等，而这些正是 DSGE 研究计划的基石。他认为需要从内生因素来解释经济波动。也就是说，经济波动研究应当效仿经济增长理论的发展路径，进而转向内生因素解释（罗默对内生增长理论的贡献颇丰）。我认为这一点非常有说服力。但遗憾的是，为经济波动理论引入内生因素说起来容易做起来难，罗默本人也并没有就如何解决这一问题给出任何暗示。因此，DSGE 经济学家可以就此进行反驳：只要这种新方向的来龙去脉和实行方案还没有给出，继续现有的研究路径就仍然是有意义的，毕竟它的动力依然强劲。

在本书中我也批判性地讨论了克鲁格曼 2009 年在《纽约时报》(*New York Times*) 上发表的文章《经济学家为何犯错至此？》(How did Economists Get It So Wrong?)，该文的标题恰如其分地总结了作者的论点。在收录于《牛津经济政策评论》的《政府做的是否足够？危机之后的宏观经济学》(Good Enough for Government Work? Macroeconomics Since the Crisis, 2018) 一文中，克鲁格曼继续就前文的观点进行了补充。在我看来，他在前面那篇文章中认为 DSGE 宏观经济学的一切都错了，因此他想通过后面这篇新的论文来证明凯恩斯主义宏观经济学几乎都是对的。克鲁格曼宣称凯恩斯主义宏观经济学的稳健性可以通过下述三个方面得到验证。第一，希克斯所提出的附加流动性设定的 IS-LM 模型被证明是正确的:在名义利率零值下限约束下,巨额预算赤字并不会推高利率。第二,现实证明在经济衰退时期增加基础货币对价格影响甚微,而这正是凯恩斯主义的观点。第三,凯恩斯理论预测政府支出和税收的乘数效应大于1,这也为现实所证实。此外,大衰退之后的政策操作实践也证明凯恩斯主义的积极政策在处理经济短期波动时具有潜力。因此,克鲁格曼认为"传统的捍卫者们"(凯恩斯主义者)可以感到欣慰了。就凯恩斯斯理论与凯恩斯主义计量模型结合可以在经济衰退时期制定"足够好"的经济政策这一点而言,我认同克鲁格曼的观点。但这并不构成对 DSGE 宏观经济学的批判。这些证据只不过有力地支持了"宏观经济学需要在方法论上具有多元性"的观点。

这些批评会对宏观经济学的发展产生影响吗?要回答这个问题,我们首先需要区分内部批评和外部批评。外部批评来自对方法论的不同偏好。这就相当于说,一种理论是由于建立在批评者所不赞成的方法论前提下而遭受了批评。举个例子,马克思主义经济学者不赞成新古典经济学,因为新古典经济学拒不承认那种具有不同利益的社会阶层的存在。相应地,新古典经济学者也因为马克思主义经济学忽视了个人经济主体是决策制定者而贬损马克思主义经济学。内部批评则没有质疑某一研究思路的方法论前提,而是针对其逻辑缺陷或经验缺陷予以批判。例如,庞巴维克(Böhm-Bawerk)对马克思主义中价值转化为价格理论的批评或者埃奇沃思(Edgeworth)和勃兰特(Bertrand)对瓦尔拉斯理论中试错理论的批评都是内部批评。米尔顿·弗里德曼(Milton Friedman)提出的预期增强型菲尔普斯曲线和卢卡斯批判则是较近的与宏观经济学相关的内部批评的例子。内部批评的标志是原有的理论模型确实受到了攻击从而被迫需要作出回应。最终,要么证明批评本身有误,要么接受批评并据此修改原有的理论构建。

在上述区分的前提下,斯蒂格利茨的批评是内部批评,虽然他的批评在很大程度上不合时宜。其他两个批评——保罗·罗默就经济周期源自外部冲击这一设定而批评 DSGE 宏观经济学,以及克鲁格曼因为凯恩斯主义宏观经济学对于政策制定更有用而批评 DSGE 宏观经济学——则是外部批评。这三篇文章中的批评对不喜欢 DSGE 宏观经济学的人来说可能非常悦耳,但却绝不会阻碍 DSGE 经济学者的研究实践。

在上面的一条引文中,凯霍等将 DSGE 宏观经济学描绘成一个"大帐篷",暗示着 DSGE 宏观经济学欢迎所有人。这显然是夸大其词。当年由卢卡斯提出的关于何谓良好理论的实践标准很快被学界人士所接纳，并在之后成为一道门槛。具体标准如下：一般均衡分析、稳定性假设、严格明确的微观基础、跨期均衡、理性预期、脉冲/传导机制、随机冲击和实证检验。这些设定被视为必要条件。我们必须同时注意到，这一系列标准中并没有纳入完全竞争、完全信息、代表性经济主体假设、货币以及任何特定的交易技术假设。因此，DSGE 的优势在于其可以巧妙结合刚性和弹性。这套标准构成其本质特征。至于其他特征，内部批评则是游戏规则，同时也是其发展的动力。也就是说，前文的"大帐篷"比喻应当被理解为"欢迎内部批评"。只要卢卡斯的这套标准得到尊重，那么任何假设都不是神圣而教条的。有些假设的确很反常——例如代表性经济主体假设。这一设定被采纳是出于模型易于处理的考虑，而且理论构建必须一步一步进行——哪怕这个过程可能需要持续数十年。所有这些都是由于一般均衡分析面临着局部均衡分析中所不存在的约束这一事实。

　　我并不是要声称 DSGE 宏观经济学将永远存在。当其标准原则成为理论进一步发展的障碍时，并且当新的替代性分支成为可能时，这一理论就会衰落。上文所说的放弃外生冲击设定从而采纳内生冲击假设可能是一次激进的理论"回溯"。如果是这样，那么届时人们可能会回归罗默的观点并将其视为他们的先知。我猜测任何类似的变革都将由范式内的人发起，即那些在该范式内接受经济学教育并从事学术研究后，发现了对该范式的不满并找到了开辟新道路方法的人。范式将从内部而不是外部崩溃。概而论之，我认为 DSGE 宏观经济学距离失去发展动力还有很远的一段路。

参考文献

Ball, L. and S. Mazumder "Inflation Dynamics and the Great Recession." *NBER Working Papers*. National Bureau of Economic Research, No. 17044.

Christiano, L., M. Eichenbaum and M. Trabandt 2015. "Understanding the Great Recession." *American Economic Journal: Macroeconomics*, 7: 110 –167.

Christiano, L., M. Eichenbaum and M. Trabandt. 2018. "On DSGE Models." *Journal of Economic Perspectives*, 32: 113 –140.

Del Negro, M., M. Giannoni and F. Schorfheide 2015. "Inflation in the Great Recession and New Keynesian Models." *American Economic Journal: Macroeconomics*, 7: 168 –196.

Eggertsson, G. and M. Woodford. 2003. "Optimal Monetary Policy in a Liquidity Trap." *NBER Working Papers*. National Bureau of Economic Research, No. 9968.

Gali, J. 2018. "The State of New Keynesian Economics: A Partial Assessment." *Journal of Economic Perspectives*, 32: 87 −112.

Gertler, M. and P. Karadi. 2011. "A Model of Unconventional Monetary Policy." *Journal of Monetary Economics*, 58: 17 −34.

Gertler, M. and S. Gilchrist. 2018. "What Happened: Financial Factors in the Great Recession." *Journal of Economic Perspective*, 32: 3 −30.

Hall, R. 2011. "The Long Slump." *The American Economic Review*, 101: 431 −469.

Kaplan, G. and G. Violante. 2018. "Microeconomic Heterogeneity and Macroeconomic Shocks." *Journal of Economic Perspectives*, 32: 167 −194.

Kehoe, P., V. Midrigan and E. Pastorini. 2018. "Evolution of Modern Business Cycle Models: Accounting for the Great Recession." *Journal of Economic Perspectives*, 32: 141 −166.

Krugman, P. 2018. "Good Enough for Government Work? Macroeconomics Since the Crisis." *Oxford Review of Economic Policy*, 34: 156 −168.

Krusell, P. and A. Smith. 1998. "Income and Wealth Heterogeneity in the Macroeconomy." *Journal of Political Economy*, 105: 867 −896.

Mian, A. and A. Sufi. 2018. "Finance and Business Cycles: The Credit-Driven Household Demand Channel." *Journal of Economic Perspectives*, 32: 31 −58.

Nikamura, E. and J. Steinsson. 2018. "Identification in Macroeconomics." *Journal of Economic Perspectives*, 32: 59 −86.

Romer, P. 2016. "The Trouble with Macroeconomics." *The American Economist*. https://ccl.yale.edu/sites/default/files/files/The%20Trouble%20with%20Macroeconomics.pdf.

Stiglitz, J. 2018. "Where Modern Macroeconomics Went Wrong." *Oxford Review of Economic Policy*, 34: 70 −106.

前　言

> 欲知吾生为何，必溯吾生之源。

本书旨在追溯现代宏观经济学迄今为止的演化路径。众所周知，自约翰·梅纳德·凯恩斯（John Maynard Keynes）出版《就业、利息和货币通论》（*The General Theory of Employment, Interest, and Money*，1936，以下简称《通论》）以来，现代宏观经济学已走过七十余年的风雨历程，如今是时候对这门学科的思想脉络进行梳理了。此外，纵观宏观经济学发展史，随着传统凯恩斯主义宏观经济学被罗伯特·卢卡斯（Robert Lucas）创立的动态随机宏观经济学（Dynamic Stochastic Macroeconomics）赶下神坛，宏观经济学已经发生了巨变，这一思想革命的意义亟待评估。正如阿克塞尔·莱荣霍夫德所言：

> 任何关于20世纪下半叶经济思想史的研究都必须解释为何在此期间那些代表性（宏观）经济学家们的世界观发生了这种180°的转变。（Leijonhufvud，2006a：35）

首先，本书试图为那些日常使用现代宏观经济学建模技术但又希望进一步探究这一系列模型建构背后最初起源的宏观经济学者（无论是教师还是研究生）解惑；其次，我希望本书尤其适用于那些研究生和年轻学者们，他们常年接受纯粹的技术层面的训练，聚焦于前沿模型，但对思想的历史发展一无所知——或者根本不屑于了解过时的文献，认为过去在概念和方法论层面的争论在今天已经失去学术意义；再次，本书也面向经济思想史学家们，无论他们是业内人士（正如我一样）还是纯粹站在学科的外部视角来研究这段历史；最后，希望本书对于其他经济学分支的学者们了解宏观经济学学科发展史亦有些许帮助。

本书源自我的教学经历。过去二十多年来，我主要在自己的大学——比利时鲁汶大学（the University of Louvain in Belgium）为研究生们开授一门关于宏观经济学史的课程，同时也曾在巴黎索邦大学（Sorbonne in Paris）和杜克大学（Duke University）讲授过该课。在这门类似于研讨课的课程中，我要求学生们阅读宏观经济学发展史上自凯恩斯以来的诸多开创性文献①。与其他常规课程相比，阅读这门课的相关文献给学生们带来了不少新鲜的乐趣。我发现学生们几乎总是在阅读某篇经典文献时为作者的论述所折服，并且直到阅读下一阶段的经典文献时才会意识到前述文献存在的缺陷和盲点。在此过程中，我真诚地期望能够引导学生发现宏观经济学在理论论述和政策建议方面充斥着的各种争议。对我来说，这比在传统观点中将理论演进视为单调的进步有趣得多。当然，为了教授每一届学生，有些文献我反复阅读了近二十遍。奇怪的是，这并没有给我带来任何厌倦感，足见这些文献具有深刻的内涵。事实上，对于一些作者，特别是卢卡斯及其追随者，反复阅读他们的文章十分有益：由于我自己的偏见和他们思想的反直觉的特点，我花了很久才完全深刻地理解了他们的卓越贡献。

一般认为现代宏观经济学在其发展历史中主要有两次突破。第一次是将凯恩斯所撰写的《通论》转化为凯恩斯主义经济学家所秉持的理论——按照莱荣霍夫德（1968）的说法，这即是"凯恩斯的经济学"向"凯恩斯主义经济学"的转变②；第二次是推翻了凯恩斯主义经济学统治地位的所谓"卢卡斯革命"（Lucasian revolution）。因此，暂且撇开《通论》，宏观经济学的历史可以大致被分为两个时代：20世纪40年代—70年代为第一个时代，在此期间"凯恩斯主义宏观经济学"在学界占据主流；20世纪70年代中期以后至今为第二个时代，在此期间"动态随机一般均衡（Dynamic Stochastic General Equilibrium，DSGE）宏观经

---

① 包括《通论》的部分章节；希克斯撰写的关于IS-LM模型的论文；帕廷金《货币、利息和价格》(Money, Interest and Prices) 的第13、14章；克洛尔1965年的文章；巴罗和格罗斯曼1971年的文章；弗里德曼1968年发表的主席演讲；卢卡斯的《理解经济周期》(Understanding Business Cycle) 及《经济周期理论的方法和问题》(Problems and Methods in Business Cycle Theory)；几篇关于新凯恩斯主义的文献；普雷斯科特的诺奖致辞；以及其他一些最新的文献。

② 莱荣霍夫德认为《通论》中的内容（凯恩斯的经济学）和凯恩斯主义经济学者所使用的工具之间存在巨大差异。

济学"逐渐演变为主流范式。

　　细而论之,凯恩斯在《通论》中试图证明非自愿失业(involuntary unemployment)本身并非源自工资刚性(wage rigidity)假说。以约翰·希克斯(John Hicks)、弗兰科·莫迪利安尼(Franco Modigliani)和劳伦斯·克莱因(Lawrence Klein)为代表的第一代凯恩斯主义经济学家们全盘接纳了凯恩斯未竟的事业,但却认为非自愿失业大体上就是源自工资刚性。这一命题成为以IS-LM模型为核心的凯恩斯主义宏观经济学的理论基石。到了20世纪60年代后期和70年代,莱荣霍夫德以及追随唐·帕廷金(Don Patinkin)足迹的非瓦尔拉斯均衡经济学者们,加上以埃德蒙德·菲尔普斯(Edmund Phelps)和米尔顿·弗里德曼为代表的另一派学者们,开始在不同层面对凯恩斯主义宏观经济学提出质疑。沿着弗里德曼和菲尔普斯的脚步,罗伯特·卢卡斯更为激进地对凯恩斯主义宏观经济学展开批判,并最终开创了DSGE宏观经济学这一新的研究路径。卢卡斯革命无疑是一次典型的库恩式科学范式革命,它宣判了凯恩斯主义宏观经济学的死亡。然而,DSGE方法的发展并非一帆风顺:一方面,凯恩斯主义宏观经济学的辩护者们对它予以激烈的反驳,认为所谓的卢卡斯革命是在"用精确的错误替代零散的真相"(Lipsey,2000:76);另一方面,不少经济学家打着"新凯恩斯主义"(New Keynesian)的旗号,试图通过接纳卢卡斯的那种新均衡准则来拯救部分凯恩斯主义的思想。回到革命者这边,准确来讲,卢卡斯开创的经济学新范式实际上要到芬恩·基德兰德(Finn Kydland)和爱德华·普雷斯科特(Edward Prescott)提出真实经济周期模型(real business cycle,RBC)后才真正得以开花结果。此后,80年代中期的年轻学者们纷纷将"借助计算机进行宏观经济学研究"视为最高学术目标。随着学者们成功对RBC模型作出一系列修正,他们在不知不觉中推动着卢卡斯主义研究计划到达一个新的突破口。基于本书相关章节将要罗列的那些理由,这些模型被我们称为"第二代新凯恩斯主义模型"(Second-Generation New Keynesian)。虽然这些模型是严格基于DSGE的方法论原则构建起来的,但通过引入传统凯恩斯主义的一些核心假设并采用新的实证技术,它们已经和经典的RBC模型相去甚远了。事实上,在2008年经济衰退发生前,第二代新凯恩斯主义模型代表了宏观经济学的最高技术水平。详细总结见表0.1和专栏0.1。

表 0.1　宏观经济学历史演进的主要节点

节点	主要代表
凯恩斯的《通论》	凯恩斯
凯恩斯主义宏观经济学（IS-LM 模型）	希克斯，莫迪利安尼，克莱因
货币主义（monetarism）	弗里德曼
自然失业率（the natural rate of unemployment）概念的发明	菲尔普斯，弗里德曼
非均衡理论（disequilibrium theory）	帕廷金，克洛尔（Clower），莱荣霍夫德
非瓦尔拉斯均衡模型（non-Walrasian equilibrium）	巴罗和格罗斯曼，贝纳西（Benassy），德雷茨（Drèze），马林沃（Malinvaud）
第一代 DSGE：卢卡斯主义宏观经济学（新兴古典宏观经济学、理性预期革命）	卢卡斯，萨金特，华莱士（Wallace）、巴罗
第一代新凯恩斯主义模型	阿克洛夫（Akerlof），阿萨里迪斯（Azariadis），鲍尔（Ball），布兰查德（Blanchard），费希尔（Fischer），曼昆（Mankiw），罗默，夏皮罗（Shapiro）和斯蒂格利茨，索洛（Solow），泰勒（Taylor）
其他研究思路	卡林（Carlin）和索斯凯斯（Soskice），戴蒙德（Diamond），哈特（Hart），罗伯茨（Roberts）
第二代 DSGE：RBC 模型	基德兰德和普雷斯科特
第三代 DSGE：第二代新凯恩斯主义模型	布兰查德，克里斯蒂亚诺（Christiano），艾肯鲍姆（Eichenbaum）和埃文斯（Evans），加利（Gali），泰勒，罗滕贝格（Rotemberg），斯梅茨（Smets）和沃特斯（Wouters），伍德福德（Woodford）

专栏 0.1 遵循了莱荣霍夫德所描绘的宏观经济学史决策树图，并且该图将成为本书分析的行文线索：

主流经济学家们总是强迫同时代的人就如何提问、如何假设、如何选择证据以及使用何种方法和模型等问题进行选择，并试图说服整个或部分学界服从他们所做的选择。任一特定思想学派的发展路径都是由一系列这样的决策推动的。我们在持续追踪这些议题的发展后会发现，学派的创始者们很难提前预测到他们的学术继承人

将面临怎样的选择；其中一些决策在我们这些事后之人看来显然是误入歧途。(Leijonhufvud，1994：148)

专栏0.1

宏观经济学史演进概览

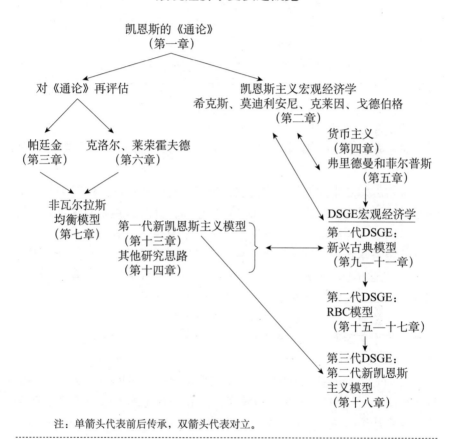

注：单箭头代表前后传承，双箭头代表对立。

决策树上的每一个分叉都代表了一个新的研究路径，它们源自一些开创性贡献并且最初看起来像是一个冷僻的经济学分支，其成功与否取决于它所受到的关注程度。最初的开创性贡献必须足够有价值才会吸引越来越多的学者对之进行深入研究并最终形成一个学科分支。一旦趋于成熟，某种研究思路便会逐渐丧失上升势头：各种难题、反对意见以及对理论有效性的质疑都将涌现。此时，我们将不得不退回到决策树上之前的分叉处，那些曾经被忽视的研究路径此时可能变得可行，进而颇具研究价值了，莱荣霍夫德将此称为回溯（back-tracking）。当我们回溯到足够古老的决策节点上时——比如像卢卡斯那样——科学革命便发生了。

本书主要关注我认为最重要的那些宏观经济学发展史上的篇章，并不试图包罗万象。我着重选取了理论方面而不是实证层面的思想演进。本书是一部学科的内在演化历史，忽略了大部分的外部环境。我既没有涉足前凯恩斯主义（pre-Keynesian）宏观经济学，也没有探究非主流理论（heterodox theory）。③ 此外，尽管按照当前流行的理解，宏观经济学被划分为经济增长领域和经济波动领域，但本书其实并没有涉及增长问题，因为我们恐怕需要另一部皇皇巨著才能理清经济增长问题的思想脉络。因此我必须向研究经济增长的理论学者们致歉，因为本书确实只关注了经济波动领域，使用"宏观经济学"这一通用术语过于夸大其词了。

经济思想史学家无权裁定应当采用哪一种研究议程。然而，在本书中我并不回避对我所研究的经济学家们予以评判。这并非源自我的骄傲自大，而是因为经济分析史本来就是一部反复否定（via negativa）的历史——经济学本身的发展严重依赖于对过往学者的批判。我当然也意识到，理论越古老，挖掘其盲点也就越容易。因此我需要再次强调，即便我在批判这些学者，我对他们仍抱以最崇高的敬意。

此外还有一些关于宏观经济学史的出色评述，但由于它们基本上都是独立的论文因而存在一定的局限性。④ 还有一些关于宏观经济学史的书籍，例如 Hoover（1988）、Snowdon and Vane（2005）和 Snowdon, Vane, and Wynarczyk（1994），以及近期出版的 Backhouse and Boianovski（2013）。尽管书山无涯前路漫漫，但我仍希望本书作为我这十几年来的辛勤研究成果能开启一段新的征程。

---

③ 关于前凯恩斯主义宏观经济学，详见 Laidler（1999）和 Dimand（2008b）；关于非主流宏观经济学，详见 King（2002）和 Fine and Milonakis（2008）。

④ 例如 Blanchard（1990，2000a，2008）、Colander（2006）、Hoover（2003）、Leijonhufvud（2006a）、Mankiw（1990，1992a，1992b，2006）、Woodford（1999，2009）。

致 谢

在我撰写本书的过程中，我曾受惠于诸多鼓励和建议。首先，请允许我向历届学生致敬，我是在他们的帮助下形成本书试图阐述的基本观点的，尽管他们可能都没有意识到这一点。特别感谢鲁汶大学 2014 年春季学期选修本课程的博士生们：Hamze Arabzadeh, Sotiris Blanas, Stéphane Bouché, Andreas Gregor, Joel Machedo Carneiro, Guzman Ourens Brocos, Pierre Pecher, Francesco-Andrea Pirrone, Eliza Rizzo, 以及 Eric Roca Fernandez, 他们的学期作业便是阅读本书的初稿并给出批判性意见。我也对我的合著者（和朋友们）就本书内容展开的各项讨论表示感激，他们是 Anna Batyra, Samuel Danthine, Pedro Garcia Duarte, Pierre Malgrange, 还要特别感谢 Luca Pensieroso。同时，对诸多阅读本书初稿并反馈意见的同事表示谢意：Roger Backhouse, Georges Bastin, Jean-Pascal Benassy, Alain Béraud, Mauro Boianovsky, David Colander, Fabrice Collard, Antoine d'Autume, David de la Croix, Charlotte De Vroey, Ghislain Deleplace, Robert Dimand, Jacques Drèze, Jean-François Fagnart, Paula Gobbi, Liam Graham, Kevin Hoover, Frédéric Jouneau, Ludovic Julien, Philippe Le Gall, Goulven Rubin, Aurélien Saidi, Francesco Sergi, 等等。我也十分感谢 Karen Maloney 以及剑桥大学出版社职员们在本书出版过程中付出的耐心和精力。最后，我要向 Hélène Windish 的辛勤付出表示感谢，她起初帮我润饰英文，后来成为我难得的指导者和伙伴。

图 4.1 "美国经济的货币流通速度"源自美联储经济数据库（FRED），并得到了美联储圣路易斯分行的允许。

图 6.1 "由于信号失效导致的非自愿失业"源自克洛尔的《凯恩斯

主义的反向革命：一个理论性评述》（The Keynesian Counterrevolution: A Theoretical Appraisal）一文，收录于弗兰克·哈恩（Frank Hahn）和弗兰克·布雷奇林（Frank Brechling）编纂的《利率理论》（*The Theory of Interest*），并得到麦克米伦出版社有关版权部门的授权。

图13.2"垄断企业的利润函数"源自B. 海杰拉德和F. 范德普洛格所著的《现代宏观经济学基础》（*Foundation of Modern Macroeconomics*, B. Heijdra and F. Van der Ploeg, 2002）并获得牛津大学出版社授权。

图14.1"戴蒙德搜寻模型中的不同经济活动水平"源自戴蒙德的《搜寻均衡中的总需求管理》（Aggregate Demand Management in Search Equilibrium），《政治经济学杂志》（*Journal of Political Economy*）1992年第92期，并获得芝加哥大学出版社的授权。

图20.1"凯恩斯的有效需求模型与法默的有效需求模型"以及图20.2"产出决定机制"源自罗杰·法默的《预期、就业和价格》（*Expectations, Employment and Prices*, 2010），并获得牛津大学出版社授权。

第一部分
凯恩斯与凯恩斯主义宏观经济学

第一章
凯恩斯的《通论》和现代宏观经济学的兴起

当现代经济学家阅读《通论》时，会感到既振奋又失望。一方面，这本书是一位伟大的思想家试图研究最常见但同时又最艰深的社会经济问题的成果；另一方面，虽然这本书的分析涉猎甚广，但似乎在逻辑上并不完整，留下太多线索悬而未决。这就使得读者们不断追问："到底有没有一种经济模型可以将所有这些片断糅合在一起呢？"（Mankiw, 2006：31）

我们的研究必须回溯到约翰·梅纳德·凯恩斯的《就业、利息和货币通论》（1936）。不过早在这本书出版以前，凯恩斯就已享誉全球，他不仅是一位杰出的经济学家，而且是直接参与英国政府当局政策制定的圈内人，不过最终，他是以《通论》所奠定的学术地位而跻身于最伟大经济学家之列的。[①] 尽管凯恩斯在学界享有不可撼动的声誉，但在很长一段时间内，他的主要活动是作为一名货币专家为英国政府和国际组织提供政策建议。凯恩斯的早期理论建树主要体现在《货币论》（*Treatise on Money*, 1930）中，然而该书并没有实现凯恩斯所期许的学术目标，在意识到其存在的种种缺陷后，凯恩斯开始着手撰写《通论》。

凯恩斯撰写《通论》的核心目标是找出大萧条期间波及所有发达国家的大量失业现象的起因。此外，20世纪30年代苏联在经济上取得的成功也为那些倾向于共产主义政策的党派提供了赢得选举胜利的可能性，由此理论界也不能再回避这一议题了。事实是，无论在经济上还是

---

① 两本最著名的关于凯恩斯的传记分别是 Moggridge（1992）和 Skidelsky（1983, 1992, 2000）三卷本。

在政治上，彼时的资本主义都陷入了困局。凯恩斯意识到，为了让资本主义延续下去，必须对其基本机制进行重大改良。正如罗伯特·斯基德尔斯基（Robert Skidelsky）所言，凯恩斯面临的任务既有理论层面的又有宣传教育层面的：

> 凯恩斯当然明白，他的理论必须对政治家和行政人员都具有实践意义：既要易于应用又必须维系政治利益。不过凯恩斯也明白：为了取得政治认同，他必须首先赢得一场思想论战。（Skidelsky, 1992: 344）

彼时，关于大萧条问题的主流诊断分析是由奥地利学派经济学家完成的。按照这一学派的说法，危机仅仅源自过度投资和资源错配，为了应对危机，必须采取一系列"清算"（liquidation）措施，即一方面需要降低实际工资而另一方面必须对投资失败的企业进行惩罚。因此弹性（flexibility）*一词被奥地利学派奉为圭臬。因为只要价格和工资越具有弹性，那么清算过程就会越快结束，下一次繁荣的条件也将越快被满足。然而，随着降低实际工资的措施没有像理论论证的那样阻止大萧条进一步蔓延，经济学家开始质疑自由放任原则（laissez-faire）并思考是否应该让政府发挥更加积极的作用。彼时，整个学界都在现有理论的既定结论和寻求另一条道路的本能直觉之间摇摆。为此，凯恩斯试图通过提供一个完整的理论体系来支持模糊的直觉，从而破除经济学家们心中的矛盾，这个体系便构成了后来《通论》的主要内容。

人们欣然接受了《通论》，尤其是年轻的经济学者——莱荣霍夫德（1968: 31）更是用"天启"（liberating revelation）来形容这一理论。[②] 尽管存在一小波反对的声音强调凯恩斯论证逻辑上的缺陷，但它们并没有受到太多关注，因为大部分学者都迫不及待地需要一套能够充分解释市场机制失灵的新型理论框架。随即，凯恩斯主义理论很快直上云霄。作为占据学界主流的科学范式，它直到20世纪70年代才遭到——由弗里德曼和菲尔普斯发起、最终由卢卡斯完成——强烈批判。

---

* 此处英文原文为 flexibility，我们将其译为"弹性"，用以形容价格或工资能够灵活变动。为避免与微观经济学中常用的弹性（elasticity）一词混淆，英文原文中使用 elasticity 处，如有必要，我们会适当标出英文。——译者注

② "最让一个19岁青年感到兴奋的事情就是一场足以颠覆古老理论体系的科学革命即将破壳而出，特别是当这一新兴理论非常有希望使困扰我和我们那一代人的诸多问题得到建设性解决时"（源自托宾接受斯诺登和文恩的采访，Snowdon and Vane, [1993] 2005: 149）。

如今，凯恩斯的理论分裂了。在卢卡斯主义宏观经济学统治了近二十年后，不少经历过 2008 年经济衰退洗礼的经济学家们开始呼吁"回归大师"（Skidelsky，2009）。在莱荣霍夫德的决策树上，这将是一个漫长的折回过程，并最终回归到《通论》这个起点上，抑或是回到第一个分叉节点，也就是 IS-LM 模型分歧上。但对于主流经济学家而言，这一建议简直令人愤慨。

由于两个阵营各自怀揣不同的目标并且秉承根深蒂固的观念，因此这一分裂很难愈合。然而，我们至少能从这一争论中得到一点结论：从最开始，我们便很难在概念上区分"凯恩斯的经济学"和"凯恩斯主义经济学"［在这里我们借用了莱荣霍夫德（1968）的术语］，而且基于实用主义的目的，这一争论被避而不谈并且自此几乎没有再被提起。③ 帕廷金曾指出，阅读《通论》的读者们所面临的最根本问题在于，"凯恩斯从未将其所分析的各方面内容统一为明确而完整的模型，这就给我们当代学者留下了未竟的事业"（Patinkin，1990：234）。这一事实本身可能看起来并不怎么引人注目，但情况实际上很糟糕。我们可以推测，即便凯恩斯决定构造帕廷金所称的那种"完整的模型"，他也很可能面临失败。许多凯恩斯的崇拜者可能觉得这一论断太过刺耳，但如果我们能全面公正地看待这个问题，我认为事情就并非看起来那样武断。凯恩斯无论如何也不可能完成某种超越那个时代的经济学理论极限的任务。事实上，他所开创的研究路径过于宏大——而且他自己都没有意识到——他缺乏必要的工具来完成这个理论。

上述论断也指明了本章用来研究凯恩斯理论的基本方法，那就是将他面临的困难一一列出。首先，我将把凯恩斯写作《通论》之前的研究计划重构出来。随后，我将指出这个研究计划所面临的具体障碍。在此我必须强调，除非使用最低工资（trivial wage floor）假设，否则马歇尔（Marshallian）理论根本没有为劳动定量配给（labor rationing）结果（也就是失业问题）留下任何探讨的空间，但凯恩斯的本意恰恰又是希望原封不动地采用马歇尔理论来解释失业问题。其次，我们还将说明从马歇尔到凯恩斯之间的其他诸多经济学家在就业问题上并没有取得多少突破。再次，我们将阐述并初步批判凯恩斯《通论》中最核心的有效需求模型（effective demand model）。最后，在本章最后一节中，我将概

---

③ 关于莱荣霍夫德提出的"凯恩斯的经济学"和"凯恩斯主义经济学"，读者可以参考本书前言中的脚注②。

述凯恩斯的理论如何转化为凯恩斯主义经济学。

《通论》的研究计划

自《通论》出版后，各种试图对该书的核心内容予以解读的作品不断问世。但是，我们不得不强调，那么多年过去了，学者们仍然未就此问题达成共识——或许大概率上我们永远都无法达成一致。就我个人的理解而言，凯恩斯的研究计划大致可以总结如下。

（1）凯恩斯试图在理论上证明非自愿失业的存在。非自愿失业乃是大萧条时期社会经济现实中不可忽视的客观现象，但彼时的经济学理论却并未给它留下任何理论空间。基于大萧条最严重时期的那些观察，凯恩斯将失业区分为摩擦性（frictional）失业和非自愿（involuntary）失业，前者被认为是正常状态而后者则是反常状态。凯恩斯理所当然地认为经济中存在的摩擦性失业已经被大家充分理解，因此需要详细阐述的便是后者，即非自愿失业。他认为非自愿失业是违背第二古典"假设"——边际消费的效用与边际劳动的负效用相等——的结果。用现代经济学术语来讲，如果我们把劳动力供给的标准差*作为参照，那么非自愿失业的标准定义是，在一个给定期限内，尽管市场工资高于劳动力自身的保留工资（reservation wage），但是这些劳动力仍发现他们被劳动力市场排除在外，这意味着非自愿失业劳动力无法像就业劳动力那样作出最优安排。这一状态亦可被称为"个人非均衡"（individual disequilibrium），在这种状态下，经济主体是异质性的，也就是说就业者的即期效用要高于失业者。从市场层面来看，这就意味着劳动超额供给，换言之，存在劳动定量配给。**

（2）在凯恩斯所处的时代，学者们普遍认为之所以存在失业是因

---

* 即劳动供给的差分项（劳动供给与其均衡值之差）。——译者注

** 德弗洛埃在此的论述可以回溯到《通论》第二章（可参考高鸿业译《就业、利息和货币通论》）。该章回顾了古典经济学对劳动力市场的定义（边际劳动生产率＝边际劳动负效用），基于此古典经济学的劳动力市场只存在摩擦性失业和自愿失业。凯恩斯指出至少实际工资并不是决定劳动供给的唯一因素，被古典经济学忽视的名义工资在短期内决定了就业量（这里实际上是提出了"货币幻觉"问题，这个问题也是区分古典主义和凯恩斯主义的重要争议点，因为从经验来看，名义工资和实际工资并非同向变动，而按照古典理论，它们应该是同向变动的）。在第二章的末尾，凯恩斯又从古典经济学的劳动力市场均衡自然推出萨伊的供给创造需求理论，并认为两者其实是一回事，这就为其下一章的表述提供了铺垫。——译者注

为工资具有刚性（rigidity）。凯恩斯试图驳斥这一观点，也就是说，他试图证明工资刚性无助于解释非自愿失业。

（3）凯恩斯之所以对非自愿失业表现出极大的兴趣，是因为他预设存在一种系统*失灵，这一系统性问题将会极大地影响分散化经济（decentralized economies）的运转。更进一步而言，他试图将非自愿失业与（相对于总产出的）总需求不足联系在一起，其中总需求不足可能产生于从生产部门到金融部门转换的空隙之中。显然，这将颠覆自亚当·斯密以来整个经济学界对市场经济所秉持的那种乐观态度。

（4）凯恩斯在法文版《通论》的序言中写道，"我将自己的这套理论称为'通论'，这足以表明我将整个经济体系的行为视为一个整体"（Keynes，1939）。也即是说，凯恩斯认识到应当在一般均衡（尽管他本人从未使用这种表述）的框架内研究非自愿失业，同时他也意识到非自愿失业问题很可能源自劳动力市场之外的经济的其他组成部分。④ 但是，凯恩斯强调的这种关联性视角绝不应该被理解为一种瓦尔拉斯主义的一般均衡（Walrasian general equilibrium）方法。⑤ 对凯恩斯而言，唯一可行的路径是将马歇尔主义分析方法一般化。

（5）与彼时剑桥大学内正在兴起的关于非完全竞争**框架的争论不同，凯恩斯坚持使用完全竞争框架。可能是由于他本人认为非完全竞

---

* 这里强调的"系统"（system）可以追溯到《通论》第十八章，该章其实是为当代宏观经济学提供了一个整体框架，明确了宏观经济学（波动理论）研究的假设条件。凯恩斯首先将劳动技能、劳动量、设备的数量和质量、技术水平、竞争强度、消费者偏好（习惯）、劳动的负效用、监督和组织的负效用以及社会结构列为宏观经济学的既定变量，即常量；其次，将宏观经济学的自变量确定为消费倾向、资本边际效率曲线和利率；最后，因变量为以工资单位衡量的就业量和国民收入。该章还明确了宏观经济学（波动理论）的研究对象是经济短期行为。凯恩斯认为既定的九个常量能够使得就业量和国民收入在统计上相关，从而将因变量化简为一个，即国民收入。他系统地阐明了以 $Y = C + I + G$ 为框架的宏观经济学动态系统，从各种自变量中抽出了最终影响国民经济波动的变量：资本边际效率，该变量受到常量设备数量和质量的影响，又受到对自变量长期预期的影响；利率，该变量部分取决于流动性偏好，又部分取决于以工资单位衡量的货币数量。——译者注

④ 例如，在《通论》第十九章的附录中，当凯恩斯批判庇古时他写道："我坚持认为实际工资……并非由工资自发调整决定……而是由经济系统的其他力量决定……特别地，它极可能与资本边际效率及利率有关。"（Keynes，1936：278）

⑤ 在凯恩斯时代的剑桥大学内，瓦尔拉斯的观点几乎不被接纳。凯恩斯本人也并不认为瓦尔拉斯的理论对其研究计划有任何帮助。克洛尔引用了凯恩斯于1934年12月写给Georgescu-Rodan 的一封信，信中写道："无论如何，我都期望有一天能够说服你，瓦尔拉斯的理论和其他一些理论基本上就是胡闹！"（Clower，1975，重印于 Walker，1984：190）

** 即张伯伦和罗宾逊夫人的垄断竞争理论（monopolistic competition）。——译者注

争与串谋、联合等现象不可区分，因此应当在这些特殊理论之前提供一些更深刻的基础性理论。

（6）为了解决非自愿失业，凯恩斯呼吁国家对总需求进行干预，即一方面施行低利率货币政策，另一方面施行收入再分配政策。对凯恩斯来说，所有相关政策都与社会主义没有一点关系，相反，这些政策旨在防止社会主义势力抬头并维护资本主义民主制度。由此，他宣称自己的理论属于"温和保守派"（Keynes，1936：377）。

（7）经历些许犹豫后，凯恩斯决定在既有的经典理论——马歇尔理论——基础上来发展自己的理论。⑥ 也就是说，他尽量避免修改马歇尔理论并借此来构建自己的理论体系。

动物精神

本节内容纯粹基于我个人对凯恩斯《通论》的有关理解。凯恩斯从未在其研究计划中强调动物精神（animal spirits）这一概念，也几乎没有任何探讨凯恩斯研究计划的文献与本节内容相似，不过，我坚持认为大部分学者在阅读本节后会赞同我的观点。

不得不承认动物精神这一概念并不完善，但是《通论》出版一年后，凯恩斯在一篇回应各种批判的文章中宣称投资决策的不确定性（uncertainty）乃是《通论》的核心概念（Keynes，1937）。这一陈述有些令人意外，因为凯恩斯只是在《通论》第十二章讨论长期预期时顺道提及了不确定性。在该章中凯恩斯恰当地使用了"动物精神"一词来表达那种"并非基于各种概率加权平均而作出的合乎理性的定量决策，而是一种自发的行为冲动"（Keynes，1936：161）。尽管第十二章极具吸引力，但却和全书其他章节没有太大关系。在《通论》的大部分章节里，凯恩斯区分了经济中的短期机制和长期机制，并严格遵照完全信息假设来聚焦于探寻短期就业的决定机制，这种研究思路与动物精神概念所展现的内容相去甚远。我试图将凯恩斯的研究计划与这一核心的分析性概念相统一。我认为凯恩斯于1937年发表的文章已然表明他对于未能将动物精神概念拓展为一般分析框架感到遗憾。

部分学者表达了不同的意见。例如，G. L. S. 沙克尔（G. L. S. Shackle）

---

⑥ 关于凯恩斯所接纳的马歇尔主义思想渊源，见 Clower（[1979] 1984）、Leijonhufvud（1968，1999）和 De Vroey（2011b）。

在数篇文章和数部著作中都表明，相较于凯恩斯的分析逻辑，更应该保留《通论》中关于激进的不确定性（radical uncertainty）的概念：

> 凯恩斯的《通论》试图为某一行为领域构造一种合乎理性的理论，然而其在该学术领域中所使用的那些术语本身只具有半理性（semi-rational）*的特点。任何头脑清醒而又坚信人类事务具有可计算性的经济学家都不会公开将此作为他的研究目标。事实上经济学家们尝试将《通论》视为又一本政治算术指南。直到如今该理论不再能经得起检验了，他们才发现《通论》是错误的，或者说是晦涩的。（Shackle，1967：129）

沙克尔的观点非常深刻。然而问题在于，一旦接受这种（或其他类似的）判断后我们应当怎么对待《通论》呢？事实证明，如果不使用动物精神这一术语，我们也不得不使用其他类似的术语来刻画相应的经济现实。此外，对动物精神的概念进行拓展和深化异常艰难，学术史上一度只存在为数不多的几条研究思路，而且在《通论》出版几十年后，这些思路都未在学界取得主流地位。

凯恩斯研究计划的障碍

凯恩斯研究计划面临的最大障碍就是它本身过于宏大了。特别是就当时经济学理论的发展水平而言，这一缺陷尤为突出。我们至少可以列举出三个方面的研究障碍。

第一个障碍与凯恩斯试图将马歇尔的局部均衡分析一般化有关。彼时，马歇尔主义一般均衡根本不存在也没有必要存在。约瑟夫·熊彼特（Joseph Schumpeter）在马歇尔的《经济学原理》出版半个世纪后评价道，"马歇尔在一般均衡理论领域所能达到的最高成就也就是将瓦尔拉斯的研究成果复述一遍"（Schumpeter，[1941] 1952：100）。我并不太赞同熊彼特的说法，而是更偏向于认为凯恩斯所秉持的那种将马歇尔理论以严谨的方式进行一般化的学术理想由于受到时代的约束而超出了他的能力范围。

第二个障碍在于，凯恩斯在研究初期试图通过为经济调整过程设置一个障碍来解释市场均衡机制失灵。后来，莱荣霍夫德将这一过程称为市场的"运动法则"（laws of motions），即经济主体基于市场信号作出

---

* 这里甚至可以理解为"伪理性"。——译者注

反应（Leijonhufvud，2006a）。在马歇尔的理论中，均衡的静态决定机制和均衡的动态演化机制被视为两种不同的情形。前者基本上倾向于采用某种数学方法来加以表达，而后者则悬而未决。"马歇尔充其量只是简述了个人进行适应性学习和市场进行均衡调整的过程"（Leijonhufvud，2006a：29—30）。马歇尔并未因这个缺陷而多加思考，因为他认为现实中的市场运动法则本就应该运行良好而不会存在什么问题。但对凯恩斯而言，他所观察到的经验事实表明市场机制失灵才是常态，然而他又缺乏处理这些事实的工具。这就解释了为什么凯恩斯将运动法则相关的研究放在一边而满足于继续沿承静态分析。正如莱荣霍夫德所言：

> 为了构建一个能够抓住其理论本质的、可操作的静态模型，凯恩斯需要在"文字上"论述经济体系的动态过程，但这一体系在数学上是很难刻画的……他已经尽其所能试图超越马歇尔主义方法所能达到的极限了。（Leijonhufvud，2006a：70）

第三个障碍在于，试图在马歇尔的框架内为既有的失业理论增加非自愿失业这一概念实在是过于困难（我们不妨认为传统失业理论已经包含了摩擦性失业），而凯恩斯本人恐怕根本没有意识到这一点。因为除了利用外生的工资或价格限额假设，马歇尔理论没有为任何失业理论——无论是摩擦性失业还是非自愿失业——留下空间。关于这一点需要更深入的分析。

失业问题在马歇尔体系内无容身之处

让我们首先回顾一下马歇尔价值理论的主要信条。它基于一个特定的假设，即贸易发生在一个特定的交易期内，而生产过程发生在贸易前。我们将以《经济学原理》（*Principles of Economics*）第五卷第二章的谷物交易模型（Marshall，1920）或渔业模型（Marshall，1920：307）为例来进行分析。在这些市场中，当给定的交易期结束时，市场自发达到"暂时均衡"状态，也就是今天我们所理解的市场出清（clearing）。反过来说，这里不存在定量配给。[7] 为了实现这种均衡状态，马歇尔假

---

[7] 定量配给之所以发生是因为存在短边交易（short-side trading）。我们在标准的供需图上画出一条水平的线代表给定价格水平，如果这条线穿过供需曲线的交点，那么就不存在定量配给，否则，供需曲线中与这条水平线率先相交的一方便是"短边"，虽然此时短边交易方能够实现合宜的交易，而长边交易方却无法达成合宜交易，从而出现定量配给。

设所有经济主体对一切市场条件都具有完全信息。按他的话说：

> 尽管每个经济主体都谋取私利，但我们假设他们都足够了解其他主体的行为以防止他自己相较而言以更高或更低的价格进行市场交易。我们暂且设定无论是在最终产品市场还是在生产要素市场里，无论是雇用劳动力还是借贷资本，这一假设都成立。……换言之，我假定某个市场在同一时间只会有一个价格。(Marshall, 1920: 341)[⑧]

由此，每个经济主体都能够在思维层面推理出精确的资源均衡配置状态。在这种情形下，商品供给者和需求者都不可能在市场上找到任何偏离均衡价格的交易对手。由此，交易只会严格按照均衡价格和均衡数量进行。

上述分析只是基于某个特定的单一交易期（这也是马歇尔使用"暂时均衡"这一术语的本意），它还需要被拓展为包括多个这样的交易期以及它们之间间隔的更大的时间范围。希克斯在《价值与资本》(*Value and Capital*, 1946: 122—123)中形象地将之拓展为周交易假设(the week device)。该书所分析的交易期为几个给定的连续周。每周内，生产发生于周二到周六（设周日是假期），而贸易只发生在下个周一。

将交易期进行拓展后，第二个更基础性的均衡概念也就出现了，即作为静止状态的均衡(equilibrium as a state of rest)。马歇尔称之为正常均衡(normal equilibrium)。为了理解这个概念，我们必须作两个区分：第一是必须区分市场供需函数和正常供需函数；第二是必须区分两种正常均衡，即资本存量被视为给定的短期正常均衡和资本存量可以改变的长期正常均衡。希克斯（[1957] 1967: 149）强调了马歇尔的所谓"完全均衡"(full equilibrium)的概念，即必须同时满足交易日配置（暂时均衡或市场供需匹配）和正常配置（正常供需匹配）。只有同时满足两种均衡，经济主体才没有任何激励改变自己的行为。我们可以从经济主体预期的角度来重新表述这一观点，即正常均衡就是经济主体的全部预期都得以满足的那种状态。

马歇尔的分析框架承认在每一个交易期结束时生产者具有改变其行为的激励。换言之，市场出清（暂时均衡）和非均衡（无法达到完全

[⑧] 在马歇尔的框架内，交易者们讨价还价的对象是名义价格。名义价格（而不是实际价格）是达成供需匹配的关键。即便是在关注实际工资的劳动力市场，这一原则也是有效的。参见 Lipsey (2000: 70)、Branson (1972: ch. 6) 以及 De Vroey (2004: 63)。

均衡的情形）可能并存。⑨ 马歇尔在分析渔业市场时利用图1.1刻画了上述可能性。

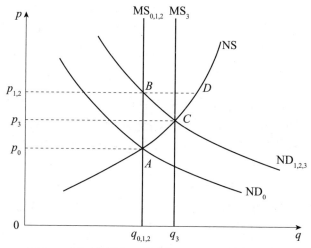

图1.1 暂时均衡和正常均衡：马歇尔的渔业市场

如图1.1所示，t_0期经济处于完全均衡状态（点A），此时假设正常需求（ND）在t_1期发生了适度变化（在这里我们假设市场需求和正常需求相一致）。在供给侧，我们必须区分市场供给（MS）*——受到鱼肉易腐烂的天然限制——垂直于坐标轴，而短期正常供给（NS）——企业可以通过改变可变资本来调整最优供应量——具有正斜率。正常需求变化的最初结果是价格在t_1期提升到p_1（点B）。由于B点没有满足短期正常供给，因此市场处于一种非均衡状态。但是请注意，这里实现了市场出清，即尽管正常供需均衡没有实现，但市场供需均衡实现了。假设渔船主们需要耗费两个星期的时间来调整自己的供给量以实现鱼生产量的最优，那么我们将看到整个市场在t_2期仍然处于非均衡状态。直到第三周，我们才能观察到短期正常供需均衡（点C）随着市场供给（MS_3）的增加得以实现。

由此，时滞性（sluggishness）在马歇尔的理论中出现了，但它只出现在考察正常均衡的演变路径时。我们无法假设时滞性在暂时均衡的演变路径中也会发生。实际上，达到暂时均衡的快慢并没有关系。考虑一

---

⑨ 这一观点与当今流行的那种"非均衡等同于市场非出清"的观点（最初源自瓦尔拉斯的均衡理论）刚好相反。

* 在这里，市场供给、市场出清、市场均衡对应着上文暂时均衡的概念。——译者注

个拍卖市场：这个市场达成交易耗时 5 分钟还是 1 小时其实无关紧要。同理，在一个马歇尔式的市场内，只要经济主体拥有完全信息，那么一切交易过程都将最终实现暂时均衡。根据奥卡姆剃刀原则（Occam's razor），我们实际上应当认为市场均衡在逻辑层面上能瞬间实现。因此，现实中由于时滞性而引发的定量配给也必须被排除在理论之外。这一结论显然根植于完全信息假设。而完全信息假设和瓦尔拉斯主义的拍卖者假设（Walrasian auctioneer）一样，都为各自的理论困境解围。那么为何我们不能抛弃这一假设呢？问题在于可操作性（tractability）：如果排除完全信息假设，那么市场交易结果将出现不确定性，如果理论中出现某种形式的定量配给，那么经济学家们将很难解释定量配给和市场出清之间的关系及运动法则。⑩

上述结论可以拓展到劳动力市场吗？虽然在《经济学原理》中找不到关于劳动力市场的系统性分析，但马歇尔在多处零散地提及了该问题。他指出完全信息等假设对劳动力的供给和需求而言可能是一种特例，但他从未深入探究这些特例对劳动力市场的实际运行到底会产生何种影响。马修斯（Matthews，1990）认为，马歇尔对失业问题缺乏兴趣可能是由于当时的社会背景。⑪ 此外还可能与马歇尔所秉承的古典二分法（classical dichotomy）有关。古典二分法将经济学大体分为两个部分：一是价值理论，以均衡原则为基准，常常能够实现市场出清；二是经济周期理论，其中货币扰动扮演了关键角色并使经济状况脱离理论基准。虽然也会使用均衡和非均衡这两个术语，但它们被更多地运用于隐喻式而非分析式的场景。因此，问题在于如何调和这两条研究路径。事实上，一旦接纳上述方法，经济学家便不得不表现出分裂的人格：当研究价值理论时，他们必须将定量配给（特别是失业问题）抛之脑后；而在研究经济周期时，他们又堂而皇之地谈论这样的市场结果。

简而言之，在马歇尔的《经济学原理》中，劳动力市场被视为像渔业市场那样运行。既然存在渔业产出的非均衡结果——相对于正常均衡

---

⑩ 在马歇尔的谷物模型中，他证明如果引入不完全信息，只要保持货币的边际效用为常数，那么完全信息模型的结论只会发生些许改变。马歇尔认为这更加表明使用完全信息假设是正当的。

⑪ 马修斯的原话是，"失业，以及与之密切相关的通胀，构成了当代经济学中劳动力市场领域的核心议题。失业不仅被视为一种理论难题，而且是一种社会挑战。然而马歇尔的理论中缺失了该议题。真正让他担忧的社会问题是贫穷，而且在诸多造成贫穷的因素中，失业只是其中的一种"（Matthews，1990：33-34）。

的产量，出现产出过剩或产出不足——那么自然就会出现过度就业（overemployment）或非充分就业（underemployment）。然而，正如图1.1所示，这并非定量配给。因此，标准的马歇尔理论无法研究任何形式的失业问题，都只为其留下了一丝的可能性。

这一丝的可能性便是外生设定的价格或工资限额。⑫ 即是说，以劳动力市场为例，存在一个权力机构为该市场设定一个最低名义工资。如果市场均衡工资高于该最低工资，那么市场出清状态存在，反之则出现非均衡。当工资不可以突破最低工资时，就称工资具有刚性。虽然这一假设足以推导出定量配给，而且无论工资限额是出于一个好的原因（此时定量配给便是为了实现最优就业而付出的代价），还是并无正当理由（此时应该取消工资限额，非自愿失业随之消失），该假设本身在理论层面都并没有任何革命性的贡献。

最后一个问题是，为什么那么多经济学家都错误地认为马歇尔的理论框架（从定量配给的视角）足以用来解释非均衡现象？我个人认为，随着马歇尔复杂的三位一体均衡逐渐演化为后马歇尔均衡的两位一体（短期和长期）（如专栏1.1所示），我们在图1.1中区分的那种渔业市场的市场供需匹配和短期正常均衡消失了。换言之，如果图1.1中的市场供给曲线（MS）被删去，那么正常供给超出正常需求的部分，即 BD 间的距离可能被理解为市场存在的定量配给（即市场非出清）。这种理解显然是错的，因为市场非出清应该是指交易日当天的供给超过了交易日当天的需求。

专栏1.1

马歇尔均衡（三位一体）v.s. 后马歇尔均衡（二位一体）

①马歇尔均衡：
暂时均衡↔正常均衡（短期正常均衡＋长期正常均衡）
②后马歇尔均衡*：
短期均衡↔长期均衡

---

⑫ 读者可能会指出货币幻觉（money illusion）是另一种可行的方法。但在第五章讨论弗里德曼的预期加强型菲利普斯曲线时我将证明这是无效的。

* 所谓后马歇尔均衡也就是当代经济学所习惯的均衡概念。——译者注直到《通论》出版的 40 年后，经济学家们才意识到此处存在一个理论死结，只有摒弃马歇尔式的交易技术和完全信息假设才能突破这一瓶颈。最为成功的替代假设是后来出现的搜寻理论，详细论述见 Batyra and De Vroey（2012）。在搜寻模型中，假设失业是一种准自然（quasi naturally）的结果，它以搜寻失业的形式出现，这一概念与非自愿失业不同，后者通常被理解为一种个人非均衡。搜寻失业乍看之下与摩擦性失业类似，但仔细研究就会发现情况并非如此。正如下一节所示，那些引入摩擦性失业概念的经济学家试图用这一概念对马歇尔式的市场运行机制进行说明。相反，搜寻理论学者们基于现实劳动力市场存在的一些特征——工作岗位、雇佣关系、岗位空缺、工资差异和序贯匹配——构建出搜寻失业这一新的交易技术概念，而这些特征在传统马歇尔理论中并无容身之处。

当然，我们不应该指责那一代经济学家沉溺于标准的供需框架而无法突破。当凯恩斯撰写《通论》时，时机也仍未成熟。正如我们后文将要探讨的那样，正是由于凯恩斯试图在马歇尔框架内重新引入失业概念才导致了理论困境。在此之前，我们先来梳理一下马歇尔和凯恩斯之间的那些经济学家关于失业问题所作出的些许贡献。

马歇尔和凯恩斯之间的其他失业理论

从马歇尔的《经济学原理》(1890) 第一版出版到凯恩斯的《通论》(1936) 出版的四十余年内，现实社会中的失业问题越来越凸显，失业理论也逐渐为学界所重视。然而，从事后来讲，失业理论在这四十余年中并没有什么突破性进展。我们将简要梳理贝弗里奇（Beveridge, 1908）、希克斯（Hicks, 1932）和庇古（Pigou, 1933）[13] 关于失业问题的论述并探究为什么这些论述没有取得理论性突破。

贝弗里奇的《失业：一个产业问题》(*Unemployment: A Problem of Industry*, 1908 年第一版、1912 年第三版) 在统计资料匮乏的时代里为读者提供了丰富的数据，是一部先锋之作。[14] 贝弗里奇认为失业理所应当是由经济摩擦引起的，并将其归因于三种不完美的调整过程：产业结

---

[13] 更多详细内容参见 De Vroey（2011b）。
[14] 关于贝弗里奇的更多思想贡献，参见 Dimand（1999a）；关于贝弗里奇和凯恩斯思想的复杂关系，参见 Dimand（1999b）。

构调整、产业活动波动以及需要为具有高波动性的贸易活动储备劳动力。贝弗里奇认为这背后最本质的因素就是劳动力市场的多元化。按照他的观点,解决办法显而易见,那就是构建一个组织管理更有效的劳动力市场——言下之意就是需要建立更集中的劳动力市场。

> 应当存在一个当工人们想要寻找工作或者工厂想要招募工人时便会同时前往的(劳动力)中心、办公室或者交易所。(Beveridge, 1912: 198)

但是,贝弗里奇止步于罗列摩擦性失业的成因,并未将上述三种因素整合为一种经济学理论。我猜测贝弗里奇自己认为这三种因素是无法上升为一种特定理论的。

意料之中的是,希克斯出版于1932年的《工资理论》(*The Theory of Wages*)更具理论性。此书不仅指出了工资应当等于边际劳动产量,而且还观察到现实中工资提高往往与失业增加同时发生。然而就失业问题本身而言,希克斯似乎秉持一种克制而坚定的信念,即认为难以将失业问题纳入经济学理论中。希克斯的推理过程可以总结为:①纯经济学理论并未给失业问题留下太多空间;②失业问题是一个不可否认的客观现实;③为了弥合理论和现实之间的差异,我们必须求助于两者之间空隙中的因素来解释失业问题。例如,理论表明,存在失业时必须削减工资,而劳动经济学家必须论证为什么现实中工资并没有降低。就此,希克斯给出了三点原因:第一,总有一部分劳动者的边际效率不可避免地低于正常工资水平(也即劳动效率太低),因此这一类劳动者将面临长期失业;第二,总存在一些非竞争性的劳动力市场,在其中工会决定了劳动者能否就业;第三,即便在稳定均衡下,经济中仍然有摩擦性失业。⑮

简而论之,希克斯指出的彼时经济学理论并未给失业问题留下空间这一观点毫无疑问是正确的。遗憾的是,这一论断并未得到任何积极的回应,以至于学者们不得不在纯经济学理论的边缘地带去寻找合理解释——比方说制度层面——后来许多劳动经济学家沿着这一思路展开了

---

⑮ 对希克斯而言,摩擦性失业是一种均衡现象,他认为企业没有任何激励因为存在失业就去削减工资从而获利。"企业主们到最后都会发现,削减工资意味着他将失去雇用高水平工人的机会并且迟早会因此而受害。"(Hicks, 1932: 46)

研究。⑯

我们要谈论的第三位经济学家是庇古,在凯恩斯的《通论》里他成了某种陪衬。虽说凯恩斯可能对他的剑桥同事过于严苛了,但庇古作为传统马歇尔理论的杰出代表显然具有成为替罪羊的可能。我个人在阅读庇古的《失业理论》(Theory of Unemployment,1933)时产生了极大的挫败感。这本约300页的著作有近240页的篇幅在论述短期劳动力的实际需求弹性(elasticity)问题,似乎对庇古而言,这是决定就业水平及相关议题的唯一因素。庇古到了该书的第五篇(从原书第247页开始)才谈起就业和失业问题的起因,且大多数论断都是老生常谈:

> 在稳定的状态下,所有人都充分就业。这就意味着,任意时间所存在的失业现象都源自劳动需求条件的持续变化以及工资调整过程中存在的摩擦使得调整无法瞬时完成。(Pigou,1933:252)

在庇古眼中,几乎所有的工资政策——倾向于提高工资率使其超过充分就业(full-employment)水平的工资——都在恶化就业状况(Pigou,1933:253)。由此庇古得出总的结论:为了实现劳动力的合宜分配,应当维持一定的工资通缩。但是庇古并未就这一结论给出任何规范性的论证。

通过简要梳理上述三位学者的论述,我们可以看到这一时期关于失业问题的研究可以说毫无进展。学者们本可以通过引入摩擦性失业的概念来就失业问题展开深入研究,但事实上这一概念在当时相当空洞乏味。但就前文所言,导致这一结果并不算奇怪。

凯恩斯对非自愿失业的解释:有效需求模型

在《通论》中,凯恩斯错误地视摩擦性失业为既成事实,不过这也使得他能够将研究目标聚焦于另一种失业——非自愿失业。⑰

《通论》第三章总结了全书剩余篇章的主要观点:凯恩斯宣称他试图将马歇尔的局部均衡分析一般化。而克洛尔却直白地指出,凯恩斯所

---

⑯ 在1963年出版的《工资理论》(第二版)中,希克斯承认在大萧条最黑暗的1932年出版他的书并不是一件幸运的事情。鉴于该书的理论过于抽象,它无助于解释当时令人震惊的经济现实。此外,之后不久罗宾逊夫人关于垄断竞争的著作以及凯恩斯的《通论》便相继出版,彻底改变了当时经济学家们的视野。

⑰ 他本可以采用另外一种方法:只使用一个术语,但考察明确的因果关系。

做的无非是对马歇尔理论的一种"再调和"（Clower，1997：42）。首先，值得注意的是，凯恩斯确实在马歇尔的企业短期竞争性均衡生产决策框架的基础上进行了拓展（Marshall，1920，Book Ⅴ，chapter 5）。按照马歇尔体系，企业的最优决策是选择边际收益等于边际成本的情形，如图1.2所示。为了达到这一条件，企业必须同时决定产品供给和投入品需求，即为了得到企业的供给曲线（也即边际成本曲线），企业必须同时考虑投入品价格和产品的可能需求。为了简化起见，考虑只存在一种投入品，即工资率的情况，此时企业必须正确预测到使劳动力市场达到均衡的工资率。请注意上述一系列决策过程，我们发现某个产业的均衡状态起源于其内部某个企业管理者的思想实验，随后才变为可观测的市场对象的客观行为。在马歇尔的分析里，他直接从企业最优决策跳跃到市场均衡，这暗示企业的预期是正确的，即是说企业具有完美的预测能力。[18] 所有企业都处于个体均衡状态意味着整个产品市场也处于均衡状态，同理可知所有投入品市场也处于均衡状态。因此，我们可以推知企业在最优决策下给出的工资率等于市场出清的工资率。

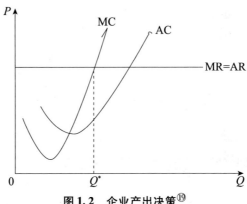

图1.2 企业产出决策[19]

---

[18] 根据Kregel（1976），凯恩斯的研究计划包括三个互相关联的模型。第一个模型基于如下假设：短期预期总能被观测到且与长期预期不相关，其中短期预期被假定为和产出决策相关，从而与雇佣决策相关，而长期预期则与投资决策相关。在这个模型中，这两种预期都被证明得以实现。第二个模型抛弃短期预期能够被观测到这一假设，但长期预期仍得以实现。在最后一个模型中，短期预期和长期预期不再是互相独立的。按照克雷格尔对凯恩斯理论的解读，凯恩斯本来计划在后续模型中放松这个假设，但即便如此，凯恩斯也并没有突破基于完全信息假设的有效需求模型。

[19] 在本图中，MC代表边际成本，AC代表平均成本，MR代表边际收益，而AR代表平均收益或价格。

凯恩斯本人并未明确他是如何拓展马歇尔的推导过程的。为了进行分析,我在这里试图准确辨别出他对马歇尔理论所做的各种修正:第一,他将总收益($P \times Q$,即价格乘以产出)视为一个单一变量而不是单独考虑价格。第二,他用就业量代替产品产量来作为因变量,两者通过生产函数相联系,且采用了劳动力时间不可分的假设。第三,凯恩斯将整个制造业(包含中间品厂商和最终品厂商)而不是单个产业作为研究对象,更准确地来说,在他看来,整个经济可以划分为三个部分:劳动密集型产业(制造业)、所需劳动极少的产业(资本与货币市场、各类二级市场)以及劳动力市场。前两个市场的任何需求变动都将引发就业的波动。例如,当劳动密集型制造业的产品需求转移到所需劳动极少的产品需求时,将导致工资水平下降且活动放缓。有效需求模型详细分析了制造业部门的运行规律,在该模型中该部门往往被视为一个独立的部门。第四,凯恩斯用向上倾斜的总需求曲线替代了具有无限弹性(infinitely elastic)的马歇尔式需求曲线,其斜率的大小取决于边际消费倾向。他同时假设经济由总需求驱动,而总供给是被动的。第五,凯恩斯引入了马歇尔理论中不存在的充分就业概念,其定义是"在这一就业水平下,总失业量对有效需求的增加表现出无弹性(inelastic)"(Keynes,1936:26)。在他的模型中,充分就业也即非自愿失业为零的就业水平。第六,凯恩斯并未像马歇尔那样将交易期和短期进行区分(见专栏1.1)。他认为自己的模型属于马歇尔式的短期模型(也即是说,在连续的交易期内固定资本无法变动),但是基于其建模意图和研究目的,它应该被理解为是一个交易期(即马歇尔的市场交易日)。事实上,任何试图解释非自愿失业现象的模型都应该隐含市场交易日假设。

凯恩斯推导有效需求形成的过程与马歇尔推导代表性企业均衡价值形成的过程基本一致。和马歇尔一样,凯恩斯需要假设企业家具有完全信息,换言之,预期收益和实际收益相一致。企业家们基于自身对投入要素总供给价格和产品总需求函数的推测来进行生产决策。名义工资既是总供给函数的一部分(作为一种生产成本),又是总需求曲线的一部分(作为一种收入)。凯恩斯起初将名义工资设定为常数并承诺之后会放开这一假设且不影响模型推论。[20] 他创造了"有效需求"的概念,用

---

[20] 考虑到名义工资刚性假设的重要性,我们有必要在这里引用凯恩斯关于该假设的原文,"总而言之,我们应当假设每单位劳动力所需的货币工资和其他要素成本是固定的。但我将在后面放弃这一简化的假设,在这里先采用该假设仅仅是出于方便阐述的原因。本论证最核心的议题也恰恰在于货币工资是否易于变动"(Keynes,1936:27)。

它来指代总供给和总需求的交点。而就业水平显然与有效需求有关。一旦就业水平低于充分就业，就会出现非自愿失业。其机制在于：由于总需求不足，企业对投资品的需求低于达到充分就业水平的投资需求。解救办法在于政府必须通过扩大自发投资来增加总需求。这能够抬升总需求曲线与总供给曲线相交时的均衡产量。当达到新的供需均衡时，充分就业得以实现。此时如果进一步刺激总需求，那么便只能影响价格水平而无法影响实际产出。

上述推论一般被总结为所谓的凯恩斯交叉（Keynesian cross）或收入－支出图，详见图1.3。其中 N 代表就业，N^* 代表有效需求决定的就业量，而 N^{FE} 代表充分就业量。

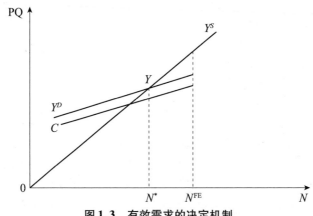

图1.3 有效需求的决定机制

标准的凯恩斯模型表述如下。总需求（Y^D）被定义为包括两个部分，即名义私人消费（C）和名义投资（I），

$$Y^D = C(Y) + I(r)$$

其中消费 $C = a + bY$，b 代表边际消费倾向，小于1；r 代表利率，且满足 $dI/dr < 0$。如前所述，有效需求（Y）被定义为总需求和总供给（Y^S）相等时的水平，即

$$Y^D = Y^S$$

由上述几个式子计算可推出：

$$Y = \left(\frac{1}{1-b}\right)[a + I(r)]$$

企业的决策取决于资本边际效率与利率（r）之间的对比关系，前者是指增加1单位资本所能带来的预期收益与所需付出的成本之间的关系。

企业的投资会在资本边际效率和利率达到相等的情况下停止。因此，对于给定的预期，投资水平与利率（r）负相关。

该模型有两个核心概念。第一个是边际消费倾向（$0 < dC/dY < 1$），凯恩斯认为这是一种"基本的心理学法则"：

> 无论是从对人类天性的理解还是从实际经验来看，我们都有充分的证据表明，人们平均意义上倾向于在收入增加时提高消费水平，但增加的消费绝不会超过其新增的收入。（Keynes，1936：96）

第二个就是著名的"乘数"：$1/(1-b)$，表示自发支出的增加能够引起总收入增加的乘数效应。

上述分析必须添加一个决定均衡利率的机制才完整。当货币供给和货币需求相等时达到均衡。按照凯恩斯的观点，货币需求由三方面组成，而在实际运用中又往往简化为两个：一是交易需求（L_1），一是投机需求（L_2）：

$$M^S = L_1(Y) + L_2(r)$$

凯恩斯认为交易需求是收入的函数，两者呈稳定的正相关关系；至于投机需求，则取决于持有货币的机会成本，因为经济主体持有货币时不能取得任何收入，而持有长期债券则能取得一定的利息收入（即债券未来利息收入的折现值）。在这里，预期发挥着核心作用。一种简化分析的办法是假设经济主体通过比较当期利率和债券的名义价值的大小来决定是持有货币还是持有债券。因此，投机需求被认为与当期利率负相关。

凯恩斯在其理论中特别强调了两点：第一，只有劳动力市场是非出清的；第二，劳动力市场的此种状态证明了存在一种古典的均衡观念，即它形成了一种静态均衡。对凯恩斯而言，总需求（有效需求）不足和违背萨伊定律（Say's Law，即供给创造需求）是一枚硬币的两面。萨伊定律——后来被学界称为瓦尔拉斯定律——认为总供给不可能超过总需求。换句话说，没有任何一个市场会处于非均衡状态。凯恩斯试图挑战这种观点，他认为在物物交换的经济中，经济交换闭环的特性使得总需求不可能超出总供给，但在货币经济下，总需求是可以超过总供给的。

上述所有推导过程都基于一个假设，那就是名义工资刚性（rigid nominal wage）。在引入这个假设时凯恩斯表示即便放弃该假设也不会对有效需求不足理论造成任何困扰。他在《通论》第十九章放弃了该假设[21]，并试图证明即便名义工资下降，就业量也可能并不会增加。他的推导过程如下：名义工资下降能否提升就业取决于其能否增加投资，换言之，即取决于名义工资下降是否能够提高资本边际回报率或降低实际利率。凯恩斯指出，没有理由相信这些因素会自发地向利于就业的方向发展，因此名义工资下降并不必然会减少失业。

因此，弹性工资政策并不一定能够维系持续的充分就业。同理，我们也可以推知自由开放的市场政策也无法实现这一目标。在失业问题上，经济体系无法实现自动调节。（Keynes，1936：267）

据此，凯恩斯得出结论，过高的工资并不是引发非自愿失业的原因。此外，他还指出，在大范围的非自愿失业情况下，工资刚性并非坏事，"（维系工资刚性）对封闭经济体系而言不失为一种明智的政策"（Keynes，1936：270）。

一个批判

对凯恩斯理论的质疑在于：如何解释凯恩斯仅仅在一个没有采用工资限额假设的拓展式马歇尔模型中引入非自愿失业概念（定量配给）便能够成功地解释失业问题？针对上述矛盾，我们经过仔细审视就能发现，凯恩斯实际上采用了工资限额假设。

首先让我们来考察凯恩斯基于简化模型的目的而引入名义工资刚性假设来推导有效需求不足为什么很奇怪。为何凯恩斯不直接抛弃这一解释性因素（虽然这会使得模型的复杂度大大提升）？进一步来说，如果引入工资刚性是为了简化模型，那么在工资弹性假设下重新论证有效需求不足会引发非自愿失业就一定是可能的。尽管会面临巨大的挑战，但沿着这一思路进行研究远比接纳工资刚性假设更具说服力。然而，凯恩斯乃至传统凯恩斯主义宏观经济学家们都没有这样做。在我看来，这说明该假设远非凯恩斯所宣称的那样无关紧要。

---

[21] 许多评论者对第十九章赞赏有加。在帕廷金眼中，该章乃是整个《通论》的巅峰，证明了"虽颇具争议，但本书的理论分析并不基于绝对货币工资刚性假设"（Patinkin，1987：28）。Lawlor，Darity，and Horn（1987：321），Howitt（1990：72）以及 Trevithick（1992）等也沿袭了帕廷金对《通论》的观点。但他们都没有仔细检验凯恩斯推理过程的有效性。正如后文将要论证的那样，我严重怀疑凯恩斯在这一点上的论断。

第一章
凯恩斯的《通论》和现代宏观经济学的兴起

因此《通论》的第十九章就很值得玩味，在该章里，凯恩斯宣称自己抛弃了名义工资刚性这个麻烦的假设。必须指出，在这里我们并非试图探讨如果在大萧条时期进一步采用工资通缩政策是否会加剧经济的恶化，我们所研究问题的精确表述是：在凯恩斯的有效需求模型中，如果在市场交易日中用弹性假设取代刚性假设，那么是否会同样推导出非自愿失业。

如前文所述，我们必须研究两个独立的调整过程，即市场交易日内的调整过程和每个交易日之间的调整过程。在凯恩斯的有效需求模型中，他是在给定的市场交易日中研究非自愿失业的，因此，应当在市场交易日条件下用工资弹性假设替代刚性假设。然而第十九章并不是这样做的。在该章中，凯恩斯聚焦于交易日之间的调整过程，他试图研究如果工资从当期到下一期出现下降，那么就业是否会增加。因此，他应该预设市场交易日均衡仍然存在，换言之，在每个交易期中存在外生的工资限额。因此，凯恩斯的论证过程本质上是在说明不同交易期的工资限额发生了变化。换言之，凯恩斯在第十九章实际解决的问题是：当市场交易日 t_2 的工资限额比 t_1 低时，就业是否会增加。诚然，凯恩斯可以证明上述结果不一定会发生，但他并没有移除有效需求模型中的工资刚性假设。

通过比较"凯恩斯式的有效需求"和"马歇尔式的有效需求"（即对马歇尔的企业个体均衡行为理论的一种拓展），我们也能够以不同的方式得到类似的令人失望的结论。两者的相同点在于它们都假设企业家拥有完美的预测能力。但我们也正是在这里发现了两者之间的细微差别。当我们严格采用马歇尔的观点时，所有的推导都很简单：它假设总供给价格方程包含了市场出清状态时的工资。反之，当我们采纳凯恩斯的观点时，我们必须假设企业在构建供给价格方程时所面对的工资水平是"错误的"（即并非市场出清时的工资水平）。那么考虑到企业拥有完美的预测能力（必须强调如果不这样假设便会陷入理论上的混乱），则企业之所以把一个非出清工资水平纳入其供给曲线是因为该工资水平可以被预期到将是劳动力市场上出现的真实工资水平。据此，企业家们必然发现存在某个因素使得市场处于非出清状态。如果我们遵循标准的马歇尔理论，那么我们必须诉诸工资限额假设来解释上述现象。因此，尽管凯恩斯本人不愿承认，但他的有效需求分析确实依赖于固定工资假设。失业问题植根于劳动力市场，学者们不应该对"有效需求是失业的动因"这一观点感到困惑。非自愿失业的存在性在逻辑上优先于有效需求的决定机制，而非相反。

一个一般化的评价

我对于凯恩斯《通论》的评价如下。虽然凯恩斯在该书中提出的一系列关于市场经济运行的观点初步看来是正确的,但是凯恩斯无法将其转化为严格而精准的学术论证。凯恩斯的研究计划中充斥着术语 a 和术语 b 之间的矛盾。更重要的是,他的研究计划面临一个不可逾越的障碍,那就是必须在一个并未给失业问题留下空间的理论框架内强行推导出失业结论。不过,这并非意味着凯恩斯给出的判断都是错误的。相反,只是说明他的论证还不够充分。在凯恩斯所处的时代,这是不可避免的。凯恩斯试图解决的问题过于宏大,而他缺乏必要的术语和工具——在某种程度上,即便对于今天的学者来说也是一样。正如科兰德所言:

> 凯恩斯所开启的研究方向并没有错,凯恩斯革命败于缺乏必要的科学工具。(Colander, 2006:69)

因此,凯恩斯的失败已然是不可避免的。然而,这种失败并不能掩盖凯恩斯理论对整个学界所具有的开创性意义。他的研究为经济学理论开创了宏观经济学这一重要分支,即一种简约、实用、政策导向的一般均衡分析框架。

然而,在凯恩斯所处的时代,任何人都无法作出上述论断。当《通论》出版后,几乎没有任何学者对它提出这样的批判。非自愿失业这一概念的实用性并未遭到任何质疑。此外,彼时微观经济学理论也无力将非自愿失业概念纳入新古典体系,现实中大量失业的存在也使得没有学者认为失业是自愿的。最后,在大萧条的背景下,大多数英国经济学家不得不考虑用公共项目而不是降低工资水平来解决经济危机,而凯恩斯的一大贡献便是为这一观点背书,虽然事后来看凯恩斯的这套理论存在诸多缺陷,但当时它足够符合直觉并且富有内涵,因此迅速得到了大部分经济学家的认同。

凯恩斯主义宏观经济学的兴起

虽然学界很快热情地接纳了《通论》,但即便是最推崇它的学者也逐渐对该书的核心观点产生了巨大的困惑。特别是在 1937 年召开的世界计量经济学会年会（Econometric Society Conference）上，与会学者针对《通论》展开了一系列讨论。在那次会议上，米德（[1937] 1947）、哈罗德（1937）和希克斯（1937）独立发表了三篇论文㉒，均通过重构古典模型来评定凯恩斯模型是否相较于古典理论模型更具一般性（正如凯恩斯宣称的那样）。三篇论文的论证过程基本相似，且结论都是否定的。三位学者都指出，一旦采用工资刚性假设，那么凯恩斯理论的开创性便会大打折扣，然而他们还是认为凯恩斯理论的政策实践效果让人眼前一亮。

在这三篇论文中，以希克斯的论文最为杰出，因为该文构建了后来被称为 IS-LM 模型的最初版本。为了与"古典"理论进行比较，希克斯将凯恩斯理论总结为由联立方程构成的一个简单系统，他也首次将三个不同市场的均衡状态凝练在一张图上。希克斯模型从此成为人们学习凯恩斯理论的基础，也成为未来宏观经济学理论的基石。学者们总是怀疑，假如没有希克斯的 IS-LM 模型，凯恩斯理论是否会被历史淹没。㉓

希克斯的 IS-LM 模型成为"凯恩斯的经济学"和"凯恩斯主义经济学"的分水岭。具有讽刺意味的是，自此以后凯恩斯主义学者宣称工资刚性是凯恩斯主义理论的基本假设，但前文我们已指出凯恩斯本人希望取消这一假设。* 例如希克斯就曾说，"凯恩斯先生将工资刚性视为其理论体系的基石"（Hicks, 1939: 266）。正如前文所言，这一改变并没有招致太多概念上的批判，相反，它更多的是基于客观现实。正如保罗·萨缪尔森所言：

> 凯恩斯在《通论》的最初几章给出了简单的声明，他发现在现代资本主义社会假设货币工资率具有黏性和抵制减弱的倾向是符合现实情况的，基于此假设的凯恩斯的大部分观点都是正确的（Samuelson, 1964: 332）。

然而，诸如萨缪尔森之类的论述并非想为工资限额假设进行辩护。这些论述想说明的是现实中工资调整是缓慢的。因此，在凯恩斯主义学者看来，工资刚性假设不失为一种对现实情况的极端但有用的替代性假设。

㉒ 杨（Young）的著作《解读凯恩斯先生》（*Interpreting Mr. Keynes*, 1987）通过对同一时代其他经济学家进行采访而详细记录了学界是如何逐渐接受 IS-LM 模型的。

㉓ 参见 Clower（[1975] 1984: 192-193）、Laidler（1999: 324）以及 Backhouse and Laidler（2004）。

* 凯恩斯主义学者总是否认凯恩斯持有这一观点。——译者注此外，为数不多的经济学家则试图用刚性假设来解释失业问题，而这恰恰是凯恩斯所批判的。莱荣霍夫德就曾指出：

> 在凯恩斯所处的时代里，工资刚性假设并非什么新奇的概念。通过假设工资过高并且无法向下调整来解释劳动力无法获得工作这一现象*甚至比经济学成为一门学科的历史还要久远。因此，工资刚性并非凯恩斯区别于"古典"理论并开启经济学"革命"的标志，这种看法很难算得上是一种对凯恩斯《通论》的合理解读。（Leijonhufvud，1988：210）㉔

莱荣霍夫德及其追随者在揭露凯恩斯的本意方面讲得十分到位。然而，这些后凯恩斯主义经济学家拒不承认凯恩斯没有完成其研究计划，相反，他们认为凯恩斯理论是一个完整且逻辑一致的分析框架。对于这一观点我已经解释过。

宏观经济学发展的最后一步伴随着从定性模型向实证可检验模型的转变。在这个过程中，简·丁伯根（Jan Tinbergen）贡献颇丰。和凯恩斯一样，丁伯根也是一位改革者，他终其一生都在致力于研究大萧条问题并提出能够避免大萧条再次发生的政策建议。丁伯根于1936年建立了一个用来刻画荷兰经济的宏观经济模型，他在其中特别强调了失业的概念。1937年，国际联盟（League of Nations）出版了戈特弗里德·哈伯勒（Gottfried Haberler）所著的《繁荣与萧条》（*Prosperity and Depressions*），该书系统梳理了经济周期理论（Haberler，1937）。为了对哈伯勒的理论进行补充，国际联盟邀请丁伯根对美国1918年以来的经济周期波动进行统计分析，该研究成果最终以两卷本的《经济周期理论的统计分析》（*Statistical Testing of Business Cycle Theories*，1939）的形式出版。㉕ 宏观计量经济领域的第二位开创者当属拉里·克莱因（Larry Klein），他为考

---

* 即劳动力市场非出清。——译者注

㉔ 可参见 Chick（1983：132）和 Laidler（［1991］2004：263）。

㉕ 凯恩斯被国际联盟的领导层邀请去裁定丁伯根的研究成果（Moggridge，1973：277-320）。这就使得凯恩斯得以和国际联盟的人员以及哈罗德、丁伯根建立了联系并最终撰写了一篇发表在1939年9月期《经济学杂志》（*Economic Journal*）的评述。丁伯根很快对该评述予以回复，最后凯恩斯于1940年3月期又发表了一篇评论。总而言之，凯恩斯对丁伯根的研究成果嗤之以鼻，认为将理论付诸经验检验没有什么帮助。凯恩斯坚持认为经验分析中存在太多主观臆断。但是凯恩斯对宏观计量模型的保留意见对该学科的发展完全没有什么影响。宏观计量领域的迅猛发展很快就不再是凯恩斯等人的认识论所能限制的了，参见 Bateman（1990）和 Garrone and Marchionatti（2004）。

尔斯委员会（Cowles Commission）出版了《美国1921—1941年的经济波动》(*Economic Fluctuations in the United States* 1921—41，1950)。在其广受赞誉的《凯恩斯的革命》(*The Keynesian Revolution*，1948) 一书中，克莱因宣称凯恩斯理论亟须经验数据的佐证。克莱因和他的合作者阿瑟·戈德伯格（Arthur Goldberger）在这一点上发挥了决定性的作用（Klein and Goldberger，1955）。

至此，宏观经济学的三大基石均已呈现。宏观经济学很快就成为经济学中最兴盛的新分支。它起源于大萧条的现实背景，致力于论证政府行为能够修复市场失灵，因此宏观经济学从最开始就具有改革派的基因。失业——特别是非自愿失业——成为该学科的核心议题。

第二章

凯恩斯主义宏观经济学：IS-LM 模型

20 世纪 50 年代到 70 年代，以 IS-LM 模型为核心的凯恩斯主义宏观经济学在学界占据了统治地位。即便此后遭到批判，它也从未淹没在各类学术思潮中。本章主要包含两方面的内容。在前三节，我们将研究凯恩斯主义宏观经济学步入正轨的三个阶段：第一阶段是莫迪利安尼（Modigliani）将希克斯初始的 IS-LL 模型转化为经典的 IS-LM 模型；第二阶段是沿承克莱因－戈德伯格模型（Klein-Goldberger）的各类凯恩斯主义宏观计量经济模型；第三阶段是威廉·菲利普斯（William Phillips）关于工资和失业关系的经验统计分析，也即大名鼎鼎的"菲利普斯曲线"（Phillips Curve）。本章最后一节关注元理论（meta-theoretical）方面的议题，主要考察凯恩斯主义和古典主义研究路径的关系，特别是在"新古典综合"（the neoclassical synthesis）的语境下，对这一关系的研究焕发了生机。

希克斯：《凯恩斯先生与古典经济学》

希克斯（Hicks，1904—1989）于 1937 年发表了著名的论文《凯恩斯先生与古典经济学》（Mr. Keynes and the Classics），试图对凯恩斯理论的一般性进行评估。他指出，由于凯恩斯是在没有给出精确定义的情况下对古典经济学展开批判的，故而给学者们带来了诸多困扰。[1] 因此，希克斯认为应当重构古典经济学理论。换言之，只有将古典经济学体系和凯恩斯体系进行比较才能证实后者的一般性。希克斯高超的学术

---

[1] "尽管《通论》的读者会为凯恩斯的论述所折服，并且谦卑地承认自己曾经是'古典主义经济学者'，但他们也很难记得那些凯恩斯认为他们曾坚信过的概念。"（Hicks，1937：147）

素养体现在他用三个简单的方程就精准地刻画了古典经济学教条的核心特征,他同时也能够通过相同的思路重构凯恩斯的体系。如下表所示,两个体系之间的区别很小。

古典体系	凯恩斯体系
$M = kY$	$M = L(Y, r)$
$I = f(r)$	$I = f(r)$
$I = S(r, Y)$	$I = S(Y)$

其中,M 代表货币供给,Y 代表名义收入,k 代表"剑桥方程式"系数(指代经济主体把总收入中的多大比例以现金形式保存),I 代表投资,r 代表名义利率,S 代表储蓄。上表中,第一行代表货币市场均衡,第二行代表资本市场上的投资是利率的函数,第三行代表产品市场均衡。

在给出了两个体系的方程后,希克斯又用图的形式予以表示,正是这张图使其成名,见图 2.1*。

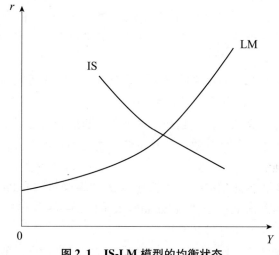

图 2.1 IS-LM 模型的均衡状态

IS 曲线通过储蓄等于投资这一等式将名义收入和名义利率联系在一起。它隐含的假设是投资和利率负相关,而储蓄与收入正相关。LM 曲线,希克斯最初称之为 LL 曲线,是从资本市场上货币需求等于货币供

---

* 把表中的储蓄市场写成 $I = S(Y) = Y - C(Y) = I(i)$ 的形式就自然可以推出 IS 曲线;把货币市场写成 $M = L(i, Y)$ 就自然可以推出 LM 曲线。——译者注

给的角度来考察收入和利率的关系。其中，货币需求在《通论》中包括两个部分，第一部分是货币的交易需求，与收入正相关；第二部分是货币的投机需求，与利率负相关。据此，LM 曲线之所以具有向上倾斜的斜率，是因为当名义收入增加时，货币的交易需求增加，为了让货币供需均衡，名义利率必须提升以促使货币的投机需求下降。IS-LM 模型刻画了产品市场和货币市场的关系，这两个市场的均衡隐含决定了债券市场和劳动力市场的均衡。

就劳动力市场而言，希克斯并未试图解释失业问题——希克斯将失业视为理所应当——而是研究其持续性，进而试图研究何种政策能够削减失业。在他的论文中，希克斯认为名义工资"可以被视为给定"，并且认为它不可能处于均衡水平，否则模型中就不存在失业问题了。必须强调的是，在希克斯眼中，古典理论和凯恩斯理论都存在名义工资刚性假设。这一论断恐怕源自希克斯的实用主义观念。希克斯曾表示，采用弹性还是刚性假设必须取决于现实情况。由于他坚信当时工资刚性假设在现实中更加普遍，因此如果在古典体系和凯恩斯体系中采用不同的假设便不会让人信服。② 此外，希克斯对证明非自愿失业的存在没有着墨太多。虽然他并不喜欢这一术语，却在很多情形下将工资刚性假设视为客观现实。

凯恩斯体系和古典体系的唯一区别就在于 LM 曲线的斜率。在古典体系中，LM 曲线具有正斜率。然而在凯恩斯体系中，LM 曲线被分为三个部分，即从原点出发，起初是水平的，随后具有正斜率，最后是垂直的。为经济注入货币的效果就是拉伸了曲线的开始部分，如图 2.2 所示。希克斯强调 LM 曲线只在后两个部分才与收入有关。当 IS 曲线与 LM 曲线在水平部分相交——货币需求的利率弹性（interest-elasticity）无限大，即出现流动性陷阱（liquidity trap）时——任何新注入的货币都将被储存起来而不是被花费掉。

希克斯的结论是明确的：与凯恩斯宣称的正好相反，他的理论是古典理论的一个特例而不是其一般化，而且只有出现流动性陷阱时，凯恩

---

② 希克斯在此后的一篇文章《再论古典体系》（The Classics' Again）中强调，"（工资刚性）是一种特殊但足以被整合到任一理论中的假设。虽然以前的经济学家们并没有这样做，但我们不应责怪他们，因为在他们所处的时代，工资刚性不是一种可以普遍观察到的事实。因此问题不在于理论是否存在矛盾，而在于我们应该总是顺应现实的变化并据此改变理论的表述方式"（Hicks，[1957] 1967：147）。

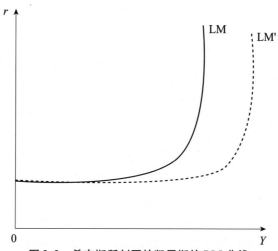

图2.2 希克斯所刻画的凯恩斯的 LM 曲线

斯模型和古典模型的结论才会相互矛盾,根据希克斯的观点,这便是萧条时期的情形,因此也只有在萧条的情形下,凯恩斯理论才"完全与古典体系背道而驰"(Hicks,1937:154)。希克斯指出,按照古典理论,萧条时应该扩大货币供应量,这将提升物价水平从而降低实际工资进而增加就业,他认为凯恩斯主要的贡献在于证明了在萧条时期货币政策是无效的,因此只能使用财政政策。这便是希克斯论文所展现的传统货币政策的缺陷(流动性陷阱)以及另一种可行的补救办法(通过财政政策改变 IS 曲线)。

莫迪利安尼的工资黏性模型

当代宏观经济学教科书中的 IS-LM 模型被认为直接照搬了最早的希克斯模型。但事实并非如此,希克斯只是凯恩斯的经济学向凯恩斯主义经济学转变中的第一步。第二步是由莫迪利安尼发表的文章《流动性偏好和利率、货币理论》(Liquidity Preference and the Theory of Interest and Money,1944)完成的(具体参见 De Vroey,2000)。该文将希克斯使用的 IS-LM 框架改造成了其现代形式,从而在凯恩斯主义经济学演进中发挥了决定性作用。奇怪的是,学界很少提及莫迪利安尼的贡献。

莫迪利安尼(1918—2003)认为凯恩斯理论最重要的贡献在于指出劳动力供给存在一种特殊的特征:

除非出现"充分就业",否则工资率就不是凯恩斯体系中的一个变量,而是一个已知数,它由"历史"或"经济政策"或者这两者共同决定。(Modigliani,1944:47)

莫迪利安尼的模型包含了 9 个方程。其中 8 个方程是标准化的,包含了生产函数和劳动需求等。其中生产函数 $[y=y(n)$,在这里 y 代表总产出,n 代表总就业量] 对应于一个标准的约束条件。劳动需求函数是通过实际工资与劳动边际生产率相等推导出来的,即 $W=y'(n)p$,在这里 W 代表名义工资,p 代表产品价格。该模型中最特别的方程是第九个方程,即劳动力供给方程。莫迪利安尼假设劳动力供给是名义工资的函数:$L^s = n(W)$,从而真正为凯恩斯理论赋予了货币幻觉的特征。③然而,该模型的主要原创性在于劳动力供给的具体形式。为了更好地说明这一点,我们不妨给出其逆函数形式:

$$W = W_0 + W(n)$$
$$W(n) = 0, 0 < n \leq \bar{n}$$
$$W'(n) > 0, n > \bar{n}$$

其中,$\bar{n}$ 表示充分就业量。

图 2.3 中的左图刻画了莫迪利安尼的劳动力供需情形。其中 n_1 是供给和需求的交点,$\bar{n} - n_1$ 代表了非自愿失业的数量。

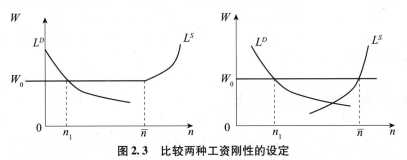

图 2.3 比较两种工资刚性的设定

由图 2.3 可知,在莫迪利安尼的框架内,名义工资刚性是无法达到充分就业的唯一解释因素。*此外,货币数量扮演了关键角色,因为货币数量和实际工资率之间的失调包含着用货币供给来调节就业量的可能性。例如,当名义工资水平相对于货币供给太高时,可以通过扩大货币

---

③ 如今没有学者会采纳货币幻觉这一假设,但彼时经济学家却并不为此而感到困扰。例如里昂惕夫(Leontief,1946)和托宾(Tobin,1947)就支持这一假设。

供应量来提升就业水平从而使其接近于充分就业。

> 任何存在刚性工资的经济体系都具有一个普遍特征,那便是"实际"变量的均衡值基本上由货币条件决定,而不是由"实际"因素决定……货币条件足以决定货币收入的大小,并且在给定工资和固定技术水平的前提下,每一种货币收入水平都严格对应一种均衡就业水平。这一均衡水平很少与充分就业相一致,因为并不存在让两者完全相符的经济机制。(Modigliani,1944:66)*

莫迪利安尼的模型既受到希克斯1937年那篇文章的启发,也借鉴了奥斯卡·兰格(Oskar Lange)1938年的论文《利率和最优消费倾向》(The Rate of Interest and the Optimum Propensity to Consume)。希克斯的IS-LL模型与莫迪利安尼的模型之间的联系显而易见,但两个模型之间的差异更值得关注。两位学者从一开始想要提出的主要观点就大相径庭,希克斯强调流动性偏好,而莫迪利安尼则认为它无助于解释非自愿失业。基于此,两人的模型走上了不同的道路。首先,希克斯认为由于存在错误的名义工资,古典理论和凯恩斯理论的劳动力市场都存在定量配给;而在莫迪利安尼的模型中并不是这样,他认为凯恩斯模型中才有工资刚性,古典理论中劳动力市场具有弹性工资并且市场出清。其次,在政策结论方面,两篇论文也有着不同的观点。希克斯认为古典理论中的货币供给扩张对经济具有实际效应,但在凯恩斯理论里无效;莫迪利安尼则认为货币供给扩张可以解决非自愿失业问题。换言之,在希克斯眼中被视为"古典主义"的政策到了莫迪利安尼的文章中则被视为"凯恩斯"政策。

对莫迪利安尼来说,兰格的文章也颇有启发。④ 在他1938年的文章中,兰格构建了一个类似于希克斯的方程组,但他认为那些深刻影响总价值的相对价格体系"可能是由瓦尔拉斯式或帕累托式的一般均衡方程组决定的"(Lange,1938:13)。此外,虽然未能给出证明,兰格还认

---

* 曼昆(2006)给出的黏性工资模型推导与莫迪利安尼(1944)基本一致。此外,曼昆还给出了另外两种解释:①信息不完全,即生产者无法判断价格上涨是全局性的还是局部性的,那么当观察到价格上升时,生产者会部分相信它的产品相对价格也在上升,故而会提高产量;②价格黏性,即部分企业(1−s)可调整价格,部分企业(s)不可调整,那么不可调整价格的企业必定按照预期价格P^e来定价以达到自然产量,由此,产量和价格相关,$P = s \times P^e + (1-s)(P + (1/a)(Y - \bar{Y}))$。——译者注

④ 参见 Rubin(2011)。

为，无论是凯恩斯主义还是古典主义的 IS-LL 模型，它们都是一个更加一般化的利率理论的特例，这个一般化模型大体是基于瓦尔拉斯理论的（Lange，1938：20）。与上述判断相一致的是，兰格认为凯恩斯理论也包含市场出清。这使得兰格在非自愿失业概念的定义上与凯恩斯产生了冲突。下段引文源自兰格 1944 年出版的《价格弹性与就业》（Price Flexibility and Employment），它表明兰格与莫迪利安尼的观念极为相似：

> "非自愿失业"并不是劳动供给过剩，而是供给曲线和需求曲线相交的一种均衡状态。劳动力供给曲线在一个很大的范围内都呈现出对名义工资水平的无限弹性（infinitely elastic），但非自愿失业情形下的交点落在了劳动力供给弹性有限大的区域。（Lange，1944：6）

现在让我来解释为何莫迪利安尼的模型构建显得有一点儿奇怪。

（1）莫迪利安尼的"历史决定的工资"（historically ruling wage）观点是含混不清的，更恰当的建模方式是用实际工资而不是名义工资来构建劳动供给逆函数，只要假设物价水平 P（$w = W/P$）是给定的，就可以如此。在这里 w_0 作为 W_0 的另一种度量，代表的是保留工资（reservation wage）*。回到图 2.3 中的左图，让我们用 w 替换图中的 W，可知任何低于 w_0 的工资都将使得劳动力放弃工作并将全部时间用于闲暇。而在原模型中，低于 w_0 的那部分劳动力仍然被算为劳动力总供给的一部分。进一步来说，n 在这里指的是代表性主体的工作小时数（集约边际）。在这种情况下，劳动力供给曲线中的完全弹性（perfectly elastic）部分代表消费和闲暇是完全替代的。此时代表性主体的无差异曲线是一条直线，因此在这部分曲线上的移动并不影响主体效用。如果 n 在这里代表同质的劳动力供给数量（广义边际），此时图中的 $0n_1$ 代表就业劳动量，$n_1 - \bar{n}$ 代表失业量。注意，在这两种情形下，经济主体工作与否的效用并无差异。因此我们可以推知低于充分就业（最高的经济活动水平）的就业水平并不一定是次优情形。

（2）莫迪利安尼的分析框架有必要对非充分就业和非自愿失业两个概念进行区分。简单来说，失业意味着劳动力分化为就业和失业两个群体。就凯恩斯的本意来说，作为个体非均衡的非自愿失业也属于上述分化过程。非充分就业则刻画了总就业时间在所有劳动力身上均等分布

---

* 低于保留工资时劳动力将不再愿意劳动。——译者注

的情形。它包含两种情况：在第一种情况下，最高就业水平和最优就业水平标准化为1；而在第二种情况下，最优就业水平可能低于最高就业水平。基于这些区分，莫迪利安尼的模型与其说是刻画了失业状态不如说是刻画了非充分就业状态。⑤ 此外，该模型关注的是那种"非最高就业水平的非充分就业"情形，而不是"次优结果的非充分就业"情形。这意味着在莫迪利安尼的模型中，失业状态的存在并不影响经济本身处于有效率的配置状态这一事实，需求刺激政策无助于改善经济福利。

（3）莫迪利安尼将工资刚性定义为"劳动力供给曲线中具有无限弹性的那一部分，此时就业量低于'充分'就业量"（Modigliani，1944：65，note 23），该定义与我们在上一章遇到的工资刚性定义不同。⑥ 在这里工资刚性是劳动力供给函数的特征，而在前文中工资刚性是市场运行的一个障碍。在前文中，工资刚性会导致定量配给和非自愿失业（见图2.3的右图），但是在莫迪利安尼的定义中，工资刚性不会导致上述结果（见图2.3的左图）。

虽然莫迪利安尼的模型存在上述三点缺陷，但我们是否因此就能说他的模型对凯恩斯理论的发展没有贡献呢？答案是微妙的。如果诚如莫迪利安尼所称，他试图研究非自愿失业，即劳动力市场的定量配给问题，那么答案显然是他的理论无助于凯恩斯理论的发展。然而莫迪利安尼实际上不知不觉地遵循着两个不同的目标。当观察客观现实时，他承认大量的失业属于非自愿失业；但是在建模过程中，我们有理由推测他运用了卢卡斯式的均衡原则（在他的模型中表现为市场出清）并试图推导出凯恩斯的结论。由此，学者们会不自主地指责他严重偏离了凯恩斯的研究路径。但是，正如前一章所言，如果我们发现凯恩斯的理论存在缺陷，并且用可控的"非充分就业"概念来取代不易操控的"非自愿失业"概念也足以证明需求刺激政策的有效性，那么何乐而不为呢？从这个角度

---

⑤ 莫迪利安尼并未区分非自愿失业、失业和非充分就业这三个术语。其中他只在一种情形下使用非自愿失业，即当他写道"凯恩斯理论所取得的最重要贡献在于它证明了经济均衡与非自愿失业是并行不悖的"（Modigliani，1944：65）时。然而，在给失业下定义时，莫迪利安尼却给出了非自愿失业的解释："所谓失业是指劳动力在当前工资水平下想要就业而不得"（Modigliani，1944：67），显然这是凯恩斯对非自愿失业给出的定义。莫迪利安尼本人最常使用的术语是"非充分就业均衡"（Modigliani，1944：65，66，74，76），但他却未曾对其给出定义。

⑥ 参见 Rubin（2002：213）。

来讲,莫迪利安尼的建模思想值得称赞。虽然非充分就业模型既没有为刚性假设提供理论基础也没有论证任何次优情形的特征,但这并不能否认该研究思路的可行性。事实上,沿着这一思路,学界内涌现出一批杰出的研究成果。当然,我们也不能否认,尽管莫迪利安尼采纳了非充分就业假设,但毕竟口是心非地支持非自愿失业,这也是其理论的缺陷。

克莱因和宏观计量经济学模型的兴起[7]

作为萨缪尔森的第一个博士生,克莱因(Klein,1920—2013)在其导师的建议下撰写了一篇评价凯恩斯理论的论文,该文最终于1948年正式出版,也即《凯恩斯的革命》(*The Keynesian Revolution*)。克莱因的研究之所以重要主要是出于三个原因。第一,克莱因是《凯恩斯的革命》一书的作者,在这本书中,他采纳了IS-LM模型却又淡化了对该模型的标准解释,即那种将流动性陷阱或名义工资刚性视为《通论》主要理论贡献的观念。第二,在考尔斯委员会工作期间(1947—1950),克莱因开创性地尝试了"新古典综合计划"(neoclassical synthesis program)。第三,克莱因与戈德伯格一起开创了宏观计量经济学领域。在本节中,我们主要研究克莱因的第一点和第三点贡献,并在下一章集中研究他的第二点贡献。

克莱因的《凯恩斯的革命》一书

克莱因的著作并非对《通论》观点的简单罗列[相反,汉森的《凯恩斯理论指南》(*A Guide to Keynes*,1953)便是如此],但与希克斯和莫迪利安尼所不同的地方在于,克莱因试图将非自愿失业情形与充分就业水平联系在一起,在这种情形下不存在任何正的利率能够使投资和储蓄相等,如图2.4所示。

如图所示,在充分就业的产出水平($\bar{Y}_0$)下,储蓄曲线和投资曲线无法在正利率的象限内相交。[8] 只有在更低产量($\bar{Y}_1$)的情形下,投资曲线和储蓄曲线发生移动从而相交(图2.4中虚线所示)。收入的下

---

[7] 本节基于 De Vroey and Malgrange(2012)。Visco(2014)是对克莱因成果的综述。

[8] 克莱因在他的数学附录中提及,当利率为0时,应假设 $S(0,\bar{Y}_0) > I(0,\bar{Y}_0)$,且满足 $\partial I/\partial Y < \partial S/\partial Y$(Klein,1948:203)。

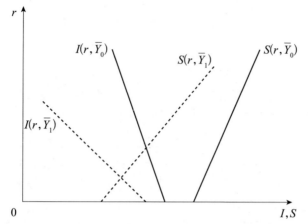

图 2.4　克莱因充分就业情形下储蓄和投资的均衡缺失状态⑨

降反过来会对劳动力市场产生影响,使得实际工资上涨从而引发劳动力供给超过劳动力需求。由此,劳动力市场交易将在脱离供给曲线的一点发生,详见图 2.5,该情形下存在市场非出清(或者说偏离了劳动供给曲线的交易),此时非自愿失业表现为 $n_2 - n_1$,经济中必然有经济主体处于个体非均衡。

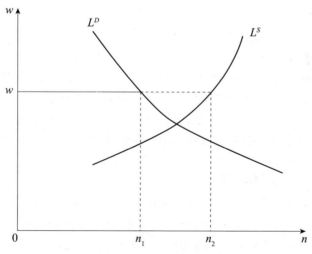

图 2.5　劳动力市场的结果

---

⑨　本图源自 Klein(1948:82)。

按照当代经济学术语，上述情形被称为短边交易，然而克莱因采用了一个更具意识形态的术语来刻画整个故事，将之称为劳资双方之间不对称的力量关系。

> 如果说在完全竞争情形（假设不存在任何工会力量的影响）下劳动力供需双方可能存在任何冲突，毫无疑问那便是需求不足将会主宰供给过剩。（Klein, 1948: 203）⑩

从某种意义上讲，克莱因的解释比希克斯和莫迪利安尼的模型更令人信服。它传递了一种溢出的观念，也即失业问题是由经济中的其他机制所引发的。但克莱因的理论存在一个缺陷，即其所有结论都基于投资函数和储蓄函数缺乏利率弹性（interest-elasticity）的假设。对于这一问题，凯恩斯主义者圈内争议颇多。《通论》中很多讨论利率弹性问题的段落都站在了这一假设的对立面。比方说，在《通论》的最后一章，凯恩斯提出应当维持低利率，因为其假设投资的利率弹性往往较大。一旦我们认可克莱因对凯恩斯理论的偏离，那么我们也不难理解克莱因为什么在证明其观点时诉诸了针对企业家的统计问卷研究所得出的经验性结论（Klein, 1948: 65-66）。虽然当时缺乏必要的统计数据，但是我愿意将克莱因的这项研究称为近似的实证研究，当然从今天来看，克莱因的研究结论非常勉强。与希克斯相反，克莱因一方面宣称凯恩斯理论相较于古典理论而言具有革命性，另一方面则发现事实上两种体系只是在函数形式上存在细微差别。最后，考虑到克莱因的研究结论是劳动力缺乏必要的市场谈判力量而不得不委身于企业，那么问题就在于供需分析框架下是否为这种市场谈判力量留下了空间。必须强调，劳动力市场并非一种普通的交易市场，雇佣决策更像是企业的单边决策，而并非完全由供需决定。

克莱因-戈德伯格模型

当克莱因试图对凯恩斯的《通论》作出解释时，他逐渐意识到凯恩斯所提出的诸多概念性论断"有必要用实证方法进行证实（或反驳）"（Bodkin, Klein, and Marwah, 1991: 19）。终其一生，克莱因都在为这一实证拓展而奋斗。其与戈德伯格的合作研究成果汇集为《美国计量经济模型》（*An Econometric Model of the United States*, 1955）一书，

---

⑩ 见 Klein（1948: 86-87）。

该书开创了宏观计量经济模型这一新的研究领域，在其中克莱因和戈德伯格构建了一个包含 15 个结构方程和 5 个恒等式的经济模型来刻画美国经济。该模型最早发表于密歇根大学的一次量化经济学研讨会上。它一方面试图对经济活动进行预测，另一方面又试图测度不同政策工具的实际效果。克莱因一直强调该模型受到了 IS-LM 模型的启发，但这种转化仍然是一项艰巨的任务。最关键的变化在于将原始模型的静态特征用动态框架来代替，为此资本积累和技术进步都被引入模型中。价格和工资调节机制也被该模型采纳，虽然设定的调节程度不高，但足以推导出劳动力长期处于供给过剩的非均衡状态。尽管存在上述修正，克莱因模型的结构仍然很像标准凯恩斯模型的结构，当然，额外添加的内容也相当多，比如消费函数、投资函数、企业储蓄函数、企业利润与非工资非农的资本性收入（nonwage nonfarm income）的关系、折旧函数、劳动需求、生产函数、工资市场调节机制、进口需求函数、农业性收入决定机制、家庭流动性偏好函数、短期利率和长期利率的关系，以及总产出的定义、国民收入的定义、工资率的定义、资本存量的定义和企业储蓄积累的定义（Klein，1955：314-316）。

克莱因和戈德伯格严格遵循实用主义进行建模。对他们而言，是实际数据而不是理论范式决定了模型，他们的首要目标是尽量使模型与现实情形相一致。因此，他们对某些待估计的参数赋予了闪烁其词的定义以至于掩盖了模型背后的理论本质，后来学界把这一行为称为数据挖掘（data mining）。而且，克莱因也绝没有试图一劳永逸地构建模型，而是将其视为一个庞大的研究计划的第一步，使后来的经济学家们能够基于他们的成果继续研究。

克莱因和戈德伯格的研究计划实施起来分为多个步骤。第一个步骤便是决定该模型的数理结构。他们最终选择了递归的时间序列差分方程组（a system of time-recursive difference equations），这些方程大都是结构化理论关系的线性近似，整个方程组在每一期内都需要解出数值解。第二个步骤是估计模型参数，在这一步中克莱因和戈德伯格耗费了大量的精力，而且他们为此借用了由考尔斯委员会最新发展出来的各种计量经济学工具，例如他们最早地运用了有限信息极大似然估计（limited-information maximum-likelihood）。完成参数估计后，该模型便可用于预测或者比较不同政策的效果。

克莱因－戈德伯格模型显然受到了凯恩斯的启发，至少对克莱因来说，他是在《凯恩斯的革命》一书出版后才真正开始构建该模型的。

Kurihara 所编的《后凯恩斯主义经济学》(*Post-Keynesian Economics*, 1955)一书收录了克莱因关于克莱因－戈德伯格模型的说明,在那篇论文中他详细论述了构建该模型的动机。[11] 克莱因明确表示构建克莱因－戈德伯格模型就是为了验证究竟是古典主义式还是凯恩斯主义式的 IS-LM 模型与客观现实更符合,并且因而可以认为更准确。这一研究思路的核心议题是要理清劳动力市场的运行机制。克莱因将此概括为古典主义和凯恩斯主义的工资调整方程来予以说明[12]:

古典主义工资调整方程:$\mathrm{d}W/\mathrm{d}t = f(N^S - N^D); 0 = f(0)$

凯恩斯主义工资调整方程:$\mathrm{d}W/\mathrm{d}t = f(N^S - N^D); 0 \neq f(0)$

上述两个方程表明,古典主义理论认为均衡状态即工资率的变动为 0 时劳动力供需相等;相反,凯恩斯主义理论认为此时劳动力供给仍然表现为过剩。克莱因宣称如果能用这两个方程来抽象这两种经济学理论,那么只要通过实证评估上述哪一个方程为真就可以判断两种理论的对错。毫无疑问,克莱因－戈德伯格模型的核心目的就是"验证劳动力市场上的议价方程是否同时满足零失业和零工资变动率"(Klein,1955:289)。克莱因声称自己沿承了凯恩斯所定义的非自愿失业,即将其视为充分就业的对立面,充分就业则被定义为"在给定实际工资水平下任何愿意工作的劳动力都能找到工作"(Klein,1955:283)。

因此,要评价克莱因－戈德伯格模型的这种评估是否成功,我们就必须聚焦于工资调整方程。他们刚开始将其表示为 $\mathrm{d}W = F(U, \mathrm{d}P_{-1})$。然后将上式转化为一阶差分方程,即工资率在时间序列上的变动是劳动供给过剩、通胀和生产率的因变量(Klein and Goldberger,1955:19),具体为:

$$W_t - W_{t-1} = \varepsilon_0 - \varepsilon_1(N - N^D - N^{\mathrm{SE}}) + \varepsilon_2(p_{t-1} - p_{t-2}) + \varepsilon_3 t$$

上式中 W 代表名义小时工资指数,N 代表劳动力,N^D 是就业人口,而

---

[11] 在该文中,克莱因对戈德伯格计算该模型的解表示了感谢["密歇根大学量化经济学研讨会的成员阿瑟·戈德伯格先生最早收集了基础数据并进行了计算"(Klein,1955:314,note48)]。这说明在整个方法论的选择中克莱因占据了主导地位,戈德伯格只是辅助。因此,后文我们将主要论述克莱因的理论贡献。

[12] 在克莱因－戈德伯格模型的所有方程中,工资调整方程是唯一一个没有用实际变量(用物价水平进行平减)的方程。他们的理由如下:"虽然我们并没有声称工人们受到了'货币幻觉'的蛊惑,但基于经验观察我们可知,工人们在进行工资议价时基本上是关注货币工资而非实际工资的"(Klein and Goldberger,1955:18)。

N^{SE} 是自我雇佣者的数量。⑬ $\varepsilon_3 t$ 可以被视为生产率提高效应的一个近似替代。其中，黑体变量代表该变量是外生变量。运用美国经济的数据可估计出 1929—1941 年以及 1946—1950 年的回归方程系数为

$$W_t - W_{t-1} = 4.11 - 0.75(U) + 0.56(p_{t-1} - p_{t-2}) + 0.56t$$
$$(4.83)\quad(0.63)\quad\quad(0.30)\quad\quad\quad(0.26)$$

其中，U 代表失业量，t 代表时间趋势（其中 1929 年 $t=1$）（Klein and Goldberger, 1955: 52）。

上述结果很难令人信服，克莱因在书中并未对这一结果进行评价。我们可以猜测，计量经济学家们很快就发现这一估计结果是整个克莱因－戈德伯格模型的结论中最薄弱的环节并且需要进一步研究。⑭ 据此无法推断出任何有效的结论来支撑克莱因最初的设想。不过奇怪的是，在克莱因 1955 年发表的另一篇文章中，他转变了态度，就我们的研究意图来讲，这一转变值得深究。

克莱因首先承认估算劳动供给要比估算劳动需求更加困难。他也承认肯定无法通过工资和价格变量来测度劳动力供给的同质性。最后，他承认通过构建一个以工资变动量为自变量的失业方程并不足以用来判断古典体系和凯恩斯体系工资方程的正确与否（Klein, 1955: 309）。然而，虽然他在描述克莱因－戈德伯格模型结果时列出了上述方程，但在评估该结果时却使用了另外一个早期版本的工资调整方程（Klein, 1950）。

> 计量估计结果显示，如果工资变动率设定为 0，那么相比于平均的滞后工资变动率水平而言，前一个情形下的失业量要比后者多 300 万。（Klein, 1955: 308）

克莱因还指出克里斯特（Christ, 1951）也得到了类似的结论。随后他回到克莱因－戈德伯格模型并给出如下论述：

> 在均衡状态下，我们设定价格变动率为 0。此时，我们发现在克里斯特的方程中工资变动率为 0，同时滞后工资率在平均水平上

---

⑬ 把劳动供给全部视为劳动力只是出于实用主义的考虑，"基于人口统计学等因素很难分析个体的经济动机，特别是很难分析他们是否愿意在劳动力市场出卖自己的劳动"（Klein, 1955: 307）。

⑭ 从另一个角度来讲，克莱因－戈德伯格模型被证明是更有远见的，因为该模型隐含着必须在充分就业和通货膨胀之间进行权衡，这便是后来的菲利普斯曲线的思想，参见 Bodkin, L. Klein and K. Marwah（1991: 61）。

存在600万—700万左右的失业量。（Klein，1955：308）

基于上述论证，克莱因宣称，与古典体系相比，凯恩斯体系更符合现实情况。

事实上，这一结论经不起推敲。我们在第1章里就指出，凯恩斯在《通论》中的理论分析（与他对现实的分析不同）忽略了摩擦性失业这一概念，仅仅使用了非自愿失业和充分就业两个概念。标准的IS-LM模型以及修正的克莱因IS-LM模型也沿袭了这一设定，即唯一的失业类型就是非自愿失业。这一观点可能适用于纯粹的理论建构，与现实的情况却往往不符。为了比较古典体系和凯恩斯体系的优劣，克莱因和戈德伯格理应先界定失业中哪部分是非自愿的以及哪部分不是。他们的错误之处就在于将现实世界中的失业现象与理论中由市场非出清所导致的失业严格对应起来。或者换一种说法，他们把后来被称为自然失业率的概念视为对非自愿失业量的测度。这一缺陷如今看来似乎是显而易见的，但在当时完全没有人发现。尽管我们并不应该就此批判他，但克莱因所得出的非自愿失业实际存在的结论的确经不起推敲。

41 上述评论基于建模的动机，但相较动机而言，模型的结论更加重要。就此而论，克莱因-戈德伯格模型取得了令人印象深刻的进步。整个宏观经济学学科内几个关键的发展节点也为该模型提供了可能：IS-LM模型逐渐为学界所接纳，出现了更新颖、更严谨的统计估计方法，国民经济数据被系统性地构建，而且新的计算方法即后来的电子计算机技术也在当时萌芽。政府部门有史以来第一次拥有了一个量化的动态宏观经济整体模型作为其施政的工具。

沿着克莱因-戈德伯格模型，学者们不断对宏观计量经济模型进行完善。其中最具里程碑意义的是布鲁金斯模型（Brookings model）。该模型最初发表于1959年美国社会科学研究委员会（Social Science Research Council）于安娜堡（Ann Arbor）组织召开的一次研究美国经济稳定性的会议。与克莱因-戈德伯格模型不同，布鲁金斯模型是一个庞大的非加总模型。另一个模型是由莫迪利安尼和艾伯特·安多（Albert Ando）构建的MPS（MIT-Penn-Social Science Research Council，麻省理工-宾夕法尼亚-社会科学研究委员会）模型。随着计算机产业的高速发展，模型变得越来越庞大，最多可包含上百个变量和方程。在这个过程中，克莱因最初的研究目的也被掩盖了。对于那些建构宏观计量模型的应用数学家们来说，克莱因的理论观点并不能引起他们的兴趣。他们只是基于实用主义来建构这些短期模型，并想当然地将劳动供给过剩视为客观现实。

菲利普斯曲线的诞生[15]

一切都从任教于伦敦政治经济学院的新西兰籍经济学家威廉·菲利普斯（William Phillips）估算了英国 1861—1913 年工资与失业之间的关系（Phillips, 1958）开始。为了捕捉周期特征，菲利普斯将这一时期分为六个阶段。据此他提出了名义工资率的变动和失业率的长期关系：

$$\dot{W} = \alpha U^{-1} - b$$

其中，$\dot{W}$ 代表了名义工资率的变动，α 是一个正常数，U 代表失业率，b 代表一条渐近线。当失业率向 0 趋近时，工资率提高，$\dot{W}$ 趋向于无穷大；反之，当失业率提高到 100% 时，工资率下降并趋向于 $-b$。

菲利普斯观察到（如图 2.6 所示），在短期内名义工资率的变动和失业率围绕其长期趋势呈现出一个椭圆形的逆时针变动规律。失业率提高意味着短期工资高于长期均衡水平*，反之亦然。将这一检验分析拓展到 1914—1947 年以及 1948—1957 年的英国，菲利普斯认为这一关系仍然大体存在。

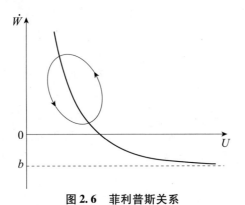

图 2.6　菲利普斯关系

菲利普斯的研究成果基本上是经验性的。但是，来自标准劳动力市

---

⑮ 关于菲利普斯曲线的历史，参见 Gordon（2011）和 Humphrey（1985）。

* 因此，此时工资会有下降趋势。根据下文利普塞对菲利普斯曲线的重构可推知，这即是说工资率与失业率的二阶导数为负（即菲利普斯曲线的斜率为负），三阶导数也为负。——译者注场视角的一些证据——存在失业率和工资变动的负相关关系——为他的发现提供了强有力的支撑。只要劳动力市场趋紧,失业率就会降低并且工资总是趋向于上升,而在一个宽松的劳动力市场,情况正好相反。而且那个时代的经济学家们普遍都赞同通胀是由成本推动的,但菲利普斯的研究成果启发了经济学家们提出所谓的工资推动型通胀,并认为菲利普斯关系刻画了失业和通胀之间的稳定关系,然而菲利普斯本人对这一观点恐怕持保留意见。⑯

在20世纪50—60年代,大部分宏观经济学家都是凯恩斯主义者。他们几乎都认为应当将菲利普斯曲线纳入宏观经济学,但又不愿意为此破坏凯恩斯主义宏观经济学的传统特征。他们尤其不想放弃非自愿失业的概念(学者们并没有意识到这一概念的理论基础是多么脆弱)。为了达到这一目的,必须进行一定程度的理论重构。理查德·利普塞(Richard Lipsey)在承担这一艰巨的任务方面值得一提。

利普塞首先发现,菲利普斯曲线与标准的劳动力市场供需状态没有任何直接关系(如图2.7所示)。图2.7(a)刻画了一个允许非均衡状态存在的马歇尔劳动力市场,其中供需曲线的加粗部分表示短边交易假设下市场非均衡所处的位置。当工资高于均衡水平时,劳动供给会出现定量配给;反之,当工资低于均衡水平时,将出现需求配给。只要工资水平高于w^*,那么就将出现非自愿失业。⑰ 图2.7(b)展现了利普塞对工资调整速度的设定——过度需求越多,调整速度越快,其中第四象限的虚线部分表示工资降低时存在延滞(resistance)。图2.7(c)将(a)和(b)结合在了一起。* 它代表了工资变动率和失业率之间的关系。如图所示,它看起来并不像菲利普斯关系。

为了解决上述矛盾,利普塞添加了摩擦性失业假设。据此,充分就业(定义为不存在非自愿失业)情形下也可以存在一个正的失业率。对利普塞而言,此时整个经济也处于均衡状态,失业者只是还未找到空缺岗位而已(Lipsey,1960:14)。

---

⑯ Leeson(2000)和Sleeman(2011)详细阐明了菲利普斯发表论文时的情况以及菲利普斯本人对该论文的保留态度。

⑰ 利普塞指出,工资之所以高于均衡水平主要是由于存在黏性而不是由于工资限额,当然,关于这种解释我们已经在此前的章节中进行了评判。

* 如果注意到失业的定义$U = L^S - L^D$,就会发现图2.7(c)实际上就是图2.7(b)的水平翻转,按照利普塞的意思,劳动需求大于劳动供给时不算失业,反之,劳动供给过剩时才存在失业。——译者注

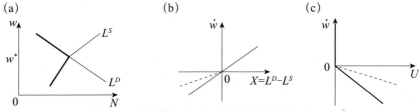

图 2.7　菲利普斯关系和菲利普斯曲线的不一致

图 2.8 显示，在均衡时，工资水平为 W^*，就业量为 $0N^*$，不存在非自愿失业，只存在摩擦性失业。当工资水平为 $W_1 > W^*$ 时，就业量为 $0N_5$，总失业量为 $N_1 - N_5$，其中 $N_2 - N_5$ 属于摩擦性失业，$N_1 - N_2$ 属于非自愿失业。如果工资水平为 $W_2 < W^*$，非自愿失业就不存在，但存在摩擦性失业 $N_4 - N_5$，同时企业面临劳动力定量配给 $N_3 - N_4$。通过一系列额外的推导，利普塞推出了所谓的菲利普斯曲线（见图 2.9）。*

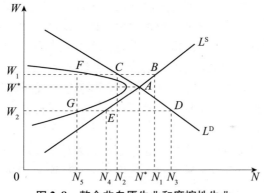

图 2.8　整合非自愿失业和摩擦性失业

通过上述推导过程，利普塞将凯恩斯主义的理论和菲利普斯的实证关系调和在了一起。至此之后，菲利普斯曲线很快就在宏观经济学占据了一席之地。事实上，由于价格水平被设定为固定的，因此第一代 IS-LM 模型从未对价格水平的形成机制展开探讨。到了 20 世纪 60 年代，随着通货膨胀日益严重，上述假设已然站不住脚了。菲利普斯曲线的出

---

* 曼昆（2006）给出了从短期总供给曲线到菲利普斯曲线的推导：当期价格和预期价格的差与实际产出和自然产出之差成正比，即 $P - P^e = (1/a)(Y - \bar{Y})$（总供给曲线），加上供给冲击，并减去上一期价格，则推出 $\pi - \pi^e = (1/a)(Y - \bar{Y}) + v$，利用奥肯定律，即 $(1/a)(Y - \bar{Y}) = -\beta(u - \bar{u})$，代入可得 $\pi - \pi^e = -\beta(u - \bar{u}) + v$，由此可知，菲利普斯曲线与短期总供给函数是可逆的。——译者注

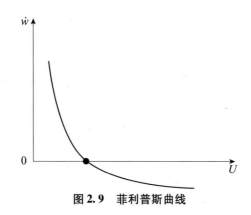

图 2.9 菲利普斯曲线

现恰到好处,它解释了名义工资率的运动规律,为整个模型的体系补齐了所谓的"缺失方程"。

从事后来看,对利普塞框架的批判主要集中在两个方面。第一是关于摩擦性失业和非自愿失业的关系。他不应该将这两个概念整合在一个模型中,因为两者基于完全不相容的交易技术设定——前者可以由供需框架解释,而后者则基于分散化的劳动力市场组织架构。[18] 即便我们能够将两者画在一张图上,也仅仅是因为绘图本就无须包含一切必要因素。第二,为了对凯恩斯主义进行辩护,利普塞不得不迷失在前人的秘境里。对利普塞而言,重构菲利普斯曲线的理论基础必须将摩擦性失业和非自愿失业强行整合在一起,但即便只考虑摩擦性失业,我们仍然可以推导出菲利普斯曲线,这一点在之后将越来越清楚。换句话说,非自愿失业的概念甚至可以不出现在上述推导中,这说明菲利普斯曲线并非为凯恩斯主义理论所独享。

菲利普斯曲线被正式纳入宏观经济学理论之后又发生了一次革命性的变动,即从刻画工资变动率和失业率的关系转变为刻画物价水平变动率和失业率的关系。萨缪尔森和索洛(1960)迈出了这关键一步,认为菲利普斯曲线可以成为一个可行的政策选项:为了提升就业水平,政府可以选择承担正通货膨胀率的"代价"。[19] 这一转变也为弗里德曼对凯恩斯主义提出批判留下了余地。

---

[18] 参见 Batyra and De Vroey(2012)。

[19] Forder(2010)和 Hoover(2014)讨论了学界对萨缪尔森和索洛这篇文章的接纳过程及后续解释。

新古典综合

在 IS-LM 模型统治宏观经济学的时期,它总是与另一个名字如影随形,那便是"新古典综合"。这一术语最早由萨缪尔森在他第三版的《经济学》(*Economics*,1955)里提出,他用它来指彼时经济学界已经开始形成某种共识,即认为经济学应当将微观经济学和宏观经济学整合在一起。

> 近年来,90%以上的美国经济学家已不再宣称自己是"凯恩斯主义者"或"反凯恩斯主义者",相反,他们试图将传统经济学和当代收入决定理论中有价值的部分综合在一起。这一研究成果可以被称为新古典综合,事实上,除了5%的极端左翼和右翼,其他学者都接纳了新古典综合。(Samuelson,1955:212)

在这一版教科书中,萨缪尔森是在一个很宽泛的概念上反复使用"新古典综合"这一术语的,事实上,他本人从未对其内容作出清晰的解释。[20] 严格来说,所谓"综合"一词应该是指将两种在某种程度上看上去毫无关系的理论分析框架兼容或整合在一起的过程,然而我们在萨缪尔森的笔下始终找不到这种意义上的"综合"。

因此,新古典综合只是狭义地指代凯恩斯主义和古典经济学的一种联系。希克斯就秉持这一观点,当然,在《凯恩斯先生与古典经济学》一文中他还未表达这一观点。希克斯在该文中使用一个短期模型来对比这两种思想,并证明凯恩斯只是古典经济学理论的一个特例。很多经济学家据此臆断这一结论便是所谓的"新古典综合",然而对我来说这显然是在偷换概念:严格来讲,将一种理论认定为另一种理论的特例显然不能说成是综合。我们要引用的是希克斯在 20 年后发表的论文,他在其中指出,关于凯恩斯理论贡献的本质,他认为其独创性贡献主要在于将经济分析视角从长期转向短期。

> (古典主义经济学家们)始终致力于构建完全均衡模型。即便大部分学者从现实经验中明确地观察到了相对工资(和其他一些价格)的刚性等重要现象,他们也没有对其给予足够的重视……

---

[20] 见 Samuelson (1955: Ⅶ, 360, 709)。

> （对古典学者来说）完全均衡理论总是比短期理论更受喜爱。（Hicks, [1957] 1967: 149-150）

希克斯认为这一转变是值得称赞的。他并不是认为经济学家应该放弃关注长期问题，而是认为是时候改变研究重点了。因此，凯恩斯主义和古典主义理论的区别在于，前者占据了短期视角，并试图用非均衡方法加以分析；后者占据了长期视角，并利用均衡方法来予以研究。㉑

虽然颇具启发意义，但希克斯的观点并不能一般化。他本人并没有对短期和长期给出明确定义，关于长期、短期的具体描述以及它们之间关系的本质仍然含混不清，但这一划分毕竟为一种可能的"综合"奠定了基础。不过这也带来了两个问题。一是如何准确界定古典主义的长期分析，其中最典型的代表是瓦尔拉斯主义理论。二是凯恩斯主义理论和瓦尔拉斯主义理论的关系。在这里又存在两种意见。第一种冠之以"新古典综合计划"（neoclassical synthesis program）的名字，其目标是将凯恩斯主义和瓦尔拉斯主义融合在一起，只有它可以被称为综合。第二种我将其称为"新古典综合观点"（neoclassical synthesis viewpoint），该观点一方面承认综合是不太可能实现的，另一方面又否认瓦尔拉斯主义和凯恩斯主义中的任何一种能够占据主导。后一种观点实际上是为一种折中的宏观经济学思想辩护，该观点认为宏观经济学应当构建各种各样的——甚至是完全不相容的——模型，每种模型都适用于特定的研究目标。作为新古典综合观点的代表人物，索洛指出了这一思想的两个要点：

> （一些宏观经济学家）试图构建一个基准模型来解释他们感兴趣的一切问题……（相反，另一些学者）认为宏观经济学应该包括各种模型，每种模型都聚焦于研究特定的一种或两种宏观经济学机制。我现在当然赞成那些折中主义者和修补主义者的观点。（索洛接受斯诺登和文恩的采访，1999: 282）

> 我个人对宏观经济学所持的折中主义立场是，在短期应当运用凯恩斯主义，而在长期应该运用新古典经济学家的理论。（Solow, 2001: 27）㉒

㉑ 见 Blanchard（1987: 634-635）和 Woodford（1999: 9）。

㉒ 曼昆则是该观点的另一个代表人物［例如见 Mankiw（2006）］，更多详细分析可见 De Vroey and Duarte（2012）。

总而言之，除去萨缪尔森对新古典综合的理解，对新古典综合至少存在三种含混不清的解释。第一种是新古典综合经常被视为 IS-LM 模型的同义词*，实际上这种解释没有为我们提供任何有用的信息。第二种将要在下一章详细论述，即一些经济学家试图沿着新古典综合计划展开研究，但他们恰巧并没有将其研究用此命名。第三种便是在学界影响颇深的、老调常谈的索洛的新古典综合。在我看来这种观点显然是颠倒黑白：按照此种方法论的观点，所谓的"新古典综合"就是承认凯恩斯主义和新古典主义不存在任何综合的可能性。我们将在后文中看到，卢卡斯革命彻底否定了这种意义上的新古典综合。

结　语

IS-LM 模型很快成为宏观经济学这一新学科的基石，然而该模型兼顾了古典主义和凯恩斯主义，成功地将两种思想并列在一起，所以我们很难严格将 IS-LM 模型视为凯恩斯主义理论。但在 IS-LM 模型统治学界的时期，大部分经济学家都坚信凯恩斯主义更贴近于现实，而古典体系无非是一个食之无味的理论陪衬而已。[23]

以 IS-LM 模型为代表的凯恩斯主义宏观经济学取得了巨大的发展，学者们对最初的模型进行了各种拓展，比如为之增加政府部门、国际贸易或其他设定。它的每一个元素（消费、投资、资产组合选择和劳动力市场）都被纳入有待拓展的研究方向中，比如检验它们对原始命题的影响，探索它们的微观基础以及如何将它们由静态形式转化为动态表达。

上述成功不能简单归因于运气。实际上，IS-LM 模型主要拥有两个优势。第一是能够以一个简约而又符合直觉的形式来为经济上的各种关联关系建模，在这一点上 IS-LM 模型无与伦比，即便是根据其最基本的形式也可以得出令人信服的关于真实世界的推论。比方说，如果我们要研究某国国家队获得世界级赛事（比如世界杯）的冠军对该国经济的影响，这种胜利所激发的乐观情绪就可以转化为 IS-LM 模型中 IS 曲线向右移动的情形。第二个优势在于其多样性。斯坦利·费希尔（Stanley Fischer）曾指出：

---

* 即认为凯恩斯主义是古典主义的特例。——译者注

[23]　关于 IS-LM 方法论的总体评述，详见 Darity and Young（1995）和 De Vroey and Hoover（2004）。

IS-LM模型赖以生存的关键就在于其多样性：在充分就业和失业条件下，它都可以用来分析货币政策和财政政策；它经过微调就可以得出货币数量论或纯粹的凯恩斯主义结论。正如弗里德曼（1970）提出的模型所示，IS-LM模型既能满足货币主义学者的需要又能符合凯恩斯主义学者的观点。对我来说，它甚至可以用来构建一个基本的包含理性预期假设的市场出清模型——虽然理性预期学者们恐怕不会同意这一观点。(Fischer, 1987：6，note 7)[24]

任何一本宏观经济学教科书都不能忽视IS-LM模型，这一点也证明了其巨大的理论优势。正如前文所提及的，早期的IS-LM模型将商品市场和货币市场整合在一起加以研究，并将劳动力市场和债券市场区分开。其中对劳动力市场的刻画可以说是相当初级，它们只能用某种特定的方式来描述工资刚性。而今天的IS-LM模型则超越了这样的解释，比如布兰查德的宏观经济学教科书（2000，第二版）就用集体谈判（collective bargaining）和效率工资（efficiency wages）对工资决定机制作出了解释，并重构了IS-LM模型中的劳动力市场部分。

从模型所能容纳的多样性和特例范围来讲，IS-LM模型几乎包含了无限多的可能性。这种可塑性的必然结果就是为该模型赋予了实用主义特征。一旦学者们从现实经济中发现了某种新的要素，那么他们就会将该要素添加到IS-LM模型中，而不去思考该要素是否具有理论基础。此外，这种可塑性也拓展到政策建议层面，凯恩斯主义者或反对者都可以利用该模型来支持或反驳某种政策。

然而，IS-LM模型的缺点也是显而易见的。我们在前文中业已研究了它在概念上的模糊。由于概念本身含混不清，也导致学者们并不热衷于为该模型增加坚实的微观基础。虽然学者们在将其从静态模型转化为动态模型上花费了不少心思，但囿于工具缺失和概念不清，进展并不算太乐观。最致命的一点在于，该模型并不能像它所声称的那样证明非自愿失业是一种系统性的市场失灵。

第二次世界大战结束后，IS-LM模型至少统治整个宏观经济学界长

---

[24] 艾伦·科丁顿（Alan Coddington）表达了同样的观点，"作为一种分析工具，希克斯的IS-LM模型具有令人惊讶的多样性，即便是该理论坚持不懈的反对者也能轻松运用它进行分析并提出反对意见。但是，我们不应该感到惊讶的一点是，该模型显然没能抓住凯恩斯在20世纪30年代撰写的诸多文章中所蕴含的那种深刻思想和无限的可能性"（Coddington, 1983：66-67）。

达 25 年之久。随着 20 世纪 70 年代早期新兴古典主义宏观经济学（new classical macroeconomics）的出现，它首次遭到了巨大的挑战并随即被推翻。然而，IS-LM 模型仍然存在。虽然该理论不再是大部分宏观经济学者在研究生期间所接受的学术训练的核心内容，也不再是宏观经济学学术前沿的核心议题，但它仍然是经济学本科教科书中的核心内容，它也仍然活跃在远离宏观经济学理论界的应用宏观经济学领域，而且直到最近它仍然是各国政府和中央银行用以制定政策的宏观计量模型的核心。

第三章

新古典综合计划:克莱因和帕廷金

本章将研究学者们在新古典综合计划,即试图综合凯恩斯主义和瓦尔拉斯一般均衡理论方面的两种尝试。要介绍的第一位经济学家是克莱因。我们已经在第二章讨论了他对凯恩斯《通论》给出的解释,以及他对宏观计量经济学发展作出的开创性贡献,本章则主要研究他的另一本早期著作,即他1947—1950年在芝加哥大学考尔斯委员会工作时出版的专著《美国经济波动(1921—1940)》(*Economic Fluctuations in the United States, 1921—1941*, 1950),在该书中他尝试以瓦尔拉斯理论作为研究的理论基础,并以凯恩斯理论作为组织数据的框架。本章还将花费大量篇幅来研究第二位经济学家,即唐·帕廷金(Don Patinkin, 1922—1995),其著作《货币、利息和价格》(*Money, Interest and Prices*, 1956)在学界具有深远的影响。与克莱因不同,帕廷金试图从纯粹理论的层面进行综合。对他来说,新古典综合计划指的是依照凯恩斯主义理论来研究经济的短期(即非均衡)状态而同时依照瓦尔拉斯理论来研究经济的长期均衡状态,特别是将瓦尔拉斯均衡视为凯恩斯非均衡状态的基准参照系。*

克莱因和帕廷金的研究计划相当不同。虽然两人都未将他们的研究成果用"新古典综合"这一术语描述,但他们实际上确实做了这样的工作。最关键的是两人在芝加哥大学学习期间都有在考尔斯委员会工作的经历,其中帕廷金是在研究生期间,克莱因则是在博士后期间。鉴于诸多文献已经详细介绍过该委员会,我们在这里便不再赘言。[①] 该委员

---

* 换言之,随着时间的推移,凯恩斯非均衡状态总会向瓦尔拉斯均衡收敛。——译者注

[①] 参见 Epstein(1987),Morgan(1989),Louçã(2007)和 Qin(2013)。

会于 1932 年在科罗拉多成立，后又于 1939 年迁至芝加哥大学。考尔斯委员会既研究高度抽象的经济学理论又研究创新性的经验统计问题（并试图将两者结合在一起），这背后反映了某种社会工程主义（social engineering）的态度。杜佩（Düppe）和温特劳布（Weintraub）将该委员会描述为汇聚了"欧洲社会主义者和社会民主党人以及美国本土左翼自由主义者"的组织（2014：79）。它的资深成员均是杰出的经济学家，例如雅各布·马尔沙克（Jacob Marschak）、奥斯卡·兰格（Oskar Lange）以及佳林·库普曼斯（Tjalling Koopmans），但更令人惊讶的是，事后来看，该委员会的年轻成员包含了一大批后来更加如雷贯耳的职业经济学家们，比如肯尼思·阿罗（Kenneth Arrow）、罗拉尔·德布鲁（Gérard Debreu）、里奥尼德·赫维茨（Leonid Hurwicz）、弗兰科·莫迪利安尼（Franco Modigliani）和埃德蒙·马林沃（Edmond Malinvaud），当然，这里面也包括本章提及的克莱因和帕廷金。

本章包括三节。第一节讨论克莱因。第二节回顾瓦尔拉斯《纯粹经济学要义》（*Elements of Pure Economics*）的主要观点，以便于我们在第三节开始研究帕廷金。

克莱因（1950），《美国经济波动（1912—1941）》

考尔斯委员会主任马尔沙克给克莱因指派的研究任务是重构丁伯根早先尝试的计量经济学建模思路，即采用基于现代概率论的计量经济学方法在一般均衡框架下构建结构模型（差分联立方程）。用克莱因本人的话来讲：

> 雅各布·马尔沙克结合自己当时的研究成果，并征求萨缪尔森教授的意见后告诉我说："这个国家需要的是一个能够预测战后美国经济运行状况的新型丁伯根模型。"我被这一想法深深打动了，随后便欣然接受他的邀请加入了考尔斯委员会并投身于这一研究计划中。（Klein，2006：173-174）②

---

② 在马林沃的著作《宏观经济研究报告》（*Voies de la recherche macroéconomique*）中，其专门撰写了一章内容来对克莱因 1950 年的专著予以评论。根据其一手资料证实，考尔斯委员会中最具影响力的成员们并不全都赞同将计量方法应用于宏观经济学。至于计量经济学家，马林沃提及，他们并不认同克莱因的研究计划，却又不想阻碍他进行研究。不过，马林沃补充道，"(颇具影响力的考尔斯委员会成员们和计量经济学家）凭着大胆、顽固和勤奋的秉性最终构建起一个信念，即新的研究计划是有用的"（Malinvaud，1991：523）。

这一研究的最终成果便是《美国经济波动（1912—1914）》（1950）这本专著。回顾起来，该书可以看作我们在第二章研究的克莱因－戈德伯格模型的前奏。该书合计168页，克莱因在简练的第一章论述了建模的基本原则，随后用45页构建了理论模型一章。不得不承认，如果当今的宏观经济学家阅读这一部分内容，绝对会为克莱因在家庭和企业决策问题上复杂而深刻的论述所折服。比方说，克莱因既考虑了加总问题也考虑了动态化问题。其中动态化表现为克莱因假设企业会最大化未来利润的折现值，在技术水平约束、可替代要素和不同资本利用率的条件下组织生产；而且企业以价格和工资历史数据的加权平均值形成对未来价格和工资的预期。克莱因对家庭只考虑当前和未来两期，其中未来被压缩为一个单一的时期。* 储蓄被看作未来产品的折现值。市场价格依照瓦尔拉斯式试错过程而形成。完成理论构建后，克莱因构建了三个渐进复杂的模型来刻画美国的经济。第一个模型是一个只包含3个方程的方程组，第三个模型则包含了12个行为方程、4个恒等式和11个变量。克莱因宣称最后这个模型足以用来解释美国战时经济的运行情况并能够预测未来的国民收入。该书最后一章论述了统计数据的可得性并在长达33页的附录中给出了所用数据及时间序列的统计结果和相关图表。

我之所以希望读者关注克莱因的这本专著，是因为该书试图对瓦尔拉斯和凯恩斯的经济学理论进行综合。可以说该书涉及理论的章节展现了当时整个瓦尔拉斯理论界的最高水平，而其实证模型又严格基于凯恩斯《通论》的框架，当时学界才刚刚开始运用凯恩斯理论来建立国民经济核算体系。彼时，高度抽象的瓦尔拉斯理论与贫瘠的统计数据及新生的计量经济学难以融洽，也使得理论难以进行实证检验。为了填补理论模型和实证模型之间的鸿沟，克莱因尽可能作出妥协，但两者之间的差距越来越大，以至于让人们质疑为何要以瓦尔拉斯理论为研究起点却又在实证层面将其淡化。

我们在上一章曾提及，克莱因在宏观计量经济学方面的卓越贡献最早源自其1950年的论文，然而这也说明克莱因最终放弃了新古典综合计划并且抛弃了他理论中的瓦尔拉斯主义成分。

本书第二章曾提及克莱因给出的凯恩斯主义工资调整方程为

---

* 显然这就是世代交叠模型（overlapping generation model，OLG）的思路。——译者注

$$\mathrm{d}W/\mathrm{d}t = f(N^S - N^D)\,;0 \neq f(0)$$

因此，在克莱因－戈德伯格模型中，即便是均衡状态也存在劳动力供需失调。克莱因－戈德伯格模型存在长期均衡收敛趋势这一事实说明它在某种意义上实现了一定程度的综合，但这显然并不是新古典综合，即并没有把凯恩斯主义理论和瓦尔拉斯理论结合在一起，而只是一种凯恩斯综合。即是说，从短期的凯恩斯主义的非均衡状态（即非静止状态）向长期的凯恩斯主义的均衡状态（即静止状态）收敛。我们在《通论》和 IS-LM 模型中都找不到类似的联系。

瓦尔拉斯的试错机制

瓦尔拉斯在《纯粹经济学要义》（1954，英译版）一书中试图分析竞争性市场的均衡状态并证明它是有效率的。他坚信这一研究必须在高度抽象的层面进行并且需要用数学语言加以描述。瓦尔拉斯将均衡状态定义为所有经济主体的最优决策都得以实现并且彼此相容。在其理论体系中，瓦尔拉斯需要完成两个任务：第一个是决定为了使均衡在逻辑上存在需要满足何种条件；第二个是研究经济主体之间的交互行为如何能够确保均衡状态内生地实现。瓦尔拉斯提出用"试错机制"*来解释第二点。在他后续的每一个模型中，瓦尔拉斯都遵循了相同的论证方法：首先提出决定均衡的条件，随后用试错机制来解释均衡实现的过程。该机制的明确特征是所有经济主体都是价格接受者。令人奇怪的是，瓦尔拉斯并没有明确说明是谁制定了这一价格，而只是用"某人"来指代。这就使得瓦尔拉斯主义经济学家们将"某人"假设为一个拍卖者（auctioneer）。拍卖者是一个外生于经济系统的角色，他设定价格并观察经济主体在交易行为上的反应，随后调整价格直到均衡状态。其中均衡的标准是不存在任何过度需求，只要还未达到均衡，那么拍卖者就将调整价格以使经济向均衡状态移动。

试错机制并非什么新颖的观点。亚当·斯密在《国富论》（1776）第七章就论述了类似的经济调节机制，即市场价格围绕自然价格（natural price）波动。对斯密而言，自然价格的发现过程就是现实中偏离自然价格的非均衡实际价格不断进行自我修正的过程，所以在斯密的观点

---

* 即法语 tâtonnement，英文为 trial and error。——译者注

中，大部分交易都是在非均衡价格下发生的。问题在于是否存在合宜的均衡调节机制（re-equilibration mechanism）。在这个问题上，瓦尔拉斯试图用试错机制的概念来表达斯密的观点。这意味着在"错误的价格"下进行交易会在瓦尔拉斯的理论构建中扮演核心角色。③ 在瓦尔拉斯眼中，"在现实世界的竞争性市场的实际运行过程中，试错机制假设是一种自然而然、不言自明、不可替代的促使市场得以实现竞争性均衡的形成机制"（Donzelli，2007：101）。所以在《纯粹经济学要义》出版后，当贝特朗（Bertrand，1883）和埃奇沃思（Edgeworth，1989）对这一假设予以严厉批判时，瓦尔拉斯显得无比吃惊。他们认为瓦尔拉斯忽略了路径依赖效应，因为每一次非均衡交易都改变了经济主体的财富，从而对下一次交易时的总供给和总需求造成影响。因此，即使调整过程收敛于均衡，最终的配置结果仍将不同于在没有错误交易条件下所达到的那种配置结果。④

面对这种批评，瓦尔拉斯直到20年后才不得不在《纯粹经济学要义》（第四版）中打破僵局，承认只有增加"交易不会在非均衡价格下发生"的假设基础才能进行他的分析。⑤ 因此，在标准瓦尔拉斯理论中，试错机制彻底变为逻辑层面而非现实层面的过程，换言之，所有非均衡状态从一开始便被排除在外。这就使得"在试错机制分析中必须毫不留情地剔除所有现实的存在"（Donzelli，2007：128）。因此，在瓦尔拉斯理论中，试错机制假设最后演变成一种为了自圆其说而强加的设定。

瓦尔拉斯对此也并非心甘情愿。面对理论和经验愈发凸显的巨大矛盾，他被迫采用了这一假设。然而，他还是保留了试错机制这一表述，虽然在今天看来有些用词不当。正如贾菲（Jaffé）所言："瓦尔拉斯为我们设定了一个存在试错机制但却不存在任何试错行为的市场"［Jaffé，(1981)，收录于（Walker，1983：244）］。

至此，瓦尔拉斯将现实经济的运行抽象为全部经济主体以及全部商

---

③ 在《价值与资本》（1939：128）一书中，希克斯将非均衡状态下的价格称为"错误的价格"，我在这里借用了他的术语。

④ 希克斯在《价值与资本》中是这样论述财富效应的，"如果交易过程中存在价格的变动，那么显然就将偏离一般的供需分析。因为在严格意义上讲，供需曲线只给出了当价格被视为给定并且不变时买者和卖者在相应特定价格下的供给量和需求量"（1938：128）。

⑤ 在这个问题上，埃奇沃思提出了"重订合同"（recontracting）来解释没有拍卖者时同样存在的问题。也就是说，只要价格是错误的并且没有达到均衡状态，交易双方就仍然可以修改原先订立的合同。

品和服务在一个巨大的拍卖市场中由单一交易合同所决定的行为。将一个单独市场假设为拍卖市场本身就足够大胆，而将这种思路拓展到整个经济就是方法论层面的大跨越了。相较于现实世界的拍卖行为，这里的交易并非基于既存的商品和服务，而是考虑到在未来达到均衡资源配置状态下将要生产出来的商品和服务。这就使得瓦尔拉斯主义经济既具有计划经济的特点，又兼具私人经济的特点，然而这显然违背了瓦尔拉斯最开始研究市场运行机制及其背后力量的本意。唯一能够解释瓦尔拉斯改变假设的原因恐怕是，当我们无力摆脱思想困境时，不妨暂且搁置争议并且采用一些广受认可的人为的手段来克服它。

20世纪上半叶，有很多因素促使此前鲜为人知的瓦尔拉斯理论逐步在学界名声大噪，其中比较重要的一点是考尔斯委员会的诸多研究成果，特别是以阿罗、德布鲁和麦肯齐（McKensie）以及贾菲（他将瓦尔拉斯的《纯粹经济学要义》翻译为英文并于1954年出版）为代表的新瓦尔拉斯主义（neo-Walrasian）的兴起。该思想流派的复兴对我们所要考察的宏观经济学理论演化具有重要影响。正如我们在上一章所提及的，希克斯强调凯恩斯理论主要聚焦于长短期问题中的短期分析，随着瓦尔拉斯主义的复兴，特别是萨缪尔森出版《经济分析基础》（1947），瓦尔拉斯一般均衡理论与研究长期情形联系在一起。为此，我们不得不转向帕廷金的理论思想。他试图回答凯恩斯主义的短期理论和瓦尔拉斯主义的长期理论如何融合在一起——换言之，他真正试图贯彻新古典综合计划。

帕廷金对凯恩斯的非均衡解释

生平及成果

帕廷金（Patinkin，1922—1995）于1947年在芝加哥大学获得博士学位，是马尔沙克和兰格的学生。在考尔斯委员会工作一段时间后，帕廷金前往耶路撒冷希伯来大学并终身在那里任职。他一手创建了希伯来大学经济系，并被尊称为"以色列经济学之父"（Liviatan，2008）。

帕廷金的《货币、利息和价格》（1956）堪称货币理论的里程碑。该书兼具严谨性和可读性，让我们至今读来仍觉得饶有趣味。帕廷金在这本书中的主要研究目标有两个，即分别将货币理论和非自愿失业问题整合进瓦尔拉斯理论，其中后者是他在1947年撰写博士论文时的主要研究对象。

在货币理论层面，帕廷金的目标是打破供需决定相对均衡价格而货币数量决定一般物价水平的两分法。通过提出"实际货币余额"（real balances）的概念——代表经济主体持有的实际货币量——并将其纳入效用函数，供需均衡价格论和货币数量价格论被整合到了一起。由此，均衡状态下存在最优数量的实际货币余额。在这个新的框架中，传统观点——没有货币幻觉的主体不会对所有货币价格的成比例变化作出反应——被颠覆了。

在该书名为"宏观经济学"的第二部分，帕廷金研究了一个简化的瓦尔拉斯经济。在花费三个章节论述瓦尔拉斯经济的均衡配置后，帕廷金开始致力于将凯恩斯主义观点整合进该框架，即原书的第十三、十四章关于凯恩斯主义的部分尝试完成的任务。虽然所谓新古典综合的概念在该书出版时还默默无闻，但帕廷金的研究成果显然真正贯彻了新古典综合的思想。⑥

凯恩斯-瓦尔拉斯综合的尝试

帕廷金本人相信《货币、利息和价格》对瓦尔拉斯主义和凯恩斯主义均有贡献。事实上，两者都启发了他的研究。在他看来，它们并非不可兼容，因此也不存在谁占据主导的问题。无疑，这一想法让帕廷金在其导师兰格的基础上又进了一步（关于兰格的观点我们在本书上一章简单提及过）。当然，兰格并没有采用"非自愿失业"这一概念，而只承认在均衡下存在非充分就业。帕廷金在这一点上与其导师分道扬镳，对兰格的解释持反对意见。Rubin（2002，2012）曾提及，帕廷金在1947年的博士论文中就已经试图用非自愿失业来指代个体非均衡，即个体无法实现其最优决策的状态。基于同样的理由，帕廷金坚决反对莫迪利安尼的观点，指责他（正如我们将看到的，这里并非误导读者）对凯恩斯的非自愿失业概念避而不谈（Patinkin，1965：347）。⑦ 对帕廷金来说，如果仅仅是基于刚性假设，那么《通论》实际上并没有什么原创性可言：

如果凯恩斯的所有目的就是告诉我们在刚性工资假设下我们只

---

⑥ 卢卡斯在《经济周期理论的方法和问题》（Methods and Problems in Business Cycle Theory）一文中认为帕廷金的研究成果"是比我所称的'新古典综合'更精炼并且影响更大的诠释"（Lucas，[1980] 1981：278）。

⑦ 从这里开始，我们将引用帕廷金《货币、利息和价格》的第二版（1965）。

能达到某种存在失业现象的均衡状态，那么我看不出他对经济学理论有什么新贡献。(Patinkin. Various. Box 29)

帕廷金敏锐地意识到凯恩斯无法完全为其非自愿失业的主张辩护，并将克服这一缺陷以重构凯恩斯理论当作自己的责任，这便是帕廷金的博士论文以及《货币、利息和价格》中涉及凯恩斯主义的相关章节努力在做的事情。在直觉上，帕廷金认为非自愿失业应当被视为"对劳动供给曲线的偏离"：

> 只要工人们位于供给曲线上，也即是说只要他们能够在给定实际工资水平下卖出劳动，那么就可以说经济实现了充分就业……相反，如果工人们偏离了劳动供给曲线，那么他们就会出现非自愿失业。(Patinkin，1965：315)

因此，真正的问题是解释为什么会出现偏离劳动力供给曲线的交易。博亚诺夫斯基（Boianovsky，2002）和鲁宾（Rubin，2002，2012）查阅了杜克大学保存的帕廷金档案，并指出在帕廷金的理解中，失业绝不是线性且可累积的。在帕廷金的博士论文中，他指出非自愿失业的根源在于存在某些附加约束，即经济主体的"预算约束"中出现了某些额外的变量。⑧ 由于这一观点没有得到答辩委员会委员（包括马尔沙克、兰格和道格拉斯）的认同，所以在《货币、利息和价格》中，帕廷金抛弃了附加约束这一假设并把注意力放在了溢出效应上。⑨

至于帕廷金为什么坚决拥护彼时还只是刚开始崭露头角的瓦尔拉斯理论，可能的原因有几点。首先，帕廷金坚信一般均衡分析是优于局部

---

⑧ 根据鲁宾的分析，帕廷金在撰写博士论文期间面临如下困境："就其定义而言，非自愿失业概念如何与选择理论相统一呢？"在帕廷金笔下，由于"偏离劳动供给曲线"而存在的"非自愿失业"似乎本就是经济主体们无从选择的结果，但经济理论只研究经过选择的行为，经济行为和自愿行为在理论上讲是同一件事情。为了解开这一矛盾，帕廷金坚持强调"非自愿行为"这一概念的相对性特征并提出了所谓"附加约束"的概念。因为失业"偏离劳动供给曲线"并不意味着它们不在任何一条曲线上。虽然经济主体们没有实现瓦尔拉斯均衡的那种结果，但他们仍然遵循着一定的计划，只是这一计划面临附加约束，因此只有在与瓦尔拉斯理论所定义的那种没有额外约束的经济主体"真正"期望的行为进行比较时，他们的行为才是"非自愿的"。因此失业"只是在相对层面上具有'强迫'的意义"(Rubin，2012：272)。

⑨ 鲁宾就这一点给出了更进一步的论述，"帕廷金原书的第十三章对于非均衡宏观经济学来说是一个进步，不过就卢卡斯的'均衡准则'观念来说却又是一次退步。后来的Clower (1965) 和 Barro and Grossman (1971) 无非是重新拾起了帕廷金已经放弃的思路——给选择增加一个附加约束"(Rubin，2012：272)。

均衡分析的，同时认为除了瓦尔拉斯主义并没有更好的一般均衡理论。其次，他特别推崇严格的内部一致性，因此更偏好瓦尔拉斯而非马歇尔的理论。最后，他极力推崇瓦尔拉斯的选择理论视角，对他而言，采用这一方法几乎总能避免得到个体非均衡的结果。⑩

就如何融合凯恩斯主义和瓦尔拉斯主义，帕廷金有一个简单的回答：凯恩斯在《通论》中所描述的模型就是一个简化版的瓦尔拉斯模型。

> 《通论》在理论上的基本贡献在于它第一次将瓦尔拉斯一般均衡理论付诸实践——尽管凯恩斯的理论对后来的实证研究大有启发，但我们在这里强调的是实践而不是实证——它将包含 n 个联立方程和 n 个未知变量的瓦尔拉斯模型简化为一个既易于操作又富含现实经济意义的模型。（Patinkin, 1987: 27）

> 《通论》的分析框架本质上是一般均衡范式。它推导出了马歇尔的结论，但采用了瓦尔拉斯的工具。希克斯的 IS-LM 模型准确而集中有效地反映了《通论》中的瓦尔拉斯主义倾向。（Patinkin, 1987: 35）

但是，帕廷金试图忠于两种理论的坚持是经不起推敲的。为了将凯恩斯主义和瓦尔拉斯主义综合在一起，他既牺牲了凯恩斯理论的两条核心原则，又违背了经瓦尔拉斯修改的试错过程假设。

帕廷金对凯恩斯理论的背离首先体现在货币层面。正如本书第一章所言，凯恩斯试图论述在处于静止状态的经济中，劳动力市场仍然存在非自愿失业。这一论断很快就遭到庇古（1943）的批判，他认为经济中必然存在一种再均衡的机制，使得经济趋于完全均衡，即庇古效应（Pigou effect）。⑪ 帕廷金借鉴了庇古的思路并由此将货币纳入效用函数，且将之重新命名为"实际货币余额效应"（real balance effect）。帕廷金的论证从个体处于一般均衡状态开始，此时个体持有的货币数量为最优，假设此时出现物价水平降低的临时冲击，那么个体持有的实际货币余额便会超出最优值，这就迫使他至少会花费一部分货币来购买商品。

---

⑩ 帕廷金基于所谓"个体实验"和"市场实验"的划分来论证这一观点（Patinkin, [1956] 1965: 11-12, 387-392）。另见 Yeager（1960: 59）。

⑪ 为了推导庇古效应，庇古在储蓄函数中引入了实际货币余额的概念。结论是储蓄与实际货币余额存量呈反比例关系。如果市场竞争使得工资和价格下降而同期货币供给不变，那么实际货币余额 M/p 的增加可能会使储蓄和投资在充分就业的条件下相等。

如此，经济主体的购买行为便会支撑下降的物价水平并促使经济返回均衡状态。由于凯恩斯理论认为非自愿失业是一种静止状态，因此一旦我们采纳了上述调节机制，那么便能对凯恩斯理论予以驳斥。因此，引入实际货币余额假设实际上大大损害了凯恩斯理论的内在一致性。可以说，帕廷金无疑是在走钢丝。一方面，他不得不在理论层面否认"经济中不存在自动趋向于充分就业的力量"的观点，另一方面，他又反复强调，虽然这种机制在理论上是成立的，但在现实中实际货币余额效应发挥作用非常缓慢且易于受到其他因素的影响，因此，他支持采用需求刺激政策来加速这一调整过程。

帕廷金的背离其次体现在他固执地想要在瓦尔拉斯理论中嵌入非自愿失业。基于对瓦尔拉斯理论的深刻理解，帕廷金不得不承认聚焦于分析包含均衡状态的瓦尔拉斯理论并不能得出非自愿失业的概念。鉴于这一思路被封死了，他又提出：作为一种非均衡现象的非自愿失业存在于两种连续的均衡状态的再调整过程中。由于现实的调节速度过于缓慢，因此非均衡的非自愿失业现象大量出现。所以，考虑到实际货币余额效应会发挥作用，经济中任何非自愿失业的出现都是动态调整过程中的一个过程。因此帕廷金宣称，将非自愿失业现象归结为一种暂时性的非均衡状态是为了将其纳入理论体系必须付出的代价。显然，这又一次严重违背了凯恩斯在《通论》中的本意。⑫

帕廷金的论证

纵览《货币、利息和价格》的第一部分，对于我们现在的分析来说，读者们唯一需要记住的一点在于：帕廷金在该书的第三章显然已经意识到瓦尔拉斯的试错机制是有问题的。因此，帕廷金决定采用埃奇沃思（Edgeworth）的重订合同假设："只有当双方的出价与最终均衡价格一致时"，买卖双方才会进行交易（Patinkin，1965：40）。由此，任何非均衡交易便被排除了。

我们现在来看帕廷金有关宏观经济学的章节。他首先研究了处于均衡状态的经济。该书第十章"模型的实际运行：充分就业情形"（The working of the model: full employment）中的充分就业意味着经济主体都处于一般意义上的个体均衡状态。该模型包含家庭、企业和政府，由四

---

⑫ 在帕廷金的后续文章中［比如 Patinkin（1987）］，他花费了巨大的精力来试图证明他对凯恩斯的解读与凯恩斯的本意相一致。

个市场组成，即劳动力市场、商品市场、债券市场和货币市场。帕廷金主要研究了前两个市场之间的互动。其模型的主要元素包括：

• 生产函数：
$$Y = \varphi(N, K_0) \tag{3.1}$$
其中 Y 代表实际国民总产出，N 代表劳动力总投入，K_0 代表固定资本总投入。

• 劳动需求函数（以实际工资计算）一定符合以下的关系：
$$w = \varphi_N(N, K_0), \text{其中} w = W/P \tag{3.2}$$
其中 w 代表实际工资，φ_N 代表边际劳动生产率，W 代表名义工资，P 代表物价水平（即一揽子商品的价格）。劳动需求可以表达为
$$N^D = N^D(w, K_0)$$

• 劳动供给为
$$N^S = N^S(w) \tag{3.3}$$

• 劳动力市场均衡条件为
$$N^S = N^D \tag{3.4}$$

• 商品的总需求（E）由家庭对商品的消费、企业对商品的投资和政府对商品的购买组成
$$E = F(Y, r, M_0/P)$$
其中 r 代表名义利率，M_0 代表经济中的总货币供给量。

• 商品的总供给为
$$Y = S(w, K_0)$$
帕廷金坚持认为 Y 代表国民总产出而不是总收入，因此可以得到：
$$\varphi[N^D(w, K_0), K_0] \equiv S(w, K_0)$$
因此，由总劳动需求（由工资水平 w 决定）决定的产出水平必须和由供给函数决定的产出相等。任何给定工资水平下，总供给曲线都是一条垂直于水平坐标轴的直线，并且随着实际工资的变动而移动（见图3.1的右图）。

由此，商品市场的均衡可以写作
$$E = Y \tag{3.5}$$

帕廷金还刻画了债券市场和货币市场的变量和均衡，但就本书而言这部分内容并不是必需的。图3.1中带有下标0的变量表示均衡状态，它们代表了劳动力市场和商品市场的共同均衡。

为了理解帕廷金模型的运行机制，我们可以采用比较静态（comparative statics）分析法。假设名义工资和价格同比例下降，利率不变，

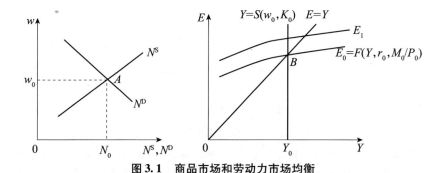

图 3.1 商品市场和劳动力市场均衡

那么总产出不变。但是，由于存在实际货币余额效应，物价水平的下降会增加商品需求（即图 3.1 中的右图从 E_0 提高到 E_1），因此商品的总需求超出了总供给（即 E_0 和 E_1 之间的垂直截距部分），这会促使物价水平提升，从而使得 E_1 降低并回到 E_0。

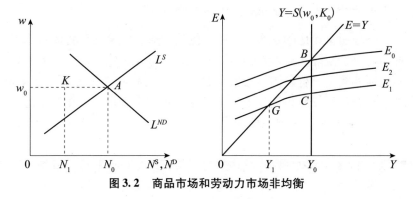

图 3.2 商品市场和劳动力市场非均衡

在这一基础框架下，我们便可以阐述帕廷金书中涉及凯恩斯理论的章节。然而，与之前的章节不同，帕廷金在这里并没有构建模型，我们不妨猜测这是因为他无力建模。⑬ 必须再次强调，帕廷金的本意是要在瓦尔拉斯理论框架内引入作为一种个体非均衡状态的非自愿失业概念。他给出的解释是，当存在一个外生冲击时，经济向均衡的调整是一个缓慢过程，由此造成了劳动力在偏离供给曲线的情况下进行交易。

帕廷金假设最初处于均衡状态，此时由于外生冲击使得债券需求突然上升，接着商品需求下降。虽然他并未深入论述这一情形是如何发生的，但由于在他的分析中，经济重新回到了外生冲击之前的均衡，因此

---

⑬ 关于帕廷金在这个方面的失败，详见 Rubin（2012：261，seq.）。

可以假设这一路径一定是可逆的。帕廷金对比了该情形下瓦尔拉斯理论和凯恩斯理论的解释。根据瓦尔拉斯理论，商品市场的调整过程非常迅速，因此新均衡会很快建立起来，充分就业状况不会改变。相反，在凯恩斯理论中，"调整过程漫长而迟缓"（Patinkin，1965：318）。此时，企业面对一个较低水平的需求（从图 3.2 中右图的 E_0 移动到 E_2），这就使得企业销售低于原均衡状态的产出 Y_0。这迫使企业同时降低物价和实际工资。假设物价和实际工资等比例下降，那么实际工资不变。企业起初不得不囤积存货。但这一办法无法维系，因此他们只能选择降低产出。由此，供给曲线向左调整，从 Y_0 移动到 Y_1。随着产量降低，劳动力需求下降。由此，从商品市场到劳动力市场将出现溢出效应，企业将在劳动需求曲线上进行权衡。

> 对于给定的劳动力投入 N_0，企业要么提供一个相较于需求曲线所确定的工资水平更低的实际工资；要么在实际工资水平 w_0 下雇用更少的劳动力。（Patinkin，1965：320）

上一段引文论述的是图 3.2 中左图的情形。假设只有 N_1 数量的工人被雇用，那么实际工资/就业组合的均衡点为 K。在此处，实际工资与瓦尔拉斯均衡下一样，因为已经假设物价水平和名义工资同比例变动。虽然这一假设对帕廷金的论证无关轻重（事实上他很快就抛弃了这一假设），但它显然是在为凯恩斯的观点背书，即工资并不是导致非自愿失业的原因。

细心的读者会发现刚刚论述的情况与帕廷金在该书第十章论述的模型相冲突，在那一章他写道，只有实际工资的变化才会导致供给曲线变化。帕廷金预计到了这种批评，他解释说：右图中的点 G 并不在供给曲线上，同样，左图中的点 K 也不在需求曲线上。在点 G 并不存在产出过剩而是存在供给过剩：企业过多地生产了"市场愿意吸纳的产出"*（Patinkin，1965：321）。因此同时存在（$N_0 - N_1$）的劳动力供给过剩和（$Y_0 - Y_1$）的产品供给过剩。企业和工人都发现他们面临着一个非自愿的状态，即偏离了他们的供给曲线：

> （工人们）发现他们将不能在同样的实际工资水平条件下找到同样多的就业岗位，而企业也不再愿意提供跟以前一样数量的岗

---

* 在这里，帕廷金想表达的意思应当是产品市场实现了有效需求式的供需均衡。——译者注

位。企业和工人都受到商品市场上需求不足这一不可抗力的强迫。(Patinkin,1965:322)

这一论述简直就是经典的凯恩斯主义论调。非自愿失业存在,而实际工资率并未偏离瓦尔拉斯均衡状态,因此它并非这一切的罪魁祸首,故问题的起因就是总需求不足。然而,只有一个地方并非凯恩斯主义的观点,即劳动力市场和产品市场的双重非均衡资源配置状态并不是静止的,而凯恩斯希望如此。[14]

这一状态并不是均衡状态:点 K 存在劳动力供给过剩,即 $N_0 - N_1$ 使得实际工资率存在下行的压力,而在点 G 存在商品供给过剩,即 $Y_0 - Y_1$ 使得商品价格存在下行的压力。(Patinkin,1965:320-321)

帕廷金坚信,在他的理论中,物价水平具有黏性(sluggish)而不是刚性(rigid)特征。与刚性不同,黏性假设意味着价格仍然会向均衡状态调整。在帕廷金的理论框架中,非均衡状态之所以会向均衡状态调整是因为存在实际货币余额效应。该效应会使总需求从 E_1 向 E_2 调整并最终回归 E_0。同理,在劳动力市场,就业量也会从 N_1 向 N_0 调整。

综上所述,帕廷金认为他更好地解释了凯恩斯主义式的非自愿失业为何会出现,代价则是抹掉了凯恩斯那种尖锐的论述方式。总而言之,帕廷金认为瓦尔拉斯主义和凯恩斯主义之间的区别非常有限。唯一的区别是,对瓦尔拉斯主义而言,均衡是瞬时实现的,而在凯恩斯主义者眼中,达到均衡状态需要耗费时间。帕廷金认为,从理论层面来说,两种理论的差异看起来很小,至于说到政策建议层面,两者则是天差地别,按照帕廷金的话来说:"经济不得不在难以忍受的长期动态调整过程中备受煎熬。"

……工人们不得不继续遭受非自愿失业的困扰。虽然我无法证明凯恩斯本人会如此来论述非自愿失业,但无疑这就是凯恩斯观点的根本。这也充分证明了凯恩斯的基本政策建议:"经济体系的自发调整",哪怕有中央银行的政策加以补充,也还是不足以克服经济危机。(Patinkin,1965:339)

---

[14] "非自愿失业具有自发下降的可能性是一种被通常过于简化的凯恩斯主义拒绝的表述。"(Patinkin,1956:324)

评 述

在我看来，帕廷金的分析存在三点缺陷，这三点缺陷均源自他在凯恩斯主义相关章节中对瓦尔拉斯理论的背离。第一点在于帕廷金在两种情景中都将稳定性视作当然，认为遭受冲击后经济会自动向原均衡调整。虽然他在该书第十章论证了稳定性，但这种均衡状态基于固定产出和劳动力市场瞬时调整并重订合同的假设，而到了凯恩斯主义的相关章节，这两点假设都不满足，因此他所构建的凯恩斯主义理论并不存在任何必然趋向稳定均衡的机制。

帕廷金的第二点缺陷在于，瓦尔拉斯主义将调整视为一个瞬时完成的逻辑过程，因此将调整速度进行快慢对比是不相关的，而帕廷金忽略了这一点。帕廷金还偷偷偏离了他在瓦尔拉斯主义相关章节中采用的假设，即重订合同假设，该假设与瓦尔拉斯的"非均衡交易不发生"原则相一致，但在凯恩斯主义相关章节，他在没有说明的情况下就抛弃了这一假设。此外，他还想当然地认为凯恩斯理论会与瓦尔拉斯理论达到相同的均衡状态。这显然忽略了财富效应（wealth effects），它会改变需求函数进而改变最终的均衡配置状态。因此帕廷金就犯了伯特兰和埃奇沃思在瓦尔拉斯《纯粹经济学要义》（第一版）里发现的错误（而瓦尔拉斯在该书第四版进行了修正）。

第三点缺陷与调整速度这一概念有关。这一"自由参数"的大小纯粹由建模者自己决定，并无理论依据。如果建模者想要实现古典均衡，那么就将调整速度设定为几乎瞬时完成；相反，为了得到凯恩斯主义结论——前文所说的那种大部分工人不得不遭受的非自愿失业状态——那么就像帕廷金那样，将这一调整设定为"漫长而迟缓的过程"。

虽然对我们而言，在事后提出上述三点批判并非难事，但我们还是需要将它们表达出来。实际上在当时几乎没有学者指出上述缺陷，而且帕廷金的理论产生了很大的影响。大部分宏观经济学家都接受了他用于解释非自愿失业的黏性假设，但在他们自己建模时，学者们又退回到工资限额或非充分就业假设。比如说，莫迪利安尼从来没有放弃过他在1944年提出的模型，但当他不得不论述凯恩斯的理论观点时，他总会谈及调整中的工资黏性假设。

我们在此有必要就本章的研究给出一般性结论。帕廷金与大部分凯恩斯主义宏观经济学家都不同，后者大多是实用主义者，他们毫不忌讳地采用较方便的工资限额假设以取代复杂的黏性假设；他们滥用"非自愿失业"这一术语但严格意义上它却应被称为非充分就业均衡。帕廷金则在概念的一致性上更加谨慎。他也认识到凯恩斯主义和新古典主义（即瓦尔拉斯主义）理论存在相容性矛盾，并试图从根本上解决这一问题，但上述努力（对学界来说）并没有什么用处。在本书所讨论的范围内，实际上只有当我们真正理解凯恩斯的非自愿失业概念意味着个体非均衡状态本身客观存在时，才会真正理解这种非均衡状态显然和瓦尔拉斯理论水火不相容。但是，在作出这一论断前学界对此必须进行更多尝试。我们将在本书第七章论述非瓦尔拉斯均衡模型时再次看到这一论断的正确性。

第四章
米尔顿·弗里德曼和货币主义者的争论

正如本书第二章结尾所言，20世纪50年代到70年代，凯恩斯主义在宏观经济学界居于绝对统治地位，然而本章试图呈现这一时期更为复杂的思想争论，即肇始于60年代的"货币主义反向革命"（monetarist counter-revolution）对凯恩斯主义提出了尖锐的批判，对其造成了巨大的冲击。米尔顿·弗里德曼是该思想流派中最杰出的代表。事实上，货币主义者在方法论上与凯恩斯主义者格格不入，导致双方纷争不断。在本章，我们将主要讨论货币主义的基本信条以及它们与凯恩斯主义观点之间的争论。鉴于弗里德曼的卓越贡献，我们将主要讨论他的研究成果而暂且不论其他货币主义者，比如卡尔·布伦纳（Karl Brunner）和艾伦·梅尔泽（Alan Meltzer）的贡献。而下一章我们将继续讨论弗里德曼，重点关注他与菲尔普斯一同提出的自然失业率（natural rate of unemployment）概念。

米尔顿·弗里德曼：生平和成果[①]

米尔顿·弗里德曼（1912—2006）在20世纪宏观经济学史上具有举足轻重的地位。正如斯诺登和文恩（Snowdon and Vane, 2006）在弗里德曼的讣告上所言，他无愧于"20世纪经济学界的伟大辩论家、学者和巨人"。职业生涯早期，弗里德曼任教于多个大学，并主要做应用统计方面的研究。1946年，弗里德曼在芝加哥大学谋得了教职，他在

---

① 弗里德曼的研究成果已经被学界广为讨论。本章主要参考了 de Marchi and Hirsch (1990)，Laidler (1990, 2007, 2012)，Hetzel (2007)，Hammond (1996)，Cagan (2008)，Johnson (1971)，Mayer (1978) 以及 Thygesen (1977)。

那里教了 31 年的课直至退休，之后才前往斯坦福大学的胡佛研究中心（Hoover Institute）。他与乔治·斯蒂格勒（George Stigler）、加里·贝克尔（Gary Becker）一道成为芝加哥大学经济学系的三巨头。在职业生涯早期，他是一个不合群的异见者并坚持批判主流的凯恩斯主义理论。可以预见，他的观点在很多年里都遭到了质疑和攻击。② 然而到了 20 世纪 70 年代，这种情况发生了变化，学界开始重新审视弗里德曼的研究成果，很快他的观点在理论界和政策层面都产生了巨大的影响。

弗里德曼与凯恩斯相似的一点在于，他既是学界著述颇丰的理论家，又是广受民众欢迎并为政府建言献策的公共知识分子。他将向自己的同胞及全世界公民宣扬资本主义和经济自由主义视为自己矢志不渝的使命。他是一位高产而长寿的学者，他的著作之多是破纪录的。从职业生涯最初发表学术文章（Friedman，1935）到发表最后一篇文章（Friedman，2005），70 年间弗里德曼一共出版了 18 本学术著作、14 本科普作品，发表了 104 篇经济学学术论文、192 篇面向一般读者谈论相关公共政策的文章和演讲稿，还有撰写了上百篇新闻专栏文章。③ 然而，这些令人惊讶的数字并不意味着弗里德曼像萨缪尔森那样是一个广泛涉猎各种主题的全能型经济学家，相反，他反复宣扬和坚持的核心观点只有一个："货币是重要的"，这意味着当央行管理货币不当时，货币可能会对经济造成负面影响。

在接受泰勒的采访时，弗里德曼表示他对货币问题的兴趣源于他 1941—1943 年在美国财政部就职时的经历。彼时通货膨胀成为一个经济难题，而诸多经济学家都赞成采取价格管制措施来遏制通胀（Taylor，2001：118）。④ 可以认为弗里德曼在他三十多岁的时候就已经形成了自己的基本理论见解。⑤ 按照赫泽尔的说法，在弗里德曼意识到"只要假定货币流通速度（velocity）稳定就可以用货币数量论预测经济情况"

---

② "在写下这条笔记时，我感到异常孤单，我好像是在荒野中说教并且反复论述着显而易见的事实。本文的大部分结论都非常重要却被忽视了，然而它们看起来如此显而易见，大家看不到真是让人忧虑。"（Friedman，[1951] 1953：131）

③ 资料来源：http：//hoohila.stanford.edu/friedman/pdfs/116_6.pdf（访问于 2014 年 10 月 20 日）。

④ 弗里德曼接受的其他有价值的采访参见 Hammond（1992）和 Snowdon and Vane（2005）。

⑤ 弗里德曼论述通货膨胀的第一批文章［例如 Friedman（1943）］显然直接受到了凯恩斯（1940）的影响；他早期论述宏观稳定政策的文章（Friedman，1948）将货币政策和财政政策放在同等重要的地位。

后，他便成为一个坚定的货币数量论者（Hetzel，2007：10）。关于弗里德曼在公共政策和政治哲学方面的观点，则可以追溯到他的婚姻以及他的连襟亚伦·迪雷克特（Aaron Director，芝加哥大学法学院教授）的影响，还有他与芝加哥大学经济学系同事和朋友之间的讨论以及他本人在1947年参加朝圣山学社（Mont Pelerin society）*第一次会议时的经历（Friedman and Friedman，1998：333）。

为了更详细地论述弗里德曼的学术贡献，我将他的职业生涯分为三个阶段，前两个略有重叠，即1935年到20世纪50年代中期的理论形成期，1948年至20世纪60年代末的理论创造期，以及20世纪70年代到21世纪的第一个10年他致力于宣扬货币主义方法并为自由市场辩护。

第一阶段

在弗里德曼学术生涯的第一阶段，他主要撰写统计学和微观经济学方面的论文，逐渐塑造了以实证为核心的方法论。除了40年代和50年代的几篇代表作，最重要的是《实证经济学论文集》（*Essays in Positive Economics*，Friedman，1953）**第二部分的6篇论文，弗里德曼在其中首次关注了货币问题。

我认为具有持续影响力的《消费函数理论》（*A Theory of the Consumption Function*，1957）一书也属于这一阶段。其核心观点是凯恩斯的消费函数（消费被视为当期收入的函数）应当被考虑了经济主体的终身收入的不同函数（消费是财富或永久性收入的函数）所替代。该文的新颖之处在于，相较于其他论文，弗里德曼明确区分了暂时性收入和永久性收入。他指出，虽然后者不能被直接观察到，但家庭的行为确实会参照永久性收入进行调整。由于暂时性收入对于消费水平影响甚微，所以基于暂时性收入的研究都会出现偏差。本书是弗里德曼首次对凯恩斯正统理论发出回击，它质疑了收入乘数效应的有效性。莱德勒评论道：

> 弗里德曼的终生收入假设动摇了凯恩斯的边际消费倾向和乘数效应稳定的假设，从而也就动摇了基于这两点假设发展起来的宏观

---

* 该学社由弗里德里希·哈耶克（Friedrich Hayek）于1947年提议发起，宗旨是旗帜鲜明地维护经济自由主义。——译者注

** positive economics 在本书中译为"实证经济学"，与规范经济学（normative economics）相对应。为避免与经济学中常用的另一"实证经济学"［empirical economics，与理论经济学（theoretical economics）相对应］混淆，如有必要，我们会适当标出英文。——译者注

经济理论体系和政策建议。然而开始的时候，这一分析的破坏性并未被学界充分理解。（Laidler，2005：6）⑥

第二阶段

1948 年到 20 世纪 70 年代的第二阶段，是弗里德曼学术生涯最有创造力的时期。在美国国家经济研究局（NBER）主任阿瑟·伯恩斯（Arthur Burns）的鼓舞下，弗里德曼与安娜·施瓦茨（Anna Schwartz）一道开始研究美国经济周期史上的货币因素。⑦ 施瓦茨从 1941 年便就职于 NBER 并从事美国月度消费需求、定期存款以及货币量方面的估算研究。她了解各种数据的来源并对美国银行制度史如数家珍。弗里德曼则在两人中更专精于理论方面。他们原本计划花费约三年时间进行这个课题的研究，但最终耗费了 15 年的时间才完成。最终，该研究成果以《美国货币史：1867—1960》（*A Monetary History of the United States，1867–1960*，Friedman and Schwartz，1963a）⑧ 的形式出版。哈里·约翰逊（Harry Johnson）盛赞该书从任何方面来看都是一座不朽的丰碑：

> 这部皇皇巨作对美国货币史上的各种事件进行了事无巨细的梳理，对一个世纪以来的重大制度变迁进行了一致而连贯的分析，总之其在理论和统计分析方面的成就使得我们得以把握复杂而精巧的经济事件。（Johnson，1965：388）

《美国货币史：1867—1960》中几乎不包含纯粹的经济学理论。在一段简短的引言后，该书便立即进入了从美国绿背货币时代（Greenback period）开始的统计数据分析，并且直到该书最后才阐明了作者对货币存量的定义——这对于本书而言至关重要——及其研究结论。当然，所谓缺乏鲜明的理论也是一种误导。哈蒙德（Hammond，1996：53）指出，弗里德曼在他们研究开始的备忘中就表明了自己所采用的假设：强调动态分析的重要性并因此而为预期留下理论空间；强调经济变

---

⑥ 关于弗里德曼的消费函数理论如何从他的时代发展至今，可参见 Carroll（2001）。

⑦ 美国国家经济研究局成立于 1920 年，建立之初旨在构建可测度的经济统计量并收集相应的时间序列数据，最初建立 30 年间最重要的著作是阿瑟·伯恩斯（Arthur Burns）和韦斯利·米切尔（Wesley Mitchell）的《测度经济周期》（*Measuring Business Cycles*，1946）。

⑧ 该书在 1970 年的第二版中又增加了新的数据：*Monetary Statistics of the United States*（Friedman and Schwartz，1970）。12 年后，弗里德曼和施瓦茨又在一本新书里更新了对美国经济的研究并增加了对英国经济的研究（Friedman and Schwartz，1982）。

量中提前、滞后以及可能存在的反向因果关系；将货币视为一种资产，认为货币流通速度是货币需求方程中的一个要素而不是一个由技术水平决定的因素；计算货币的机会成本需考虑多种资产；应当干预并对冲经济周期，但不应该采用放任的相机抉择干预政策。弗里德曼能够在收集数据之前就明确表达这些见解意味着他的理论命题并非源自经验观察，事实上反而引导了对经验观察的理解。而且，他终其一生所支持的那些政策建议早在他进行实证研究前便已存在。⑨

在进行货币史研究的过程中，弗里德曼独自或与其合作者一起提炼出不少理论创见并在该书正式出版前就以论文的形式发表了。第一篇便是《货币数量论：一个重述》（The Quantity Theory of Money：A Restatement），该文被收录在弗里德曼编纂的《货币数量论研究》（Studies in the Quantity of Money，1956）文集中⑩，而该文集被视为货币主义的宣言。此外，还包括《货币供给和物价及产出的变动》（The Supply of Money and Changes in Prices and Output，1968）、《货币需求：一些理论和经验证据》（The Demand for Money：Some Theoretical and Empirical Results，1959）、《货币政策的滞后效应》（The Lags in Effect on Monetary Policy，1961）、《货币与经济周期》（Money and Business Cycles，1963b）、与施瓦茨合著的《美国货币流通速度的相对稳定性和投资乘数，1897—1958》（The Relative Stability of Monetary Velocity and the Investment Multiplier in the United States，1897—1958，1963）以及与戴维·迈泽尔曼（David Meiselman）合著的《利率和货币需求》（Interest Rates and the Demand for Money，1966）。⑪

回到《美国货币史：1867—1960》一书，该书最著名的一章是合计有120页、题为"大收缩（1929—1933）"的第七章。弗里德曼和施瓦茨在该章旨在阐明：凯恩斯所宣称的大萧条根本上源自大量无效率投资和对经济失去信心从而导致的大规模市场失灵的观点是错误的。他们对大萧条有一种不同的解释，并且用具体而精确的方法给出了证明。他

---

⑨ 在参加1952年美国国会经济报告联合委员会的听证会时，弗里德曼强调："货币当局的首要职责就是通过控制货币存量来促进经济的稳定……货币政策的唯一目标就是维持物价稳定"（Friedman U. S. Cong.，1952：689，转引自 Hetzel，2007：11）。

⑩ 该文集中的其他论文由弗里德曼的研究生撰写，其中最具影响力的便是菲利普·卡甘（Philip Cagan）论述超级通货膨胀的货币动态特征的论文。

⑪ 上述论文大部分收录于弗里德曼的《最优货币数量和其他论文集》（The Optimum Quantity of Money and Other Essays，1969），该书展现了他在理论方面的主要贡献。

们观点的核心是，美联储在 20 世纪 30 年代大萧条时所采取的紧缩性货币政策完全是错误的，它加速而不是缓和了这次经济衰退。用弗里德曼的话来说：

> 它（美联储）没有遵循《美联储法案》来履行为银行系统提供充足流动性的责任。大萧条无疑是货币当局错误地使货币政策权力的最好证据——而不是像凯恩斯及其同僚们宣称的那样，即货币政策在大萧条期间无能为力。（Friedman，1968：166）

《美国货币史：1867—1960》基于丰富的统计数据并对制度因素和人为因素进行了详尽的分析，这让更为一般化而又缺乏实证检验的凯恩斯主义理论相形见绌。

与此相应，20 世纪 60 年代是弗里德非常高产的时期。除了上述作品，他还写了两篇具有重要学术价值的论文。第一篇是在纯货币理论上颇有建树的《最优货币数量》（The Optimum Quantity of Money，1969）。此文认为，由于存在外部性，经济主体所持有的实际货币余额低于最优水平，这促使弗里德曼提出只有"采取通缩的办法来将名义利率降到零才能实现最优货币数量"（Friedman，1969：34），这一推论在现代货币主义理论中被称为弗里德曼规则（Friedman rule）。但该规则与弗里德曼本人一贯坚持的维持货币供应量每年 3%—5% 的增速相违背。弗里德曼本人在该文的最后一节指出了这个矛盾，不过并没有予以深究。第二篇论文是对菲利普斯曲线增加了一个预期强化的假设（Friedman，1968），我们将在下一章研究该文。

第三阶段

20 世纪 70 年代的终结也宣告弗里德曼在学术上最具创造性的时期的终结。在其之后长期的职业生涯中，弗里德曼依然持续发表了大量文章，但这些文章大都用来维护其创建的货币主义理论。这一阶段他已然成为一名耀眼的公共知识分子，期间最具影响力的作品可能就是旨在为自由市场辩护的《资本主义与自由》（Capitalism and Freedom，1962）一书。

弗里德曼的方法论

弗里德曼终其一生都坚持自己于 20 世纪 50 年代初形成的几条方法论准则。关于这一主题的第一篇重要文章是收录于《实证经济学论文集》（Essays in Positive Economics Volume，1953）的《实证经济学方法论》(The Methodology of Positive Economics) 一文。在其他一些关于该主题的文章中，他对比了马歇尔主义和瓦尔拉斯主义的研究策略，并且更支持前者。

实证经济学方法论

在1953年发表的《实证经济学方法论》这一具有重大影响的文章中[12]，弗里德曼讨论了三大议题。第一，他所秉持的核心信条是要将理论研究和实证研究相融合。他认为，经济学研究的目的就是提出具体的、定义明确的问题并且这些问题可以通过实证来予以检验进而产生合理且有意义的预测，同时不被证伪。无法通过实证检验的理论命题必须被否决。可以说，弗里德曼的这一观点暗示了理论和实证之间应当存在一种平衡，这一点与马歇尔在《经济学原理》中表达的观点非常类似。[13] 基于此种观点，那种缺乏实证检验的纯理论注定是无用的。同样，关于经济学家应当致力于构建一个单一理论框架的观点，弗里德曼也予以坚决反对。在回应戈登的批判文章《米尔顿·弗里德曼的货币主义框架》(Milton Friedman's Monetary Framework, 1974) 时，弗里德曼指出：

> （基于上述论断）我认为不存在所谓"纯"理论，只存在针对不同问题或不同研究目的的理论。我们基于固定或变动的实际利率来分别分析名义收入或实际收入的波动并没有任何错误或者说前后不一致。一种理论可能最适合于某一研究目的，而另一种理论可能适合于别的研究目的。由此，我们的理论虽然丧失了一般性，却获得了简洁和精确。(Friedman, 1974b: 146)

第二，实证 (positive) 判断和规范 (normative) 判断应该被区分开。实证经济学只需要解决"是什么"而不需要解释"应当是什么"，它必须"独立于特定的伦理学立场或规范性判断"(Friedman, 1953: 4)。然而这并不意味着实证经济学就不应该提出政策建议。基

---

[12] 关于弗里德曼论文的深入探讨，详见 Hirsch and de Marchi (1990)。最新的评述见 Mäki (2009)。

[13] "弗里德曼对马歇尔在两方面尤其推崇，第一是将模型付诸可获取的数据进行检验，第二是将分析在适当的层面上进行抽象——以使得模型足够简约但又足以用来精确地回答所面临的实际问题。量化在这里显得尤其重要。理论范畴必须与可测度的对象相关，理论分析的最终目的是对各种因素在因果效应层面上进行量化测度，只有这样的理论分析才能用于影响政策。"(Hirsch and de Marchi, 1990: 188)

于这一观点，学者们应当毫无保留地接受实证研究的结果而不论他们本人的意识形态偏好是什么。

第三点后来广为学界所接纳，即弗里德曼坚持理论假设不一定需要符合现实：

> 理应考虑的问题不是某种理论的"假设"是否精确地刻画了"客观现实"——因为这永远不可能——而是就我们现有的研究目的而言，这些假设是不是（现实）足够好的近似。（Friedman，1953：14-15）

弗里德曼举了企业最大化利润假设这个例子。他指出该假设显然不符合客观现实，但竞争性的市场会迫使所有企业的行为趋向于利润最大化假设，因此理论学家有理由认定企业"似乎"是按照利润最大化原则来决策的。必须指出，弗里德曼的这一观点不应该被误解。所谓的现实主义（realism）是一个很宽泛的术语，它意味着理论命题应当贴合现实世界而不仅仅服务于构建虚幻的理论模型。如果按照这种理解，那么弗里德曼显然是一位现实主义者。我们将在后文看到，卢卡斯持有的观点与此恰恰相反，即理论命题只应该符合虚构的理论模型。

弗里德曼对马歇尔-瓦尔拉斯大分流的评论

20世纪40年代和50年代，弗里德曼发表了一系列文章论述马歇尔主义和瓦尔拉斯主义的矛盾，他认为马歇尔主义更胜一筹。[14] 对于弗里德曼而言，马歇尔才是一个经济学家应该有的样子：正如上文所言，他本人的所有方法论原则都能在马歇尔的作品中找到渊源。弗里德曼在《马歇尔式需求曲线》（The Marshallian Demand Curve，1949）一文中花费了整整一节的篇幅来分析马歇尔-瓦尔拉斯大分流（Marshall-Walras divide）。他埋怨经济学理论所扮演的角色被颠倒了，这导致"我们都认同马歇尔的理论，却不由自主地走上了瓦尔拉斯的道路"（［1949］1953：89）。因此，"抽象性、一般性以及数学的优雅性反而成为目的，

---

[14] 参见弗里德曼对特里芬（Triffin）的《垄断竞争和一般均衡理论》（*Monopolistic Competition and General Equilibrium*）的评述（1941）；对兰格《价格弹性与就业》（*Price Flexibility and Employment*）的评述（［1946］1953）；他本人的《马歇尔式需求曲线》（*Marshallian Demand*，1949）一文；他为克里斯特（Christ）对克莱因计量模型的评价所写的评述（1951）；以及他对贾菲所翻译的瓦尔拉斯的著作《纯粹经济学要义》的评述（［1955］1993）。关于弗里德曼观点的详细分析，见De Vroey（2009b）。

成为评价经济学理论的标准。"（Friedman［1949］1953：91）⑮ 弗里德曼坚决对这种思潮予以反驳。

回顾历史我们不禁发现，当时瓦尔拉斯主义实际上在学界独占鳌头。⑯ 考虑到学界的这一主流思潮，弗里德曼对瓦尔拉斯理论持如此敌视的态度不免让人吃惊。这恐怕与其在考尔斯委员会和NBER的工作经历有关。严格来讲，NBER和考尔斯委员会成员们彼此之间至少在方法论层面上很难说完全一致。弗里德曼在NBER工作期间支持必须对概念进行严格测度的研究策略。对他而言，NBER的研究方法就是理论和实证的完美结合。因此，不难理解弗里德曼会对库普曼斯为反驳伯恩斯（Burns）和米切尔（Mitchell）的《测度经济周期》（*Measuring Business Cycles*）而写的评论文章《无须理论支持的测度》（Measurement Without Theory，Koopmans，1947）持严厉的批判态度。考尔斯委员会的学者们为构建丁伯根的结构模型而提倡的一般均衡框架也受到弗里德曼的批判。⑰ 除了方法上的分歧，意识形态也起了一定的作用，因为当时考尔斯委员会的几位成员都有社会主义倾向，我们也不好区分当时弗里德曼之所以反对所谓瓦尔拉斯主义在多大程度上是因为他本人将彼时芝加哥大学盛行的社会主义思潮和瓦尔拉斯主义画上了等号。⑱

隐含在马歇尔-瓦尔拉斯大分流议题背后的另一个小议题是应该构建"小模型还是大模型"或者"局部均衡还是一般均衡"。克里斯特（Christ，1951）在NBER举办的一次研究经济周期问题的会议上对克莱因的第一个计量模型进行了检验，弗里德曼在对该文的评论中针对上述问题给出了明确的态度。弗里德曼给出的意见相当负面，他尤其质疑考尔斯委员会构建联立方程模型的最初意图，即考虑整体经济并试图对经济进行短期预测。在弗里德曼看来，克里斯特已经证明克莱因的模型失

---

⑮ 也可见 Friedman（［1946］1953：283）和 Friedman（［1949］1953：91-92）。

⑯ 当时瓦尔拉斯的《纯粹经济学要义》还没有被翻译为英文，由阿罗、德布鲁和麦肯齐开创的新瓦尔拉斯主义还未兴起。对于那些不掌握法语而又想要了解瓦尔拉斯理论的经济学家而言，仅有卡塞尔（Cassel）和维克塞尔（Wicksell）的著作以及希克斯的《价值与资本》可供参阅。

⑰ 弗里德曼曾对丁伯根的著作给予负面评论（Friedman，1950）。

⑱ 参见 Mirowski and Hands（1998：268）。后来随着瓦尔拉斯著作英文版的问世，弗里德曼被邀请撰写了一些评述（Friedman，［1955］1993），此时他才发现瓦尔拉斯理论并没有那些由考尔斯委员会经济学家们所附加的内容。弗里德曼开始赞同经济学家们"应当对整个经济体系有鸟瞰式的观念"从而"形成一个整合各种观点的框架"。不过，弗里德曼仍然强调应该回到更严肃"更有内涵的"马歇尔主义理论。

败了。这无疑正是弗里德曼所期望的,然后他提出了下一步应该做什么的问题:

> 难道我们不顾这些模型没有得到实证检验的事实,还要继续构建类似体系的(一般均衡)模型吗?(Friedman,1951:112)

他的答案显然是否定的:

> ……对我来说,能够沿着这一思路(为整体经济构建一个模型)取得任何突破性成果的可能性简直微乎其微。(Friedman,1951:113)

相反,弗里德曼指出我们应该回到研究细分产业的思路上来。[19]

弗里德曼对凯恩斯的评论

正如我们将在下一节所看到的,弗里德曼总是将自己的货币主义命题与凯恩斯主义理论进行对比,并指出货币主义在理论建构和政策建议方面都占据优势。然而尽管他本人站在货币主义者的立场上对凯恩斯主义理论进行了尖锐的批判,但他仍然对凯恩斯的贡献赞赏有加。[20] 下述引文说明了弗里德曼模棱两可的态度:

> 凯恩斯的学术遗产分为两个层面:技术层面的经济学以及政治学。我相信他对技术层面的经济学的贡献是极其有益的,凯恩斯注定以一名伟大的经济学家留名青史,他的名字足以与其那些著名的英国前辈斯密、李嘉图、穆勒、马歇尔、杰文斯(Jevons)并列。然而,尽管凯恩斯在政治学方面的贡献对当今世界各个政府影响甚大,甚至可以说比他对技术层面的经济学的贡献更大,却颇具争议。不断膨胀的政府往往将凯恩斯主义奉为信条,它们越来越事无巨细地关注公民日常生活的每一方面。(Friedman,1986:47)

虽然可以把弗里德曼对凯恩斯的态度视为一种辩论的技巧和风格,

---

[19] "在我看来,最有可能为某种可行的理论变革提供基础性支持的研究方向是,基于对各个经济部分的剖析逐渐,将它们联系起来,并构建出整个经济的系统图景。从模型构建的语言来讲,我们最有希望的方向就是用与整体经济分离且独立的个体的结构方程来研究各细分产业"(Friedman,1951:114)。

[20] 三卷本论文集 Leeson(2003)收集了关于凯恩斯与弗里德曼及他们的评论者思想联系的文章。

74 但我认为弗里德曼的观点还有更多值得探讨的内涵。[21] 弗里德曼上面所谈到的内容都说明凯恩斯是一个马歇尔主义者。"凯恩斯在方法论上是一位真正的马歇尔主义者"（Friedman and Schwartz, 1982: 45）——这正像是弗里德曼可能发出的称赞。他对凯恩斯所秉持的思想和建模方法并无微词，因为对他来说，这样的方法就是正确的。他声称，这很简单，只是凯恩斯的模型最终得不到经验数据的检验，而这在科学研究领域常常会出现。

> 我认为凯恩斯的理论极其简约，它抓住了一些核心因素并且有着巨大的理论发展潜力。我之所以批判凯恩斯理论并非基于这些方面，而仅仅是因为该理论得不到经验数据的验证：它给出的预测至今无法得到经验的证明。这说明凯恩斯理论还未抓住那些决定经济短期变动的"真正"关键因素。（Friedman, 1974b: 134）[22]

弗里德曼的观点至少引发了两个问题。第一，尽管观点不同，但弗里德曼和凯恩斯其实都是马歇尔主义者。两人最大的区别在于凯恩斯试图构建"马歇尔主义一般均衡"分析框架，而弗里德曼则专注于"马歇尔主义局部均衡"分析框架。还有一个重要区别在于，凯恩斯并不相信实证检验能够带来什么进步，这从他极力反对丁伯根的研究便可看出端倪，因此我们很难判断凯恩斯是否会赞同弗里德曼的实证主义方法论。第二，我们将在后文看到，弗里德曼关于凯恩斯主义理论与经验事实不符的论断实际上是存疑的。

货币主义的主要信条

虽然不尽相同，但许多研究货币主义的学者都曾罗列过货币主义的主要特征。一般来说，下列四点被认为抓住了货币主义的精髓。

（1）"货币数量论首先是一种货币需求理论。"（Friedman, 1956: 4）

---

[21] 弗里德曼的暧昧态度造成了更多的混乱，比如《时代周刊》（*Time*）杂志封面（1965年12月31日）的那句著名引文"现在我们都是凯恩斯主义者了"只是对弗里德曼原文的误解和片面引用。在之后一期杂志上的全文引用如下，"就某个方面而言，我们现在都是凯恩斯主义者；但换句话说，我们都不再是凯恩斯主义者。我们仍然在使用凯恩斯主义的语言和工具，但不再接受最初的凯恩斯主义结论了"（Friedman, 1968: 15）。

[22] 另见弗里德曼（[1989] 1997）以及其接受斯诺登和文恩的采访（Snowdon and Vane, 2005）。

（2）"价格或名义收入的显著变化几乎总是由货币供给量变化引起的。"（Friedman，1987：4）这一命题可以得出两点推论：经济周期波动往往起源于货币；通货膨胀总是货币问题。

（3）私人经济是稳定的。

（4）货币创造需要遵循一个货币增长规则。

显然，命题（1）、（2）与命题（3）、（4）分别属于两个层面。其中，弗里德曼将命题（1）和（2）与凯恩斯主义针锋相对，并且在这两点上他都证明货币主义观点要优于凯恩斯主义观点。[23]

再造货币数量论

弗里德曼直觉上坚信能够将同义反复的货币数量论方程转化为具有实质意义的货币需求方程。[24] 让我们首先考察用名义收入来表达货币交易需求的费雪方程式（Fisher's equation）：

$$M^S V = PY$$

其中，M^S 代表货币供给（等于货币存量），V 代表货币流通速度，P 代表物价水平，Y 代表实际总产出（总收入）。显然，PY 代表名义收入，即国内生产总值（GDP）。货币流通速度（$V = PY/M^S$）代表一定时期内单位货币量能够购买到的产出。费雪假设货币流通速度和产出在短期是固定的。这就推导出货币数量论，即货币供给的变化带来物价水平的变化：

$$M\bar{V} = P\bar{Y}$$

上述关系同样可以依照剑桥方程式（Cambridge cash balance equation）推导出来，相较于费雪方程式，它更符合现实中经济主体的行为：

$$M^D = kPY$$

其中，k 代表货币需求和名义收入之间的相关系数。

为了推导出货币市场均衡，货币供给和货币需求函数必须是相互独立的。根据弗里德曼的观点，任何一个国家的货币供给等于该国的名义货币存量。弗里德曼和施瓦茨提出了该货币存量的三个决定因素：高能

---

[23] 货币主义的另一个常见信条是通胀和就业之间存在明确的权衡取舍关系，这一点也是我们下一章的议题。虽然弗里德曼与菲利普斯都宣扬这一观点，但在我看来这与前述的货币主义信条相互独立。

[24] Laidler（1997）是对货币需求理论的经典研究。另可参见 Serletis（2007）。

货币（即基础货币）、商业银行的准备金率以及公众的存款现金比例。弗里德曼和施瓦茨的《美国货币史》以及弗里德曼的其他文献均假定货币供给是外生的。弗里德曼的主要兴趣是为货币需求建立理论基础，这里的货币需求是指经济主体按照最优决策而决定持有的实际货币。在《货币数量论研究》（Studies in the Quantity of Money，1956）一书的开篇，弗里德曼给出了如下形式的货币需求方程：

$$\frac{M^D}{P} = \Phi(Y_P, k(R_B - R_M, R_E - R_M, \pi^e - R_M))$$

其中，Y_P代表实际长期收入，R_B代表债券的预期名义收益率，R_E代表股票的预期名义收益率，R_M代表持有货币的预期名义收益率，π^e代表通胀预期。

值得注意的是，对弗里德曼而言，持有货币的机会成本包含了各类资产配置，不仅包括股票和债券，而且也包含不动产和耐用品等实物资产（在方程中π^e代表了实物资产收益率）。弗里德曼认为，货币流通速度（即$1/k$）是由这些机会成本决定的。因此，经济主体对实际货币余额的需求与永久性收入正相关，与各种资产的收益率负相关。由于在货币需求方程中引入了预期，该方程有了动态性的一面。按照卡甘的说法，货币在这里被视为"能够产生一系列特定经济效益且取决于永久性收入和利率的资本化资产"（Cagan，2008：6）。

对比本书第一章我们发现，凯恩斯的《通论》中也有货币需求方程，它也是IS-LM模型的一个组成部分。凯恩斯认为货币总需求取决于名义收入和单一利率。对凯恩斯来说，货币投机需求（货币总需求的一部分）只与长期债券的收益率呈负相关关系。按照这一观点，那么很多因素——包括预期和谣言——都将会共同决定货币投机需求。这就导致货币投机需求的利率弹性将会很大。希克斯（1937）曾指出，在极端的流动性陷阱中，利率弹性是无穷大的。这就使得货币流通速度和货币需求不再稳定。

对弗里德曼来说，情形完全不同。他认为众多金融资产的收益率与利率并行不悖，这将使得货币需求的利率弹性降低。当永久性收入和货币流通速度都保持大体稳定时，货币需求也将非常稳定。因此，凯恩斯主义和货币主义在这一点上针锋相对。根据弗里德曼的观点，应该通过实证研究来验证到底哪一种货币需求方程更符合现实。他强调实证检验显示货币主义的观点更胜一筹：

> 一旦我们审视货币的历史数据，我们就能发现货币流通速度具有相当程度的稳定性和规律性。（Friedman，1956：21）㉕

这一理论交锋在很多方面都利害攸关。尤其是如果货币主义者的观点被证实，那么根据货币数量论，名义货币供给量与物价水平之间可预测的关系也将得到验证。稳定的货币流通速度具有直接的政策内涵，诚如德龙（De Long，2000）所言：

> 由此，货币存量足以用来预测名义需求，中央银行可以将其他所有统计数据抛之脑后，只需关注货币存量即可。（De Long，2000：91）

最后，稳定的货币需求意味着我们可以再造古典二分法，即价格理论和货币理论可以完全分开。反之，如果不能证明这种稳定性，那么古典二分法将不再有效。

货币供给的因果关系

弗里德曼的一个核心观点便是在一般情形以及经济周期中，货币供给和名义收入之间都存在因果关系（Friedman and Schwartz，1963b：53）。对弗里德曼来说，这一因果关系算得上是最完备的经济学关系：

> 在所有经济现象中恐怕没有其他任何现象像货币存量与物价水平的关系这一组经济规律那样在如此大的范围内得到了这么多实证层面的验证……即便拥有不同的货币制度，各个国家数个世纪以来的历史记录无不揭示了货币供给与物价水平同比例变动这一铁律。（Friedman，[1958] 1969：172-173）

按照剑桥方程式，这一因果关系意味着：第一，如前文所言，参数 k（或它的倒数，货币流通速度）是稳定的；第二，实际产出由货币供给直接决定。这里有一点比较奇怪，即虽然弗里德曼对瓦尔拉斯理论表示坚决反对，但他却毫不迟疑地表示实际产出是由瓦尔拉斯均衡决定的，并且他本人也没有给出任何具体解释。

㉕ 在他撰写的《货币需求》（Demand for Money，Friedman，[1959] 1969）一文中，弗里德曼宣称货币需求是完全不具有利率弹性的。后来他在这一论断上往后退了一点，并写道："研究货币理论和货币政策并不需要精确地估算出利率弹性到底是 0 还是 −0.1、−0.5 或 −2.0，只要它不会被估计为 −∞ 就可以。"（[1966] 1959：155）

该组经济关系最具争议的地方在于短期内的情况。必须注意到两个细节：第一，当弗里德曼讨论短期货币变动时，他所隐含的假设是货币供给的变动是对实际经济运行的一种扰动；第二，对货币变动所带来影响的实证研究必须考虑期限因素。弗里德曼认为，货币供给对名义收入的影响显然是滞后的而不是即时的，至于滞后多久则取决于具体的经济环境。

弗里德曼为美国国会联合经济委员会（U. S. Congress's Joint Economic Committee）撰写的一篇论文首次讨论了货币存量 M2 和经济状况的变化之间存在着较长期且可变的时滞（其中，定义 M2 = 现金 + 商业银行定期和储蓄存款；M1 等于现金 + 活期存款）（Friedman，[1958] 1969）。虽然弗里德曼不得不承认这一因果关系在短期内并不明确且更加复杂，但他仍然宣称："确凿的（虽然并不具有决定性）证据显示，货币变动无疑是影响经济运行状况的独立因素之一"（[1958] 1969：180）。其主要论点在于，当我们分析货币变动与收入和物价的时间序列图时，可以看出前者的波动趋势明显领先于后者一个较长的时间段。

相较于经济周期波动而言，货币供给平均提前 16 个月左右达到波峰，平均提前 12 个月抵达波谷。（Friedman，[1958] 1969：186）

经济波动的货币主义解释

上述观察让弗里德曼和施瓦茨在《货币与经济周期》（Money and Business Cycles, 1963b）一文中总结道：基于美国经济的历史数据所体现出的规律性，古老的货币数量论可以重新用来解释经济周期波动，该理论在凯恩斯主义理论兴起前曾十分盛行。在《美国货币史：1867—1960》中，他们证明美国历史上所有的严重萧条——1875—1878 年、1892—1894 年、1907—1908 年、1920—1921 年、1929—1933 年以及 1937—1938 年——都与当时的货币存量绝对下降相关。虽然每次萧条期间货币供给量的时滞性都不甚相同，但总的来说并没有太大变化。由此我们可以刻画出危机的一般图景：每次货币供应量增长率变化 6—9 个月后，货币供给变动的影响才开始显现出来，经济产出而非价格首先变化，再过 6—9 个月才会影响到物价。然而占据主导地位的对产出的影响会持续 5—10 年。但十几年后，货币供给变动的影响主要反映在物价波动上。根据弗里德曼的观点，由于时滞长度会发生变化，因此为了稳定经济而频繁进行货币政策调整（货币供给的相机抉择）是无效的，这只会让危机继续恶化而不是改善。

在货币需求方面，弗里德曼并未满足于证明货币主义观点与实际数据相符合，而是想更进一步直面凯恩斯理论。基于这一观点，他与迈泽尔曼一道撰写了《货币流通速度的相对稳定性与美国的投资乘数，1897—1958》（The Relative Stability of Monetary Velocity and the Investment Multiplier in the United States, 1897–1958, Friedman and Meiselman, 1963）。他们利用简单的线性回归方程对比了1897—1958年货币主义的货币需求方程和凯恩斯主义的收入-支出模型与实际经济数据的关系。其中，他们用货币供给对消费进行回归以验证货币需求方程，用自发投资对消费进行回归以验证凯恩斯主义收入-支出方程。弗里德曼和迈泽尔曼的实证结果表明，在所研究的每一个10年周期内，货币供给都拟合得更好，因此更具说服力。这篇论文被蒂格森称为"弗里德曼诸多作品中最有影响力的一篇文章"（Thygesen, 1977: 75），并在学界引起了震动。它对凯恩斯理论发起了尖锐的挑战并极大地推动了货币主义理论的发展。

通货膨胀理论

货币主义学者之所以既关注学术领域又热心公共事业，在很大程度上是因为他们关注通胀问题。约翰逊曾给出过一个很精彩的解释：

> 《通论》的成功之处就在于相较于盛行的正统理论，它为那些符合直觉但迄今为止仍然受理论教条抵制和批判的政策提供了理论支撑。类似地，货币主义者的革命之所以成功，是因为他们直面通胀现象并在理论和政策建议两方面都予以充分说明——相反，盛行的正统理论只能为通胀问题以收入政策或引导政策的形式给出已经被证明无效或者推定无效的政策建议。（Johnson, 1971: 12）

弗里德曼写道，"无论在何时何地，通胀都总是一个纯粹的货币现象，即只是由于货币供应量相较于实际产出增加更快"（Friedman, 1970a: 24）。在20世纪50年代和60年代，这一观点显然并不是学界

的主流观点。㉖

为货币增长规则辩护

在整个学术生涯中，弗里德曼都坚决反对赋予货币当局以任意裁量（discretionary）货币供应的权力。他始终呼吁应该遵照维持稳定货币存量增速的货币增长规则。为此，他估算出美国经济的 M2 存量应该按照 4%—5% 的年增长率增长。

经济稳定性的信念

货币主义学者都坚信"私人部门能够基本维持自我稳定"（Brunner，1970：6）。㉗ 梅耶尔认为：

> 总的来说，相较于凯恩斯主义者而言，货币主义者更认可市场机制。很难界定这是货币主义本身的信条还是货币主义经济学家们自身所秉持的信念。但我们可以确定，反对政府监管和之前讨论的货币主义信条是十分契合的。因此，认同货币数量论就意味着反对实施逆周期的财政政策……也就是说，如果私人部门能够自发维持稳定，那么所有逆周期政策都不需要或不应当存在。（Mayer，1978：38）

虽然梅耶尔的观点非常坦率公正，但我更认同弗里希对梅耶尔的评述，即梅耶尔的论断更应当被视为一种理论假设而非实证（positive）表述（Frisch，1978：122）。

凯恩斯主义与货币主义之争

本节将关注货币主义和凯恩斯主义的争论焦点。为了实施这一研究计划，回顾由凯恩斯主义经济学家所撰写的驳斥货币主义者的不同文章不失为一种好的方法。在诸多文献中，Albert Ando and Modigliani（1965）以及 James Tobin（1970）可以说是最杰出的。此外还包括特明

㉖ 在1963年的一项关于通货膨胀的调查中，Bronfenbrenner 和 Holzman 将通胀分为成本推动型通胀、需求拉动型通胀和货币供给型通胀三种（但他们自己更倾向于前两种）。前货币主义的观点可以参阅 Ackley（1959）。Laidler and Parkin（1975）则对通胀和货币主义给出了最权威的梳理。

㉗ 另可参见 Laidler（1991：639）。

为批判弗里德曼和施瓦茨对大萧条的解释而撰写的长文（Temin，1976）。不过，我们不妨直接把目光放到 1977 年 1 月美联储旧金山支行召开的一次会议上，当时莫迪利安尼和弗里德曼在会议上展开了针锋相对的激烈辩论。莫迪利安尼被邀请就其在 1976 年 12 月美国经济学会发表的主席演讲——《与货币主义者商讨，以及论我们是否应该抛弃稳定经济的政策》（The Monetarist Controversy or, Should We Forsake Stabilization Policies, 1977）——中的主题展开讨论。弗里德曼则被美联储旧金山支行邀请作为莫迪利安尼的点评人。两人的发言作为补充材料被收录在旧金山支行出版的《经济研究》（Economic Review）中（Federal Reserve Bank of San Francisco, FRB SF, 1977）。[23] 这是一场别开生面的辩论。事实证明莫迪利安尼并没有让被公认为雄辩家的弗里德曼占到太多便宜。

我们将仔细考察两人的发言，并由此归纳货币主义和凯恩斯主义的三大争论焦点，它们是经济稳定性、短期货币非中性以及相机抉择还是固定规则的货币政策。我们首先总结莫迪利安尼在主席演讲中所表达的观点。

稳定性

安多和莫迪利安尼（1965）对货币主义者表现出了不屑的态度。然而 10 年之后，莫迪利安尼在其主席演讲中表现出了更加温和的态度：

> 弗里德曼曾说过，"如今，我们都是凯恩斯主义者"，那么我不吝回敬他一句，"如今，我们都是货币主义者"，如果货币主义指的是把货币存量视为决定产出和物价水平的主要因素的话。（Modigliani, 1977a: 1）

莫迪利安尼之所以态度大变，是因为 10 年来情况本身发生了巨大改变。20 世纪 70 年代是货币主义革命的全盛期（De Long, 2000: 84）。尽管凯恩斯主义学者们在不断回击货币主义，但货币主义自身也在不断前进——不仅仅是在理论界，还在政界。1977 年，美联储启动了所谓的"货币主义实验"，在撒切尔政府的治理下英国也紧随其后。在理

---

[23] 莫迪利安尼的会议陈述似乎并没有被保存下来，但该补充材料中收录了他的主席演讲。考虑到主席演讲和该会议陈述十分接近，我们大致可以认为这两者之间在内容上并没有太大不同。通过考察弗里德曼的评论也可以看出这一点，也就是说，会议陈述与主席演讲的内容是相符的。

论界，弗里德曼于1968年在美国经济学会发表的主席演讲对菲利普斯曲线给出了致命一击（我们将在下一章仔细研究这篇文章）。况且对莫迪利安尼而言，货币是他的IS-LM模型中的一个重要组成部分。因此，相较于其他凯恩斯主义经济学家而言，莫迪利安尼更偏向于货币主义。[29]

莫迪利安尼在他的主席演讲中对这些变化给予了一定评估。他认为，弗里德曼对早期简单的凯恩斯主义所展开的批判在很大程度上是对的，比方说：①货币需求的利率弹性是较为温和的；②消费方程应该基于永久性收入假设［这与他自己的格伦伯格－莫迪利安尼（Grunberg-Modigliani）假设类似］；③利率不仅在很大程度上影响投资，还影响消费。莫迪利安尼也并不反对长期而言货币数量论已经得到了验证的观点。然而，在他看来货币主义和凯恩斯主义毕竟存在本质区别：

>我相信没有任何一个货币主义学家会赞同凯恩斯的《通论》所表达的如下核心观点：存在（难以测度的）货币的私人分散经济应当、能够并且需要借由合适的财政政策和货币政策来保持稳定。反之，货币主义者秉持的观念是：不要试图稳定经济。（Modigliani，1977a：1）

就稳定而言，莫迪利安尼认为经济调整速度——特别是劳动力市场的就业调整——缓慢且持久，这一过程"更像是爬行而不是飞驰"（Modigliani，1977a：8）。对莫迪利安尼而言，凯恩斯理论的基本任务就是要"用稳定政策来抹平持久的需求波动而不是依赖遥遥无期的工资调节机制，从而避免为此付出长期失业和物价波动的代价"（Modigliani，1977a：3）。在这里，莫迪利安尼无疑放弃了自己1944年论文中的非充分就业的均衡状态而转向了帕廷金的非均衡假设——由此可见帕廷金的理论影响有多大。

按照莫迪利安尼的说法，如果货币主义者们能证明稳定的货币增长将自动使得实际收入趋于稳定（反之亦然），那么他们的观点就是站得住脚的。为此，莫迪利安尼研究了1953年到1957年前半年以及1971年第一季度到1975年第一季度的情况，这两个时期内货币供应增速都

---

[29] 弗里德曼在旧金山对莫迪利安尼高兴地表达了认可并评论道，"我一直认为弗兰科·莫迪利安尼在一些重要观点上是一位货币主义者——按你们所界定的那种范畴的货币主义，他在1944年发表的著名论文显然称得上是货币主义理论体系的重要组成部分"（FRB SF，1977：12）。

比较稳定。前者货币增长相当缓慢，后者增速较高，大约为7%。根据货币主义理论并考虑到货币供应对经济的影响有1年左右的时滞，我们应该预期产出有一个类似的增长。然而莫迪利安尼认为事实证明并非如此。他得出两点结论：第一，过去三十年美国经济的波动不能归因于货币波动；第二，稳定的货币供应也不能保证美国经济稳定增长（Modigliani，1977a：13）。

上述论断言之凿凿。让我们换到弗里德曼这一边。不出所料的是他强烈回应了莫迪利安尼的批评，他指出，1953—1957年和1971—1975年两个时期并非货币增速稳定期。弗里德曼给出了这两个时期内M1和M2的图表并指出它们并没有呈现出任何稳定的迹象。真要说货币稳定增长的时期那也是1961—1966年。因此，他认为货币主义观点并没有被驳斥。

鉴于两人的命题都基于实证的支持，那么唯一的解释便是两者有着度量方式方面的差别。事实上也确实如此：莫迪利安尼选择了以M1为货币供给量的度量，而弗里德曼选择了以M2为货币供给量的度量；莫迪利安尼聚焦于货币供应量的增速，而弗里德曼聚焦于货币供应增速的变化；莫迪利安尼采用了1年滞后期，而弗里德曼采用了2年滞后期。两人就此问题的精彩辩论摘录如下：

> 莫迪利安尼：1961—1965年属于稳定期吗？你是否察觉这一时期M1的增速从1.5%跃升到7%？
>
> 弗里德曼：当然。但它们呈现出稳定的增长路径。
>
> 莫迪利安尼：所以呢？你现在讨论的是二阶导数。
>
> 弗里德曼：我当然是在讨论二阶导数。
>
> 莫迪利安尼：如果你想用二阶导数来说明问题，那无疑是另一个新理论了。
>
> 弗里德曼：什么？我当然没有在说什么新理论。我们都知道真正重要的是预期和实际情况的差异。我们现在讨论的是预期增长率的导数。
>
> 莫迪利安尼：按照你的说法，在这个时期内所有人都预期将会加速、加速、加速？（FRB SF，1977：15）

货币供给变动的短期实际效应

在随后的辩论中，两人再次关注到1972—1975年的经济状况。针对弗里德曼的质疑，莫迪利安尼回应并坚持认为在此期间货币供应稳定但伴随着实际经济的强烈波动，换言之，他们应该聚焦于货币供给和实际收入的关系，而不是像弗里德曼那样关注货币供给和名义收入的关系。两人在这个关键问题上针锋相对：

> 莫迪利安尼：1972—1975年的经济运行极不稳定，而你所描绘的货币收入都掩饰了这一点。物价水平疯涨。问题的症结在于美联储没有提供足额的货币，由此导致物价水平疯涨12%的同时货币收入却基本没有变化。如果考虑实际收入——这正是我所关注的问题——那么你将看到巨大的不稳定性。我很惊讶我们在这个问题上竟然需要多费口舌。如果你相信1972—1975年是稳定的，那我建议你还是回学校重头来过吧。
>
> 弗里德曼：然而，我想我们都赞同一点，并且我曾多次写到，我们都对货币与货币收入，或者说与名义收入之间的联系更加了解，至于决定物价水平和产出之间关系的力量，我们则知之不多。
>
> 莫迪利安尼：这便是我们的分歧所在了。我认为我们对这两个议题的认识是差不多的……我们都观察到工资与失业和过去的通胀有关系，而且相当有规律：工资与前期通胀的相关系数略高于1。诸多文献都在研究这一关系。这可能就是货币主义者与非货币主义者的区别了。以IS-LM模型为开端，非货币主义者会首先提及实际产出并将货币产出视为结果。相反，货币主义者则直接关注名义收入——我认为这是一种误导。尽管在很多情形下它*并没有太大问题，但至少1973—1974年并不是这样的时期（FRB SF，1977：20-21）。

我们认为上述辩论触及了凯恩斯主义和货币主义的根本分歧，即货币变动的短期效应是仅仅作用于物价水平还是能同时影响经济活动水平？上述引文说明弗里德曼忽视了这个问题。而在其他文章中，弗里德曼称之为"未竟的事业"（Friedman，1974a：40；Friedman and Schwartz，1982：26）。在这里以及在其他地方，弗里德曼认为两种理论都存在这一瑕疵（Friedman，1974a：44-45）。我们认为虽然弗里德曼正确地指出货币主义忽略了这个议题，但确实存在例外，即弗里德曼讨论菲

---

* 这里是指直接研究货币收入。——译者注

利普斯曲线的文章。㉚ 显然，莫迪利安尼的反应表明凯恩斯主义者就其研究目的而言绝不能接受这种判断。从一开始，凯恩斯主义者（特别是沿着莫迪利安尼研究思路的学者们）就致力于在理论层面利用 IS-LM 模型来论证货币非中性的条件；在实证层面，他们利用结构计量方程加以验证。因此，弗里德曼认为凯恩斯主义在这个议题上取得的成果与货币主义没有什么区别的想法自然引发了莫迪利安尼的强烈不满。

固定规则还是相机抉择

就该话题的重要性而言，弗里德曼和莫迪利安尼并未有太多争议。两人的辩论内容显示他们在这一点上并未过多在理论层面展开辩论。弗里德曼宣称自己之所以更偏好固定规则是因为他对政治干预经济决策不抱信任，一旦像央行这样的单个机构垄断了自由裁量权，那么即便经济学家们认为政策制定是合宜的，政治力量也很可能会阻碍合宜的经济结果发生（Friedman FRB SF，1977：19）。就此，弗里德曼认为应当通过立法防止政治力量在经济事务方面设置障碍。㉛ 就这一点，莫迪利安尼则反驳说政府机关（包括美国经济顾问委员会在内）中有着诸多称职的官员。莫迪利安尼认为美联储缺乏明确的政策目标，至少它并没有讲清楚这些目标具体是什么。我们需要建立起一套制度使得能够通过美联储所取得的经济成就来评判他们的政策行为。但这显然不是像弗里德曼那样仅仅为美联储强加一个货币政策规则就能实现的。㉜

货币主义者挑战的缺陷

凯恩斯主义者对弗里德曼的回应并不局限于其实证层面，他们还要

㉚ 另一项例外的研究成果是由美联储圣路易斯支行的安德森和乔丹（Anderson and Jordan，1968）作出的，但通常认为他们二人的研究成果还不充分。

㉛ "弗里德曼：我越来越坚信采用固定增速的货币政策规则既是一个经济问题也是一个政治问题；制定关于货币政策的法律条款可以防止政治力量进行干预。"（FRB SF，1977：18）

㉜ "莫迪利安尼：我认为美联储并没有告诉我们他们的政策目标到底是什么。我为什么要对此发难呢？因为我们无法判断美联储到底做得是好还是坏。因此我坚持要求美联储明确其目标——并不一定是货币目标。我并不关注货币目标，他们对货币怎么做都可以，我只是希望他们能公布其实际的经济目标——这样一来，如果它们没有实现实际目标就自然会遭到指责。对我而言，这似乎才是根本问题。"（FRB SF，1977：21-22）

求弗里德曼构建更大范围的理论框架以证明货币主义命题的正确。为此弗里德曼相继在《政治经济学期刊》（*Journal of Political Economy*，*JPE*）上发表了两篇文章（1970b，1971）来回应凯恩斯主义者的这种要求。这两篇文章稍加拓展丰富后被收录于罗伯特·戈登（Robert Gordon）所编纂的《弗里德曼的货币主义框架》（*Milton Friedman's Monetary Framework*，1974a）一书中。这两篇文章得到了布伦纳和梅尔泽、托宾、戴维森（Davidson）以及帕廷金等人的回应。在该书最后，弗里德曼对上述学者的回应——予以反驳（Friedman，1974b）。[33]

在该文的前28页，弗里德曼主要系统论述了重构的货币数量论，并罗列了他本人对凯恩斯在货币理论领域所作出贡献的理解——在我看来，这部分观点虽十分尖锐但也略有偏颇。在这些论战后，弗里德曼终于开始构建一个"高度简化、包含一般化的货币数量论和作为前者特例的收入-支出理论的经济总体模型"（Friedman，1974a：29）。该模型包含7个变量（名义收入、消费、投资、名义利率、物价水平、货币需求和货币供给）、6个方程和1个外生变量。[34] 弗里德曼认为该模型准确刻画了凯恩斯主义和货币主义的区别。按照他的说法，"数量论设定"（quantity theory specialization）假定实际收入是外生给定的：

> 该模型必须追加一组瓦尔拉斯一般均衡方程，这组方程独立地决定实际收入（Y/P）的值。（Friedman，1974a：31-32）

至于"收入-支出设定"（income-expenditure specialization）则将物价水平视为一种制度性基准加以讨论。[35] 弗里德曼证明前一种设定能够很容易地推导出货币数量论方程（$MV = PY$）；同样地，采用后一种设定则能够重构IS-LM模型。

弗里德曼本人并不喜欢通过构建抽象模型来研究经济运行机制。事实上，前文已经指出，这违背了他的方法论原则。因此，他在此处只是为了回应其他经济学家的批判。当弗里德曼这样做的时候，他借鉴了正统的IS-LM模型，因此这相当于含蓄地承认，当考虑整

---

[33] 本章不会讨论这些文章，因为除了弗里德曼与布伦纳和梅尔泽的文章，其他文章都略显无聊，无法与弗里德曼和莫迪利安尼的激辩相比。

[34] 弗里德曼认为没有必要引入劳动力市场相关变量，这恰恰是区分古典IS-LM模型和凯恩斯主义IS-LM模型的基准。

[35] 弗里德曼（Friedman，1974a：32，note 20）承认采用价格刚性而不是工资刚性已经偏离了凯恩斯主义理论，但他认为这是一种有效的简化，并且被广为采用。

体经济时，货币主义实际上并没有采用与凯恩斯主义完全不同的分析框架。㊱

因此，从这一观察中我们可以回答弗里德曼所代表的货币主义是否已经颠覆了凯恩斯主义这一问题。我认为并非如此。问题可以追溯到弗里德曼所推崇的实证主义方法论。宏观经济学需要建立在一般均衡框架下，并且这种框架最好是简约的。这正是凯恩斯主义宏观经济学所努力做的，尽管其一般均衡分析的基础也并非十分牢靠。㊲然而对弗里德曼来说，他并不能接受这种分析方法。弗里德曼认为去构建小型的、用来论述某些特定命题的模型就足够了。无论弗里德曼的这种观点是否具有内在有效性，它都无法对凯恩斯主义理论展开全面批判，因为只能用一种一般均衡框架来批评另一种一般均衡框架。对于任何一种基本理论，只有涉及其基础的方法论批判才能将其推翻，仅仅批评基于该理论的命题与现实不符并不足以对其构成威胁。

由此，我们不得不质疑前文中弗里德曼对凯恩斯理论的评价——凯恩斯理论是很有潜力的，只是没有得到实证的验证——是否公正客观。只是凯恩斯主义理论中的某些命题可能确实存在上述问题，但这并不能说明整个架构都是错的。

真正意识到弗里德曼缺陷的恰恰是约翰逊，在其论述货币主义革命的论文中，约翰逊指出货币主义的两个主要缺点在于：第一，货币主义者"拒绝建立一种决定物价水平的理论"（即一种探究货币变动对产出和物价水平分别有何种影响的理论）；第二，货币主义严重依赖于实证经济学（Johnson，1971：10）。㊳因此，在他看来，货币主义者的前景在于建立凯恩斯－货币主义综合体系（Keynesian-monetarist synthesis），这与彻底颠覆凯恩斯主义范式已经相距很远了。

㊱ 其他货币主义者，特别是布伦纳和梅尔泽，在这个问题上完全不赞同弗里德曼。参见 Brunner and Meltzer（1993）。

㊲ 凯恩斯主义者并不这样认识自己的理论，因为他们把"瓦尔拉斯一般均衡"等同于一般均衡分析，而没有意识到他们实际上应该属于"马歇尔式一般均衡"框架。同理，**IS-LM** 也就被自动认为属于瓦尔拉斯主义。然而，我们将在本书第十八章看到这一说法经不起推敲。

㊳ "实证经济学（positive economics）的方法论是为以下这类研究辩护的理想方法论：这类研究会得出一些显然令人惊奇的结果，但从未觉得应该解释为什么会出现这种结果，这极容易迷惑那些初出茅庐的经济学者并引起他们的好奇心，从而动摇凯恩斯主义的基础。但是一般均衡和前不久的实证革命（empirical revolutions）告诉学者们务必要探究完整容纳理论和实证的一般均衡体系，务必要质疑一切如同魔术师从帽子里变出了兔子一样的结果——特别要提防那些旧帽子。"（Johnson 1971：13）

理论与意识形态

实证主义方法论的核心观点在于意识形态和实证研究能够而且也必须彻底分开。本节主要包括两方面的内容：第一，基于上述论点考察意识形态在宏观经济学这样的学科中处于何种地位；第二，质疑弗里德曼的研究是否完全遵循了他自己提出的这一系列原则。

概　述

"意识形态"（ideology）这一术语往往具有贬义，代表了强迫灌输某种邪恶信念或者基于这些信念为某种特殊利益集团辩护。我更倾向于将意识形态理解为在某种经济层面构建理想社会的设想——在我们讨论的语境下，即是指代资本主义。在经济学的范畴内，意识形态的具体议题可以归结为所谓政府干预和市场力量在社会生产与分配方面的角色定位问题。这更多的是一个程度问题而不是非此即彼的二元论问题。但在这里，我们暂且将其视为两种极端的观点，即弗里德曼的自由贸易观点和凯恩斯主义的观点。

值得赞扬的是，弗里德曼并不愿意让这种意识形态层面的分歧影响科学研究本身。但是当宏观经济学家们提政策建议时，问题便会暴露出来，因为任何一种政策建议都会包含某种意识形态倾向，简而论之，要么是所谓自由市场的解决方案，要么是所谓凯恩斯主义的政策。

基于这一认识，如果我们无法抹除意识形态色彩，那么就必须致力于限制其影响。专业学者们应当致力于为学术争论营造一个良好的环境，在其中各种理论的好坏是由方法论准则而不是所谓的意识形态动机来评价的（虽然意识形态动机并不总是存在，但我们不妨假设它存在）。按照这种观点，首先必须采用数理工具而不是文字论述来构建理论；其次必须理清模型和现实的关系，并为计量经济研究制定规则；最后更要确立好的理论建构的标准。上述所有决策都是基于学界的惯例和传统，并且很可能在科学革命中遭受非议。在凯恩斯主义和货币主义争锋交错的时代，这样的准则并未严格确定。因此，我们从事后来看，凯恩斯主义者和货币主义者们在论战中往往利用不同的测度手段（如M1、M2，以及不同的滞后阶数）来证明对手是错误的。就此来看，随着一套公认的标准被确立，当卢卡斯革命发生时，那些严格按照公认的标准建立起来的理论体系所推导出的结论及所支撑的意识形态便不再具有随意性，因为这些理论所包含的内容不会逾越上述准则所能容纳的范围。

由于我们意识到经济学家所持有的意识形态可能会影响他的理论研究，那么与其责怪学者们的意识形态偏见，还不如鼓励他们承认这一偏见，但我们又不得不承认，秉持实证主义信条的学者们很少会宣称自己的意识形态存在什么问题。如果没有人表明自己拥有某种意识形态动机，那么外人能否察觉到任何关于这种意识形态的蛛丝马迹呢？正是由于我们无法解读他人的思想，才使得发现政治议题（political agenda）是一项艰难的任务。然而，虽然很难证明是否存在某种意识形态动机，但证明其不存在却要简单得多。最重要的信号是某位学者所明确拥护的意识形态与其理论模型所得出的结论之间存在突出矛盾。帕廷金就是一个典型的例子。我们很难说他支持实际货币余额效应是出于政治倾向，因为该假设会导致对其所捍卫的凯恩斯理论的严重削弱。㊴同理，考察对比一位经济学家构建的各类模型也能看出这一点，如果其中有一些模型明显偏好凯恩斯主义结论而另一些模型则强调自由放任结论，那么就可以得出这位经济学家并没有在追求什么特定政治议题的结论。

最后一个问题是，学者们使用某些概念性设定是否与他支持自由市场还是凯恩斯主义有着内在联系？我的回答是否定的。我们只需要回顾一下弗里德曼在其关于货币主义框架的文章里的表述就能发现，弗里德曼在方法论上就是一个凯恩斯主义者。在本书的后面，这样的例子还会不断出现。例如，我们将在本书第七章考察的非瓦尔拉斯均衡模型在意识形态上显然属于凯恩斯主义，然而却使用了非凯恩斯主义的概念性设定。

弗里德曼

很少有经济学家像弗里德曼那样公开表达自己的意识形态倾向。对他而言，市场就是最有效的资源配置机制。㊵他坚持认为拥护自由市场并没有违背其实证主义原则。在论证经济学应该采用实证主义原则时，他强调：应该抛弃一切意识形态和任何规范性判断。在20世纪90年代早期，弗里德曼被邀请为一本论述货币主义的著作撰写后记，在此文中

㊴ 参见 Rubin（2005）。
㊵ 虽然弗里德曼也承认市场机制会失效，但他指出，如果政府对此采取措施只会使之恶化。见斯诺登和文恩对他的采访：Snowdon and Vane（2005）。

他基本上持批判态度。弗里德曼断然否认自己的理论体系始终"围绕"着凯恩斯主义理论展开——虽然很多反对者这样宣称。相反，他指出自己的思想更像是精神分裂的（schizphrenic）：

> 在我的整个学术生涯中，我认为自己在某种程度上是精神分裂的，而这可能是一种普遍的情况。一方面，我对研究科学本质感兴趣，我试图——也成功做到了——不让意识形态玷污我的科学研究；另一方面，我又对历史事件有着很深的关切，并想要为了增加人类的自由而影响正在发生的历史进程。幸运的是，这两点在我身上似乎完美融合在一起。(Friedman, 1993: 1)㊶

我认为在某些时候不妨将上述引文理解为弗里德曼本人吐露真心的"失言"。在我看来，弗里德曼绝不可能是精神分裂的。如果他确实是，那么他的理论结论和意识形态应该极端对立，但事实上完全不是这样。从20世纪50年代开始，弗里德曼的所有研究工作都在试图取代现行的凯恩斯主义政策，他试图用经验证据来检验自己的理论并且得出反凯恩斯主义的政策建议。其研究理念和实证工作方面毫无例外的一致性让我不得不怀疑弗里德曼是否真的将意识形态排除在其实证研究之外。㊷ 我再次强调不必为此推断感到大惊小怪。也不必将此当作一种耻辱。但还是应该说明，那就是在我眼里，弗里德曼——虽然他自己极力否认——在进行理论研究的同时也渴望追求某种政治议题。事实上，他的妻子罗莎·弗里德曼留下的文字就证明了这一点：

> （我发现）从一个经济学家的政治倾向就可以预测到这个人的实证结论，而且我从未成功说服自己相信学者们所秉持的政治倾向源自其一系列的实证观念。(Friedman Rose, 1976: 30)

货币主义的衰落

虽然整个20世纪70年代货币主义如日中天，但此后十年便很快衰落了。主要原因有两点。第一，1982年以后，货币需求稳定假设——

㊶ 弗里德曼在接受泰勒的采访时重申了上述论断，"我可以坦诚地说：基于对自由市场的信仰，我从未对货币政策和财政政策给出判断。我相信实证研究是独立，并且一直忠于此"（Friedman interviewed by Taylor, 2001: 120）。

㊷ Cherrier (2011) 更系统性地证明了这一论断。

第四章
米尔顿·弗里德曼和货币主义者的争论

货币主义的基本假设——被实证推翻。第二，DSGE 方法的兴起同时宣告了凯恩斯主义宏观经济学和货币主义的破产。具体如下。

正如前文中的一段引文所言，弗里德曼坚信没有比货币需求稳定假设（该假设又基于货币流通速度稳定假设）以及货币供应量和名义收入具有稳定关系这两个命题更符合实证结果了。这两个命题无疑是货币主义的理论基石。我们也同样看到弗里德曼厌恶宏大理论建构，相反，他偏爱包括少量命题的小型理论模型——该类模型具有良好的实证检验结果因而难以遭到驳斥。这种方法论观点看上去颇具吸引力，但也包含非赢即输的风险。如果其核心命题由于某种原因被实证检验拒绝，那么该理论就会整体崩溃。货币主义在 20 世纪 80 年代就面临这样的困境。

货币主义的崩溃肇始于 1979 年 10 月的一个事件——最初这个事件看上去像是货币主义取得了前所未有的成功——为了应对高企不下的通胀率，美联储宣布将降低货币存量增速并更少关注利率水平。[43] 显然，美联储的这次政策变动可以被视为对弗里德曼观点的一次自然试验。这一新政策成功降低了货币存量增速，但同时也引发了货币流通速度上升，另一方面，经济出现了严重的衰退，失业率开始剧增，金融体系承受着巨大压力。这些因素使得美联储在 1982 年夏天突然意外宣布放弃这一新政策。随后，这一实验亟待评估。1983 年，美国经济学会年会为此组织了专题研讨会。会上米尔顿·弗里德曼（Friedman M.，1984）和麦卡勒姆（Bennet McCallum，1984）拒不承认美联储实施的是真正的货币主义规则。虽然并未对上述论断发表意见，但与会的本杰明·弗里德曼（Benjamin Friedman）乘机对货币主义的一系列模糊性加以批判（Friedman B.，1984）。[44] 就我们在此的研究目的来说，无须将谷壳和谷粒区分开来。我们必须承认，虽然美联储的这次实验对货币主义理论来说算不上有利，但也远不足以明确地给该理论带来致命一击。不过这次专题研讨会已经使其临近死期。死亡的丧钟源自 1982 年第二季度，维持了数十年稳定的货币流通速度突然出现大幅波动（或者其倒数——货币/国民生产总值比例也大幅度波动），详情见图 4.1。

在美国经济学年会的这一专题研讨会举办后数年，一个新的客观事

---

[43] 1979 年一年的消费价格指数增长了将近 8%。
[44] 第四位讨论詹姆斯·皮尔斯（James Pierce）检验了金融创新对这一次美联储实验的影响。

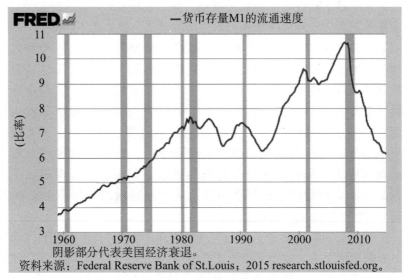

图 4.1　美国经济的货币流通速度⑤

实被广泛认可。1988 年，货币主义经济学家威廉·普尔（William Poole）和非货币主义经济学家本杰明·弗里德曼在一篇发表于《经济学展望杂志》(*The Journal of Economic Perspectives*, *JEP*) 的文章中再次讨论了这一议题。他们认为：

> 到了 1975 年，大部分经济学家都认为美国的货币需求函数相当稳定，因此足以用来作为货币政策制定的依据。事实上，M1 的流通速度增速几乎维持在年均 3% 左右，其波动率仅为千分之几，这一事实使得质疑货币主义的学者只能退缩。20 世纪 80 年代货币增速的提高和通胀率的提高也无疑证实了货币主义。然而这一切在 1986 年发生了巨变。由于 80 年代实施了通缩政策，M1 的货币流通速度显著地偏离其 1953—1979 年的长期趋势。货币需求函数似乎土崩瓦解，并且显然不再适合作为货币政策的制定依据了。（Poole，1988：73）

坏消息总是接踵而至。货币和物价之间的关系也出现了崩溃。本杰明·弗里德曼写道：

---

⑤　本图来自美联储圣路易斯分行的 FRED "货币存量 M1 流通速度 [M1V]"，https://research.stlouisfed.org/fred2/series/M1V/，2015 年 5 月 29 日下载。

在自 1982 年年中起的五年内，货币存量 M1 的平均增速稳定在两位数，这是美国在第二次世界大战后所经历的最快货币增长，而同期物价水平却创造了战后的最强下跌。(Friedman B., 1990：59)

起初，学者们认为这只是对货币主义命题暂时或意外的背离。例如，米尔顿·弗里德曼在美国经济学年会上发表的论文表示，1979—1981 年到 1981—1983 年间的通胀率下降远高于由货币增长率下降所得到的预期（Friedman，1984：399）。尽管他自信地预测 1983—1985 年的通胀率将高于 1981—1983 年，但事实恰恰相反。

经济学家们很快意识到，弗里德曼所宣称的坚如磐石的货币主义理论基石其实并不稳固。这一次，货币主义理论被弗里德曼提出的那条准则——任何理论命题只要不被实证检验否定便能屹立不倒——给击垮了。当然，我们也能找出不少原因来解释为什么货币主义命题被客观经济现实否决了，比方说金融创新、当中央银行开始将货币供应量当作政策目标时货币需求对利率更加敏感，但总而言之，依照弗里德曼的准则，事实说明一切，所谓的新因素不能算作借口。㊻

我们可以在 2001 年泰勒的采访中看到弗里德曼的困惑。在开始正式访谈前，泰勒和弗里德曼讨论了一张关于实际 GDP、实际 M2 和流通速度的图表（幸运的是部分讨论内容被记录下来并公开出版）。弗里德曼对 20 世纪 90 年代早期开始的实际 GDP 和 M2 波动性的降低表示不解，"看上去美联储突然采用了一种新的政策手段"（Taylor，2001：103）。泰勒则试图说服弗里德曼，美国经济表现向好是因为美联储重新回归了盯住利率的货币政策，并使用了多年前弗里德曼自己提出的规则。弗里德曼机智地回绝了泰勒的说辞并勉强承认"一定是某种好的宏观调控手段替代了不好的"，而不是将之归功于艾伦·格林斯潘（Alan Greenspan）的丰功伟绩。

㊻ 2000 年，德龙在《经济学展望杂志》上发表了一篇文章——《货币主义的胜利？》（The Triumph of Monetarism?），他在其中写道，"货币主义对我们今天如何看待宏观经济学的影响是深远、彻底而又微妙的"（De Long，2000：85）。具体来说，他认为弗里德曼的很多观点在第二代新凯恩斯主义模型（使用我们的术语）中都有体现。德龙的评述初看似乎与我的观点并无二致，但是他把货币主义划分为不同的流派，弗里德曼的货币主义属于其中一个分支，也是唯一得到他称赞的分支。不过他对弗里德曼的评价仍然比较混杂。他承认稳定的货币流通速度和稳定的货币需求已经被证伪了，他也判断出"'政治货币主义'已经在 20 世纪 80 年代崩溃"（De Long，2000：22），这意味着德龙认为货币之所以重要只是因为央行有可能采取错误的货币政策，这也符合我对货币主义衰落的评价。

我所疑惑的地方在于他们（央行）是否并且如何突然学会了如何管理经济。是因为格林斯潘对经济运行有着无人能及的高超洞察力吗？（Friedman in Taylor, 2001: 105）

现在我们来讨论货币主义衰落的第二个方面。凯恩斯主义者起先认为卢卡斯的令人眼前一亮的货币供给模型——我们将要在本书第九章研究这个模型——只是对弗里德曼货币主义的简单拓展，这使得很多学者为之贴上了"第二代货币主义模型"的标签。[47] 如果诚如他们所言，那么货币主义最终还是战胜了凯恩斯主义。卢卡斯的理论贡献也无非是将弗里德曼的模型拓展为一个一般均衡模型。但当一切尘埃落定，这一观点被认为是大错特错。尽管弗里德曼和卢卡斯私交甚好并彼此尊重，但弗里德曼的货币主义和卢卡斯所开创的 DSGE 方法在核心方法论上存在难以逾越的鸿沟。我们将在本书第十章考察凯恩斯主义和卢卡斯主义宏观经济学在方法论信条上的巨大区别。我们将看到，就大多数基准原则而言，弗里德曼更多地站在了凯恩斯主义一边而不是卢卡斯主义一边。表 4.1 总结了弗里德曼与新兴古典主义和 RBC 模型在几个基准原则上的异同。

表 4.1　从弗里德曼的预期增强式菲利普斯曲线到卢卡斯模型以及基德兰德和普雷斯科特模型

	弗里德曼（1968）	卢卡斯（1972）	卢卡斯（1975, 1976）	基德兰德和普雷斯科特（1982）
目的	证明货币政策无效	证明货币政策无效	为经济周期构建一般均衡理论	为经济周期构建一般均衡理论
一般方法	马歇尔局部均衡	瓦拉尔斯一般均衡	瓦拉尔斯一般均衡	瓦拉尔斯一般均衡
对新古典综合的态度	支持	反对	反对	反对
核心假设：冲击来源	货币供给失调	货币冲击和实际冲击	货币冲击和实际冲击	科技冲击
预期形式	适应性预期	理性预期	理性预期	理性预期
动态配置	跨期	跨期与期内	跨期与期内	跨期与期内
信息	不完全信息	不完全信息	不完全信息	完全信息

---

[47] 参见 Tobin (1980) 和 Hoover (1984)。

因此，遗憾的是凯恩斯主义和货币主义实属同根同源。正如萨金特所说，"在凯恩斯主义和货币主义的论战中，卢卡斯革命站在了绝对公正的中立立场上"（Sargent，1996：5）。事实上，货币主义的没落让货币主义者们真正发现，相较于卢卡斯主义理论这个共同的新对手，他们与老对手凯恩斯主义的联系是如此紧密。

第五章

菲尔普斯与弗里德曼：自然失业率

我们在本书第二章讨论了菲利普斯关系是如何被凯恩斯主义者们欣然接受的：它为凯恩斯主义理论体系填补了价格形成机制这一缺失，此外，它将失业与通胀的权衡取舍纳入宏观经济学家向政府部门提供政策建议的工具箱中。因此20世纪60年代晚期对凯恩斯主义理论来说是相当不错的时期。正如埃德蒙德·菲尔普斯所说，"坚如磐石的菲利普斯曲线让美国的凯恩斯主义者们欣喜若狂，就像物理学家发现了原子能一样"（Phelps，2006：8）。然而，幸福总是一瞬而过。

20世纪60年代见证了以菲利普斯曲线为核心的建模思路的逐步盛行，而作为这一思路的副产品，自然率（the natural rate）孕育于各种争论之中并很快迎来了曙光。事实上，凯恩斯-菲利普斯正统就像是航行在平静水面上的泰坦尼克号，它受到各方盛赞，但后来却命中注定要与冰山相撞，这里的"冰山"是指勒纳（Lerner）和费尔纳（Fellner）的中性定律（neutrality axiom）。菲利普斯曲线与中性定律之间的冲突之所以不可避免，是因为迟早会有学者提出一个或多个具有微观基础的菲利普斯曲线模型，而这些进展将使得凯恩斯-菲利普斯正统所隐含的假设——通胀是非中性的——变得难以成立。（Phelps，1995：17）

本章将介绍菲尔普斯的论文（1967，1968）和弗里德曼在美国经济学会1967年会议上发表的主席演讲（1968）。两人几乎是同时独立提出了"自然失业率"（natural rate of unemployment）的概念，从而颠覆了凯恩斯主义的菲利普斯曲线及其权衡关系，进而改变了学界的图景。

本章首先介绍菲尔普斯的理论贡献。随后我们将仔细研究弗里德曼的论文。最后一节将对比菲尔普斯和弗里德曼的观点，我们将看到这两位经济学家在该问题上并非通常所认为的那样具有共识。

菲尔普斯

生平及成果

自20世纪60年代早期到现如今，菲尔普斯在其漫长的学术生涯中不断提出各种尖锐的学术质疑。① 在其职业生涯早期，菲尔普斯提出了增长理论中著名的"资本积累黄金律"，即最优资本积累率应该等于利润率（Phelps, 1961）。此后他主要研究就业和通胀问题（Phelps, 1967, 1968），也即本章的主要内容。他还是研究失业和通胀理论的微观经济学基础的杰出代表，相关论文详见《菲尔普斯文集》（*Phelps Volume*, 1971）。20余年后，他在讨论欧洲失业问题时撰写了一本专著并在其中构建了一个"结构主义"（structuralist）宏观经济学模型，在该模型中菲尔普斯试图用自然失业率的波动来解释繁荣和萧条（Phelps, 1994）。菲尔普斯还一直关注资本主义经济的正义性和包容性（Phelps, 1997）。

本书所研究的大部分经济学家都很好归类，他们要么是旧凯恩斯主义者或新凯恩斯主义者，要么是新古典综合经济学家、货币主义者、新兴古典主义者或者RBC经济学家，等等。然而对于秉承着折中主义思想的菲尔普斯来说，上述分类都不甚恰当。事实上，菲尔普斯是搜寻理论的先驱，但他很快对这个议题失去了兴趣。虽然卢卡斯与他私交不错，并且从他这里借鉴了孤岛假设，但菲尔普斯却是理性预期学派的坚定批评者（Phelps, 1990: 46; Frydman and Phelps, 1983, 2013）。他对RBC模型也不甚赞同（Phelps, 1990: 90-91）。至于凯恩斯，他一方面作为凯恩斯主义的掘墓人摧毁了这一思想流派的精神图腾，另一方面又盛赞凯恩斯是当代的伟大学者。

就均衡失业问题，菲尔普斯撰写了两篇著名的论文，即《菲利普斯曲线、通胀、预期和跨期最优就业》（Phillips Curves, Inflation, Expectations and Optimal Employment over Time, 1967）以及《货币工资动态

---

① 见Dimand（2008a）、Howitt（2007），以及菲尔普斯对自己理论的评述，尤其是Phelps（2006, 2007），还有文恩和马尔赫恩对菲尔普斯所做的采访（Vane and Mulhearn, 2009）。

与劳动力市场均衡》(Money-Wage Dynamics and Labor-Market Equilibrium, 1968)。第一篇文章旨在说明当在传统的菲利普斯曲线中加入经济主体关于通胀的预期后应该如何制定最优通胀政策。菲尔普斯认为均衡失业率与通胀率无关，原因是经济主体对物价水平的预期被菲利普斯曲线的等值移动抵消了。本节主要研究其第二篇文章，该文源自菲尔普斯对标准宏观经济学将菲利普斯曲线引入理论体系的方式不甚满意，他抛出一个问题："菲利普斯曲线所称的那种权衡取舍是真实存在的还是只是一种误解？"(1968: 681) 显然，他给出的答案是否定的。

菲尔普斯对菲利普斯曲线的不满是多方面的，其中之一是劳动力市场的运转机制和拍卖市场并不相同。两个市场的交易技术是不同的。比方说，传统经济学家总认为劳动力市场的供给方面存在失业现象，却从未意识到需求方面存在对应的职位空缺现象。任何认为劳动需求和劳动供给的算术差（无论正负）就代表了劳动超额需求的观点显然无法容纳上述职位空缺的概念。通过引入职位空缺这一概念，失业几乎就自然存在了。菲尔普斯希望强调的第二点在于，应当重视经济主体采用的策略——用当代经济学术语来说就是微观基础。② 因而直接从市场供给和需求方程开始分析的理论都忽视了这个层面的问题。在此菲尔普斯更关注从企业层面而非工人层面展开论证，其中一点就是他认为企业有充分的理由去提供高工资以与其竞争者争抢优质劳动力。其他被正统理论忽视的因素还包括跨期问题以及经济主体的预期问题。现有的菲利普斯曲线包含一系列连续的暂时均衡，但没有考虑它们是否会收敛于某种稳态均衡。最后，菲尔普斯还认为现有的菲利普斯曲线与计量经济学研究发现的特征事实（stylized facts）相背离，即考虑到工资对失业的冲击，那么失业率的变化比失业绝对量的变化更重要（Phelps, 1968: 681），因此，他认为有必要展示他所提出的新的理论体系具有良好的计量匹配结果，故而他在论文中给出了统计结果附录。

菲尔普斯搜寻模型

菲尔普斯的模型包含两个相互关联的重要假设。第一个，正如我们刚刚提到的，职位空缺必须在分析中占据核心地位。菲尔普斯特别强

---

② 在20世纪60年代的背景中，菲尔普斯认为自己属于"革命者"的阵营，这些革命者试图"为宏观经济模型找到活生生的微观行为人，他们的预期和信念是重要的经济因素"(2006: 1)，并以此来与其他经济学家论战。

调，不同于一般的认知，职位空缺和失业并非一一对应，也即当劳动力总需求提高导致职位空缺增加时，失业并非自动同比例下降。菲尔普斯还假定非均衡经济会渐近地向稳态调整。换言之，他认为就业情况在应对职位空缺增加时具有惯性，企业会逐渐平滑自己的雇佣策略。为了达到这一目的，他假设企业的边际雇佣成本递增。他的分析中的第二个假设在于抛弃马歇尔主义的供需交易技术。在菲尔普斯的设定中，市场，尤其是劳动力市场——这是他关注的核心研究对象——是一个分散化的市场，而企业不再享有完全信息，它们必须谨慎地预期其他企业的定价行为从而自行定价。此外，菲尔普斯还假设雇佣是耗费成本的，所以企业总是有激励避免职工流动率过高，为此企业有激励向员工提供一个薪酬比其竞争者更优厚的岗位。这就导致失业率和职位空缺率总是为正。[③] 又因为所有企业都是同质的，因此他们的行为都是这样的，但企业间的工资差异并不会瞬时消除。

我们现在来介绍菲尔普斯模型的主要内容。超额劳动需求定义如下：

$$N_D - L = (N + V) - (N + U) = V - U \qquad (5.1)$$

其中N_D是劳动需求，L是劳动供给（假设等于人口中的劳动力总量），N是就业人口数量，V是职位空缺数量，U是失业人口数量。

为了体现单个企业的最优计划与其他企业存在合意工资差（desired wage differential）这一想法，菲尔普斯引入了"平均合意工资差"（average desired wage differential，Δ^*）的概念，他假设该值是失业率与职位空缺率的函数：

$$\Delta^* = m(u,v) \qquad (5.2)$$

其中$u = U/L$，$v = V/L$，假设m函数对u单调递减，对v单调递增[*]。可知工资设定的动态方程为

$$\dot{W}/W = \Delta^* \qquad (5.3)$$

其中W是名义工资。

---

③ "为了让岗位和雇员如同螺丝钉和螺母那样匹配起来，企业不得不耗费一定的'搜寻成本'，而失业的劳动者也不得不耗费金钱和精力去搜寻合宜的工作。因此，在增长的劳动力市场，甚至在劳动力总供给量不变的情况下，由于存在人员流动以及企业雇佣过程的摩擦，还是会导致失业量和岗位空缺量维持在正数。"（Phelps, 1968: 683）

* $m(u,v)$的经济含义是，如果空缺职位增加时失业率上升，那么企业不会通过降薪来雇用劳动力，相反，此时企业会维持其工资水平，这样反而有助于增加雇佣人数从而减少失业。因此，$m(u,v)$是加入了空缺职位中间变量的企业需求函数。——译者注

显然，均衡在$\Delta^* = 0$时达到。菲尔普斯刚开始假设每个企业都预期其他企业提供的工资水平固定不变。但是在文章中，菲尔普斯放弃了这一假设，他假设企业的预期是通过观察其他竞争企业的工资调整而形成的。*

劳动力市场的动态可以表示如下：
$$\dot{N} = R - Q$$
其中$\dot{N} = dN/dt$，R是雇佣劳动量**，Q是辞职量，菲尔普斯认为$(R-Q)/L$是失业率和空缺率的函数：
$$z = \dot{N}/L = z(u,v) \qquad (5.4)$$
z代表人均的就业变动率，是关于u和v都递增的凸函数***。显然可知，就业动态和失业动态是相联系的，那么易知：
$$\dot{N} = \dot{L} - L\dot{u} - u\dot{L} \qquad (5.5)④$$
该式的人均表达式为
$$\dot{N}/L = \gamma(1-u) - \dot{u} \qquad (5.6)$$
其中$\gamma \equiv \dot{L}/L$，是劳动供给增长率。

将上述两个环节统一起来，则可得到方程组：
$$\dot{W} = Wm(u,v) \qquad (5.7)$$
$$\dot{u} = \gamma(1-u) - z(u,v) \qquad (5.8)$$
其中式（5.7）等同于式（5.3），式（5.8）则由式（5.4）与式（5.6）相等推导出来。

上述变量都可以体现在图5.1中，u和v为坐标轴。其中当$\Delta^* = m(u,v) = 0$时，u和v构成图5.1中的A曲线，当$z(u,v) = (1-u)\gamma$时，构成图5.1中的B曲线。

根据定义，如果u和v不随时间变化，那么便存在稳态均衡，这就意味着工资w也不随时间而改变。稳态(u^*, v^*)即是图5.1中A、B曲线相交处。在适当的假设下，我们可以推知B曲线具有向心力特征，即对于任何高于曲线B的点(u,v)，$\dot{u}$都为负，且无论v的值如何，u都递减。因此我们可以假设(u,v)始终向B曲线收敛。****故我们可以改写式（5.7）和式（5.8）为

＊ 如果考虑到企业对工资的预期以及对其他企业行为的预期，那么均衡在$\Delta^* \neq 0$时达到。——译者注

＊＊ R可以理解为新增雇佣劳动量。——译者注

＊＊＊ $z(u,v)$的经济含义是，当期失业率或空缺率提高会使企业在下一期增加雇佣人数，代表了劳动供给者的供给函数。——译者注

④ 对$N = L - uL$按时间求导数即可推出式（5.5）。

＊＊＊＊ 从而(u,v)始终在B曲线上移动。——译者注

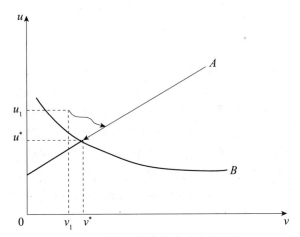

图 5.1 职位空缺率与失业率的关系

$$\dot{W} = Wm(u,v) \quad (5.9)$$
$$z(u,v) - \gamma(1-u) = 0 \quad (5.10)$$

又因为 $z(u,v)$ 对 v 是单调的，故利用式（5.8）可以解出 v，因此存在关于 u 的 v 的方程

$$v = \psi(u,z) = \psi(u,\gamma(1-u)) \quad (5.11)$$

将式（5.11）代入式（5.9）即可推出菲尔普斯所谓的"稳态菲利普斯曲线"（steady-state Phillips curve，Phelps，1968：693）：

$$\frac{\dot{W}}{W} = m(u,\psi(u,\gamma(1-u))) = f(u,\gamma(1-u)) \quad (5.12)$$

可以看出，稳态菲利普斯曲线并不足以危及标准菲利普斯曲线。权衡取舍的结论仍然有效。但是引入工资和通胀的预期项后菲利普斯曲线不再有效（因为菲尔普斯强调的是成本推动型通货膨胀）。此时，菲尔普斯假设企业不再将其他企业设定的工资视为固定，而是预期其他竞争企业的工资水平会发生变化，而且菲尔普斯还假设这些变化不会瞬时发生。⑤ 因此工资动态方程变为

$$\frac{\dot{W}}{W} = \Delta^* + \frac{\dot{W}^e}{W} = f(u,\gamma(1-u)) + \frac{\dot{W}^e}{W} \quad (5.13)$$

其中 $\dot{W}^e$ 是企业预期下一期的工资率变动。在均衡时 $f(u,\gamma(1-u)) = 0$。

---

⑤ "每个企业都预期其他企业的平均工资一定会相较于其终生工资合同而言以一个确定的比例变动。"（Phelps，1968：697）

因此企业预期的工资变动率和实际工资变动率相等：

$$\frac{\dot{W}}{W} = \frac{\dot{W}^e}{W}$$

图 5.2 刻画了稳态菲利普斯曲线及其在 $\dot{W}/W$ 轴上的可能位置。其中 u^* 代表与图 5.1 相同的失业率，它表示所有 (u, v) 都会收敛到这一点。由此，劳动力市场均衡将与预期的通胀无关。也即当工资变动率的预期改变时，稳态菲利普斯曲线本身也将沿着图 5.2 中的虚线垂直上下移动，该线被菲尔普斯称为稳态均衡点轨迹。⑥ "经济在稳态时预期到的给定名义工资增长率和相应的通胀率必须与实际工资增长率或通胀率相等，否则就会存在某个对应的失业率。"（Phelps，1968：703）

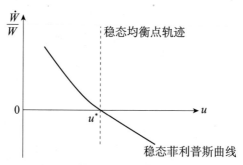

图 5.2　菲尔普斯的加入预期的菲利普斯曲线

不得不承认菲尔普斯的论文很难读懂，他的论证相当复杂。他推理中的主要技术缺陷在于向均衡失业率 u^* 的调整过程。(u, v) 具有趋向 B 曲线的趋势并没有什么错，但为了使得 A、B 两条曲线相交，需要增加一些额外的设定。菲尔普斯实际上隐含假设了从某一点——例如 (u_1, v_1)——开始到均衡的轨迹，如图 5.1 中的箭头所示，就是先移动到 A 曲线然后再往 B 曲线移动，在这里菲尔普斯并没有说明沿着 A 曲线的调整机制，而只是把它叫作"均衡路径"。很显然这会影响垂直的菲利普斯曲线的形成。菲尔普斯还没有解释 $\dot{W}/W$ 达到 $\dot{W}^e/W$ 的过程。同样，他也没有解释企业预期是如何形成的。

这些缺点之所以存在，是因为菲尔普斯开辟了前所未有的因而也是困难重重的新思路，但它们无法遮掩这篇文章在理论上的重大意义。它的主要贡献在于为凯恩斯主义下的菲利普斯曲线填补了均衡失业率这一

---

⑥ 这一结论依赖于一些我并未详细列出的前提条件，比如劳动供给的完全无弹性（inelastic），见 Phelps（1968：702）。

概念的理论空白。菲尔普斯打破了我们在本书第一章提出的理论瓶颈，因为他不仅解释了非自愿失业还解释了摩擦性失业——相反，任何早期的新古典理论都无法将失业概念化。此外，菲尔普斯还奠定了将经济主体最优选择作为分析起点的基础，而彼时的主流还在用非均衡的方法来刻画经济主体和市场，这是宏观经济学内部的巨大变革。⑦ 简而言之，菲尔普斯失业理论的重大意义并不在于其论证的复杂性，而在于为彼时宏观经济学的理论演进开辟了新的方向：微观基础、均衡推理、市场运行的新分析方式、预期，它们无不成为后来宏观经济学的核心议题。

弗里德曼

我们在本书第四章从整体上研究了货币主义。本节我们将研究弗里德曼的一篇论文《货币政策的作用》（The Role of Monetary Policy）。

自然失业率理论

弗里德曼在美国经济学会发表主席演讲时对凯恩斯主义的两个核心政策信条提出了严厉的批判。第一个信条是政府应该推动央行尽可能地降低利率，这一观点最早由凯恩斯在《通论》第二十四章提出。弗里德曼认为这种政策无法长期维系。他的第二个批判目标，同时也是本节的研究主题，是菲利普斯曲线反映了通胀和失业之间的稳定关系并足以用来在通胀和失业之间进行权衡取舍。弗里德曼认为一旦在原方程中纳入预期，那么这一关系就将不复存在。

在标准的凯恩斯主义政策工具箱中，财政政策和货币政策都可以用来解决失业问题。弗里德曼很少提及财政政策，他只是说到财政政策的时滞性太强，当政策效果真正开始显现时，经济环境已经发生巨变从而导致可能不再需要这样的政策了，因此他主要关注货币政策。诚如上一章所言，弗里德曼相信货币问题极其重要，因为在凯恩斯主义理论的影响下中央银行可能会为了增加就业而错误地滥发货币。弗里德曼灵光一闪之处在于他意识到菲利普斯曲线——作为凯恩斯主义理论的核心——是一个很好的表达其观点的工具。换言之，弗里德曼的策略是通过改变标准菲利普斯曲线的架构而无须抛弃它便可以对凯恩斯主义展开批判。

---

⑦ 经济主体的最优化行为并不必然使市场免于经历非均衡状态，即那种偏离稳态的状态。

沿着这一思路,弗里德曼指出菲利普斯曲线存在两个致命缺陷:第一,它没有考虑预期因素;第二,它聚焦于名义工资而不是实际工资。他还有一个小一点的目标:推翻萨缪尔森和索洛秉持的观点——认为菲利普斯曲线使得政府在制定具体政策时能够在更少的失业和更多的通胀之间进行权衡取舍。在其主席演讲中,弗里德曼特别谈到了这一具体议题:当中央银行试图通过提高货币供应量来降低失业率时会发生什么。该文指出央行的这一政策是具有货币非中性的,会对经济活动的水平造成影响,但这一结果并不能推出任何凯恩斯主义的结论。至于货币为何是非中性的,弗里德曼则进一步用企业和工人对实际工资的非对称预期来解释。他认为企业能够完美预测到产品未来的价格走势,而消费者只能根据历史价格数据的加权平均来预期未来价格,即具有适应型预期。将这一假设用在其模型中,弗里德曼推导出如下结论:

> 当面临没有预期到的名义需求增加时,企业产品的出售价格早于企业的生产要素价格提高,故而实际工资下降;而工人预期的实际工资会上升,这是因为他们更倾向于用前期的物价水平来评价当期工资。因此,对企业主来说事后的实际工资下降了,而对工人来说事前的实际工资上升了,这就确保了就业量在增长。(Friedman,1968:10)

我们可以用下列方程来刻画上一段有些高深莫测的论述:

$$p_t > p_{t-1}; W_t > W_{t-1} \tag{5.14}$$

$$p_t / p_{t-1} > W_t / W_{t-1} \tag{5.15}$$

$$p_t^{ew} = p_{t-1}; p_t^{ef} = p_t \tag{5.16}$$

$$W_t / p_t^{ew} > \frac{W_{t-1}}{p_{t-1}} > \frac{W_t}{p_t} = \frac{W_t}{p_t^{ef}} \tag{5.17}$$

其中 p_t 为 t 期产品价格,W_t 为 t 期名义工资,p_t^{ew} 和 p_t^{ef} 分别代表工人和企业在劳动力市场开始交易时对 t 期产品价格的预期。

式(5.14)说明货币创造的通胀效应在产品市场和劳动力市场都有体现。式(5.15)意味着这种通胀效应对产品市场的影响大于对劳动力市场的影响。式(5.16)说明工人对当期产品价格的预期就是上一期产品价格,而企业则不同。式(5.17)总结了在这种情形下 t 交易期后的结果。同时假设在 t 期劳动力市场和产品市场依次开放,于是存在如下交易过程。在劳动力市场,当企业和工人进行名义工资议价时,他们的供需函数分别与其各自对产品价格的预期有关,而其中工人对产品价格的预期不变,因此他们愿意接受一个更高的工资－工作小时数组合,因为他们预期这将为他们带来更高的实际工资[式(5.16)]。然而事实证明他们是错误的:当产品市场交易结束时,工人的实际工资下降了[式(5.17)]。而对企业来说,由于能够预测到实际工资下降,因而他们愿意在劳动力市场上接受一个相对更高的名义工资－工作小时数组合。

上述方程刻画了弗里德曼对货币扩张的实际效应的解释,但他强调故事还未结束:

> 然而,上述情形只是短暂存在:当名义总需求增速和物价水平增速持续维持高位时,预期便会回归现实。由于工人和企业家发现他们的工资合同并非最优,因此最初的效应便会消失甚至反转。最终,就业量回归到没有预期到的名义总需求增加前的水平。(Friedman,1977:14)

在产品市场交易结束后,工人们会意识到自己对实际工资的预期是错误的。只要此时的货币扩张是一次性的,那么劳动力市场便会迅速调整恢复到名义均衡。如果政府想要维持就业量,那么就必须不断扩大货币供应量并提高其增速(这便是所谓的加速主义观点)。式(5.16)显示,工人们总是认为前一期的物价水平增速在本期维持不变,这会使得菲利普斯曲线上移。图5.3刻画了这一现象,其中 x 轴代表失业,y 轴代表物价水平变动率。其中,在 t_0 时存在自然失业率且通胀为零(此时菲利普斯曲线为 PC_0,失业率为 u_0)。然而,为了降低失业率,政府会增加货币供给并实现可容忍通胀率 OA。那么在 t_1 时($t_1 - t_0$ 代表了从货币变动到由此带来的货币自我创造过程完全结束的时间跨度),就业率会降低到 u_1 且伴随着实际工资的下降。由于存在式(5.16)的预期机制,工人们此时会预期到存在 OA 水平的通胀率,这就使得菲利普斯曲线上移到了 PC_1。那么为了维持较低的失业率 u_1,政府在下一期必须用一个更高的通胀率以使工人们出乎意料。结果就是通胀率持续飙升。换言之,为了维持低于自然失业率的失业水平,货币创造必须不断加速,最终会引发超级通货膨胀并摧毁整个货币体系。接下来中央银行不得不采取紧缩政策并使得失业率回归到自然失业率水平。这就解释了为什么短期呈现负斜率的菲利普斯曲线在长期是垂直的。

因此,结论是显然的:只有没被预期到的通胀才能使失业率降低到自然失业率以下的水平。如果希望维持低失业率,那么就需要维持通胀率不可持续的永久性加速上升。换言之，劳动力市场不可能永久地偏离自然失业率状态。

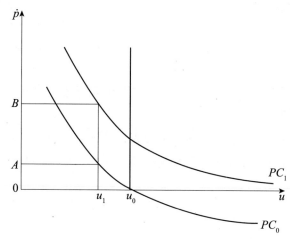

图 5.3 加速主义的菲利普斯曲线

评 价

鲜有论文像弗里德曼的这篇主席演讲这样在学界拥有巨大的影响力，我们将在本节探讨其背后的原因。然而，具有讽刺意味的是，虽然弗里德曼的基本观点堪称铿锵有力，但他的论述却并非坚如磐石。对这篇文章的批判出奇得多。

（1）弗里德曼推理中最明显的局限在于假设工人们采用了适应型预期，从而导致每一期工人的认知都是错误的。更有甚者，工人们不但犯了这种系统性的错误，而且还从未从这些错误中得到教训。因此，如果要坚持弗里德曼的分析逻辑，就必须用新的预期形式来替代上述假设。

（2）弗里德曼对自然失业率的定义如下：

> 自然失业率是基于瓦尔拉斯一般均衡决定的失业率，其中考虑到了劳动力市场和商品市场存在信息不完全、随机的供需冲击、收集职位空缺和可用劳动力等信息的成本以及劳动力流动成本等结构性特征。（Friedman, 1968: 170）

这个定义实际上除罗列了一堆术语之外什么也没说，而且考虑到弗里德曼对瓦尔拉斯理论的消极态度，也很难理解他为何在这里要借用瓦尔拉斯一般均衡概念。更重要的是，作为一篇讨论自然失业率的论文，全文竟然通篇未提及失业的定义。⑧ 正如菲尔普斯多次指出的，他的模型论证的是失业，而弗里德曼在讨论的只是过度就业，而不是失业（Phelps，2006：8）。如果按照我们在本书第一章所进行的分析，那么弗里德曼所讨论的是标准的马歇尔非均衡情形，也即虽然存在市场出清，但交易日的实际资源配置偏离完全均衡配置。

（3）弗里德曼的大部分讨论都是基于自然失业率的扩张方面，他几乎没有讨论过反方向的加速过程，即通缩条件下的情形。⑨

（4）正如典型的马歇尔式经济学家所做的那样，弗里德曼对基于现实的命题和基于模型的命题丝毫不作区分。在其分析框架中，经济活动的自然率（这个术语相比于自然失业率更加妥当）应当被视为一个基准点。这意味着存在完全均衡的配置状态，并且假设随着时间的推移基于此的经济数据不会改变。然而弗里德曼至少在两点上完全忽视了这一设定。其一在于，弗里德曼认为当市场失业率高于自然失业率时，不应该考虑引入货币刺激的可能性，因为在这种情形下，弗里德曼声称由于自然失业率不断随时间而改变，因而其具体水平无法被观测到（Friedman，1968：172）。其二在于，当弗里德曼指出回归均衡的调整过程"可能耗费数十年"（Friedman，1968：172）时，问题就在于这意味着在这么长的时间内，均衡点是保持不变的。⑩

（5）最后，弗里德曼是在一个实际上不需要任何刺激政策的情形下来论证凯恩斯的需求刺激政策无效的。"让我们假定货币当局试图锚定某个低于自然失业率的失业水平。"（Friedman，1968：9）在这种假设下，弗里德曼得出了"只要实现自然失业率，需求刺激政策就不会长期有效"的结论，换言之，他承认过度就业不可持续，但谁会去反对这种论断呢？因为这种情形下并没有什么经济现实需要用需求刺激政策来修正，故而在此采用需求刺激政策是荒谬的。一种政策是否会成功显然必须基于有理由使用该政策的情形。⑪

---

⑧ 参见 De Vroey（2007）。
⑨ 参见 Leeson（2000：chapter 5）。
⑩ 在1977年莫迪利安尼与弗里德曼展开的论战中（见上一章），莫迪利安尼抓住这一点予以严厉的批判，"如果确实需要花费五年时间来处理失业问题，那么很难相信政策制定者不会被当作碌碌无为而无法改变现状的庸人"（FRB SF，1977：19）。
⑪ 奇怪的是，直到20世纪80年代才有学者就这一点提出批评，参见 Hahn（1982：74-75）以及莫迪利安尼接受费韦尔的采访：Feiwel（1989：570）。

那么为什么即使存在上述缺陷，弗里德曼的主席演讲仍然被视为宏观经济学史上的里程碑呢？第一点在于，上述缺陷中的任何一个都无法充分拒绝弗里德曼的论断。这些缺陷只是表明弗里德曼的命题未被严格证明并且没有得到全面正确的推断。例如，采用搜寻理论便能使自然失业率变得合情合理。⑫

第二点在于，如果弗里德曼的真正目标是驳倒萨缪尔森和索洛，那么事实证明他的论文已经成功推翻了这两位学者的观点。弗里德曼还揭露了IS-LM模型本质上具有的方法论缺陷，即试图将长期分析和短期分析分隔开。按照本书第一章的术语，事实上菲利普斯曲线刻画的是一系列连续的暂时均衡配置状态而忽视了暂时均衡会趋向于完全均衡。从更宽广的视角来看，直到弗里德曼（和菲尔普斯）之前，凯恩斯主义"一直霸占着"菲利普斯曲线。凯恩斯主义者欣喜地发现，很难用事实否定货币供应变动具有短期效应这一现象，这就使得他们用货币的短期效应来证明非自愿失业或非充分就业的存在。因此，对凯恩斯主义者来说，货币扩张可以修正非均衡；而对弗里德曼来说，货币扩张创造了另一个均衡。⑬

第三点涉及理论原创性。考虑那些对弗里德曼的这篇文章提出质疑的观点。福德（Forder，2010a，2010b）认为预期这个概念在弗里德曼和菲尔普斯予以论述之前本身就已经是业界常识了。⑭ 在弗里德曼撰写这篇文章前，预期确实已经是经济学界的一大议题，然而我认为这并不能否定弗里德曼的独到贡献。通过假设企业和工人具有不对称的预期形式，他开创性地将错误预期引入了理论术语体系。我认为在此之前没有任何理论模型能够刻画现实主体的这种错误认知。此外，理论贡献的大小也要考虑到它对后来理论发展的影响，弗里德曼所开创的研究路径显然正是卢卡斯在《预期和货币中性》（Expectations and Neutrality of Money）中所遵循的，该文也正是后来的DSGE模型的源头。

---

⑫ 见Rogerson（1997）。

⑬ 奇怪的是，弗里德曼在这篇主席演讲中并未提及他和莫迪利安尼的论战（见上一章）。我猜测这是因为弗里德曼认为这篇演讲中涉及的内容远未达到可以付诸实证检验的水平，而对他来说，实证检验才是验证一个理论命题有效性的必要手段。正如蒂格森所言，"自然失业率是一个被大致勾勒出来的复杂假设，因此也就不是弗里德曼的两篇主要文章中急需进行实证检验的对象"（Thygesen，1977：68）。

⑭ 2014年，福德出版了另一本专著（Forder，2014）来论述这些观点，囿于那时本书已付梓，导致我无法就该书的内容予以评论。

第四点是弗里德曼的文章在恰到好处的时机出现。它暗含了这样一个结论：如果政府持续通过创造货币来减少失业，那么最终一定会引发加速的通胀，甚至可能带来失业率增长。几年后，当滞胀作为一个准自然实验出现时，弗里德曼的追随者为其模型得到现实世界的证实从而彻底颠覆了传统凯恩斯主义模型而欢欣鼓舞。[15]

无疑，通过上述论述我们可以看到弗里德曼的论文是对凯恩斯主义理论的严重一击。当然，实际情况更加复杂。由于弗里德曼已经提到了替代的政策建议，因此在这方面算是一次漂亮的打击，但是从另一方面来看，弗里德曼的论证无疑也是对凯恩斯主义宏观经济学的一大贡献。凯恩斯认为充分就业状态下只有摩擦性失业存在，这意味着凯恩斯所说的充分就业和弗里德曼所说的自然失业率是类似的，后来凯恩斯主义学者们很快意识到了这一点并欣然接受了自然失业率概念，只是他们一开始用"非加速通胀的失业率"（non-accelerating inflation rate of unemployment）这样一个术语来指代自然失业率。[16]

对 比

菲尔普斯和弗里德曼文章的出发点是一致的，即在研究通胀和失业关系时应该纳入预期假设和长期或稳态视角。他们两人也得出了同样的结论，即在长期视角下通胀和失业不存在稳定的权衡取舍关系。我们不禁要问：为什么两人会碰巧同时独立提出相同的理论呢？不得不指出，我认为两者观点的相似性背后隐藏着巨大的差异。

---

[15] 如戈登所言，"弗里德曼发表此次演讲的时机堪称完美，甚至可以说神奇。肯尼迪-约翰逊的财政扩张——包括削减税收和增加越南战争开支——伴随着宽松的货币政策，使得失业率从5.5%下降到3.5%，然而正如弗里德曼的口述理论所预测的，从1963年到1969年，每年的通胀率都加速了。加速通胀的经济现实让一大批计量经济学家感到困惑，因为按照他们的估计，'充分就业'的失业率大致在4%左右，而现实经济中的通胀率年复一年都大幅度超过他们的模型预测"（Gordon, 2009: 7）。

[16] 我们将在本书第十二章再次讨论凯恩斯主义者如何回应弗里德曼的论述。在这里我只想强调对菲利普斯曲线的一种激进回应，即劳伦斯·萨默斯（Lawrence Summers）撰写的《凯恩斯主义经济学是否应该摒弃菲利普斯曲线》（Should Keynesian Economics Dispense with the Phillips Curve, 1988）。在该文中，萨默斯回到了"动物精神"的主题并呼吁摒弃菲利普斯曲线。他提到，"我认为那些存在滞后效应的模型——在其中均衡是脆弱且依赖于历史路径的——是对凯恩斯主义宏观经济学最好的补充"（Summers, 1988: 11）。后来，萨默斯和布兰查德沿着这一滞后效应的思路撰写了两篇引人入胜的论文（Blanchard and Summers, 1986, 1987）。

风格与方法

菲尔普斯和弗里德曼在写作风格、目的和方法上大相径庭。在写作风格上，菲尔普斯的这篇文章是复杂的、技术性的，对没有技术背景的读者而言可谓高不可攀；弗里德曼的论文则是通篇大白话，即便是其他学科的学者也能轻易理解其内容，因此就说服力而言，弗里德曼的论文影响力更大。就写作目的来讲，他们也并不相同。弗里德曼的首要目标在于提出合适的政策建议，该主席演讲只是他所撰写的一系列试图推翻凯恩斯主义需求刺激政策的一个代表。通过引入自然失业率概念，他主要是想论证货币政策应该遵循某种货币政策规则而不是交由央行进行相机抉择。与此相反，菲尔普斯更关心理论分析本身是否有进步。⑰ 正如菲尔普斯在接受文恩和马尔赫恩采访时曾指出的：

> 就理论层面，它（菲尔普斯模型）显然比弗里德曼所论述的观点更加高级，而且很自然地，我觉得这些新增的特征是有价值的。从另一方面来讲，这也使得我的模型更难评价。弗里德曼的论述之所以那么简约，是因为他采用了一个直白的框架，而我的理论建构本身就更加复杂。（Vane and Mulhearn，2009：113）

另一个不同在于弗里德曼和菲尔普斯采用了不同的市场运行方式。弗里德曼理所当然地采纳了马歇尔供需分析，却根本没有意识到马歇尔的体系没有为他希望引入的失业概念留下空间；而菲尔普斯认识到传统马歇尔主义框架是研究失业问题的阻碍从而必须将之抛弃，为此，菲尔普斯构建了另外一套独立的理论框架，在其中失业是一种自发形成的现象，因此菲尔普斯的研究成果更具创新性。此外，两人在通胀形成机制上也存在分歧。弗里德曼认为通胀是货币政策刺激引起的，而菲尔普斯更偏好用成本推动来解释通胀。最后，对于自然失业率概念的认识，两人也并不相同。弗里德曼认为自然失业率是外生的，而菲尔普斯在其进一步的研究中用一种理论证明自然失业率是内生的，这也导致两人对待政府干预的态度截然相反。

与凯恩斯的关系

上一章已经讨论过了弗里德曼与凯恩斯的联系，因此我们在这里只

---

⑰ 当然，弗里德曼也会宣称自己秉持着同样的目标。但是，弗里德曼和凯恩斯一样更关心他们所提出的政策建议如何被公众接受，而不是对之加以严谨的论证。

评论菲尔普斯与凯恩斯的关系。在菲尔普斯讨论元理论方面的作品中，他呈现出一种现代主义革命领导者的风范，他坚持对20世纪的艺术和科学予以批判，经济学学科当然也未曾例外。菲尔普斯认为不完全信息是现代经济学理论发展浪潮中至关重要的一个概念。[18] 他认为凯恩斯是第一个真正意义上的现代主义经济学家，是最早将不完全信息纳入经济学理论的先驱。

> 凯恩斯理论的核心是想解释，当所有生产决策和消费决策都是分散化经济主体作出的时候，经济整体如何艰难地实现协调一致。（Phelps，1990：17）

就我们所关心的话题而言，菲尔普斯一直致力于证明非自愿失业的客观存在，因此他追随着凯恩斯的道路，但他对这一概念的理解与凯恩斯不同。凯恩斯所定义的非自愿失业是一种个体的非均衡，在这种情形下经济主体无法实现最优效用（我将这种失业称为"个体非均衡视角下的非自愿失业"）。菲尔普斯则追求一种更加温和的目标，即发展一种让非自愿失业和个体均衡共存的理论。这意味着某种不同于一般经济学术语体系的对非自愿失业概念的理解。菲尔普斯的非自愿失业是指个体处于一种不尽如人意的状态，但他相信自己很快就会脱离其中，只要有更好的选择就会尽快放弃这种状态（即"偶然情形下的非自愿失业"）。事实上，现实经验显示大部分求职者都认同这种意义上的非自愿失业概念。此外，菲尔普斯似乎并不像凯恩斯那样将非自愿失业视为与摩擦性失业完全不同的概念，在他的模型中，偶然的非自愿失业更像是某种意义上的摩擦性失业，也是唯一需要考虑的那种失业。

声誉与影响力

虽然菲尔普斯的理论贡献更具开创意义并且也更加严谨，但弗里德曼的公众影响力更甚，人们大多将自然失业率概念的提出归功于他。这

---

[18] 见Phelps（1990：94）。菲尔普斯热情又愉悦地写道："凯恩斯无愧为那个时代经济学革命的领袖。他的远见卓识在其他艺术和哲学领域也得到了呼应——比如毕加索（Picasso）和布拉克（Braque）的立体派，勋伯格（Schoenberg）和贝尔格（Berg）的无调性，艾略特（Eliot）和庞德（Pound）的碎片化诗作，以及从尼采（Nietzsche）到萨特（Sartre）的多样写作。凯恩斯为经济学带来了现代主义：对自我与他人之间距离的意识、多样性视角、摒弃绝对客观的真理、对无序世界感到困惑。"（Phelps，1990：5）也可参见Phelps（1995：20；2006：7）。

里有几点原因。首先，弗里德曼是一位沟通大师，他的措辞能够有效掩盖其推理中的逻辑缺陷；相反，菲尔普斯则致力于构建一个成熟的理论模型以至于其文风颇为高冷。其次，20世纪60年代末，弗里德曼已然是一位众望所归（虽然有争议）的经济学大家，而菲尔普斯还只是一位颇有潜力的年轻经济学家。弗里德曼的主席演讲只是他多年来孜孜不倦地致力于批判凯恩斯主义的一部分，而菲尔普斯却仍在构建其理论模型的过程中。而且经济学领域标杆式人物的主席演讲比年轻经济学家发表在学界顶尖期刊上的论文赢得了更多共鸣也并不让人感到意外。此外，最后一个可能的原因恐怕在于弗里德曼的文章提出了一个有待验证的预测。正如弗里德曼后来接受泰勒采访时所表示的，"我从没期待我的文章具有那么大的影响力，我想这恐怕是因为这篇文章很快便得到了事实的检验"（Taylor，2001：124）。

综上所述，弗里德曼掩盖了菲尔普斯的光辉而众望所归地成为自然失业率的发明人。不出所料的是，弗里德曼在1976年就获得了诺贝尔经济学奖，而菲尔普斯要等到30年后才获此殊荣。但这并不意味着菲尔普斯的文章没有影响力，事实上正好相反。卢卡斯在其1972年那篇开创性的文章中采纳了菲尔普斯的孤岛寓言假设。后来大放异彩的关于失业搜寻的论文也无不把菲尔普斯1968年的文章视为开山鼻祖。菲尔普斯还是后来诸多新凯恩斯主义经济学者的先驱，他们致力于研究市场非出清条件下的均衡经济。对菲尔普斯而言，幸运的是事情终于还是有了转机，有以下两段引文为证：

> 弗里德曼（1968）被视为开创了自然失业率假设，然而这一殊荣也应该同样属于菲尔普斯，甚至我认为应该更多地归功于后者，虽然弗里德曼显然借鉴维克塞尔的"自然利率"创造了"自然失业率"这一概念，但菲尔普斯的分析更加准确、深入且更易于操作。弗里德曼从未构建一个正式的模型来论证自然失业率的决定机制，仅仅宣称自然失业率可以"基于瓦尔拉斯的均衡理论推导出来"，但要考虑到不完全信息、信息成本、劳动力市场的结构特征等因素。而菲尔普斯恰恰考虑了这些因素，并且远远超越了瓦尔拉斯理论体系。（Howitt，2007：208）

> 彼时弗里德曼最具影响力，但却是菲尔普斯真正为自然失业率理论提供了微观基础。（Leijonhufvud，2004：811）

第六章

莱荣霍夫德和克洛尔

我们在前两章论述了弗里德曼及货币主义者对凯恩斯主义宏观经济学发起的挑战，本章我们将回到对《通论》的价值进行重新评估的经济学家们，该分支由帕廷金所开创。我们将主要集中于莱荣霍夫德于1968年写的一本书以及克洛尔于1965年发表的一篇文章，它们都对学界产生了重要影响。

帕廷金对这两位经济学家产生了巨大的影响。他们三人都认为凯恩斯主义的精髓是经济在向均衡调整的过程中受到了某种阻碍。然而，从瓦尔拉斯-马歇尔大分流的角度来看，三人的分歧相当大。其中，帕廷金认为凯恩斯理论和瓦尔拉斯一般均衡理论可以也应该整合起来，而莱荣霍夫德和克洛尔则认为两者之间存在不可调和的矛盾（其中克洛尔在1965年的文章中首次试图用瓦尔拉斯的语言重写凯恩斯主义理论，这之后他便坚持此种态度）。表6.1总结了三人的异同点。

表6.1 帕廷金、克洛尔和莱荣霍夫德的异同

	马歇尔主义	瓦尔拉斯主义
只存在于向均衡调整过程中的非自愿失业		帕廷金（1956）
作为在最终均衡状态中存在的非自愿失业		克洛尔（1965）
作为调整过程受到阻碍的非自愿失业	莱荣霍夫德（1968） 克洛尔（1965以后）	

莱荣霍夫德

《论凯恩斯主义经济学与凯恩斯的经济学》

1968年，年轻的经济学家莱荣霍夫德出版了《论凯恩斯主义经济学与凯恩斯的经济学》(*On Keynesian Economics and the Economics of Keynes*)并在学界轰动一时。该书对 IS-LM 模型被视为对凯恩斯的《通论》正统解释的观点提出了质疑。莱荣霍夫德的这本书与另一本书有关,它的核心思想是凯恩斯的《通论》所包含的理论被学界严重误读,学者们显然遗漏了该书的中心思想。"凯恩斯革命已经误入歧途且执迷不悟。"(Leijonhufvud,1968:388)被遗失的思想精髓就在于分散化经济面临着信息不完全和信号问题,这使得经济主体之间活动的协调不得不采取次优抉择。"凯恩斯推翻了新古典主义经济学关于短期内价格机制能够有效促进信息传递的观点。"(Leijonhufvud,1968:394)此外,当大部分经济学家都认为《通论》整合了各种不相容的理论观点时——我也赞同这种观点——莱荣霍夫德试图证明这些不同论断都属于某个大一统理论的片段。

莱荣霍夫德认为凯恩斯的论证建立在三大信条上。第一,凯恩斯理论想要解释为什么市场经济的自我调整会呈现受到阻碍的状态。

> 凯恩斯《通论》的研究目标并非"均衡失业",而是宏观经济在面对失衡扰动时的调节机制。(Leijonhufvud,1968:50)

> 真正的问题在于为什么在凯恩斯主义的失业状态下,迫使整个经济体系向充分就业状态调整的力量如此弱小。(Leijonhufvud,1968:22,note 1)

第二个信条是关于调节机制的。莱荣霍夫德并不赞同帕廷金的观点,即那种把凯恩斯理论全部归结为惰性(sluggishness)假设的观点。不过在他看来惰性假设确实是凯恩斯理论中的重要一环。他认为凯恩斯把马歇尔关于价格和产出调整速度的假设完全反转了。在标准的马歇尔理论中,短期内产量固定而价格具有弹性;反之,在凯恩斯主义中,产量调整非常迅速但价格调整存在惰性。凯恩斯的设定抓住了企业日常经营行为中的一大特点,即企业并不愿意调整工资而更愿意调整雇佣工人数。①

然而,对于莱荣霍夫德来说,惰性假设并不能囊括凯恩斯理论的全部内容。投资无效率也是非常重要的,这就与第三个信条有关。它主要反映在长期利率上。莱荣霍夫德认为投资无效率主要源自两个因素的相

---

① "在凯恩斯主义宏观经济体系中,马歇尔主义的价格-产量调整速度被反转:在短期,产出是自变量,一种乃至多种价格则是给定的,这就使得其他价格的波动范围受到限制。《通论》的'革命性'恐怕不能用比这更简单的术语来概括了。"(Leijonhufvud,1968:52)

互作用：一是利率普遍处于错误的（即非均衡）水平，市场利率高于自然利率，换言之，债券价格过低（Leijonhufvud，1968：335），这意味着利率无法实现调整储蓄和投资这一功能；二是市场缺乏使人们对这种非均衡利率进行感知的必要的信号。

跨期价格是错误的。储蓄本身并不能反映对未来消费品的有效需求。在凯恩斯理论的各种价格变量中，（长期）实际利率的调整速度最慢，"持续过高的实际利率可能会具有数十年的长期影响"（Keynes，1936：204）。（Leijonhufvud，1968：229）②

这一论述暗含了一个重要的政策结论，即"调整的负担不应当加到劳动力市场上，而且既然资本市场的定价是'错误的'，那么（如果可能的话）应当对资本市场施加干预"（Leijonhufvud，1968：336）。

上述三大议题被莱荣霍夫德认为是贯穿《通论》的主题，并且他认为 IS-LM 宏观经济学并没有抓住上述三大议题。最后，他在该书中也一直强调凯恩斯的目标无法通过瓦尔拉斯一般均衡的框架实现。在这一点上，莱荣霍夫德与帕廷金分道扬镳。虽然两位经济学家都认可凯恩斯理论基于非均衡和惰性假设，但两人却就凯恩斯主义到底属于瓦尔拉斯新古典主义还是马歇尔新古典主义针锋相对。莱荣霍夫德认为凯恩斯是一位卓越的马歇尔主义者，因此显然属于非瓦尔拉斯阵营：

凯恩斯理论的一大特征就是避免了"瓦尔拉斯的拍卖者假设"，该假设是指对所有交易者来说，用以促使全体经济交易行为（无论是当期还是未来）协调一致的全部信息不存在任何变化和延迟。（Leijonhufvud，1968：48）

为了从瓦尔拉斯主义转向凯恩斯主义，抛弃试错机制假设便足以。将拍卖者假设移除意味着在一个由分散化决策构成的庞大经济体系中，为了获取促使全体经济行为协调一致的信息必须花费一定的时间和经济成本。（Leijonhufvud，1967：404）③

评 价

莱荣霍夫德试图在其书中重新解读《通论》，进而挖掘凯恩斯

---

② 更多细节参见 Leijonhufvud（1969：37）。
③ 也可参见 Leijonhufvud（1968：85）。

理论的丰富内涵和独创性，此外，他还揭示了凯恩斯在践行其研究路径时遇到的障碍。就这一点来说，他的著作是十分成功的。莱荣霍夫德的深刻见解以及他对凯恩斯晦涩艰深的理论论述的精准把握就算以当今的视角来看也颇令人印象深刻。就旨在进行理论批判的学术著作而言，很少有一本能像莱荣霍夫德的这本书一样鼓励后来的年轻宏观经济学家重新评估第一代凯恩斯主义经济学家的研究道路，并或多或少意识到应该另辟蹊径。

然而，对该书的批判主要针对其文献考据：

> 令我印象深刻的是，（克洛尔和莱荣霍夫德的）研究成果颇具理论贡献，但它们对凯恩斯想表达的本意或对其进行的合理阐述却很少。（Yeager，1973：156）④

耶格尔的批评可能是对的，但是跟理论本身没有什么关联。很可能莱荣霍夫德是在试图解读凯恩斯的想法，但这又说明什么呢？莱荣霍夫德的解释到底是严格基于《通论》原文还是对凯恩斯作品的大胆拓展似乎并不重要，问题在于他的解释是否独具创见。随着时间的流逝，文本自有其生命力，也就是说，读者从中体会到的意思和道理会随时间而改变，而且读者从一本书中感知到的含义也可能和作者的本意存在偏差。凯恩斯试图论述经济失调问题而又无力将其转述为某种合适的理论术语。因此，后来的评论者们意识到有必要回归凯恩斯最初的意图并尝试用更严谨的方式重述它们。

还有其他一些对莱荣霍夫德研究成果的批判。第一，正如我们在本书第一章提及的，如果我们对马歇尔的暂时均衡理论理解无误，那么惰性绝不会导致市场的定量配给，因此莱荣霍夫德提出的所谓凯恩斯将"产量和价格调整速度反转"的观点似乎并不成立。但如果非要将其总结为达到完全均衡比达成暂时均衡需要更长的调整时间，那么这个命题也太微不足道了。因为完全均衡是在经历了一系列交易期之后达成的，而暂时均衡是在某一个交易期内完成的，前者显然比后者要花费更多的时间。第二，莱荣霍夫德坚持认为凯恩斯试图抛弃拍卖者假设。从理论本质上讲，我完全赞同拍卖者假设与凯恩斯主义结论格格不入这一观点，但是当凯恩斯在1936年撰写《通论》时，瓦尔拉斯理论几近于被

---

④ 也可参见 Coddington（1983：107）。

学界遗忘，那么何谈抛弃这一默默无闻的理论的假设呢？⑤ 至于说莱荣霍夫德将 IS-LM 模型视为瓦尔拉斯主义，我认为这一论点经不起推敲，具体的论证将放在本书第十八章展开。⑥

然而，上述批判都没有切中要害。无论是对凯恩斯的《通论》进行解读或者是呼吁宏观经济学应当回归到市场失调或信号失效议题上，莱荣霍夫德所存在的主要问题都是另一种性质的问题。很多经济学家都认为莱荣霍夫德触碰到了学界理应研究的重要议题，不过一旦涉及下一步的研究思路就不太清晰了。因为莱荣霍夫德的著作主要是批判性的，因此他的分析没能提出可行的下一步研究计划。这就解释了为什么学界对该书评价很高却鲜有人沿着这一思路继续研究。到下一章我们便能清楚地看到，那些认同其观点的经济学家们并没有真正沿着他的道路前进。

在这些后起的决定追随莱荣霍夫德的经济学家中，克洛尔算是杰出的代表。他先后撰写了两篇很有影响力的文章：《凯恩斯主义的反向革命：一个理论性评述》（The Keynesian Counter-Revolution: A Theoretical Appraisal, 1965, 将在下一节讨论）以及《货币理论微观基础的再思考》（A Reconsideration of the Microfoundations of Monetary Theory, 1967）。克洛尔还和莱荣霍夫德共同定义了所谓的"克洛尔－莱荣霍夫德研究计划"（Clower-Leijonhufvud program），还有其他一些人与他们一道，其中就包括彼得·豪伊特（Peter Howitt）。

他们认为这一研究计划的任务是以马歇尔主义为基础重构宏观经济学，即构建一个能够容纳凯恩斯主义理论的简化的马歇尔一般均衡理论。他们认为相较于瓦尔拉斯一般均衡分析，马歇尔一般均衡分析更关注向均衡调整的过程而不是关注均衡的存在性。按照他们的术语，这一过程被称为"一般过程分析"（general process analysis），为此相应地就应该采纳一种不同的、更符合现实的交易技术。后来，克洛尔和莱荣霍夫德在一篇合著文章中提出了这一建模思路的几个原则：

（新型交易技术）①应当抛弃任何用来处理信息和聚集交易的

---

⑤ 在之前给出的一段引文中，莱荣霍夫德称凯恩斯模型避免采用拍卖者假设，但没有明确指出凯恩斯的目的是要抛弃它。但是莱荣霍夫德至少有一次这样写道，"如果说古典主义理论基础中有哪一条被凯恩斯抛弃了，那么毫无疑问就是拍卖者假设，即对所有交易者来说，用以促使全体经济交易行为协调一致（无论是当期还是未来）的全部信息不存在任何延迟和纠纷"（Leijonhufvud, 1967: 309）。

⑥ 后来莱荣霍夫德（1984: 33）秉持更加谨慎的态度，承认 IS-LM 模型并不是纯粹的瓦尔拉斯主义，而是某种混合。

中心机构；②在各个产出市场中广泛存在中间人来匹配生产和消费；③必须对存货加以管理以协调生产行为；④存在某种系统性机制来掌控银行或非银行信贷规模以应对扩张或衰退的经济周期。所有这些特征都源自约翰·穆勒或者阿尔弗雷德·马歇尔（Clower and Leijonhufvud，1975：187）。

在这里，克洛尔和莱荣霍夫德并非号召我们回归已经作为标准微观经济学分析框架一部分（即价值理论）的马歇尔主义，也并非试图回归我们在本书第一章所提及的那种马歇尔主义，而是要回归到作为一种行为理论的马歇尔主义。换言之，他们认为马歇尔《经济学原理》中最重要的并非广受赞誉的第五卷，而是散见于书中各处的对经济体系实际运行状况的独到论述。⑦

然而，遗憾的是，事实证明克洛尔和莱荣霍夫德很难将这幅蓝图付诸实践。换言之，他们没能成功构建一个以货币为社会纽带、以私人行为替代拍卖者行为为特征的成熟的、多元非均衡的分散化经济模型。

克洛尔的《凯恩斯主义的反向革命》

生平和成果

到目前为止，我们所研究的经济学家大都是一致性的典范，他们在整个学术生涯中都坚守自己早年的观点。莫迪利安尼和帕廷金是这种治学态度的最好代表。凯恩斯则不然。克洛尔（Clower，1926—2011）也同样特立独行。他长于反向思辨和质疑，既挑战他人的理论也毫不吝惜地推翻自己的观点。他不断地试图去揭示《通论》的逻辑论述却从未将其总结为某种特定结论（Clower，[1960] 1984，[1965] 1984，[1975] 1984，1997）——除了他已经在 1960 年的论文中强调的一点，即"凯恩斯试图研究非均衡状态"，古典经济学虽然已经认识到非均衡状态的存在却从未对其进行系统性分析（Clower，[1960] 1984：25）。由此，克洛尔得出结论：宏观经济学最关键的任务就是要研究"市场调节过程背后的那些核心动态假设"（Clower，[1960] 1984：23）。在理论观点领域，他起初承认自己是一位不算狂热的新瓦尔拉斯主义者

---

⑦ 见 Clower（[1975] 1984：193-194）以及 Leijonhufvud（2006b）。

(Clower，[1960] 1984：25），试图用瓦尔拉斯理论的话语体系来重构凯恩斯思想，但最终和莱荣霍夫德一起变成瓦尔拉斯理论的尖锐批判者。本节的目标是研究他学术生涯第二阶段里撰写的论文《凯恩斯主义的反向革命：一个理论性评述》，这篇文章最早在一次于法国罗亚曼（Royaumont）召开的国际经济学协会会议（International Economic Association Conference）上发表，随后于1965年正式收录于哈恩和布雷奇林编纂的文集中。我之所以选择讨论这篇文章，首先是因为它极其引人注目且充满攻击性；其次是因为它开启了非瓦尔拉斯均衡的建模思路，我们将在下一章详细研究。

克洛尔的文章显然是与《凯恩斯先生与古典经济学》一脉相承的。虽然他没有明确定义古典理论是什么——在文中他使用了"传统理论"（traditional theory）这一术语——但显然他所指的就是瓦尔拉斯理论。尽管市场调节机制失效只是这篇文章中的一部分，但他采取了一种独特的视角来论述这一议题。克洛尔认为凯恩斯《通论》的核心观念是家庭消费是其收入的函数，也即家庭收入与消费之间存在定量关系，前者是施加于后者的一种约束。在古典理论中找不到类似的论点，"在一般均衡模型中，收入水平不被视为供给或需求函数的一个独立变量"（Clower，[1965] 1984：42）。因此，克洛尔给自己定的目标是将收入变量引入瓦尔拉斯需求方程。在瓦尔拉斯理论中，家庭的买卖决策是同时进行的，克洛尔将之称为"统一决策"（unified decision）过程。随后他采用"二元决策"（dual decision）来刻画买卖决策分离的情形。在他看来，这一概念足以用于把握凯恩斯的基本观念。他以某位爱好香槟但市场对其劳动缺乏需求的经济主体为例，经济主体在这种情况下会把自己对香槟的渴望放在首位吗？如果这将给其家庭财务状况带来危害，那么克洛尔的答案是否定的。经济主体将会推迟到收入充沛的时候再来消费香槟。因此短期来看，消费确实由收入所约束。

基于二元决策假设，克洛尔推导出两点结论。第一，它将导致这样一种配置，即劳动力市场表现出非出清，而其他市场出清（这与瓦尔拉斯理论的配置相异）。因此，他宣称这就推翻了萨伊定律，即所谓的瓦尔拉斯定律。虽然凯恩斯也曾提出这一观点，但大部分宏观经济学家都难以接受。第二，非瓦尔拉斯资源配置可以被视为某种协调机制失效，即由于存在信号问题而导致调节过程受阻。

基于二元决策假设来审视经济运行让克洛尔得以将迄今为止统一的需求函数划分为"名义"（notional）需求和"有效"（effective）需求。

两者的区别在于家庭是否考虑预算约束。瓦尔拉斯理论只考虑名义变量,而克洛尔指出凯恩斯理论的独特创见就在于用有效需求代替了名义需求。⑧

克洛尔模型(1965)

克洛尔构建了一个包含 n 种产品和一个劳动力市场的经济模型。产品被分为两类:其中存在 m 种由企业生产而由家庭消费的商品产出(用 i 表示,且 $i=1,\cdots,m$)以及 $n-m$ 种由家庭生产而企业消费的投入品(用 j 表示,且 $j=m+1,\cdots,n$)。$\mathbf{P}$ 代表价格向量(包括全部 n 种商品)。劳动力投入要素的价格被标准化为1。该模型刻画了在上述市场设定下经济调节过程的最终效果,似乎除了"市场力量"(market forces)一词我们找不到更精确的术语来描述这一过程(Clower,[965] 1984:37)。虽然文中未曾提及瓦尔拉斯理论,但是却采用了统一决策、标准化、一般均衡和瓦尔拉斯定律等假设。此外,还假设存在一个拍卖者来决定价格水平。因此我们可以将这个模型视为一个瓦尔拉斯经济。

在标准的瓦尔拉斯框架下,家庭的名义需求函数 $\bar{d}_i(\mathbf{P},\boldsymbol{\pi})$ 和供给函数 $\bar{s}_j(\mathbf{P},\boldsymbol{\pi})$ 为下列最优问题的解:

最大化 $\qquad U(d_1,\cdots,d_m;s_{m+1},\cdots,s_n)$

预算约束为

$$\sum_i^m p_i d_i - \sum_j^n p_j s_j - \boldsymbol{\pi} = 0$$

其中 d 和 s 代表需求和供给的产品量,$\boldsymbol{\pi}$ 代表利润。加粗的为外生参数,其他的为决策变量。p_i 和 p_j 是标准化的价格。

当采用二元决策假设后,标准的瓦尔拉斯理论被修改了,因此有效总需求函数而不是名义需求函数纳入经济主体的考虑范围。克洛尔假设工人们面对劳动力定量配给,即 $\bar{s}_n > \bar{d}_n$,这也就意味着实际工资要高于均衡工资。在这里克洛尔遵循了希克斯的工资刚性设定。劳动供给存在定量配给,可以表示为 $s_n = \bar{d}_n$。这一方程意味着劳动力交易数量不再是家庭的决策结果,而是一个外生参数。因此家庭的预算约束变为

$$\sum_i^m p_i d_i - \sum_j^n p_j s_j - \boldsymbol{\pi} = 0, 其中 \sum_i^n p_i s_i < \sum_j^n p_j s_j$$

上述两个预算约束的差别在于前者除了禀赋差异并不存在任何交易

---

⑧ 克洛尔在这里使用了凯恩斯的术语,但含义却不同。

限制，而后者包含了劳动力供给的定量配给约束，以 s_n 表示。换言之，相较于名义需求，有效需求受到的约束更紧。⑨

劳动力市场上的定量配给通过溢出效应传导至产品市场，名义需求函数 $\bar{d}_i$ 被有效需求函数 $\tilde{d}_i$ 替代，且 $\tilde{d}_i < \bar{d}_i$。由此家庭面临的受约束的需求函数为 $\tilde{d}_i(P,Y)$，其中：

$$Y = \sum_j^n p_j s_j + r$$

克洛尔的第二个观点是，凯恩斯关于非自愿失业存在与萨伊定理失效是一回事的论断是正确的。克洛尔决定延续凯恩斯的观点，宣称凯恩斯主义和瓦尔拉斯定律之间必然只有唯一一个理论是不容置疑的真理。

> 要么瓦尔拉斯定律被证明与凯恩斯主义经济学完全不相容，要么证明凯恩斯并未对正统经济学理论增加什么根本性创新。（Clower，[1965] 1984：41）

式（6.1）是瓦尔拉斯定律，其在经济均衡和非均衡状态下均成立：

$$\sum_i^m p_i[\bar{d}_i(P) - \bar{s}_i(P)] + \sum_j^n p_j[\bar{d}_j(P) - \bar{s}_j(P)] \equiv 0 \quad (6.1)$$

上述等式中只存在名义供需函数（$\bar{d}_i, \bar{d}_j, \bar{s}_i, \bar{s}_j$）。前一项表示以标准消费品计价的超额需求量，后一项表示以标准投入品计价的超额需求量。该等式表达了瓦尔拉斯定律的标准含义：投入和产出的总量互相抵消。

然而，考虑劳动力定量配给及其对产品市场的溢出效应，可以得到式（6.2）。因为存在 $\bar{s}_n > \bar{d}_n$ 和 $\tilde{d}_i = \bar{d}_i$，此时瓦尔拉斯定律失效，这是由于第一项将等于0而第二项将小于0：

$$\sum_i^m p_i[\tilde{d}_i(P,Y) - \bar{s}_i(P)] + \sum_j^n p_j[\bar{d}_j(P) - \bar{s}_j(P)] \leq 0 \quad (6.2)$$

克洛尔的文章中研究的第三个主题是协调机制失效的问题。再次考虑香槟消费者的例子，他并不是经济中唯一的不幸者，生产香槟的企业同样如此。消费者为了购买更多的香槟必须付出更多的劳动，企业为了销售更多的香槟也必须购买更多的生产要素，包括劳动力。双方拥有共同的利益，问题在于两者如何沟通达成一致。标准的经济学理论告诉我

---

⑨ 帕廷金也对这一概念模棱两可，参见（Rubin 2012）。它常被称为受约束的需求（constrainted demand），对应的概念便是"受约束的均衡"（constrainted equilibrium）。

们，价格信号能够调节企业和劳动力的产量从而使两者的决策相匹配。克洛尔认为，将收入纳入效用最大化函数后这一点就不再成立了：

> 当收入成为市场上超额需求函数的一个独立变量时，更一般地说，当交易数量进入这些函数的定义时，传统的价格理论就无法确保市场经济的动态稳定性了。（Clower，[1965] 1984：55）

在其论文的最后一节，克洛尔利用一个只包含两种商品、一种消费品及劳动力的简单经济模型讨论了这个议题。劳动力仍然被视为标准化的。因此，为了达到均衡状态，拍卖者只需要关注消费品数量。在瓦尔拉斯理论中，当消费品供给大于需求时，拍卖者便会降低商品相对于劳动力的价格来使得供需均衡。克洛尔指出这一情形在凯恩斯的理论中无法实现。因为当拍卖者实际观察到商品供需均衡时，他无法判断这究竟是名义供给和有效需求形成的均衡，还是前者与名义需求形成的均衡。因此，瓦尔拉斯的均衡配置不可能达到，这主要源自信号失效，图6.1说明了这一问题。

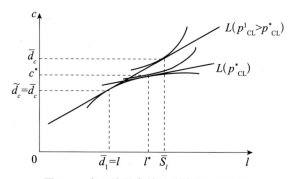

图6.1　由于信号失效导致的非自愿失业

图6.1刻画了产品数量（c）和劳动供给（l）之间的关系。其中，$L（p_{CL}）$既代表企业利润函数又代表家庭预算约束。p_{CL}是商品对标准化劳动的相对价格。p_{CL}^*代表了瓦尔拉斯均衡价格，c^*和l^*代表了商品和劳动的瓦尔拉斯最优数量。凸函数代表家庭的无差异曲线，凹函数代表生产函数。拍卖者最后确定的价格$p_{CL}^1 > p_{CL}^*$，以为劳动供给和商品需求达到了均衡。

评　价

克洛尔的这篇论文无疑是独具创见而又光彩十足的瑰宝。不过仍然存在对克洛尔的一些批判。首先，我们必须意识到瓦尔拉斯理论本身排斥二元决策假设。虽然该假设在马歇尔主义框架内完全适用——因为马歇尔设定市场是序贯运行的，投入品要素市场先于产品市场交易，在后者中只交易已生产出来的商品，但瓦尔拉斯主义的设定与此完全不同，其假定所有交易同时进行并且生产是在达成均衡后才开始的。

其次，克洛尔在批判瓦尔拉斯定律时并不严谨。这篇论文发表20年后（学界已不再对该论文表现出任何兴趣），帕廷金在为《新帕尔格雷夫经济学大辞典》（*New Palgrave Dictionary*）编纂瓦尔拉斯定律这一词条时发现了克洛尔的致命缺陷（Patinkin，1987）。他认为只要超额需求函数具有同样的形式，那么无论采用名义需求还是有效需求都足以确保瓦尔拉斯定律有效。*克洛尔的错误之处在于将两种形式混合到一个方程中。⑩

最后是关于信号失效的问题。克洛尔的推导在两个方面是特设的（ad hoc）。第一，他的分析暗含着经济主体并不理解拍卖机制是如何运行的。一般而言，经济主体基于瓦尔拉斯的预算约束来表达自己的需求量，这是唯一有助于拍卖者发挥其作用的方式。第二，如果克洛尔设定商品是标准化的，那么就可以实现瓦尔拉斯均衡。

事实上，正是克洛尔本人最先意识到他的模型存在诸多局限。他的回忆录显示，在1965年该文正式发表前，克洛尔已经公开推翻了这篇文章的大部分结论（Clower，1984：266）。⑪ 正如前文所提及的，他很快就放弃了瓦尔拉斯主义方法并转而投向莱荣霍夫德。不过正如艺术创作一样，文章一旦得以公开发表，就将拥有自己的生命力，从而摆脱了创作者本身的意图，人们对它的价值判断也可能由此产生分歧。克洛尔的文章恰恰就是这种情况。虽然克洛尔将之抛弃，但不少经济学家发现它具有进一步探索的价值，这便是我们在下一章所要讨论的内容。

---

* 这里是说克洛尔想当然地假设有效需求小于名义需求是错误的。——译者注

⑩ 参见 Rubin（2005）。

⑪ 克洛尔之所以放弃这一建模思路主要是因为在推导非均衡经济行为时出现了分析难题，而并非基于我们刚刚提出的对其建模原则存在的质疑。参见 Clower（1984：266）。

第七章

非瓦尔拉斯均衡模型

沿着帕廷金（1956，该书正式出版较晚）、克洛尔（1965）和莱荣霍夫德（1968）的思路，经济学家们发表了一系列新的论文，并逐步发展出所谓的"非均衡宏观学派"（disequilibrium macro school）——虽然这一标签后来遭到了质疑。20世纪70年代和80年代早期是它的全盛期，其代表者有让-帕斯卡·贝纳西（Jean-Pascal Benassy）、罗伯特·巴罗（Robert Barro）和赫歇尔·格罗斯曼（Herschel Grossman）、雅克·德雷茨（Jacques Drèze）、让-米歇尔·格朗蒙（Jean-Michel Grandmont）、盖伊·拉罗克（Guy Laroque）、埃德蒙·马林沃（Edmond Malinvaud）、约翰·米尔鲍尔（John Muellbauer）和理查德·波特斯（Richard Portes）、根岸隆（Takashi Negishi）、范里安（Hal Varian）以及伊夫斯·尤尼斯（Yves Younes）。① 非均衡学派的思想主要在欧洲大陆传播，以法国和比利时的经济学家为代表。他们都坚信这一创造性思想足以改变宏观经济学，并为之感到振奋。正如米尔鲍尔和波特斯所言：

> 相较于IS-LM模型，该学派的模型具有更复杂的结构。如果可以使这些模型更加平易近人、易于理解，那么它们可能成为更流行的研究框架。一旦我们理解了非瓦尔拉斯均衡模型中市场间相互作用的基本原则，那么在处理最近对凯恩斯进行重估而提出的那些引

---

① 参见 Barro and Grossman（1971，1976）、Benassy（1975）、Drèze（1975）、Grandmont and Laroque（1976）、Malinvaud（1977）、Muellbauer and Portes（1978）以及 Negishi（1979）。Benassy（1982，1990，1993）、Grandmont（1977）和 Picard（1993）很好地介绍了该学派的建模技术。Weintraub（1979）对该学派的方法论给出了令人信服的评估。Backhouse and Boianovsky（2013）则把非瓦尔拉斯均衡模型放在一个更宽广的视角下进行考察。

人入胜而又艰涩的命题时就更有底气。（Muellbauer and Portes，1978：788）

该学派有三个主要特征。第一，为宏观经济学注入微观基础（即基于选择理论）分析。第二，非瓦尔拉斯均衡经济学家为自己定出的目标是，在价格刚性的假设下构建一般均衡模型并试图按照帕廷金的观点来解释非自愿失业，即交易发生于劳动供给曲线之外的那种观点。这一学派的经济学家之所以认为这一尝试是合理的，是因为他们都秉持如下信念：价格刚性（或者更加宽泛地来讲，价格惰性）和非自愿失业是不可忽视的客观现实问题。请注意，在标准的凯恩斯主义宏观经济学中，价格刚性恰恰是凯恩斯理论区别于古典理论的特征，因此他们的思路不失为一种试图把凯恩斯观念注入瓦尔拉斯理论术语体系的尝试。在这里我们必须强调，"非瓦尔拉斯均衡"（non-Walrasian equilibrium）这个术语极具迷惑性，事实上非瓦尔拉斯均衡模型严格隶属于瓦尔拉斯主义研究思路。第三，虽然非瓦尔拉斯均衡学者们宣称受到了帕廷金、克洛尔和莱荣霍夫德的启发，但他们实际上偏离了上述三位学者的观点——这三位学者都试图给非自愿失业提供一个非均衡的解释，相反，非瓦尔拉斯均衡学者们则试图在均衡的框架内解释非自愿失业，这是一种相当不同的研究思路，这也是为什么他们很快不满足于被贴上"非均衡"的标签并转而采纳了"非瓦尔拉斯均衡"标签。

本章包括两大部分。在第一部分中，我们主要探究该学派的理论精髓。首先是巴罗-格罗斯曼模型（Barro-Grossman model，1971），该模型试图将帕廷金和克洛尔的理论综合在一起，其仍然采用了非均衡的术语，但推动了后续的很多理论发展。不过奇怪的是，巴罗和格罗斯曼很快就放弃了这条由他们自己开创的研究思路。其次，我们考察贝纳西和德雷茨的贡献。虽然严格意义上讲这两位学者并不属于宏观经济学家，但他们是试图研究宏观经济学的一般均衡经济学家。最后，我们研究马林沃的成果。他的贡献在于将上述抽象的一般均衡模型转化为广大宏观经济学家更熟悉的模型，并提出了相应的政策建议。本章的第二部分是我对非瓦尔拉斯均衡模型的评价。在诸多议题中，我主要罗列了非瓦尔拉斯均衡这一思想流派起初一枝独秀但很快就泯然众人的原因。

巴罗-格罗斯曼模型（1971）

巴罗和格罗斯曼在论文《收入和就业的一般非均衡模型》（A General Disequilibrium Model of Income and Employment，1971）中试图综合帕廷金和克洛尔的理论。② 他们认为，帕廷金是在产出约束下求解最大化利润问题，而克洛尔是在雇佣约束下求解最大化效用问题，这就使得两种理论互为补充从而具有整合在一起的可能（Barro and Grossman，1971：88）。尽管帕廷金和克洛尔的思想本身存在矛盾之处，但巴罗和格罗斯曼秉持着实用主义的态度加以整合。他们放弃了帕廷金关于非自愿失业是在价格形成过程中产生的这一指导性观点，试图在最终状态情形下进行分析（由此他们用克洛尔的刚性假设替代了帕廷金的惰性假设）。他们还采纳了克洛尔关于名义需求和有效需求的划分，并将其拓展到供给方面。

为了实现帕廷金－克洛尔综合，巴罗和格罗斯曼构建了一个简单的一般均衡模型。假设经济中存在三种产品：劳动力 l、用劳动力要素生产出来的一般产品 c（比如谷物）和非生产产品 g（代表外生给定的黄金）。③ 对应存在三种交换市场，即劳动力/谷物交换、谷物/黄金交换和劳动力/黄金交换。按照瓦尔拉斯定律，如果前两个市场出清，那么第三个市场必定均衡，因此巴罗和格罗斯曼决定只关注前两个市场。他们把劳动力/谷物交换称为"劳动力市场"（不久之后你将看到这个名称是很模糊的），并设 1 单位劳动力可以与 w 单位谷物交换；把谷物/黄金交换称为"商品市场"，并设 1 单位谷物可以与 p 单位黄金交换。

这篇论文的核心议题，也即克洛尔和帕廷金论文中"溢出效应"的主要信条，是讨论价格偏离瓦尔拉斯均衡价格时的情形（即希克斯术语中的虚假价格）。据此，他们认为存在三种最终经济状态：凯恩斯主义失业状态（Keynesian unemployment regime）、古典主义失业状态（classical unemployment regime）和通胀抑制失业状态（repressed inflation regime）。当 $p > p^*$ 且 $w > w^*$ 时（这里的 * 代表均衡值），出现凯恩斯主义失业状态，即劳动力市场和商品市场都供给过剩。当 $p < p^*$ 且 $w > w^*$ 时，出现古典主义失业状态，即商品市场需求过剩但劳动力市场供给过剩。在通胀抑制状态中，$p < p^*$ 且 $w < w^*$，劳动力市场和商品市场均存在需求

---

② 在两人合著的《货币、就业和通胀》（*Money, Employment and Inflation*，1976）一书中，巴罗和格罗斯曼对他们的观点进行了进一步的探讨并引入了动态视角。鉴于该书只是对 1971 年论文的拓展，我们在此主要聚焦于这篇论文本身。

③ 虽然两人将最后一种产品称为货币，但这其实是一个有误导性的术语，因为他们的文章设定了一个物物交换的经济。

过剩。就我们的研究目的而言,下面聚焦于凯恩斯主义失业情形。

在价格和工资弹性的框架下,经济主体的目标函数均以名义变量来表示。企业的目标函数为 $\pi = \bar{c} - w\bar{l}$,其中 π 代表利润,$\bar{c}$ 代表产品的名义供给量,$\bar{l}$ 代表劳动的名义需求。注意,这里以谷物作为计价物,故利润以谷物数量计价。具有标准特征的生产函数为 $c = F(l)$。劳动的名义需求为

$$\bar{l} = l(w), \text{其中 } \partial F/\partial l = w$$

家庭效用函数为 $U = U(l, c, G+g)$,其中 G 是家庭持有的黄金存量,g 代表对黄金的超额需求。家庭的预算约束为

$$\bar{c}^D + \frac{1}{p}\bar{g}^D = \pi + w\bar{l}$$

当假设 $p_1 > p^*$ 时,情况就会发生变化,如图 7.1 所示,该图与巴罗和格罗斯曼使用的一张图很接近。

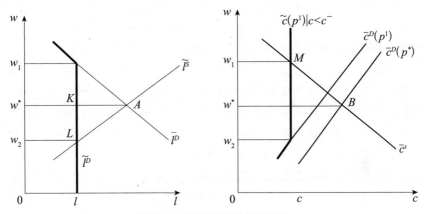

图 7.1 凯恩斯主义失业状态

巴罗和格罗斯曼的分析从帕廷金的溢出效应开始。当假设价格出现错误,即 $p_1 > p^*$ 时,就会出现非瓦尔拉斯均衡配置。由此导致对谷物的需求下降,企业实际销量会比均衡产量小,**c** $< \bar{c}$(这里 **c** 代表受约束的谷物交易量,并且遵照克洛尔的设定,加粗的字母是受约束的变量)。这一结果溢出了劳动力市场:企业对劳动力的有效需求($\tilde{l}^D$)部分取代了正常需求($\bar{l}^D$),详见图 7.1 的左图。④ 此时企业的最优决策函数面临一

---

④ $\tilde{l}^D$ 从点 $l = F^{-1}(\mathbf{c})$ 开始。它与 $\bar{l}^D$ 相交于 w_1 点。当工资水平高于 w_1 时,对劳动力的有效需求和正常需求重合,因此企业希望生产少于 **c** 的数量。

个更加严格的目标约束条件：$\pi = c - w\tilde{l}^D$。由此可能会出现两种情形：第一种是劳动力市场也出现定量配给，即短边交易，这也正是帕廷金推理中出现的情形（图 3.2 中的 K 点即图 7.1 中的 K 点）；第二种是市场在有效需求和名义劳动供给匹配时（$\tilde{l}^D = \tilde{l}^s$）就关闭了，如图 7.1 左图中的 L 点所示。

随后，巴罗和格罗斯曼试图将克洛尔的溢出效应整合到帕廷金的结果中。与克洛尔一样，他们设定存在劳动力超额供给，即名义劳动供给超过了名义劳动需求，因此出现了短边交易（$l < \tilde{l}^s$），这将使得家庭的预算方程变为

$$\tilde{c}^D + \frac{1}{p}\tilde{g}^D = \pi + wl$$

也即家庭需要在更紧的约束下进行最优决策。在这种情形下，他们的名义需求由有效需求替代。

图 7.1 的右图刻画了劳动定量配给对谷物市场的影响，这并非标准的商品市场表示，因为在这里坐标轴用 c 和 w 替代了 c 和 p。而 p 是名义需求函数中的参数。图中表示了两个名义需求函数，其中一个以 p^* 作为其参数，另一个以 p_1 作为其参数。由于模型假设 $p_1 > p^*$，因此只需要考虑第二个。考虑到替代效应和收入效应的共同影响⑤，这些需求函数具有正斜率。由于劳动力市场存在劳动定量配给，因此对谷物的有效需求（关于工资的函数）偏离了名义需求 p_1，并且当工资高于 w_2 时它将与工资无关。当工资低于 w_2 时，有效需求曲线和名义需求曲线重合。谷物的名义供给曲线是工资的减函数。因此，同样会造成两种可能的结果：要么家庭再次被定量配给，要么对谷物的有效需求和名义供给恰好达到平衡，如图 7.1 右图中的 M 点所示。

图 7.1 还表明了错误的工资价格所引发的溢出效应的边界。它的上限为 w_1，即劳动力有效需求偏离其名义需求的界限，该工资水平显示有效需求和名义需求开始出现分离。它的下限为 w_2，此时劳动力市场表现为有效需求和名义供给匹配。将两个市场整合在一起我们可以想象两种情形：要么存在双重定量配给（即当产品价格为 p_1 时，工资水平界于 w_1 和 w_2 之间）；要么两个市场中有一个处于定量配给状态而另一个处于有效/名义匹配状态（图 7.1 中的 L 点或 M 点）。无论在何种情况下，

---

⑤ 随着工资增加，闲暇变得更昂贵，因此工人会延长工作时间并增加消费，这里的消费增加是由于存在正的收入效应。

最终的资源配给状态都不会实现一般市场出清，即便我们将这个概念拓宽到名义和有效函数的平衡。

巴罗和格罗斯曼的推导过程至此结束。他们由此得出结论：

> 结论是，过高的实际工资并不是就业不足的原因，因此降低实际工资无法从根本上缓解失业问题。真正的问题在于商品需求下降，只有商品需求再次上升才能使就业恢复到合适的水平。（Barro and Grossman, 1971: 86-87）

毫无疑问，这一结论看上去符合凯恩斯主义的理解，然而我们不能忘了，所谓的凯恩斯主义状态只是该模型所提出的经济的三种可能状态之一。

评价

巴罗和格罗斯曼的论文显然是精妙绝伦的。[6] 对其最主要的批评在于价格刚性假设缺乏依据。巴罗和格罗斯曼假设经济主体是价格接受者，但是他们并没有指出价格是如何形成并且为什么是刚性的。在后来的著作中两人澄清了这一缺陷，我们在这里有必要看一下他们是如何分析的。关于价格和工资的弹性假设，他们承认这隐含了拍卖者假设。但是他们也指出虽然该假设便于分析，但却回避了均衡形成机制（Barro and Grossman, 1976: 38）——就这一点我完全赞同。虽然对于莱荣霍夫德等人而言这一观察足以使其放弃瓦尔拉斯主义的方法，但巴罗和格罗斯曼显然不这样认为。他们仅仅假设拍卖者并不能完全履行他们的职责。换言之，莱荣霍夫德所尖锐批判的假设到了巴罗和格罗斯曼这里就仅仅变成试错机制受到了阻碍的假设。

第二点批评涉及他们的结论。巴罗和格罗斯曼的第一个结论是工资水平不是造成非自愿失业的原因，因为瓦尔拉斯均衡中的实际工资可以与非自愿失业共存。他们的第二点结论是，对凯恩斯主义失业状态的分析可以得出需求刺激政策。关于这两点我都不赞同。关于第一点，问题在于他们在模型中使用了"劳动力市场"和"商品市场"而不是"交易"这样的术语来刻画经济。在包含货币的局部均衡框架下用单一的名称来代表市场是合理的——比如说谷物市场代表了用货币交换谷物的场所——但它在一般均衡框架下却具有误导性。在后者中，均衡工资 w^*

---

[6] 多年以后，Muellbauer and Portes（1978）用更严格的方法论证得到了同样的结论。

的出现（参见图7.1中的左图）并不意味着存在瓦尔拉斯均衡工资，这是因为在他们的框架中并不存在单一的瓦尔拉斯均衡工资。图7.1左图所展示的"工资"应当被称为劳动相对于谷物的价格，即p_{LC}，而劳动还有另外一个相对价格，即相对于黄金的价格p_{LG}。

为了得到完整的瓦尔拉斯均衡工资，第二个交易达到的价格必须满足$p_{LG}=p_{LG}^*$，因此原模型并未真正达到瓦尔拉斯均衡配置。事实上，根据瓦尔拉斯定律，存在某个市场达到瓦尔拉斯相对均衡价格而其他两个市场出现错误价格的情形。再考虑到$p_{CG}>p_{CG}^*$，因此必然存在$p_{LG}<p_{LG}^*$。所以，巴罗和格罗斯曼得出的结论"错误工资与非自愿失业无关"是错误的。

最后，他们坚持认为存在对产品需求的缺口也是具有误导性的。次优状态存在的根本原因在于错误的价格向量而不是商品需求的下降。为了改变这一状况必须解除试错机制过程中的阻碍而不是进行需求刺激。

德雷茨模型（1975）

德雷茨的《基于价格刚性和定量配给的均衡存在性》（Existence of an Equilibrium under Price Rigidity and Quantity Rationing, 1975）一文试图证明，经济主体在价格刚性下的最优决策仍然能够相容从而达成某种均衡解。为此，德雷茨设定了一个交换经济模型，在其中经济主体了解价格向量在多大程度上受到了阻碍。德雷茨的模型是一个纯粹的一般均衡框架。实际上，德雷茨在撰写该文时并没有试图为当时的宏观经济学理论作出什么贡献。⑦然而很快，新生的非瓦尔拉斯均衡主义学者们宣称该模型无疑佐证了他们的研究思路，可能是因为德雷茨模型表明他们的方法符合严格的一般均衡框架。

为了描述该模型，我借用了皮卡德（Picard，1993：13-21）的论述，他将德雷茨模型改写为一个经济主体存活两期的世代交叠模型。其中存在m个经济主体（由i表示，且$i=1,\cdots,m$），以及n种产品（由h表示，且$h=1,\cdots,n$）。标准化商品执行货币的职能。在这里，我们主要比较德雷茨模型和标准新瓦尔拉斯主义模型的建模技巧和结论。当价格具有弹性时，可以达到瓦尔拉斯均衡配置；如果价格是刚性

---

⑦ 参见 Backhouse and Boianovsky（2013：109-111）。

的，那么就是非瓦尔拉斯均衡配置。我们只需要比较第一期的暂时均衡状态即可，它可以用第一期结束后所持有货币的间接效用函数 V_1 来表示，作为一种预期效用指数。

在瓦尔拉斯主义的语境中，经济主体的最大化问题为

$$\text{Max } V_i(z_i^1, M_i, p^1)$$
$$\text{s. t. } p^1 z_i^1 + M_i = M_{i0}$$
$$z_i^1 + w_i^1 \geq 0$$
$$M^i \geq 0$$

其中 $z_i^1 = z_{hi}^1(p^1)$ 是第 i 个主体在第一期的净需求向量，给定其禀赋和货币存量。$p^1 = (p_h^1)$ 是第一期的价格向量。M_{i0} 是第 i 个主体在第一期期初的货币余额，而 M_i 是相应的第一期期末的货币余额（可用于第二期的消费）。$w_i^1 = w_{hi}^1$ 是第 i 个主体在第一期的禀赋。

瓦尔拉斯暂时均衡意味着，存在某个价格向量 p^* 使得对所有产品的超额需求都相等且等于零：

$$\sum_{i=1}^{m} z_{hi}^1(p^*) = 0, \text{ 对于所有 } h$$

在德雷茨（1975）所研究的经济中与此有所不同，主体面临着个体化的数量约束：

$$\bar{z}_i^t = (\bar{z}_{hi}^t) \in R_+^n$$
$$\underline{z}_i^t = (\underline{z}_{hi}^t) \in R_-^n$$

其中 $\bar{z}_{hi}^t$ 是经济主体 i 所能购买到的第 h 种商品的数量上限；反之，$\underline{z}_{hi}^t$ 为经济主体 i 所能售出的第 h 种商品的数量上限。这种对超额需求函数的约束意味着：对任意商品种类 h 和时期 $t = 1, 2$，均满足 $\underline{z}_{hi}^t \leq z_{hi}^t \leq \bar{z}_{hi}^t$，其中 $z_{hi}^t \in R_+^n$，$\bar{z}_{hi}^t \in R_+^n$，$\underline{z}_{hi}^t \in R_-^n$。所谓的定量配给指的是当经济主体不受这种交易限制时他的效用会增加。由此，经济主体 i 的"受限超额需求"可以表示为 $\hat{\xi}_i(\underline{z}_{hi}^t, \bar{z}_{hi}^t)$。

如果价格是固定的，那么此时经济主体的最大化问题可以表示为

$$\text{Max } V_i(z_i^1, M_i, \bar{z}_i^t, \underline{z}_j^t)$$
$$\text{s. t. } p^1 z_i^1 + M_i = M_{i0}$$
$$\underline{z}_{hi}^t \leq z_{hi}^t \leq \bar{z}_{hi}^t$$
$$z_i^1 + w_i^1 \geq 0$$
$$M_i \geq 0$$

当一系列净交易满足以下三个条件时就称经济达到均衡：①在满足数量

约束的条件下，净交易能够最大化效用函数；②这些数量约束是彼此相容的；③某种商品在供需两侧不会同时出现定量配给。更规范地说，对于 $i=1,\cdots,m$，存在一个均衡交易量 z_i^* 和一组数量上下限 $[\bar{z}_i^t, \underline{z}_i^t]$，满足：

（1）$z_i^* = \hat{\xi}_i(\bar{z}_i^t, \underline{z}_i^t)$。

（2）$\sum_{i=1}^m z_i^*(p^*) = 0$。

（3）对于所有商品 h，如果至少有一个主体 i 满足 $z_{hi}^* = \bar{z}_{hi}$，那么意味着对于所有的 j，均满足 $z_{hj}^* > \underline{z}_{hj}$；反之，对于所有商品 h，如果至少有一个主体 i 满足 $z_{hi}^* > \underline{z}_{hi}$，那么意味着对于所有的 j，均满足 $z_{hj}^* < \bar{z}_{hj}$。

上述模型的结果便是非瓦尔拉斯均衡——"均衡"意味着经济主体的决策是相容的，"非瓦尔拉斯均衡"意味着这种情形下的资源配置与价格机制不受阻碍的瓦尔拉斯均衡情形下的资源配置状况不同。⑧

德雷茨的论文证明无须检验价格形成机制即可证明均衡存在。然而，当这一议题被提出来时，拍卖者假设仍然是最具吸引力的设定。⑨现在价格试错过程变成了数量试错过程，即拍卖者向经济主体传递个体的数量信号而经济主体反馈他们所面临的受限超额需求。当拍卖者发现某种商品的总超额需求不为零时，他要么降低上限要么提升下限，直到每一种产品的超额需求都趋于零。⑩

贝纳西

与德雷茨相似，贝纳西以研究一般均衡理论起家（德布鲁曾指导他的毕业论文），完成其关于非均衡理论的博士论文后，贝纳西逐渐成为非瓦尔拉斯均衡理论的代表人物（Benassy，1975，1976，1977）。与巴罗和格罗斯曼一样，他也试图为帕廷金和克洛尔的溢出效应提供一个坚

---

⑧ 必须区分此处的德雷茨模型和德雷茨本人的研究方向，因为尽管德雷茨 1975 年的模型在某种程度上是非瓦尔拉斯的，但他的后续研究严重偏离了瓦尔拉斯路径。在他的眼中，德雷茨模型（1975）只是实现这一研究项目的第一步。其研究项目的后续发展详见 Drèze（1993a，1993b）。

⑨ 德雷茨本人对他的模型中隐含拍卖者假设这一点保持沉默。我和其他很多评论者——比如 Grandmont（1977：175）、Picard（1933：21）——一样，都认为除此以外没办法实现模型均衡。

⑩ 参见 Grandmont（1977：175）。

实的基础。

> 一个非自愿失业者绝对无法维系自己在瓦尔拉斯情形下的消费需求，而销路无门的企业也绝对不可能维持瓦尔拉斯情形下实现利润最大化的员工雇佣数量。（Benassy，1982：41）

与本章研究的其他经济学家相比，贝纳西最特别的地方在于他是克洛尔的紧密追随者。根据克洛尔的著名论文《货币理论微观基础的再思考》（[1967] 1984），他指出经济学家应该严格区分物物交换经济（用商品购买商品）和货币经济（用商品购买货币并用货币购买商品）。考虑到现实因素，贝纳西指出经济学家应当致力于研究使用货币的分散式经济，在这个系统里"所有商品在分散而独立组织起来的市场中通过货币进行交易"（Benassy，1982：17）。他同样认可克洛尔的二元决策假设并将其作为自己模型推导的起点。此外，虽然克洛尔（1965）并没有提及拍卖者假设，但是我们在第六章已然指出这个假设对他的模型而言是必要的。⑪ 不过，贝纳西坚决要在自己的模型中彻底将拍卖者假设抛弃掉。所有这些都使得这个野心勃勃的计划很值得付诸实践，用贝纳西自己的话说，这无异于整合三种理论框架：瓦尔拉斯主义、凯恩斯主义和不完全竞争理论（Benassy，1993：732）。

在相继发表的一系列论文中，贝纳西（1982，1990，1993）构造了一个融合了有效需求假设的局部均衡框架，其中最终产品在单一市场上交易以换取货币。这些模型采取了序贯交易假设：家庭首先卖出劳动力并获取收入，随即用货币在商品市场上购买产品。贝纳西假设存在名义工资刚性，故而存在劳动力供给定量配给，从而劳动力对消费品的需求是"受限制的"。上述设定无不透露出"纯粹的克洛尔风格"。⑫

然而，贝纳西的终极目标是进行一般均衡分析。更准确地说，他希望证明在价格向量固定的经济中存在非瓦尔拉斯均衡。由此，他对前述简化模型进行了大量修改。首先，他放弃了序贯交易设定，改为假定所有交易同时发生（Benassy，1975：504）。他还把自己的研究聚焦在交换经济上。其次，贝纳西继续采纳二元决策假设，但该机制作用的情景

---

⑪ 后来克洛尔（[1975] 1984）严厉地抨击了拍卖者假设。

⑫ "某个市场上的有效需求（或有效供给）是经济主体受到正常预算约束以及其他市场存在的数量约束时形成的最优选择。这一定义自然将溢出效应囊括其中：所谓溢出就是指由于经济主体在其他市场的需求或供给被定量配给所修改而导致经济主体在某个市场内的实际交易量低于其意愿量的情况。"（Benassy，1993：739）

发生了巨大变化。事实上，在序贯假设下，约束条件是已经真实发生的交易，而在同时交易假设下，约束条件便只是经济主体对市场结果的一种推测，用贝纳西的话来说，是经济主体的一种认知。在这种新的情景下，经济主体 i 对某产品 h 的有效需求面临着他对其他所有市场交易状况的推测的约束。

虽然他的模型是一个包含同时交易假设的一般均衡模型，但贝纳西逐个研究了每个市场的均衡形成机制。例如在商品 h 的交易市场中，主体 i 带着某种有效超额需求的意识而参与交易，这是因为其自身对其他市场可能发生的交易有某种认知。在该市场的交易过程结束时，假设达到了一种均衡解，即所有经济主体都交易了最优数量的商品 h。因此问题是，经济主体 i 如何基于自身的有效超额需求使得市场 h 达到均衡？贝纳西用 $\tilde{z}_{hi}$ 表示经济主体 i 对商品 h 的有效需求，z_{hi}^* 为其事后的均衡交易量。均衡条件要求所有经济主体的超额需求量加总为 0：

$$\sum_{i=1}^{m} z_{hi}^* = 0$$

当所有经济主体都试图满足自身的有效需求时，上述等式显然无法成立。因此必须采用不同于拍卖者假设的特定交易技术。贝纳西的推论如下。

在 h 商品市场交易开始时，每个家庭都报出自己的有效超额需求数量，从而形成公开的有效需求市场信号（Benassy，1990：118）。贝纳西假设经济主体能够将所有单个交易邀约加总起来进而求得该商品的总体超额需求函数。经济主体都很可能发现该值不为零。他们也能够意识到市场哪一方将面临配给，并能够计算出具体的配给数量。贝纳西还假设经济主体们已经提前达成一个"配给方案"（rationing scheme），从而将不一致的超额需求转化为一致的交易。⑬ 在完成这个配给方案后，每个经济主体都得到其均衡交易量 z_{hi}^*。该配给方案可以表示为函数 F_{hi}：$R^m \rightarrow R$，使得存在：

$$z_{hi}^* = F_{hi}(\tilde{z}_{h1}, \cdots, \tilde{z}_{hm})，对于所有的 i$$

通过比较自己的有效需求和配给方案分配给自己的数量，所有经济主体得以了解商品市场 h 施加于自己的约束条件。正如德雷茨模型那

---

⑬ 在这里我省略了实现这一配给方案所必需的条件（参见 Picard，1993：22）。原则上讲，一个配给方案可能是"可行的"也可能是"不可行的"。但基于研究目的，贝纳西只研究了"不可行"的配给方案。

第七章
非瓦尔拉斯均衡模型

样,这些约束可以被表示为 $\underline{z}_{hi} \leqslant z_{hi} \leqslant \bar{z}_{hi}$。这些限制可以被视为市场 h 的总有效需求的函数:

$$\bar{z}_{hi} = \bar{G}_{hi}(\tilde{z}_h), \text{对于所有的} i$$

$$\underline{z}_{hi} = \underline{G}_{hi}(\tilde{z}_h), \text{对于所有的} i$$

因此,从最初的基于信息的交换转变为均衡是通过经济主体根据他们认知到的约束条件修改了他们的有效需求才达到的。当所有主体都发现无须进一步修改自己的有效需求时,均衡——在约束条件下最优决策能够相容的状态——也就实现了。至此,真实的交易才会发生。

上述推导局限于一个市场的均衡形成过程。为了将其一般化,可以将 $\tilde{z}_{hi}$ 定义为向量 $\tilde{z}_i = (\tilde{z}_{1i}, \cdots, \tilde{z}_{ni})$ 的第 h 个元素。在这一设定下,我们需要求解的经济主体 i 的最优问题变为

$$\text{Max } V_i(z_i, M_i, \bar{z}_i, \underline{z}_i)$$
$$\text{s.t. } p^1 z_i^1 + M_i = M_{i0}$$
$$\underline{z}_{ki} \leqslant z_{ki} \leqslant \bar{z}_{ki}, \text{对于所有} k \neq h$$
$$z_i + w_i \geqslant 0$$
$$M_i \geqslant 0$$

在这个整体经济中,经济主体 i 的有效需求向量可以表示为经济主体所认知到的约束的函数:

$$\tilde{z}_i = \tilde{\xi}_i(\bar{z}_i, \underline{z}_i)$$

由此整体经济的均衡条件可以被定义为:凯恩斯均衡为一系列交易均衡 z_i^*,对于给定的有效需求 $\tilde{z}_i$ 以及数量上下限 $\bar{z}_i$ 和 $\underline{z}_i$,对于所有的 $i = 1, \cdots, m$ 和所有的 $h = 1, \cdots, n$:

(1) $z_{hi}^* = F_{hi}(\tilde{z}_h)$

(2) $\bar{z}_{hi} = \bar{G}_{hi}(\tilde{z}_h); \underline{z}_{hi} = \underline{G}_{hi}(\tilde{z}_h)$

(3) $\tilde{z}_i = \tilde{\xi}_i(\bar{z}_i, \underline{z}_i)$

贝纳西模型的均衡配置与德雷茨模型差不多是一样的。[14] 贝纳西认为该模型具有典型的凯恩斯主义特征。固定的价格向量假设决定了其凯恩斯主义特征,也即巴罗和格罗斯曼模型中的凯恩斯情形。与巴罗和格罗斯曼类似,贝纳西指出当采取一些外生的需求刺激政策时,企业得以出售更多的产品从而提高社会福利。

---

[14] 关于两者的相似性,详见 Silvestre(1982)。

贝纳西还宣称，即便是在固定价格假设被抛弃的条件下，该次优均衡配置结果仍然有效，此时只需引入非完全竞争假设来替代完全竞争假设即可。这便是贝纳西整合的第三个支柱。他假设市场中经济主体的一方是价格制定者，而另一方是价格接受者。基于商品不应该仅凭其自身的物理特征来加以划分，还应该根据设定其价格的经济主体加以区分的观点，贝纳西提出每一个价格制定者在他的这一方都是独一无二的。因此，该模型可以应用垄断理论。他假设企业在商品市场上是产量/价格制定者。他们会遵循边际收益等于边际成本这一原则在需求曲线上制定价格。这就产生了标准的次优结果。"因此，市场上存在产品的'供给过剩'，尽管在价格制定者这一方这种供给过剩是完全自愿实现的。"（Benassy, 1993: 741）

让我们用贝纳西的原文来为他的理论做总结：

> 相较于瓦尔拉斯方法，本文研究了更为一般化也更贴近现实的市场运行过程，在其中交易信息不仅包括分散化市场上经济主体基于自己的供给和需求而产生的价格信号，而且包括其数量信号。所有经济主体，包括那些典型的价格制定者，都将在制定其价格－数量决策时考虑这些信号。最终我们得到了一个更加一般化的供需理论，同时也构建了一个考虑到数量信号在各个市场之间产生溢出效应的价格制定机制。（Benassy, 1993: 757）

评价

贝纳西的理论体系之所以独具魅力很大程度上是因为他诚挚地接纳了克洛尔的体系。但后来克洛尔自己"无情地"否认了这一思路。[15] 正如我们所提及的，克洛尔后来转换了门庭，认为瓦尔拉斯理论无法支持凯

---

[15] "至于'二元决策假设'，我基于诸多原因放弃了它，甚至在《再议》（Reconsideration）这篇文章以及《反向革命》（Counter-Revolution）一文发表前。所以当我发现学界发展出了一种表面上看起来截然不同，但实际上基于二元决策假设以及与此极其类似的帕廷金供给约束模型（虽然就我而言后者更加缺乏一致性）的经济学理论分支时，我感到十分吃惊。我所指的当然就是巴罗和格罗斯曼、德雷茨、根岸隆、格朗蒙、贝纳西、马林沃、范里安等人的固定价格模型。虽然我总是被称为这一学说之父，但在 1980 年法国艾克斯举办的世界计量经济学会年会上我却扮演了一个'恶棍'的角色，并且毫不留情地对这一学说予以否定，我承认自己发明了'二元决策假设'这一概念，但对其所具有的特征却并不满意。此后我将精力放在了另一种学说上——一种混杂着马歇尔主义思想的学说——并将之视为二元决策假设的孪生兄弟一般。"（Clower in Walker, 1984: 266）

恩斯的思想。然而这也是贝纳西的立场。那么克洛尔的抱怨背后的理论基础何在？我猜测克洛尔和莱荣霍夫德会认为尽管贝纳西承认抛弃了拍卖者假设，但基于他本人对经济学微观基础的执着、对数理方法的高度认同以及对抽象还原论式建模思路的坚持，贝纳西在方法论上还是严格遵循了瓦尔拉斯主义。但克洛尔和莱荣霍夫德对上述方面均予以严厉批判。

贝纳西对均衡形式的理解让人不得不想起本书第一章中提及的马歇尔理论。在我看来，他是在无意间试图构建一个马歇尔式的一般均衡模型。显然，没有人会指责他从瓦尔拉斯式交易技术，即拍卖者定价假设，转换到马歇尔式交易技术，即经济主体是价格/数量制定者。但是，如果拍卖者假设算是明确设定的话，那么由于马歇尔式交易技术隐含了经济主体能够收集到市场信息进而能够在头脑中重构整个经济的均衡配置状态这一严格假设，所以也好不到哪里去。⑯

我对贝纳西的评价主要分为两个方面。其一，贝纳西的理论值得称赞，因为他成功构思出不同于拍卖者假设的其他交易技术；其二，这种间接实现均衡的方法最终得到了与德雷茨模型相似的结果，因此我们不禁想知道这种绕弯路的方法是否有必要。⑰

马林沃

马林沃（1923—2015）在成为非瓦尔拉斯均衡的突出贡献者之前就已经在学界颇有名气。早在 1953 年他就发表了一篇试图将资本理论与一般均衡分析整合在一起的论文（Malinvaud, 1953），该论文第一次为他赢得了声誉。他还撰写了两本很有影响力的专著，即《计量经济学统计方法》（*Statistical Methods of Econometrics*，1966）和《微观经济学讲义》（*Lectures of Microeconomic Theory*，1972）。在接受艾伦·克鲁格（Alan Kruger）采访时，马林沃表示自己将沿着巴罗、格罗斯曼及其他一些学者们的思路从事研究，因为他发现亟须一种理论框架来解释"工资推动型冲击和总需求型冲击对就业变动的不同影响"（Kruger, 2003: 191）。《反思失业理论》（*Theory of Unemployment Reconsidered*，1977）一书便源自他的这一意识，该书基于他在乔治-约翰逊讲座（The Yrjö

---

⑯ 在拍卖者经济中，经济主体不需要知道超额需求函数。

⑰ "换言之，在上述假设下，采用贝纳西模型设定而间接达成的均衡交易状态与采用德雷茨模型设定所直接达成的结果并没有什么差异。"（Donzelli, 1989: 296）

Jahnsson Lectures）上的授课内容而撰写，成为20世纪70年代后期最被广泛讨论的学术专著之一。在该书1985年的平装版封底上，我们可以找到这样一句很好地总结了马林沃的基本观点的话："微观经济学中基于固定价格的一般均衡理论对宏观经济学中的非自愿失业理论具有重要意义。"

马林沃与本章已经提及的经济学家的最大区别在于他们对理论的抽象程度有着不同偏好。早期的经济学家使用抽象的新瓦尔拉斯主义模型推导出了一些类似于凯恩斯主义经济学所推崇的结论。然而，除了这种相似性，这些模型过分追求新瓦尔拉斯主义一般均衡方法，以至于对宏观经济学家的吸引力有限。对马林沃而言，他更关注现实世界的议题以及政策制定，就像一个标准的凯恩斯主义者。为了达到这一目的，将非瓦尔拉斯主义一般均衡概念转化为宏观经济学家们更易操作的模型是十分必要的。这正是马林沃的独特贡献：为曲高和寡的数理经济学家和最杰出的宏观经济学者们——比如托宾和索洛——搭起一座桥梁。⑱

马林沃首先意识到巴罗-格罗斯曼论文中的类型学蕴含着巨大的解释潜力——它分别阐明了古典主义失业、凯恩斯主义失业和通胀抑制失业。在其1977年的专著中，马林沃详细考察了上述类别的具体特征，并关注它们与现实世界的联系以及隐含的政策结论。他指出，形如表7.1的表格就能简洁地展现它们的组合。

表7.1 非瓦尔拉斯均衡状态的类型

		产品市场	
		供给过剩	需求过剩
劳动力市场	供给过剩	凯恩斯主义失业	古典主义失业
	需求过剩	—	通胀抑制失业

马林沃认为，凯恩斯主义革命的本质特征是"通过构建一个适当的关于真实失业状态的理论，凯恩斯将古典主义失业理论的那种短期均衡转向了凯恩斯主义失业状态"（Malinvaud, 1977: 29）。马林沃同样指出这一转变具有极强的现实意义，因为根据古典主义失业和凯恩斯主义失业将得出完全不同的政策建议。在凯恩斯主义失业情形

---

⑱ 当索洛参加1978年于美国科勒尼秃峰举办的NBER会议（the NBER 1978 Bald Peak Colony）时，他被邀请对美国1974—1975年的宏观经济政策予以评价。当时他采用的模型便直接受到马林沃的启发（Solow, 1980）。

下，最好的政策就是增加总需求，这将极大地缓解企业在销售层面面临的约束并反过来将有利于就业；而在古典主义失业情形下，失业源自企业利润率过低而实际工资过高，只要降低实际工资便能提高利润率和就业。

> 为了缓解凯恩斯主义失业，应该压低物价或提高工资；而为了缓解古典主义失业，则恰好需要相反的措施。这就解释了为什么20世纪30年代有关各种经济政策的争论如此激烈，因为大部分经济学家都遵循古典主义失业来思考，而另一些学者则在不知不觉中已经考虑了凯恩斯主义方法。（Malinvaud，1977：66）

因此，马林沃的核心任务就在于判断失业到底属于何种情形。他断言"通过经验观察我们可知，相较而言，凯恩斯主义失业在现实中更普遍"（Malinvaud，1977：77）。不过他在1976年也承认"古典主义失业正在西方世界中逐步增多。它们可以部分解释为什么1972—1973年繁荣期内失业率居高不下"。然而他后来又补充道，"但是毫无疑问1975年失业的主要特征仍然是凯恩斯主义的"（Malinvaud，1977：108）。⑲

马林沃也是一位非瓦尔拉斯主义均衡的辩护人，他坚定不移地为其方法论辩护，还为此与卢卡斯针锋相对。他极力推崇现实主义和实用主义的方法论观点。很多新瓦尔拉斯主义者——比如哈恩（Hahn）和卡斯（Cass）——认为他们的范式提供了一种基准模型，以及一种思维逻辑的基本组织方法，能够包容一些反例，却很难真正代表现实的市场经济。马林沃并不赞同这种观点。虽然他秉持着瓦尔拉斯主义方法论，但在理论和现实之间进行转换时他毫不犹豫地回到马歇尔传统和凯恩斯传统。在研究现实世界的失业情形到底属于古典主义失业还是凯恩斯主义失业时，他就展现了这种态度（这意味着马林沃坚信所有的理论种类都必须和一种可观察的现实相对应）。他还试图将非瓦尔拉斯建模方法与新古典综合的观点糅合在一起，为此他写道：

> 很显然，劳动力市场绝不会按照这种方式（市场出清的理想状态）运行。短期内，现实中的工资绝不像由供需定律所推导出的那种工资水平一样具有完全的弹性。它们并非对劳动力市场面临的压力完全不敏感，但工资的调整速度绝对要远低于足以保障市场持续

---

⑲ 见 Laroque（1986）。

出清的那种速度。(Malinvaud, 1984: 18)

从非均衡理论到非瓦尔拉斯均衡理论

本章所论述的模型大多被冠以非均衡理论的名字。这些论文的作者几乎都声称受到了帕廷金、克洛尔和莱荣霍夫德的开创性研究的启发。但是一些年之后，它们的作者慢慢发现将自己的模型贴上非均衡的标签具有误导性，于是决定使用"非瓦尔拉斯均衡模型"这一术语。[20] 虽然这里"均衡"的使用恰当地体现出了这些模型的特征，但"非瓦尔拉斯"这个术语却不甚恰当，正如所有从反面给出定义的情形一样不恰当，例如，宣称自己是非基督教徒并不能说明某人到底秉持何种宗教信仰。事实上，在本章和上一章所讨论的模型中，除了帕廷金的模型都可以说是"非瓦尔拉斯的"(non-Walrasian)，但很显然它们属于不同程度的"非瓦尔拉斯主义"(non-Walrasianism)。克洛尔－莱荣霍夫德模型属于激进的非瓦尔拉斯主义，因为他们几乎完全反对瓦尔拉斯理论；巴罗－格罗斯曼模型和德雷茨模型属于温和的非瓦尔拉斯主义；贝纳西模型则介于两者之间。

尽管如此，改换术语是必要的，因为非均衡和非瓦尔拉斯方法存在明显的重要差异。非均衡学者们（即帕廷金、克洛尔和莱荣霍夫德）和非瓦尔拉斯均衡学者（即巴罗和格罗斯曼、德雷茨、贝纳西和马林沃）都宣称构建了非自愿失业理论，但他们采用的是不同的方式。非均衡学者们严格遵循凯恩斯的定义，将非自愿失业视为一种包含双重意义的概念：从经济主体的角度来看，它意味着存在个体非均衡——经济主体无法实现最优选择；从劳动力市场的角度来看，它意味着交易偏离劳动力供给曲线或者劳动力供给过剩。对非均衡学者而言，上述情形是一枚硬币的两面。然而，个体非均衡和交易偏离劳动力供给曲线这两个特征在非瓦尔拉斯主义模型中都消失了，因为非瓦尔拉斯均衡学者从一开始便试图证明个体均衡和交易偏离劳动力供给曲线可以同时存在。事实上，非瓦尔拉斯主义的独特理论贡献就在于他们证明了固定价格并不会

---

[20] 例如，贝纳西1982年的一部旨在总结该学派基本观点的著作被命名为"市场非均衡经济学"(The Economics of Market Disequilibrium)，然而到了8年后，贝纳西另一篇具有同样目标的论文被命名为"非瓦尔拉斯均衡、货币与宏观经济学"(Non-Walrasian Equilibria, Money, and Macroeconomics, 1990)。

第七章
非瓦尔拉斯均衡模型

排除一般均衡状态的可能性。换言之,非瓦尔拉斯主义者们严格遵循了后来被卢卡斯称为"均衡原则"的思想。

非自愿失业？市场非出清？

在上一节中,我们指出非瓦尔拉斯主义者试图证明个体均衡和交易偏离劳动力供给曲线可以同时存在。纯粹从措辞方面看,后一个术语似乎并不足以引起不切实际之惑,但如果我们将这句话中的"交易偏离劳动力供给曲线"改为"非自愿失业",那么非自愿失业和个体均衡显然是一对矛盾的术语,这当然与凯恩斯关于非自愿失业的定义(强制性闲暇)直接冲突了。因此,一定是非瓦尔拉斯主义经济学家们采用了另一种对非自愿失业的理解。事实上也确实如此。在他们的模型中,非自愿失业是因为经济主体面临着非标准的数量型预算约束。就我个人而言,我认为不应该把这种情形下存在的失业视为非自愿失业。

市场出清和市场非出清的概念同样也是模糊的。对我而言,无论经济主体面临的约束是什么,市场出清和一般的个体均衡都应该被理解为是同义词。[21] 同理,市场非出清必然意味着缺乏个体均衡(即某些经济主体无法实现其最优选择)。但是非瓦尔拉斯均衡经济学家并不这样认为,他们认为,只要预算约束形式发生变化,那么新的配置结果便可以被贴上"市场非出清"的标签。我同样认为这种定义非常勉强,因为除了凯恩斯主义理论,这些观点找不到任何其他理论基础。

夭 折

我在本章开头引用了米尔鲍尔和波特斯的一段话,他们在其中表达了希望非瓦尔拉斯均衡模型成为宏观经济学主流方法的期许。但事与愿违,时至今日我们都清楚,这并没有发生。非瓦尔拉斯均衡理论曾闪耀一时,尤其是在欧洲,但很快就失去了风光。很多一开始致力于该研究路径的年轻学者都转向了其他研究领域。为什么这一研究思路夭折了?是因为它本质上存在什么缺陷还是由于更多的外部因素?这便是本章的最后一个议题。

---

[21] 用麦肯齐的话讲就是"一般均衡意味着所有的经济主体集合都处于均衡状态,特别是指所有个体都处于均衡状态"(McKenzie,1987:498)。

不得不承认，非瓦尔拉斯主义从一开始便饱受非议。我们看到，非瓦尔拉斯均衡的早期开创者巴罗和格罗斯曼很快便放弃了这一研究思路。巴罗在《反思凯恩斯主义经济学》（Second Thoughts on Keynesian Economics，1979）中宣称，私有制市场能够使交易在最大限度上发挥其效能，而非瓦尔拉斯均衡理论的最大缺陷在于"机械地"忽视了这些"互利的交易机会"，并且其使"激进的政府政策太容易自圆其说了"（Barro，1979：56）。尽管他并没有使用"躺在街上的500美元"*这一有名的比喻，但想表达的意思并无二致。对我而言，巴罗的这一阐述并没有什么说服力，因为他显然混淆了基于现实的命题和基于虚构经济模型而得出的结论。但实际上无论是基于固定价格的拍卖者模型（德雷茨模型），还是基于固定价格的经济主体决策模型（贝纳西模型），在交易市场关闭前，模型中的经济主体都基于该经济模型的特征——包括价格刚性假设——而充分利用了所有的潜在交易机会。至于格罗斯曼，他后来认为隐性契约模型（implicit contract models）相较于非瓦尔拉斯均衡模型更能解释失业现象，因为它克服了后者的缺陷，即非瓦尔拉斯均衡模型无法为持久的对交易的限制提供可信的依据（Grossman，1979）。

此外，卢卡斯的《经济周期模型》（Models of the Business Cycle，1987：52-53）一书也对非瓦尔拉斯均衡理论展开了批判。他指出，既然已经采用了拍卖者假设这种人为设定的假设，却又要武断地阻止他完成自己被设定的功能，这实在是太奇怪了。卢卡斯的精明之处在于，上述批判实际上充分表明由他所开创的新瓦尔拉斯主义方法本就无意去解释失业问题。但是卢卡斯的批判只针对采用了拍卖者假设（或者对这一假设进行了少许改动）的非瓦尔拉斯均衡模型，也即帕廷金的理论、巴罗和格罗斯曼模型以及德雷茨（1975）模型，并不针对贝纳西模型。而且鉴于德雷茨本人很快就放弃了拍卖者假设，所以克洛尔和莱荣霍夫德以及德雷茨和贝纳西事实上都不在卢卡斯的批评范围内。

导致非瓦尔拉斯均衡模型消亡的真正原因可能并不是上述那些批判。我认为主要有三个因素发挥了作用。第一，尽管早期开创者们创立了一套新框架，他们却并没有明确下一步的研究方向：到底是回归标准凯恩斯主义宏观经济学还是构建全新的理论框架。第二，从研究的动机

---

* 这里指大家都不愿错过的好机会。——译者注

上讲，他们试图将凯恩斯主义理论锚定在瓦尔拉斯理论中，这与帕廷金的新古典综合思路相同㉒，但如果将这一努力理解为在瓦尔拉斯均衡中找到凯恩斯非自愿失业的位置，那么遗憾的是，无论是帕廷金还是非瓦尔拉斯均衡经济学家们都失败了。这一失败并不是偶然的，其本质原因是瓦尔拉斯理论本来就没有给非自愿失业留下任何空间。我们可以从这两次失败中得到的最终教训就是，莱荣霍夫德关于凯恩斯理论和瓦尔拉斯均衡之间的矛盾不可调和的观点是正确的。打破这两种理论之间死结的可能性之小，可以说让人失望至极。

第三，也是我认为最重要的一点，是因为20世纪70年代是理论高产的时代，整个宏观经济学理论界并非只有非瓦尔拉斯均衡模型一条路可选，实际上恰恰是在这一时期卢卡斯开创了新兴古典宏观经济学（new classical macroeconomics）。卢卡斯及其追随者无疑是令人生畏的竞争对手，况且这两种研究思路本身就相当接近。非瓦尔拉斯均衡理论在DSGE方法前最终一败涂地。原因可能在于卢卡斯开创的研究思路更具吸引力，尤其是他将动态分析纳入宏观经济学从而让仍然遵循着传统静态分析的非瓦尔拉斯均衡理论相形见绌。恐怕这也是巴罗（1979）在文章中转变态度的更好解释。㉓ 我相信巴罗不是唯一意识到卢卡斯的思路更具吸引力的经济学家。因此，非瓦尔拉斯均衡理论的消亡很可能是因为卢卡斯主义的兴起。不过，真正奠定卢卡斯主义全面胜利的标志是由基德兰德和普雷斯科特所构建的RBC模型。它将卢卡斯革命的核心观点妥当地融入一个规范而易于应用的研究框架内，为年轻的宏观经济学家们开启了新的时代。这时非瓦尔拉斯均衡学者们要么选择跟随大流，要么被时代抛弃。

然而，综合考虑，并不能认为非瓦尔拉斯均衡方法彻底失败了。任何一种"胜利的理论范式"——在没有被推下神坛前——都会以这样或那样的方式进行内在的变革。总是存在还没有被尝试过的路。因而，非瓦尔拉斯均衡经济学家们试图将凯恩斯理论锚定在适当微观基础之上的尝试并非就再也找不到别的出路了。出乎意料地，格罗斯曼支持这一复兴的观点，他在2001年11月11日通过电邮回复了我对"非均衡研

㉒ 就像帕廷金那样，非瓦尔拉斯均衡学者们并没有采用这一术语，只有那些将凯恩斯和瓦尔拉斯并置的学者才使用该术语。

㉓ 这种解释摘自《区域》（*The Region*）杂志2005年对巴罗的采访，该杂志由美联储明尼苏达分行出版。

究路径"的命运所提出的疑问:

> 我并不赞同你所说的非均衡研究思路已经被彻底抛弃的观点。相反,我倒认为即使这种情况曾经出现过,也只是该思路一时失势,而且它现在其实已经成为被大家广为接纳的理论范式。如今,每个人都是凯恩斯主义者,就连卢卡斯和巴罗那样曾经坚定的新古典主义拥护者也不例外。此外,就凯恩斯主义这一术语我必须作出如下澄清:凯恩斯主义经济学具有两个核心特征:①基于现实观察我们发现,货币政策以及其他对总需求有影响的因素,同时也会对实际经济行为——不仅仅是价格和工资——产生影响。简而言之,凯恩斯主义经济学从观察到经济周期内的货币非中性这一现象着手;②支持如下理论性假设:观察到的货币非中性由名义工资和/或价格黏性导致,并且在市场应对纯名义波动时,货币非中性会表现为非出清的市场失灵。

第八章
对凯恩斯主义宏观经济学的评价

本章将从前述针对凯恩斯主义宏观经济学的分析中提炼出一些要旨。

本书的研究局限

本书第一篇横跨从凯恩斯的《通论》到20世纪70年代一开始的这段时间，在这个过程中，新生的宏观经济学通过长足的发展真正成为一门经济学的独立子学科。这一时期的宏观经济学以新的建模思路为核心，并逐渐形成了独具特性和风格的学术圈子。但是我不得不承认，前述章节所呈现的内容与实际情况相比还是过于简陋。虽然我已经为杰出的学者留下了几乎整章的空间——比如帕廷金、莱荣霍夫德、克洛尔——但为凯恩斯主义宏观经济学的建立和发展作出长远贡献的经济学家多达数百位。此外，本书主要聚焦于理论演进，因此基本省略了该领域的实证研究以及它对学科建立起到的关键作用。

对 比

第一篇的标题"凯恩斯与凯恩斯主义宏观经济学"可能具有相当的误导性，因为我们在这部分讨论的模型很难称得上具有同质性。但是《通论》、凯恩斯主义宏观经济学、帕廷金、克洛尔和莱荣霍夫德的作品以及非瓦尔拉斯均衡模型均旨在证明非自愿失业的存在并支持需求刺激政策。因此它们都可以被贴上凯恩斯主义的标签。然而他们所采用的方法大相径庭。首先，可以用马歇尔-瓦尔拉斯大分流为基准对他们进行分类。其中，《通论》、IS-LM 宏观经济学和克洛尔-莱荣霍夫德模型属于马歇尔主义；反之，帕廷金、克洛尔 1965 年的文章和非瓦尔拉斯均衡属于瓦尔拉斯主义。而且，在诸多非瓦尔拉斯均衡模型中，贝纳西独具一格：他一方面采用了瓦尔拉斯主义的方法论原则，而另一方面又设定了马歇尔的交易技术。另外一个有用的基准是对非自愿失业概念的理解，可以分为：①将非自愿失业理解为一种瞬时实现的经济最终状态（即静止状态）；②将非自愿失业理解为仅在经济向均衡调整过程中出现的暂时性状态（实现均衡后就消失了）；③将非自愿失业理解为调整过程面临的某种阻碍。作为对表 6.1 的扩充，表 8.1 总结了到目前为止我们所论述的各种模型的类别。

表 8.1　各类凯恩斯主义研究计划

	马歇尔主义	瓦尔拉斯主义
作为瞬时实现的经济最终状态的非自愿失业	《通论》，IS-LM 宏观经济学	克洛尔（1965），巴罗和格罗斯曼，德雷茨，马林沃
作为向均衡调整过程中出现的暂时性状态的非自愿失业	贝纳西	帕廷金
作为调整过程面临的某种阻碍的非自愿失业	莱荣霍夫德，克洛尔（1965 年后）	

那么该部分介绍的弗里德曼和菲尔普斯应当如何分类呢？二人都提出了著名的自然失业率概念，但他们的观点大相径庭。其中弗里德曼肯定没有太多凯恩斯主义倾向，他无意证明非自愿失业，更不会支持需求刺激政策。然而弗里德曼事实上与传统凯恩斯主义宏观经济学家一样归属于马歇尔主义。他还毫不避讳地借用 IS-LM 框架来分析问题。菲尔普斯对凯恩斯主义的敌意并没有弗里德曼那样强烈。相较于我们所研究的所有其他经济学家，包括弗里德曼，菲尔普斯的杰出之处在于他很早就意识到，将失业概念纳入理论体系的必要前提是构建一套完全不同的市场运行机制。

含混的概念

现在让我们来单独阐述一下凯恩斯主义宏观经济学的特点。凯恩斯主义经济学家的一大特点就是他们的实用主义，除了瓦尔拉斯均衡理论的学者。凯恩斯主义经济学家对严格的概念定义和精准的研究对象界定不甚关心。他们也从不阐明自己的命题究竟应该运用于现实世界还是仅仅停留在虚构的经济模型内部。长此以往这种态度就导致了一系列混乱。

比如说，凯恩斯的《通论》就是为了用马歇尔的理论框架去证明劳动力市场上存在以非自愿失业形式体现的次优状态。这一研究思路乍看之下并不困难，但实际上却困难重重。

第一，上述次优状态可以有两种理解：失业或非充分就业。失业代表了在当前的市场条件下存在一些想要工作、自身也在搜寻工作机会却无法就业的人群。在这种理解下，就业群体和失业群体显然存在异质性。非充分就业代表了就业时间没有达到最优的水平，并且在经济主体间平均分布，此时各个经济主体之间不存在任何异质性。用代表性经济主体来研究非充分就业是可行的，但研究失业问题就不恰当了。因此，失业和非充分就业绝不能被视为同义词。更严格地来讲，失业指的是劳动力供给的广义边际（劳动力就业数量），而非充分就业指的是劳动力供给的集约边际（工作小时数）。

第二，凯恩斯特别强调所谓的非自愿失业与其他类型的失业，尤其是摩擦性失业的区分是模糊的。时间证明非自愿失业这个概念本身就难以捉摸。在凯恩斯的理解中，非自愿失业意味着经济主体无法实现自己的最优决策（我将之称为"个体非均衡的非自愿失业"）。凯恩斯和后来的凯恩斯主义经济学家们（此外还包括希克斯，我们将在后文予以讨论）都想当然地认为必须用马歇尔的供需框架来证明非自愿失业的存在。我已经在前文指出这是一条死胡同。在马歇尔主义框架中推导出非自愿失业的唯一可行办法是采用外生的工资限额假设，而这肯定偏离了凯恩斯的本意。对非自愿失业的另一理解是"作为一种偶然的非自愿失业"。它是指虽然失业的经济主体当期也处于最优状态，但他仍然想尽快改变现状。这种类型的失业既是自愿的同时也是非自愿的。① 这便是后来搜寻理论所研究的路径，它偏离了标准的马歇尔交易技术。

---

① 亚里士多德可以为上述观点作证。在《尼各马可伦理学》（*The Nicomachean Ethics*）中，亚里士多德利用在暴风雨中航行的船只为了避免失事而抛弃货物的例子来讨论某种行为是自愿还是非自愿的。他指出，在抽象层面，没有一个人是自愿抛弃货物的，但在这种情形下，为了拯救自己和船员的性命，所有理智的人都会这样去做。因此这一行为既是自愿的又是非自愿的，而且更具有自愿的性质。任何一个选择的价值都取决于所处的时点，最终的行为表现更是与场景直接相关……因此，这种行为是自愿的，但抽象来说可能是非自愿的，因为说到底没有人会自发选择这样的行为（Aristotle, 1980: 48-49）。

第三，关于充分就业的概念也非常模糊，虽然凯恩斯在《通论》中将这一术语置于很高的位置，但事实证明将充分就业纳入理论的术语体系是很困难的，因为与其说它是理论概念，不如把它单纯视为某种描述性词汇。最简单的办法就是将充分就业理解为劳动力市场最优结果的另一种表述（如果用今天的术语来说便是自然失业率）。那么为什么要使用它呢？况且充分就业概念的反面使得它更加模棱两可：未充分就业（lack of full employment）既能代表非自愿失业，也能代表非充分就业（underemployment）。

第四，除了帕廷金，其他凯恩斯主义宏观经济学家从来没有严格定义并区分弹性（flexibility）、刚性（rigidity）和惰性（sluggishness）。对他们而言，这一系列术语只存在程度上的差异，他们认为工资刚性假设无非是工资惰性假设的极端化而已，而惰性又是无可辩驳的客观现实。正如托宾所言：

> 凯恩斯主义宏观经济学既没有主张也并不需要名义工资和/或价格刚性假设。他们所主张和需要假设的只是市场不会随着价格的变化而得到及时和连续的出清。显然，后面这一假设的限制没有那么严格，但同时也不会遭受什么争议。(Tobin, 1993: 46)

然而对我而言，问题是更加复杂的。首先我们必须考虑关于刚性、惰性和弹性的争论到底是涉及经济现实还是只是纯粹理论层面的探讨。如果考虑经济现实，那么上述三个术语确实只存在程度上的差异。极端情况下，存在价格变动频率以日计的商品（比如股票），也存在以月计（比如蔬菜）、以年计（劳动力工资）的情形。第一个可以被称为是弹性的，然后依次是惰性的和刚性的。然而我们无法将上述经验观察转化为理论术语。在理论层面，所谓弹性意味着均衡调整过程瞬时完成，惰性意味着需要耗费一定的调整时间，而刚性意味着外生因素阻碍了均衡的实现。我们在前文已经看到，在马歇尔理论和瓦尔拉斯理论中，交易期内价格形成机制存在的前提便是采用价格弹性假设。因此惰性假设不再被用来解释一般意义上的定量配给以及具体的失业现象。那么唯一能够推导出凯恩斯主义结论的设定便是非充分就业假设。至于托宾关于价格刚性可以被视为惰性的极端情况的观点（我认为大部分凯恩斯主义宏观经济学家都能接受），其很糟糕的一点在于：价格刚性并不能被视为惰性的一个替代，这是因为尽管在现实经济中这两个概念只是程度上的区别，但这一点却无法推广到理论层面。事实上在理论层面，价格和工资要么是刚性的（工资限额假设），要么是弹性的。

凯恩斯主义宏观经济学的成就

图8.1所示的决策树刻画了自凯恩斯的《通论》以来各种宏观经济理论所取得的成就（非瓦尔拉斯均衡思想除外）。

我们在这张图上罗列的是我认为经济学家们所达到的成就，而不是他们自己所宣称的成就。例如，正如第一章所言，凯恩斯宣称他在弹性工资假设下推导出了非自愿失业的存在，但事实上他的推导过程依赖于工资限额假设。希克斯的凯恩斯主义IS-LM模型也面临同样的状况：现实中存在的价格惰性现象被转化为理论中的工资刚性假设。而对莫迪利安尼的IS-LM模型而言，我已经指出他实际上试图解释的是非充分就业概念。尽管非充分就业的路径极具吸引力，但在莫迪利安尼原文中对非充分就业概念的设定却是有所欠缺的，因为他将充分就业定义为最高就业水平而非最优就业水平。在第三章，我已经说明帕廷金所理解的那种非均衡的非自愿失业无法解释财富效应。实际上，在研究没有工作这一标准意义上的失业概念方面，前面章节所研究的经济学家中只有菲尔普斯一个人真正获得了成功。

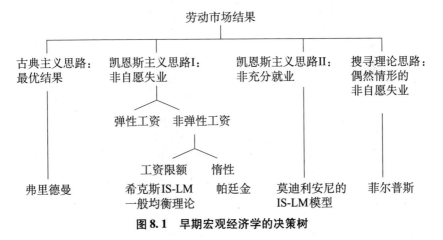

图8.1 早期宏观经济学的决策树

结　语

进入20世纪70年代，凯恩斯主义宏观经济学俨然已经成为坚不可摧的理论大厦，足以用来分析总体经济的状况并用于经济预测。而且它确实也这么做了。然而在坚固的外表下，这一理论大厦实际上非常脆弱。第五章中菲尔普斯将菲利普斯曲线比作泰坦尼克号的比喻同样适用于整个凯恩斯主义宏观经济学。在理论层面，上述提及的那些术语体系的混乱给该理论的后续发展造成了极大阻碍；而在实证层面，凯恩斯主义宏观经济模型虽然能够给出相当不错的预测，但这些模型过于庞杂且难以识别，而且缺乏微观基础这一看似可以忽略的不足最终变成一个难以弥补的理论缺陷，正如后来卢卡斯和西姆斯所揭示的。

第二部分
DSGE宏观经济学

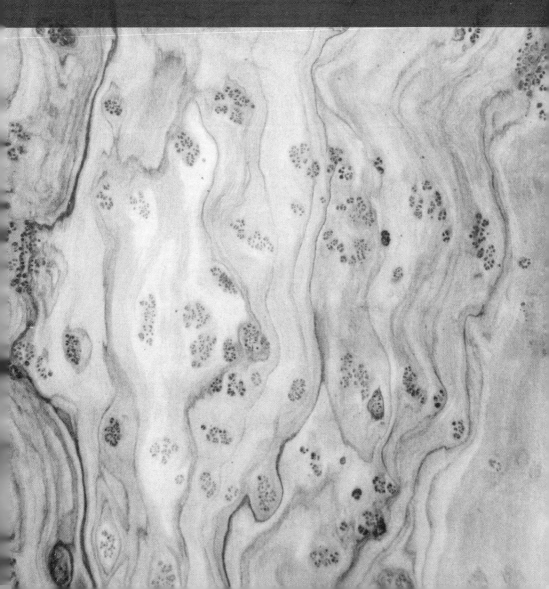

第九章
卢卡斯与 DSGE 宏观经济学的兴起

20世纪70年代初，罗伯特·卢卡斯通过撰写一系列相关论文发起了理性预期革命……从那时起，宏观经济学便脱胎换骨了。（Mishkin，1995：1）

我们将用三章的篇幅来研究卢卡斯对经济周期理论作出的贡献。①本章会深入考察卢卡斯理论观点的演变过程，即他本人如何"从一个坚定的凯恩斯主义经济学拥护者变成其最严厉的批判者"（Lucas，1981a：2）。② 第十章主要介绍卢卡斯主义宏观经济学与凯恩斯主义在各个层面上的区别；第十一章是我们对卢卡斯在宏观经济学领域贡献的评价。

卢卡斯发起的宏观经济学革命具有典型的库恩式科学范式革命的特征：它既包含研究议题的变化，又涉及概念体系的革新，并辅之以新的数学方法的突破，当然，也吸引并逐步培养出了新一代的宏观经济学者。这样的范式革命往往是一群学者集体智慧的贡献，除了卢卡斯，巴罗、托马斯·萨金特（Thomas Sargent）和尼尔·华莱士（Neil Wallace）也是这次经济学革命的主角。不过我会将重点放在卢卡斯身上。

---

① 后来卢卡斯转向研究经济增长理论，我们将不讨论他的相关研究成果。
② 为了探索卢卡斯研究方向的演变，我参考了如下一些文献资源：(1) 一些记录了卢卡斯本人对自身学术经历进行解释的文章，如《经济周期理论研究》（*Studies in Business Cycle Theory*，1981a）的引言及其收录的各篇关于方法论的文章；(2) 卢卡斯本人的学术回忆录（Professional Memoir，2001）以及题为"我的凯恩斯主义经历"（My Keynesian Years，2004）的专题讲座；(3) 各种采访中涉及他评论自己研究的内容（Klamer，1984；*The Margin*，1989；*The Region*，1993；Snowdon and Vane，1998；Usabiaga Ibanez，1999；McCallum，1999）；(4) 杜克大学珍本、手稿及特色藏书馆所保存的卢卡斯档案（Lucas. Various）。

不仅因为他是此次革命的先驱,更因为他是宏观经济学新方法论的代言人。③

卢卡斯的研究大致可分为理论实质和方法论两个方面。就理论实质而言,为了更好地阐释如何制定合适的经济政策,卢卡斯试图描述经济波动的一般特征,而不是局限于大萧条之类的特例。就方法论而言,鲁道夫·曼纽利(Rodolfo Manuelli)和萨金特在对卢卡斯的《经济周期模型》(*Models of Business Cycles*,1987)一书进行评述时恰当地指出,卢卡斯的核心理论贡献在于设定了"一系列构建加总经济模型的基本规则和技术"(Manuelli and Sargent,1988:523)。这些规则使得新古典主义的基本原则焕然一新,并且成为标准的制定者,对规范和不规范的模型作出鉴别。其中最重要的规则包括一般均衡视角、动态分析、理性预期假设、微观基础、市场出清、随机冲击和一系列实证检验程序等。此外,还有一个要求是要基于单独一套原则来发展宏观经济学,这就意味着必须抛弃新古典综合的观点。就这一点曼纽利和萨金特指出:"(卢卡斯)尽可能地保持与此前货币数量论传统的联系,就这个层面而言,卢卡斯主义属于保守派思想"(Manuelli and Sargent,1988:526)。

术语体系

对由卢卡斯开创的整个研究计划先进行术语上的澄清是很有必要的。卢卡斯的研究成果曾经有段时间被学界称为"第二代货币主义"(monetarism mark II),以此强调该理论在研究目标层面与弗里德曼之间的相似性,但这个称谓隐藏了卢卡斯与弗里德曼在方法论层面的深刻分歧(见 Hoover,1984),因此随后不久便被抛弃。此后学界开始采用"理性预期学派"(rational expectations school)和"新兴古典学派"(new classical school)来指代卢卡斯的研究成果,前一个术语恰当地体现了卢卡斯在内容上的核心变革,后者则侧重于体现卢卡斯对古典经济学研究思路的重塑——正如萨缪尔森曾评价道:"理性预期主义者所代表的新兴古典经济学是对前凯恩斯主义经济学真谛的强势回归"(Samuelson,1983:212)。然而,对这一新研究思路真正合适的称呼是"动态随机一般均衡"(dynamic stochastic general equilibri-

---

③ 胡佛(Hoover,1988)对卢卡斯学术贡献所做的早期评价至今仍值得一读。

um，DSGE）模型，纳拉亚纳·柯薛拉柯塔（Narayana Kocherlakota）曾对它作出过如下评价：

> "动态"是指家庭和企业具有前瞻性行为，"随机"代表外部冲击的类型，"一般"代表模型刻画整体经济，"均衡"代表家庭和企业面临着明确的约束和目标。（Kocherlakota，2010：9）

这四个元素全部被视为卢卡斯革命的标志，因此我们可以将这一新的研究思路称为"DSGE 研究计划"。不过即便如此，我们仍然面临语义上的问题，因为到目前为止，这一新思路已经经过了连续三个阶段的演化，即"新兴古典宏观经济学"、"RBC 模型"和"新凯恩斯主义宏观经济学"（或"DSGE 宏观经济学"，显然这两个术语更难以界定）。DSGE 这一术语无法在指代整个理论框架的同时又说明它所属的具体形式。不过在本书中，我以 DSGE 一词指代整个卢卡斯理论体系。我还会在后面的章节中论证两代新凯恩斯主义模型必须加以区分，因此我将把第三阶段称为"第二代新凯恩斯主义模型"。

卢卡斯理论框架的形成

卢卡斯的早期宏观经济学者生涯

卢卡斯最初在芝加哥大学主修历史学，后来到伯克利攻读历史学硕士学位。从他的《学术回忆录》（*Professional Memoir*，2001）我们了解到，在一次撰写关于 19 世纪英国经济周期的经济史课程论文时，他意识到自己需要一些经济学背景（当时他完全缺乏）来充分理解其研究对象，这使得他从历史学转向经济学研究。不过卢卡斯并没有选择"死气沉沉的伯克利分校经济学系"，而是返回芝加哥大学攻读经济学（2001：6）。期间，他自学了萨缪尔森的《经济分析基础》（*Foundations of Economic Analysis*）。④ 该书让卢卡斯走上了他余生都在追求的学术道路，但同时也让他偏离了芝加哥传统，因为卢卡斯意识到马歇尔是"芝加哥经济学派的上帝"（Lucas，2001：8）。相反，卢卡斯对数理经

---

④ 卢卡斯写道："我热爱《经济分析基础》这本著作。和其他学者一样，我发现如果不能采用数理化的经济学理论来刻画问题，我就无法真正理解我正在做的研究。我逐步认识到要研究经济学理论必须而且只能采用数理化方法。经济学理论就是数理分析。至于其他方法，都不过是国是和闲谈"（Lucas，2001：9）。

济学理论（萨缪尔森的说法）的兴趣使他向瓦尔拉斯倾斜，尽管后者当时在芝加哥大学并不受推崇，尤其是受到弗里德曼和斯蒂格勒的严厉批判。

尽管如此，在转向抽象理论研究前，早期的卢卡斯一直在从事应用方面的研究，其博士论文的主题是研究美国制造业的资本-劳动替代性。在1963年得到卡内基工学院（Carnegie Institute of Technology）产业管理研究院（Graduate School of Industrial Administration）的教职后，他就按照乔根森（Jorgenson）研究企业投资决策的思路去构建关于企业和产业的动态模型。

卢卡斯在自己的回忆录中强调，在芝加哥大学求学期间，乃至于在卡内基工学院任教早期，他基本上都没有涉足宏观经济学研究领域，并且对凯恩斯主义经济学也没有什么敌意：

> 从某种意义上说，从芝加哥大学出来的每一个人都是弗里德曼的学生，但就宏观经济学的层面而言，我更乐意自诩为正统的凯恩斯主义者。我在研究生学习期间是如何看待凯恩斯主义经济学的呢？说真的，我其实并没有对它做过什么深入思考。那不是我的研究领域，我也没有设想过在那个领域做研究。但是我确实认为自己算是一个凯恩斯主义者。（Lucas，2004：19）

彼时卢卡斯所推崇的是那种偏应用领域的凯恩斯主义理论，即计量经济模型，他曾提及："所以当我想到凯恩斯主义经济学或者至少就我所学习的凯恩斯主义经济学而言，出现在我脑海里的便是计量建模这一理论传统"（Lucas，2004：22）。[5] 当时学者所拥有的这一革命思维在萨金特那里也能找到相应的佐证。在纪念卢卡斯《预期与货币中性》（Expectations and the Neutrality of Money）发表25周年的文章中，萨金特指出，"20世纪60年代宏观经济学界的氛围对年轻学者而言是非常友善的，到处充斥着新的概念，如分布滞后、调整成本、理性预期、投资组合理论、自然失业率和最优货

---

[5] 在后来接受斯诺登和文恩的采访时，卢卡斯是这样描述自己当时的思想状态的："20世纪60年代的凯恩斯主义理论之所以吸引着我以及萨金特这样的年轻学者，是因为当时凯恩斯主义理论采用联立方程的模型，从而能够定量地验证所有政策操作的实际效果。你可以验证如果政府每年都平衡财政预算，或者增加货币供给，或者改变财政政策会造成什么样的结果。这难道不令人兴奋吗？它们是一种易于操作、用来研究重要政策问题的定量分析模型"（Lucas's interview by Snowdon and Vane，1998：131）。

币数量论"（Sargent，1996）。彼时在传统宏观经济学模型的动态化方面也已经取得了一定进展。经济学家们的争论主要在以托宾为代表的凯恩斯主义和以弗里德曼为代表的货币主义之间展开。萨金特在1998年接受森特（Sent）采访时表示自己对货币主义者的那种心态持反对意见："（货币主义）学者们试图从凯恩斯主义理论的外侧发动攻击和破坏，但却从未认真研究过这个理论本身"。而萨金特和其他学者则致力于研究"凯恩斯主义理论中的每一部分，并且也正是通过凯恩斯主义的高超技术"。这就导致，"有违常理的是，真正对凯恩斯主义传统造成最大破坏的理论源自凯恩斯主义体系内部"（Sargent interviewed by Sent，1998：165-166）。

卢卡斯和拉平（1969）《实际工资、就业与通胀》

20世纪60年代经济学界关于菲利普斯曲线的论战引发了卢卡斯研究兴趣的转变，他和拉平（Rapping）联合撰写了具有开拓性的《实际工资、就业与通胀》（Real Wages，Employment，and Inflation，1969）一文。⑥

该文试图构造一个以工资-就业部门为核心的模型，该模型吸纳了由鲍莫尔（Baumol）和托宾开创的货币需求理论、由弗里德曼和莫迪利安尼开创的消费理论以及由艾斯纳（Eisner）和乔根森开创的投资决策理论。"我们自认为能够构建出一个'工资-价格部门'的模型"（Lucas，1981a：6），它能够和其他部门的模型兼容，从而形成一个整体经济的模型。当时卢卡斯和拉平还未意识到这篇文章将为宏观经济学开启一个激进的新方向。根据卢卡斯对该文的回顾，他反复强调撰写此文的本意是要丰富凯恩斯理论的基础而不是挑战它。⑦ 在预期方面，该文采用了传统的适应型预期（adaptive expectations）。

然而，该文在以下两方面具有原创性。第一，采用了瓦尔拉斯主义的微观基础视角，从而与正统宏观经济学理论决裂，而且引入了卢卡斯-拉平（Lucas-Rapping）劳动供给函数（下文将详细论述），在其中，他们将劳动供给视为经济主体进行闲暇跨期替代的理性最优决策过程——例如，如果工人预期到现在的工资相较于未来的工资更高，那么他们会选择现在多劳动（见专题9.1）。第二，卢卡斯和拉平的模

---

⑥ Ramalho（2013）对卢卡斯观点的形成进行了清晰的梳理。
⑦ 见Lucas（1981a：3；2004：20）。

型认为在任意给定的交易期内劳动力市场都处于市场出清状态，这就引发了巨大的争议，因为该假设意味着直接舍弃非自愿失业概念，同时也意味着他们更关注劳动供给而不是劳动需求，这就与传统宏观经济学的思路相背离。

不管当时的卢卡斯和拉平是否意识到，但历史事实证明，这篇文章让他们与凯恩斯主义宏观经济学展开了正面交锋（事实上仅仅是卢卡斯，因为拉平后来对相关研究不再感兴趣）：

> 我们认为自己所做的研究与20世纪50年代及60年代很多学者所努力从事的研究都是一项集体合作研究计划的一部分——为凯恩斯主义宏观经济学模型提供"微观基础"。很多人认为"工资-价格部门"是这一研究思路中的最后一块理论前沿。结果证明，我们的这项研究成果与其他人相似的研究一起，对凯恩斯主义宏观经济学造成了颠覆性的影响。我们由此开始全面拒绝凯恩斯经济学及其政策含义，并致力于寻找新的关于经济周期理论的解释。令人诧异的是，这一研究思路在采纳现代分析方法的基础上让学界回归了凯恩斯之前的理论体系。（摘录自卢卡斯1979年在普林斯顿大学的一次讲话，收录于 Lucas. Various. Box 22。）

专栏9.1

跨期替代弹性

闲暇的跨期替代弹性是 DSGE 模型的基石。[⑧] 它最早出现于阿罗-普拉特（Arrow-Pratt）对相对风险厌恶进行衡量的研究，其中相对风险厌恶解释了追求最优的经济主体如何对实际利率变化作出反应。即一个风险厌恶者不希望跨期财富和消费出现大的波动，因此风险厌恶者会平滑消费以获取最大效用。他们的选择将由实际利率水平 r 以及他们的主观效用折现率 δ 决定。当 $r=0$ 时，风险厌恶者会采用递减的消费计划；只要 $r>\delta$，消费要么随着时间递减，要么随着时间递增。尽管跨期替代弹性的概念早已被应用于一般均衡理论和资本定价理论，但卢卡斯和拉平可能是第一次将其运用于劳动供给的学者。

[⑧] 见布利斯（Bliss）在《新帕尔格雷夫经济学大辞典》（*The New Palgrave Dictionary, Second Edition*, 2008）中给出的解释。

先考虑相对风险厌恶不变的特殊情况,在常替代弹性率(CES, constant elasticity of substitution)的设定下,效用函数为:

$$u(c) = \frac{c^{1-\theta}}{1-\theta}, \quad 0 < \theta < 1$$

$$u(c) = \ln c, \quad \theta = 1$$

$$u'(c) = c^{-\theta}$$

用 c_1 表示第一期的产品 c,并用 c_2 表示第二期对该产品的消费,那么可知:

$$\frac{u'(c_1)}{u'(c_2)} = \left(\frac{c_2}{c_1}\right)^{\theta}$$

可求得*:

$$\frac{c_2}{c_1} = \left(\frac{u'(c_1)}{u'(c_2)}\right)^{\frac{1}{\theta}}$$

如果假设产品 c 为闲暇,令 $\sigma = 1/\theta$ 代表闲暇的常跨期替代弹性,那么易知,当 σ 越大时,个体越能容忍波动性更大的闲暇。

卢卡斯(1972)《预期与货币中性》

卢卡斯的这篇具有开创性的文章是卢卡斯和拉平(1969)一文的进一步发展,它不仅保留了前文的市场出清假设,还沿用了跨期的思路,并将跨期替代的概念作为模型的基本假设。该文的写作主要源自两方面的动机。第一,卢卡斯试图对弗里德曼主席演讲中提及的理论给出严格证明,因为对卢卡斯来讲,这次演讲的理论既值得支持也需要改进。第二,受菲尔普斯的启发,卢卡斯意识到必须用一般均衡而非局部均衡去构造模型。[9]《预期与货币中性》一文可以说是上述尝试的结果。

此文构造了一个菲尔普斯式孤岛经济(Phelps island economy)的世代交叠模型,其中经济主体存活两期,并且存在一种由年轻一代自

---

* 在这个专栏中,由于作者没有给出效用函数的具体形式,因此就没有体现出主观折现率对消费的影响。——译者注

[9] 见卢卡斯接受斯诺登和文恩的采访(Lucas's interview with Snowdon and Vane, 1998:126)。

我雇佣生产、年轻和年老两代人共同消费的非耐久产品。经济中的货币仅用于交易而不进入效用函数，年轻一代通过向年老一代出售产品换取货币，并且在自己年老时用货币购买产品。经济中的总人口固定并且年轻一代和年老一代各占一半。年轻一代在孤岛上随机分布，而年老一代则是平均分布。年轻一代根据产品的相对价格进行生产决策。在经济中引入两种相互独立的随机冲击：名义冲击和实际冲击。名义冲击是指年老一代能够根据其自身持有货币的比例获取一定的期初货币转移。实际冲击源自每个菲尔普斯式孤岛都是在各自的价格拍卖者支持下进行独立交易假设。因此在上述假设下，当年轻一代恰好在一个年轻人口占比较小的孤岛上时（面临更高的人均消费需求），并且如果假定替代效应超出收入效应，那么他们将多生产而少消费，反之亦然。由于这两种冲击是相伴随发生的，因此经济主体接收到的信息是两种冲击叠加的结果，故而年轻人是无法分辨冲击来源的，因此他们需要经历一个信号提取（signal extracting）过程，由此导致生产者必须时时根据价格变动来调整生产规模，很可能以一种最小的调整幅度。因此，正如弗里德曼和菲尔普斯所论证的那样，尽管这将导致该经济中存在通胀率和就业率的正向关系，但是想要运用这一关系来制定明智的政策是不可能的，后文将证明这一点。

  此文最受关注的特点便是采用了理性预期假设。该假设最早来自穆特一篇分析局部均衡的文章（Muth，1961）。在该文中，穆特基于一个蛛网模型对建模者和模型中经济主体就经济预测方面存在信息不对称的假设提出了批判。由于穆特也在卡内基工作，因而卢卡斯很早就熟悉了理性预期假设，但他起初认为其并无实用价值。不过随着时间推移，卢卡斯最终采纳了理性预期假设，并作为自己研究思路的基石，甚至直接导致其理论体系被贴上"理性预期学派"的标签。[⑩] 理性预期假设认为：经济主体对某一经济变量的主观预期应该与理论模型对该变量的预测一致，即"模型内经济主体所做的预测不应该比构建模型的经济学家所做的预测差"（Sargent，1987：76）。

  [⑩] 卢卡斯和普雷斯科特早在1971年的一篇合著论文《不确定性下的投资》（Investment Under Uncertainty）中便使用了理性预期假设（Lucas and Prescott，1971）。萨金特和华莱士也对该假设很有兴趣，其中 Sargent（1972）和卢卡斯的论文同年发表。Sargent（1987）对理性预期假设作出了更充分的解释。

卢卡斯的模型简述如下。[①] 设经济中包含一定数量的岛屿,每一个岛屿都用 z 表示,生产者的供给函数为

$$y^S(z)_t = \beta_0 + \beta_1 [p(z)_t - E_t(z) p_t] \tag{9.1}$$

上述变量均为自然对数形式。其中 $y^S(z)_t$ 是市场 z 在 t 期时所有年轻一代生产的产品数量,β_0 和 β_1 ($\beta_1 > \beta_0$) 都是系数,其中 β_0 是经济自然增长路径,$p(z)_t$ 是市场 z 在 t 期时的产出价格,$E_t(z)p_t$ 是市场 z 中的生产都在期初对整体经济产出平均价格 p_t 的预期。

在每个市场上,均衡价格都是由拍卖者促成的。在静态模型中,经济主体可以自动根据价格信号作出反应。但在本模型中,经济主体需要对价格信号进行解释。为了理解式(9.1)的经济学含义,假设某个岛屿上的年轻一代观察到本岛的价格要高于他们对整体经济产出价格的预期。假设经济主体们具有完美的前瞻性(也就是说不存在联合的外生冲击),那么他们就会认识到价格偏高意味着存在超额需求,由此增加产量就是他们的最优行为。然而,这里的情况要更加复杂。

接下来看需求端方程。

$$y^D(z)_t = a_0 + m_t(z) - E_t(z) p_t \tag{9.2}$$

$$m_t(z) = m_t + \varepsilon_t(z) \tag{9.3}$$

$$y^D(z)_t = a_o + m_t - E_t(z) p_t + \varepsilon_t(z) \tag{9.4}$$

$$m_t = m_{t-1} + g + v_t \tag{9.5}$$

式(9.2)是市场 z 的需求函数,其中 a_0 是系数,$m_t(z)$ 代表第 z 个市场中消费者所拥有的货币数量。式(9.3)意味着市场 z 的名义货币变化取决于整体经济货币存量的变动和随机扰动项 ε_t,该随机扰动项的期望为 0,方差为 σ_ε^2。式(9.4)联合了式(9.2)和式(9.3)。式(9.5)代表由政府(或中央银行)决定的平均货币变动,其中 g 是固定项,v_t 是随机项,该随机项期望为 0,方差为 σ_v^2,且序列不相关。

式(9.6)表示每个岛屿的市场均衡条件:

$$y^S(z)_t = y^D(z)_t \tag{9.6}$$

联立式(9.1)和式(9.4)-(9.6),第 z 个市场的均衡价格可以写成:

$$p(z)_t = \frac{1}{\beta_1}[(\alpha_0 - \beta_0) + m_{t-1} + g(\beta_1 - 1) E_t(z)p_t + v_t + \varepsilon(z)_t] \tag{9.7}$$

[①] 在这里我们采用了阿特菲尔德、德默里和达克版本的卢卡斯模型(Attfield, Demery and Duck, 1991: Ch. 4)。

由于理性预期意味着经济主体了解整个经济的结构，因此模型中的经济主体能够在推导出带有预期项的表达式之前直接给出 $p(z)_t$ 的解*，再加上一些其他此处未写明的假设，上式可以改写为式 (9.8)：

$$p(z)_t = \pi_0 + \pi_1 m_{t-1} + \pi_2 g + \pi_3 v_t + \pi_4 \varepsilon(z)_t \qquad (9.8)$$

式 (9.8) 显示，$p(z)_t$ 的大小由五个变量的系数决定，除了总体名义冲击 ($\pi_3 v_t$) 和局部相对价格冲击 [$\pi_4 \varepsilon(z)_t$]，其余对生产者来说都是已知的，生产者的问题在于其只能观察到两者的共同作用结果 $\pi_3 v_t + \pi_4 \varepsilon(z)_t$。如果生产者了解到 ε_t 等于 0，那么他们可以将名义需求量的改变解释为名义冲击的影响从而避免产生货币幻觉。与此相对，如果生产者确定 v_t 等于 0，那么他们会对名义需求量的改变作出充分反应。这就是他们必须经历的信号提取过程。为此，生产者只能依据 $\pi_3 v_t$ 和 $\pi_4 \varepsilon(z)_t$ 的历史数据去预测，计算系数化方差对联合方式的比率：

$$\gamma = \frac{\pi_3^2 \sigma_v^2}{\pi_3^2 \sigma_v^2 + \pi_4^2 \sigma_\varepsilon^2}$$

那么可以推出：

$$E_t(z) \pi_3 v_t = \gamma [\pi_3 v_t + \pi_4 \varepsilon(z)_t]$$
$$E_t(z) \pi_4 \varepsilon(z)_t = (1 - \gamma)[\pi_3 v_t + \pi_4 \varepsilon(z)_t]$$

也就是说，如果过去名义冲击的方差在名义和实际联合冲击中占比更大，那么生产者会认为当期扰动中的名义冲击部分也会更大，并据此行动。再进一步，可推知总产出为：

$$y_t = \beta_0 + \frac{\beta_1 \sigma_\varepsilon^2}{(\beta_1 \sigma_\varepsilon^2 + \sigma_v^2) v_t} \qquad (9.9)$$

上式表明，只有未被预期到的货币增长才会影响产出，这正是弗里德曼的论断。而且还可以推出，货币增长的波动性越高，其对实际产出的影响就越小。

换言之，卢卡斯模型验证了弗里德曼关于凯恩斯主义政策无效的论断。为此，上式可以改写为：

$$y_t = \beta_0 + \phi v_t, \phi > 0 \qquad (9.10)$$

将式 (9.5) 代入：

$$y_t = \beta_0 + \phi (m_t - m_{t-1} - g)$$

令 $\lambda_0 = \beta_0 + \phi g$ 且 $\lambda_1 = \phi$，可知：

---

* 数学上，理性预期等于统计上的期望值 $[p_t(z) = E_t(p_t(z))]$。——译者注

$$y_t = \lambda_0 + \lambda_1(m_t - m_{t-1}) \tag{9.11}$$

如果我们假设λ_0和λ_1是固定的行为参数,那么作为简化形式的式(9.11)可以被解释为货币供给的变化将导致产出的变化。如果政府基于这个信念,通过加大货币投放h来刺激经济活动,那么式(9.5)变为

$$m_t = m_{t-1} + g + h + v_t$$

将该式代入式(9.10)可得新的$\lambda_0^* = \beta_0 - \phi(g+h)$,由此可知此时扩大的货币投放量$h$就被民众的预期$\lambda_0^*$给对冲掉了,即政府政策$h$变成了共享的信息,这也就意味着政府的经济刺激政策会失败。

卢卡斯(1975)《经济周期的均衡模型》和卢卡斯(1977)《理解经济周期》

卢卡斯的《预期与货币中性》有两篇续作,第一篇是《产出-通胀抉择的一些国际经验证据》(Some International Evidence of Output-Inflation Tradeoffs,[1973] 1981a)。该文先是提供了一个简化版本的 1972 年理性预期模型,之后卢卡斯试图证明由此可以推出的一个预测,即货币供给变动对实体经济的影响与货币冲击的方差相关。为此,卢卡斯比较了 18 个国家 1951—1967 年的年度时间序列数据。这 18 个国家中,有 16 个国家的价格路径相对稳定,而另外两个国家(阿根廷和巴拉圭)的价格数据波动较大。卢卡斯认为未预期到的需求变动对于实际产出的影响的差异是十分惊人的,据此,卢卡斯声称,上述结果证实了他 1972 年那篇论文的结论。

在第二篇,也是具有决定性意义的一篇续作里,卢卡斯将 1972 年的模型拓展为一个明确的、用于分析经济周期的均衡模型(Lucas,[1975] 1981a)。但由于卢卡斯(1972)的预期模型已经"从某种程度上包含了经济周期的内容"(Lucas,1981a:8),因而这篇文章的创新性并不强。对卢卡斯而言,模型的易扩展性(更多是概念层面而不是技术层面)也是对模型所具有的潜力的一种证明。[12] 卢卡斯的基本思路是经济波动——用产出、工作时间、消费、投资、价格、利润和利率等变量的具有自相关特征的扰动来刻画——是围绕一个趋势的波动,这一趋势可以由受到随机扰动的低阶差分方程组来描述(Lucas,[1977]

---

[12] "我们的意图在于……将迄今为止已经成功运用于多个经济学问题的均衡方法拓展到目前为止还未能应用均衡方法的经济周期"(Lucas and Sargent,[1979] 1994:28)。

1981a：217）。该模型证明未被预期到的货币冲击是这些运动的起因。与此前的《预期与货币中性》（1972）一文一样，它们的发生必须满足以下条件：生产和交易在空间上分散的两市场进行，且经济主体具有不完全信息。

卢卡斯的文章《理解经济周期》（Understanding Business Cycles，[1977] 1981a）是对此前 1975 年那篇技术性论文的教科书式的阐述。一个自我雇佣的生产者面临着"如何通过复杂的信号提取过程来作出最优跨期生产决策"的问题。当生产者在某一市场日观测到其产品需求上涨时，为了最优化其跨期消费路径，在假定资本固定的情况下，他必须判断这一冲击是暂时性的还是永久性的。暂时性的冲击会使其进行跨期的闲暇替代，永久性的冲击则使其保持原来的决策。而当资本可变时，规则则相反，永久性的冲击意味着应当增加资本存量，暂时性的冲击意味着应当保持不变。由于投资决策的滞后性，实际情况将更加复杂。一个投资决策最终可能被证明是错误的，但由此新增的资本存量却无法被废弃不用，它们的存在会阻碍对投资决策的必要调整。第二个需要生产者判断的信号就是外生冲击是针对实际变量（即冲击改变了相对价格）还是针对名义变量（即冲击改变了总体价格水平）。正如卢卡斯 1972 年的模型所假设的那样，在拥有完全信息时，生产者很容易作出判断；但在不完全信息下，生产者的选择往往是对两个极端情形（即改变决策或保持不变）进行混合，并根据之前交易的历史经验数据决定权重。

卢卡斯成功构建出刻画经济波动的一般均衡模型无疑是一项学术壮举。⑬ 在此之前，尽管经济波动是经济学的核心研究对象，但学界对其正规模型的研究基本上都不尽如人意。更重要的是，卢卡斯模型提出了出乎意料的经济学推论。第一，模型中不存在非均衡。第二，模型中也没有失业。该模型关注的是经济活动水平的波动，即总的工作时间，而不关注这些工作时间在不同经济个体间的分配。第三，与此前学界的判断不同，卢卡斯证明经济周期波动无损于经济，波动并不

---

⑬ 即便是那些被认为并不倾向于卢卡斯观点的经济学家——比如说莱荣霍夫德——也不得不承认："到 20 世纪 30 年代初，经济周期理论家们开始认识到，要使用均衡这一理论工具，（模型中的经济变量）就必须是稳定的、可以被完美预见的。这一假设等于排除了经济周期存在的可能性，并且彼时没有其他理论工具可供使用。此后，凯恩斯的新方法成功回避了这一困境。到后来卢卡斯的新方法则试图彻底将其解决"（Leijonhufvud 1983：184）。

意味着存在市场失灵。由此，之前关于通过政府干预来抹平经济波动的思想也就不成立了。

卢卡斯对凯恩斯的经济学理论贡献的评述

卢卡斯对自己理论体系的建构伴随着其对凯恩斯主义宏观经济学以及相关的凯恩斯《通论》的批判。在本节中，我将阐释卢卡斯对凯恩斯《通论》的抱怨，在下一节，我将着重解释卢卡斯对凯恩斯主义宏观经济学不满的具体原因。

卢卡斯曾接受过大量的采访，每一次当他被问及对凯恩斯的看法时，他总是给出负面的评价。在克莱默（Klamer，1984：50）对卢卡斯的采访中，他毫无顾忌地承认自己不喜欢《通论》一书。多年以来，他对凯恩斯的态度未曾改变，如他在一次关于凯恩斯主义的讲座（My Keynesian Education）中所言：

> 凯恩斯很难称得上真正作出了爱因斯坦级别的理论贡献……我认为凯恩斯所写的《通论》不过是为某种不足信的理论代言……事实上，他的写作背景是彼时人们纷纷抛弃资本主义和自由主义民主，并向财政主义、合作主义、保护主义以及社会主义计划经济投降。凯恩斯的首要目标是"指出一条与资本主义民主相一致的可以解决大萧条问题的道路"。他的方案是政府应该承担一些新的责任，不过政府的责任应当局限于稳定整个经济的全部支出规模，而不应该为了实现这一目标就试图对经济中的所有细节进行计划……因此我认为这是一次辉煌的政治成就……凯恩斯自始至终都是一个政治活动家，他试图用《通论》来说服人们相信存在这样一种在不动摇资本主义体系基础的情况下，通过强制干预来有效处理大萧条的手段。虽然我们相信如果没有凯恩斯我们也能承受大萧条，但幸运的是我们并没有必要那样做。（2004：24）⑭

卢卡斯对凯恩斯的批判超出了个人范畴，他认为那个时代的经济学整体上而言都是不够发达（underdeveloped）的。虽然卢卡斯并未使用"不够发达"一词来描述当时的经济学，但他很可能认为当时的经济学

---

⑭ 另见 Lucas（1995：916-917）以及他接受依斑娜的采访内容（Usabiaga Ibanez，1999：180）。

学科仍然处于一种前科学化的水平，它充满了文字上的讨论而非数理模型的解释和证明，因而很难获得坚实的科学地位。在卢卡斯看来，凯恩斯的《通论》当然是这种前科学化研究方法的体现，其充斥着漫无边际的阐述，能够引发无穷无尽的发散式讨论——正如卢卡斯和萨金特所言，是一种"断断续续的定性讨论"（［1979］1994：6）。

具体来说，卢卡斯对《通论》的批判可以总结为以下三点。第一，卢卡斯认为凯恩斯仅仅为了去解释更简单的短期非自愿失业问题而放弃了构建完整经济周期理论这一初衷（Lucas，［1977］1981a：215，［1980］1981a：275）。第二，卢卡斯认为凯恩斯放弃了市场出清假设，进而放弃了被卢卡斯称为的"均衡原则"——该原则意味着经济主体会最优化自己行为的原则：

> 在摆脱了古典主义理论的约束（原则）后，凯恩斯开始根据经验法则来构建模型，如消费函数和流动性偏好，取代了古典主义经济学家所坚持的基于选择理论而推出的决策函数。（Lucas and Sargent，［1979］1994：15）

卢卡斯认为凯恩斯抛弃均衡原则这一点使经济学成为一种"拙劣的社会科学；它试图解释人类行为中最重要的方面，却并不以人们是怎么样的以及人们能够做什么为依据"（Lucas，1981a：4）。虽然为了和现实经济周期现象吻合而放弃经济均衡假设能够为学者们所理解，但这会让经济学理论的发展走不少弯路。

第三，卢卡斯认为凯恩斯理论中充斥着未被良好定义而且基本无用的概念，特别是非自愿失业和充分就业这两个概念。在卢卡斯看来，如果这些概念从未被引入理论术语中，情况可能会更好一些：

> 基于什么样的理由才能让凯恩斯对自愿失业和非自愿失业概念的随意区分主宰了大家对劳动力市场的总体认识长达四十年之久？（Lucas，［1978］1981：242）

卢卡斯对凯恩斯主义宏观经济学的评价

尽管卢卡斯对凯恩斯的研究及《通论》的拥护者们表现出轻蔑的态度，但是他本人对凯恩斯主义宏观经济学（不同于对凯恩斯的经济学）却抱有复杂的感情。让我们再次提醒读者，这里所说的凯恩斯主义

第九章
卢卡斯与 DSGE 宏观经济学的兴起

是指由希克斯最早提出、经莫迪利安尼完善的用 IS-LM 模型来解释《通论》，并且经由克莱因和戈登伯格给出了实证检验的那种理论学说。卢卡斯并不吝啬对上述实证层面的拓展予以赞扬，他认为这是一个巨大的突破，使得经济学理论从文字模型转换成了现代科学。对他来说，这一进步：

> 使得学者们可以通过建构直观易懂的模型来陈述自己对经济周期的理解，即让一个人为构建的经济体随着时间演化，从而尽可能去模拟现实经济的实际情况。凯恩斯主义宏观经济学模型是第一个达到如此水平的理论框架：它具有明确的模型定义和精准的实证结果；通过这样做，他们改变了"理论"一词的含义，从而使得旧的经济周期理论不能再被称为"理论"。（Lucas，[1977] 1981a：219）

作为一篇讨论核心方法论的论文，卢卡斯的《经济周期理论的方法和问题》（Methods and Problems in Business Cycle Theory，[1980] 1981a）一文总结了一般均衡经济周期模型兴起的原因，主要包括以下三点：建模技术的进步、外部事件的影响以及学科内部的发展。卢卡斯认为，经济思想史学家倾向于忽略的第一点，即建模技术的进步，扮演了非常关键的作用。在卢卡斯看来，宏观经济学的进步在很大程度就是发现并应用新的工具、技术来解决旧的问题。

> 我认为经济学的进展可以说完全是技术性的：更好的数学基础、更好的数理模型、更好的统计数据、更好的数据处理方法、更好的统计方法以及更好的计算机方法等。我更认为，作为经济学理论核心的经济思想的发展就是不断学习如何更好地解释休谟、斯密和李嘉图试图解释的那些经济问题，即基于更坚实的实证基础、用更强大的方法等来解释它们。（Lucas，2004：22）⑮

有两大技术革新可以说是尤其重要的：源自工程学的新的数理工具以及在计算机科学领域计算机速度指数型增长所带来的运算能力飞跃，它们为大规模模拟铺平了道路。正是由于这两大革新的出现，使得我们能够解释此前经济学学科为什么停滞不前。以凯恩斯的《货币论》（*Treatise on Money*）为例，该书最初的目的是建立一个经济周期的理论

---

⑮ 另见 Lucas（[1980a] 1981：275；1987：2；1996：669）。

体系，卢卡斯评论道：

> 真正的困难在于，凯恩斯没有足够的工具和手段来处理这些问题。虽然他和他同时代的学者们一样都用文字讨论这些问题，但他们中没有一个人拥有足够的技术手段将这些讨论推进到更深刻或是更有效率的层面。（Lucas，[1980] 1981a：275）

至于"现实世界抛给我们"（[1980] 1981a：272）的新进展，卢卡斯并不太强调这一点，因为这会与他的另一个理念——所有经济周期从根本上都是相似的——相矛盾。⑯然而发生于20世纪70年代的滞胀却作为例外被卢卡斯本人反复提及。他把它当作验证凯恩斯主义中菲利普斯曲线的权衡模型以及由菲尔普斯和弗里德曼提出的自然失业率两大理论的难得的准实验。卢卡斯认为，后者无疑轻而易举地赢得了这场竞争：

> 凯恩斯主义理论无疑陷入了深深的困境，可以说是陷入了理论的实践应用所能陷入的最深的麻烦之中：凯恩斯主义理论似乎在最为基本的宏观经济政策方面给出了错误答案。那些模型的拥护者们认为如果一个社会可以忍受每年4%-5%左右的通胀率，那么对应的失业率应该在3.5%-4.5%左右，但过去十年的经济现实无情地将这种预测以及相应的政策建议一一推翻。（Lucas，1981b：559-560）

尽管卢卡斯认为滞胀的出现已经从经验上驳倒了凯恩斯主义理论，但他希望从方法论和理论缺陷上予以致命一击。我们将把他的批判拆分成四个主题：（1）"卢卡斯批判"（Lucas's critique）；（2）对凯恩斯主义宏观经济学的政策建议缺乏理论依据予以批判；（3）对新古典综合的驳斥；以及（4）"凯恩斯共识"的崩塌。

卢卡斯批判

为了达到既定的政策目标，政策制定者可以采用包括政府支出、利率、税收等在内的政策工具来具体实施经济政策。为此，公共权力机构必须明确经济政策操作的程度。例如，他们必须明确当利率处于怎样的

---

⑯ 卢卡斯也承认"大萧条是横在这一观念——那种认为所有经济周期都是相似的观点——前的一道令人生畏的坎"（Lucas，[1980] 1981a：273）。

水平时有助于经济稳定。宏观计量经济模型似乎为政策制定者提供了必要的支撑,但是卢卡斯在其标志性文章《评估计量经济政策:一个批判(Econometric Policy Evaluation: A Critique,[1976] 1981a)》中提出质疑,认为尽管凯恩斯主义计量经济学模型在宏观经济预测上有不错的表现,但其在不同经济政策之间进行选择和评估方面则完全失败。⑰

所有这些宏观计量经济模型基本上都基于凯恩斯理论,它们构造了典型的凯恩斯主义宏观经济学方程,如消费、投资、劳动需求、货币需求等方程。随着长年累月的发展,凯恩斯主义宏观计量模型变得越来越复杂,有的甚至包含上百个方程以致根本无法求出一般均衡解。另外,这些方程组也不屑于与观察到的经济主体最优化行为的演进相统一。因此,这些建模者的唯一目的就变成了秉持实用主义的要求尽可能地使方程与观察到的现实相符,基于数据而不是基于坚实的理论基础来建构。为了得出各种经济变量之间的关系(通常被假设为线性的或非线性的),理论基础的设定不断被转化和简化,模型参数成了计量经济学唯一关注的估计对象。

后来学者将这一套对上述建模思路进行批判的逻辑称为"卢卡斯批判",卢卡斯(1976)的结论部分对批判的内容给出了最好的总结:

> 本文所试图阐述的内容可以总结为一个经典的三段论:任何给定计量经济模型的结构都包含了经济主体采取的最优决策规则;经济主体的最优决策规则会随着那些与决策相关的结构化序列的变动而发生系统性的变动;因此,任何政策变动都会导致原计量经济模型的结构发生根本性变化。*(Lucas,[1976] 1981a:126)

卢卡斯批判指出,他所处时代的计量经济模型普遍假设模型的估计系数独立于政策机制(policy regime),但事实上,待估参数会随着政策变量的变化而变化,因而传统的计量经济模型对评价不同经济政策的具体效果毫无帮助。这是由于它们的简化形式(reduced-form)将内生变量(对经济政策的变化敏感)转换为了外生变量。这是由于它们将自身局限于研究经济主体的历史决策,而未能更深入地探究经济主体的目

---

⑰ 萨金特(1977)在一篇未公开发表的论文《凯恩斯主义经济学必死无疑了吗?》(Is Keynesian Economics a Dead End?)中对卢卡斯批判给出了精彩评论。

* 通俗但不严谨地来讲,上述论断可以简单理解为:任何政策变动都会改变计量方程中原有待估参数的具体数值。当然,卢卡斯批判的范围不仅仅局限于凯恩斯主义计量模型。——译者注

标函数。因此传统的计量经济模型忽略了一个重要事实：经济主体在面临政策机制变化时会相应改变自身的决策。由此，对于任何一个用来估计某种特定经济情形占据主导地位时的经济模型，其所能获取的信息一定是不充分的，从而也就无法用来估计不同的经济情形下会发生什么情况。只有那些从经济最基本层面衍生出来的"深度结构化模型"才能为不同经济政策的评估提供坚实的基础。[18]

卢卡斯批判在学界产生了非常深远的影响。[19] 杜阿尔特和胡佛认为它是一个转折点："（因为它）使得20世纪70年代中期后的每一个宏观计量模型都不得不面临卢卡斯批判的考验"（Duarte and Hoover, 2011: 19）。

没有理论依据的政策

伯恩斯（Burns）和米切尔（Mitchell）的传统经济周期（old-style business cycle）研究被库普曼斯评价为"没有理论依据的测度"，卢卡斯则认为凯恩斯主义理论可以被评价为"没有理论依据的政策"（或者说它背后的理论依据太过薄弱而几近于没有）。既然对市场失灵机制的了解还非常粗浅，那么据此提出的政策建议并不是很有效也就不难理解。卢卡斯认为，需要在选择理论基础上来深入理解加总经济波动。虽然不像凯恩斯主义那样可以提出快速的经济政策解决方案，但这样做可以让我们关注于制度的设计：

> （凯恩斯主义）放弃解释经济周期的努力同时还伴随着一种信念，即相信政策可以立刻或是在短期内迅速起作用，从而将经济从现在的困顿中带到更好的局面。* 彼时人们普遍持有这一信念，认为运用短期政策去改善经济状况是可以实现的目标，并且努力接近这个目标是学者们之所以研究总量经济的唯一任务，而持有相反的观点——那种认为改善大众福利过于困难，因此政策只应当聚焦于一部分民众福利的观点——会被认为是"有害的"。与此相对应

---

[18] 根据 Sims（1982: 116），"结构化"（structural）这一术语由赫维茨（Hurwicz）引入经济学，主要是用来指代考尔斯委员会的学者们所构建的那些模型，这些模型被认为是凯恩斯主义宏观计量经济模型的过渡阶段。

[19] 讽刺的是，卢卡斯批判对政策制定者和央行的影响相当有限。由于找不到更好的替代方法，他们直到最近仍不得不继续依赖凯恩斯主义宏观计量模型。

* 因此我们可以不去深究政策为什么会有这样的作用以及经济是如何实现福利改进的。——译者注

地,如果那些经济周期理论学家的观点是正确的,那么现在总量经济领域投入大量精力去研究如何通过短期政策来操控经济只会把人们的注意力从那些真正试图讨论经济稳定政策的研究中转移走,而后者可能才是切实有效的研究路径。(Lucas,1981a:216-217)[20]

告别新古典综合

第二章我们曾提及,新古典综合可能有两种含义:①一种试图糅合凯恩斯主义和瓦尔拉斯主义的理论研究计划;②认为宏观经济学理论应该是多元的,凯恩斯主义理论与古典主义理论可以共存,前者用于解决短期的经济不均衡问题,而后者用于长期分析。采用卢卡斯理论就意味着新古典综合的上述两种意义都被消除了。不再需要将凯恩斯主义非均衡理论和瓦尔拉斯均衡理论综合起来,因为后者,现在被理解为新瓦尔拉斯理论(neo-Walrasian theory),已经成功解释了此前由凯恩斯主义理论所解释的那部分经济现实。因此,从纯粹分析的层面来说,就算完全抛弃新古典综合也不会遗漏任何有用的知识。卢卡斯认为,所谓的新古典综合仅仅是在用于严格分析动态经济的理论工具尚且缺失的情况下的次优方案。如果条件不再是这样,那么新古典综合自然就失去了存在的价值。

凯恩斯共识的终结

在宏观经济学领域,反对意见从来不只是纯粹理论性的,它们还有隐含的政策推论并且可能引发政治分歧,例如第四章提及的凯恩斯主义与自由放任主义的论战。全盛时期的凯恩斯主义理论渗透到了社会各界从而形成了某种社会共识——那种以凯恩斯主义的视角来定义政府角色的观点。卢卡斯在名为"凯恩斯主义经济学之死"(The

---

[20] 在接受帕克(Parker)的采访时,卢卡斯用一种更非正式的方式表达了相同的观点:"凯恩斯主义观点认为资本主义经济是一个摇摇欲坠的大机器,本身就倾向于失衡,并且存在各种各样的原因使其崩溃。因此经济学仿佛变成一名机修工。你开着出了问题的车子进来,这门学科告诉你哪里出问题了并且修好它。至于说这个车子最初是怎么坏的呢,它对此一无所知也毫不关心。它只知道轮胎漏气了是因为扎上了钉子。它不关心车子是怎么扎上钉子的,只是知道如何修轮胎并负责把它修好。这就是凯恩斯主义的典型态度:他们只告诉你如何解决问题而不深究为什么会陷入困境。因此,政府项目、税收刺激、降低利率都是能够让经济恢复的工具。这就是凯恩斯主义的那种可为的态度"(Lucas's interview by Parker, Parker, 2007: 96)。

Death of Keynesian Economics，［1980c］2013）的讲座中尖锐地指出，凯恩斯共识是大萧条这一时代背景的必然产物。大萧条本身颠覆了全社会对市场力量的信念，推崇政府年复一年干预经济事务的信念自然取而代之：

> 凯恩斯的核心观点是在极端的社会主义和自由资本主义之间存在一个中间区域……我们确实不能对经济采取完全自由放任的方法，但是仅仅需要在一般的意义上通过财政政策和货币政策进行管理。如果这个理念被很好地付诸实践，那么19世纪那些优雅的经济学理论都会被证明行之有效，市场会照看好自己。事实上，就像萨缪尔森告知他同事的那样："面对现实吧——你处在一个没有人相信自由放任经济的社会里。这里有一种替代方案：承认自由竞争的经济不是万能的，但同时提供一套经济管理系统，比方说其中95%是符合自由竞争的。"尽管历史上确实有过经济衰退那样的困难时期，但我们也没有理由放弃上述观点。（Lucas，［1980c］2013：502）

在卢卡斯同期的另一篇文章《规则、相机抉择与经济学顾问的角色》（Rules, Discretion and the Role of Economic Advisor，［1980b］1981a）里，他强调了同一现象的相关方面，即那种相信凯恩斯主义宏观经济学家可以作为公正的经济政策专家向政府提供关于如何管理经济的建议的观点。他认为这也是1946年《就业法》（Employment Act of 1946）的核心：

> 在现有体制框架内，经济学专家作为日常政府事务管理者的作用不断增强，而宏观经济学领域的学者们变成了用经济学思想、原理和方程包装这些专家的角色，他们为这些经济管理者所面临的任务提供操作指导。（Lucas，［1980b］1981a：251）

不过卢卡斯继续论证到，这一社会共识只有在支撑它的理论构建被认为是强有力时才能维系下去。任何相反的事件，比如滞胀、方法论危机和其他替代理论的出现，都会使得这一共识不再可信。结果是凯恩斯共识最终土崩瓦解，尽管承认这一点并不让人舒服：

> 我在演讲开始时所说的凯恩斯主义经济学已经死了是指那种中间地带的消失。这并不是因为人们不再喜欢这个中间地带，而是因为凯恩斯主义经济学的理论基础已经瓦解，并且到了不再可用的程

度。（Lucas，[1980c] 2013：502）

卢卡斯将凯恩斯共识的终结视作振奋人心的好消息，因为从此就可以摆脱这种错误的研究路径了，尽管他也承认有些人会或多或少经历混乱与痛苦。

理性预期革命

转折点

卢卡斯 1972 年的文章是高度技术化的，并且发表在一份当时主流宏观经济学家不经常阅读的期刊上。诸如弗里德曼这样的经济学家除了会表示喜欢这篇文章的结论部分并不会对其予以更多的评论。卢卡斯 1975 年的文章同样如此，它延用 1972 年文章的体系并构建了一个经济周期的均衡模型。真正吸引学者们注意的是理性预期假设。理性预期不久后便成为学界热议的话题，特别是当卢卡斯在 1976 年的论文《评估计量经济政策》（此文的初稿早在 1973 年就开始在经济学家的小圈子里流传了）中将之应用于分析计量经济模型后。根据萨金特（1996）的一手资料，他和华莱士在刚进入 20 世纪 70 年代时就已经针对理性预期假设撰写过几篇论文，并读到了卢卡斯在《经济学理论杂志》（*Journal of Economic Theory*）所发表文章的草稿，但当时并没有真正理解理性预期的含义。直到读完卢卡斯（1976）才真正顿悟，并突然意识到最优控制理论（optimal control theory）是一个不完美的技术手段：

> 我们在愕然中终止了在美联储明尼阿波利斯分行开展的研究计划——该计划试图构建一个可估计的、符合最优控制论的凯恩斯主义宏观计量经济模型。我们意识到卡雷肯（Kareken）、明奇（Muench）和华莱士（1973）试图构建的一个"无所不包的"货币政策反馈规则——它被设定为"无应激反应"的私人部门面对货币政策时将会作出最好的"反应"——并不具备良好的理论基础，它不过是经过严格凯恩斯主义经济学训练的我们在潜意识里对凯恩斯主义传统的回应。（Sargent，1996：539）

这正是凯恩斯主义宏观经济学在学界失去其统治地位的开端。华莱士也表达了类似的感受。我们之所以在这里做此强调，不仅因为它能揭示真相，而且因为它会让我们回忆起在第一章曾提到的，凯恩斯《通论》的出现对彼时青年经济学家而言是一种解放。同样地，对处在20世纪70年代的青年经济学家来说，卢卡斯所提出的开创性研究路径也是如此。在2013年接受阿尔蒂格（Altig）和诺萨尔（Nosal）的采访时，华莱士生动地回忆了他在20世纪60年代初选修哈里·约翰逊教授的宏观经济学课程时与这门学科的第一次接触。这门课的大多数内容涉及宏观经济学的历史，彼时华莱士并不知道对这些思想从何入手。但在课程最后他读到了莫迪利安尼（1944）的文章并豁然开朗：

> 在阅读了早期佶屈聱牙的宏观经济学文章后，我终于在莫迪利安尼的文章里看到了各种各样的方程式，这些等式的数量与未知数的数量相等，它们让你能够用一种直到今天人们也仍在使用的方法来讲述经济学。这是一种真正的启蒙。（Altig and Nosal，2013：4）

但是后来，当华莱士与萨金特研究菲尔普斯曲线时，他在明尼苏达大学（University of Minnesota）的同事们试图将人们对通货膨胀的期望内生化，但是他们失败了。华莱士终于意识到基于静态方法的IS-LM模型在方法论上也是有缺陷的：

> 然后我们阅读了卢卡斯的文章（Lucas，1972），我并不知道当时为什么会读这篇文章，或者说试着读它。可能是因为我非常认可鲍勃（Bob）*并且和他是芝加哥大学的同学。我拿起这篇文章，发现它是在讨论个人，生存两期的个人。个人？在彼时的宏观经济学领域里根本没有个人这个概念。我这才突然清醒地意识到我和萨金特试图研究的菲尔普斯曲线是一个死胡同。那篇文章建立了新的标准，从此之后传统的经济学可以说是一去不回了。（Altig and Nosal，2013：4）

理性预期假设的启示

有些时候，改变理论的前提假设并不会给理论本身带来多大的实质性变化，但对理性预期革命而言，前提假设的改变却对理论产生了翻天覆地的影响。通过引入交叉方程和交叉频率约束，它迫使宏观经济分析必须在完全的一般均衡框架下展开，而在凯恩斯主义计量经济模型中则

---

* 鲍勃就是卢卡斯。——译者注

第九章
卢卡斯与 DSGE 宏观经济学的兴起

不一定需要这样。正如我们之前所言,理性预期革命让之前凯恩斯主义者和货币主义者之间的争论都显得过时。最关键的是,它给经济学建模策略带来了重大变革,而这将最终推翻标准的凯恩斯主义政策推论。

有两个例子值得我们参考。第一个是萨金特和华莱士的"政策无效性命题"(policy ineffectiveness proposition)(Sargent and Wallace,1976)。该文认为实际变量并不受系统性货币政策的影响。[21] 它不仅对生产无影响,而且对就业也无影响。任何旨在通过增加货币供给和提高价格来降低失业率的系统性政策,也就是经济主体可以预测到的政策,必然是无效的。换句话说,萨金特和华莱士的论文认为菲利普斯曲线在短期也是垂直的,正如其在长期一样。

> 在这个理论体系下,政府将无法推行逆周期的经济政策。如果非要利用菲利普斯曲线,那就意味着政府必须首先欺骗公众。但是在理性预期的假设下,政府又无法基于某种反馈规则来持续地误导经济主体对政策的预期,这就意味着政府甚至在一个时间段内也很难利用菲利普斯曲线。(Sargent and Wallace,1976:177)

第二个是基德兰德和普雷斯科特的时间不一致性(time of inconsistency)观点,我们将对其多做一点介绍。它主要涉及政府承诺的可信度问题。基德兰德和普雷斯科特在一篇关于时间不一致性的著名文章《规则而不是相机抉择:最优计划的不一致性》(Rules rather Discretion:The Inconsistency of Optimal Plans,1997)中阐述了这一问题。[22]

此前弗里德曼就指出相机抉择的货币政策不可能永远愚弄公众。基德兰德和普雷斯科特更加严谨地论证了上述观点在理性预期假设下也完全成立,关键在于时间的不一致性问题。这篇文章的基本观点是,无论政府是否乐善好施,当政府在某一时间点的允诺在接下来的时间里不再是最优政策时,毁约就成为政府的最优选择。最好的实例是自然灾害:假设有一个地区属于洪水易发区,考虑到在洪水暴发时政府会提供援助,那么一个家庭可能会选择承受洪水的风险而在此定居。这是一个典型的道德风险问题。为了避免这种情况发生,政府可以提前宣布即使洪水暴发也不会提供任何帮助。但是,只要政府在救灾问题上不受到钳

---

[21] McCallum(1980)、Hoover(1988:66,seq.)以及 Heijdra and van der Ploeg(2002:67-70)对萨金特和华莱士的观点进行了详细的讨论。

[22] 参见 Tabelloni(2005)。

制,那么政府所做的这个声明显然是不可信的,因为一旦真正发生洪水,政府将很难遵照其先前声明的政策而不提供任何援助。拥有理性预期的经济主体将会意识到政府的这种倾向,从而选择冒险在该洪水易发区定居。我们可以举一个更加严格的经济学案例:政府公布一个旨在促进投资的政策,即政府宣布其将在一年后加息,这样企业就会为了避免利息开支增加而赶快借款,从而也就提高了投资。矛盾在于,政府可能由于害怕出现通货紧缩而没有激励再进行加息。这些例子都有一个共同的特征:当我们针对特定的情况制定出了最优的政策,并且实现了原本期望的结果时,另外一个更好的政策因此产生。上述两个例子都涉及政策可信度的问题。如果政府选择毁约,那么政府的可信度将会因此被破坏,这导致政府将来宣布的政策将不会得到经济主体的严肃对待。因此,一旦引入理性预期的概念,政府的政策回旋余地就大大减少了。

基德兰德和普雷斯科特的这篇文章对到底应当遵循固定的政策规则还是采取相机抉择的争论产生了直接影响,因为这篇文章的结论意味着理性预期的存在将使得政府相机抉择的空间大幅缩小。在相机抉择的情况下,政策决策被认为是由拥有完全信息并且乐善好施的政府来制定的。而在固定的政策规则下,政府一直会受到状态依存规则(state-contingent rules)的约束。基德兰德和普雷斯科特的文章证明了,如果考虑到时间不一致性和经济主体具有理性预期,那么后者可能是更好的选择。

结 语

我将从四个方面来总结本章。首先,我对卢卡斯学术生涯的介绍主要基于他自己的描述,成功学者的自传往往需要我们严格审查,这也是我未来的研究任务。其次,本章局限于在学理范围内讨论卢卡斯革命的内容,但实际上卢卡斯革命也给社会层面带来了一定影响。由少数几所高校的少数学者所开启的事业如何能够在不多几年的时间中就改变了整个宏观经济学图景值得进一步仔细研究。再次,我在本章中所写的内容可能会给读者一种感觉,即仅凭卢卡斯一人的贡献就足以开启整个革命,但真实情况是,卢卡斯的确给萨金特和华莱士等人的研究带来了直接的影响,但DSGE革命的范围比这要更广。在接下来的章节中,我将着重描述基德兰德和普雷斯科特在再次明确并巩固卢卡斯最初的洞见方面所发挥的重要作用。

最后，正如我们在本书前言中所写的那样（见莱荣霍夫德的决策树），当一个研究路径面临困境时，一个可能的解决办法就是回溯走过的路，而这恰好也可以用来比喻卢卡斯的理论研究生涯。卢卡斯在他写给帕廷金的信中说到："重要的是发现一路上那些曾做过重要抉择的理论分叉点"（Backhouse and Boianosky，2012：56），并选择当初被忽略但现在看起来却更加可行和吸引人的另一条路。卢卡斯所做的，就是将20世纪60年代的宏观经济学——被其认为是一条死路——回溯到早期经济学方法论的重要分叉口上，他认为那时的思想演化路径是导致当前宏观经济学陷入僵局的根本原因。

《预期与货币中性》一文所构建的别具一格的模型重新燃起了我对凯恩斯之前有关经济周期理论的大量文献的兴趣。我发现……虽然这些复杂的文献并未采用任何现代的理论技术，但它们强调了经济周期循环往复的特点，强调了有必要把这些周期性反复的波动视为一种错误，并尝试将这些错误理解为经济主体们对隐藏在名义"信号"之下的那些我们真正关心并想要作出反应的"真实"事件的回应。（Lucas，1981a：9）

第十章
方法论突破

本章的目的在于证实我之前的观点：卢卡斯的成果应该被视为宏观经济学历史上的一个转折点。任何科学革命总是包含了重要的方法论成分。在卢卡斯这里，我认为方法论层面最关键的三点转变在于：革新了宏观经济学的学科目标（quaesitum）；革新了理论和模型之间关系的概念；革新了作为经济分析基础的均衡思想。总的来说，我的研究结论是，上述三点关键转变促使卢卡斯开创了新瓦尔拉斯主义（neo-Walrasian）宏观经济学，而不是像传统凯恩斯主义宏观经济学那样追随凯恩斯采用马歇尔主义方法论。

卢卡斯一直对方法论问题抱有浓厚的兴趣。普雷斯科特曾在接受斯诺登和文恩采访时盛赞卢卡斯是"一个方法论大师，也是一个界定研究议题的大师"（Snowdon and Vane，2005：351）。然而，事实上卢卡斯本人并没有系统完整地阐述过自己的方法论观点——他的《经济周期理论的方法和问题》（［1980a］1981a）一文可能是最接近于介绍其方法论的文章——值得注意的是，他的《经济周期理论研究》（*Studies in Business Cycle Theory*）一书中约有一半的文章涉及对方法论的理解。不过这只是冰山一角。我们可以从保存在杜克大学的卢卡斯档案来一探其方法论上的建树，在杜克大学的珍本藏书馆保存了不少卢卡斯关于方法论问题的草稿和笔记，这对我们的研究而言是无价之宝：因为这些材料不仅可以作为对卢卡斯已公开发表文章的补充，而且可以帮助我们探明卢卡斯观点的起源，同时它们还可能揭示卢卡斯不愿发表在公开刊物上的深层观点。我会在接下来的论述中大量引用这一鲜为人知的资料。①

研究议题的变化

整个宏观经济学学科无疑兴起于大萧条,它希望证明市场失灵的存在,而政府应当对此采取一定的行动。显然,该学科似乎天生地就倾向于社会改革家。失业被视为市场失灵中的主要问题,因而也就成为宏观经济学的主要研究议题。② 但在卢卡斯革命以后,情况迅速发生了变化,经济周期取代了单纯的失业问题而成为宏观经济学的典型研究对象。失业问题不再是宏观经济学研究的优先议题,甚至于渐渐消失在研究视野中。相关研究被重新定位在经济活动水平的范畴中,即研究总的工作时间。卢卡斯在《经济周期模型》(*Models of Business Cycles*)一书中对这一变化进行了阐释:

> 在大多数这样的(经济周期)模型中,失业都被认为是一种独特的经济活动,但它并没有起到什么作用。对其他经济学家而言,解释经济周期就意味着要求解释广泛存在的失业现象。就此而论,任何基于市场出清的模型似乎都必然会忽略掉这个核心议题(失业),尽管它们可能成功解释了其他现象。不管均衡框架在解释其他问题上有多么成功,或者仍在试图解释与失业相关的经济现象,但它始终无法解释失业问题本身(必须承认它确实在这个问题上缺乏解释力)。(Lucas,1987:48)③

下述几个因素可以解释为何宏观经济学的研究议题会发生这一彻底改变。经济学家们逐步意识到了凯恩斯主义宏观经济学的缺陷。新工具的应用使得更加严格的动态研究成为可能。搜寻模型的出现使得失业问

---

① 同样,我也意识到梳理这些非公开发表的资料存在一些困难:对它们的解读必须异常谨慎,因为这些资料之所以未曾发表很可能正是因为原作者已经放弃了其中的一系列观点。然而尽管如此,如果草稿与已发表文章的一致性越高,那么它们就越有可能不仅仅是一些试探性的论述了。对于卢卡斯常常就是这样,他在公开发表文章中的观点论述言简意赅,其背后则是依据了大量未公开发表的早期笔记中的完整讨论。

② 作为这种早期观点的一个印记,Azariadis 在《新帕尔格雷夫经济学大辞典》中曾写道:"对很多经济学家而言,非自愿失业是当代宏观经济学的必备要素"(Azariadis,1987:734)。

③ 后文将会谈道,随着 DSGE 方法的后续发展,失业议题重新回到了经济学的研究议程之中。

题重新退回到劳动经济学的研究领域。更大范围的历史事件也起到了一定的作用。人们对大萧条的记忆逐步消散，在许多国家，失业问题不再如往常那样成为经济的主旋律。

早期的经济周期理论更关注于通常被认为是由各种异质性事件引发的经济转折点，而并不太关心经济波动本身，卢卡斯扭转了这一看法，强调应该关注经济波动本身，并且认为现在可观察到的经济规律已经使得构建一个一般化的理论框架成为可能。④

卢卡斯的研究计划有一个前提，那就是新古典理论，被理解为新瓦尔拉斯主义理论，应该被当时的宏观经济学家们更加真诚地接受，但当时的历史背景却并非如此。在20世纪70年代初，新古典理论仍然处于相对被动的地位。一方面当时激进的政治经济学思潮迅速兴起，其支持者希望回到马克思主义传统。⑤ 另一方面，赫伯特·西蒙（Herbert Simon）与同在卡内基大学的穆特和卢卡斯于此时提出有限理性（bounded rationality）应当取代最优理性，这个观点在当时很有吸引力。⑥ 卢卡斯和他支持者们的鲜明观点则站在了上述观点的对立面。用萨金特的话来说，他们认为"凯恩斯和他的追随者们之所以是错误的，是因为他们从一开始就放弃了用均衡理论来解释经济周期的可能性"（Sargent，1977：14）。他们相信宏观经济学的未来会更多地具有新古典主义倾向，而非更少（"更多"一词在此处还是过于保守了，因为卢卡斯及其追随者实际上认为宏观经济学应该完全被纳入新古典理论）。

> 当前宏观经济学理论中最有意思的发展在于用"微观经济学"理论的一般框架去重构加总变量的议题——比如通货膨胀和经济周期。如果这些进展成功了，那么"宏观经济学"这一术语将从大家的视野里消失，"微观"一词显然也将变得多余。我们将简单地说——就像斯密、李嘉图、马歇尔和瓦尔拉斯所表述的那样——这就是经济学理论。（Lucas，1987：107-108）

---

④ "与传统对时间序列数据特征进行定性分析的结果类似，经济周期都是相似的。对更倾向于理论的经济学家而言，这一结论既具有吸引力又充满挑战性，因为这意味着很可能存在一种基于市场经济一般规律的、可以用来解释经济周期的大一统理论，而不是基于特定国家或特定时期内存在的政治或制度特征的理论解释"（Lucas，[1977] 1981a：218）。

⑤ 参见 Piore（2013）。

⑥ 参见 Sent（2002）。

卢卡斯谈方法论⑦

标　准

卢卡斯对宏观经济学的理论范畴有着相对狭窄的理解。对卢卡斯而言，在进行理论研究时遵守下述一系列方法论标准才是最重要的。

（1）微观经济学和宏观经济学所基于的原理不应该分开（Lucas，1987：107-108）。也就是说，没有微观基础（选择理论）的宏观经济学是不符合标准的。

（2）宏观经济学是一般均衡分析的一部分。它考虑整体经济的运作，同时也要解释经济各个部分之间的关联。宏观经济学必须是动态的，也就是说研究随着时间变化的经济情况。不确定性应当被描述成未来不同状态和事件冲击的概率分布。因此后来兴起的DSGE完全符合卢卡斯的要求。

（3）宏观经济理论和数理模型在本质上是同一件事，这个观点可以追溯到瓦尔拉斯对理论与模型之间关系的理解。然而当时更为流行的另一个观点是，理论与模型是不同的对象：理论是一系列关于现实的命题，模型则是基于部分理论（无论是数理理论还是纯论述性的理论）来推导相应推论的逻辑方法。⑧

（4）理论涉及想象的构建，从而不可避免地是非现实的。

> 坚持经济模型的"现实主义"反而会削弱模型在帮助思考现实时的潜在价值……从这种对经济学理论本质的一般观点来看，理论与其说是对真实经济中各种行为的一系列论断的集合，不如说是关于如何构建一个平行或类比的系统——一种数理的、模拟的经济——的一组明确的操作指南。从这个角度来看，"好"模型并不会比"坏"模型更"真实"，但是"好"模型可以提供更好的模拟

---

⑦　本章源自De Vroey（2011a）。其他研究卢卡斯认识论的文献资料包括Vercelli（1991）和Boumans（1999，2005）。

⑧　因此，按照传统的观点，模型是从属于理论的。下面这段来自莱荣霍夫德的引文很好地表达了这种观点："我建议不妨将经济'理论'视为对经济及其运行机制的一系列信念，它们与'现实世界'相关联……'模型'则是理论的部分正式表述。模型永远不可能将其依赖的理论完整地呈现出来"（Leijonhufvud，1997）。关于理论和模型关系的不同论述，还可以参照Boumans（2005）和Morgan（2012）。

结果。(Lucas, [1980a] 1981a: 271-272)

据此来说，宏观经济学模型的核心假设，例如理性预期假设，应被视为模型构建的基本工具和原则，而并非某种关于现实的命题。

> 举例来说，我们可以思考在克莱因-戈德伯格的美国经济模型中采用的预期形式是否是理性的，但如果我们试图思考现实中的美国人是否具有理性预期就非常荒谬了。(Lucas. Various. Box 23, Barro folder)

通过制定这些方法论的标准，卢卡斯实际上继承了瓦尔拉斯的经济学遗产。但是，在另外两个方面，卢卡斯遵循了更早的宏观经济学观念。第一，如果宏观经济模型不能推导出有用的政策结论，那么这样的模型是没有意义的。

> 宏观经济学家需要解决的核心问题是，什么样的抽象模型可以帮助我们更好地回答经济政策中的实际问题？(Lucas. Various. Box 26, reflections on contemporary economics folder)

第二，卢卡斯认为宏观经济学更多是应用性的而非纯粹抽象的领域。对宏观经济学来说，理论和现实的对抗应该是其核心议题。经济学家需要做的是"构建更完善的经济模型，以使其更加符合实际经济的时间序列数据结果"(Lucas, [1977], 1981a: 219)，我将其称为"卢卡斯的FORTRAN程序法则*"：

> 在我看来，经济学家的任务就是编写FORTRAN程序，将特定的经济政策规则作为程序的"输入"指令，就可以得到作为"输出"的统计数据，它们描述了我们所关心的时间序列的运行特征，据此我们可以预测这些政策将带来的结果。(Lucas, [1980a] 1981a: 288)

评判理论/模型好坏的标准就是看其给出正确预测的能力，如果一个模型能够将历史数据拟合得越好，那么其对未来政策的评估就越可信。

作为类比系统的模型经济学

将上述提及的卢卡斯的不同方法论原则整合在一起并不是一件轻

---

* FORTRAN是一种著名的编程语言。——译者注

松的工作。卢卡斯给出的解决办法是将模型视为类比系统。卢卡斯在他的文章中多次强调这一观点。在《经济周期理论的方法和问题》(1980) 一文中,我发现他至少七次提及"类比"(analogy)这一术语。例如:

> 经济学思想的进步意味着构建出越来越好的抽象类比模型,而不是使用更好的文字来描述现实世界。(Lucas,[1980a] 1981a: 276)

然而在其正式发表的论文中,卢卡斯几乎没有论述过"类比"的准确含义。⑨ 但我们可以通过发掘卢卡斯的档案来弥补这一空白。它们包含一系列的草稿,有的是手写的,有的是打印的,其中卢卡斯详细讨论了类比的概念、模型的作用,以及模型和经济政策之间的关系。⑩ 下文的讨论即是基于这样一些资料碎片。

卢卡斯的论证始于两个前提,两者都十分新颖。第一,他认为模型虽然是虚构的,但它本身还是我们能够观察到的现实:

> 当我们谈及对现象建模(modeling phenomena)或是现象的模型(models of phenomena)时,我们想表明的是观察到的现象是一回事,而它们的模型则是另一回事。但我想将模型本身定义为一种现象,即它的行为表现可以被观察到。那么,现象的集合和这些现象模型的集合之间是什么关系呢?我将之称为类比关系。(Lucas. Various. Box 27, adaptive behavior folder)

这并未完全阐释清楚卢卡斯所指的类比的含义,在这篇草稿的后文部分可以找到答案:"类比意味着两种事物之间的对称关系"。这里所指的"事物"(things)既可以是通常意义上的事物和一种理论,因为理论对卢卡斯而言也不过只是另一件事物,还可以是两种不同的用来观测现实的程序。在卢卡斯的其他笔记中,他还补充道:"我们必须自由地使用类比:它是一种判断,即一种状况与另一种状况足够类似以至于

---

⑨ 根据鲍曼斯的观点,卢卡斯对模型的这种类比观点可以理解为图灵测试(Boumans,2005: 92-96)。

⑩ 我猜测这些档案中的草稿大约写于20世纪70年代晚期,彼时卢卡斯就理性预期假设和经济周期理论召开了多次研讨会。不幸的是,档案中的草稿并没有按时间顺序收集,基本上都是篇幅为4—5页并且按所论述主题排列的一系列草稿。就我所知,这些草稿均未以定稿的形式公开发表,鉴于这些资料论述的主题非常重要且不易得到,我将大段地引用这些档案。

可以产生相同的反应。"

第二个前提是，卢卡斯认为经济学理论（或者至少是一般均衡理论）天然就应该是一种乌托邦式的思想，这是卢卡斯在比较经济学和人类学时着重强调的命题：

> 与人类学类似，经济学理论是通过研究相对于我们的社会更简单、更原始的社会来"工作"的，它们寄希望于隐藏在我们社会深层的重要关系也同样以一种简单的形式存在于简单的社会中，或者有一定概率能够发现那些在我们自身所处的社会历史背景中未曾有先例但确实存在的具体经验证据。不过，与人类学不同，经济学家可以构造一个用于研究的原始社会模型，而不必受限于寻找可以拜访的真实的原始社会，从而免于承受与野蛮人长期相处可能带来的不适感。这种构造社会（society-invention）的方法是经济学乌托邦式特质的来源，也是社会科学家同行对经济学家们抱有既不信任但同时又嫉妒的复杂情绪的原因。之所以要研究完全虚拟的社会而非真实的社会，是因为在其中引入不同的外部作用并观测其反应相对来讲更便宜。如果对其施加与真实社会相同的外部作用，而这一虚拟社会的反应与真实社会类似，那么我们就可以更加相信这一构造的社会与我们真正关心的社会存在有效的联系。（Lucas. Various. Box 13，directions of macroeconomics 1979 folder）

当然，人类学家们可能并不认可卢卡斯对他们的描述，但先不考虑这些，这一对比成功地传达出了卢卡斯的观点：模型是虚构的经济体，我们可以通过操控模型来了解真实经济的运行。卢卡斯引入类比的起因是其认为宏观经济学应当用于评估政策手段的效果。通常来讲，我们无法采用实验方法来检验政策效果，20 世纪 70 年代的滞胀不过是偶然的例外。正因为如此，我们需要寻找次优的方案。其中一种方案就是寻找可类比的现实世界的经验，例如，是否存在另一个差别不大的国家试行了我们正在考虑的政策？如果答案是"是"，那么这样的经验无疑就成为很有价值的基准模型。然而不幸的是，这样的现实世界中的类比也实在是太罕见。于是，另外一种方案或许可以给我们提供思路。这样的经验比较并不一定需要在真实世界中进行，经济模型也可以做同样的工作，甚至可以做得更好，因为经济模型相对于现实世界经济的优点在于我们

第十章 方法论突破

可以控制并改善它的相似性。这便是卢卡斯为模型建构正名的逻辑。[11] 但是，卢卡斯也承认，对于一个人来讲非常有说服力的类比可能在另一个人看来是非常可笑的。那么如何避免这一状况呢？卢卡斯的答案是

> 这就是诚恳的人会不同意上述观点的原因。我不知道怎么能够解决它，除了不断尝试着讲述越来越好的逻辑故事，从而为更好且更具指导意义的类比提供原始素材。除此之外，还有什么能够让我们摆脱当今历史经验的限制从而发现使社会比过去运行得更好的方法呢？（Lucas，1988：3）

因此，无论数学模型表面看起来多么神秘艰涩，其最终总是一套逻辑故事。这个故事在最初的时候可能并不清晰，但随着我们在引入概念和梳理论证的逻辑步骤两方面都"做得更好"，故事本身就会进步。

我在开始介绍卢卡斯对理论的态度时就指出，在他看来，理论命题是关于虚构经济的陈述，而不是关于真实经济的陈述。因此，不应该用真实与否来衡量这些命题（因为答案总是"不真实"）。正确的看法应该是："对于类比而言，我们只能说它是好还是不好，有用还是无用，而这样的主观表达会指向更深层次的问题：为什么好？对于什么研究目的有用？"（Lucas. Various. Box 23，Barro folder）

> 难道我们判断某个理论的价值（如果价值理论本身的价值可以讨论）是因为该理论隐含着一系列关于现实观测结果的文字命题，并且通过积极寻找观察"黑天鹅事件"就可以证伪这些命题吗（因为观察到黑天鹅就意味着"所有天鹅都是白的"这一命题被驳倒）？如果是这样，那么这些言语表达——可以肯定它们比定理或公式更准确——真正意味着什么？又能推导出什么？我们又是否能够通过验证语句——如"在所有经济体中，生产可能性集合都是非空集"或者"人们倾向于从自己的利益出发来做选择"——与我们日常所见不同这种方式来检验理论呢？这就和我们去检查天鹅颜色的做法一样。我们是否可以将阿罗和德布鲁的理论视作空洞的，并将基

---

[11] "我喜欢把理论——经济学理论也好、心理学理论也罢——视为一种模拟的系统，它们都是我们所试图研究的现实系统的类比。基于这种观点，虽然沃顿模型（Wharton）论述的是法国经济，但也反映了美国经济的逻辑和特征。国家的不同并不代表模型背后的逻辑不一致。如果我们需要研究在美国引入增值税的影响，那么我们既可以分析借鉴其对法国经济产生的影响，也可以在沃顿模型中进行模拟……或者，更好的是两者都做"（Lucas. Various. Box 27，adaptive behavior folder）。

德兰德和普雷斯科特对它的应用视作错误的呢？（是的，我认为确实如此，但我们又无法将之抛弃。）看待事物和理论的另外一种方法是：我们不仅观察事物和事件本身，同时也去观察它们之间的类比。（Lucas. Various. Box 27, adaptive behavior folder）

新的均衡概念

从亚当·斯密开始，均衡概念就居于经济学理论的核心地位，同时也是经济学区别于其他社会科学的重要标志。传统观点——包括后来的凯恩斯主义宏观经济学——把均衡视为一种静止状态（a state of rest），直到卢卡斯革命，一种新的均衡概念才被引入宏观经济学界。它可以被称为"动态均衡"（dynamic equilibrium），但是我认为这个标签也是模棱两可的，因为传统静态分析中其实也包含着动态维度（虽然并不让人满意）。因此，我将用"跨期均衡"（intertemporal equilibrium）这一术语来指代新的均衡概念。卢卡斯本人并非这一新概念的发明者，他从阿罗和德布鲁的竞争性均衡（competitive equilibrium）理论中将这一概念引入宏观经济学领域。本节将对比这两种均衡概念。

传统经济学理论下的均衡概念：作为静止状态的均衡

首先需要说明的是，传统均衡理论是一系列反映现实的命题。学者们理所应当地把均衡力量——所谓"市场"力量——发挥作用视为现实中客观存在的经济机制。我从众多不同派别的经济学家的论述中选取了三段引文，这些论述都表达了他们对静止状态这一均衡概念的支持：

> 这是连续的市场，它不断地向市场均衡靠近，但从来没有实际达到过均衡，因为除了摸索之外，市场没有其他方式可以接近均衡……用这种方式来看，市场就像一个被风拂过的湖泊，那里的水在不断地追求水平状态，却从来也不会达到。（Walras，1954：380）[12]

---

[12] 乍看之下，在这里引用瓦尔拉斯的论述来支持旧的均衡概念是一件奇怪的事情，因为跨期均衡概念是由新瓦尔拉斯主义的代表人物德布鲁提出来的。针对这个问题，唐泽利（Donzelli，1989）业已讨论过，他指出瓦尔拉斯本人实际上在传统静态均衡和跨期均衡之间摇摆不定。

第十章
方法论突破

一般的现实经济处于一种不断向均衡调整的非均衡状态,而非真正实现均衡的状态。(Viner,[1931]1953:206)

如果我们试图从经验上去给出关于均衡和非均衡的论述,或者至少使这种论述具有经验层面的意义,我们必须首先从理论上给出定义,使其具有意义并且可以被观测到——也恰恰是在这个意义上,我们才能够通过经验实证来确定我们本质上无法观测的所谓均衡或非均衡状态。(Lipsey,2000:72)

弗里希在一篇名为《阿尔弗雷德·马歇尔的价值论》(Alfred Marshall's Theory of Value,Frisch,1950)的文章中将静态均衡概念比作钟摆。他认为,被研究的某个产业应该像钟摆一样有一个单独的静止位置,当我们观察到钟摆在摆动时,我们可以推论说钟摆处于非均衡状态。同样的道理也适用于产业,当某个产业里的价格或产量随时间不断变化时,这就意味着该产业处于非均衡状态。这一观点也可以拓展到整体经济。总之,用弗里德曼的话来说:"均衡位置就是一旦达到就会维持不变的位置"。(Friedman,1976:19)

静态均衡概念的要旨在于其具有一系列静态特征:经济分析被限定于整个经济或产业的某个给定期限内,其中存在唯一的、收敛的均衡配置状态。如下文所示,马歇尔多次强调时间和调整过程的重要性,并指出这些概念必须在特定框架内加以分析:

研究中的时间单位可以根据每个问题所处的具体情况来确定:可以是1天、1个月、1年,甚至可以是1代人,但在每一种情况下,它都必须比所讨论问题中的市场交易期短。因为我们假设主要的市场环境在市场交易期内是不变的——例如,偏好不会突然改变,不会出现影响需求的新的替代品,也不会出现影响供给的新发明。(Marshall,1920:342)

马歇尔提出了"市场交易期"(period of the market)这一概念,我更愿意称之为"分析期"(period of analysis)。换言之,通常将收敛的资源配置状态理解为长期均衡(long period equilibrium)是一个误导。在我看来,更好的术语应该是"正常均衡"(normal equilibrium)或者"分析期均衡"(period-of-analysis equilibrium)。

因此,当我们采用静态均衡的概念时,我们必须假设在分析期开始和分析结束时的均衡配置是相同的。换言之,在所研究的经济或市场中,我们所观察到的对其特征的初始设定——科技、偏好、禀赋、人口、世界的状态等——在结束时也不应该发生变化。

静态均衡概念的第二个特征是非均衡和均衡概念被有机地联系在一起。当我们问及经济在特定时间是否处于均衡状态时，答案总是"否"：因为经济一般都是在非均衡状态，价格或数量的变化揭示了经济处于非均衡状态。但出现这种状况并不是出人意料的，因为问题的关键在于是否存在一种有效的使均衡重新恢复的市场力量。

静态均衡的最后一个特征是，虽然均衡基本被认为是静态的，但其中包含了动态特征，这与稳定性有关，即当冲击发生后，经济如何恢复其不变的均衡配置。与马歇尔将经济视为细分产业相对应，萨缪尔森在《经济分析基础》（1947）一书中将经济视为一个整体来讨论，他将经济再均衡（re-equilibration）过程用一系列微分方程来描述：

$$\frac{\mathrm{d}p_i}{\mathrm{d}t} = a_i E_i(p_i, \cdots, p_{m-1})$$

这些方程刻画了一个拥有 m 种商品的交换经济，其中将第 m 种商品作为标准化的计价物，p_i 是商品 i 相对于 m 的价格，a_i 表示第 i 个市场的调整速度系数，是正的常数，E_i 是商品 i 的超额需求方程。

应当说，上述关于均衡的传统观点或多或少受到了基础物理学的影响，但对它的接纳主要还是由于这样的解释很符合我们对均衡的常识性理解。因而，经济学之父们采用这一观点也不足为怪。然而当仔细审视的时候就会发现，这一观点的适当性其实并不是显然的。静态均衡的概念考虑了时间的一个维度，即持续性——决策起作用总是需要时间，但是它并没有抓住时间的另一个维度，即时间流逝总是伴随着或大或小的、持续不断的、不可逆转的变化的发生。* 正如唐泽利所论证的，它变成了暂时性的（a-temporal），因此任何基于它的模型

> ……在理论结构上便不可能对那些在时间线上基于不同经济行为而涌现出来的经济现象给出哪怕最简单的解释。（Donzelli, 1989：158）

对这些模型而言，只有可逆且暂时性的数据变化有可能在分析期之内发生，而那些不可逆的数据变化只能在不同分析期之间出现，这也就意味着它们无法成为价格理论的一部分。

---

* 传统均衡论虽然视时间为给定时点，但并没有否认时间变化会对均衡本身造成实际影响。——译者注

与分析期长度相关的一个问题是，它不能通过观察得到而只能由经济学家来决定（这也解释了为什么我不喜欢马歇尔的"市场交易期"概念）。而这就造成了一种两难困境，因为经济学家必须在两种相反的标准之间进行妥协：一方面，分析期必须足够长以使调整过程完成，另一方面，分析期又不能太长从而违背了只有不可逆冲击发生的人为假设。我们很难为这个困境找到一个满意的解决办法。

最后一个问题是调整速度是一个"自由变量"，即它的值也是由经济学家决定的。如果经济学家认为经济处于非均衡状态，那么他只需要将调整速度的值设定得足够低；如果他希望经济快速地回归均衡，那么他只需要作出相反的设定即可。

卢卡斯的均衡概念

卢卡斯和萨金特在《凯恩斯主义宏观经济学之后》（After Keynesian Macroeconomics，1979）一文中强调，他们提出的新一代宏观经济学范式基于一种完全不同的均衡概念——跨期均衡，其论证如下：

> 凯恩斯笔下的均衡和古典两个术语有着一定的正面且规范的内涵，似乎使这两个修饰词都不适用于经济周期理论。均衡这一术语被认为指的是一个静态系统，以至于有些人总是在古典和均衡这对同义词前加上"理想的"来加以修饰。因此一个处于古典均衡状态的经济无法为政策所改变，更无法由此获得改进。考虑到这些术语的使用方式，我们也不难理解为何很少有经济学家会将均衡理论视为理解经济周期和进行政策设计的逻辑起点。近年来，均衡这一术语的含义发生了巨大的变化，任何一位20世纪30年代的经济学家可能都认不出它来了。经历了多种随机冲击过程的经济现在也常常被赋予了"均衡"这一术语，它在这里指的是在每一个时间点既满足市场出清条件，又满足消费者行为最优化假设。这一发展主要源自 K. J. 阿罗和 G. 德布鲁，它暗示着：仅仅通过观察时间序列数据就作出经济处于非均衡状态的判断是毫无意义的。（Lucas and Sargent，[1979a] 1994：15）

在讨论卢卡斯的均衡概念之前，我认为有必要先谈一下他们所提到的两个假设。这两个假设可以被更好地写为：卢卡斯和萨金特的模型基于①最优计划（optimizing planning）以及②可以将最优计划一般化地转换为最优行为（optimizing behavior）的交易技术。因为在卢卡斯和萨金特的理论框架中假设②是由拍卖者假设保证的，所以上述两个假设可以合并为一个假设，即所有经济主体都行为最优，即正如我们在第七章曾提及的那样，基于麦肯齐的观察，一般均衡（generalized equilibrium）是指一般化的个体均衡（generalized individual equilibrium）。

在卢卡斯和萨金特的模型里，时间被定义为连续的、需要被标注的时间点，交易被假设为发生在其中特定的时间点上，而决策发生在交易前。因此，决策分析成了跨期计划问题。均衡被定义为（虚拟模型中的）所有经济主体都遵循最优的跨期消费/闲暇路径时的状态。它不再被视为"静止状态"，从而也就不存在界定完整的分析期这一不可能的任务了。观察到产量和价格随时间的变动也不再意味着经济处于非均衡。

> 在那种视具体情况而定的所谓竞争性均衡的意义上构建一个存在各种动态行为的系统是可能的。认为处于均衡的经济系统就是处于"静止状态"的观点已然不合时宜。（Lucas，[1980] 1981a：287）

新均衡概念中有两个特征值得强调。第一，均衡的存在性是模型的基本假设，这已经在卢卡斯的"均衡原则"中得到了很好的表述。此处的"原则"需要被理解为均衡假设是经济学家在建构模型时自我遵循的规则。判断这一严格假设是否适用的关键在于看基于此假设的模型能够推导出什么有用的结论（以及如果不采用这样的假设会给模型带来什么样的缺点）。第二个特征反映了其与传统均衡概念的另一个重大分歧，静态均衡的支持者想当然地认为均衡与非均衡是客观现实的特征，但卢卡斯则持有相反的观点，他认为均衡应该被理解为一种经济学家看待客观现实的方法的特征，而非客观现实的特征：

> 市场出清仅仅是一个原则，并不能通过实际观察被直接证明，在构建那些关于行为的假设时，该原则可能有用也可能没用。其他原则，诸如引致工资黏性和市场不出清的第三方拍卖者假设，同样也是"不真实的"。但这些都并不意味着我们无法利用这一假设来很好地刻画出我们所观察到的劳动力市场机制。（Lucas and Sargent，[1978] 1994：21）

> 我认为关于经济系统是否处于均衡状态的一般性讨论——尤其是来自非经济学家的讨论——几乎都是完全没有意义的。你没有办法看向窗外然后发问新奥尔良的经济是否处于均衡状态。这意味着什么呢？这意味着均衡只是经济学家看待现实的方法的特征，而不是现实本身的特征。（Lucas's interview with Snowdon and Vane，

1998：127）[13]

由卢卡斯主导的均衡概念的变革可以称得上是一场哥白尼式的革命。这一转变主要由下述三个维度组成：①从静态均衡到跨期均衡的概念转变；②将传统互相联系的均衡和非均衡概念完全统一到新的均衡概念下；③指明均衡概念仅仅适用于虚拟的经济模型而非现实，从而摒弃那种传统的将均衡或非均衡视为现实特征的方法。然而，凯恩斯主义经济学家很难接受这三方面的修改。正如我们将在第十二章中看到的，他们一再批评卢卡斯，坚称现实的市场尤其是劳动力市场很明显处于非均衡状态。[14]

考虑到上述评论，很难评价卢卡斯的新均衡概念是提高了还是降低了均衡这一概念的地位，尤其是它排除了非均衡的可能性。一方面，将非均衡的概念从分析视野中剔除也许会提高均衡概念的影响力，但另一方面，均衡成为一种运用于模型的假设而不再是现实经济的特征，这就使得均衡理论可适用的范围变小了。对均衡原则的评价已不再取决于它是否符合客观现实，而在于它是否是一种建构经济理论的有效方式。当所有结论都源自某种被建构出来的均衡的结果时，均衡的规范性（normative）内涵便相应消失了。在这种思路下，社会福利的比较必须取决于不同均衡位置的比较。

根据卢卡斯的观点，宏观经济学为何必须转向跨期均衡方法至少包含以下两个原因，而且这两个原因都与"理论建模的效率"（theoretical efficiency）相关。第一是因为上文所提到的传统均衡观念存在缺陷。第二是因为抛弃非均衡的概念是一种解脱。非均衡的概念必须被抛弃是因为它指的是一种"愚蠢的行为"（Lucas，[1977] 1981a：225），或者换句话说，其缺乏微观基础。卢卡斯表示，（基于他的贡献）新的均衡概念出现了，那么不去使用它是毫无道理的：

> 那些问出为什么20世纪40年代的货币主义者不遵从视情况而

---

[13] 换言之，按照温特劳布的适宜构想，均衡这个概念是强加给现实世界的："这次学术研讨会为这一观点提供了例证，比如在由麦卡勒姆、格朗蒙的文章所引起的争论中，他们宣称既不应该将'现实世界'视为某种均衡状态也不应该称之为非均衡。听众中的某些评论者似乎将其论述归纳为这样一种观点，即无论诉诸何种宏观经济学理论，我们所能观察到的一切经济状态都处于某种均衡状态之中。这显然是一种幻觉，均衡或非均衡是我们理论的特征，因而是强加给世界的"（Weintraub，1990：273）。

[14] 正如法默所言："卢卡斯之前的经济学家们显然将劳动力市场的失业理解为一种市场非均衡"（Farmer，2010b：70）。

定的均衡观点的人，对我而言，就像问为什么汉尼拔不使用坦克而使用大象来和罗马人打仗一样。(Lucas，[1980] 1981a：286)

比较凯恩斯主义宏观经济学与新兴古典宏观经济学

上述几节均聚焦于由卢卡斯所开创的两种纲领性思想分支。在最后一部分，我希望将其放在凯恩斯主义宏观经济学和 DSGE 宏观经济学的第一阶段（即新兴古典宏观经济学）的大背景下进行比较。表 10.1 总结了两者之间的不同。

表 10.1　凯恩斯主义宏观经济学与新兴古典宏观经济学对比

	凯恩斯主义宏观经济学	新兴古典宏观经济学
1. 出发点	凯恩斯《通论》(1936)	卢卡斯《预期与货币中性》(1972)
2. 总体研究目标	解释失业或非充分就业	解释经济周期
3. 主要解释因素	工资刚性或黏性	经济主体根据信号提取机制而对货币冲击作出回应
4. 均衡概念	静态均衡	跨期均衡
5. 一般均衡特征	不完全的一般均衡	一般均衡
6. 经济类型	货币经济	货币经济
7. 微观基础	不必需	必需
8. 预期形式	适应性预期	理性预期
9. 驱动因素，需求或供给	需求	供给
10. 货币变动的实际影响	货币干预有效	货币干预无效
11. 对新古典综合的态度	支持	反对
12. 实证方法	考尔斯委员会方法	卢卡斯批判
13. 方法论偏好	外部一致性	内部一致性
14. 标准的政策结论	需求刺激	自由放任
15. 直觉与可及性	高	低

由于其中的部分内容我们已经在前文中进行了讨论，因此我会将注意力放在未讨论的部分。

出发点

凯恩斯的《通论》一书是凯恩斯主义宏观经济学的理论基石，同样地，卢卡斯的《预期与货币中性》一文则为卢卡斯主义宏观经济学打下了基础。但是，正如萨金特所评价的，我们很难想象还有任何其他两部作品会出现更加对立的情况——前者是一本厚达 384 页而又艰深的鸿篇巨著，后者则不过是一篇 21 页的数理论文：

> 我们很多人都将把卢卡斯 1972 年发表在《经济学理论杂志》(Journal of Economic Theory) 上的那篇只有 21 页的论文视为卢卡斯革命的旗舰，但其与上一次革命的旗舰——凯恩斯的《就业、利息和货币通论》非常不同，后者不仅雄心勃勃、议题广泛，而且囿于其不精确而模糊的表达，引发了学界长达 25 年的关于其含义的论战。卢卡斯的论文则是对象明确的技术性研究……人们对卢卡斯的论文也从不会感到有什么困惑。(Sargent，1996：537)

一般均衡方法？

只有满足以下两个标准的模型才能称得上是一般均衡模型。第一，它必须把经济视为一个整体而不是单独考察某个特定部门。第二，它的分析必须考虑不同经济部门间的关联。事实上，凯恩斯在《通论》中已经提出了一般均衡的思路，但是他没有将其完成。凯恩斯主义宏观计量经济模型将整个经济体视为研究对象，但是却用一种随意的方式来处理方程之间的关系。[15] 而 DSGE 完全是一个一般均衡模型。[16]

货　币

两种建模方法都是关于货币经济的，这是两种思想之间为数不多的相同点。

微观基础

在卢卡斯的理解中，所谓的微观基础就是沿袭瓦尔拉斯的思路，首先分析经济主体如何作出最优决策。然而凯恩斯主义模型则沿袭了马歇尔的原则（除了少数特例外），均从市场层面的供求函数开始分析，而

---

[15] "萨金特：在早期的文献中，经济学家们似乎可以独立地构建出最优消费方程、最优投资配置和最优资产配置。严格意义上讲，上述方程都只不过是局部均衡分析，之后需要被整合在一起，典型如 1965 年出现的布鲁金斯模型 (the Brookings model)。他们把模型的不同部分交给不同的学者加以研究，然后再将各个学者的研究成果汇总。理性预期革命的作用在于它提出了一般均衡原则。为了分析人们的预期，学者们必须假设存在内部一致性"(Sargent's interview by Klamer, 1984：66)。

[16] 正如前文所说，非瓦尔拉斯均衡模型就采用了这种原则。

非个人层面的决策,这并不是说经济主体不遵从最优行为,而是将这一步的推理跳过了。相反卢卡斯认为瓦尔拉斯理论体系中的微观基础是好的理论的必要支撑。对卢卡斯而言,微观基础不仅仅是狭隘的选择理论,更重要的是其将经济主体纳入整个理论体系的分析视野内,卢卡斯认为凯恩斯主义宏观经济学完全忽视了这一点。

> 我认为凯恩斯主义宏观经济学里面的很多研究都离微观主体以及他们的行为选择太远。凯恩斯主义者完全不关心真正的个人在做什么。他们仅仅关注那些与个人实际行为无关的机械的统计关系。(Lucas. Various. The Margin's interview. Box 7, Correspondence 1989 folder)

驱动因素,需求还是供给?

凯恩斯主义将产出和就业的波动视为总需求变动的结果,背后的逻辑是劳动力供给是被动的,劳动力雇佣是企业单方面的选择,而且这种思路倾向于把劳动力供给和劳动力视为一回事,都是固定的量。与之相对,在 DSGE 方法中,劳动力供给则是经济发展的驱动因素。这一重大转变,即劳动力的前瞻性行为及与之相伴随的跨期闲暇替代,在卢卡斯看来是宏观经济学的核心组成部分。驱动因素从需求向供给的转移还意味着从关注企业的决策过程转向关注家庭的决策过程。

货币变动的实际影响

希克斯偏好用财政政策来刺激需求,而莫迪利安尼偏好用货币政策来刺激需求,并且自莫迪利安尼起,凯恩斯主义者都认定货币扩张将持续地对就业水平产生积极影响。但弗里德曼和卢卡斯都试图证明凯恩斯主义的观点是错误的。

实证方法

凯恩斯主义宏观经济学采用了考尔斯委员会的联立方程方法,并取得了十足的进展。而卢卡斯批评则指出了这一方法的缺陷。

方法论偏好

凯恩斯主义宏观经济学的核心方法论原则就是要达到外部一致性,即模型要尽可能与现实相符,其建模风格是实用主义的。其提出的几个基本概念——非自愿失业、充分就业、刚性和黏性——都缺乏严格的定义。其分析往往专注于短期，忽视了短期和长期之间的关联，而这样的方法论无疑是有害的。相应的实证模型构建也更多地依赖于工程学家而非经济学家，它们具有很强的数据依赖性而不具备坚实的理论基础。卢卡斯希望宏观经济学能够遵循瓦尔拉斯主义的方法论原则，重新强调了理论构建的内部一致性。

政策结论

改良自由主义（mitigated liberalism）最接近于凯恩斯主义宏观经济学对经济的看法。它虽然将市场经济视为优于计划经济的一种体系，但又不完全赞同自由放任。凯恩斯主义倾向于支持政府的需求刺激政策，与之相反，新兴古典宏观经济学则捍卫自由放任，在他们看来，劳动力市场的就业波动只是经济主体的理性最优反应。他们认为如果市场失灵是不存在的，那么政府也就没有必要实施经济干预。

理论的直觉与可及性

凯恩斯主义宏观经济学比较容易理解，甚至非经济学家也能明白，而且其技术性水平较低，所以其中的诸多概念更容易被媒体和政界所接纳。相反，卢卡斯主义宏观经济学采用了最新的、复杂的数学方法，如动态规划，因此它的技术门槛比凯恩斯主义宏观经济学高得多，并且其对理论和模型的理解是反直觉的，因而对业余人士来说没有什么吸引力。

在我看来，上述列出的各项是宏观经济学领域两种不同方法（凯恩斯主义和新兴古典主义）之间最显著的差异特征。它们之间形成了鲜明的对比，但是，两者之间的分歧并不是全部。它们仍然都将货币经济视为研究对象，这使得它们之间至少存在一个清晰的可以争论的对象，即货币政策的实际效果。

对于两者之间的比较，我还有最后三点评价。第一，这两种方法之所以对立主要是由于一个贯穿本书的线索（我在前文也曾多次暗示过这一点），即这一变化可以理解为从马歇尔主义到新瓦尔拉斯主义的转变。第二，我需要说明我对这两种思想的比较主要是用于教学目的，其缺点在于这个比较是静态的，并不能完全展示凯恩斯主义经济学经过二十多年的发展与改进后的整个图景，像我这样截取片段来加以研究必然是一种简化。第三，上文的比较只涉及了DSGE建模的第一波浪潮。在我接下来对其余浪潮的研究中，大家可以看到第一波DSGE模型的大部分特征尽管得到了保留，但也出现了不少明显的改进。

第十一章
评价卢卡斯

在这一章中,我们将评价卢卡斯对宏观经济学的贡献。首先,我会反驳卢卡斯对凯恩斯的某些评价;其次,我将简要论述跨期替代为何是 DSGE 宏观经济学的理论基石;再次,我将讨论卢卡斯对宏观经济学进行瓦尔拉斯主义式改造的尝试是否有效;接下来,我将探究卢卡斯方法论中两个较为模糊的观点;卢卡斯的批评者常常认为卢卡斯的研究是由意识形态驱动的,这是不应该被忽略的一点,因而我将在倒数第二节讨论这个质疑是否有效;最后则是总结。

卢卡斯对凯恩斯的评价

卢卡斯所持有的观点,即《通论》对经济学理论的贡献并不大——"凯恩斯并不是一个很好的技术型经济学家"(Usabiaga Ibanez, 1999:180)——其实是具有原创性的。卢卡斯之所以作出这样的评价,可能是因为他坚信经济学理论必须建立在严格的数学方法上。但是我还是很难赞同卢卡斯的观点。这一历史性判断违背了卢卡斯自己在《经济周期理论的方法和问题》(1980)一文中的观点:无论以往的经济学家有多么聪明,他们也很难作出超越其所在时代学科发展水平的研究成果。如果我们考虑凯恩斯所处的时代背景,那么没有任何理由将之视为一个差劲的技术型经济学家。实际上,相较于同期论述失业的其他经济学著作——如希克斯的《工资理论》(*Theory of Wages*, 1932)和庇古的《失业理论》(*Theory of Unemployment*, 1933)——凯恩斯的《通论》在启发性和理论创造性方面都要深刻得多。

我可以仅用一个例子来证明凯恩斯思想的深刻内涵。我们很难想象理性预期的概念在凯恩斯时代就被提出，而且凯恩斯在对丁伯根《经济周期理论的统计分析》(*Statistical Testing of Business Cycle Theories*, 1939)① 一书提出批判性评论时就曾显露出考虑预期因素的迹象，他抱怨丁伯根的估计没有考虑预期："难道计量方程要假设未来状态是历史数据的函数吗？这将置与未来相关的预期和信心于何地？"（Moggridge, 1973：287）。不得不说，凯恩斯对丁伯根的批评让我们很容易联想到卢卡斯批判。

> 我也想特别强调这个观点：经济学是一种道德科学。我之前曾提到它涉及反思和价值论的议题，现在也想加上动机、预期和心理不确定性等因素。因此我们应该一直提醒自己不应该把观测到的事物视为固定不变的或同质的。与物理学不同，在经济学中我们难以分辨苹果落地到底是出于苹果的主观动机，还是地面希望苹果落地，或者是源自对苹果某部分离地心距离有多远的计算错误。（A letter from Keynes to Harrod, dated July 16, 1928, quoted in Moggridge 1973：300）

鉴于这段引文所表述的内容，卢卡斯和凯恩斯研究结论的不同其实很大程度上源于他们所面对的经济学的发展状况完全不同。当凯恩斯意识到没有办法将期望纳入丁伯根的计量经济学模型时，凯恩斯宣称应该放弃计量经济学。但没有人遵循凯恩斯的建议去放弃计量经济学。数十年后，是卢卡斯找到了在计量经济学中引入预期概念的方法，从而填补了这一学术缺陷。

跨期替代

没有经济学家会否认跨期替代现象的存在，但将跨期替代纳入宏观经济学的历程可以说是旷日持久，因为问题出现在其他层面：DSGE 宏观经济学要求必须存在较高的闲暇跨期替代弹性，也即是说

---

① 关于凯恩斯对丁伯根的批判内容，参见本书第一章的脚注㉕。

劳动力供给期内弹性必须很大。卢卡斯起初草草处理了这一问题。②但随后，这一假设的有效性引发了诸多讨论。一些计量经济学研究表明数据并不支持卢卡斯所声称的劳动力供给弹性的大小。③ 然而，尽管这个批评非常重要，因为它触及了新兴古典范式的基石，但仍然很难阻止卢卡斯革命大潮。这是因为跨期替代概念对于新兴古典范式来说实在太过重要，以至于没有它不行，而且事实上也很难找到其他可替代的假设。按照卢卡斯的说法：

> 抛开劳动跨期替代的假设，我找不到其他办法来解释所观察到的就业规律。这些文献提出了一些可能的、值得考虑的、附加的事例，但就我看来，并没有真正给出其他选择。（Lucas，1981a：4）

关于闲暇具有较高跨期替代弹性这一假设的有效性的争议一直持续到如今（尽管已经有一些有趣的进展，我们在后面的章节会谈到）。为了论证的方便，我们先假设闲暇的跨期替代弹性是低水平的。基于此种假设的分析是否足以推翻 DSGE 模型呢？根据我对货币主义的讨论，答案是否定的：实证即便可以证明理论范式中某个命题（该命题可能对该理论非常重要）的无效性，也并不能推翻整个理论范式。

瓦尔拉斯主义宏观经济学的利弊

卢卡斯的方法论可以被总结为宏观经济学应该遵循新瓦尔拉斯主义。他曾写道："我是一个无可救药的'新瓦尔拉斯主义者'"(letter to Driscoll, dated November 23, 1977 Lucas. Various. Box 30)。他还将弗里德曼称作马歇尔主义者，从而与其划清界限。④ 在我看来，新瓦尔拉斯主义理论的代表人物包括阿罗、德布鲁、麦肯齐、哈恩、卡斯和卡尔·

---

② "就我们所知，某一时期内的闲暇和其他相近时期的闲暇具有高度可替代性……现实中付出很小的代价便足以促使工人们调整假期的事实也验证了上述推论（例如周一休假替代周日休假，在三月份放两周假而不是在八月份）。这些因果性证据具有很强的解释力，它们在概率统计上既简约又有效：因为假期是不连续的。即便考虑经验证据的误差，我们也能预期大众对暂时的价格变动会表现出较高的弹性"（[1977] 1981a：224）。

③ 见 Ashenfelter (1984)。

④ "斯诺登和文恩：你曾宣称弗里德曼对你产生了深远的影响。但他的方法论与你的宏观经济学研究方法大相径庭。为什么弗里德曼的方法论不再吸引你了呢？卢卡斯：我喜欢数理方法和一般均衡理论，而弗里德曼恰恰相反。"（Lucas's interview by Snowdon and Vane, 1998：132）

谢尔（Karl Shell），这些也是卢卡斯在他的文章《经济周期理论的方法和问题》中提到的经济学家。但我们并不确定这些新瓦尔拉斯主义学者是否将卢卡斯也认作他们当中的一员。至少卡斯并不这么看：

> 鲍勃（卢卡斯）遵循着芝加哥传统，很在意实证检验——无论这意味着什么——而说实在话，我似乎对实证并不关心。因此，至少在为什么做理论研究和理论的实用性方面，不同人的观点有很大的不同。（Cass's interview with Spear and Wright, 1988：546）

问题并不在于卢卡斯的《预期与货币中性》这篇文章本身。将一般均衡理论学者的成果纳入宏观经济学工具箱并无问题，就像是入侵邻国的领土但得到了对方的纵容那样。卡斯所言真正重要的是最后一句话，即他认为新瓦尔拉斯主义理论与宏观经济学的研究目标不同，也不愿意与之混为一谈。当代新瓦尔拉斯主义学者们将一般均衡框架视为一种高度抽象的模型构建方法，该方法的优势在于它能够以一种严格的理论建构标准来规范化地提出问题并讨论问题。他们也认识到了该框架的局限性，在他们看来，一般均衡理论实际上只能提供一种消极的基准框架。

一言以蔽之，在揭开两种理论的数学语言面纱后我们发现，新瓦尔拉斯主义者奉行的是约翰·罗尔斯（John Rawls）的政治哲学，而宏观经济学家则致力于应用研究。因此，虽然卢卡斯希望宏观经济学遵循瓦尔拉斯主义，但他也希望遵循宏观经济学的长久传统，即将经验实证和政策建议视作宏观经济学不可分割的部分，而这显然不是新瓦尔拉斯主义者的心意。⑤ 对他们而言，对理论模型进行实证检验并没有什么意义。比如，温特劳布曾指出："实证研究、事实和证伪的观念（在新瓦尔拉斯主义中）毫无作用"（1983：37）。或者，用哈恩的话来说：

> 正是由于所有的这些原因，我一直认为，尽管瓦尔拉斯理论是一个重要的理论基准，但在瓦尔拉斯理论和现实经济情形中间存在难以逾越的鸿沟，没有一个经济学家和理论家应该忽视瓦尔拉斯理论，但他们同样也不该想当然地仅仅基于瓦尔拉斯理论来研究现实经济和政策建议。（Hahn, 1983：224）

在新瓦尔拉斯主义中，经济主体是定价者，因而经济中必然存在第三方来宣布价格，即拍卖者。但是，虽然拍卖者假设对解释新瓦尔拉斯

---

⑤ 就这个方面而言，卢卡斯与考尔斯委员会的想法更接近。

主义理论中均衡的形成非常重要,却很少被提及。⑥ 这相当于事先剔除掉新瓦尔拉斯主义的核心议题,即市场力量能否驱使经济实现效率。

至于政策建议层面,问题不仅在于新瓦尔拉斯主义顽固地停留在抽象理论层面,而且正如凯恩斯对古典理论的批判那样,即他认为古典经济学过于依赖对经济"潘格罗斯式的愿景"*[潘格罗斯(Pangloss)是伏尔泰《老实人》(*Candide*)一书中康迪的老师],新瓦尔拉斯主义者大多也对经济过于乐观:

> 传统经济学理论的乐观主义使得经济学家个个看起来都像是离开这个世界来种植他的花园的康迪,认为只要我们不去干预所有的美好,一切都将得到所有的可能性中最好的结果……(Keynes,1936:53)⑦

抛开想象中尽善尽美的世界来研究现实经济中存在的市场失灵显然不是瓦尔拉斯主义者的研究思路。因此,尽管凯恩斯强烈抨击这种不关心世事的乐观主义,但卢卡斯主义宏观经济学显然还是后退了一大步,以至于像哈恩和索洛这样的经济学家批评说:

> 具有讽刺意味的是,宏观经济学肇始于研究大规模的经济病理学问题:长期的萧条、大量的失业和持续的通胀等重大问题。这一研究目标并非为凯恩斯发明(虽然准确地说20世纪30年代的大萧条并未销声匿迹),毕竟哈伯勒(Haberler)的《繁荣与萧条》(*Prosperity and Depression*)中提及的概念在《通论》之前就已经引起了学界的重视。然而当今宏观经济理论的核心概念模型已经不再聚焦于解决现实经济的各种病理学问题,甚至耻于提及这些现实议题。(Hahn and Solow,1995:2-3)

尽管我可以理解哈恩和索洛的观点,但我的观点相对而言并不那么绝对。我认为,关键在于当面对内外一致性困境时,在理论上绕弯路并付出耐心是否有价值——在瓦尔拉斯的笔记中(随意写在几张纸上的笔记)他写道:

---

⑥ 索洛在评论瓦尔拉斯的《纯粹经济学要义》英译本时将之称为"欺诈"(Solow,1956:88)。

* 这里可以理解为盲目乐观的愿景。——译者注

⑦ 威廉·比特(Willhem Buiter)发表了《潘格罗斯博士的宏观经济学》(The Macroeconomics of Dr. Pangloss,1980)一文用来批判新兴古典宏观经济学。

> 人们必须知道自己正在做什么。如果一个人想要迅速得到收获，那么他应该种植胡萝卜和色拉蔬菜；如果他有雄心去种植橡树，那么他应该明智地预见到：(我的后代) 将欠我一片树荫。(Baranzini and Allison, 2014: 1)

查尔斯·普洛塞尔 (Charles Plosser) 1989 年在《经济学展望杂志》上发表的文章可能可以视为对卢卡斯观点的支持。在普洛塞尔看来，凯恩斯主义经济学家试图将市场失灵理论化的结果是令人失望的，因为他们采用了一种特设的方法，并未严格从核心理论模型中推导出相关结论。他从中获得的教训是，直接从理想化的经济体开始分析是比较明智的。用他的话来说：

> 理解理想状态下的经济体是非常必要的，因为如果我们不能很好地理解没有市场失灵假设时经济波动的特征就将实际的经济波动归咎于市场失灵，那么这在逻辑上是行不通的。凯恩斯主义模型从一开始就研究市场失灵（比如未经解释和阐述的贸易获利）显然无助于我们的理解。(Plosser, 1989: 53)

在我看来，这样的立场是可以接受的，条件是要采用（我建议称为）"非过度开发原则"(non-exploitation principle)。卢卡斯模型的支持者们可以正常地得出这些政策结论，但是他们应该尽可能克制自己不向决策者们推荐这些政策建议。显然，这听起来有一丝斯多葛主义的意味。而卢卡斯本人也在《理解经济周期》的结尾部分强调了他对这种观点的认识：

> 寻找经济周期中的均衡状态暗示着人们实际上已经事先接受了"在任何经济周期中，政府在其能力范围内能实施的反周期政策（虽然这些政策能够得到理论的证明）具有严重局限性"的观点。(Lucas, [1977] 1981a: 234)

卢卡斯特别强调这种反周期政策的局限性"事前"就为人所知。通过强调这一点，卢卡斯承认了通过其模型和假设所得出的政策结论，即反周期政策的局限性。尽管这一点在卢卡斯的公开文章中并不明显，但我们可以在他的档案中找到更多的证据：

> 现在人们从《时代周刊》或《商业周刊》(Business Week) 杂志而不是从《计量经济学》(Econometrica) 等学术期刊中读到理性预期这一说法，如今它看起来像是一个"学派"或一种"理论"，而

且对为了应对重大现实问题而采取的经济政策有着一概而论的明确推论。基于预期假说所提出的一系列政策推论——减少政府干预、平衡政府预算、限制货币政策——似乎在很大程度上是属于"保守主义"的。如今,有限政府、预算平衡和紧缩货币政策等概念都对我而言并非不重要,它们是我作为选民每年走入投票室时所密切关注的政治议题,因此我愿意为之详细辩护。理性预期这一概念在社会环境下的发展对我来说无所谓失望或者不乐意,我也并不认为媒体所宣扬的那种"理性预期"相较于其他广为传播的经济学术语更加模糊……只是整个经济在现实中如何运作的重要决定与经济学家在黑板上写出来的原创经济模型的关联性绝非看上去那样简单。(Lucas. Various. Box 13,Directions of macroeconomics 1979 folder)

轻则来讲,这段话意味着经济学家应该谨慎对待自己模型所推出的政策结论,特别是向政府直接提出政策建议时应该慎之又慎。重则来说,这意味着经济学家应该完全拒绝从政治意义上去利用经济模型的结论。

模棱两可的卢卡斯

在货币主义和 DSGE 模型中摇摆

卢卡斯 1972 年的论文和弗里德曼 1968 年的文章类似,都认为只有那些完全没被预期到的货币冲击才会对经济产生实际影响。当卢卡斯将此延伸到经济周期模型时,他仍将货币冲击视为造成经济波动的因素。然而,卢卡斯后来承认将货币冲击从模型中剔除的 RBC 模型才是正确的研究方向。他认为自己放弃经济波动的货币冲击解释肇始于 1978 年召开的秃峰会议(Bald Peak Conference),在那次会议上,基德兰德和普雷斯科特发表了论文《建设时间与总波动》(Time to Build and Aggregate Fluctuations)的早期版本。但卢卡斯后来在 1982 年 10 月写给莱荣霍夫德的一封回信(此前莱荣霍夫德写信提出他对卢卡斯是一个货币主义者表示不解)中继续坚持了自己的货币主义立场:

> "我本人"的货币主义观点就是弗里德曼的观点。我曾多次阐明这个立场,但似乎没有人严肃对待。我想可能是因为我们两人在做经济学研究时的风格是如此不同,因此常被学界所误解,但观点与风格其实完全无关。(Lucas. Various. Box 3. Letter to Leijonhuf-

vud, October 28, 1982. Correspondence 1982 folder)⑧

在 30 年后出版的卢卡斯论文集的货币理论一卷的前言中,他重申了这一立场:

> 从学术生涯一开始到现如今,我始终把我自己看作是一个货币主义者,即弗里德曼和梅泽尔的学生,我对货币理论的贡献在于将货币数量论纳入现代的、明确的动态模型……虽然当今宏观经济学领域的主流模型——RBC 模型和新凯恩斯模型都将货币视为计量单位从而没有任何实际作用,但我希望未来的模型能够更好地考量货币这个概念。(Lucas, 2013: XXVI-XXVII)

我们有必要将卢卡斯的这两个声明和萨金特在卢卡斯的《预期与货币中性》一文发表 25 周年时所写的纪念文章(Sargent, 1996)中的有趣发现联系起来。萨金特指出,这篇开创性的文章是卢卡斯所撰写的"相同研究思路的第一篇也是最后一篇文章"——萨金特将这一研究思路定义为"义无反顾地对货币和宏观经济现象进行深度建模以阐明客观现象的研究思路"(Sargent, 1996: 544),这也正是萨金特为他自己设定的研究计划:

> 卢卡斯在《经济学理论杂志》上发表的那篇文章与货币主义的联系完全是理性预期方法论的副产品,但货币主义确实是卢卡斯贯彻其学术生涯的一贯主张。(Sargent, 1996: 544)

该引文的第一部分被后来发生的事情所证实,基德兰德和普雷斯科特在将卢卡斯的模型转化为 RBC 模型时抛弃了卢卡斯的货币概念,但仍然遵循了卢卡斯所设定的 DSGE 模型准则。萨金特认为就卢卡斯自己的独立研究而言,卢卡斯几乎就是一个纯粹的货币主义论者,因为他试图①在不影响价格理论体系的基础上将货币整合进价格理论中;②用数量论来解释通货膨胀;③将货币波动视为经济周期的驱动因素。根据萨金特的观点,卢卡斯1972 年的文章并未能推动其货币主义观点,这也解释了为什么卢卡斯后来会回到"更浅显、更易于操作,但随意性较大的现金约束(cash in advance restrictions,即 CIA 约束)方法"(Sargent,

---

⑧ 尽管莱荣霍夫德与卢卡斯的观点相去甚远,但莱荣霍夫德在一封信中还是给予了卢卡斯高度的评价:"(关于货币经济学)多年来我再也没有读到过比《经济周期理论研究》更好的著作了"(Lucas 1981a)。由此可见,研究经济学理论无疑是绅士的活动。

1996：544）。

替换新古典综合的另一种二分法

对卢卡斯和拉平 1969 年文章的一个批评是——由阿尔伯特·雷斯（Albert Rees，1970）指出——他们的分析暗示着大萧条期间的所有失业都是心甘情愿的：

> 尽管科学讨论应该是冷静的，但对一个足够年长的人来说，很难让他去相信大萧条只不过是一段只要所有失业者愿意去卖苹果或者擦鞋就能度过的时期。（Rees，1970：308）

在卢卡斯和拉平（1972）的回应中，尽管他们回避讨论非自愿失业的含义，但他们承认了自己的模型不足以解释大萧条中的失业现象。⑨ 卢卡斯之后也在不同场合谈到过大萧条的问题，但基本都是在访谈或书评中泛泛而谈，从未深入剖析。至于 RBC 模型，卢卡斯反复宣称它无法解释大萧条，而且讨论大萧条问题只能回到弗里德曼和施瓦茨的分析上。⑩ 也就是说，RBC 模型更适用于研究"平稳航行时期"（后来被称为"温和时期"）的情况，但对于经济中较为戏剧化的事件如大萧条就缺乏解释力：

> 基德兰德和普雷斯科特（1982）的模型及其众多的后续模型（虽然并非所有）都将均衡视为最优配置的结果：波动源自经济本身对不可避免的生产力随机冲击的最优反应。因此该模型被视为实施最优货币政策时经济平稳运行的一种近似的刻画，但并不适用于所有的历史时间段。从这个角度来看，该模型刻画了战后经济稳定且货币政策操作得当的时期，反过来也证明了这段时间的货币政策确实操作适宜从而对实体经济有益，而绝不是说货币政策对经济运行无关紧要。（Lucas，1994：13）

我个人是同意卢卡斯的观点的。但是也存在对这一观点的反对意见，奥布斯特费尔德和罗格夫恰当地指出了这个观点的不足：

> 不能解释大萧条的经济周期理论模型显然如同只能解释小型地

---

⑨ 事实上，只有卢卡斯作出了回应，因为拉平后来不再研究该领域的问题。

⑩ 其他相关文献包括 Lucas（［1980a］1981：273，284；1987：87）、Klamer（1984：41-42）、Snowdon and Vane（1998：125）以及 McCallum（1999：284）。

震的地震理论，于事无补。(Obstfeld and Rogoff, 1996: 627)

因此，卢卡斯最终认为需要根据所研究经济现象的不同而由不同类型的理论模型给出解释，但这正是他最强烈反对新古典综合的方面。⑪这是卢卡斯思想中的另一个模棱两可之处。

政治议程？

坚定的凯恩斯主义者、在政府经济顾问委员会和美联储理事会都具有重大政治影响力的经济学家、来自普林斯顿大学的艾伦·布林德（Alan Blinder）在《凯恩斯主义经济学的兴起与衰落》（The Fall and Rise of Keynesian Economics）一文中如此评价新兴古典宏观经济学：

> 我认为……学术圈内新兴古典模型的盛行表明纯粹的经济学理论战胜了经验实证，智力美学完胜了观察检验，保守主义压倒了自由主义。(Blinder, [1988] 2001: 110)⑫

在这段引文中，布林德提出了两点看法：第一，他表达了对由卢卡斯引发的宏观经济学"瓦尔拉斯化"的惋惜，他的说法和弗里德曼对瓦尔拉斯理论的批判非常相似；他的第二个观点可以用两种方式来阐述——可以是说新兴古典模型的结论相对于凯恩斯主义模型更加保守，也可以是说新兴古典模型的崛起是出于某种政治动机。上述两点中的第一个显然是对的，第二个则等同于指责卢卡斯在追求某种政治目标。在第四章中我们看到虽然弗里德曼拒不承认，但作为一个公共知识分子，他一直以来都在试图将其理论提升为社会共识，从而影响政治行为，但是否可以说卢卡斯也有类似的想法呢？

当我们尝试回答这一问题时首先要观察到，卢卡斯反对弗里德曼的关于理论和意识形态可以完全区分开的观点。在卢卡斯看来，宏观经济学的目的就在于给出某种政策建议，而这样的政策建议必然支持一个特定的意识形态——简单来说，要么是自由市场的解决方案，要么是凯恩

---

⑪ 这种两分法使得普雷斯科特后来偏离了卢卡斯主义的观点，即后来他宣称通过调整RBC模型就足以用来解释大萧条——在这里普雷斯科特甚至直接放弃了资本这个概念。参见De Vroey and Pensieroso (2006)。

⑫ 布林德此文的标题并不是笔误，在这段引文之后布林德写道："宏观经济学如今正处于又一场革命中，即那种号召回归凯恩斯主义的革命正在酝酿，这一次凯恩斯主义用更严格的理论基础武装了自己"(Blinder, 1988: 110)。

斯主义的解决方案。下面的两个引文分别是卢卡斯在接受《区域》杂志的采访和他评论托宾的乔治－约翰逊讲座（Tobin，1982）时所发表的言论，他指出：

> 卢卡斯：就经济政策而言，其理论前沿从未改变。问题永远是重商主义式政府干预和自由放任式市场经济之间的抉择。（Lucas interviewed in *The Region*，1993：3）

> 对我而言，宏观经济学在社会政策建议领域有（或者总共有）两个学派：一个时刻谨记政府具有伤害公众福利的能力，由此特别强调对政府行为进行制度约束；另一个则关注政府积极作为并改善社会福利的能力，基于这种观点的学者更偏好寻找使得政府更有效率来施政的方法。（Lucas. Various. Box 26，Directions of macroeconomics 1979 folder）

不过，承认所有经济讨论总带有或多或少的意识形态特征是一回事，喜欢与否则是另一回事，而卢卡斯显然并不喜欢这一套。⑬ 由于无法彻底摆脱意识形态的影响，那么就只能尽量控制其影响。

为了规避意识形态纷争，卢卡斯想出的第一个办法是使用数学语言和工具，远离解释学和意识形态的讨论。⑭ 第二个办法是将由虚构经济模型推导得出的命题和关于现实经济的命题严格区分开，这不仅适用于模型的假设，如理性预期假设，而且适用于模型的政策结论。在方法论上明确模型构建准则是第三个办法。在这些约束条件下，卢卡斯认为，即使不同意识形态者难以弥合分歧，他们也能够进行卓有成效的讨论。下面的两段引文分别摘自卢卡斯的手稿和他的私人通信，证明了上述看法。

> 关于政府在民主社会中的作用这一传统议题，包括"法治还是人治""规则还是权威"等二元对立的讨论，并不会因为经济学的

---

⑬ 在《经济周期模型》（*Models of the Business Cycle*）一书的前言中，有一段话后来被卢卡斯删掉了："公正客观地来讲，意识形态在当代学术研讨中扮演着重要的角色。可能我们没必要为此生气，然而我恰恰非常气愤"（Lucas. Various. Box 13，Models of business cycles 1985-87 folder）。

⑭ 卢卡斯直言不讳地表达了对诸如科斯和哈耶克等经济学家的批判——他们对经济的看法更多地与意识形态有关，而不是与理论研究有关。他写道："我所期望的经济学有一套原则来评估政府干预的效果，并且根据每一种情况的特点，具体问题具体分析。我同意所谓的精确建模会给人以一种全知全能的假象，我们应当极力避免这种情况发生……但如果我们放弃了模型构建，那么除了意识形态还能剩下什么？我不相信科斯和哈耶克曾直面这一问题"（Lucas. Various. Box 8. Letter to K. Matsuyama，March 29，1995. Correspondence 1995 folder）。

理论技术进步而得到解决。因此，就我们（经济学）领域而言，新出现的理论技术不会威胁到任何人在上述议题中的立场（卢卡斯在此处实际指的是理性预期假设）。（Lucas. Various. Box 26, Directions of macroeconomics 1979 folder）

说真的，试图以一种毫无争议的方式去调和各种经济政策方面的争论是不可能的，我也不理解为什么会有人去期待这样的事情。经济学家的责任在于使得这种争论有用，将大家的注意力都集中在可辩论、可分析的议题上。例如，在泰勒的第一篇论文中，合同长度是任意选择的（因此"饱受争议"）并且是其模型运行的核心特征。但是，劳动合同毕竟是一种我们可以在现实中找到经验性证据（正如约翰所做的那样）或者将其全盘理论化（但很多人并没有这么做）的研究对象。像这样的研究工作是富有成效的，这并不是因为它用一种但凡诚实的人都不得不同意的方式解决了政策问题，而是因为它将争议引向了可能有效的轨道，它让我们去谈论和思考可能取得进展的问题。（Lucas. Various. Box 5. letter to Sims, July 15, 1982. correspondence 1983 folder）[15]

上述各种论述表明，前文中我对弗里德曼在意识形态和理论层面含混不清的批评并不适用于卢卡斯。支持这一说法的另一个论据在于，卢卡斯意识到了模型的政策推论其实依赖于前提假设，因此经济学家绝不能将它们随意兜售给政策制定者。这是弗里德曼绝对不会说出的话。

结　语

请允许我从当今人们对卢卡斯在宏观经济学史中地位的认知来开启我的结论，以下是我对此的大致印象。正如我在前言里所说，我曾给三、四年级的博士生开设了宏观经济学史课程，这时我才发现他们对卢卡斯的研究有多陌生。他们都听过卢卡斯的大名，也知道卢卡斯在宏观经济学领域的开创性地位，但他们对他的了解也仅限于此。我认为这某种程度上验证了一个学术明星过气有多快。抛开怀旧的因素，我认为这实际上是现在经济学研究生们的知识结构存在缺陷导致的。当然，这并

---

[15]　卢卡斯在这里所提及的泰勒的研究是交错合同模型（staggering contract modeling），我们将在第十三章讨论。

不是学生们的错，现在的研究生项目设置都太过注重技术了。在他们看来，现在的经济学家们都在沿着卢卡斯的足迹进行最前沿的研究，没有必要提及卢卡斯本人的观点，他们只向前看。结果导致关于卢卡斯的叙述大都是由卢卡斯的批判者书写的。一方面，一些人基于意识形态方面的原因而不对卢卡斯的研究成果抱以好感，他们理所当然地认为它们是"超自由主义"（ultra-liberalism）的武器，就此批判卢卡斯便无可厚非，无需对他的研究成果进行深究。另一方面，在宏观经济学界内部也存在纷争，那些偏好新古典综合的学者们（即认为宏观经济学应该是多元化的）反对卢卡斯试图使瓦尔拉斯主义在宏观经济学领域获得理论霸权。不过我认为大部分宏观经济学界对卢卡斯的批判都不能绕开马歇尔－瓦尔拉斯大分流。如果反对瓦尔拉斯主义理论和反对卢卡斯的观点之间存在高度的相关性，我并不会觉得惊讶。

正如经济思想史学家们总是秉持相对论（relativistic）的态度，我自己对于这一分流的观点也是相对的。我认为卢卡斯沿承瓦尔拉斯范式本身并不是错误，尽管货币主义者和凯恩斯主义者对此深感厌恶。因此，我并不反对卢卡斯的方法论原则，虽然它与瓦尔拉斯主义之间存在紧密的联系（除了卢卡斯更看重经验实证）。我想强调的是，认识到瓦尔拉斯主义的局限性是很有必要的，尽管很多人并没能做到这一点，但卢卡斯是个例外。

总的来说，我的观点是所有研究都应该根据其结果来评价。实际上我们看到，无论理论本身如何发展，几乎所有理论在其初创时其价值总是被低估，但真正重要的是，这些初创的理论是否可以激发累积式的理论成果不断涌现出来——用莱荣霍夫德的比喻来说，也就是指一个虚弱的思想分支能否发展成坚固的理论主干。⑯ 萨金特在接受克莱默的采访时也很好地表达了这一观点：

> 做研究的时候我们要意识到自己所研究的成果并不是最终的结果。你只是抛砖引玉而已。你在写文章的时候应该怀着一种它最好能被超越的心态。被超越是成功理论的特征。研究是与他人共同参与的动态过程。（Klamer，1984：74）

---

⑯ 我们可以比较哈耶克就知识及其在市场经济中发挥的作用所展开的论述（Hayek，1948）和瓦尔拉斯的《纯粹经济学要义》。我发现前者在帮助我们理解经济时提供的直接价值无可比拟地高于后者，但随着理论日积月累的发展，冒着得罪我的奥地利学派朋友们的风险，我还是得承认后者比前者有价值得多。

在接下来的章节中，我们就将看到 DSGE 方法取代卢卡斯成果的例证。

我已经指出，尽管卢卡斯有意努力保持一致性，但还是不可避免地出现了理论上的模棱两可。这当然是一个缺陷，但这是可以理解的——如果过分追求认识论上的纯粹性，作为一门社会科学的经济学也不可能取得太多的成果。卢卡斯主要的模糊性在于，他一直试图对新瓦尔拉斯主义和实证主义两头效忠，居间调停。这个举动是意味着想在这两个领域中都做到最好，还是说这是一个以后有可能被证明会取得丰硕成果的勇敢尝试？由于卢卡斯自己未曾真正进行过实证方面的研究，我们必须对其他抱以这样研究思路的学者的成果进行检验后才能回答这个问题。不过，鉴于卢卡斯将模型视为类比系统的观点，我猜测卢卡斯可能希望能够打破非过度开发原则的僵局。因为如果类比模型从实证上被证明是稳健的，那么它们就可以被用于比较不同政策措施的效果。由此，政策建议将得到某种程度"科学"的证明，这也能反过来缓和非过度开发原则。但是对我来说，跨越外部一致性和内部一致性仍然是一个乌托邦式的野心。简单地复制并遵循既有原则当然是有用的，但还没有搬出非过度开发原则的必要。至于其他的模棱两可之处，我认为萨金特对卢卡斯 1972 年论文的评价是很有启发意义的：基于卢卡斯本人多年来对货币主义观点的坚守，这篇文章的问世和走红几乎是一个意外。我很喜欢萨金特在这段话中暗示的内容，即模型也是有自己的生命的，它们可能会在独立于创造出它们的人的动机和愿景之外不断演变。

第十二章
对卢卡斯的早期回应

> 对许多凯恩斯主义者而言,新兴古典主义用精确的偏误替代了混杂的真理。(Lipsey,2000:76)

本章将梳理托宾、莫迪利安尼和索洛等传统凯恩斯主义者(或者说"旧"凯恩斯主义者)在面对卢卡斯给宏观经济学带来的转变时所作出的回应。① 首先,我们简要考察一种与此性质不太相同的回应,即克里斯托弗·西姆斯(Christopher Sims)对卢卡斯批判的驳斥,他认为经济学家对经济规律及本质的理解源自较小地运用经济理论,而不是相反。关于旧凯恩主义者的回应,我们主要关注以下几方面:他们如何看待理性预期;戈登如何尝试拯救菲利普斯关系;以及阿瑟·奥肯(Arthur Okun)如何建议将搜寻理论纳入凯恩斯主义框架。我们将专门探讨卢卡斯与传统凯恩斯主义之间的一个重要争执所在,即他们在市场出清和非自愿失业概念上的争论。在本章末尾,我将尝试探讨两种主义之间产生矛盾对立的根本原因。

西姆斯对卢卡斯批判的反驳

作为一名时间序列方面的统计学者,西姆斯从学术生涯一开始便强烈坚持应当运用尽可能少的先验理论去解释经济周期问题。在 1969 年,格兰杰已经提出后来被称为"格兰杰因果检验"(Granger causality)的

---

① 在这里"旧凯恩斯主义者"(old Keynesian)这一术语并没有任何负面意思。托宾本人就并不介意使用它(Tobin,1992,1993)。

方法，用以检验时间序列变量间的序列因果关系（Granger，1969）。格兰杰的研究对西姆斯和萨金特都产生了较大影响，两人20世纪60年代的大部分时间都在明尼苏达大学工作。由此他们合作了《作为非先验理论的经济周期模型》（Business Cycle Modeling without Pretending to Have too Much a priori Economic Theory）一文，正如该文标题所示，西姆斯让数据自己说话。该文在美联储明尼阿波利斯分行1977年举办的学术会议上第一次公开发表（Sargent and Sims，1977），当时遭到了克莱因、安多（Ando）和戈登等凯恩斯主义者的强烈抨击。[②] 但与萨金特不同，西姆斯在其之后的学术生涯里一直坚持这种观点并成为VAR（Vector Antoregression，向量自回归模型）方法的领导人物，作为一种识别方法，VAR认为经济由独立的瞬时随机变量所驱动。[③] 后来，西姆斯意识到在运用VAR模型进行政策分析时缺乏理论约束，为此，他又转向了带约束的VAR方法，即SVAR模型（structural VAR，结构向量自回归模型），该工具后来被第二代新凯恩斯主义者广泛运用并由此来论证关于经济的特征事实。

专栏12.1

VAR方法

VAR是一种用来检验时间序列变量之间线性关系的统计方法。下面三段引文将向对此不太了解的读者简要介绍VAR和SVAR方法。其中第一段引文源自瑞典皇家科学院就2011年萨金特和西姆斯获得诺贝尔经济学奖给出的科学背景说明；第二段和第三段引文源自斯托克（Stock）和沃森（Watson）（2001）发表在《经济学展望杂志》上的一篇文章。

简单来说，VAR分析法就是利用历史经验数据将宏观经济

[②] 在此我只讨论一种回应，克莱因表示"这是令人失望的倒退，与当今计量经济学的主流相违背"，并且认为他们据此建立起来的因果关系也没有意义（Klein，1977：203）。他还认为库普曼斯对NBER研究计划的著名批判——指责其缺乏理论基础——同样适用于萨金特和西姆斯的这篇论文。

[③] 后来萨金特很快开始质疑VAR方法的实用性。与西姆斯相反，萨金特更希望宏观经济学遵循某种先验理论。在他看来，回应卢卡斯批判的最好方法就是构建一个更有说服力的具体的经济模型——该模型包含"更深度的待估参数"，并可在第二阶段进行估计（Hansen and Sargent，1980）。关于萨金特学术生涯期间试图克服的诸多难题，读者可以参阅Sent（1998）以及Boumans and Sent（2013）。

中的结构性冲击——例如中央银行的政策工具（如美国联邦基金利率）面临的不可预期的外生冲击，或者生产率面临的不可预期的外生冲击——抽取出来并研究它们对经济的影响。因此，该分析工具可运用于：①估计预测模型，即通过从可预期的宏观经济变量及其运动过程中分离出不可预期的运动趋势来进行预测；②识别分析，也就是将不可预期的经济运动分解到结构性冲击中，结构性冲击即那些可以被视为宏观经济波动的根本原因的冲击；③脉冲响应分析（impulse-response），即追踪考察这些外生冲击对全部宏观经济变量的后续动态影响（Royal Swedish Academy of Science Citation, 2011: 13）。

单变量自回归过程是只包含一个方程、一个变量的线性模型，该变量的当期值由其滞后时期的值决定。VAR 则是包含 n 个方程、n 个变量的线性模型，每一个变量既由其自身的滞后值解释，也由其他 $n-1$ 个变量的当期值和滞后值解释（Stock and Watson, 2001: 101）。

SVAR 方法利用经济学理论来确定各种变量的同期联系。SVAR 需要"识别假设"，从而使得相关关系可以被解释为因果关系。可以将识别假设纳入整个 VAR 模型，那么就能辨识出模型中的所有因果关系，也可以只纳入一个方程，那么就只能辨识一种具体的因果关系（Stock and Watson, 2001: 101）。

让我们回到主题上来。尽管多数凯恩斯主义者无法接受"理性预期革命"，但西姆斯并无此顾虑。他认为理性预期革命是必要的，因为"腐朽的旧体系必将迎来灭亡的命运"。在他看来，凯恩斯主义模型并不能被严格检验：

……（凯恩斯主义模型）包含诸多特设的假设，并且在付诸实证的时候采用了诸多不可靠的方法，以至于即便是构建这些模型并对其加以估计的学者们也从不严格地将之视为某种概率论模型。由此，对这些模型预测结果的不确定性的测度及相关政策建议均不可靠。(Sims, 2011: 11)

因此，西姆斯对凯恩斯主义计量模型的主要批评在于它们的识别性较差，而不是认为它们过于庞杂。事实上，他并不反对"估计时更加大胆",只是认为人们应该避免像凯恩斯主义模型那样随意增添约束条件(Sims,1980:14)。而且西姆斯认为尽管凯恩斯主义模型存在这样那样的缺陷,但仍不失为一种有用的分析工具,因为他认为模型的结构性识别问题对于预测和政策分析来说并不重要。相反,增加错误的约束条件可能有助于建模过程本身(Sims,1980:11)。西姆斯真正反对萨金特和卢卡斯的地方在于,他认为就算为凯恩斯主义模型找到更强的微观基础也并不能解决其所存在的识别性问题,而后两位经济学家则持相反的观点。

西姆斯列举了反对卢卡斯批判的三大理由。第一点同时也是最重要的一点是,卢卡斯批判中关于政策机制的概念是模糊的,而该概念在卢卡斯的论证中起到了核心作用(Sims,1980:12)。西姆斯指出:现实中可以被称为"政策机制变动"的变化很少,政策变动可以被称为都是在相对而言比较稳定的政策规则框架内进行微调——比方说调整税率或利率——而非对政策规则进行全盘修改。换句话说,卢卡斯本人所指的"政策变动"(policy changes)通常是对某种给定的政策规则在具体实施过程中进行微调,而不是卢卡斯本人所宣称的那种一次性的、无法预期到的、颠覆原有制度的变动。在这种情况下,采用简约形式(reduced form)模型并无大碍(Sims,1980:13;1982:107-108)。

西姆斯的第二点批判源自他对特里夫·哈维默(Trygve Haavelmo)在实证研究方面所持理念的认同。与朗纳·弗里希(Ragnar Frisch)不同,哈维默认为计量经济模型必须包含误差项,并因此应该采用概率论进行描述。④ 西姆斯在两方面尝试对哈维默的成果予以改进:第一是提出了用贝叶斯估计替换"频率假设检验"(frequentist-hypothesis testing);第二是西姆斯认为哈维默为模型引入政策行为方程固然值得称赞,但在随机的结构化模型框架内政策变动不应该被视为外生变量。在西姆斯看来,政策变动应当被视为一个随机变量的实现过程,从而应该成为模型结构的一部分。一旦采用贝叶斯推断方法,那么在政策制定者眼中,制定政策的过程就具有内生性特征了,但对于私人经济主体来说却是外生的。由此,西姆斯批判卢卡斯和萨金特所开创的新兴古典主义宏观经济学延续了哈维默的错误观点(Sims,2012)。

西姆斯的第三点批判是,他认为卢卡斯批判对宏观经济学各领域的

---

④ 关于计量经济学早期的历史,参见经典的 Morgan(1989),Louçã(2007)和 Qin(1993)。

影响过广。受此影响，那种把"定量政策分析视为……充斥着内在矛盾或者根本就是错误的分析框架"的观点广为流传（Sims's interview by L-P. Hansen，[2004] 2007：224）。基于同样的原因，学者们把货币政策制定机构的官员们所面对的议题完全排除在理论议程之外。

因此，西姆斯总结到，卢卡斯主义宏观经济学太过于野心勃勃，以至于他们的研究目标永远不可能实现。卢卡斯的严苛准则不应当被用来限制学界的议题范围。相反，"我们应该致力于提高估计方法并使用不依赖于参数识别的统计模型。因为大部分政策分析不需要这种识别"（Sims，1982：151）。很自然地，西姆斯的观点也会随着时间的流逝而逐步演化，但他从未偏离自己最初提出的基本理论诉求。当西姆斯被汉森问及是否改变过对识别问题的态度时，西姆斯回答道：

> 我仍然对过于严格的参数化模型抱以怀疑的态度。我认为在宏观经济学领域做实证研究的最可靠的办法是利用来自"理论"的假设，虽然在大部分情况下这都意味着某种直觉，不过它易于使用并且足以用来得出相关结论。（Hansen，[2004] 2007：218）

至于西姆斯力推的实证研究，它一直主要致力于发明更可信的识别方法，很多不同类型的冲击被纳入研究计划中。就他本人的经历来说，西姆斯从早年就开始致力于研究货币变动对经济产生的实际影响，而这一点自莫迪利安尼于1944年发表那篇论文后就成为凯恩斯主义和"古典"经济学家的分界线。

西姆斯的观点最终成为游戏规则的改变者，但宏观经济学家们普遍接受SVAR方法仍然花费了很长时间，原因在于：第一，正如西姆斯指出的那样，卢卡斯批判的存在使SAVR等方法受到了抑制；第二，RBC模型的流行使得人们对货币的实际影响这一议题不太关心。因此我们将西姆斯对货币实际影响的研究放到第十八章，在那一章中我们将讨论第二代新凯恩斯主义模型。

卢卡斯与凯恩斯主义：最开始的冲突

曼昆曾对卢卡斯革命评论道："在20世纪70年代，经济学界的'青年土耳其党人'在宏观经济学领域发动了一场革命，其激烈程度不亚于任何一场知识革命"（Mankiw，1992a：21）。曼昆是对的。与总是口头上表示尊重凯恩斯主义实际上却激烈批判凯恩斯主义政策的弗里德曼不同，卢卡斯并没有手下留情。卢卡斯和萨金特在美联储波士顿分行于1978年6月举办的一次学术会议上发表了《凯恩斯主义宏观经济学之后》（After Keynesian Macroeconomics）一文，旗帜鲜明地表达了两位作者反对凯恩斯主义的态度。该文不失为一篇新兴古典主义研究方法的宣言，其标题本身就如同一颗重磅炸弹。⑤ 关于该文的研究目标和动机，卢卡斯和萨金特总结道：

> 我们试图……将已经在许多经济学问题研究中所采用的均衡方法拓展到经济周期现象的研究中，一直以来该领域都在抵制均衡方法。（Lucas and Sargent，[1979b] 1994：28）

该文一开始便重申了卢卡斯批判，他们接着就《理解经济周期》（Understanding Business Cycles，1977）一文所讨论的问题展开论述，控诉凯恩斯放弃了均衡原则。卢卡斯和萨金特随即指出应该用动态均衡替代传统那种持续向唯一均衡状态自动调节的静态均衡的原因。他们还强调了在一般均衡框架下引入理性预期假设的重要性。最后，他们回应了几种对新兴古典主义模型的不同批判，包括市场出清的假设、对经济中存在的惯性的忽视、采用线性的设定以及对学习行为的忽视等。尽管这篇文章的论证是扎实且符合原则的，但与卢卡斯的早期论文相比并没有太多新意，只是措辞上更加严厉了。

在此次会议上，索洛和普尔一起负责审阅不同的论文。在索洛的评论中，他认为这篇文章除了富于建设性的研究计划，对凯恩斯主义宏观经济学毫无同情，他还列出了这篇文章对凯恩斯主义宏观经济学的评价，在索洛看来，这些措辞实在有些过了："极其错误""根本缺陷""残骸""失败""致命的""一文不值""影响恶劣""大范围溃败""悲壮的失败"以及"前景无望"（Solow，1979：203-204）。⑥

本杰明·弗里德曼（Benjamin Friedman）——我们在第四章提及过

---

⑤ 在随后接受斯诺登和文恩的采访中，卢卡斯本人这样评价此文："斯诺登和文恩：这篇文章包含了很多尖锐而强硬的观点。你们在写作过程中就意识到了吗？卢卡斯：当然。我们被美联储波士顿分行邀请参加这场学术会议，那就像是只身赴敌营一般（波士顿分行历来是凯恩斯主义的大本营——译者注），我们当然要作出严正的申明表达我们拒绝被同化的态度"（Snowdon and Vane，[1998] 2005：282）。

⑥ 就职于美联储密苏里分行的普尔是一位坚定的货币主义者。他反对索洛的意见："对萨金特和卢卡斯的批判反映了那些试图维护现有大部分宏观经济模型的人的观点，因为所有人都意识到这些模型不再能够对特定政策效果给出正确的预测"（Poole，1979：212-213）。

他——是卢卡斯和萨金特在此次会议上的点评人（Friedman，B.，1979）。他的点评如同他们的论文一样尖锐。他指出，如果仅仅谈及现代宏观经济学需要理性预期假设，那么他赞同在这个层面上卢卡斯和萨金特所提出的批判取得了具有重大影响的进步。但他坚决反对"从方法论上根本背离凯恩斯主义宏观经济学的术语体系"（Friedman，B.，1979：80）——而这正是卢卡斯等人的最终目标。

B. 弗里德曼主要反对的地方在于：经济周期一般均衡模型所采纳的最优主体行为设定与凯恩斯主义宏观经济学的那些特设的约束条件本质上并没有什么分别（Friedman，B.，1979：80）。他进一步指出凯恩斯主义模型显然具备明确的微观基础，例如消费行为的生命周期模型以及对资产组合行为的研究，他还提到了克莱因早期关于微观基础重要性的文章。B. 弗里德曼还指出，像卢卡斯那样随意假设经济主体按照时间先后顺序去获得价格信息是不恰当的。更改这一假设将使得总供给函数中的价格和产量呈现负相关关系，而绝非卢卡斯和拉平所推导的那样。B. 弗里德曼还对卢卡斯和萨金特排他性地只研究长期视角进行了批判，他指出这一事实恰好说明两人在研究短期经济状态和相关议题上出现了瓶颈。最后，他批评了两人在论文中表现出的傲慢语气，他认为"采用谦逊谨慎的语言来陈述更有助于促进科学交流"（Friedman，B.，1979：80）。

然而，不得不承认 B. 弗里德曼所面临的是一项艰巨的任务。卢卡斯和萨金特开创的新研究路径是一场激进的科学范式革命，对那些经过传统凯恩斯主义理论训练的学者们来说是一次猝不及防的突袭，以至于他们完全没有招架之力。B. 弗里德曼应该承认而不是否认卢卡斯和萨金特在这里从根本上抛弃了凯恩斯主义宏观经济学。他们希望建立一套严格的一般均衡标准，而凯恩斯主义者则认为应该根据具体问题在最优行为假设和经验法则行为之间进行选择。这一选择背后所隐含的学术态度再次指向了新古典综合。就此而言，B. 弗里德曼应当在瓦尔拉斯主义宏观经济学的适当性方面展开论述而不是关注于一些毫无吸引力的次要问题。这场会议后，卢卡斯和萨金特在《对弗里德曼的回应》（Response to Friedman）一文中并没有缓和其语气，他们写道：

> 如果凯恩斯主义模型的研究存在某些本质上的缺陷，那么我们的态度更加温和会对此有什么帮助吗？如果我们的研究结论几乎无误，那么将我们认为是真理的研究成果与那些别人喜欢或熟悉的观

点加以中和并总结真的有利于"促进科学交流"吗？（Lucas and Sargent，1979b：82）⑦

关于这场暴风骤雨般的科学革命在学界掀起的波澜，卢卡斯 1979 年在芝加哥大学研究生院管理学年会上发表的题为"凯恩斯主义经济学之死"的演讲是又一个很好的例证。我们曾在第九章提及此文。在这里我们引用其开头一段：

> 我想要阐明的经济学的进步已经发生：凯恩斯主义经济学已经死了（用"消失"一词可能更加妥当）。我并不知道这个过程确切是从何时开始的，但至少 2 年前还不是这样，到如今这已经是无可辩驳的事实了。这是一个社会学观察，而不是经济学观察，因此关于它的证据都是社会学的。例如我们看到：如今学界已经很难在 40 岁以下的优秀经济学家中找到任何自称凯恩斯主义者的学者了，事实上，如果经济学家被冠以凯恩斯主义者，那么他甚至觉得被冒犯了。经济学研讨会也不再严肃地谈论凯恩斯主义理论——因为学者会抱之以嘲笑和蔑视；顶尖期刊也不再接受凯恩斯主义的论文。我想我和许多人一样都为凯恩斯主义的灭亡贡献了一份智慧的力量，对此我并没有任何自夸或者愉悦，只是事实如此而已。学界和政府机关中确实还有一大批凯恩斯主义者，因此某种程度上可以说凯恩斯主义经济学还活着，但这种状态将转瞬即逝，因为他们不再能够提出任何新鲜的观点。培养一位五六十岁的凯恩斯主义大师的唯一方法是首先培养出一位 30 岁左右的杰出青年凯恩斯主义者，然后再等 30 年。因此政策方面的效果还需花费一定的时间才能观察到——但我们能够准确地预测到它。（Lucas，[1979] 2013：500-501）

相较于原文其他内容而言，上述引文似乎最终有了自己的生命，不断被卢卡斯的对手们引用来控诉卢卡斯。⑧ 然而有趣的是，这篇文章的全文却难寻踪迹。我曾向多名引用上述文字的学者索要这篇文章的副

---

⑦ 然而，只有在成为胜利者之后才可能拥有宽宏大量的气度。在 2011 年一场关于理性预期的圆桌会议上，卢卡斯重新评价了他和萨金特撰写的那篇论文，并说道："汤姆和我在那场会议上发表的论文应该说写得并不好，现在的我甚至不忍重读。尽管执笔人是我，但我不得不承认这篇文章很难称得上是经济学研究的里程碑"（Hoover and Young，2011：28）。

⑧ 曼昆就曾在《作为科学家和工程师的宏观经济学家》（The Macroeconomist as Scientist and Engineer，2006：34）一文中引用过这段话。在谷歌学术（Google Scholar）中，这段话被引用过 65 次（于 2014 年 4 月 24 日查询）。

本，结果他们大都告知我自己并没有原文，这也就意味着其实他们根本没有读过全文。卢卡斯本人也给了我一个类似的答案。幸运的是，我从卢卡斯档案里找到了这篇文章的草稿，后来该文收录于卢卡斯（2013）。

上述引文显得狂妄而傲慢。卢卡斯关于传统凯恩斯主义宏观经济学不再有任何前景的判断并没有什么错，但他不应该嘲讽凯恩斯主义者和凯恩斯主义的研究计划。⑨ 具有讽刺意味的是，卢卡斯这次演讲的剩余部分与其开头一段并不相同，它其实只是想要宣判新古典综合共识的消亡，正如我们在第九章已经讨论过的。因此卢卡斯这次演讲的更好的标题应该是"新古典综合的陨落"（The Fall of the Neoclassical Synthesis），而非"凯恩斯主义经济学之死"，上述引用的介绍性段落也应该被删去（恐怕当时卢卡斯并未预见到这段话会被学界抓住不放）。⑩

理性预期假设：从抵抗到不情愿地采纳

宏观经济学者最开始对理性预期假设表现出严重的不信任。⑪ 反对意见主要集中在两点。第一，理性预期在适用范围上有一定局限性。比如莫迪利安尼（1977b：89）在评论普雷斯科特一篇批判最优控制理论的文

---

⑨ 在对麦克拉肯等（McCracken et al.）题为"迈向充分就业与价格稳定"（Towards Full Employment and Price Stability）的 OECD 报告进行评述时（Lucas，[1976b] 1981a），卢卡斯显示出他意识到了这一点："在可预见的未来，凯恩斯的思想仍然会以各种难以预料的方式激励着经济学理论学家们，因此许多经济学家仍然会自视为'凯恩斯主义者'。预料到这些发展后，我们就不能冒昧地说他们的努力必将失败。我在这里所使用的'凯恩斯主义'这个术语很大程度上是狭义的，即指那些坚持计算乘数效应——我们都知道这就是沃尔特·海勒（Walter Heller）所讨论、应用，并一以贯之的。不严谨地来说，（这里所说的凯恩斯主义）理论是一种在某些特定的情形下被认为能够计算出准确答案并作出指引的工具"（Lucas，[1976b] 1981：265-266）。（卢卡斯最后一句想要表达的意思是：只要能够给出精确的答案，那么这套理论便是有效的。——译者注）

⑩ 在 1977 年，萨金特撰写了一篇题为《凯恩斯主义经济学是否已然死亡？》（Is Keynesian Economics a Dead End？）的工作论文，此文不仅和卢卡斯演讲的标题类似，其核心内容也和卢卡斯的演讲相近。虽然该文最终并未发表，但相较于卢卡斯的那次演讲，这篇文章却广为学界接纳，基本上没有学者对该文提出质疑（Sargent，1977）。

⑪ 在 1968 年 12 月 2 日卢卡斯写给普雷斯科特的一封信中，他提及自己参加的一次研讨会："……在会议的剩余时间里，学者们一直在讨论理性预期假设：它的含义，它是否合理，等等。总的来说，我认为我并没有说服他们：学者们大都认为这是一个没有理论根据的假设，故而也就将我们在每个时点都假设存在某个均衡点的观点视为一种谬论"（Lucas. Various. Box 1. Letter to Prescott, December 2, 1968. Correspondence 1968 folder）。

章时指出，理性预期假设确实适合某些市场，比如资本投机市场，但对于其他市场，比方说劳动力市场，就无能为力了，因此该假设在宏观层面是无效的。但是这种批评误解了卢卡斯的本意，即理性预期假设"只是一种建模的技术原则，而非一种独特的、综合性的宏观经济学理论"（Lucas，1981a：1），因此不应该用是否符合实证检验来评价该假设。

  第二个也是更尖锐的反对意见与学习和信息收集过程有关。在1970年召开的华盛顿会议上，托宾是卢卡斯《自然率假设的计量经济学检验》（Econometric Testing of the Natural Rate Hypothesis）一文的点评人，他曾对这一点略为提及。在评论中托宾提出卢卡斯所假设的经济主体获取知识的能力太强了，"简直要比在座大多数计量经济学家还厉害"（Tobin，[1972] 1987：30）。随后，罗伯特·席勒（Robert Shiller）（1975）和B. 弗里德曼（1979）以及其他一些经济学家表达了相同的看法。尘埃落定后，B. 弗里德曼也终于能够改进他之前对卢卡斯和萨金特的评价。他指出，理性预期可以从弱或者强两种意义去理解。弱理性预期是指经济主体会有效利用目前所有可获取的信息；强理性预期则对可获取的信息这个概念给出了更加准确的规定。我们想当然地认为"经济主体形成预期的过程就像是他们面对一系列的白噪声扰动还能对整个经济结构了如指掌一样"（Friedman，B.，1979：26）。但问题是，经济主体究竟是如何去获取关于整个经济所有行为的知识的呢？[12] 从本质上来讲，抛开可操作性这一重要方面不谈，第二种批评显然直中要害。学习机制是更广泛意义上的均衡形成过程的一部分，因此我们回到了第三方拍卖者假设问题以及与之相关的市场均衡总是瞬时达成的假设。新兴古典主义者可能会借助B. 弗里德曼的观点来回应，即构建学习机制模型在经济学研究日程上非常重要，但由于没有得出充分的结论，我们只能继续使用传统的假设。

  随着时间的推移，对理性预期假设的完全否定以一种曲折的方式逐步降温。凯恩斯主义者所关心的是菲利普斯曲线而不是理性预期。最开始，他们并没有感受到来自卢卡斯的理论威胁，至少比不上弗里德曼的批判令人头疼。凯恩斯主义者可以接受长期垂直的菲利普斯曲线，只要

---

[12] 弗莱德曼自己以及与菲尔普斯一起也反复表达过同样的观点（Frydman，1982：664；Frydman and Phelps，1983：5，17）。Frydman and Phelps（2013）是他们最近一次重申自己的观点。虽然菲尔普斯在理性预期假设上与卢卡斯分道扬镳，但他在其他方面与卢卡斯走得很近，这值得我们留意。

短期菲利普斯曲线斜率仍为负,那么货币政策仍然是有效的。他们认为,只要价格通胀和工资的相关性显著小于1,那么自然失业率和卢卡斯-拉平劳动力供给方程的政策推论都可以忽略。不幸的是,尽管之前的情况确实是这样,但20世纪60年代后期通胀的加速打碎了凯恩斯主义者的幻想(Gordan,1976:193)。我们曾在第九章中提及的萨金特和华莱士更是用"政策无效性命题"给了凯恩斯主义者重重的一击,但是这一溃败也是短暂的。很快,凯恩斯主义者发现,虽然萨金特和华莱士(1976)将其研究结果归功于采用了理性预期假设,但采用价格和工资弹性假设也可以给出相同的解释。据此,凯恩斯主义者开辟出了新的研究道路,即交错合同模型,该模型接受了理性预期假设,也为局部工资刚性留下了余地,这比之前的模型建立在了更好的基础上,它由费希尔提出,我们会在下一章讨论。

随后,出现了两种后果。第一,凯恩斯主义者对待理性预期假设的态度发生了改变,他们认为该假设可以被用于某些研究目的,但并不会因此而成为理论霸权。第二,凯恩斯主义者们争论的焦点从是否接纳理性预期假设转向是否接纳市场出清假设。正如托宾所言,在新兴古典主义宏观经济学的两大支柱(理性预期和市场出清)中,后者才是"对其学说产生深远影响的要素"(Tobin,1980:22)。

拯救菲利普斯曲线的尝试

凯恩斯主义宏观经济学的问题开始于将实证上的菲利普斯关系转化为"菲利普斯曲线",这一转变旨在弥补凯恩斯主义体系中"缺失的方程"。然而,最初提出的这个解决方案在最后变成了理论残骸(Lucas and Sargent,[1979] 1994:6),这预示了(凯恩斯主义理论)在更广泛意义上逐渐消亡的第一步。在这一节中,我将描述戈登为了控制这一损害所做的努力。如果说有哪位经济学家将拯救菲利普斯曲线视为其使命,那么无疑就是戈登。为了不把"脏水和婴儿"一起倒掉,他决定丰富菲利普斯关系的内涵。[13] 直到那时,传统理论仍认为需求冲击是导致菲利普斯曲线变化的首要因素。戈登则认为另外两个因素也应该被考虑进去,即惯性(inertia)和供给冲击。由于现在共有三个因素被考虑

---

[13] 戈登(Gordon,2011)重启了自己早期的研究成果。

在内，他将它们称作"三角概念"。其中，惯性是工资调整存在惰性的另一种讲法。⑭ 戈登也像弗里德曼那样宣称上述冲击对数量变量的影响是滞后的。例如，他收集的一系列货币冲击对就业的影响都有一年左右的时滞，这就意味着惯性的存在。对于供给冲击，戈登喜欢用负面的石油冲击来例证（Gordon, 2011: 22）。他所建立的研究其影响的模型包含三个假设：第一，他假设石油价格在拍卖市场上是固定的，而其他市场则是奥肯式的"消费者市场"。由此，对比来看，石油价格是弹性的，而其他商品和服务的价格则是黏性的。第二，他假设在分析之初经济体实现充分就业，且石油需求是无弹性的。我们可以从上述假设轻易地推出，当石油价格上升的时候，在石油上的花费所占的份额会相对升高，而其他花费则相应减少。因此石油冲击对失业率的影响取决于两个因素：名义工资和政府政策。如果名义工资具有弹性，那么就可以继续保持充分就业，而且名义 GDP 的增长率也保持不变。而如果名义工资具有黏性，那么只有采取相适宜的货币政策才能保证充分就业。后一种情况"必然会使得名义 GDP 上升，上升的数量取决于需要为石油额外'支付'的金额；但是，如果对观察到的通货膨胀上升作出预期的反应，就会带来通货膨胀的螺旋式上升"（Gordon, 2011: 21）。第三，这里有一个刚性名义工资和部分适宜的货币政策结合起来的例子。就此，即可推出向上弯曲的菲利普斯曲线。更一般地来讲，一旦我们采用"三角概念"，不同的产出/通胀组合都是可能的："总产出和通货膨胀率会根据总需求冲击或总供给冲击的相对重要性而呈现正相关关系或负相关关系"（Gordon, 2011: 22）。戈登总结道，一旦菲利普斯关系以这种方式被构建出来，那么就可以用来解释滞胀现象。因而，宣布凯恩斯主义宏观经济学的消亡就不再有依据：菲利普斯曲线必然是负斜率的观点应该被抛弃，但凯恩斯主义宏观经济学会因此得到拯救。

戈登简单却机智地反驳了卢卡斯关于滞胀现象即意味着凯恩斯主义宏观经济学无效的论断。然而戈登没有注意到的是，菲利普斯曲线只是卢卡斯对凯恩斯主义范式进行全面批判中的一部分。这可以说是又一个凯恩斯主义经济学家没能认真理解卢卡斯对凯恩斯主义宏观经济学所展

---

⑭ 戈登一直都在为马林沃的非瓦尔拉斯均衡范式背书："2008—2009 年席卷全球的金融危机显然可以证明该范式的正当性，当我们问道：每一位劳动者都能在给定工资和价格水平下自由决定工作小时数吗？无论规模大小，任何一家企业都能在给定工资和价格水平下以最优的产量来销售吗？答案显然是'不可能'"（Gordon, 2009: 12）。

开的批判的例证。在戈登看来，卢卡斯的研究思路实在难以让人认同，以至于他很难相信它能够被学界认真对待。同样，戈登也没有意识到，卢卡斯货币冲击模型的死亡并不等同于整个卢卡斯理论体系的失败。因此，尽管戈登认为"三角概念"论证将凯恩斯主义宏观经济学从弗里德曼和卢卡斯的批判中拯救了回来，进而要求宏观经济学者能够重回凯恩斯主义的理论传统，但最终不得不失望而归。

奥肯的搜寻观点

另外一个让凯恩斯主义理论重新焕发生机的重要尝试则要归功于奥肯。奥肯的职业生涯先后从学界（耶鲁大学）走向了政策制定领域[在总统经济顾问委员会（President's Council of Economic Advisers，CEA），最初作为委员会成员，1968—1969年成为委员会主席]，最终回归到布鲁金斯学会（Brookings Institution）做研究。奥肯的遗作《价格与数量：一个宏观经济学分析》（*Prices and Quantities：A Macroeconomic Analysis*，1981）论述了他在CEA工作时期，面对理论界将菲利普斯曲线拉下神坛后对通胀和失业问题的重新评估。[15] 和卢卡斯一样，奥肯对凯恩斯主义宏观经济学也不甚满意，但他旨在重构它而不是摧毁它。奥肯也从未将自己的研究思路视为不同于卢卡斯的另一条道路，因为当他开始撰写这本书时，卢卡斯主义宏观经济学还并不是一种令人信服的参照。不过，到这本书完稿时的20世纪70年代末期，卢卡斯革命已然如日中天。奥肯在去世前写的最后一篇文章即是对卢卡斯理论的批判（Okun，1980）。该文的要点是，仅仅通过对标准的简化的瓦尔拉斯模型中的认知错误进行修正并不足以构建出一个有效的经济周期理论。之所以不能达到这一目标，最核心的缺陷在于采用了普遍的拍卖市场假设（Okun，1980：875）。虽然上述观点并非奥肯的原创，但在当时几乎快要完工的书稿里，他提供了一个组织严密的研究计划来支持上述观点。

在第九章中我们用莱荣霍夫德的决策树描述了卢卡斯的理论贡献。卢卡斯退回到基本的马歇尔-瓦尔拉斯分叉点，并决定选择瓦尔拉斯主义路线而非马歇尔主义路线。奥肯的研究也遵循了某种回溯过程，但他

---

[15] 在奥肯去世时，这本书的手稿接近完成。后来该书由布鲁金斯学会的同事帮忙编辑并出版。

的回溯思路有所不同。奥肯对凯恩斯主义宏观经济学的背离主要体现在两个大胆的方面：第一，他认为供需分析并没有抓住市场运行的真正方式；第二，与大多数凯恩斯主义宏观经济学者不同，他认为应该放弃凯恩斯的非自愿失业。在他看来，如果凯恩斯主义宏观经济学建立在摩擦性失业的概念上会更好。在上述改进的基础上，奥肯相信凯恩斯主义宏观经济学会得到补救。

奥肯研究的出发点是，除了少数例外（资本市场），现实中大部分市场的运行都与经济学理论的描述并不相同。为了捕捉这些特征，他将劳动力市场重新定义为"职业市场"，将商品市场定义为"消费者市场"，市场中的经济主体被视为具有长期人际关系的利益相关者。带着折中的思维，奥肯毫不犹豫地借鉴了当时新出现的几个不同理论：搜寻理论、自然失业率理论，甚至是卢卡斯－拉平模型。⑯ 为了充分展现奥肯研究的丰富性，我将向读者列举他研究劳动力市场的思路步骤。首先，奥肯采用了搜寻视角，假设劳动力每天应聘一家企业，而且其对某个企业的特定职位并没有先验知识，但对整个市场的工资分布有一定的认识。是否接受某一职位取决于他们的保留工资水平（保留工资越高，失业期越长）和预期多长时间内未来的工资水平会提升。与供需分析不同，这一框架使得失业成为一个正常的结果。其次，奥肯引入了"陈旧信息的修正"（stale information amendment）这一概念，即假设劳动力所拥有的工资分布信息是不完全的，这导致他们可能会被劳动力市场不断变化的情况所迷惑。"信息的滞后性使得劳动力在就业市场环境不好时减少对最优选择的搜寻（而在市场环境好时过度搜寻），因此导致了失业的收缩（或膨胀）"（Okun，1981：38）。这就把预期引入了对失业波动问题的解释。最后，奥肯声称引入了一些贴近现实的技术细节，包括持续的失业和裁员。为此，他提出了"通行费"假设（"toll" assumption）：雇佣意味着劳动力和雇主必须分摊一次性的雇佣成本。他们在雇佣关系中的相互"投资"带来了一系列其他影响：为了提高员工忠诚度而设计的随工龄增

---

⑯ 对奥肯来说，认知错误是经济周期理论中不可缺少的一部分，但绝非唯一的解释因素。他与卢卡斯相同的观点还包括：①应当将微观和宏观理论联系在一起；②经济主体应该是理性且具有前瞻性的；③除了改变劳动力供给的设定，凯恩斯确实没能将微观和宏观联系在一起；以及④菲利普斯曲线的失败确实是凯恩斯主义宏观经济学存在缺陷的一大标志（Okun，1980：817-818）。

加的奖金；企业更偏好于一锤子买卖而不是雇佣谈判；企业需要筛选申请者质量；等等。在这一框架内，所有的雇佣行为都带有摩擦性。这一框架实际上都没有给作为个体非均衡的非自愿失业概念留下空间，但采纳了那种偶然的非自愿失业概念。

奥肯和卢卡斯代表了两种不同的方法论世界。奥肯还试图对现实问题给出直接的解释，这意味着需要对可能有因果关系的主要因素进行识别，不能落下任何一个可能的重要因素。这种方法更像是抽丝剥茧的历史学家所采用的研究方法，但作为一名经济学家，奥肯还试图在描述繁杂的经济现实之上提炼出标准的模型。毋庸置疑，分开来看，奥肯对产品市场和劳动力市场的刻画是引人注目的，但是一旦我们试图将这些分散的局部均衡研究统合到一起时，奥肯方法的局限性就暴露出来了。他满足于构建包含三个方程的简化模型，并采用特设的假设，这使得他招致了很多批评。根据卢卡斯最新定义的标准，奥肯的方法无疑是不达标的。

在上一章中我们就看到，卢卡斯将宏观经济学模型视为现实经济的类比系统，因此它们必然是非现实的，甚至于从极端来看，它们的目的并非解释现实，至少并不是历史学家和社会学家们所理解的那种"解释"。虽然卢卡斯并没有对模型的解释力抱有很大的野心，但他对方法论的严谨性却要求非常高。对卢卡斯来说，奥肯所研究的描述性模型并不可行。因此，当奥肯批评卢卡斯的模型因为其有限的概念适用性而无法对经济周期理论提供充分解释时，卢卡斯却回应说，通过将认知错误的观点纳入简单的瓦尔拉斯模型，他成功建立了经济周期理论的均衡模型，更重要的是，该模型将成为后续其他改进模型的出发点。

尽管如此，奥肯和卢卡斯的研究方法孰高孰低仍未有定论。当《价格与数量：一个宏观经济学分析》一书出版时，奥肯的宏观经济学概念已经很难打败卢卡斯所构建的新理论了，而且奥肯本人已不在世，无法为其理论摇旗呐喊。正如托宾所言："宏观经济学界对《价格与数量》的出版表现出并不怎么友好的态度"（Tobin，1987：700-701）。

关于市场出清假设的争论

如果完全接受卢卡斯的方法论观点，其坚持市场一直表现为出清的假设对凯恩斯主义宏观经济学造成了最大的冲击。凯恩斯主义者认为，这显然是错误的，它顶多能在一些特殊的市场上实现，但不具备一般化的意义。特别是在将市场出清假设运用于劳动力市场从而将非自愿失业的可能性排除掉这一点上，凯恩斯主义者感到十分困惑。本节的目的在于梳理两派学者在市场出清假设上的观点，为此，我将阐述几个两派之间或多或少正面交锋的例子。比如说，在托宾根据他在"乔治－约翰逊讲座"授课内容所编纂的《资本积累和经济行为》（*Asset Accumulation and Economic Activity*，1980）一书中，他花费了整整一章内容来批判新兴古典主义宏观经济学，该书的观点也代表了大部分凯恩斯主义者的观点。当受到《经济学文献杂志》（*Journal of Economic Literature*，*JEL*）的邀请为该书撰写评论时，卢卡斯在文中主要反驳了托宾书中的批评（Lucas，1981b）。

托宾对卢卡斯研究的评价既有称赞也有批判。尽管托宾称赞卢卡斯的理论既精妙又优雅，但是对于卢卡斯试图改变整个宏观经济学方向的想法，托宾则表示惋惜。托宾坚持认为凯恩斯主义"属于"短期而瓦尔拉斯主义立足于长期，卢卡斯的错误在于打乱了两者之间的界限。他认为，市场出清在长期来看是一个不错的假设，但对于短期来讲则十分糟糕，因为"显然我们并非生存于阿罗－德布鲁的世界中"（Tobin，1980：24）。因此，他写道："按字面意思应用市场出清假设"无疑构成了"性质严重的欺骗"（Tobin，1980：34）。托宾特别赞扬了以前一些更乐意承认瓦尔拉斯理论存在缺陷的学者，比如熊彼特（Schumpeter）。⑰ 换句话说，在对凯恩斯和古典主义理论的态度上，托宾承认自己和希克斯走得更近，是新古典综合的拥护者。总之，托宾对于针对特定研究对象来建立不同的模型是没有质疑的。出于实用的考虑，他认为对于长期分析和短期分析可以采用有所区别的不同标准，其中短期分析可

---

⑰ "作为一名伟大的经济学家、政治学理论家和社会科学家，我的老师熊彼特认为里昂·瓦尔拉斯'为经济学颁布了大宪章'……瓦尔拉斯的观点深邃而有力。在后来的理论家手中，他的理论变得更加精炼而严谨……熊彼特本人将瓦尔拉斯均衡视为一种资本主义发生偏离的参照点，而这一偏离在他看来是资本主义的核心特征。然而，当代的古典主义理论家们比他们的前辈们更大胆，他们竟然将经济世界假设为在完全竞争市场上由效用最大化和利润最大化推导出来的供给和需求实现了持续的市场出清。就我所知，这些学者莫名的自信心并非源自实证为上述假设带来了有力的证据……老一代的理论家们——哪怕是庇古——在这个问题上都谨慎得多。尽管他们坚信存在一种向瓦尔拉斯均衡状态收敛的强烈趋势，但也并不指望所有市场能够同时并且时时处于出清状态。他们无不承认大部分情况下经济都处于非均衡状态，或者说处在由一个瓦尔拉斯均衡向另一个瓦尔拉斯均衡转换的过程中"（Tobin，1980：32-33）。

以放松标准。⑱

从卢卡斯的回应来看，他显然对托宾的所言感到沮丧。他感觉到托宾对自己处理问题的方式方法深信不疑，以至于其他那些稍微不符合他本人想法的观点会被想当然地视为错误。在卢卡斯为该评论写的最后一份草稿中记载了这么一段话（但该段在公开发表版本中被删除）：

> 他（托宾）一贯认为，无须依赖任何计量经济学或理论层面的挖掘，就可以直接发现经济真相（Truth），并且他还要求自己的读者能够抛却先验观点从而与他一同发现这些事实。(Lucas. Various. Box 23, drafts folder)⑲

卢卡斯认为托宾只是在回避争论而从未针对其理论进行内部批判。他认为托宾的做法不过是回避凯恩斯理论已经衰落这一事实的"心理安慰反应"。在卢卡斯看来，托宾将新古典综合的衰落归罪于卢卡斯理论带来的负面影响，而不是由于新古典综合共识本身存在根本缺陷（Lucas, 1981b: 558）。在阅读完托宾的批判后，卢卡斯说道："读者们脑中一定会存疑：拥有精妙方法技巧的'学派'如何能够帮助处于危机中的宏观政策这一如此具有实践性的领域呢？"（Lucas, 1981b: 559）。卢卡斯苦涩难言的心情更为明显地体现在下述这段摘自其最后一份草稿的引文中，虽然他最终删除而没有公开发表这段文字，但我仍然认为它非常生动：

> 任何理智的人都会用市场出清这一简单假设来处理眼前的宏观经济学问题，但托宾对这一观点却嗤之以鼻。我看到托宾自己也在他现在或早期最有价值的作品中的所有重要分析中都使用了这一假设，我看到我的同事们也在各个经济学应用领域充分利用它来解决各种类型的问题，他们从未因为采用这一假设而表现出歉意，也未曾表现出更深的哲思。然而，如果经济学界有一次全民投票，那么我知道托宾将赢得这次选举（当他在进行哲学思辨的时候，而不是

---

⑱ "非均衡式的调整和加总（让理论）最终演变为复杂而凌乱的特例，在这个过程里，那种特设的经验主义思想扮演了令人不安的角色。将这一类经济学行为拓展为最优化范式的一部分显然是一项伟大的事业，而且大部分经济学家因为受过良好的学术训练而早就对此习以为常了。尽管如此，这仍然是一项远未实现的事业。这些学术范式至今也没有超越同义反复的境界，更遑论付诸实践了"（Tobin, 1981: 391）。

⑲ 我猜测卢卡斯之所以后来将这一段删去只是为了避免激怒托宾，而不是因为这段文字无法传达他的本意。

当他在做经济学研究的时候）。然而全民投票对科学来讲是件糟糕的事情。我将继续从事我的研究，而让其他人继续从事他们的研究。如果我这一派较为清净，那么我也没什么好抱怨的。（Lucas. Various. Box 23，Tobin folder）

显然，卢卡斯认为，像托宾这种新古典综合学者就算认可长期均衡下应当采纳市场出清假设，那这也明显偏离了新兴古典主义的理论基础。因为在卢卡斯看来，市场出清假设本来就是在一定时期的交易过程后达到的，这一过程即非短期（有限数量的连续区间）也非长期（更多数量的连续区间）。

真正的问题（我们需要学习多少次才能了解?）在于马歇尔的短期和长期概念。这种术语的应用看起来使得复杂的动态问题简单化了，但实际上却让经济动态化变成了不可能。（Lucas. Various. Box 14，Understanding business cycles 1979—1982 folder）

关于非自愿失业的争论

对于许多传统凯恩斯主义者来说，作为个体非均衡的非自愿失业概念无疑是体现所谓市场非出清的最佳例证。为了更好地研究卢卡斯和传统凯恩斯主义者的分歧，我将分析托宾和索洛（代表凯恩斯主义宏观经济学家）与作为另一学派的卢卡斯如何回答下面两个问题：①非自愿失业存在这一理论命题是否成立，它是基于客观存在的经济现实吗？②如果第一个问题的答案是正面的，那么由此引出的第二个问题是，非自愿失业的概念应当被纳入宏观经济学理论吗？

毫无疑问，托宾和索洛对第一个问题的答案是肯定的，其背后的理由可以追溯到20世纪30年代：只要看看大萧条期间数量巨大的失业人口如此渴求工作却又不得不忍受饥寒交迫的失业状况就一目了然。凯恩斯主义宏观经济学家认为，大萧条的情况也可以推广到一般情形。

尽管卢卡斯一定不像托宾和索洛那样坚信非自愿失业存在，但我认为卢卡斯对第一个问题的答案恐怕也未必完全是否定的。卢卡斯认为所有的失业情况都包含自愿和非自愿的成分（Lucas，[1978] 1981：242）。考虑到这种混合会有变化，非自愿失业和自愿失业的区分恐怕只是一个程度问题，而不是非此即彼的关系。这一区分的核心在于如何判断经济主体在这个问题上应当承担的责任。当经济主体处于一个糟糕的状况时他本人是否毫无错误呢？答案总是含糊的，某种意义上可以说"是"，但另一种意义上却也可以说"否"。更何况可以合理地认为区分自愿失业和非自愿失业的标准可能随经济环境本身的变化而发生变化。我们可以预期，当经济处于严重的衰退时，失业者自身要负的责任平均来说应小于经济繁荣的时期。因此，我认为不仅仅是托宾和索洛，也包括卢卡斯都可能认同现实世界中的某些情况可以被称为非自愿失业。

我的第二个问题是，现实世界中存在非自愿失业的命题成立是否就保证它可以从现实世界转换到虚构的经济学理论世界中呢？凯恩斯主义者的答案肯定是正面的，却很少能提供论证，除了摆出现实的权威性。对他们而言，提出这个问题本身就显得十分奇怪。凯恩斯主义者将对非自愿失业的解释视为宏观经济学作为一门新的子学科兴起的动力。既然这个问题如此重要，我会引用至少三段话来阐释他们的观点：

> 劳动力市场和很多商品市场在普遍意义上处于不出清状态就像我脸上有一个鼻子一样是显而易见的。卢卡斯和萨金特认为，没有充足的证据显示劳动力市场是非出清的，只有一些失业调查。但对我而言，失业调查已经足够成为证据。假设一个工人冲你抱怨说："是的，我想获得一份这样的工作，而且我能够证明我可以胜任这份工作，因为我在六个月前或三四个月前就曾经从事过类似的工作。如果能和那些与我差不多曾同样做过这份工作的人（他们还幸运地继续从事这份工作）获取一样的工资，我会感到开心。"在这种情况下，我倾向于认为这是劳动力供给过剩，而不是用搜寻模型或者信息不对称等原因来解释。(Solow, 1978: 208)

> 劳动力市场显然不是这么运行的——工资并不像供给和需求定理所假设的那样在短期具有弹性。工资对于劳动力市场压力的敏感度并不足够高，以至于在需要调整的时候总是不能达到使市场永久性出清的水平。(Malinvaud, 1984: 18-19)

> 无论长期的稳态均衡如何，经济在大多数时间内总处于非均衡的调整状态 (Tobin in Kmenta and Ramsey, 1981: 391)[20]

---

[20] 其他的例子包括 Tobin (1992: 391)、Modigliani (1977a: 199) 和 Gordon (1980: 56)。此外，甚至一些不能被当作凯恩斯主义者的经济学家也赞同托宾等人的观点。一个很好的例子是马丁·菲尔德斯坦 (Martin Feldstein) 在 1978 年 NBER 经济学会议上对基德兰德和普雷斯科特具有开创性的论文《建设时间与总波动》(1982) 作出的评论 (Feldstein, 1980: 189)。

卢卡斯的态度则是坚决反对将非自愿失业概念纳入理论体系。在此，他使用了这个术语的狭义含义，即经济主体的非均衡状态，也就是经济主体没能实现其最优化计划的情况。卢卡斯拒绝将非自愿失业纳入理论体系的一个原因是这一研究计划不能带来任何进步。[21] 但更主要的原因在于这将使得卢卡斯所确立的原则岌岌可危：从方法论来说，均衡原则和非自愿性是不相容的概念。面对这一矛盾，卢卡斯直截了当地选择了均衡原则而非非均衡，这并不是出于一些存在论（ontological）方面的考虑，而是他认为这是最具建设性的理论研究方法。他认为：在均衡原则的基础上可以做的事情比大家原本认为的要多很多，比如说建构经济周期理论。相对之下，借用西姆斯的话（他很难称得上是卢卡斯的追随者）：非均衡框架下的理论如同一片荒原（Sims，1980：4）。[22]

事后来看，凯恩斯主义者的缺陷可能在于在某些问题上得出了错误的推论。比如说，索洛的引文试图强调劳动力市场的过度供给（或者说市场非出清）可以通过观察现实经济中存在在现行工资水平下有愿意工作而无法获得工作的工人来推断。让我们先假设这样的观察是可以进行的（比如说通过对失业人员进行设计合理的采访），那么，索洛的错误主要在于他想当然地认为市场非出清存在这一客观现实可以顺利地被转换为供需理论的语言。实际上我们早就强调过，无论是马歇尔主义还是瓦尔拉斯主义理论，其都没有为失业问题留下空间，更遑论非自愿失业。正确的推论应该是这样的：如果观察是正确的，那么为了要将其纳入理论体系，就必须借助于一种不同的交易技术理论。搜寻理论恐怕是一个自然而然的备选，但凯恩斯主义者们几乎对它毫不关心。比如说，索洛曾写道："我不相信通过搜寻理论可以找到问题的答案。我认为搜

---

[21] 非自愿失业是"凯恩斯引入的一个理论建构，他希望能够通过它对一种真实存在的客观现实给出正确的解释，即经济中失业存在大幅度波动这一现实。难道当代理论经济学家的任务之一便是'解释'这些由先驱们建构的思想，而无论这些思路是否最终会被证明是成果丰硕的吗？我希望并非如此，因为我们很难想象一条明确的研究路径最终被证明是毫无发展潜力的贫瘠之路"（Lucas, [1978] 1981: 243）。

[22] 在卢卡斯看来，所谓的"非自愿性"应当被称为"挫败"。在接受克莱默采访时，卢卡斯引用了约翰·斯坦贝克（John Steinbeck，一个左派作家）的观点来加以佐证，他说："你们是否看过斯坦贝克的《愤怒的葡萄》（*The Grapes of Wrath*）？这是一本为30年代加州移民农民抗议的小册子。在其中有这样一则轶事我非常希望将其改写为一个模型。它刻画了移民农民的劳动力市场存在的拍卖特征。他写道，上百个小伙子出现在农场上，只为了竞争十个岗位。农场主慢慢压低工资以至于只剩十个小伙子愿意工作而其余的年轻人纷纷骂道'见鬼去吧！'并转身离开"（Klamer, 1984: 46）。

寻的概念在经验上是站不住脚的。人们不会这么做，寻找工作也不是一个失业者的主要职责"（Solow，1978：207）。

评 价

既然经济学家们都属于经济学万神殿中的一员，那么我们如何解释他们之间存在的根本分歧呢？这是我在最后一节中想要回答的问题。我猜测原因是深层次、多方面的，需要追溯到经济学家本人对什么是好的宏观经济学的基本观念以及他们所推崇的建模标准。在第九章中，我曾指出卢卡斯对宏观经济学的基本观念包括以下几点：①宏观经济学需要微观基础；②简化的一般均衡分析；③模型和理论是一回事，理论命题仅适用于虚构经济；④宏观经济学建立在想象而非现实的假设基础上；⑤宏观经济学理应考虑政策议题；以及⑥宏观经济学模型需要通过实证验证。

首先，传统凯恩斯主义者完全无法认同第③和④点，其中④只是③的推论。凯恩斯主义者认为不应该将理论和模型混为一谈，理论高于模型，模型只是一种辅助，用于佐证理论的一致性，理论是关于现实经济而不是虚构经济的一系列命题。本章开篇词所引用的利普塞的论述想要表达的意思即是如此。㉓

其次，除了第③和④点外，凯恩斯主义者会普遍认同其余所有假设（大多数跟瓦尔拉斯理论有关）适用于"长期"，从而为凯恩斯主义保留了"短期"的阵地。他们所反对的是瓦尔拉斯主义占据霸权地位，但这恰恰是卢卡斯的目标。因此，从根本上说，卢卡斯和凯恩斯主义之间纷争不断的背后隐含了他们对新古典综合态度的根本分歧，托宾和其他人认同新古典综合，但卢卡斯表示坚决反对。在我看来，这是他们之间不能忽视的差别。

就理论的内部一致性而言，卢卡斯理论无疑占了上风（利普塞也承

㉓ 我们不妨给出一个例子来说明此种根本分歧。最近我参加了一次由一位著名 DSGE 经济学家组织的研讨会。鉴于听众中有相当大部分是其他领域的学者，以至于演讲者多次向观众强调："至于说我自己相不相信该假设，答案是我不相信。"但这丝毫不影响他继续按照这一假设来推理并宣称他的模型对宏观经济学作出了相应的贡献。他可以说（但他并没有说）："在我的模型中没有非自愿失业。但至于说我是否相信现实经济中不存在非自愿失业呢？显然不相信。"传统的凯恩斯主义者可能会抱怨："这里有一个严重的问题，我们不应当用自己都不相信的假设来构建模型。"如果演讲者反驳到自己并不清楚如何将这些假设纳入自己的模型并且也不清楚这样做是否有用，那么凯恩斯主义者就可能引用利普塞的论述来回应。

认这一点)。卢卡斯从凯恩斯主义内部对其进行批判,而且大部分都切中要害。与此相反,托宾的批评大都落在卢卡斯理论外延,它们声称卢卡斯的观点并不合格,而原因仅仅是与他自己的观点相反,即他认为自己的观点是更好的。更进一步来讲,卢卡斯能够证明专门基于个体均衡来构建宏观经济模型的可能性,而凯恩斯主义者则始终局限于我们在第八章谈到过的尚未解决的概念泥潭中,卢卡斯的及时出现带来了光明。凯恩斯主义者过度的实用主义倾向让他们在与卢卡斯的对战中弹尽粮绝。最后,站在卢卡斯一边的经济学家们总是可以批评托宾、索洛、莫迪利安尼这些对新古典理论作出了截然不同的贡献的学者们,告知后者一个经济学者要么完全是新古典主义的,要么完全不是新古典主义的,但不应当在这两者之间折中。

此外,也不应该静态地去看待托宾和卢卡斯之间宛如重量级拳击手一般的论战,我们应该用一种更加动态的眼光来评价他们之间的争论,因为这场辩论既代表着一个时代的结束,又揭露了另一个时代的开端。这两个范式不应该被静态地比较,因为它们并不存在于同一时期。学者们对任何一种理论进步都既不应该轻易相信,也不应该轻易鄙弃。新技术的采用可以带来理论的进步,因为它使得之前做不好的部分可以做得更好了。因此,就概念和技术禀赋而言,卢卡斯及其跟随者所构建的理论体系相较于凯恩斯主义而言更加丰富。但是,我们从卢卡斯的通信以及萨金特1966年的文章可以看出他们对托宾、索洛和莫迪利安尼研究成果的认可,用萨金特的评论来说他们是"我们时代的英雄(20世纪70年代早期)"(Sargent,1996:10)。因而,在我们所研究的学术争论背后,其实暗含着学术接力棒在一代又一代经济学者之间的传承。

在萨金特的论文中,他曾表达过对他的英雄们的惋惜:"因为无法接纳理性预期而错过新时期宏观经济学的远航船"(1996:10)。为什么会出现这种情况呢?一个显而易见的回答是一定年纪的人可能很难改变他们长期所持有的观点,但显然不仅仅是因为如此。实际上凯恩斯主义经济学家对理论多元化优于统一方法论(在他们眼里是霸权主义)的观点抱有坚定的信念,这当然也是非常重要的一点。另外,在我看来还可能存在意识形态的问题。[24] 凯恩斯主义者将理性预期革命视为保守

---

[24] 正如第四章所言,我的观点是任何一个理论都不应当由于存在意识形态色彩而遭受谴责。

主义,这违反了他们的意识形态,因而论战在所难免。毫无疑问,卢卡斯模型和后续的 RBC 模型所得到的政策结论具有浓厚的保守主义色彩。然而,真正重要的问题在于探究这些政策结论是否深深地根植于保守主义以至于将这种意识形态剔除掉绝无可能。如果答案是"是",那么传统凯恩斯主义者的抵制可以说是对的。如果答案并非如此,那么就可以采取另外一种策略,正如弗里德曼在其主席演讲中的提法,双方应当共同致力于改善现行理论以丰富理论内涵并更新政策结论。直到今天,从事后来看,随着第二代新凯恩斯主义模型的兴起,我们不难意识到这种颠覆是可以接受的,并且会带来很多益处。

第十三章

回应卢卡斯：第一代新凯恩斯主义

1991年，曼昆和罗默经由麻省理工学院出版社（MIT Press）出版了两卷本的《新凯恩斯主义经济学》（*New Keynesian Economics*，Mankiw and Romer，1991）。① 该书收录了一批就卢卡斯对凯恩斯主义宏观经济学的批判予以回应的文章，这些文章的作者也承认卢卡斯批判中的部分观点十分在理并且不容易反驳，其中他们尤其认同宏观经济学应当有微观基础的要求，即将经济主体视作按最优决策来行为，但这并不意味着他们成了卢卡斯的追随者。相反，他们试图重塑凯恩斯主义的基本概念——非自愿失业、黏性和货币非中性。

新凯恩斯主义并不是一个单一线条的研究项目，只要阅读曼昆和罗默（1991）书中所收集的诸多论文就能发现这一点，这里存在诸多分支。在本章我们将研究其中的一个子集，这些模型大致有如下共同点：①局部均衡；②不完全竞争，即经济主体被视为价格制定者；③价格或工资刚性（其中工资既可能是名义的也可能是实际的）；以及④构建这些模型的经济学家支持新古典综合观点。但从后文我们还能看出，即使这些研究具有上述共同点，它们仍然有着迥异的特征。符合这4条标准的主要模型按照其文献出版顺序罗列包括：隐性合同模型（Baily，1974；Gordon，1974；Azariadis，1975）、交错工资设定模型（Fischer，1977；Phelps and Taylor，1977；Taylor，1979）、效率工资模型（Salop，1979；Weiss，1980；Shapiro and Stiglitz，1984）以及菜单成本和近似理

---

① 第一个使用"新凯恩斯主义"这一术语的经济学家是帕廷金，出现在其1984年出版的《宏观经济学》（*Macroeconomics*）教科书中。此外，较早使用这一术语的经济学家还包括菲尔普斯（Phelps，1985）、科兰德和考福德（Colander and Koford，1985）。劳伦斯·鲍尔、曼昆和罗默更系统性地对其进行了总结（Ball，Mankiw，and Romer，1988）。

性模型（Mankiw，1985；Akerlof and Yellen，1985a，1985b）等。本章我们会从每类研究中选择一个经典模型来进行评述。需要注意的是，新凯恩斯主义这一标签并非通用，原因会在之后逐渐解释清楚，我们会在本章和后续章节中将现在所关注的经济学家称为"第一代新凯恩斯主义经济学家"。②

在本章的最后一节，我们将研究一个虽然也被贴上"新凯恩斯主义"标签，但却与之前所提及的研究方向不太相同的研究思路。它试图研究不完全竞争劳动力市场下的 IS-LM 模型。温迪·卡林（Wendy Carlin）和戴维·索斯基斯（David Soskice）在欧洲的畅销教科书《宏观经济学与工资议价：就业、通胀和汇率的现代方法》（*Macroeconomics and the Wage Bargain：A Modern Approach to Employment，Inflation and the Exchange Rate*，1990）给出了该研究思路的一个范例。③

主要特点

曼昆和罗默（1991）一书的引言以及鲍尔和曼昆（Ball and Mankiw）在 1994 年卡耐基－罗切斯特会议（Carnegie-Rochester Conference）上发表的论文《价格黏性宣言》（*A Sticky-Price Manifesto*）一同被视为新凯恩斯主义的宣言。在引言中，曼昆和罗默指出新凯恩斯主义模型都共同承认以下两个命题：①由于刚性的存在，货币是非中性的，即名义变量的波动会产生实际效果；②不完美市场、不完全竞争以及价格和/或工资黏性在解释经济周期时扮演核心角色（Mankiw and Romer，1991：2）。在鲍尔和曼昆的论文中，他们将新凯恩斯主义经济学描述为传统货币理论的忠实继承者。他们认为其观点可以追溯到大卫·休谟，即货币在长期是中性的，但在短期是非中性的。他们将 RBC 模型视为攻击目标，认为 RBC 经济学家是违背这一传统观念的异端，而新凯恩斯主义者的目标应该是重塑传统观念："宏观经济学者所面临的最大抉择就是在维护传统和投奔异端之间作出选择，本文解释了为什么我们应该坚持传统"（Ball and Mankiw，1994：1）。

新凯恩斯主义模型的核心要旨可以归纳为四点。第一，新凯恩斯

---

② 当上下文清楚表明我们是在讨论第一代新凯恩斯主义时，我会将"第一代"省略。

③ 该书的修订版于 2006 年出版，它对内容进行了更新，并且也更加丰富，但我们在这里不会参考这一版本的内容，因为我们是想研究学者们对 DSGE 方法最开始一轮的反应。

主义模型承认之前的宏观经济模型有两个孪生的缺陷，即缺乏明确的微观基础并且没有对名义刚性假设进行验证。但他们并不像卢卡斯那样认为这些缺陷无法修复，而是试图构造具备坚实微观基础的价格黏性模型（Ball and Mankiw, 1994: 15-16）。第二，曼昆和罗默认为新凯恩斯主义模型并不像传统凯恩斯主义那样与货币主义争执不下，曼昆反复提及这一点：

> 新兴古典主义经济学和新凯恩斯主义经济学是两个不同的思想流派。货币主义者现在是新凯恩斯主义阵营的成员，由此我们可以看到学术论战已然发生了多么大的改变。新兴古典主义学派和新凯恩斯主义学派之间的不同是如此明显，以至于使得20世纪60年代货币主义和凯恩斯主义之间的论战看起来不过是同族内斗。（Mankiw, 1992: 22）④

第三，在其批判过程中，新凯恩斯主义者并不特别区分新兴古典主义和DSGE方法的RBC模型阶段（因为大部分的新凯恩斯主义模型是在RBC模型盛行之前建立的）。然而，在曼昆和罗默的引言中，他们将RBC模型视为其主要批判对象。曼昆和罗默的选择在本质上（RBC模型具有非货币特征）和战术策略上（在曼昆和罗默撰写该书时，RBC模型已经成为学界的主流）都是正确的。

第四，第一代新凯恩斯主义者的最后一个共同特点是坚决支持新古典综合的观点，用曼昆的话来说：

> 新凯恩斯主义承认新古典综合归纳的世界观：经济在短期内可能会偏离均衡水平，并且货币政策和财政政策可以对真实经济活动产生重要影响。新凯恩斯主义者认为新古典综合并不像卢卡斯或其他人所批评得那么不堪。（Snowdon and Vane 2005: 438; 1993年对曼昆的一次采访）

布兰查德和费希尔的著作《宏观经济学讲义》（*Lectures on Macroeconomics*, 1989）可以被看作是新凯恩斯主义全面接纳新古典综合的有力证据。这本书是对宏观经济学的一次大综合，它将宏观经济学的各类思想和模型进行了平衡、调和，它将世代交叠模型、多重均衡

---

④ 另见 Ball and Mankiw（1994: 4）以及曼昆接受斯诺登和文恩的采访（2005: 437-438）。

(multiple equilibria)、泡沫模型（bubbles models）、非自愿失业的局部均衡模型与一般均衡经济周期模型放在同一层面上讨论。这种研究方法实际上承认了上述不同的模型可以共存，并且认可了各个模型的独特用处。这本书于1989年出版，但是几年后情况发生了巨大的变化，RBC模型占据了学术研究的主流，同时也就宣告了新古典综合观点的失败。⑤

隐性合同模型：阿萨里迪斯模型

我对隐性合同模型的讨论仅限于阿萨里迪斯（Azariadis）模型（1975），这是一个仅有一期的局部均衡模型，研究一个企业和它的劳动力储备的关系。企业所面对的需求水平存在不确定性。为了简化模型，我们假设存在两种经济环境，好或差，这两种经济环境分别对应着两种需求，高或低（由此对应高或低的价格）。在技术不变的前提下，劳动力的边际产出价值也有两种水平。假设企业是风险中性的（其效用是利润的线性函数），而劳动力是风险厌恶者，因此企业和工人都有动力根据所处的经济状态来达成工资和雇佣合同。

该模型包含了两个阶段的过程。第一阶段主要决定工人在不同企业之间的分配。这是通过所有企业在拍卖市场给劳动者提供具有给定效用$\bar{v}$的合同实现的。合同的价值起到了竞争市场中价格的作用。因此均衡时它对于所有的企业都相同。该模型同时假设每个劳动者都可以获得雇佣合同，因此市场中没有人失业。第二阶段是这个模型的核心，涉及某个企业和其劳动力储备之间合同的具体内容。在这里$\bar{v}$是企业根据目标函数进行最优决策的约束条件。关键是工资和就业水平——也就是劳动力储备成员的利用率——是否随着经济环境的变化而变化。换言之，企业在不同的经济环境下都按劳动力的边际产出水平来支付工资是否最优？充分就业的合同是否最优？⑥

阿萨里迪斯模型基于一系列的前提假设，我们在这里抛开其他具体

---

⑤ 罗默的《高级宏观经济学》（*Advanced Macroeconomics*，2011）教科书继承了布兰查德和费希尔的传统。

⑥ 在阿萨里迪斯设定中，充分就业意味着企业投入生产的劳动力数量等同于企业的雇佣量。

的设定不讲，只介绍其中的两个关键假设：①时间具有不可分割性：工人拥有一单位的不可分的时间，要么被雇佣，要么因失业而处于闲暇；②可接受的合同类型是受到限制的：企业构建的合同能够平滑工资的波动，但是不能抵御就业的波动，因此向解雇工人支付离职补偿就会成为模型中不可回避的问题。

该模型的主要结论有两点。第一，企业和工人都有动机赞同以下约定：无论处于什么经济环境，双方都享有固定工资合同，这就推出了阿萨里迪斯式的工资"刚性"（刚性在此处指不同状态下的一致性）。这是由企业和工人对于风险的不同态度直接导致的。因而，当经济环境差时，工人仍然享受着高于其边际产出价值的工资，此时相当于工人享有一部分保险福利；而当经济环境好时，劳动者的工资则低于边际产出价值，此时相当于从其边际产出价值扣除了保险费。由此，雇佣合同中就包含了一个保险合同。第二，充分就业并不一定是最优状态。当经济环境不好时，解雇劳动力符合企业和工人的共同利益。这是因为①在不利的经济环境下劳动力的边际产出可能更低，②工人的风险溢价更小，以及③闲暇的机会成本更高。这种没有工资的解雇是随机进行的，被解雇工人的状况显然要比仍被雇佣的工人差。因此阿萨里迪斯认为他们必须被视为是非自愿失业："这些仍被雇佣的工人……被失业的同事们羡慕着——大多数经济学者都会把这种情况称为'非自愿失业'"（Azariadis，1987：734）。

尽管这一建模思路不可谓不精妙，然而阿萨里迪斯模型在宏观经济学领域也只是昙花一现。该模型的主要缺陷在于其设定完全是一种特设。换句话说，一旦我们假设企业必须对被解雇工人提供一定补偿，那么工人的福利状况就不会恶化，由此该模型的推论会被一个更加复杂宽泛的结论所取代。但是该模型开创了合同理论这一新的研究方向。不过如果考虑该模型的最初目的在于为凯恩斯主义正名，那么其在宏观经济学领域的成就可以说是非常有限的。

效率工资模型：夏皮罗和斯蒂格利茨的怠工模型

盛行于20世纪80年代的效率工资理论包括几种不同类型的模型，但它们都关注于信息和激励的议题。按照阿克洛夫和耶伦的说法："它们的共同点在于企业通过设定高于市场出清水平的工资而在均衡时减少其生产成本，但因此也导致均衡状态下存在非自愿失业"（Akerlof and

Yellen，1986：1）。不同的因素，如信息不对称、公平或内部力量可以解释这一行为。效率工资模型的主要目标在于论证非自愿失业的可能性。对传统凯恩斯主义宏观经济学而言，这一论断可以说是"太阳底下并无新事"的例子，但还是有两个方面的差异。第一，效率工资模型试图在均衡的原则下论证非自愿失业的存在，相反传统凯恩斯主义模型理所当然地认为非自愿失业与均衡原则不可兼存。第二，它们不需要引入传统凯恩斯主义模型的名义价格刚性假设，而是专注于实际价格刚性假设。在各种不同类型的效率工资模型中，我们主要考察著名的由夏皮罗和斯蒂格利茨提出的怠工模型（shirking model）（Shapiro and Stiglitz，1984）。

夏皮罗和斯蒂格利茨的怠工模型有一个前提是工作是令人厌恶的，只要没有监督，工人就会消极怠工，而企业又无法完美地监督工人是否实际在工作，如果企业发现工人怠工，则会将其解雇。如果劳动力市场是充分就业的，那么工人怠工就没有任何成本（然而对于企业来讲则必须承担招聘成本和产出损失成本）。因此，企业不得不提高工资水平来避免工人怠工。所有企业都面临这样的情况，因而最终的平均工资会提升到高于市场出清的水平。为此，工人不敢再消极怠工以免失去工作。换言之，企业设定新的工资水平主要用来最小化每一单位效率劳动的成本——效率工资——而不是最小化每个工人的成本。均衡工资必然等于或高于由一系列参数决定的既有数值。夏皮罗和斯蒂格利茨将这称为不怠工条件（non-shirking condition）。⑦ 正如图 13.1 所示，劳动力市场的均衡将由劳动力总需求和加总不怠工条件的交点决定，而不是由劳动力总需求和劳动力总供给的交点决定。

如图所示，D^L 是劳动力需求，NSC 是不怠工条件曲线，垂直的线是劳动力供给，w^* 是效率工资，L^* 是由 w^* 决定的就业水平，L^{FE} 表示充分就业水平。

充分就业与不怠工条件是不一致的，因为在充分就业情形下工人并没有工作的动力。非自愿失业的数量等于 E 和垂直劳动力供给线间的水平距离。"那些没有工作的人会很开心能够在 w^* 甚至更低的工资水平工作，但是在这种工资水平下他们所作出的不怠工承诺是不可信的"

---

⑦ "不怠工条件下的工资之所以更高，是因为①相较而言，监督发现怠工的概率更低；②效率工资能激发员工更高的努力程度；③员工离职率更高；④市场利率更高；⑤失业的收益更高；⑥失业人群中的流动性更高"（Shapiro and Stiglitz，1984：438）。

(Shapiro and Stiglitz,［1984］1994：131)。⑧

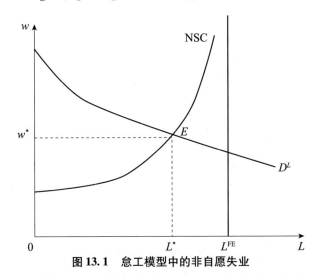

图13.1　怠工模型中的非自愿失业

对怠工模型的主要批判在于其实可以设计出对双方都更有利并且不会引发失业的合同——比如担保金（Carmichael，1985，1989）。⑨ 有些学者批评这个模型与现代的工业化经济联系过于紧密，因为这种劳动力市场只存在于包含低技术工种的第二产业中。而我主要考察其对宏观经济学的贡献。

夏皮罗和斯蒂格利茨试图以卢卡斯的方法，即接受均衡原则，来回击卢卡斯的猛烈抨击并挽救非自愿失业理论，他们的策略是在均衡原则下证明非自愿失业仍然可能存在，从而在卢卡斯的家门口将其击败。这个思路能否成功呢？这完全取决于如何定义非自愿失业。如果非自愿失业被定义为个人非均衡——凯恩斯-帕廷金的非自愿失业定义——那么效率工资模型注定会失败，因为这一思路试图在一个假定所有经济主体均以最优方式行为的框架内得出一个并非基于最优选择的结果。然而，如果采用菲尔普斯定义的那种作为偶然的非自愿失业，那么可以说效率工资模型完成了这一任务。效率工资模型沿用的思路与隐性合同模型是一样的。在这些模型中，失业都是个人的最优决策，只不过他们有很好的理由对就业人群表现出嫉妒以及对自我表现出失望的情绪罢了。

---

⑧　劳伦斯·卡茨对此评论道："在该模型中，均衡中的失业是'非自愿'的，因为同质的工人被区别对待，而且其中失业者更希望被雇佣"（Katz，1986：242）。

⑨　McLeod and Malcomson（1998）已经证明，在特定的条件下，按照主观评价的绩效支付薪酬比效率工资更好。

此外，对于含混不清的市场出清这一概念而言，怠工模型的支持者认为该模型成功刻画了市场非出清状态，因为供给超出了需求（即供需不均衡）。他们片面地将市场非出清理解为供需不均衡，因此认为怠工模型证明了传统凯恩斯主义的观点从而推翻了卢卡斯的论断。但正如我们在讨论非瓦尔拉斯均衡模型时所述，上述结论其实建立在对市场出清的不恰当定义上，正确的定义是将市场出清理解为一种一般性的优化行为（generalized optimizing behavior）。效率工资模型的支持者没有能采用这一定义，他们想当然地将市场出清等同于供需平衡。

效率工资模型确实在基于合理的微观经济学原理的前提下证明了偶然的非自愿失业的存在。这是一次具有象征意义的学术突破。因为尽管该模型放松了非自愿失业的定义，但毕竟完善了凯恩斯主义的研究思路。然而怠工模型很难对大量存在的失业现象提出令人信服的解释，更谈不上对宏观经济学理论本身具有多大的理论意义（虽然很多宏观经济学教材鼓吹该模型的重要学术价值）。宏观经济学应该研究经济整体，而这样的模型专注于局部均衡。我也并不认同说这些模型对凯恩斯主义宏观经济学作出了巨大贡献。对凯恩斯主义理论而言，失业问题是需要解决的问题，而在效率工资模型中，问题变成了怠工和信息不完全，失业反而成为上述问题的解决方案！正如科姆所评：" 效率工资模型里所描述的情况是帕累托最优的。在这些模型中，我们找不到政府需要实施需求刺激政策的任何理由"（Kolm，1990：230）。[10]

交错工资设定模型：费希尔模型

我们在第九章中提过，萨金特和华莱士（1979）通过构建一个类似于卢卡斯模型的模型论证了理性预期使得无论长期还是短期菲利普斯曲线都是垂直的，他们将这一结论称为"政策无效性命题"（policy ineffectiveness proposition）。在各种对萨金特－华莱士模型尝试进行回应的思路中，交错工资设定模型是非常有效的一种（Fischer，1977；Phelps and Taylor，1977；Taylor，1979）。该类模型试图证明理性预期和凯恩斯主义理论坚持的货币非中性观点能够相容。也就是说，他们认为刺激政策之所以无效并不是因为理性预期本身而是因为价格弹性假设。

---

[10] Phelps（1985：421）提出了相同的观点。

第十三章
回应卢卡斯：第一代新凯恩斯主义

如果不采用弹性假设，那么政策无效性命题自然就不成立了。这类模型的贡献在于挽救了莫迪利安尼关于名义工资刚性和货币非中性具有重要联系的观点，并且补足了之前凯恩斯主义宏观经济学缺失的部分，即对价格刚性进行了验证。

我们将主要阐释费希尔的模型。费希尔有两个研究目的：第一，证明即便存在理性预期假设，工资刚性假设也仍然会使得产出因货币政策而发生变化；第二，在上述假设情况下进一步证明稳定产出的政策是可行的。费希尔关注于名义工资刚性。与传统凯恩斯主义模型将工资刚性假设归因于工资限额或黏性不同，费希尔认为是长期固定的名义工资合同导致工资表现出刚性特征。

费希尔的证明过程可以分为两个步骤。第一，他假设名义工资只在某一时期内——类似于希克斯的交易周设定，交易发生在每周的周一——固定，也就是说，新的劳动合同在每周一的前夜固定下来。在这种情况下，刺激政策确实是无效的。第二，费希尔假设劳动合同将持续数周——为了简化，他假设持续两周，这意味着比前一个假设更加真实。此时，政策无效性命题被证否。我将在一期合同的假设下开始对经济运行状况展开描述。⑪

工资设定

工资在每一个交易期之前设定好（比方说周五，而商品交易则始于下周一）。理性预期假设意味着经济主体对经济均衡配置状态的了解程度与模型建构者一样。费希尔强调，工资设定的目标在于让真实工资水平保持不变。假设不存在波动，名义工资水平将被设定在能保证真实工资率不变的水平，劳动力市场实现自然失业率。任何对自然失业率的偏离（次优状态）都将导致就业不足或过度就业。一旦存在物价波动，名义工资水平就由对未来物价水平的预期来决定：

$$w_t^{t-1} = E_{t-1}p_t \tag{13.1}$$

其中 w_t^{t-1} 是在 $t-1$ 期设定的 t 期工资水平的对数，$E_{t-1}p_t$ 是在 $t-1$ 期工人对 p_t 价格水平的预期，而 p_t 是 t 期产出的价格水平。

供给函数

产出供给是实际工资的减函数：

---

⑪ 下面的内容摘自 Heijdra and van der Ploeg（2002: 71–76）。

$$y_t^S = (p_t - w_t^{t-1}) + \mu_t \qquad (13.2)$$

其中 y_t^S 是产出水平的对数，μ_t 是随机冲击。

代入式（13.1），式（13.2）可以改写为：

$$y_t^S = (p_t - E_{t-1}p_t) + \mu_t \qquad (13.3)$$

式（13.3）是一个简化的卢卡斯供给方程。

需求函数

需求函数为：

$$y_t^D = m_t - p_t - v_t \qquad (13.4)$$

其中，y_t^D 是需求的对数，m_t 是货币存量的对数，p_t 是价格的对数，v_t 是扰动项。这是一个标准的总需求曲线。式（13.4）表明货币当局对经济冲击实行"逆风干预"（leaning against the wind）政策。

市场出清条件

$$y_t = y_t^S = y_t^D$$

扰动项

假设两个扰动项都遵循一阶自回归过程：

$$\mu_t = \rho_1 \mu_{t-1} + \varepsilon_t, \quad |\varepsilon_t| < 1 \qquad (13.5)$$

$$v_t = \rho_2 v_{t-1} + \eta_t, \quad |\eta_t| < 1 \qquad (13.6)$$

其中，ε_t 和 η_t 是不相关的白噪声，货币政策规则依赖于发生在 $t-1$ 期前且包括 $t-1$ 期的扰动。设 a_i 和 b_i 代表货币当局对扰动的反应系数，那么有

$$m_t = \sum_{i=1}^{\infty} a_i u_{t-i} + \sum_{i=1}^{\infty} b_i v_{t-i} \qquad (13.7)$$

经济主体可以完美预测货币供给。但是，由于扰动的存在，货币当局和经济主体都无法预测价格水平。省略其中的一些推导过程，费希尔宣称预期物价和实际物价之间的差距可以由 ε_t 和 η_t 决定

$$p_t - E_{t-1}p_t = \frac{1}{2}(\varepsilon_t + \eta_t) \qquad (13.8)$$

代入式（13.2）可知均衡产出：

$$y_t = \frac{1}{2}(\varepsilon_t + \eta_t) + \mu_t \qquad (13.9)$$

式（13.9）显示货币创造与产出行为无关。

但是，如果我们引入两期非指数化的合同，那么就会得出不同的结

论。在 t 期，经济中一半企业的工资合同是在 $t-1$ 期确定的，另一半是在 $t-2$ 期确定的：

$$w_t^{t-1} = E_{t-1}p_t \qquad w_t^{t-2} = E_{t-2}p_t \qquad (13.10)$$

总供给变为

$$y_t^s = \frac{1}{2}(p_t - E_{t-1}p_t) + \frac{1}{2}(p_t - E_{t-2}p_t) + \mu_t \qquad (13.11)$$

还是忽略掉费希尔的一些推导过程，直接跳到他的结论，它是由包括了货币和产出演化的式（13.8）和（13.9）给出的：

$$p_t - E_{t-2}p_t = a_1\varepsilon_t + b_1\eta_{t-1} \qquad (13.12)$$

$$y_t = \frac{1}{2}(\varepsilon_t - \eta_t) + \frac{1}{3}[\varepsilon_{t-1}(a_1 + 2\rho_1) + \eta_{t-1}(b_1 - \rho_2)] + \rho_1^2 u_{t-2} \qquad (13.13)$$

式（13.12）和（13.13）与式（13.8）、（13.9）不同，在这里央行的货币反应系数，a_1 和 b_1，出现在最终的产出方程中。新颖的地方在于，在 $t-2$ 期时，工资设定者需要设定 $t-1$ 期和 t 期的名义工资。虽然他们可以正确预期 $t-1$ 期的货币供给，但他们没有办法预期 t 期的货币供给，因为他们没有办法预测是否会有任何所谓"创新"——"货币当局对于经济中出现的新的扰动项的反应措施"（Fischer,［1977］1991：223）——在 $t-1$ 期发生。因此，在 $t-2$ 期议价达成的合同所规定的 t 期真实工资与逐期议价达成合同的真实工资不同，截至目前，（该模型中）没有任何特殊的假设能够阻止这一差异的出现。

那么，能否并且是否应该做什么事情来改变这个结果呢？费希尔的回答是"是"。由于工人们已经根据历史信息设定了一个固定的工资水平，因此产出的任何波动都意味着福利损失。货币当局能够并且应该通过选择合适的 a 和 b 的参数值来对这些不利的波动作出反应，以中和在 $t-1$ 期发生的不利冲击的影响。

费希尔的模型只涉及一次性定价，而泰勒将研究延续了下去，他试图将交错的价格和工资设定进行更系统的研究（Taylor，1979，1980）。[12] 费希尔和泰勒都试图证明理性预期假设与货币非中性理论是兼容的，进

---

[12] 费希尔和泰勒的模型存在很多不同之处。例如泰勒模型通过改变一些假设使得货币政策对价格和产出的冲击具有更长的延续性。为了区分两者，泰勒称费希尔模型为"预期市场出清模型"，而宣称自己的模型才是真正的交错合同模型（Taylor，1999：1027）。此外 Taylor（1999）还对后续一系列论文进行了总体评价。

而推导出货币政策能够有效地增进社会福利。[13] 这一类模型的成就包括将凯恩斯主义的观点从萨金特－华莱士的批判中拯救出来，并且反驳了理性预期就必然是反凯恩斯主义的观点。这类模型的另一个重要特点是引入了动态思想，这与当时宏观经济学正在经历的转型保持一致（而其他大多数的新凯恩斯主义模型都是静态的）。还有一点必须注意，那就是交错合同模型将非自愿失业从研究路径中剔除出去，转而关注非充分就业和政策有效性。它们属于莫迪利安尼的研究传统，即认为应该在非充分就业的情况下采取货币扩张政策，而非充分就业是由刚性引发的。这些模型还改进了旧版本的莫迪利安尼模型，为刚性的存在提供了一种均衡基础。

对交错合同设定模型的批评主要集中在其持续性。另一个缺点在于模型依赖于各种特设，包括劳动供给的高弹性、弱货币冲击和高菜单成本。不过，在这里我想提出一个在费希尔的模型中很少被人注意到的歧义，我认为这是我们在试图为高度抽象的模型引入更现实的假设时会遇到的典型困难。费希尔想要通过诉诸强现实性的论据来驳斥萨金特和华莱士的政策无效性命题，即基于奥肯所归纳的那些原因，企业和工人在现实中建立的是长期固定的工资合同。为了实现他的目标，费希尔尽可能选用贴近萨金特和华莱士模型的建模方法，而后者则基于卢卡斯的模型。为了便于操作，这些模型都是以劳动力自我雇佣为前提的，费希尔的模型也是如此。但这些模型之间仍然有一个不同之处，卢卡斯、萨金特和华莱士的模型与其所讲的故事是一致的，但费希尔的模型与其故事并不一致。费希尔的故事是关于工人如何设定工资，我们读者的理解是合同是企业和工人共同签订的，但是在他的模型里，经济主体都是自我雇佣的。因此合同并非在企业和工人之间签订，而是工人和他自己议定的。也就是说，工资是一种影子工资，即充当企业的经济主体付给充当工人的自己。在这种情况下，人们很容易会质疑这种合同的合理性何在。

菜单成本和近似理性模型

菜单成本模型有两种形式，一种是曼昆（1985）的菜单成本设定，

---

[13] 这些模型都是"时间依赖的"（time-dependent，也即随时间而调整）。其他模型，特别是卡普林－施普尔伯模型（Caplin and Spulber, 1987）则是"状态依赖的"（state-dependent）。

另一种是阿克洛夫和耶伦（1985a，1985b）的近似理性行为模型。⑭尽管两种模型的本质相似，但风格和一般性上却有所不同。鲍尔和曼昆坚持他们的"黏性价格宣言"："宏观经济学者分为两类，一类相信价格黏性在短期经济波动中起到了重要的作用，而另一类不相信"（Ball and Mankiw，1994：1）——而且他们清楚地表明自己属于第一类。

菜单成本模型背后的故事如下。当货币供给发生变化时，秉持货币中性的学者认为，由于弹性工资和价格，它的影响只是名义上的。但如果这种价格调整需要耗费成本呢？有不少的例子可以证明现实确实如此。除了价格调整的成本外，价格调整是否符合未来预期，以及价格调整会对消费者造成何种影响等解释因素也需要被关注。因此，企业必须衡量不调整价格的损失和调整价格所带来的菜单成本的大小。当菜单成本太高以至于超过损失时，面临负面需求冲击的企业的最优决策是不调整价格。由包络定理可知，上述情形可能会在不完全竞争的框架下出现，因为企业利润函数的斜率在其最大值附近接近于 0（但不等于 0）。这一结果就会使得货币中性消失。

阿克洛夫和耶伦提出了一个类似的观点，只是他们把它描述为行为惯性（inertial behavior）或近似理性（near-rationality）。这种类型的行为很可能是次优的，然而经济主体体会到的损失是很小的。⑮ 困难在于对经济主体适用的最优结果不一定对整个系统也适用：

> 由非最大化带来的可能损失在二阶层面下非常小［根据转移参数（shift parameter）的平方而变化］。尽管这个变化很小，但是我们可以证明这样的行为会改变我们所熟悉模型（相对于最大化的均衡模型）的一阶均衡结果，即大致与转移参数成比例地变化。（Akerlof and Yellen，1958b：708）

阿克洛夫和耶伦的推理可以用图 13.2 来表示，该图摘自 Heijdra and van der Ploeg（2002：388），当然，这篇文章也受到了阿克洛夫和耶伦（1985b：710）的启发。这幅图描绘了一个给定的垄断企业 j。企

---

⑭ 关于菜单成本的优秀论文可另见 Ball，Mankiw，and Romer（1988）以及 Ball and Romer（1990）。

⑮ 在接下来的段落中，我们将参考 Heijdra and van der Ploeg（2002：384，seq.）来论述这个问题。

业 j 的利润函数 π_j 是关于其产品价格 P_j、名义总收入 Y、一揽子商品价格指数 P 和名义工资 W^N 的函数:

$$\pi_j = f(P_j, Y, P, W^N)$$

假设劳动供给的弹性足够高,同时假设政府通过货币创造来进行需求刺激。因此,名义收入从 Y_0 提高到 Y_1,如图 13.2 所示。目标函数的最大值可以用 $\pi_j^*(Y_0)$ 和 $\pi_j^*(Y_1)$ 来表示。这个例子的目的在于证明近似理性行为会使得企业与其将价格水平如标准情况那样增加到 $P_j^*(Y_1)$,不如保留在原来的 $P_j^*(Y_0)$。如果调整价格,那么得到的利润会增加 $A'B$。而不改变价格会使利润增加 AC,相应的利润损失只有 CD,是一个相对较小的量。如果 CD 小于价格调整成本,那么企业就不应该调整价格。

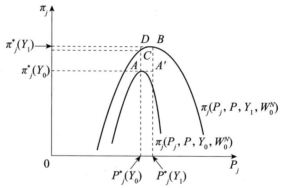

图 13.2　垄断企业的利润函数

解释价格刚性本身并不是菜单成本或近似理性经济学家的主要动力。事实上,他们想要挑战货币中性这一论断,就像交错合同模型那样。假设存在一次正向货币冲击,根据货币中性观点,这将导致名义价格上升而实际产出不变。然而,在此处会出现不同的结果。产业中所有企业面临的需求都会上涨,这使得他们扩大了对劳动力的需求。在高劳动供给弹性下,工人将在不变的名义工资率 W^N 下选择投入更多时间来工作。如果在框架中再加上名义价格刚性、实际工资刚性(与高劳动供给弹性假设相关)以及垄断竞争(意味着原均衡是在非社会最优条件下达成的)的假设,那么在这种情况下,任何需求刺激政策,无论是财政政策还是货币政策,都将有助于改善一阶社会福利(Heijdra and van der Ploeg, 2002:390)。这样的条件就驳斥了货币政策无效的推论,并得以重新建立凯恩斯主义的观点。

评　价

第一代新凯恩斯主义者证明了卢卡斯及其追随者并不能垄断学界的理论创新，但可惜他们并不能阻止 DSGE 的浪潮。原因在于他们试图被动防守而不是积极主动地发起进攻，在革命者们拿起新的思想和工具的时候，他们却仍然在固守陈旧的思想阵地，用鲍尔和曼昆的话来说，这通常意味着是在进行一场无望取胜的战役。而且，除了交错合同模型以外，所有的新凯恩斯主义模型都是静态的，以至于在卢卡斯的动态系统前苍白无力。

此外，第一代新凯恩斯主义模型还被正在兴起的 RBC 模型打得猝不及防。而 RBC 模型和卢卡斯的新兴古典主义宏观经济学在两方面完全一致：第一，都沿承了抽象的数量建模推理思路；第二，都试图直面货币中性议题。RBC 模型的兴起彻底改变了局面，因为货币的概念直接被剔除了。甚至更为重要的一点在于，基德兰德和普雷斯科特重新定义了宏观经济学的应用领域，理论模型的有效性要通过它们复制实证结果的能力来评价。就这个层面来说，第一代新凯恩斯主义完全站不住脚，因为他们的模型都是定性研究。⑯ 十余年后，第二代新凯恩斯主义才取得了成功。为了将 DSGE 方法运用于凯恩斯主义的议题，凯恩斯主义学者们不得不放弃了一些经典的早期命题。

卡林和索斯基斯的工资议价增强式 IS-LM 模型

卡林和索斯基斯的经济学理论是纯粹现实主义和实用主义的，也是纯粹马歇尔主义的。与本章介绍的其他经济学者不同，他们坚持采用适应性预期假设（adaptive expectations assumption），由此可以看出他们的态度。适应性预期假设的缺陷在于经济主体对未来价格的预期总是存在系统偏误，与此相反，理性预期假设则赋予了经济主体太多的信息，从而排除了经济主体犯错的可能以及均衡过程中的惯性。面对这一两难选择，卡林和索斯基斯认为选择哪一种假设应该完全根据所研究的问题而定。而就他们的主要研究兴趣——通胀和失业问题——而言，他们认为

---

⑯ 在曼昆和罗默编撰的 34 篇新凯恩斯主义论文中，有 21 篇缺乏实证内容，6 篇有少量的实证内容（所包含的数据表格少于三张），只有 7 篇涉及较多的实证研究。

采用适应性预期假设所带来的问题在两者之间相对较小（Carlin and Soskice, 1990: 105）。

工资议价模型

卡林和索斯基斯试图通过引入新的劳动力市场运行机制来重塑 IS-LM 模型。宏观经济学者通常认为除了工资刚性之外，劳动力市场与其他所有市场都是相似的，但卡林和索斯基斯认为劳动力市场上企业和工人（由工会组织代表）之间矛盾冲突的分布将使得劳动力市场表现出不同的特征。他们称自己的模型受到罗索恩（Rowthorn, 1977）、索耶（Sawyer, 1982）以及莱亚德和尼克尔（Layard and Nickel, 1985）的启发。卡林和索斯基斯提出了工人和企业之间矛盾的三个组成部分：工资设定过程、就业量和通货膨胀。他们分析的第一步是定义一个处于短期名义均衡的经济（即资本量不变），其中只存在不完全竞争的商品市场和劳动力市场。在商品市场，企业通过单位劳动力成本和加成定价。在劳动力市场上，工人由同质的工会来代表。劳动力市场的均衡由两个方程——"协定的实际工资"（bargained real wage）和"价格决定的实际工资"（price-determined real wage）——的交点决定。前者代表了工会的行为，后者代表了企业的行为。

按照标准的马歇尔主义理论，市场基于名义价格运作，生产先于交易，这也意味着劳动力市场会在商品市场开放之前就关闭。工会希望提高工会成员们的实际工资，但劳动力市场关闭时仍无法得知实际工资水平，只存在对实际工资的预期，在这里是适应性预期。影响他们决策的关键变量是就业量。卡林和索斯基斯对工会行为分析的关键在于他们认为预期实际工资率（工会可以通过与企业的名义工资谈判来把握）与就业量呈现负相关关系。如果劳动力市场吃紧，因而使得失业率较低，那么工会就可以与企业展开提高工资水平的谈判，例如可以通过罢工来威胁。卡林和索斯基斯用协定的实际工资函数的形式表达了上述观点：

$$w^{UN} = b(U), \mathrm{d}b/\mathrm{d}U < 0$$

其中 w^{UN} 是工会要求的实际工资，以他们确定的名义工资为基础，U 是失业工人人数，等于劳动力人数（LF）减去就业人数（N）。假设劳动力人数是给定的并且与真实工资无关。同时假设每天的工作小时数为定值。

企业的价格决定的实际工资函数取决于劳动生产率（LP）和边际加成（m），两者均被假设为固定的，因而价格决定的实际工资是固定的。卡林和索斯基斯认为这一假设之所以成立是因为经济学者就在不完全竞争下价格对需求变化的敏感度很低这一观点达成了一定的共识。

$$w^f = \frac{W}{P} = \mathrm{LP}(1-m) = w^*$$

其中，w^* 表示均衡实际工资。但是由于劳动力市场先关闭的次序设定，故企业最终决定实际工资率。每个工人的实际利润率等于边际加成乘以劳动生产率。

上述两个方程共同决定了劳动力市场的短期名义均衡，当企业和工会的要求一致时（$w^f = w^{\mathrm{UN}}$）实现均衡，从而得到均衡失业率（$U^* = \mathrm{LF} - N^*$），如图13.3所示。此外，卡林和索斯基斯还证明了均衡失业率意味着存在一个固定的通胀率，也就是非加速通胀失业率（non-accelerating inflation rate of unemployment，NAIRU）。⑰ 非加速通胀失业率的概念与弗里德曼的自然失业率概念是相同的，都可以表示为一条垂直线。⑱

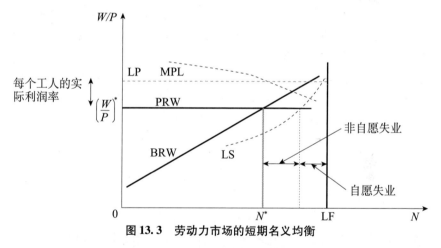

图13.3　劳动力市场的短期名义均衡

我们可以对图13.3给出以下几点评论。第一，劳动力市场不可能单独存在而与经济系统的其他部门无关，故而劳动力市场决定的均衡就业量 N^* 必须与IS-LM函数交点所决定的就业量（即生产函数所决定的

---

⑰　"只有在均衡的就业水平下，固定的货币供给增速才能相应地和某个不变的就业水平保持协调一致。换言之，在通胀率不变的条件下，议定的实际工资函数和价格决定的实际工资函数相交决定经济的长期均衡产出"（Carlin and Soskice，1990：160）。

⑱　"在不完全竞争模型和弗里德曼模型中，都存在一个独特的失业率水平，此时通胀率是固定的且等于货币供给增速，这就定义了垂直的长期菲利普斯曲线"（Carlin and Soskice，1990：158）。

产量和相应的就业量）保持一致。第二，该图说明了在均衡状态（N^*）下劳动力需求函数（边际劳动生产率曲线 MPL）和劳动力供给函数（曲线 LS）不匹配的事实，因为价格决定的实际工资低于边际劳动生产率，而协定的实际工资则高于劳动力供给曲线。因此，当 $w^f = w^*$ 时，交易并不在劳动力供给曲线上发生。卡林和索斯基斯由此得出存在非自愿失业的结论。第三，由图 13.3 可知，总失业可以被分为两个部分：非自愿失业和自愿失业（或者说选择闲暇）。

该模型同样包括非均衡部分。卡林和索斯基斯的推理以均衡状态为出发点。在模型中，工会首先行动。由于他们依据就业量这一参数作出反应，因而引发非均衡的因素必然是可观测的就业量的变动。至于起因，卡林和索斯基斯认为可以是财政政策或货币政策（或者两者都有）的改变，这会使得产出偏离其均衡数量（Carlin and Soskice, 1990：157）。[19] 假设是一次财政刺激，即产出水平向右移动，那么这会使得就业量从图 13.4 的均衡水平 N^* 向上移动到 N_1。那么在协定的实际工资函数方面，工会会利用这一经济形势来要求更高的名义工资以期实际工资上涨。卡林和索斯基斯用数值来举例说，当工人的劳动生产率为 5 货币单位时，在非加速通胀失业率条件下，工人获得 4 单位，而企业得到 1 单位。而在新的就业条件下，工会可以使得名义工资上升到 4.2 单位（见图 13.4）。

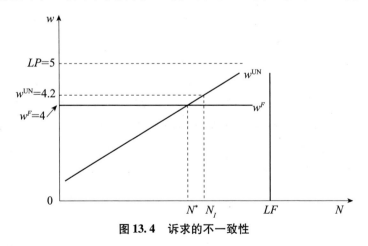

图 13.4 诉求的不一致性

此时，工会和企业的诉求是不兼容的。企业发现，如果其维持不变，那么利润就会下降，为此必须提高产品价格，从而使得实际利润/

---

[19] 他们也顺便提到了私人部门需求的移动，但并未在这个问题上深究。

工资的分配比例保持不变。卡林和索斯基斯还假设存在温和的货币政策，因而通胀率有一个上升的压力。在这种设定下，我们可以重写弗里德曼式的菲利普斯曲线推导过程，见图 13.5。

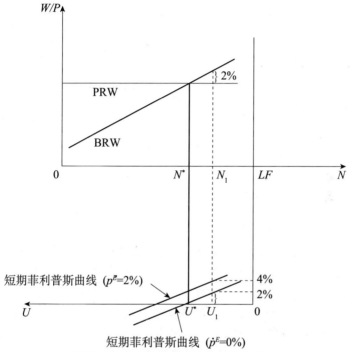

图 13.5　劳动力市场非均衡和通胀动态

图 13.5 描述的情形与弗里德曼主席演讲中所表达的内容是一样的。让我们从通货膨胀率为 0 的情况开始说起。商品价格的上涨使得最初的短期菲尔普斯曲线上移到通货膨胀率为 2% 的位置，与价格水平的上涨百分比保持一致。假设工人具有适应性预期，则为了维持 N_1 的就业量水平（或者说是 U_1 的失业水平），那么下一期就必须提高通胀率，这就出现了弗里德曼所说的螺旋式通胀，它会导致超级通货膨胀，届时当局必须扭转自己的财政刺激政策。

比较非加速通胀失业率与弗里德曼的自然失业率

卡林和索斯基斯在自己的书中非常希望将他们的模型与弗里德曼的模型区分开。他们提到了几点，但只有两点是最重要的。第一，他们的模型在不完全竞争框架下构建，而弗里德曼的模型则基于完全竞争框架。

第二，在弗里德曼的模型中劳动力市场出清，从而抛弃了非自愿失业的概念，但卡林和索斯基斯认为他们自己将非自愿失业纳入了讨论。因为对他们来说，非自愿失业是一个重要的特征事实，所以与弗里德曼模型的这一区别非常关键。[20] 第一个不同是显而易见的，不过更重要的是它带来的影响。至于第二个不同我则并不同意。

非自愿失业

卡林和索斯基斯按照通常的观点，将非自愿失业定义为工人愿意在当前实际工资水平下就业但无法找到工作的情形（Carlin and Soskice，1990：5，123）。但是他们仅仅通过一张图来证明其存在——也就是说，如图 13.3 所示，在均衡的实际工资率下，交易偏离了劳动力供给曲线（Carlin and Soskice，1990：377）。至少对我而言，这是站不住脚的。

第一个原因正如我在前面讨论非瓦尔拉斯均衡模型（见第七章对市场出清的讨论）时所言，偏离劳动力供给曲线的交易并非表明市场处于非出清状态。真正重要的是有效且兼具一般性的个人均衡是否实现，如果这个条件要求交易偏离劳动力供给曲线，那么就让它如此，但并不能从中得到市场无效的结论。第二个原因与通过图表来推理可能产生的陷阱有关。卡林和索斯基斯在书的第一章构建了劳动力供给曲线，按照新古典理论分析一个理性经济主体如何在消费和闲暇之间分配其日常时间，这是一个在集约边际意义上作出的最优决策。在其构建的工资议价模型中，卡林和索斯基斯研究了在广义边际范畴下，经济主体基于劳动时间不可分假设是如何具体参与到劳动力市场中的。我想强调的点在于，从标准新古典闲暇/消费决策中获得的劳动供给并不能简单地转换到非加速通胀失业率的图形，但是他们却这么做了。

卡林和索斯基斯在为他们的加总函数寻求微观基础时也放松了非自愿失业这一概念的定义。为了达到这一目标，他们诉诸措伊滕（Zeuthen，1980）的"管理兼谈判权"（right to manage-cum-bargaining）概念。卡林和索斯基斯假设在所研究的产业中只存在一个工会，并且该工

---

[20] "特征事实 2：20 世纪 80 年代的失业中大部分是非自愿失业，而且我们不能用经济主体对通货膨胀和货币增长的错误预期来解释，也不能用所谓的搜寻过程来解释"（Carlin and Soskice，1990：372）。"弗里德曼的预期强化型菲利普斯曲线这一通胀模型具有很强的解释力，但弗里德曼在模型中坚持市场出清这一微观基础（包括后来很多新兴古典主义经济学家也秉持同样的观点），似乎很难进一步解释现实中失业率始终维持高位这一政策难题"（Carlin and Soskice，1990：6）。

会寻求最大化一个代表性经济主体的期望效用。这样的框架自动排除了得出非自愿失业结果的可能性,因为非自愿失业要求模型具有异质性,换句话说,在非自愿失业下,就业者和失业者应该达到不同的效用函数。而事实上卡林和索斯基斯根本没有意识到这一点,在介绍代表性工人的假设后他们写道:

> 假设效用与该产业的实际工资和就业量正相关。这一假设之所以成立通常是因为,工会的目标是最大化所有就业和失业的工会成员的总期望效用,而在工会内部,每个劳动力被随机地选择就业或者失业。(Carlin and Soskice, 1990: 389)

但是,一个代表性经济主体怎么可能同时既是就业的又是失业的呢?一旦我们采用了代表性经济主体的假设,那么讨论就局限在集约边际上,因此本模型的结果就应该代表了非充分就业——相对于完全竞争时的就业水平而言——而不是没有工作机会意义上的失业。或者可以假设存在大量同质性劳动力,此时前述引文才有意义。但如果是否就业就像抽彩票一样随机分布(如他们引文中的随机选择所言),那么失业者和就业者之间就可以建立风险分担机制,使得无论就业还是失业都获得相同的效用,因而也就消除了事后异质性和非自愿失业的概念。简而言之,该模型很难称得上对存在非自愿失业给出了令人信服的证明。

最终来看,卡林和索斯基斯的模型与弗里德曼的模型基本上是一致的。最让人感到惊讶的是(考虑到卡林和索斯基斯的新凯恩斯主义倾向),他们也推出了同样的政策结论,即认同弗里德曼的观点:需求刺激是无效的,因为其对就业的影响难以持久。

> 在适应性预期下,政府可以通过采取适应性货币政策来使得失业率保持在均衡水平之下,代价是必须承受更高的通胀。鉴于在适应性预期假设下一定存在持续的调整过程,因此如果政府试图降低非加速通胀失业率下的稳态通胀率,那么必须忍受失业率高于均衡失业率这一代价。(Carlin and Soskice, 1990: 203)

卡林和索斯基斯本人对上述结论并无太多评论,但是对我们而言,这个结论很关键,因为它相当于放弃了货币非中性的立场,要知道对于从莫迪利安尼到第一代新凯恩斯主义者来说,货币非中性理论都是凯恩斯主义宏观经济学的一大支柱。他们模型的政策结论是相当正统的:增加税收、提高劳动力培训支出和限制工会权力。

之所以能够通过适当的收入政策来降低均衡失业率，是因为这些措施有可能降低议定的实际工资曲线。为了达到这一目的，最广为人知的收入政策就是工会和雇主之间就工资限制达成一致，无论政府是否参与。（Carlin and Soskice，1990：176）

我不禁将卡林－索斯基斯模型总结为一个经典的后院起火案例。他们的研究事业以凯恩斯为思想源头，却推导出了弗里德曼的结论！他们的模型最终加强了弗里德曼的政策结论，证明了就算偏离完全竞争市场假设，该结论也是有效的，而凯恩斯的理论则被弃如敝屣了。

第十四章

回应卢卡斯：其他研究思路

上两章所讨论的模型都具有浓厚的自卫性质。传统凯恩斯主义者面对卢卡斯革命时表现出了全盘拒绝的态度。诚如所见，第一代新凯恩斯主义者部分采纳了卢卡斯的原则，尤其是在宏观经济学中加入微观基础的原则。但是与新兴古典主义以及 RBC 模型不同，他们并没打算放弃对他们而言至关重要的传统凯恩斯主义理论的信条。在本章中，我将介绍同一时期出现的许多与卢卡斯视角不同但又基本遵循了卢卡斯方法论的经济学理论。其中最具代表性的三个模型是彼得·戴蒙德（Peter Diamond，1982）的搜寻与协作模型（search and coordination model）、奥利弗·哈特（Oliver Hart，1982）的不完全竞争模型以及约翰·罗伯茨（John Roberts，1987）的协作失灵模型（coordination failure）。上述三个模型都为标准的一般均衡框架引入了新的视角：戴蒙德模型中的搜寻外部性（search externalities）和多重均衡（multiple equilibria）、哈特模型中的不完全竞争以及罗伯茨的激进的非瓦尔拉斯交易技术设定。

戴蒙德的搜寻外部性研究[①]

戴蒙德所接受的莫斯科尼和赖特的采访（Moscarini and Wright，2007）和他本人在 2011 年诺贝尔经济学奖的获奖致辞（Diamond，2011）都反映出他的经济学思想受到两段经历的深刻影响，它们都发生于其在耶鲁大学读本科时的求学阶段。[②] 第一段经历是他所接受的数学

[①] 本节源自 Dantine and De Vroey（2014）。
[②] 参见 Moscarini and Wright（2007）以及戴蒙德为诺奖委员会撰写的自我介绍（Diamond，2010）和他的诺奖获奖致辞（Diamond，2011）。

教育。戴蒙德最开始主修数学,后来才逐渐将重心转移到经济学上。德布鲁讲授的一门课程[这门课程基于他刚刚出版的《价值论》(*Theory of Value*, Debreu, 1959)一书]让戴蒙德形成了不可磨灭的新瓦尔拉斯主义一般均衡倾向。但是,戴蒙德视自己为新瓦尔拉斯主义一般均衡理论的改良者:

> 我一方面以一般均衡(特别是以阿罗-德布鲁模型为代表)理论的思想为基石,另一方面又对其缺陷有着清醒的认识,在该模型的各种缺陷中,我尤其感兴趣的一点在于经济主体在完全竞争市场下难以实现完美的协作。(Diamond, 2010:8)

第二段经历是戴蒙德在本科毕业后研究生入学前在考尔斯基金会(Cowles Foundation)协助库普曼斯从事研究的经历,他写道:"我被雇用来协助数学方面的研究"(Diamond, 2010:2)。在咖啡馆里("在咖啡馆度过了令人印象深刻的学术探讨时光后"),他与耶鲁的凯恩斯主义宏观经济学家们结缘,如托宾、奥肯和布雷纳德(Brainard),被他们的"耶鲁宏观经济学风气"所感染(Moscarini and Wright, 2007:547)。虽然戴蒙德毫无疑问自视为一个凯恩斯主义者,认为资本主义制度下的市场可能存在失灵并且政府可以修复经济,但他对凯恩斯主义宏观经济学兴趣有限,因为他认为其缺乏微观基础并且滥用工资刚性概念。

> 当我因为对一般均衡理论失望而开始研究搜寻理论时,我也倾向于通过搜寻理论来表达我对宏观经济学理论的不满。我并不反对凯恩斯主义的基础概念,而是对其建模方法不太满意,我希望能够包含微观基础,从而增强做规范分析的能力,并且推出相应的政策结论。(Diamond, 2011:1056)

戴蒙德认为凯恩斯的《通论》有三点尤其重要:①次优的总需求*会导致经济陷入次优均衡;②工资刚性并不能对经济处于次优均衡给出最合理的解释;以及③"动物精神"的洞见——这一概念恰恰为凯恩斯主义宏观经济学所遗弃。由此,戴蒙德决心在新瓦尔拉斯主义标准下构建模型,但使用了不同的交易技术,从而将上述三点置于重要的地位。

---

* 即有效需求。——译者注

第十四章
回应卢卡斯：其他研究思路

继兰格、帕廷金和一批非瓦尔拉斯均衡经济学家之后，戴蒙德延续了在瓦尔拉斯主义原则下重构凯恩斯主义理论的研究愿景。然而，他与前辈们的思路存在明显不同。一般的研究思路是在拍卖者交易技术中加入黏性或刚性，但是戴蒙德认为拍卖者假设及相关的价格接受者假设等都需要被完全抛弃。下面的引文表达了戴蒙德自己的观点，这与哈恩、根岸隆和费希尔等经济学家的观点非常不同，后者努力在存在"错误交易"的假设下去研究向均衡收敛的过程（Hahn and Negishi, 1962；Fisher, 1983）：

> 戴蒙德：我对费希尔等人关于向竞争性均衡收敛的研究很感兴趣，并且一直对相关文献保持关注。但令我十分困扰的是他们所提出的问题：我们希望探索一种看上去合情合理的新机制，并验证它是否最终收敛到竞争性均衡。在我看来，这是一个错误的问题。正确的问题应该是让我们构造一个坚实可靠的机制并观察它会达到何种状态。（Moscarini and Wright, 2007：553）

戴蒙德的目标在于从看上去合情合理的交易过程入手来分析它最终会收敛到何种状态，这显然与瓦尔拉斯主义不同。这里所研究的过程就是搜寻行为，其背后理念是寻找交易伙伴必须耗费成本且具有外部性。

我们在本节主要讲述的论文（Diamond, 1982）可以说是戴蒙德一系列前期研究的汇总和升华。尽管戴蒙德本人认为没有必要明确说明，但这篇文章的主要目标在于抓住他所理解的凯恩斯《通论》的核心要素。

戴蒙德的这篇论文可以说是新古典主义理论诞生以来其所可以进行的分析的范例，它用一个简单但优雅的模型传递了非常重要的理论内涵。戴蒙德后来在其 1984 年的著作《宏观经济学微观基础的搜寻均衡方法》[*A Search-Equilibrium Approach to the Micro Foundations of Macroeconomics*, 1984a，该书基于他 1982 年的维克塞尔演讲（Wicksell Lectures）编纂而成]中将这篇论文的基本观点加以拓展。另一个拓展是其论文《搜寻均衡中的货币》（Money in Search Equilibrium, Diamond, 1984b）。在这篇论文中，戴蒙德在其椰子模型（coconut model）中纳入了货币概念，将该模型拓展为一个完整的双边搜寻模型。最后，他与富登堡联合发表的论文（Diamond and Fudenberg, 1989）旨在在椰子模型的基础上刻画经济周期理论。我在接下来的部分会集中解读 1982 年的文章和 1984 年的著作。

椰子模型

在 1982 年的文章中，戴蒙德构建了一个刻画热带海岛经济的椰子模型。模型设定有一群生活在孤岛上、风险中性并且自我雇佣的同质经济主体，他们仅靠食用椰子维生，而且为了获取椰子，他们必须搜寻椰子树并且爬树进行采摘。假设每个椰子树都有相同数量的椰子，但居民为了爬树并获取椰子所耗费的采摘成本（努力程度）c 是不同的。搜寻椰子树时的保留成本 c^* 是决策依据，当采摘成本 c 低于 c^* 时经济主体才采摘该椰子树的椰子，否则就会等待下一次机会。戴蒙德将没有搜寻到合适椰子树——因此没有椰子存货——的经济主体视作"失业"，而将搜寻到合适椰子树并且有椰子存货的经济主体视为"就业"。[③] 该模型的另一个特点是，由于特定的规则，经济主体不能直接消费自己采摘的椰子。由此产生了寻找交易对象的第二次搜寻过程，且交易机会的产生服从泊松过程。该模型的核心假设在于交易技术具有规模报酬递增特征，即"如果越多的人尝试交易，那么交易就越可能成功"（Diamond，1984a：4）。更准确地说，交易成功率 b 严格随着经济活动水平 e（即总人口中采摘到椰子的居民比例）的上升而上升，满足方程 $b = b(e)$，其中 $b' > 0$。

戴蒙德的下一步是找到稳态均衡，即经济活动水平不再随时间的变化而变化（$\dot{e} \equiv de/dt = 0$）。每一个时期都存在已经找到值得爬的椰子树并寻求交易伙伴的居民，也存在已经找到交易伙伴因而不再有存货但正在寻找椰子树的居民。在稳态均衡条件下，两种居民人数完全相等。假设椰子树的分布是均匀的，找到一棵合适椰子树的概率随着 c^* 的增加而增加。因此，在 (c^*, e) 均为正的四分之一象限内，$\dot{e} = 0$ 是一个增函数。此外，保留成本 c^* 本身是 e 的增函数。因此，稳态均衡是同时满足 $\dot{e} = 0$ 和函数 $c^*(e)$ 的一对 (c^*, e)。又因为这两个函数都是增函数，为了使均衡在 e 为正的地方达到，那么必须满足两个曲线一凹一凸。戴蒙德同时也证明，为了保证 $c^*(e)$ 是一个凹函数，只需要满足 $b(e)$ 是递增的凹函数。而对于 $\dot{e} = 0$ 函数，只要存在一个保留成本 c^* 使得 $c \leq c^*$ 时经济主体找到椰子树的概率为 1，并且是渐进到达的，那

---

③ 严格来说，"就业"这个术语在这里具有误导性，因为该经济不存在劳动力市场。

么 $\dot{e}=0$ 就是一个凸函数。最后，为了保证存在就业率为正的多重均衡，戴蒙德假设存在一个最低的生产成本 $\underline{c}$。上述推导过程反映为图 14.1。

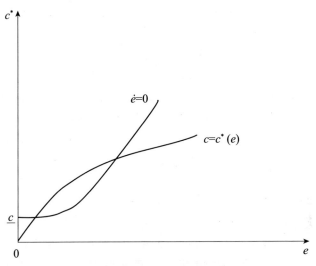

图 14.1　戴蒙德搜寻模型中的不同经济活动水平

如图 14.1 所示，戴蒙德的模型中存在多重帕累托均衡（在该图中有三个均衡，即两个交点和原点）。换言之，经济中存在不同水平的"自然就业率"，并且有可能陷入次优均衡，但是外部的需求刺激可以促使经济修复：

> 宏观经济政策的目标之一应该是让承受巨大宏观冲击的经济恢复到最优的自然失业率上（并不一定是最低）。（Diamond，1982：881）

使用外生冲击概念也说明戴蒙德本人更愿意采用卢卡斯的宏观经济学观点，从而聚焦于研究经济波动问题；而不是局限于凯恩斯的宏观经济学观点，从而旨在证明非自愿失业的存在。在他的模型中，"并不存在雇佣劳动的概念，因此证明了在一个完全自我雇佣的物物交换经济体里也可能存在经济周期现象"（Diamond，1984a：7）。他在维克塞尔演讲中也做了类似的陈述：

> 我所展示的模型是一个稳态均衡模型，采用这样的形式主要是出于简化的考虑。但我之所以对这类模型感兴趣是因为它可以用来刻画经济周期中的经济现象，并且可以用它是否适用于周期中的经

济来衡量模型本身的假设是否合理。(Diamond，1984a：4)

戴蒙德在 1982 的文章中并没有对经济波动给出解释，但他在 1984 年的书中指出，经济主体的乐观主义和悲观主义情绪起伏的自我实现预言是引发波动的原因之一。这意味着经济主体对未来经济环境预期的变化将导致不同的经济活动水平，从而使得经济在不同水平间来回反弹。假设经济中的所有主体都乐观地认为未来的交易更容易，那么他们就会更努力地把握生产机会，从而经济活动就会达到更高的均衡水平，这也就验证了经济主体之前的乐观预期。反之悲观情绪也是一样。$c^*(e)$ 曲线会相应移动，当经济主体更乐观时，曲线向上移动，当经济主体更悲观时，曲线向下移动。经济在不同均衡点之间的转换就体现为经济周期。

戴蒙德和卢卡斯

阅读戴蒙德的维克塞尔讲座讲义时我们可以强烈地感觉到：他认为自己的模型可以替代卢卡斯模型。戴蒙德确实有权利这么说。当代很少有模型能够被认为可以与卢卡斯的《预期与货币中性》一文在原创性和优雅性方面相媲美，而戴蒙德的文章无疑是这些为数不多的模型中的一员。鉴于戴蒙德是在 1982 年发表了这篇文章，所以其写作此文的时间应该主要在 20 世纪 70 年代末期，当时宏观经济学的未来还比较开放，因此彼时戴蒙德很可能确实怀有那样的野心。

比较卢卡斯和戴蒙德的两个模型可以发现它们事实上有很多相似之处。他们都基于阿罗－德布鲁模型。两人都想简化瓦尔拉斯一般均衡理论并且修改其部分假设以使之适用于宏观经济学，因此他们都热衷于提出实际政策建议而非恪守传统瓦尔拉斯主义的抽象建模思想。尽管两人都强调实证的重要性，但他们最重要的模型（Lucas，1972 和 Diamond，1982）都是没有进行实证检验拓展的纯理论模型。最后，两人都将自己的开创性模型视为深入研究经济周期现象的基石，而并没有直接处理该问题。

表 14.1 比较了卢卡斯和戴蒙德两个模型的建模方法，我们从中可以发现尽管两个模型具有很大的相似性，但是也有明显的区别（表 14.1 中加粗的部分）。造成这些区别的原因可以追溯到他们对新瓦尔拉斯主义理论具有的不同态度，这使得两人在交易技术（采用拍卖者还是搜寻）上产生了核心分歧，由此，两者在模型结果上出现了重大差异：单一还是多重均衡、处理经济周期的不同方式以及相反的政策建议推论等。

表 14.1　卢卡斯和戴蒙德方法的比较

	卢卡斯	戴蒙德
建模目标	卢卡斯（1972）：证明货币非中性不能推出凯恩斯主义政策结论 卢卡斯（1976）：拓展前述模型用以研究经济周期	戴蒙德（1982）：试图证明在经济周期中存在次优经济活动水平的可能性 戴蒙德（1984a）：拓展前述模型用以研究经济周期
赞成何种均衡	新瓦尔拉斯主义的一般均衡分析，**单一均衡**，均衡原则，理性预期	新瓦尔拉斯主义的一般均衡分析，**多重均衡**，均衡原则，理性预期
劳动力市场和经济的类型	缺失（因为经济主体自我雇佣且存在于不同的孤岛上）	缺失（因为经济主体自我雇佣且存在于一个孤岛上）
价格/工资	弹性	弹性
货币	存在	缺失（然而在1984b中存在）
交易技术	**拍卖者**	**搜寻**
对经济周期的解释	**货币供给冲击**	**动物精神**
政策建议	**非经济干预**	**需求刺激**

戴蒙德和卢卡斯之间的这种分歧并非偶然。正如戴蒙德在接受莫斯科尼和赖特的采访时所表示，在构思其 1982 年的模型时，他的写作意图就是要回应卢卡斯和普雷斯科特的搜寻模型（Lucas and Prescott, 1974）：

> 《宏观经济学动态》(Macro Dynamics)：为什么你决定选择这个研究方向——也就是说，选择反对卢卡斯和普雷斯科特的孤岛模型？
>
> 戴蒙德：卢卡斯和普雷斯科特的孤岛模型遵循了阿罗－德布鲁福利定律，该模型确实得到了有效的结论，基于阿罗－德布鲁的研究视角，我认为这是因为该模型的"孤岛假设"相当于是对经济主体消费流施加一个约束。这一模型特征是我极力想要回避的——因为他们的模型里所拥有的这种凭借孤岛而限定消费流的核心经济机制和基于瓦尔拉斯拍卖者假设所能推导出来的具有控制力的经济机制非常类似。(Moscarini and Wright, 2007: 554)

戴蒙德毫不避讳地承认他所具有的政策动机。与凯恩斯一样，戴蒙德认同市场失灵会严重影响市场机制本身，尤其是在协作失效的情况下。因此当市场失灵出现时，应该采取必要的需求刺激政策。但戴蒙德的问题是如何将这一观点及其相应的政策结论纳入一个修订后的简化阿罗-德布鲁模型。理想情况下，为模型引入的新因素是确定的"经济现实"。如前所述，戴蒙德对实现均衡涉及的时间维度非常敏感，但他最后只是从侧面引入了稠密度（thickness）*这个概念：即市场越稠密，潜在交易者数量越多，交易者互相寻找所耗费的时间也就越短。对戴蒙德而言，这一想法在现实世界中无可争议，忽视这一点不合情理，因为将其纳入模型足以扭转之前的政策结论：

> 这一看待世界的基本方式的差异之所以重要是因为，它把对政策的某种限制解除掉，并为合宜的政策提供了可能性。（Diamond，1984a：63）

在维克塞尔讲座中，戴蒙德还提出了这样一个问题："如何确定到底是完全竞争市场还是搜寻过程才是宏观理论分析的更好的起点呢？"（1984a：46）。他自己给出的答案显然是应该以搜寻过程为出发点：一方面，他认为自己的模型更贴近现实；另一方面，他还指出理性预期假设有一定的局限。事后来看，这两个观点都并不太站得住脚。如果我们在这里只考虑他对理性预期的批判，那么戴蒙德实际上是在铤而走险，因为他自己的模型也建立在这一假设的基础上。这导致戴蒙德陷入了类似所罗门审判的困境**，例如他评述理性预期"在大多数情况下是正确的假设，但并不适用于所有分析"（1984a：54）——这是一种典型的带有折中主义色彩的新古典综合观点。在戴蒙德看来，理性预期的观点将导致他的模型存在两个缺陷：第一，在多重均衡的条件下，经济主体尽管具有理性预期，却无法选出最高福利水平的均衡；第二，理性预期假设的采用使得我们无法抓住经济主体的重要特征——处于乐观还是悲观预期中，是模仿行为还是自我实现预言行为。如果我们接受多重均衡的研究思路，那么上述两种观点可以并存，但对于那些执意选择其中一种观点的人而言，这显然是不能接受的思路。换言之，戴蒙德的批评建立在他认为自己的研究出发点比其他思路更好的前提下。

然而20世纪80年代宏观经济学的发展并没有走上戴蒙德所倡导的

---

* 指市场的紧度（market tightness）。——译者注

** 所罗门审判是一则源自《圣经·列王纪》的寓言，指运用巧妙的经验法则来裁定事物。——译者注

方向。其实从一开始,卢卡斯范式就有其显著的优势。第一,卢卡斯的文章比戴蒙德的文章发表早十年之久,这一段时间使其得到了充分发展和强化。第二,卢卡斯的模型虽然新颖,但实际上属于货币变动的实际影响这一较为成熟的研究领域;而与之相反,搜寻理论所关注的协作失败现象在当时还是新兴的研究领域,较少人知道。第三,即便多重均衡是一个颇具吸引力的想法,但单一均衡模型显然更易于操作。后来戴蒙德和富登堡的研究也证明了这一点。他们试图证明从任何一个初始条件开始都可以找到通往多重均衡各稳态点的路径。然而这篇论文并没有如我们所设想的那样得到一个一般性的观察结果,他们仅仅证明了几个例子。更令人头疼的地方在于,如何对多重均衡模型进行实证检验呢?④ 第四,戴蒙德承认他与卢卡斯模型的唯一不同在于交易的规模报酬递增假设。⑤ 对他而言,这是一个关键且合理的设定。然而在这种情况下,有一种简单的方法来抛弃这一具有挑战性的模型,即将这一模型视为古典主义模型的特例,而不是将其看作一种激进的替代性研究思路。⑥ 第五,尽管可以认为卢卡斯(1972)和戴蒙德(1982)的两个模型都有很强的说服力,但他们后来对各自模型的拓展却大相径庭。卢卡斯很快就将自己的模型顺利拓展为解释经济周期的均衡模型,而戴蒙德和富登堡(1982)的拓展显然没有做到这点。

豪伊特

豪伊特一直是戴蒙德模型最热情的支持者。⑦ 豪伊特在1986年加拿大经济学年会(Canadian Economics Association Meetings)的一次讲座中宣称,他认为宏观经济学已经走到了一个十字路口,一条路通向 RBC 模型,另一条路通向交易外部性模型。"我们很难预料哪一条路会在多年后

---

④ "卢卡斯更喜欢用存在唯一均衡状态的模型来刻画经济波动问题……这种偏好并不是由于他自己设定的一般建模原则所导致,因为我们可以看到如今很多遵循卢卡斯原则的模型都出现了多重均衡。他之所以偏好单一均衡是因为这样的模型更便于解释时间序列数据的特征"(Manuelli and Sargent,1988:538)。

⑤ "如果将交易外部性假设剔除掉,那么我在第一次演讲中介绍的模型和古典市场模型没有太大区别。也就是说,如果交易伙伴的相对可得性不影响搜寻交易的时间长短,那么搜寻模型的行为就会像古典市场模型"(Diamond,1984a:49)。

⑥ Albrect(2011)就是一个例子。

⑦ 豪伊特最初是一位货币经济学家,支持克洛尔和莱荣霍夫德对凯恩斯理论的解读。此后,他和菲利普·阿吉翁(Philippe Aghion)一起撰写了两部具有影响力的经济增长理论著作(Aghion and Howitt,1999,2009)。

吸引大部分的研究者"（Howitt，[1986] 1990：79）。豪伊特之所以支持戴蒙德，是因为他自诩为一个莱荣霍夫德主义者，坚持认为交易过程中发生的协作失败是凯恩斯理论的核心，但在当时，凯恩斯主义经济学者仍未能将这一直觉理论化，在豪伊特眼中，恰恰是戴蒙德打破了这个魔咒。⑧ 因此，也是在这次会议上，豪伊特还标榜交易成本理论是"凯恩斯主义复苏"的载体（Howitt，[1986] 1990）。

豪伊特认为戴蒙德模型需要更贴近现实。他尤其希望将真实世界中劳动力市场的长期双边关系纳入戴蒙德模型，这意味着需要替换掉原模型中居民自我雇佣的假设并在经济中引入劳动力市场。豪伊特先后发表了多篇论文来完善戴蒙德模型，包括他独立完成的（1985，1986，1988），也包括他和普雷斯顿·麦卡菲（Preston McAfee）合作发表的（1987，1988，1992）。

与戴蒙德模型类似，豪伊特的上述所有论文都试图研究在搜寻外部性假设下达到的经济多重均衡，只是加入了劳动力市场。例如，豪伊特（1985）认为"不稠密市场的外部性"（市场越不稠密交易成本越高）对企业和工人都会产生影响，使得他们的销售意愿下降，从而导致产出和劳动力交易量都下降。"外部性带来的影响使得劳动力需求曲线和劳动力供给曲线在正常情况下（non-pathological）也可能有多于一处的交点"（Howitt，1985：96）。类似的结论在豪伊特和麦卡菲的合作论文中（Howitt and McAfee，1987）也能看到：

> 多重均衡可以表现为不同的失业率水平，同一实际工资水平下可以存在或高或低的不同失业率，这源自莱荣霍夫德所提出的沟通失败，且劳动力市场的低沟通水平是自我实现的。（Howitt and McAfee，1987：106-107）

具有讽刺意味的是，尽管豪伊特的模型十分精巧，但它们却不一定最终增强了戴蒙德的观点。豪伊特的模型确实批判了工资刚性假设，这是一个突破传统凯恩斯主义的重要标志性结果。但不幸的是，豪伊特对劳动力市场的分析存在一些明显的缺陷。首先，他的分析不再基于一般

---

⑧ "（凯恩斯主义经济学家）告诉我们工资下降之所以缓慢是因为背后有交易成本，而且存在协作失败问题：人们找到匹配的工作需要花费时间，而衰退时企业根本无意雇用工人又使得找工作受阻等。这些解释的主要问题在于它们源自凯恩斯主义经济学家之口，却并非由他们的模型推出。最新的关于交易外部性的文献强调了市场组织中的交易成本，并论证了这些因素是如何直接影响经济主体决策的"（Howitt，1990：79）。

均衡。其次，其政策结论也是一个问题：戴蒙德的政策结论是需求刺激政策可以推动经济走向更优的经济活动水平，而豪伊特的模型不再能得出这一结论。最后，引入劳动力市场又是否真的能改善戴蒙德的次优经济活动水平结论呢？豪伊特宣称这将使非自愿失业概念重新被纳入理论分析，但这一点仍然值得推敲。他的模型不仅在供需匹配层面，更在一般化的个体均衡层面体现了市场出清的特征，因此豪伊特模型所研究的对象更可能是非充分就业。况且，如果用自我雇佣的简单模型就能证明这一结论，那么何须像豪伊特这样引入更多假设呢？

罗伯茨的协作失灵模型

罗伯茨构建的模型最初只是想要验证克洛尔的自我确认（self-confirming）猜想。他还继承了非瓦尔拉斯主义经济学家对感知数量约束（perceived quantity constraints）*和劳动力需求数量约束的强调。但是他放弃了固定价格的假设。罗伯茨也同意戴蒙德关于替换瓦尔拉斯式交易组织假设对得出凯恩斯主义结果非常必要的观点。"关键是要对价格决定和个人交易过程建模"（Roberts, 1987: 856）。

为此，罗伯茨将生产和消费分离开。经济中存在两类生产者（A和B），两类劳动者－消费者（J和K），两类劳动（r和s），两类产品（x和y），以及第五种非生产性的商品——货币m。此外，该模型建立在不存在"福特效用"（Ford effect）的环境中，即劳动者无法直接购买自己企业的产品，相对应地，劳动者只能从其没有供应自身劳动的生产者处购买产品。如图14.2所示，劳动者为生产者A提供劳动，同时他们只能从生产者B处购买产品（图中的箭头意味着销售）。所有的经济主体都有天然禀赋（货币和产品），但只有生产者拥有特定的生产技术，并且劳动是唯一的生产要素。其他假设包括规模报酬不变，投入产出系数为1，生产由订单决定，没有存货，价格和工资是弹性的，生产者可以设定价格和工资水平。

形成均衡价格和产量的过程分为三步：首先生产者宣布产品价格；其次劳动者作出反应，提出订货需求；最后是企业决定产量。该经济和相关制度可以用拓展形式的博弈（extensive game）来表现。通过证明子

---

* 感知数量约束可以理解为"可及性"，这涉及静态博弈下劳资谈判的无效率问题，不过原作者没有在这里深入讨论。——译者注

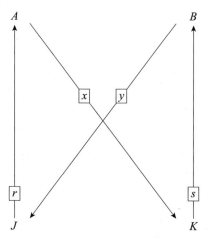

图 14.2 罗伯茨模型中的交易结构

博弈完美均衡存在，罗伯茨给出了连续均衡状态的可能性，其中包括瓦尔拉斯均衡。尽管该模型采用了特殊的交易技术假设，但是这个均衡中的价格、工资和交易数量仍与传统由拍卖者引导价格形式过程的模型保持一致。第二种可能的均衡状态是经济主体根本不进行任何交易。凯恩斯主义均衡也可能存在，经济中一部分消费者按照瓦尔拉斯均衡的价格和工资水平交易瓦尔拉斯的数量，另一部分人消费自己的天然禀赋，他们既不提供劳动也不购买产品。

之所以出现这样的结果一方面是因为其交易机制安排下的博弈本来就具有非协作的特性；另一方面是因为存在非生产性商品——货币 m。当某一类劳动力对另一类劳动力所做的数量决策形成自我实现的悲观预期时，就会导致非自愿失业（Roberts，1987：868）。

在解决分散化经济可能出现的协作问题上，罗伯茨比戴蒙德走得更远。罗伯茨也像戴蒙德和奥肯一样考虑了交易技术，并且也如戴蒙德一样避免用工资刚性来解释非自愿失业，但是罗伯特并没有证明需求刺激政策的必要性。

哈特的不完全竞争模型

哈特基于古诺－纳什（Cournot-Nash）均衡定义构建了一个静态的不完全竞争一般均衡模型。该经济体包括三种产品：一种需要被生产的商品，一种非生产性商品，以及劳动力，其中非生产性商品被视为计价物。经济中包含大量的企业和家庭，所有企业都只生产一种产品。个体数量是企业数量的一个倍数。每个经济主体的初始禀赋都是一定单位的非生产性商品和劳动力，每个经济主体都对任何一个企业拥有一部分的所有权。劳动力供给无弹性。家庭对被生产产品的需求既受价格影响也受家庭收入影响。家庭收入包括工资、企业利润分红和初始禀赋中的非生产性商品。虽然收入在各个市场是给定的，但其实是由整体经济水平内生决定的。考虑不同市场的结构。首先是最终产品市场。在极端情况下，当所有企业都处于同一市场时，该市场是完全竞争的，相对来说每个企业都在该市场变得很小；但如果是存在细化的市场，每个细化市场都是一个缩小版的经济体，每个细化市场中的企业与消费者的比例都相同，那么由于企业的数量是给定的，则细化的市场数量越多，每个市场的垄断性就越高。如果全球劳动力市场与产品市场一样被细化，那么每个市场中的劳动力就逐步拥有了市场力量，即工人们可以组成辛迪加以实现群体收入最大化。每个细化市场上辛迪加的数量越少，那么它们所具有的市场力量就越大。假设产品市场和劳动力市场上的寡头供给者都了解目标需求函数。那么完全竞争和垄断就是两个极端情况，但哈特在此模型中比较感兴趣的是寡头垄断。寡头垄断的存在使得经济活动不如完全竞争市场活跃，但效率却是等同的。哈特通过下述四个步骤推出了这个结论。

第一阶段：企业的最优决策

在每个产品市场中，企业都像古诺寡头那样行动，每个企业都将其他企业的产量视为固定（也将消费者的收入和工资水平视为固定）来选择最大化自身利润的产量。在均衡水平，边际收入等于边际成本。

第二阶段：工会在局部均衡中的最优决策

工会知道企业的最优决策解，从而了解企业在每个劳动力市场的劳动需求。在局部均衡分析中，一个寡头辛迪加所面临的选择问题是将其余工会的劳动力供给数量视为给定，在其剩余劳动需求曲线上作出最大化目标函数的决策。

第三阶段：工会在一般均衡中的最优决策

在一般均衡的框架下，辛迪加将意识到任何劳动力供给的下降都会导致工资上升,并引发物价上涨、产出下降和工时减少。考虑到这一点,哈特用产出的需求弹性来表述劳动的需求弹性。

第四阶段:将收入内生化

产出市场中,消费者在古诺均衡价格下的联合总收入一定等于企业面对的需求曲线所对应的收入水平。

如果将完全竞争市场的就业视为充分就业,那么哈特试图推导出在不完全竞争市场存在非充分就业。为此就需要满足两个条件。第一,劳动力市场存在寡头势力。如果产品市场存在寡头势力而劳动力市场完全竞争,那么将总会达到充分就业。第二个条件与产品的两种价格(p^*和$\hat{p}$)之间的关系有关,$\hat{p}$是对工会来说最优的产品价格,而p^*是能够保证在现行需求水平下充分就业的产品价格。如果$\hat{p}>p^*$,非充分就业存在。这背后暗含的经济学思想是,生产性产品的价格越高,收入分配到非生产性商品上的比例就越大,而对劳动力的需求会越少。

哈特认为他的模型证明了需求刺激的有效性,我认为这值得质疑。哈特认为劳动供给数量和产品产量可以在价格不变的情况下有所提高。背后的机制要么是非生产性商品人均禀赋的增加(也就是非生产性商品的人均存量增加),要么是消费者偏好改变(使得对生产性商品的需求出现正向扩大的改变)。但问题是,这样的经济"政策"仅仅相当于改变了这个经济体表面的数字,并无实质意义。

结 语

最后让我们来探讨一下为什么上述模型最终都无法改变定局。尽管它们都无愧为理论瑰宝,但可惜影响力渐微。很多新理论都是这般昙花一现,它们有着一些相同的基本不足。真正重要的是开创性模型是否能够转换为一种不断进步的、可行的研究进程:所谓"不断进步"是指该理论带来了一系列持续的发展,所谓"可行"是指这些发展所需要的工具和人才队伍要适时出现。根据上述标准,卢卡斯的研究就远比戴蒙德、罗伯茨和哈特的研究好多了。如果确实是这样,卢卡斯的幸运之处就在于,差不多就在上面所研究的这些模型兴起的同时,基德兰德和普雷斯科特推出了作为 DSGE 模型变体的 RBC 模型,从而接过了卢卡斯的旗帜。这是一个关键的转变。DSGE 研究的"胜利"与 RBC 模型的兴起密不可分。基德兰德和普雷斯科特将卢卡斯的定性研究模型转换为定量研究模型（卢卡斯将这种转换称为 FORTRAN 程序法则）。通过将"复制原则"（replication discipline）加入"均衡原则"中，他们得以充分利用数据，即可以继续在凯恩斯主义宏观经济学家所开创的实证领域开展相关研究（必须强调，在瓦尔拉斯主义被引入宏观经济学时，学界普遍认为理论无法通过实证检验来获得验证，因而将实证束之高阁）。RBC 模型是真正的游戏规则改变者。它将卢卡斯革命发展成一个可持续研究的细分领域，为之后十多年的经济学家提供了精神食粮。这将是我们在接下来三章着重讲述的内容。

第十五章
真实经济周期模型：基德兰德和普雷斯科特的贡献

在1982年，整个学界见证了可能是自现代宏观经济学建立以来最重要一篇论文的正式发表，那便是基德兰德和普雷斯科特的《建设时间与总波动》，该文开创了量化理论分析的纪元……它几乎改变了现代宏观经济学的面貌，其理论贡献堪比凯恩斯的《通论》与卢卡斯的《预期和货币中性》。(Greenwood, [1994] 2005: 16)

我们将用三章内容来讨论真实经济周期（real business cycle，RBC）模型。本章将集中论述基德兰德和普雷斯科特的开创性研究成果；第十六章将研究对于RBC模型的一些批判性回应以及RBC研究路径的后续发展；在第十七章中我将对RBC模型予以评述。

本章的主要目标包括两点，它们都既是描述性的又是反思性的。首先，我对基德兰德和普雷斯科特的论文《建设时间与总波动》（1982）进行梳理，并介绍其如何转化为一个基准模型。其次，我希望能突出介绍RBC模型在方法论层面的独创性，为此需要对RBC基准模型所分析的经济本身的性质进行研究。虽然可能出乎读者的意料，但我将向读者展示，从这种反思中可以得出RBC模型的要旨。除了上述两点，我最后希望强调基德兰德和普雷斯科特在强化卢卡斯革命方面所发挥的作用。我认为基德兰德和普雷斯科特之于卢卡斯革命的意义正如希克斯和莫迪利安尼之于凯恩斯革命的意义——是基德兰德和普雷斯科特将卢卡斯革命推上了正轨。

将接力棒传给基德兰德和普雷斯科特

虽然卢卡斯开创了宏观经济学理论研究的新思路,但他本人构建的以货币冲击为经济周期起因的经济模型并没有流行多久。起初,学界普遍看好该模型的前景。例如巴罗在一篇广受欢迎的论文中便试图验证卢卡斯模型的核心推论,即只有未被预料到的货币供给冲击才能影响经济的实际变量(Barro,1977)。巴罗的研究结果显示,当期以及滞后两期的未被预料到的货币增长确实对失业变动具有较强的解释力(Barro,1977:114)。然而,随着更多令人失望的结果不断出现,巴罗本人也不得不承认新的研究结果使其最初的结论受到了质疑(Barro,1989)。① 对卢卡斯模型的主要批判在于:公众能够及时获知货币存量数据的事实与卢卡斯的假设相悖——他在论文中假设经济主体在信号甄别上存在困难。而且一些经验研究也指出货币冲击对产出和就业的周期性影响相对是很小的。②

后来卢卡斯勇敢地承认了这些缺陷,并转而支持基德兰德和普雷斯科特构建的新模型,在其中技术冲击替代了货币冲击。卢卡斯在后来的回忆录和相关采访中表示:

> 虽然我未能参加1978年由波士顿联邦储备银行举办的秃峰会议,但该会议还是标志着我的以货币冲击为基础的经济周期模型开始走向死亡。埃德·普雷斯科特在这次会议上提出了他与芬恩·基德兰德共同构建的一个包含布洛克-米尔曼(Brock and Mirman)增长模型中的技术冲击和我的模型中的货币冲击的混合模型。当普雷斯科特展示他的结论时,与会学者们无不认识到了这个模型的重要性,但鉴于这篇文章过于新颖和复杂,以致几乎没有人能够完全准确地理解它们。后来基德兰德和普雷斯科特对他们的秃峰会议模型(Bald Peak model)进行了数值模拟并获得了更多经验:他们发现剔除货币冲击并不会改变模型的基本结论,将理论中的所有货币因素移除后,他们得到了一个更简单但更全面的模型结构,而且它与原模型一样符合战后美国经济的时

---

① 关于后续论文,见McCallum(1989)、Cooley and Hansen(1995)、King(1981)、Taylor(1999)以及Gordon(2011)。

② 参见McCallum(2000)。对卢卡斯模型提出质疑的研究包括Sims(1980)、Litterman and Weiss(1985)、Eichenbaum and Singleton(1986)以及Nelson and Plosser(1982)。

间序列数据。(Lucas,2001:28)

我自己的1975年的论文是一个死胡同。我试图用它将1972年发表的那篇论文引入一些常规的动态化,但并没有成功。相反,我认为基德兰德和普雷斯科特1982年的论文做到了。(Lucas's interview by Usabiaga,1999:181)

基德兰德和普雷斯科特的模型 (1982)

基德兰德和普雷斯科特的《建设时间与总波动》(1982)以及约翰·朗(John Long)和普洛塞尔的《真实经济周期》(Real Business Cycles,1989)两篇论文正式开创了RBC研究路径。③ 这两篇文章都试图在帕累托最优条件下论证经济周期波动源自经济中的实际冲击。不过基德兰德和普雷斯科特的论文还试图将其模型付诸实证检验,为此开创了一种新的方法论。

基德兰德和普雷斯科特(1982)试图用模型复制(replicated by a model)美国战后1950—1975年的经济波动状况,其中经济周期被视为面临外生技术冲击的经济主体作出最优决策的结果。④ 让我们先来讨论一下该模型相较于卢卡斯模型的几个特点。

第一,基德兰德和普雷斯科特利用第二福利定律(second welfare theorem)提出了一种新的建模思路。根据该定律,任何帕累托最优资源配置都可以被分解为竞争性经济中的配置情形。由于计划经济的均衡相较于竞争性经济的均衡更易求解,建模者可以先解决一个计划经济均衡问题,然后将解出的市场均衡价格代入竞争性经济中。这一求解方法源自一批杰出的经济学先驱。其中最早的一位是拉姆齐,他构建了一个单部门增长模型(Ramsey,1928)。该模型解决了一个计划性问题:在一个无限期经济中,代表性经济主体在预算约束和技术约束的条件下求解其跨期最优决策。此后库普曼斯(Koopmans,[1965] 1966)和卡斯

---

③ 在基德兰德和普雷斯科特这一对学术搭档中,往往是普雷斯科特在需要讨论和辩护时站出来发声,因此我们在本书中有时会只单独列出他的名字。他的辩护非常精彩并且往往相当有效,但有的人也可能觉得有些武断教条(Duarte and Hoover,2012:21)。

④ 关于RBC模型的简介,参见Plosser(1989)。King,Plosser,and Rebelo(1988)和King and Rebelo(2000)给出了更多技术细节。关于基德兰德-普雷斯科特模型的起源,参见Young(2014)。

第十五章
真实经济周期模型：基德兰德和普雷斯科特的贡献

（Cass，1965）继承了这一思路并将之拓展为一般均衡模型。布洛克和米尔曼（Brock and Mirman，1972）进一步将随机技术冲击纳入该最优增长模型中。基德兰德和普雷斯科特的聪明之处在于试图将新瓦尔拉斯主义的一些思想引入宏观经济学，使其成为这一应用性研究的垫脚石，这一点是上述经济学先驱们所没有想到的。

基德兰德和普雷斯科特的第二大贡献是严格遵循卢卡斯的 FORTRAN 程序法则。他们利用当时电脑计算能力的惊人进步和数据可获得性的不断增加，决定将理论模型和数据相结合。为了获得模型参数的具体数值，他们采用了区别于计量经济学估计的校准法（calibration）。彼时校准法仅被可计算一般均衡（computational general equilibrium）理论家这一有些偏远和狭窄的小圈子使用。诚然，最开始采用这一方法是出于被动的原因：①他们想要避免各种计量经济学检验给出的否定结果；②他们试图回避构建异常艰难的"深度结构化"计量经济模型。

因此，如果说卢卡斯在理论层面开创了宏观经济学的新路径，那么可以说是基德兰德和普雷斯科特将卢卡斯的模型数量化。伍德福德对此评论道：

> 真实经济周期模型在理论分析层面和实证检验层面都为学界提供了一种新的方法论……它让学者们突然意识到原来这样的模型（卢卡斯模型）同样可以数量化，它强调给模型赋予实际参数值并计算出方程的数值解，而不仅仅是在更一般的假设下推导出一些定性的结论。（Woodford，1999：26）

基德兰德和普雷斯科特的第三大贡献在于改变了冲击的性质，随机自相关的技术冲击取代了货币冲击。⑤ 这一点极其重要，因为此前所有经济学家都认为短期内是货币冲击在影响实际变量。此外，他们还抛弃了卢卡斯市场信号提取困难的设定。

然而上述区别并不能否定基德兰德和普雷斯科特的模型直接源自卢卡斯研究的判断。该模型完全遵循了卢卡斯设定的建模原则。它采用了理性预期假设，并且采纳了卢卡斯-拉平供给函数，从而保留了经济主体的期内和跨期闲暇可替代。

---

⑤ 后来普雷斯科特反复解释道，最开始他们相信货币冲击是经济波动的驱动因素，然而在实证过程中他们惊讶地发现货币冲击对经济波动并没有太强的解释力。可参见 Young（2014）和 Prescott（[1986a] 1994：266）。

从本质上来讲，基德兰德和普雷斯科特试图回答一个应用性的问题：我们所观察到的战后美国经济的波动在多大程度上可以归因于技术冲击？为了回答这个问题，必须将模型生成的时间序列数据与实际的时间序列数据进行对比，而模型的参数来自独立的微观观察。他们选择了产出、消费、投资、资本存量、工作小时数（即人均就业小时数）和生产率（即单位小时产出）作为变量。

任务是艰巨的。首先需要对国民核算账户进行修改以使其与理论模型一致；其次涉及一系列的步骤，而且其中每一条都有很高的要求：①构建一个虚构的经济模型，②利用校准法为参数赋值，③利用数值方法求解模型，④为所选择的变量模拟时间序列数据，以及⑤比较模型得出的时间序列数据和美国的实际统计数据。

基德兰德和普雷斯科特的研究在很大程度上取得了巨大的成功。在之后一篇论文中他们自豪地写道：

> 为了回答"如果技术冲击是引起经济波动的唯一因素，那么战后美国经济的波动会有多大"这个问题，我们需要构建一个只包含技术冲击的经济模型。基于标准的新古典主义生产函数、标准的偏好（人们对跨期和期内的消费与闲暇替代意愿）以及对技术冲击变动的估计，我们发现这一经济模型表现出了相当于美国战后经济70%左右的周期波动。这一数字就是我们对上述问题的回答。（Kydland and Prescott，1996：74）⑥

如表15.1所示，与产出波动性相比，他们模型模拟的消费波动性更低而投资波动性更高。该模型所考虑变量中的大部分相较实际情况具有更大程度的顺周期性和持续性特点。然而基德兰德和普雷斯科特也大方承认他们的模型与实际数据之间存在一些重大偏差。他们所指的主要是工作小时数和生产率（基于该模型所采用的函数形式，平均生产率与边际生产率成正比例关系，而后者又等于实际工资率）。因此该模型的主要问题与实际工资和工作小时数的相对波动率有关，即存在"工资－就业波动率之谜"（wage-employment variability puzzle）。时间序列数据显示工作小时数比实际工资的波动性更大以及两者的相关性几乎为零。但基德兰德和普雷斯科特的模型显示两者波动性基本相同且相关系数几

---

⑥ 在基德兰德和普雷斯科特最初的研究中，生产率冲击解释了约50%的美国经济产出波动，在这里引用的70%是后来论文中引入新的数据所得到的结果。

乎等于1。该模型的另一缺陷与实际工资率和利率的变动有关。劳动生产率（因而实际工资率）在虚构经济中是严格顺周期的，但在现实数据中这一关系非常微弱。

表 15.1 基德兰德和普雷斯科特研究的主要结果

变量	美国时间序列 （1947.1—1991.3）	RBC 标准模型
产出的标准差（σ_Y）	1.92	1.30
消费的标准差/产出的标准差（σ_C/σ_Y）	0.45	0.31
投资的标准差/产出的标准差（σ_I/σ_Y）	2.78	3.15
工作小时数的标准差/产出的标准差（σ_H/σ_Y）	0.96	0.49
工作小时数和生产率的相关性（$H, Y/H$）	-0.14	0.93

资料来源：上述结果源自 Hansen and Wright (1992)；Y 代表产出，C 代表消费，I 代表投资，H 代表工作小时数。

尽管如此，基德兰德和普雷斯科特的模型仍然可以说取得了令人瞩目的成就。普洛塞尔评论道："在一个没有政府、没有货币、没有任何类型的市场失灵、没有调整成本的抽象经济中，仅仅依靠理性预期，对同质经济主体行为的复制结果就能和实际数据贴合得如此完美，这实在令人意外"（Plosser, 1989: 65）。基德兰德和普雷斯科特的模型更让人惊奇的地方在于，一个仅仅包含1个外生冲击和6个参数的模型与那些包含了数十个方程和众多自由参数的模型相比，对现实经济的解释力丝毫不逊色。

不过，学界最开始对这篇论文的态度仍然是冷淡的。多亏普雷斯科特在明尼苏达大学对其博士生孜孜不倦地引导并将团队精神发扬光大，这一模型才逐渐被人接受。我们通过对比金（King）在两个时期与不同合作者发表的两篇论文便能发现学界对 RBC 模型态度的转变，这两篇文章分别发表于 1987 年和 2000 年，都对当时的宏观经济学状况进行了评述。第一篇是在 1987 年出版的《新帕尔格雷夫经济学大辞典》中，多西和金（Dotsey and King）在"经济周期"词条下写道："经济学界存在四种地位平等的研究经济周期的方法，即 RBC 模型、卢卡斯货币主义模型、交错合同模型和一些基于产品名义价格刚性假设的模型"。第二篇是到了大约 15 年后，在为《宏观经济学手册》（*Handbook of Macroeconomics*）撰写条目时，金和雷贝洛已经见证了这些理论的达尔文式的竞争演化过程（King and Rebelo, 2000）。真实经济周期模型战胜了它的竞争对手们。基德兰德和普雷斯科特最终被证明为宏观经济学研究议程指明了方向（McCallum, 2000）。

锚定索洛模型的 RBC 模型

随后多年，基德兰德和普雷斯科特对 1982 年的模型进行了诸多改进以巩固他们的研究方法。甚至多少有些生硬地将其研究思想追溯到哈维默和弗里希等杰出的先辈。他们还发表多篇论文来努力阐述其方法论思想，其中一些是两人联合发表的，一些是由普雷斯科特单独发表的。⑦ 到目前为止，最重要的进展要数普雷斯科特发表的《经济周期测度的理论先驱》（Theory Ahead of Business Cycle Measurement，[1986a] 1994），该文将对经济周期的研究锚定在了索洛增长模型中。由此，经济周期波动被认为是由长期增长的有效劳动的正向或负向波动引起的。*

索洛模型最初源自 1965 年的一篇名为《对经济增长理论的一个贡献》（A Contribution to the Theory of Economic Growth，Solow，1965）⑧ 的文章。索洛的这篇文章是对哈罗德－多马（Harrod-Domar）模型的回应。后者认为经济在长期中处于刀尖均衡（knife-edge long-run equilibrium），对这一均衡的偏离会自动导致失业增加或通胀持续。索洛指出，是因为哈罗德－多马模型假设各种生产要素比例固定不变才导致推出了这种悲观结论，如果假设生产要素可替代，那么模型将得出趋于稳定增长的更为乐观的结论。⑨ 索洛模型可以拓展为一个更宽泛的基准框架，进而能够解释某些特定国家的长期增长水平，还能对各国财富的差异化分布给出解释。

普雷斯科特宣称 RBC 模型可以为索洛增长模型提供微观基础，因而才使索洛模型可以称得上"新古典主义增长模型"（neoclassical growth model）。⑩ 同时也因为将增长和波动研究统一起来而拓展了该模

---

⑦ 见 Kydland and Prescott（1991；1996）、Prescott（[1986a] 1994；[1986b] 1994；2006）、Cooley and Prescott（1995）以及 Prescott（2006）。

* 因为有效劳动是技术变量和劳动力的乘积，因此这里其实是指技术波动引发了经济周期波动，事实上 RBC 模型的基本结论就是技术冲击引发了经济波动。——译者注

⑧ 关于索洛模型的文章很多，例如可参见 Jones（1998）和 Romer（2011）。Solow（1988）对该模型给出了一个有意思的事后评价。

⑨ Halsmeyer and Hoover（2013）就索洛模型与哈罗德模型之间的关系给出了标准的解释。

⑩ 与此相对，普雷斯科特认为索洛模型完全是"古典主义的"："在该模型中，劳动供给是无弹性的，储蓄是一个行为决定量。正如我们所知，古典主义增长模型中虽然存在经济主体，但他们却无法作出决策。受到弗里希 1969 年诺贝尔经济学奖获奖致辞的启发，故而我将索洛模型称为古典主义增长模型"（Prescott，2006：215）。

型的适用范围。普雷斯科特将索洛模型视为 RBC 宏观经济学的基础是有一点奇怪的。因为基德兰德和普雷斯科特都赞同卢卡斯提出的"凯恩斯主义理论已死"的观点,而索洛本人恰恰是一个坚定的凯恩斯主义者。因而索洛本人对将 RBC 模型纳入其研究表现出矛盾的心态,他并不同意为自己的模型添加任何微观基础:

> 宏观经济学本就应该基于原则上可观测的总量关系,像搭积木那样构建理论,为此我特意避免采用代表性经济主体以最优化为目标这一设定。(Solow,2008:244)

索洛也不喜欢用同一个模型来研究增长和波动问题的想法。作为一个坚定的新古典综合支持者,索洛强烈认为应当采用不同的概念体系去分析经济增长和波动。他认为增长模型应当刻画 20 到 50 年以上的时间区间,并不应该用它去解释"处于大萧条或者大繁荣中的经济"(Solow,2001:25)。

基德兰德和普雷斯科特发现索洛模型很有用的一个重要原因是索洛在其后来的文章——《技术变动与总生产函数》(Technical Change and the Aggregate Production Function,1957)——中尝试进行增长核算(growth-accounting)。在其 1956 年的文章中,索洛强调长期来看是技术进步而不是资本积累驱动经济增长。理论上讲,这相当于是说总生产函数本身的移动,即全要素生产率(total factor production,TFP)的增长,要比沿着总生产函数的移动更重要。[11] 由于技术水平无法被直接观测,故而索洛试图利用美国 1909—1949 年的经济数据进行增长核算,从而间接反映技术进步水平。索洛聪明地利用企业的成本最小化一阶条件来对生产函数进行微分。基于一系列假设,比如完全竞争、规模报酬不变、可观测的产出弹性参数设定、可观测的要素收入份额参数设定等,技术进步的影响被视作加权要素增长率(资本和劳

---

[11] 关于全要素生产率,我更喜欢一个老版本的,即乔根森和格里利谢斯(Jorgensen and Griliches)的阐释:"我们对全要素生产率变动的定义非常传统。全要素生产率的实际增长率被定义为实际产出增长率与实际要素投入增长率的差值。而实际产出增长率和实际要素投入增长率又被定义为单种产品和要素的加权平均值。权重是由每一种产品在产出总价值中的相对比例和每一种要素在投入总价值中的相对比例决定的。如果生产函数具有规模报酬不变的性质,并且如果所有的边际替代率都等于相应的价格比例,那么全要素生产率的变动就可以用生产函数的移动确定出来。如果实际产出和实际投入要素发生了变动而全要素生产率却不变,那么可以认为这是沿着生产函数的移动"(Jorgensen and Griliches,1967:250)。

动)与产出增长率的残值,而这两个变量都是可观测的。这个残值后来被称为索洛剩余(详见专栏 15.1)。依照此核算增长,索洛总结道:

> ……1909—1949 年人均小时产出增长了约两倍,其中 87.5% 都归因于技术进步,其余则归因于资本积累。(Solow, 1957: 320)

专栏 15.1

索洛剩余

假设在一个规模报酬不变的加总生产函数中,考虑技术进步 A 是希克斯中性(Hicks neutral)的,给定资本存量 K_t 和劳动力 L_t,那么生产函数为:

$$Y_t = A_t F(K_t, L_t)$$

对上述生产函数进行全微分:

$$\frac{\dot{Y}_t}{Y} = \frac{\delta Y}{\delta K} \frac{K_t}{Y_t} \frac{\dot{K}_t}{K_t} + \frac{\delta Y}{\delta L} \frac{L_t}{Y_t} \frac{\dot{L}_t}{L_t} + \frac{\dot{A}_t}{A_t}$$

由此,产出增长率被分解为三个部分,即以产出弹性加权的资本增长率和劳动增长率,以及技术进步速率。假设资本和劳动按照其边际贡献取得收入:

$$\delta Y/\delta K = r_t/p_t; \quad \delta Y/\delta L = w_t/p_t$$

因此根据上式,可以用要素收入份额来替代不可观测的要素产出弹性。

$$\mathscr{R}_t = \frac{\dot{A}_t}{A_t} = \frac{\dot{Y}_t}{Y_t} - s_t^K \frac{\dot{K}_t}{K_t} - s_t^L \frac{\dot{L}_t}{L_t}$$

其中 s_t^K 和 s_t^L 是资本和劳动收入占总产出的比例。由于上式中的所有变量,除了技术进步,都可以由实际观察到的经济数据求得,故而技术进步可以被当作一种剩余由上式推算出来。

资料来源:Hulton (2002)。

普雷斯科特将索洛剩余视为一种经济增长的指标,即一种经济增长长期趋势的测度。但基德兰德和普雷斯科特显然对经济周期(即对长期趋势的偏离)更感兴趣。他们认为长期趋势应当被视为确定的,而波动应当被视为随机的。为此，普雷斯科特和罗伯特·霍德里克（Robert Hodrick）联合发明了一种去除趋势项的方法，即后来被广泛使用的 H-P 滤波法（Hodrick and Prescott，1986）⑫。金和雷贝洛总结道：

> H-P 滤波法本质上是将周期性产出波动定义为当期产出减去长期趋势性产出，其中长期趋势性产出又是过去、现在以及未来预期产出的加权平均。（King and Rebelo，2000：932）

我们可以将时间序列数据的去趋势方法，即将趋势项分离出来的方法，运用于索洛剩余上，从而将索洛剩余中的确定项和随机项*分离。普雷斯科特指出，经济主体的最优决策只对索洛剩余中的随机项作出反应。如果观察到索洛剩余中的随机项与 GDP 波动高度相关，那么经济周期由技术冲击驱动的观点便得到了证实。正如威廉姆森所指出的：

> 索洛剩余与 GDP 的相关性很高，因此总劳动生产率波动就是 GDP 为什么会波动的一个重要解释因素。这便是真实经济周期理论的核心思想。（Williamson，2005：204）

对索洛增长核算的早期态度

早期学界对声称要测度 TFP 的研究有三个反应值得在这里提及。第一个，甚至比索洛的文章早很多，是弗里德曼在点评科普兰和马丁的论文（Copeland and Martin，1938）时提出的观点，这也是他第一次指出对沿着生产函数的移动和生产函数本身的移动进行区分是主观人为的。因为"技术进步并不仅仅影响要素被使用的方式，而且影响要素本身的数量和特性"（Friedman，1938：127，note 1）。他进一步指出，为了要分清这两种变化，必须首先能够计算出"当技术保持不变时的经济实际产出量"（Friedman，1938：127），而这是一项几乎不可能完成的任务。"任何分解方法所提供的结果因此天然具有一种'声明'的特征，而不是一种可以被质疑进而被'证实'的答案，并且我们可以发现，在不

---

⑫ Nelson and Plosser（1982）和 Campbell and Mankiw（1987）已经证明，相较于波动是在趋势项附近周期变动的那种观点，带漂移项的随机游走过程能够更好地近似刻画美国实际 GNP 的波动。不过这一观点被普雷斯科特弃之不顾。

* 确定项即趋势项。——译者注

同分解方法之间进行选择的依据完全是随机的"（Friedman，1938：124）。[13]

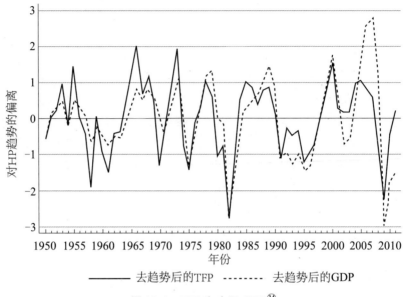

图 15.1　TFP 和实际 GDP[14]

第二个有趣的评论来自阿布拉莫维茨，他强调："TFP 必须与应用技术在管理效率上的无成本提升相关"（Abramovitz，1962：764）。如果技术进步需要耗费成本，那么这种变化就只能被认为是沿着生产函数的移动。因此，许多被人们认为是技术进步的因素其实都不具备 TFP 的资格，比如研发，因为它会消耗资本和劳动投入。从这个意义上讲，TFP 式的增长可以说是"天赐之物"。与此相关，阿布拉莫维茨还指出我们应该更准确地说明索洛剩余到底指什么，事实上索洛本人也在回避这个问题：

"技术变动"是一个便于涵盖所有引发生产函数移动的概念。

---

[13]　面对弗里德曼的批判，科普兰和马丁机智地回应道："必须承认在目前的条件下这些测度方法是粗糙的。但是如果有人想要精准地估算国民财富和收入，那么他最好提前转行"（Copeland and Martin，1938：134）。

[14]　资料来源：TFP 数据源自 Feendra, Inklaar and Timmer（2013），实际 GDP 数据源自美国经济分析局（U. S. Bureau of Economic Analysis）的《美国国民收入和生产核算指引》（A Guide to the National Income and Product Accounts of the United States，NIPA）（www. bea. gov/national/pdf/nipaguid. pdf）。

第十五章
真实经济周期模型：基德兰德和普雷斯科特的贡献

技术下滑、技术进步、劳动力的教育水平得到改善以及其他各类因素都可以归结为"技术变动"。（Solow，1957：312）[15]

简而言之，我们无法对无成本的劳动效率增加给出实质性的定义。因此，阿布拉莫维茨总结道：事实证明索洛剩余只不过是一种"对未知的测度"（measure of ignorance）。

第三个回应是乔根森和格里利谢斯的论文（Jorgensen and Griliches，1967），该文堪称对所有研究TFP测度问题的论文给出了最系统性的批判，无论它是索洛的论文还是其他人的论文。他们认为，大部分关于TFP重要性的结论都只是测度错误的结果，而这些测度错误又源自对其背后的经济学理论缺乏彻底的利用。因此需要进行一次概念革新：将测度概念与关于生产的经济学理论更紧密地联系起来（Jorgensen and Griliches，1967：275）。在进行了艰苦的重新测度工作之后，他们得出的结论是，总要素投入的增加可以解释大部分总产出的增长（沿着生产函数的移动）。他们宣称96.7%的产出增长都可以归因于要素投入增长率的变动，而TFP的解释力被极大地削弱了。[16]

总而言之，由于上述原因以及其他更多的原因，TFP测度法实际上是一个难以辨明的方法。[17] 经济增长理论的学者在运用TFP概念时都小心翼翼，并对相关结论持谨慎态度。因此他们对基德兰德和普雷斯科特完全采纳TFP概念表示很意外，金和雷贝洛就曾很好地指出这一点：

> 当经济增长学者们看到RBC模型将含混不清的TFP概念（被视为一种对未知的测度）作为其方法的核心时表示出了惊恐和不安。（King and Rebelo，2000：963）

然而，事实上普雷斯科特基本没有理睬上述批判。因为RBC模型应用前景广泛，不能由于存在上述争议就弃之不顾。他反而更加大胆地将索洛剩余的变动视作经济主体因之而改变行为的一种信号，正如货币在卢卡斯模型中所起的作用一样。

---

[15] 在1957年文章的注释8中，索洛认可了舒尔茨提出的一个评述，即很多因素看似改变了生产函数但实际上却没有。原注释写道："我感谢舒尔茨教授敏锐地察觉到许多开始改变了生产函数的因素最终被证明只是提升了劳动要素投入的质量，因此只能算作资本积累的一种重要形式"（Solow，1957：317）。

[16] 乔根森和格里利谢斯的挑衅并非没有得到回应，比如丹尼森（Denison，1962，1972）就将挽救索洛的结果当作其核心目标。

[17] 参见Hulten（2000）。

RBC 基准模型[*]

基德兰德和普雷斯科特的复杂论文很快就演化为一个更简单的基准模型,可以描述如下。⑱

偏　好

存在一个无限期存活的同质家庭的连续统,他们的偏好被定义为作为随机时间序列的消费和闲暇的函数,预期效用被定义为

$$E_0 \sum_{t=0}^{\infty} \beta^t u(C_t, L_t), \beta < 1$$

其中 β 为折现因子,C_t 是消费,L_t 是闲暇。

依据对经济增长的长期观察经验,并且出于设定方便的考虑,这里将瞬时效用函数(instantaneous utility)$u(C_t, L_t)$ 设定为 CES 函数形式:

$$u(C_t, L_t) = \frac{1}{1-\theta}\{[Cv(L)]^{1-\theta} - 1\}, 0 < \theta < 1$$

$$u(C_t, L_t) = \ln C_t + \ln L_t, \theta = 1$$

其中 θ 为常数形式的风险回避系数,瞬时效用函数是二阶可导的凹函数,$v(L)$ 是递增的凹函数。

这些函数形式意味着:①跨期替代弹性也为一个不变常数($\sigma = 1/\theta$),且②劳动供给不存在收入效应和替代效应。

生产技术

经济主体在规模报酬不变的生产函数下生产单一产品,忽略掉确定性的劳动密集型生产技术,生产函数被定义为

$$Y_t = A_t F(K_t, N_t)$$

其中 K_t 是资本,N_t 代表劳动力,A_t 是满足下列运动规律的随机技术冲击:

$$A_{t+1} = \rho A_t + \varepsilon_t, -1 < \rho < 1$$

其中 ε_t 为序列不相关且给定标准差的零均值扰动项。

---

* 这里作者给出的是一个集中经济模型,与之对立的分散经济模型主要是将消费者和生产者分离开,并按照标准的一般均衡方法进行求解。这里我们所说的"集中经济"即是本节末尾作者所说的"计划经济","分散经济"即是本节末尾作者所说的"完全竞争经济"。——译者注

⑱ 这里的介绍摘自 King, Plosser, and Rebelo (1988)。

生产函数被设定为具有柯布-道格拉斯（Cobb-Douglas）形式：

$$Y_t = A_t K_t^{1-\alpha} N_t^{\alpha}$$

资本存量满足如下方程：

$$K_{t+1} = (1-\delta) K_t + I_t$$

其中 δ 是正的固定资本折旧率，I_t 是当期新增投资，等于储蓄。

资源约束

经济主体面临两个资源约束，一是闲暇和工作时间之和必须等于时间禀赋，将总时间标准化为 1，那么可知：

$$N_t + L_t = 1$$

第二是消费加投资不能超出产出：

$$C_t + I_t = Y_t$$

经济主体的计划问题是在资源约束以及技术、资本运动方程的条件下最大化跨期效用函数。既然所有经济主体都是同质的，那么解决单个主体的最优决策问题即可求得整体经济的最优解。

在这个模型中，经济主体的个人均衡处于一个均衡时间路径中，因此包含两阶段的最优选择过程：第一阶段涉及闲暇和工作之间的选择；第二阶段涉及消费和储蓄/投资之间的选择。他们决策的一阶条件可以用欧拉方程来表示。在单一产品两期的有限期经济这种最简单的情形中，欧拉方程为：

$$u'(C_t) = \beta u'(C_{t+1}) f'(K_{t+1})$$

欧拉方程包含三个部分。第一，上式左侧代表 t 期增加 1 单位储蓄带来的效用损失。第二是 $t+1$ 期增加 1 单位 C_{t+1} 带来的效用。第三是右侧还包括折现因子和资本回报率，从而将下一期消费得到的效用折现到当期。前述第一部分必须等于其余两部分的乘积。简而言之，边际储蓄成本必须等于边际储蓄收益。该方程定义了可行时间路径的多种情况，但其中只有一项满足横截条件，它便构成了均衡路径。

冲击的存在使得经济主体调整其均衡路径。正向的技术冲击同时提高了当期和未来的产出，从而提高了劳动生产率和实际工资，由此闲暇变得昂贵，所以经济主体决定花费更多的时间工作。换言之，在劳动供给相对稳定的情况下，冲击改变了劳动需求。这也就解释了为什么在经济模型中劳动生产率和工作时间存在严格的正相关关系。实际利率受到同样的影响。投资和储蓄也增加了，这意味着未来的资本存量将上升。

没有任何一个经济比上述模型更简约了。它剔除了异质性和外部性，取消了政府部门和货币变量（因此不存在中央银行）。它还假设完全竞争市场，并且没有信息不完全。所有这些限制保证了存在唯一的帕累托最优均衡路径。

以上的求解适用于计划经济。在这种经济中只存在影子价格，而它对经济不产生任何影响，与此相反，对市场经济模型而言，价格则驱动了整个经济系统。但是由于第二福利定律的存在，这一计划经济的资源配置也可以扩展到完全竞争经济模型。完全竞争经济的均衡价格向量也就是计划经济的价格向量（能够被轻易识别出来）。因此，完全竞争经济的资源配置量与计划经济的资源配置量完全等同。也就是说，均衡实际工资率必须等于劳动的边际生产率；实际利率等于资本的边际回报率。换言之，无论是影子价格还是价格加成，它们都将引导经济主体达到计划情形中的最优供给和需求数量。

计划经济解和完全竞争经济解在两方面有所区别：一方面，计划经济求解的均衡数量信息可以转化为完全竞争经济的均衡价格；另一方面，效用函数和生产函数面临的经济约束应当符合现实经济观察的结果。比如说，就效用函数而言，"人均闲暇几乎没有表现出长期趋势，而实际工资在长期中稳定增长"（Prescott，[1986a] 1994：274）。那么据此我们可以根据柯布-道格拉斯生产函数的特征推出边际生产率与平均生产率正相关。因此，当我们需要为计划经济模型参数赋值时（即采用校准法时），便可采用现实世界观察的平均实际工资和资金借贷率统计数据来赋值。就技术冲击而言，可以通过计算所研究现实世界的索洛剩余方法来度量。

模型背后的故事：一个巨大的"假设"*

正如第四章中弗里德曼所说：没有现实基础的假设不应当被质疑，这是因为理论的有效性取决于它的预测能否得到证实而不是它所基于的假设是否符合现实。在本节中，我想证明基德兰德和普雷斯科特显然秉持了弗里德曼的这一信条，甚至可以说远远超出了弗里德曼的本意。为此，我们必须深入 RBC 基准模型背后的故事。

---

* 此处英文原文为 "a colossal 'as if'"，含义比较微妙，特此标出英文帮助读者理解，后多次出现。——译者注

通常而言，对 RBC 基准模型研究了何种类型的经济这一问题的标准答案是，RBC 基准模型既刻画了指令型经济，又刻画了完全竞争经济。仔细思考我们就能发现这一回答并没有字面上那么简单。在指令型经济中，中央权力者决定所有商品和服务的产量，也决定产品如何在经济主体之间进行分配。将 RBC 基准模型视为具有这种特征的经济是不合情理的。我们应当将其所研究的问题视为某个自给自足的经济主体在求解最优决策问题，在这种经济中无须中央计划者存在，或者说其中的经济主体和中央计划者本来就是同一个人。[19] 对完全竞争经济的解释也可以提出同样的质疑。为了说明这一点，让我们首先来回顾一下并不太喜欢 RBC 模型的戴维·罗默关于拉姆齐模型（Ramsey model）的观点：

> 拉姆齐模型是总体经济的瓦尔拉斯基准模型：该模型不仅排除掉所有不完全市场假设，而且也排除了所有由家庭异质性引发的问题。（Romer，2006：178）

上述论断并不正确。瓦尔拉斯在《纯粹经济学要义》中最初构建的是一个包含两种商品和大量异质性主体的经济。对瓦尔拉斯而言，经济主体和商品的异质性是现实经济的两个共存的本质特征。[20]

因此，我们需要退回到历史悠久的鲁滨逊·克鲁索的故事，在故事中他被抛弃到一个荒岛从而不得不自食其力。当然，诉诸克鲁索孤岛寓言是因为这个角色已经在我们的文化中占据了一定地位。然而，RBC 模型需要一个拥有大量被孤立的经济主体的故事，所以必须发生多次海难并且有很多孤岛。因此一个更好的比喻是，模型中有大量的同质隐士，他们各自在孤岛上安于封闭的生活，自给自足而从不进行贸易。他们所面临的问题就是求解出最优的消费－储蓄路径。而且由于他们是同

---

[19] 因此普洛塞尔给出下述评论是不妥当的："如果社会计划者试图让克鲁索选择任何不同于均衡决策的行为，例如比他现在的选择增加更多劳动时间或进行更多储蓄，那么这都会导致福利水平下降"（Plosser，1989：56）。

[20] 谢尔和卡斯曾撰文批判卡斯模型（Cass model）没有为经济主体和商品的多样性留下空间——而基德兰德和普雷斯科特恰恰宣称受到了该模型的启发。谢尔和卡斯认为卡斯模型的错误之处在于背离了"经济学的古老信条，即经济主体所追求的目标与所面临的约束是有区别的——这也是影响他们个人行为的主要因素——而经济系统则是将这些经济主体的交互行为予以协调并最终达成解决方案的机制"（Cass and Shell，1978：253）。"我们坚定地相信任何具有一般性的理论至少都应包含一定的主体多样性和商品差异性"（Cass and Shell，1978：256）。他们最后总结到应该采用世代交叠模型这一研究思路。

质的，所以他们将达到相同的均衡路径。这些隐士被认为是理性的，他们对自己所面临的技术约束非常清楚，并且有能力进行各种计算从而据此得出决策的规则。随着时间的流逝，故事中的隐士们经历了稳定的TFP增长，但是后来他们受到了外生的随机扰动。更重要的是，他们需要能够将TFP演化中的确定项和随机项数量化。这些外生冲击必须能够被辨别出来，因为隐士们需要把它们当作信号并基于此来决定均衡路径。至于这些外生冲击可能的性质，我们可以将之想象为某些气象因素。气候条件有时给生产条件带来负面影响，有时则带来正面影响。在所有这些并列的"单人经济"（one-person economy）中，不存在价格。然而，我们也可以通过一个隐含的价格机制（the prism of prices）来刻画该经济，即每一位"隐士"同时扮演两个角色，家庭和企业，并根据其在消费和产出方面的数量决策来决定价格，从而完成一次与自己的"交易"。

因此回到我们最初的问题，关于RBC模型所研究的经济的类型，答案是，RBC模型刻画的是一些孤岛经济体（无数的无联系的单人经济），而不是单个经济。㉑ 由于他们都是相似的，所以研究他们中的一个即可。我认为这是RBC基准模型背后所隐含的最貌似有理的故事。没有任何比这更牵强的故事了，但它必须被当作一个理论寓言，只有能够从中挖掘出有趣的结论时，才值得为其辩护。㉒ 尽管RBC模型多少具有内部一致性，但它的理论目标则没有太多实际价值。关于这一点，没有人比索洛表达得更好。他认为这个模型的出发点是"牵强附会的""很难理解的"并且是"不可信的"（Solow，1988：310）：

> 当代宏观经济理论的一个重要趋势是以一种巧妙、但在我看来却难以信服的方式回避这一问题。它们将经济视为单一（或者大量同质）的永恒消费者……因此市场失灵从一开始就被模型特有的假设排除了。经济中不存在互补策略、协作失败、囚徒困境等。最后

㉑ 沿袭瓦尔拉斯，我认为这里的"单人经济"确实是一个有些矛盾的术语，但我仍然予以保留。

㉒ 关于这个话题，RBC宏观经济学家很少花时间去反思，否则（如果他们真正去反思的话），我们就不会看到如下伍德福德对宏观经济学史的论述："卢卡斯的均衡经济周期模型只不过是一个理论寓言，即使考虑到所有关于现实的模型都会进行一定的理想化处理，我们也不能认为它在刻画现实经济……与之相反，RBC模型则是一个量化模型，尽管它将许多（现实因素）抽象掉了，但它仍可以被认为是在严肃地刻画现实经济"（Woodford, 1999: 26）。

第十五章
真实经济周期模型：基德兰德和普雷斯科特的贡献

结果是整个经济被简化为求解一个跨期的拉姆齐最优增长问题，只有平稳的随机偏好冲击和技术冲击才会影响经济。而面对这些冲击，经济又能够最优化地进行适应。与这一思维习惯不可分割的是学者们会自动假设现实中被观察到的经济路径就是最优路径。于是我们被要求相信我刚刚描绘的框架就是刻画了现实资本主义世界的模型。因此通常被我们称为经济周期——至少包括繁荣和衰退——的经济现象如今被解释为经济最优路径上的一个噪点，而这个噪点无非是经济主体面临随机生产率波动或闲暇偏好变化时的一个最优反应。我认为所有这些都难以服众。因为在我看来，产品市场和劳动力市场都是具有重要制度特征的不完美的社会机制。它们在实际运转中并不是完全公开透明且毫无摩擦地将家庭的消费和闲暇转化到生产和雇佣决策中的。我也无法想象经济周期中的起伏竟然可以完全归结为技术和偏好在季度或年度区间内的冲击。（Solow, 1988：310-311）

然而，RBC 经济学者对索洛的上述批判无动于衷。例如在普洛塞尔看来，基于克鲁索孤岛寓言的 RBC 模型在方法论层面并没有什么缺陷。根据他的观点，由于 RBC 模型能够很好地复制现实数据，因此其非现实假设的缺陷便得以平衡。

> 当我们对技术冲击的估算偏差很大时（即当它们与其他因素相混合，如"需求"冲击、偏好冲击或政府政策冲击等），那么将这些数据导入我们的 RBC 模型就会得出对消费、投资、工作小时数、工资和产出行为的糟糕的预测结果。（Plosser, 1989：63）

上述引文把我们带回了本节开头所写的那句话。我们对 RBC 模型背后故事进行探究的结论是，基德兰德和普雷斯科特贯彻了弗里德曼的"巨大的假设"观念。当弗里德曼用"假设"进行辩护时，他是指某一特定假设，而且他仍然希望自己模型背后的故事与其研究对象直接相关。然而基德兰德和普雷斯科特对于贯彻弗里德曼的原则从而将克鲁索或隐士的孤岛经济视为对美国现实经济的替代没有表现出任何不安。

我们有必要深入分析 RBC 基准模型是如何处理技术冲击的。在理论寓言中，故事情节必然是隐士有能力定量确定气候扰动。然而现实是复杂的，我们很难明确指出引发第二次世界大战后经济衰退和恢复的具体技术冲击。普雷斯科特自己也承认技术冲击是"一系列随机事件引发的结果",例如新的知识、法律法规变动或监管系统的变革（The Region，1996：6）。他还进一步承认这些起因是无法被独立观察到的。那么它们如何起到信号的作用呢？因此学者们不得不诉诸索洛剩余。它被认为能够汇总所有这些冲击。由此，我们还必须假设在模型中经济主体有能力在头脑中计算出冲击的大小。当然，我们无法批评基德兰德和普雷斯科特的这种大胆又粗暴的解决方式。但我们至少可以明确，在他们看来，问题的关键不在于理论背后的故事与理论解释、不断演变的"现实经济"之间到底有多少关联，而在于该经济模型模拟的结果。

普雷斯科特对凯恩斯主义宏观经济学和 RBC 宏观经济学的比较

根据普雷斯科特的观点，RBC 宏观经济学和凯恩斯主义宏观经济学的区别主要在于两个方面。第一，它将"联立方程组"方法变为一般均衡方法；第二，它用校准法替代了计量检验。后文将论述普雷斯科特对这两点的说明，我们可以从中看出普雷斯科特在这一观点背后所具有的新古典增长模型已经占据宏观经济学核心范式的信念。

联立方程 v.s. 一般均衡框架

基德兰德和普雷斯科特（1991）所称的"联立方程"（system of equations）指的是克莱因－戈德伯格（Klein-Goldberger）和考尔斯委员会的凯恩斯主义宏观计量模型。在这些模型中，经济被分割为不同的经济活动部门。起初，这些部门的数量是有限的——消费部门、投资部门、货币部门、就业部门、政府部门和国际部门——而且每个经济部门都由一个或几个方程来描述，并通过统计学工具来估计上述模型中的各个参数。我们可以通过使其中一些方程动态化来改进它，也可以并且主要还是通过不断加入新的方程以使得模型对现实的刻画更加精准，但这也使得模型本身变得越来越庞杂，以至于必须将各类方程组的研究外包给不同的研究部门来处理。

基德兰德和普雷斯科特认为这一研究思路存在两大缺陷。第一，按照卢卡斯批判，这些模型中的参数都不是"深层次的结构化参数"。第二，由于所有方程都是单独求解的，因此这些方程组只是看起来刻画了整体经济，但实际上并不构成一般均衡框架（Kydland and Prescott，1991：163）。因此，为了遵循卢卡斯批判，就必须采用一般均衡框架。这就对模型规模产生了影响。与克莱因及其追随者认为模型越庞大越好不同，基德兰德和普雷斯科特的建模理念是"越简约越好"。

计量检验 v. s. 校准法

基德兰德和普雷斯科特意识到他们的模型无法通过标准的计量检验。[23] 为避免掣肘，他们将问题的根源归结到计量经济学本身而不是其模型，因此他们认为必须诉诸新的方法——校准法（Kydland and Prescott，1982：1360）。这一方法已经被运用在物理学上，也被运用于可计算的一般均衡理论中。他们则为该方法开辟了一个新的研究领域。校准法主要在于为经济模型选取符合长期观察规律的参数值，这些参数值可以来自既有的经验研究、独立研究和国民经济统计数据。如果数据无法从这些来源获得，那么就应该用相关的经济学理论为这些参数赋值。能够用第一种方法获得的参数越多，模型的效果就会越精准。显然，计量估计和校准法是两种完全不同的方法谱系。下述引文很好地指出了它们基本的不同之处：

> 计量估计和校准法之间的核心区别就在于模型选择时理论所发挥的主导性。简单来说，计量估计采用了完全竞争的策略，而校准法采用了适应性调整的策略。在竞争策略下，理论提出假设，计量估计和检验拒绝假设。在这个过程中，不同的理论相互竞争，从而找出与数据贴合最完美的那种理论。适应性策略则从非现实的模型出发，该模型是对某种核心理论的高度理想化和简化。学者们旨在探索该模型能走多远，只有当力不从心的时候才会为模型增加一些更复杂和更现实的特征。与竞争策略不同，校准法的目的绝不是验证或者拒绝核心理论，相反它试图在基础理论的严格限制下尽可能逐渐完善模型以使其能够更贴近现实经济的情形。（Hoover，1995：29）

RBC 经济学家们试图验证由模型模拟产生的时间序列数据与现实经济的时序数据在多大程度上相一致。校准法只是为了达到这一目的而

---

[23] "我们决定不用不太严格的向量自回归模型对我们的模型进行计量检验。由于我们的模型所具有的测度问题和抽象性质，其很可能会被计量检验拒绝"（Kydland and Prescott，1982：1360）。

采用的一种工具而已。因此，我们如何评价 RBC 模型在很大程度上取决于校准法是否是一个值得推荐的方法。这又取决于我们是否能找到不受质疑的独立数据源并将之纳入经济模型。事实并非如此顺利。在 1982 年的那篇论文中，基德兰德和普雷斯科特发现他们必须为 6 个"独立"的参数赋值。其中跨期替代弹性和技术冲击是两个最重要的参数。不同的数值将会造成不同的模拟结果。基德兰德和普雷斯科特保留了那些预测性最好的参数数值以及那些最贴近现实的参数数值（即模拟出来的时间序列的矩与现实数据更相近）。正如胡佛所言："经济学家们在为 RBC 模型的参数赋值时只是想要让模拟结果与 GNP 的变动相符合，而从未真正试图在现实经济中寻找可以类比这些参数的实际观测数据"（Hoover，1995：25）。使用校准法的另一个原则在于，只有基于建构良好的理论它才具有解释力。[24] 但实际上普雷斯科特本人从未在这一点上有所困扰。

方法论基础：完善的理论体系已经存在

克莱因通过建模来验证凯恩斯理论相较于古典理论的有效性（Klein，1955：280）。他希望将各种理论付诸检验以评估哪一种是最好的，这一努力颇有一些证伪主义的倾向。[25] 实证研究可能可以梳理出各种相互竞争的理论的优点和缺陷，这也被看作弗里德曼方法论的核心，却与普雷斯科特的观点无法相容。在普雷斯科特看来，"经过不断的进步，宏观经济学已经超越了寻找最佳理论的阶段，而进入了探索理论的不同推论的阶段"（Prescott，2006：203-204），而且新古典主义增长模型已经是"完善的理论体系"（Prescott and Candler，2008：3）：

我将经济增长模型视为宏观经济学的基本分析范式——正如需求和供给构建了价格理论那样。（Prescott，[1986a] 1994：266）

这一类比反映了普雷斯科特思想的本质。类似于微观经济学中的供给和需求，宏观经济学中的实证研究并非用来验证经济增长模型本身的有效性，而是用来验证根据该模型所提出的各种问题的有效性。如果得

---

[24] 胡佛曾表示："从本质上讲，校准法无法区分不同的经济周期模型到底谁好谁坏"（Hoover，1995：30）。

[25] 克莱因总是在实际操作中将经济想当然地放入凯恩斯主义的劳动力和商品供给过剩框架，从而或多或少造成偏差。参见 De Vroey and Malgrange（2012）。

到的结论与现实相去甚远，那么这意味着可能需要对该理论进行修正而绝不是推翻它。

此外，普雷斯科特还认为模型与数据常常不一致，而原因可能在于数据度量本身存在问题而非理论存在问题，普雷斯科特已经在《领先于测度的理论》（Theory Ahead of Measurement）一文中直率地表达了这一观点。普雷斯科特在该文最后这样总结自己的观点：

> 理论和观察之间已经贴合得很好，但称不上完美。最大的偏差在于劳动产出弹性的经验数据要低于理论的预测值。但是如果对经济变量的测度与理论更加一致，那么这种偏差就会大大缩小。因此我认为现在经济理论已经领先于经济周期的测度，而且经济理论应该用来为关键经济变量提供更好的测度。当然，即便有更好的测度也还是会存在理论和现实数据的偏差，不过这将启发后续的理论研究。理论和经验测度之间的相互反馈是一门成熟的定量科学前进的方法之一。（Prescott，[1986a] 1994：286）

巩固卢卡斯革命

科学革命这个术语往往被滥用。但如果说宏观经济学的历史上有哪一种思想可以被称得上是科学革命，那么肇始于卢卡斯而完成于基德兰德和普雷斯科特的卢卡斯革命——将凯恩斯主义转化为卢卡斯主义的思想变革——受之无愧。实际上普雷斯科特在诺贝尔经济学奖颁奖仪式上也并不忌讳作出这一判断，他在致辞的开篇就说："我将要向各位陈述的是宏观经济学史上的一次革命，一次重塑了我们如何研究自己学科的方法论变革"（Prescott，2006：203）。

显然这次革命是由卢卡斯发动的。但是我们强烈怀疑如果不是基德兰德和普雷斯科特从卢卡斯那里拿过接力棒，并且找到一种实施卢卡斯所提出的忠告的方式，那么所谓的卢卡斯革命是否能够真正成功。在诺贝尔奖致辞上，普雷斯科特高度称赞了卢卡斯的研究成果，但也清楚说明了他和基德兰德继承卢卡斯从而为卢卡斯革命所做的贡献：

> 卢卡斯的研究并没有构建定量的动态一般均衡模型，直到九年后我和基德兰德才真正提出一个动态随机一般均衡理论并将其与国民账户统计联系在一起，从而对卢卡斯提出的推论进行验证并定量分析了经济周期波动。（Prescott，2006：231-232）

如果说卢卡斯的模型只调动了一小部分宏观经济学者的兴趣,那么基德兰德和普雷斯科特的应用性研究路径在接下来的十多年内吸引了一大批宏观经济学者(既包括顶尖学者也包括一般学者),他们成为其忠实拥护者。这也是卢卡斯革命得以成功的关键。而卢卡斯本人没有为这项事业作出太大贡献。实际上,他对标准计量经济学惯例的批判以及对将菲利普斯曲线用于政策制定的否定并不能动摇凯恩斯主义范式。因此,我愿意将基德兰德和普雷斯科特之于卢卡斯的关系,等同于希克斯、克莱因和莫迪利安尼之于凯恩斯的关系。如果凯恩斯的《通论》没有转化为 IS-LM 模型并且经由克莱因将其扩展到计量经济学框架,那么情况会怎样?我们也可以对卢卡斯的研究提出类似的问题。尽管很难就此给出答案,然而这些问题会提醒我们,在经济学这样的领域中,理论演化绝不会局限在唯一一个方向上。

第十六章

真实经济周期模型：批判和发展

本章一开始介绍对 RBC 模型的三种早期回应，它们分别来自萨默斯（Summers）、麦卡勒姆（McCallum）和曼昆三人。RBC 理论的一大特征就是其具有不断改进和拓展的潜力，后续模型相继将最初的某些缺点一一克服。因此我希望在这里举出一些取得这样成就的例子，但由于相关研究的文献十分丰硕，我们在这里有选择性地介绍其中一些文章和主题，它们包括：①不可分劳动与失业；②用家庭取代个人经济主体；③增加其他冲击类别；以及④试图引入凯恩斯主义的观点。[①] 之后我们将转向两项 RBC 模型的新发展，它们不仅对 RBC 模型提出了深刻的批判，而且也开启了新的研究路径：①对 RBC 模型所取得的成功的实证结果进行批判；②对普雷斯科特关于索洛剩余是技术冲击良好指标的论断予以批判。在本章最后，我们将介绍宏观经济学界对 RBC 模型的一般看法，即认为它是一项重大的方法论层面的突破。至于我个人对 RBC 模型的评述，则推后放在下一章呈现。

早期回应

萨默斯（1986）

普雷斯科特的《领先于测度的理论》（［1986］1994）一文遭到了萨默斯（［1986］1994）的强烈驳斥。萨默斯的这篇机智的文章之所

[①] 限于篇幅，我们无法介绍更前沿的关于异质性的议题。该研究思路的两篇开创性文献是 Rios-Rull（1995）和 Krusel and Smith（1998）。Heatcote and Storesletten（2009）和 Guvenen（2011）则给出了不错的综述。

以对我们重要是因为它一方面精准地把握了大家对基德兰德和普雷斯科特研究方法普遍持有的怀疑情绪,另一方面抓住了 RBC 模型的核心缺点。

萨默斯的论文一开始先提出了一个一般的方法论观点,即预测并不等同于解释,他援引古希腊天文学家托勒密和法国生物学家拉马克的例子指出:"很多理论都能近似模拟现实,但这并不意味着理论本身正确"(Summers,[1986] 1994:290)。就其一般性而言,这一批判完美地切中要害。

萨默斯随后提出了他的三项基本异议。第一是针对普雷斯科特的参数化(parametrization)思想:

> 普雷斯科特的增长模型并非对现实的可信再现。即便他们宣称严格将增长和微观领域观察到的结果作为参数的估计依据,但这仍然有些夸大其词,在我看来这就像是风中摇摆不定的帐篷一样难以让人心安。(Summers,[1986] 1994:291)

萨默斯的第二项基本异议与技术冲击有关。他认为并不存在独立客观的证据显示技术冲击存在,就比如我们无法分辨到底是哪种技术冲击导致 1982 年美国经济的衰退,相反其他解释可能更有说服力。

第三,萨默斯质疑一个不考虑市场失灵假设的经济周期理论能有多大的解释力。对于大萧条问题,萨默斯认为仅用跨期替代和生产率冲击来解释并不能令人信服,还应当考虑其他更重要的因素。在研究小幅度的经济波动时也应该考虑这些力量:

> 显而易见,无论是经济萧条还是更一般意义上的经济周期波动,市场交易机制失灵是其核心动因之一……没有任何基于不朽的克鲁索的模型能够刻画该因素的作用——无论该模型是多么精妙,也无论克鲁索将面对怎样的环境变化。任何研究经济衰退的严肃模型都必须将市场交换存在作为其前提条件。(Summers,[1986] 1994:294)

麦卡勒姆(1989)

作为一位杰出的货币经济学家,麦卡勒姆曾发表数篇论文来支持 RBC 模型。在这里我们只关注其早期的一篇文章,即《真实经济周期模型》(Real Business Cycle Model,1989)。虽然本文高度评价基德兰德和普雷斯科特在方法论层面的突破,但它的大量篇幅还是对 RBC 模型提出了质疑，并且尖锐地指出了该模型的缺陷。② 与萨默斯一样，麦卡勒姆首先质疑了基德兰德和普雷斯科特的核心观点——技术冲击引发了经济周期波动。他先是对 RBC 模型采纳了很难被证实的技术冲击的高自相关系数表示了遗憾（McCallum，1989：19）。关键问题在于将索洛剩余当作经济增长决定性解释因素的观点是否正确（关于这点我们在后文会再次讨论）。作为一名货币经济学家，麦卡勒姆自然也强烈反对在模型中取消货币概念。他极度反对金和普洛塞尔（King and Plosser，1984）的逆向因果推论——把货币和实际变量之间的相关性视为货币体系对技术冲击下的波动的反应。* 他进一步强调，那些将货币供给量作为中央银行货币政策工具并由此得出货币冲击无法影响实际变量的实证研究结果简直不值一驳。此外，麦卡勒姆认为基德兰德和普雷斯科特的帕累托最优结论并不令人信服，因为模型将外部性、政府和货币等重要因素排除在外了。最后麦卡勒姆也对大肆宣扬的将增长和波动整合在一起的观点深表怀疑，认为这是一种"错误或夸张"（1989：34）。在他看来，基德兰德和普雷斯科特或许对此表现了极大的期望，但他们的研究成果显然没有实现这一点。

曼昆（1989）

如果说麦卡勒姆的论文是写给业内学者的，那么曼昆发表在《经济学展望杂志》上的论文则受众颇广，不过这两篇文章的研究主题是类似的。曼昆认为生产率变动应该归因于产能利用率（capacity utilization）的变化而不是技术冲击。同萨默斯一样，他无法接受产出下降是由技术水平退步引发这一论断："如果现实社会遭受了严重的技术水平退步，那么我们不可能对此毫无察觉"（Mankiw，1989：86）。曼昆甚至比麦卡勒姆更强调忽视货币概念这一问题，指责 RBC 理论退回到了古典二分法。基德兰德和普雷斯科特曾说，当他们尝试研究货币的作用时，他们惊讶地

---

② 麦卡勒姆是这样赞赏基德兰德和普雷斯科特的研究的："无可争辩的是，RBC 领域的文献已经为宏观计量经济分析提供了大量有创新性和建设性的技术进展，它们的好处将一直延续。特别是基德兰德和普雷斯科特 1982 年的那篇文章指明了构建能够付诸定量宏观计量经济分析的、以最优化经济主体为核心的动态均衡模型这一研究路径。必须强调，这类模型并不要求经济的运行符合社会最优。此外，该类文献提出了几个纯方法论层面的有趣话题，包括考察非线性一般均衡的动态特征的不同方法，以及对时间序列数据进行去除趋势的不同方法"（McCallum，1989：40–41）。

* 在货币主义学者来看，两者的关系恰恰相反。——译者注

发现它对经济没有任何解释力,于是果断将之抛弃。曼昆提出了与上述辩护相反的结论:如果一个给定的模型无法解释广泛观察到的结果,那么应该认为这个模型存在问题而不是客观现象本身不存在!关于基德兰德和普雷斯科特提出的经济波动源自经济主体面临技术冲击时的最优决策从而是有效率的这一观点,曼昆感到无比震惊。对他来说,"经济衰退时大众的福利水平显然比之前经济繁荣时有所下降,这似乎是无法否认的"(Mankiw,1989:81)。

总而言之,曼昆对 RBC 模型的批判比麦卡勒姆更加激烈。实际上他认为 RBC 模型甚至可以说相当危险:

> 在我看来,RBC 理论并没有在实证层面对经济波动给出可信的解释。无论是其将巨大的技术冲击视为经济波动的首要驱动因素,还是用闲暇的跨期替代来解释就业变动,其中都存在根本性缺陷。而且,考虑到 RBC 理论过于忽视经济波动给社会造成的巨大损失,它甚至是一种潜在的危险思想。危险之处在于,那些向政策制定者提供建议的学者或官员试图利用 RBC 模型来评估不同宏观政策的实际效果,或者直接(利用模型)证明宏观政策是无效的。(1989:79)

曼昆对 RBC 模型的强烈反对凸显了他本人作为一名新古典综合学者的价值观,即拒绝用一种大一统的瓦尔拉斯一般均衡理论来解释经济中一切现象的观点。论证经济波动是有效率的显然是将宏观经济学领域让位给瓦尔拉斯主义理论的直接恶果。按照这一理论范式,人们也将彻底抛弃非自愿失业概念:

> 真实经济周期理论将瓦尔拉斯主义模型推到了前所未有的深度和广度。(Mankiw,1989:81)
>
> 凯恩斯主义学派认为不应该仅仅依靠复杂的一般均衡理论来理解经济波动,更重要的是考虑大范围市场失灵的可能性。(Mankiw,1989:79)

汉森 – 罗杰森的不可分劳动模型[3]

理查德·罗杰森(Richard Rogerson)在 1983 年的一篇讨论稿中证

---

③ 本节内容可参见 Hansen, G. and Wright (1992)。

明了对于一个不包含任何凸性（比方说固定成本）的经济，当在其消费集中引入一种彩票机制后，就能够重新获得它的福利损失。④ 基于罗杰森的这篇论文，汉森修改了 RBC 基准模型从而可以说取得了一石二鸟的成就（Hansen, G., 1985）。第一，基于个体工作小时数面板数据的微观研究显示，实际的跨期替代相较于理论模型太低以至于无法解释总工作小时数的巨大波动。⑤ 汉森回应了这一批判。汉森模型的第二个贡献在于对工资-就业波动之谜给出了解释。

汉森将基德兰德-普雷斯科特模型的缺陷归因于它只考虑了集约边际（人均工作小时数）。他的直觉是如果专注于广义边际（就业水平），结果会更好。在汉森的模型中，劳动力面临一个二元选择：要么以固定工作小时数参加工作，要么根本不工作。另外包括四个假设：①经济主体的最优选择基于就业的概率，而非工作小时数；②经济主体通过彩票机制决定能否参加工作；③经济中引入一种新的商品，即企业和家庭之间的保险合同，该合同规定企业雇用某一给定经济主体的概率为 π_t，否则就向其支付替代报酬，这使得所有经济主体无论是否就业都能得到相同的效用；④经济主体的效用函数分为消费和闲暇，瞬时效用函数可以写为

$$u(C, L) = \log(C) + A\log(L)$$

劳动的不可分性体现为 $H_t = \pi_t \hat{h}$，其中 H_t 是人均工作小时数，π_t 是均衡时的工作概率，是基于技术冲击符号和强度的外生变量，$\hat{h}$ 是工作日的固定长度。实际上每个经济主体要么每天固定工作 $\hat{h}$ 小时，要么不工作，因此该模型中不会真的有经济主体每天工作 H_t 小时。不过 H_t 可以被视为代表性经济主体。基于上述假设，汉森试图对比劳动不可分和劳动可分两种情形下经济运行的情况。在劳动不可分的情形下，预期效用为

$$Eu(C_t, H_t) = \log(C_t) + \pi_t A\log(1 - \hat{h}) = \log(C_t) - BH_t^*, \quad 0 \leq \hat{h} < 1$$

其中 $B = -A\log[(1 - \hat{h})/\hat{h}] > 0$

在劳动可分的情形中，预期效用与代表性经济主体的效用（$\tilde{u}$）有关，而后者是工作小时数的线性函数并且可以表达如下：

---

④ 该文最终于 1988 年在期刊上发表，即 Rogerson (1988)。

⑤ 参见 Altonji and Ashenfelter (1980)、Altonji (1982)、Ashenfelter (1984)、Mankiw, Rotenberg, and Summers (1985)。

* 这里的推导运用到了 $\ln(1 + x) \approx x$。——译者注

$$\tilde{u}(C_t, H_t) = \log C_t - BH_t$$

这使得劳动不可分模型也可以当作劳动可分模型来求解。因此，现实中观察到的个体跨期替代弹性较小在理论上并不重要，重要的是总的跨期替代弹性较大，而它与个体的效用无关。

在产出波动性方面，汉森表示该模型的模拟结果对标准 RBC 模型的缺陷进行了改进。此外，基德兰德－普雷斯科特模型的最主要缺陷就是工资－就业波动之谜。最关键的是工作小时数波动性与劳动生产率波动性之比，它被认为是实际工资（即 $\sigma H/\sigma W$）的代理变量。美国 1955 年 3 季度到 1984 年 1 季度的实际数据显示该比率约为 1.4，但基德兰德和普雷斯科特的模型并不能满意地复制出这一数值，只能得到一个接近于 1 的结果，而汉森的模型则面临着相反的问题：其模拟的该比率太大（2.7）。然而汉森认为这一结果很好解释，这是因为模型没有关注广义边际。

普雷斯科特很快采纳了汉森的结论，认为这一结果将此前的争议驳回了。正如他在其诺贝尔经济学奖获奖演讲中所称："就个体闲暇的跨期替代弹性这一参数而言，（事实证明）宏观层面的观测结果和微观层面的观测结果已经达成一致"（Prescott, 2006: 221）。

然而，就像通常的情况那样，只有那些本来就倾向于 RBC 模型结论的学者才会接纳普雷斯科特如此简单直白的声明。计量经济学家们从未接受这一论断。事实上，在后来的《宏观经济学手册》中，马丁·布朗宁（Martin Browning）、拉斯·彼得·汉森（Lars Peter Hansen）和詹姆斯·赫克曼（James Heckman）将汉森－罗杰森的就业配置机制作为他们批判的重点，他们指出"这一结论值得质疑并且与关于个体就业的历史性微观证据相悖"（Browning, Hansen, and Heckman, 1999: 602），他们认为这些微观研究清楚地显示就业和失业状态都具有持久性。此外，一批宏观经济学家们也并不买账。罗伯特·霍尔（Robert Hall, 1988a）就指出，在 RBC 模型中，假设经济主体在预期利率变化时会调整其消费路径，当预期实际利率高时便会延迟消费，因此消费对利率变化的反应可以被视为对跨期替代的测度，但霍尔利用基于美国数据的几种不同计量测度研究后发现，消费者对于利率的反映是微弱的，他也因此得出跨期替代弹性很低的结论。

在 20 世纪 90 年代中期，一个新的进展是安多尔法托（Andolfatto, 1996）和莫妮卡·默茨（Monika Merz, 1995）同时试图将失业问题纳入 RBC 模型。⑥ 他们试图像戴蒙德那样为动态一般均衡模型引入搜寻失业。然而两者的背景和动机截然不同，其中戴蒙德想要创造一条不同于卢卡斯的研究路径并为凯恩斯主义观点辩护，而安多尔法托和默茨则只是想丰富 RBC 模型。他们都意识到搜寻理论中随机搜寻和议价模型具有的某些特定性质——尤其是该模型能够实现有效配置——使其能够被整合到 RBC 模型中。由此他们将两种理论融合起来并有力地回击 RBC 模型无法研究失业问题的批判。遵循汉森 – 罗杰森模型，安多尔法托和默茨都假设存在保险机制并将其拓展到家庭中。它的影响是就业者和失业者的效用完全一致。因此这里形成了一种整合，尽管它具有人为的特征。这显然与戴蒙德及劳动经济学家的观点截然相反，他们试图利用搜寻理论来证明劳动力市场运行的无效率。

家庭生产：本哈比、罗杰森和赖特模型

本西·本哈比（Jess Benhabib）、罗杰森和兰德尔·赖特（Randall Wright）在其 1991 年的论文中尝试将家庭生产纳入 RBC 框架，他们认为它是"现有的总体经济模型中被忽视的一个重要元素"。该模型隐含的动机在于从经验来看，家庭部门非常重要："平均每对夫妻大约会把他们 33% 的时间用于从事有报酬的工作，而 28% 的时间用于家务劳动"（Benhabib, Rogerson, and Wright, 1991: 1167）。而且经验数据还显示家庭和市场部门之间存在很重要的替代性。

他们的模型试图刻画上述经验事实的特征。模型设定经济主体在时间配置上有三种选择：闲暇、在市场部门的工作时间以及在家庭的工作时间。闲暇定义为

$$L_t = 1 - H_{Mt} - H_{Ht}$$

其中 H_{Mt} 是在市场部门的工作时间，H_{Ht} 是在家庭部门的工作时间，这两种活动被认为是完全替代的。存在两种消费品：市场产品 C_M 和家庭产品 C_H，C 是混合消费品。本哈比等假设市场消费和家庭消费具有常替代弹性 $1/(1-e)$：

$$C_t = [aC_{Mt}^e + (1-\alpha)C_{Ht}^e]^{1/e}$$

市场部门和家庭部门的两种产品的生产函数（均为柯布 – 道格拉斯

---

⑥ 参见 Danthine and De Vroey (2014)。

函数）分别为

$$f(Z_{Mt}, K_{Mt}, H_{Mt}) = \exp(Z_{Mt}) K_{Mt}^{\alpha} H_{Mt}^{1-\alpha}$$
$$g(Z_{Ht}, K_{Ht}, H_{Ht}) = \exp(Z_{Ht}) K_{Ht}^{\beta} H_{Ht}^{1-\beta}$$

其中 Z_{Mt} 和 Z_{Ht} 是两个生产部门各自的随机技术冲击。因此假设经济主体能够基于他们的替代意愿及两种技术冲击的相关性来决定是否进入市场参加工作。

考虑静态的家庭生产模型。本哈比等发现，对于任一家庭生产模型，总存在一个拥有不同偏好的无家庭生产部门的模型（即 RBC 基准模型）与上述模型达到完全相同的状态。动态分析也显示了完全一致的结果。因此可以通过研究基准 RBC 模型来代替研究混合家庭和市场生产的模型。

在数值模拟阶段，本哈比、罗杰森和赖特发现该模型相较于基准模型具有三点改进。第一，与基准模型相比，该模型产出波动性更大，从而更贴近现实经验数据。第二，工作小时数相对于劳动生产率的波动性显著增大了。第三，工作小时数和劳动生产率之间的相关性显著下降了。这些在基德兰德和普雷斯科特看来都是进步。

政府支出冲击

美国经济数据显示劳动时间和劳动生产率的相关性几乎为零，然而在标准 RBC 模型中两者相关性接近于 1。劳伦斯·克里斯蒂亚诺（Lawrence Christiano）和马丁·艾肯鲍姆（Martin Eichenbaum）在他们 1992 年的论文中指出，之所以存在上述缺陷是因为在基准模型中技术冲击仅仅影响劳动需求曲线而不影响劳动供给曲线。他们在技术冲击的基础上引入了需求冲击，更准确地说是引入了政府的消费冲击。该冲击或多或少会影响总产出从而影响劳动供给曲线。因为政府支出源自税收，而税收本来要么进入效用函数要么进入生产函数，因而这就对家庭产生了负向财富效应，进而促使劳动力工作更多时间从而使劳动供给曲线向右移动。平均劳动生产率也由此下降了。由于政府支出冲击和技术冲击对劳动时间和生产率关系的影响相反，所以经济结果取决于两种冲击的程度大小以及它们运动规律的参数。

克里斯蒂亚诺和艾肯鲍姆利用 L-P. 汉森的广义矩估计方法（generalized method-of-moments，GMM）（Hansen，1982）而不是校准法得到了与 RBC 模型几乎一致的结果，除了劳动时间和劳动生产率之间的关系，而这一关系正是该模型关注的核心变量。在他们的模型中，该数值由标准模型的 0.93 下降为 0.49，然而仍然比实际美国经济数据高。

丹斯尼和唐纳森的怠工模型

让-皮埃尔·丹斯尼（Jean-Pierre Danthine）和约翰·唐纳森（John Donaldson）写了两篇旨在将效率工资理论引入 RBC 模型的论文（Danthine and Donaldson, 1990, 1995）。我们在这里仅仅讨论第二篇论文，它声称将夏皮罗和斯蒂格利茨的怠工模型（见第十三章）纳入了 RBC 模型。

这一研究思路面临几大障碍。第一个障碍与决策主体的身份有关。在标准 RBC 模型中，决策者是自我雇佣的单一主体。而在效率工资模型中，决策者是企业，并非工人。为了解决这个问题，丹斯尼和唐纳森假设企业由拥有无限期生命的股东所有，他们进行所有的投资和雇佣决策。他们进一步假设：①存在一个代表性的股权所有者；②工人无法拥有企业，且无法进入信贷市场，因此他们的决策是静态的。基于上述假设，丹斯尼和唐纳森退回到构建目标函数的标准方式。因此，该经济模型的均衡等同于对代表性经济主体（这里是代表性股东）的最优投资决策进行求解，而该最优决策又基于股权所有者与工人们签订的关于工资和转移支付的合同。第二个障碍在于如何将工人的努力程度引入生产函数。为此丹斯尼和唐纳森将工人分为年轻工人、熟练的老年工人和不熟练的老年工人，并且假设所有工人存活两期，劳动供给是无弹性的且不可分，努力程度体现在负效用上。如果年轻工人在第一期被抓住偷懒，那么他会被解雇，并且在进入第二期时成为不熟练的老年工人，因此获取较低的工资。年轻人根据工资水平来决定是偷懒还是付出努力，并决定他们之后属于哪种类型的老年人。

丹斯尼和唐纳森面对的第三个障碍在于，在怠工模型中失业者相比就业者的效用更低，而这种异质性难以被代表性主体框架所接纳，因此他们退回到了借用罗杰森的保险机制来解决这个问题。这就使得所有经济主体的效用都相同，无论其是就业还是失业。放弃效用异质性这一独有特征成为效率工资概念被纳入 RBC 框架所不得不付出的代价！

从上述评论可以看出丹斯尼和唐纳森的模型是非常复杂的。就我们这里的研究目的而言，没有必要深入该模型的证明细节。我们应该关心该模型与现实数据是否贴合。作者宣称："该模型的结果出奇得好"（Danthine and Donaldson，1995：238）。实际结果显示，该模型不仅与 RBC 标准模型相比毫不逊色，且克服了后者的很多缺点。虽然建模方法过于夸张，但它成功解决了工资－就业之谜，即工作小时数波动性与生产率波动性比率的理论预测值偏低的问题（Danthine and Donaldson，1995：227）。

丹斯尼和唐纳森研究的最大意义恐怕在于其实用特征而非实质贡献。在 20 世纪 80 年代和 90 年代初，整个宏观经济学界都陷入了喋喋不休的争吵中。第一代新凯恩斯主义者们逐步认同了卢卡斯的微观基础要求，但仍然抓住市场非出清、刚性和货币非中性等议题不放。RBC 模型的出现甚至强化了他们对 DSGE 研究的反对。丹斯尼和唐纳森采取了一个更调和的态度，他们表明象征着新凯恩斯主义的怠工模型可以被纳入 RBC 框架。换言之，与第一代新凯恩斯主义者不同，他们认为 RBC 模型是一个好的思想分支，甚至可以将凯恩斯主义特征纳入该框架内。他们认为学者们需要"将 RBC 方法向非瓦尔拉斯主义观点开放，并且反过来，在一些非瓦尔拉斯主义模型中采用 RBC 的原则"（Danthine and Donaldson，1990：1293）。因此丹斯尼和唐纳森的原创性就在于他们是第一批持有以下观点的经济学者：我们可以在坚持由基德兰德和普雷斯科特所开创的基本方法论的同时，偏离那种形塑了 RBC 模型基本特征的单一研究路径。这一观点起初只为少数经济学家赞同，但当第二代新凯恩斯主义模型兴起时就已经被广泛接纳了。

此外，我们有理由担心 RBC 经济学者可能会对丹斯尼和唐纳森的研究表示反感（Danthine and Donaldson，1993：27）。效率工资模型本来就不受这些经济学者的欢迎，其新凯恩斯主义的身份更无所助益。此外，RBC 模型与他们的模型在某些特征上难以调和（后者存在工资限额和外生劳动供给假设）。但这种反对的声音并没有出现。反之，丹斯尼和唐纳森的论文被收录进《真实经济周期研究前沿》（*Frontiers of Business Cycle Research*，Cooley，1995）。普雷斯科特也在诺贝尔奖致辞中特地将丹斯尼和唐纳森的研究成果视为 RBC 方法的几种后续拓展之一（Prescott，2006：220）。

有一些因素可以解释这种积极的认可。[⑦] 主要原因恐怕在于丹斯

[⑦] 事实上，丹斯尼的毕业论文是在卢卡斯和普雷斯科特的联合指导下完成的，这使得丹尼斯被视为 RBC 理论家族的一员。唐纳森的毕业论文则受到了卡斯的指导。

尼和唐纳森严格遵循了 RBC 模型的标准并且没有得出凯恩斯主义的政策结论。他们在文中反复强调意识形态并不是他们考虑的关键，显然新兴古典主义和 RBC 经济学者们听到这句话会相当满意。[⑧] 最后，他们的成果也展现了 DSGE 模型的包容性：宏观经济理论被视为一种语言，任何接纳其语法的模型都会受到欢迎。

晚期批判：实证方面取得的有限成就

丹斯尼和唐纳森还撰写了多篇对 RBC 模型进行总体性评述的论文。在《宏观经济学最新进展：关于研究经济周期的 DSGE 方法》（Recent Developments in Macroeconomics: The DSGE Approach to Business Cycles in Perspective）一文中，他们试图反思经济学者们从 RBC 方法中获得了什么（Danthine and Donaldson, 2001）。在谈及 RBC 模型的缺陷时，他们指出 RBC 模型将研究对象局限于几个特定经济变量的矩特征，那些在研究某些特定经济变量的矩特征时表现优良的模型在面对另外一些经济变量时就失效了。更严重的是，那些有着各种政策建议的不同模型在事后观察来是等同的（Danthine and Donaldson, 2001: 59）。因此，单纯复制现实数据并不能证明模型的有效性。因此，丹斯尼和唐纳森开始赞同萨默斯对 RBC 模型提出的批判，即 RBC 模型太过依赖那些缺乏解释力的概念。

另有两篇针对 RBC 模型实证结果进行批判的论文，由 L-P. 汉森、赫克曼（L-P. Hansen and Heckman, 1996）和西姆斯（Sims, 1996）所写。两篇文章均出自《经济学展望杂志》关于校准法的专题论文集。该专题论文集包括三篇论文，第一篇是基德兰德和普雷斯科特就校准法进行辩护的论文。他们宣称自己的方法无疑取得了成功，并坚信那些不了解情况的读者在读到另外两篇论文时会困惑不解，而这两篇论文将 RBC 模型的结论批判得一无是处。

而在汉森和赫克曼看来，基德兰德和普雷斯科特的争辩只不过是在虚张声势：

> 除了不断鼓吹他们的论文基于一种"久经检验的理论"，他们

[⑧] "事实上，RBC 方法本质上是意识形态中性的，因为它偏好构建一些独立于其背后假设而能够最好地复制典型事实的模型"（Danthine and Donaldson, 1993: 3）。

并没有回应任何批判，也未曾为他们在论文中提出的各项标准给出详细证明。但所谓的"久经检验"不过意味着"广为人知""被广泛采纳"或者"按惯例被认同"罢了。（Hansen and Heckman，1996：86）

汉森和赫克曼的主要批判聚焦于校准法的实践运用上。他们并没有认为基德兰德和普雷斯科特极力倡导严格的参数化模型本身有什么缺陷。他们不赞同的地方在于，基德兰德和普雷斯科特表现出仿佛现实中存在一个庞大的数据库可供建模者使用的样子。在汉森和赫克曼看来，早期可计算一般均衡模型面临的经验数据基础匮乏的问题在RBC模型这里更加凸显：

> 显然，在不同经济环境下构建出来的不经修改就能直接运用到新的宏观模型中的微观估计值还并不多。很多情况下，在一种经济情形下有效的估计值到了另一种情形下就完全不适用了。考虑到经济情形的千差万别，直接利用微观数据资源来为众多的宏观经济参数赋值以进行模拟分析是一种愚蠢的做法。很多关键的经济参数——例如某特定产业的投入产出系数——必须基于对总体变量的关系进行观测才能得到。无论经济学者们是否喜欢，时间序列数据仍然是用来决定很多基本的总体参数的主要方法。（Hansen and Heckman，1996：100）

在这一点上，西姆斯的口吻更加激烈："公正客观地说，RBC模型忽略了许多经济周期中的已知事实"（Sims，1996：113）。对西姆斯而言，普雷斯科特宣称宏观经济学已经建立起一个"完善理论"的论断简直可以称得上是一个闹剧：

> 基德兰德和普雷斯科特将新古典主义随机增长模型视为动态随机一般均衡模型的基石这一观点只能在有限的意义上被接受。诚然，存在一群以该模型为研究基础且彼此之间沟通密切的学者，并且至少在这个群体内部该理论被视为研究的可行假设，但即使在他们内部，也没人敢宣称该理论在学科专业的意义上不存在任何争议，他们中的大部分甚至也不敢保证该理论的预测结果能够兑现其承诺——比凯恩斯主义的联立方程模型或自然率的理性预期模型取得更好的预测效果……实际上，动态随机一般均衡模型在实证层面并没有收获太多成果。（Sims，1996：113）

晚期批判：对技术冲击驱动经济波动的质疑

普雷斯科特宣称索洛剩余是一种适当的测度技术冲击的方法，这一主张在 RBC 模型的发展过程中扮演了重要的角色。这个观点有助于解决一系列复杂问题。但如果考虑到学界之前对索洛增长核算法的一系列批判，比如对测度问题、完全竞争假设以及规模报酬不变假设提出的质疑，那么这一观点也就从根本上不太站得住脚了。因此普雷斯科特的主张很快就招致大量怀疑也就毫不奇怪了。比如萨默斯就抓住劳动力储备波动对经济的影响不放；麦科勒姆和曼昆则质疑大范围技术衰退的可能性。在这些最初的直觉性反应之后几年，学界才逐步构建了更加系统性的批判。

在这些批判中最具开创性的是霍尔的两篇文章（Hall，1988b，1990）和查尔斯·埃文斯（Charles Evans）的一篇文章（1992）。本节主要讨论霍尔的《索洛剩余的不变性》（Invariance Properties of Solow's Productivity Residual，1990）一文。[9] 这篇文章发表在一次纪念索洛学术贡献的研讨会上，霍尔在其中批判了普雷斯科特对索洛剩余概念的误用（这次批判很可能得到了索洛本人的支持）。霍尔的研究目的是检验在放松了完全竞争和规模报酬不变的假设下会发生什么情况，此时所谓的索洛剩余不再是一种剩余。而且在这种条件下，产出弹性也无法发挥它们在索洛文章中所起的作用。霍尔的目的是引入索洛剩余的"不变性"，即索洛残差必须与已知不会导致生产率变化的变量无关，而且不能是由其他原因所引起的生产率变化的结果。为此该文通过将索洛剩余方程（见专栏15.1）当作回归方程来对这一性质进行检验，并用一些工具变量——包括军费支出、世界石油价格和美国当期执政党三项——对索洛剩余进行回归。索洛剩余与这些工具变量的任何正相关性都可以表明它还包含了除"真实生产率"以外的其他因素。[10] 霍尔的实证结果驳斥了普雷斯科特的观点：

显然，索洛为了对生产率进行测度而作出的那些假设都被证明

---

[9] 埃文斯指出索洛剩余可以通过不同的货币加总量、货币存量、利率及政府支出的滞后量预测出来。在埃文斯后来与克里斯蒂诺亚和艾肯鲍姆合作的文章中这一观点也被反复证实。

[10] 霍尔用一些不同的方式对传统的索洛剩余进行了重新整理，在此我们不再深入讨论，不过我们必须注意到他用成本核算法代替了以收入来测度投入要素的方法，后者是索洛所采用的办法，使用成本核算法可以剔除市场力量的影响，参见 Hall（1990）。

是错误的，尽管该方法现在已经被认为是标准方法。实证结果显示生产率增长与石油价格高度相关、与军费支出显著相关，并且与美国当期执政党也有一定的相关性。（Hall，1990：110）

针对索洛剩余不变性被实证检验拒绝这一事实，霍尔进一步给出了三种解释：第一是规模报酬递增，这源自可能存在的间接成本（overhead cost）；第二是测度误差；第三是当产量较高时企业可以享有巨大的市场外部性。不过对霍尔来说，规模报酬递增可能是最重要的原因。

霍尔的论文为用非技术因素来解释经济周期的进一步研究铺平了道路。这些研究借用了霍尔的研究方法（更多关注成本而非收益、不变性以及寻找工具变量）去尝试检验不同的解释变量的作用。遵循乔根森和格里利谢斯关于测度误差的观点，这些研究也声称传统的索洛剩余在测度 TFP 时并不可靠。

这一研究思路中对未来产生巨大影响的一篇论文是伯恩赛德和艾肯鲍姆的文章（Burnside and Eichenbaum，1994），该文后来由 Burnside, Eichenbaum, and Rebelo（1995）拓展。他们比霍尔的研究探索了更多的具体数据，完成了一篇包罗万象的文章。他们预感资本利用率应该被更好地测度。需要被考虑的是投入使用的资本而不是资本存量，虽然后者能够被直接观测到。为了克服这一问题，他们选取了两个代理变量：①工业用电，这一指标已被格里利谢斯使用过；②资本在一个"工作周"被使用的数量，用每周劳动力轮班工作时间来测度。他们发现资本利用率是严格顺周期的，这也证明了未经修正的索洛剩余混合了不同种类的决定因素。

由霍尔所开创的这一研究思路的重要贡献者还包括苏桑托·巴苏（Susanto Basu）、约翰·费尔纳德（John Fernald）和迈尔斯·金博尔（Miles Kimball）。他们撰写的几篇文章旨在重新研究生产率问题。[11] 我们在这里主要评论巴苏和费尔纳德的文章（Basu and Fernald，2001）。沿袭伯恩赛德等的思路，他们也着重关注了实际要素投入和测度要素投入之间的差异。[12] 他们指出，不仅仅应当考虑资本利用率，而且也应当

---

[11] 这些论文中系统性最强的论述是 Basu and Fernald（2001），其他论文是 Basu（1996）以及 Basu and Fernald（1997，2002）。

[12] "从本质上讲，问题在于投入数量周期性的测度存在误差：实际投入的周期性要比测度投入强得多，因此测度的生产率表现出虚假的顺周期特征"（Basu and Fernald，2001：228）。

考察劳动投入。问题在于劳动的集约边际包括工作时间和努力程度两个部分，但只有前者能被直接观测到而后者不能。因此劳动的真正投入（工作时间和努力程度）与其测度的产出存在差异。他们同样认为真正的投入是高度顺周期的。当需求旺盛时，工作时间和努力程度都会上升。如果上述观点是正确的，那么此时测度产出的增加就可以成为投入中未被观测的部分（努力程度）的代理变量，因此就可以找出真正的劳动投入的影响（Basu and Fernald, 2001: 228）。因此更具一般性的结论是，任何忽略劳动力努力程度和其顺周期特征的测度都会高估技术的周期特征。巴苏和费尔纳德从他们的实证检验中得出结论：索洛剩余会高估技术的影响力。[13]

随后，乔迪·加利（Jordi Gali, 1999）率先指出短期内技术冲击将导致经济活动水平的小幅度下降，这与 RBC 模型的基本结论刚好相反。

基本的 RBC 模型认为技术冲击将使得劳动需求曲线向右移动而不影响劳动供给。这意味着工作时间和平均劳动生产率高度正相关。然而经验数据显示这一相关性基本不存在。之前我们讨论过克里斯蒂诺亚和艾肯鲍姆构建了一个包含政府冲击的模型试图解决上述问题。加利（1999）则试图利用引入了垄断竞争和价格黏性假设的新凯恩斯主义模型来解决上述问题（我们将在第十八章介绍这种"第二代新凯恩斯主义模型"）。其论证过程可以总结如下。与 RBC 模型不同，在加利的模型中，价格黏性假设使得正的技术冲击只对预先决定的名义总需求产生较小的影响。因此产量的变化幅度也就相对较小。又因为技术进步使得企业所需投入下降，从而工作时间也应该下降。然后工作小时数与平均生产率之间的这种负向关系也没有太大帮助，因为这里需要一个接近于 0 的关系。因此为了使模型与数据一致，就必须假设存在一种非技术冲击作用于技术水平上，从而抵消其负向的脉冲响应（Gali, 1999: 250）。

巴苏、费尔纳德和金博尔在他们 2006 年的文章《技术进步导致衰退？》（Are Technology Improvements Contractionary？）中得到了与加利相似的结论。在该文中他们控制了三个变量对总 TFP 的影响：①不可观测的劳动利用率（努力程度）和资本利用率（工作日内）；②非规模报酬

---

[13] "我们修正后的序列与索洛剩余具有同样的均值，但是方差却更小：完全修正后的序列的方差只有索洛剩余的1/3，因此相应的标准差只有后者的55%"（Basu and Fernald, 2001: 271）。

不变和不完全竞争；③总体经济。分开考虑当期和滞后影响，他们宣称如果考虑滞后因素，那么标准模型的结论将得到验证："在短期内（一年内），正向技术冲击导致总劳动时间减少、产出变化微弱而非居民投资急剧下滑，但两年后，经济波动趋向与 RBC 基准模型并无二致"（Basu et al., 2006: 1419）。

很难说加利或巴苏等提出的观点就是定论。但他们的研究从其他方面来考虑是很有价值的。他们的研究反映出大家对基德兰德和普雷斯科特大胆提出的经济波动的起因开始认可，并且逐渐将其他除技术冲击之外的因素纳入模型，这一进程将在第二代新凯恩斯主义模型中达到巅峰。在这门学科的"雷达"中，消失已久的摩擦性概念将回归我们的视野。

然而，质疑基德兰德和普雷斯科特的研究结论并不能否定他们的研究方法，这些进展依然属于基德兰德和普雷斯科特所开创的路径。金和普洛塞尔在《宏观经济学手册》中发表的《复苏中的真实周期模型》(Resuscitating Real Business Cycles) 一文中就总结道：

> 当我们认为经济学家可能过早地舍弃了"经济周期源自实际变量的驱动"这一观念时，我们也同时了解到在当今和可预期到的未来，诸多 RBC 模型试图独立地研究驱动经济周期波动的主要因素。这就是为什么我们认为对宏观经济学而言，RBC 模型本身不失为一次正向的技术冲击。(King and Plosser, 2000: 995)。

方法论突破

我们在前面小节所介绍的批判是尖锐而不可调和的。然而令人惊奇的是，这种争论随着时间的推移变得温和起来。汉森和赫克曼以及西姆斯对校准法的强烈批判可能会误导我们，以为他们将完全拒绝这种方法。恰恰相反！实际上他们最终都在自己的论文中呼吁共同利用估计法和校准法。[14] 包括萨金特，校准法的早期反对者，也在 2005 年的一次采

---

[14] "我们预见校准法经济学家和实证计量经济学家之间会有共生关系，其中费希尔、丁伯根、基德兰德和普雷斯科特所使用的校准法能够刺激我们发展更可信的基于微观经验数据的估计，因为它可以告诉我们对微观现象的理论知识和实际情况所存在的裂痕中哪些重要、哪些不重要。校准法只能是将一般均衡模型付诸实证分析的第一步"（Hansen and Heckman, 1996: 101)。

访中证实了他逐渐向这一方法妥协的过程。当被问及宏观经济学采用校准法是否是一次进步时,他指出在如下情形中可以使用校准法:因为彼时学界对 DSGE 方法还有很多质疑和反对的声音,极大似然检验被认为过于严格而将许多好的模型拒绝掉了,所以不如放低标准采用校准法"以便捕捉并聚焦于那些还未被解释但应该被解释的经济特征上"。因此,在萨金特看来,由于宏观经济学在构建新的研究路径上面临着巨大挑战,所以逐步推进不失为一个好的策略。以下就是萨金特在接受乔治·埃文斯(George Evans)和夏普尔·宏克普亚(Seppo Honkapohja)采访时的发言:

> 当务之急是我们应当致力于构建出能够包括各种有趣经济机制的一系列令人信服的模型,我们可以等建模技巧逐步成熟后再考虑估计问题。(Evans and Honkapohja,2005:7-8)

同样地,丹尼斯和唐纳森(2001)以及霍尔和巴苏等学者们的批判并不代表这些学者愿意放弃 RBC 模型所从属的更大范围的 DSGE 方法。这些经济学家以及大部分宏观经济学家们给出的最终判断都是暧昧不清的,他们的态度可以总结为"RBC 是一条正确但仍然不够好的研究路径"。

就学界逐渐达成共识这件事来说,关于跨期替代弹性的争议不失为一个好的例子。随着计量经济学家和 RBC 经济学家们在各自领域深耕十几年,新的研究方向可能会打破原有僵局,我们在此只举一个例子。杨奎斯特和萨金特(Ljungqvist and Sargent,2006)就提出了一种新的"按时间平均"的加总理论。与彩票机制和分配家庭成员的劳动的代表性家庭模型不同,他们认为经济主体在决策中试图在一生的期限内配置工作和闲暇,并且通过交易无风险资产来平滑活跃期和非活跃期的消费。在这种假设下,如果存在内部均衡解,就可以得出与汉森-罗杰森模型相同的结论,即劳动力供给具有高弹性特征。但是,扬奎斯特和萨金特(2011)明确提出这种将劳动力供给弹性范围缩小的观点很难是定论,因为这种设定又引发了新的两难选择,即要么回到早期 RBC 模型及其一般性结论[15],要么追溯到税收、退休年龄和失业保险等制度性因素的作用,而后者正是杨奎斯特和萨金特倡导的。他们的考虑使得模

---

[15] 这正是 Keane and Rogerson(2010)采用的研究路径。

型存在角点解,从而最终支持了计量经济学家的观点。⑯

本章梳理了各个时期学者们对 RBC 模型的不同贡献,由此我们可以得出一个结论,即随着时间的推移,学者们对基德兰德和普雷斯科特所开创的新研究路径的态度也发生了变化。许多早期的反对者们最终承认 RBC 模型方法论比他们一开始所认为的要强大。随着计算能力的跨越式发展,以及可用数据的指数级增长,基德兰德和普雷斯科特在概念和应用层面所设定的建模机制具有惊人的发展潜力。我们从莱荣霍夫德的决策树那里能清晰地看到这种学界共识是如何形成的。当代经济学者们坚信应当遵循现有的(RBC)理论框架并逐渐发展其分支领域的议题,而不是退回到早期更基本的思想分流节点去拓展那些曾被忽视的研究领域。正在发展的分支领域包括引入更多的扭曲——比如价格刚性、不完全竞争、货币——等议题。换言之,大家普遍认为宏观经济学应该在 DSGE 框架内超越 RBC 模型。

---

⑯ 扬奎斯特和萨金特在 2010 年美国经济学年会举办的一场题为"微观与宏观劳动供给弹性比较"(Micro versus Macro Labor Supply Elasticities)的研讨会中给出了这一结果,在此次研讨会中还有评估劳动供给弹性的微观和宏观度量现状的其他论文。参见 Bozio and Laroque (2011),亦可参见扬奎斯特和萨金特致赫克曼和普雷斯科特教授的公开信(Ljungqvist and Sargent,2014)。

第十七章
真实经济周期模型：我的评述

精妙的理论往往乍看之下荒谬无比，但细细品味却又令人信服。很多人认为 RBC 模型大概已经经过了第一步检验，但他们也应该看出它必然会在某一天经过第二步检验。(Rogoff, 1986)

人皆知有用之用，而莫知无用之用。（庄子，c. 360 BC—c. 275 BC，引自 Watson, 1968：66）。

我们在第八章评述了卢卡斯对宏观经济学的设想，我在那里的很多看法对 RBC 模型也是有效的。鉴于 RBC 模型为 DSGE 方法引入了一些新颖之处，我们有必要予以更多的置评。这便是本章的主要内容。

模型与其待解释现象之间的差异

首先我们要指出，基德兰德和普雷斯科特创造的新建构（configuration）是自相矛盾的。宏观经济学最终试图解释的现象是资本主义经济制度的运行机制（或失效），而 RBC 模型所研究的经济与这一待解释现象南辕北辙。我们在第十五章引用的索洛对 RBC 模型的消极评价很好地将这种分歧所带来的困惑表现出来。

在 20 世纪 30 年代，经济学家曾就社会主义经济体制是否可行进行过激烈的辩论，即所谓"社会主义可计算性的争论"。争论的双方主要是市场体系派的哈耶克（Hayek）、米塞斯（von Mises）与社会主义派的迪金森（Dickinson）和兰格（Lange）。[①] 彼时，社会主义派的学者们

---

① 见 Lavoie（1985）和 Caldwell（1997）。

普遍采用瓦尔拉斯主义理论来论证有效率的计划经济体系是可行的。他们认为，社会计划者需要去收集每个经济主体的决策信息，将这些信息带入完全竞争经济模型，计算所有商品的均衡价格向量以及相应的资源配置，并根据产品和服务的数量确定生产计划，由此便可以认为计划和市场竞争是同样有效率的经济活动组织手段。这场辩论并没有深入到福利经济学第一定理和第二定理那样抽象的高度，但所考虑的问题与福利定律是一致的。市场体系派的经济学家认为社会主义学者们滥用瓦尔拉斯主义理论，他们强烈反对将计划经济和完全竞争经济视为等同的体系，认为这两种体系的运行机制截然相反。在哈耶克的著名文章中，他明确提出市场经济的一大优势就是得以使用经济中的分散信息，而与此相反，收集必要的信息恰恰是计划经济体系的阿喀琉斯之踵（Hayek，[1945] 1948）。②

五十年后，我们又回到了同样的辩题之中，并且不得不诉诸福利经济学第二定律。然而讽刺的是，作为自由放任主义最坚定的支持者，普雷斯科特却继承了中央计划支持者的学术遗产（De Grauwe，2009：3）。定理之为定理，在于其正确性是不言自明的，但仍然可能存在这样那样的障碍。我认为这一障碍恐怕还是在于竞争经济的同构（isomorphism）：瓦尔拉斯主义理论中的竞争经济概念，即被基德兰德和普雷斯科特所采用的模型，完全无法代表其希望研究的现实世界的对象，即资本主义经济。

市场体系和计划体系应该按照它们的"配置方向"（direction of employment）——亚当·斯密的术语，意为设备和劳动力在各种具体生产活动间的配置——是否符合社会需求来进行比较。请允许我使用"验证"（validation）这个词来描述其中所涉及的过程。在计划体系中，社会需求是由作为政治权力主体的计划者决定的。在该体系中，任何决策均源自上级机关并且只要予以执行就得到验证，至少是名义上的验证。这种过程可以被称为自动验证或者事前验证，因为在进行具体生产之前相关决策就已经完成。但这种配置机制并不仅仅限于严格意义上的计划体系，它通常还支配着专制政体。当路易十四命令法国的劳动力去修建凡尔赛宫时显然就没有顾及社会需求。市场体系则完全相反，其突出特征是私人进行经济决策。"配置方向"大多由企业等私人主动发起。在

---

② 弗里德曼对考尔斯委员会所做研究以及对瓦尔拉斯理论的批判在某种程度上就是这场论战的结果。

利润驱动下，企业竭力满足（甚至于形塑了）未来的社会需求。因此，企业必须投资特定的设备和人力资本来生产能够满足需求的产品。在这里，验证过程绝非自动形成，而是取决于企业对社会需求的预期是否正确，尤其是在一个充满外部性的环境里。因此市场体系具有一种事后验证的特征。在这种条件下，企业的经营风险体现为既可能实现超额利润也可能直接破产（后者无疑是大量错误的私人决策的结果）。即便在经济繁荣的时期，市场体系中也常常存在验证失败。大萧条则是这种无法验证的需求在经济中蔓延和积累的时期。最初的私人决策失误不得不通过关闭过剩产能或者淘汰无能的企业来清算。

上面的简要论述旨在提出这样一个问题："瓦尔拉斯主义经济"（新瓦尔拉斯主义理论的研究对象）到底是属于这两种完全相反的理想体系中的哪一种？答案是两者兼具。就像市场体系那样，它是以私有产权和私人决策为特征的经济，但它仍然具备某些计划体系的功能机制：由于存在拍卖者并且它将发挥作用从而把非均衡的交易结果排除在外，所以其验证方式同样是先验的，在达成均衡之前生产和交易都不会进行，因而在完全竞争市场中不合意的出乎意料的结果永远不可能出现。这又回到了多年前哈耶克提出的看法（虽然没什么用），即瓦尔拉斯式的完全竞争经济概念与其解释对象在本质上是背道而驰的（Hayek，[1946] 1948）。其他方面暂且不论，达尔文式的竞争就完全被忽略了。因此将瓦尔拉斯主义经济称为"竞争性经济"显然是用词不当的！

是否应当推翻 RBC 模型

如果我所说的 RBC 模型存在基本方法论问题的观点是正确的，即它与其所解释现象是不一致的，那么我们可以进一步得出什么结论呢？对很多经济学家而言，答案是显而易见的：应当毫不迟疑地抛弃这种研究方法。尤其是对于后凯恩斯主义（Post-Keynesians）经济学家而言，RBC 宏观经济学是对凯恩斯主义最彻底背叛的极端案例（Chick，2006；Chick and Till，2014）。[③] 斯基德尔斯基（Skidelsky，2009）和莱荣霍夫德（Leijonhufvud，2008，2009）也持有同样的看法，虽然他们基于不同的理由。至于另一些学者，比如科曼（Kirman，2010），认为 RBC 模

---

③ 斯基德尔斯基（Skidelsky，2009）也持同样的观点。

型的根本缺点在于代表性经济主体假设和对总体问题的抛弃；胡佛还与其他人一起，例如雷（Hoover and Ray，2001，2012），表示鉴于RBC模型使用存在缺陷的校准法所以应该将之抛弃。而对于其他人来说，比如莱德勒（Laidler，2010），RBC模型使用市场出清假设应当受到谴责，因为这排除了任何非均衡状态，这种观点得到了一批奥地利学派经济学家的拥护。此外，另一派观点，以德格罗伟（De Grauwe，2010）为代表，则认为RBC模型的根本缺陷在于没有考虑经济主体认知的有限性。

上述批判显然不无道理。但是在我看来，赞同和反对RBC模型（更一般地讲是DSGE方法）的分界线并不在于模型本身的缺陷，而在于是否对（这些模型的）推论提出质疑。我猜测实际上许多DSGE方法的拥护者已经意识到代表性经济主体假设是有缺陷的、缺乏对协作失败的解释、理性预期假设过强，以及校准法过于主观随意等诸多问题。然而拥护者们并不将这些视为足以推翻该研究方法的致命缺陷。在他们看来，上述缺陷显然可以补救，因此应当坚持该研究方向。尽管存在各种局限性，但该方法不失为一个支持理论进一步发展的好平台。

作为一名经济思想史学家，我并不需要在这种分歧中选择支持某一方。但我希望在这里提及两个支持DSGE方法的观点。第一，DSGE方法演化至今已经在理论和实证方面不断积累了令人印象深刻的进展。它的研究成果有能力回击各种批判。如果按照我的评判标准，我们应当从理论模型的发展潜力来对之进行评价，就此而论，DSGE方法已经表现得很好了。第二，从反面来讲，则与可替代理论有关。我已经称赞过哈耶克精准地指出了市场体系的本质，但奥地利学派的问题在于至今无法将其基本理念发展成可以不断推进的研究计划。上文提及的那些反对卢卡斯主义的经济学家也面临着此种困境。因此我并不能赞同他们所认为的由基德兰德和普雷斯科特所开创的研究路径不值得追求的观点。

然而RBC模型也存在着一个严重的问题。在我看来，人们已经对研究方法的评判达成了一定共识，即理论的优劣不仅体现为它的内在成就，而且表现为对其元理论（即解释力）的评述。不合时宜的元理论评述往往妨害了理论的成就。就此而论，RBC经济学家们则表现得不太好，他们在采纳瓦尔拉斯一般均衡准则时并没有充分认识到它的局限性。

RBC 模型的局限性

RBC 模型被视为卢卡斯宏观经济学设想的继承者，那么就必须遵循卢卡斯所创立的方法论原则（详见第七章）。我们可以看到，从积极的一面来讲，后继者们将内部一致性作为其首要目标，且坚持将意识形态和理论研究区分开。但从消极的一面来讲，接受这些准则导致模型在现实解释力上面临诸多限制。本节将详细介绍 RBC 模型的三个局限性。

第一个局限性与 RBC 模型的建模范围有关。由于该模型采纳了均衡原则，这就使得 RBC 宏观经济学很大程度上只能解释温和或常规的经济波动，面对大萧条（或 2008 年经济衰退）一类剧烈的经济危机时则束手无策。我们在第八章也提及，卢卡斯已经意识到自己的模型具有这一缺陷，并承认 RBC 模型显然没有克服这一严重缺陷。

起初普雷斯科特也同意卢卡斯的观点。④ 但受哈罗德·科尔（Harold Cole）和李·奥汉安（Lee Ohanian）对大萧条研究（1999，2004），（两位作者将美国大萧条后 1934—1939 年经济恢复乏力归因为实施了新政）的启发，普雷斯科特改变了主意并强调 RBC 模型实际上可以解释大萧条。⑤ 2000 年，蒂莫西·凯霍（Timothy Kehoe）和普雷斯科特在美联储明尼阿波利斯分行举办了一场研讨会，会上发表了一系列采用 RBC 方法研究各国大萧条时期的论文。⑥ 经过这次会议后，凯霍和普雷斯科特提出了一种解释大衰退的均衡理论，其核心思想是采用更加宽泛的标准来研究大萧条。由此，20 世纪 30 年代的大萧条不再被视为一个单一的、独立的时期，而是被视为一系列时期中的一个特殊时期。

反观卢卡斯，我认为他的观点则相当谨慎，也更加明智。他所持有的 RBC 模型只能解释常规的经济波动而不能解释危机的观点与其一开始对均衡经济周期理论的判断是一致的，即这一理论之所以成立是因为所有经济周期在本质上都是类似的。问题的关键在于大萧条时期是否也是如此。通过扩大定义的标准，凯霍和普雷斯科特给出了正面的答案，

---

④ "一般均衡的货币主义和技术冲击理论都无法解释美国大萧条，而这恰恰说明了这些方法论具有其适用的知识领域。如果所有研究领域的问题都能够被某种方法合理化，那么这种方法显然是不科学的"（Prescott，1983：12）。普雷斯科特在回应萨默斯时也表达了同样的观点（Prescott，1986b：29）。

⑤ De Vroey and Pensieroso（2006）。

⑥ 这次会议的论文后来被汇编为一本专著（Kehoe and Prescott，2007a）。

但问题在于，扩大概念范畴也就意味着把太多不同的情形都放在了同一口袋里。另一种可能的观点则是把大萧条看作异质性事件，由一系列特定的小事件导致。这就意味着当个性的因素超越了共性的因素时，描述性的史学研究要比理论分析更适合解释这样的事件。

第二个局限性在于 RBC 模型的解释类别。如果按照通常的对"解释"的理解，即揭露某个历史事件的起因，那么显然 RBC 模型对经济周期波动的解释实在是过于匮乏。一方面，一般性的解释受限于定义本身就不完整。卢卡斯的分析起点是所有经济周期都是类似的，这就为构建一个一般的经济周期波动理论提供了基础。但与此相对应，基于这种定义的理论没有给研究具体经济周期的特性留下空间——包括其起因、模式等，而当遇到大衰退时，这些特性就变得非常重要。另一方面，大部分人认为理论解释力的高低体现在它与现实的一致性程度上。但这一观念本身就值得商榷。我们无法宣称利用校准法成功复制经济数据的模型就对现实情形作出了完美的解释。就算忽略校准法的一系列缺陷，与证伪相比，对任何科学命题的有效性进行证实仍然举步维艰。就算经济学家认为严格采用波普尔的批判标准可能过分严苛了，但谦逊谨慎仍然是受人尊敬的品格。正如丹斯尼和唐纳森所言，具有不同因果解释关系的模型可能在拟合数据的能力方面不相上下，因此这也就意味着复制和解释本质上是两回事。

与此相关的一点是，普雷斯科特坚持认为新古典主义增长模型已经是一种完善的理论，经济学家需要做的事就是应用它并丰富它。然而对于经济思想史学家来说，这是一个相当幼稚的观点，所谓的"完善的理论"从来都是短命的。而且对某个学者来说的完善理论对另一个学者而言就绝非如此，普雷斯科特从未告诉我们应当如何在各种理论之间进行选择，使用复制并不能实现这一点。我们不妨猜测，马克思主义经济学家也能像基德兰德和普雷斯科特那样富有能力和创造性，他们构建起一个基于马克思主义理论的经济模型，通过校准和模拟，他们也能很好地复制现实世界的时间序列数据，如此，他们似乎也能认为马克思主义理论构建起了完善的理论范式。

RBC 模型的第三个局限性与卢卡斯的下述观点有关：理论命题适用于虚构的经济模型而非现实经济。因此，按照严格的方法论信条来看，哪怕复制的结果非常贴合现实，也不能将理论结论拓展到现实情形。遵循这一信条相当艰难，甚至可以说必须具备一些英雄式的魄力。随着时间的推移，RBC 学者们也无法遵循它。由于这一点非常重要，

第十七章
真实经济周期模型：我的评述

我希望给出普雷斯科特作品中的三个例子。

第一个摘自普雷斯科特从基德兰德－普雷斯科特模型所得到的政策建议，他宣称从社会福利的角度来看，经济周期并没有什么不妥。这一观点显然违背了之前的主导性观点，即认为经济周期意味着存在市场失灵。对此他写道：

> 本研究的政策结论是任何试图去平滑经济周期的努力都是无效率的。经济波动是对不确定的技术冲击的最优反应。（Prescott，[1986] 1994：286）

我认为问题在于上述引文的最后一句话。读者可能会以为普雷斯科特是在提出某种与现实经济相关的命题，但实际上这一命题仅限于经济模型。

第二个摘自普雷斯科特的诺贝尔经济学奖致辞。在提及早期经济学家时他说到他们"错误地认为经济周期波动并不是经济对实际冲击进行均衡反应的一部分"（Prescott，2006：210）。这句话意味着普雷斯科特坚信经济波动在很大程度上就是经济主体对实际冲击的均衡反应。这一命题看上去似乎又是在刻画现实经济的特征而非虚构经济。正如普雷斯科特本人强调的那样，把基德兰德－普雷斯科特模型理解为"通过刻画模型中的经济主体在面对外生冲击时采取的最优对策，我们在某种程度上解释了美国经济周期波动"显然是一种误解。正确的阐述应该是"基德兰德和普雷斯科特构建了一个经济主体在定义上就处于均衡状态的经济模型，并且他们通过复制数据发现几个变量的矩与美国某历史时期内对应变量的矩非常相似"。从方法论的角度来看，上述两段论述的差别可谓悬殊：如果忽视这些差别，那么读者就会想当然地认为理性预期、均衡原则等都是现实经济的特征，而事实上它们不过是构建模型的工具而已。

第三个摘自凯霍和普雷斯科特对特明（Temin）的回应，后者就凯霍和普雷斯科特关于大萧条的论文集（Kehoe and Prescott，2008）进行了严厉的批判。

> 本书的核心假设在于一般均衡增长模型是研究大衰退时期的有用工具。我们初步发现，糟糕的政府政策将会使普通的经济下滑升格为一次大衰退。（Kehoe and Prescott，2008：21）

显然，上述论辩也没有对虚构的模型经济和现实世界的经济进行区分。凯霍和普雷斯科特的错误在于没有意识到从模型得出的政策建议源自它所采纳的前提假设。在他们的模型中，除了政府采取的错误的税收政策，整个经济并不存在任何其他原因可能使得经济陷入萧条，也即是说，政府是剧中的唯一反面角色，因此经济恶果必然归罪于政府施政。卢卡斯认为采用数学方法就是要将意识形态和理论区分开。显然我们在这里可以看到，数学方法和复杂的复制数据方法并不足以将意识形态排除在外。

上述三个例子可以说明普雷斯科特虽然赞同卢卡斯在认识论上的伟大成就，但并未遵循卢卡斯关于理论模型不应该拓展到现实经济的非过度开发原则（见第七章）。而且我猜测普雷斯科特也不是唯一一个违背卢卡斯原则的学者。

这样的情况并不令人感到意外。我的上述批判仅仅是想表明 RBC 模型相较于卢卡斯在方法论上存在不一致，这些批判并非说明我们已经不堪忍受其理论本身，我们仍然会持续投入这一理论范式中。我不得不认为 RBC 宏观经济学是一个奇怪的事物。初看之下，由于它既试图获取经验方面的支持又倾向于付诸政策制定，这就给人以一种它是实践性科学的印象。它也确实如此。然而该模型又严格遵循瓦尔拉斯主义范式从而将模型的内在一致性视为首要目标，比外在一致性更重要，因而也有理由将其当作"纯粹的"理论科学。从好的方面看，一个学者可以认为从事概念性研究、构建理论并坚持严谨性可以在长期取得收获。但不好的方面在于，坚守认识论原则从而不将模型结论兜售给政策制定者实在是很难坚持。

因此我们得出的结论是，尽管宏观经济学已经发展至今，社会大众也不应该对宏观经济学理论——特别是政策制定方面——抱以太大期望。同时，宏观经济学者——无论是凯恩斯主义者还是非凯恩斯主义者——应当避免显得对某些政策议题有独到见解并且过度沉浸于扮演政策专家的角色。

但所有这些会使得基德兰德和普雷斯科特开创的宏观经济学毫无用处吗？我并不这样认为。只不过是有用的程度不同罢了。在宏观经济学中采纳瓦尔拉斯一般均衡准则是值得称赞的，但也必须为此付出代价。在我看来，瓦尔拉斯主义应该像罗尔斯的正义理论那样被视为一种政治哲学，两者只是在采用的语言方面存在不同（前者使用了大量数学语言），但仍然相当接近。因此，它不可避免地包含了规范性层面的议题。如果确实是这样，就社会价值这一议题而言，经济学家们不应当把自己视为超越（或者不如）政治哲学家的人。如果经济学家能够成为政策专家，那么也是以政治哲学家成为专家的那种方式。

如此来构建经济学理论似乎是无偿且无用的。但正如本章开头引用的庄子的话所言，看似无用的东西很可能具有真正的价值。

实际上，对于今天的经济学家而言，随着专业分工的细化，他们不可能再像凯恩斯那样一方面开创一套经济学理论另一方面又同时在政策建议方面名声斐然。当今的典型 DSGE 宏观经济学家们能够构建复杂的模型来刻画经济，但他们除了向大众宣扬一些基本原则，其实很少对现实经济的政策议题提出多少意见。对他们而言，在具体问题上保持沉默总比暴露自己的偏见要更加诚实。这样的情形使得经济学知识的生产和经济政策制定的艺术之间有了越来越大的差距。[7] 后者已然成为一个专门的领域，其中的经济学家扮演了学界和政策制定界的中间人的角色。

---

[7] 这正是格里高利·曼昆和戴维·科兰德一再重复的观点。参见 Mankiw（2006）和 Colander（2010：41）。

第十八章
第二代新凯恩斯主义模型

在第十六章，我们讨论了一些针对 RBC 基准模型的修正，它们强化了 RBC 方法而几乎没有改变其研究方向；此外还有一些同样试图弥合模型和数据间差异的修正，但它们却因为偏离 RBC 模型而推动了宏观经济理论的发展。这些模型掀起了 DSGE 方法发展的第三波浪潮——"第二代新凯恩斯主义模型"。本章的主要内容就是介绍它的主要特征。①

两个最重要的修正是，第一，用垄断竞争和刚性价格假设代替最初的完全竞争和弹性价格假设；第二，回归到货币这一经济活动的重要方面。虽然所有这些变化都是逐步发生的，但当到达某个临界点时，一切就变得清晰起来。作为第二代新凯恩斯主义模型的杰出贡献者，加利曾写道，关于新主题的研究"出现爆炸式增长"，即"将 RBC 时代所忽视的议题——比如不同政策规则的影响和货币经济学的其他方面——重新纳入研究计划"（Gali, 2000: 4）。期间也出现了术语的变化，新凯恩斯主义的标签随之产生。②

自莫迪利安尼 1944 年的论文发表后，货币变动是否具有实际影响及其相应的政策议题就成为凯恩斯主义者和"古典主义"经济学者的分界线。起初凯恩斯主义者在这个问题上占据支配地位，直到在弗里德

---

① 读者们可能还记得我所称的"第二代新凯恩斯主义模型"有时被归到 DSGE 的标签下。如第九章所解释的，我认为 DSGE 这一标签用于描述更广义的由卢卡斯所开创的研究路径更合适。

② "（通过在我们的文章标题中添加'新凯恩斯主义视角'）我们试图阐明本文采纳了凯恩斯主义的名义价格刚性假设，但同时也在我们的分析框架中包含了最新的宏观经济学建模方法（所以称之为'新'）"（Clarida, Gali, and Gertler, 1999: 1662）。

曼和卢卡斯的引领下,"古典主义者"才逆转了局面并重新占据上风。第二代新凯恩斯主义模型则象征着前者最新的回击。第一,货币在RBC阶段之后被重新引入,而且以一种比过去丰富得多的形式,尤其是学者们开始以更加严谨的方式来明确讨论中央银行的政策目标。第二,将货币非中性归因于名义价格刚性或黏性的存在。第三,为了推导出名义价格刚性或黏性,就有必要取消经济主体作为价格接受者的假设,而假定他们是价格制定者,这反过来就需要将完全竞争框架转变为非完全竞争。上述这些元素在第一代新凯恩斯主义模型中就已经存在,但两者之间最基本的区别在于第一代新凯恩斯主义者都无法接受RBC模型,而第二代新凯恩斯主义经济学家却将这些元素移植到了RBC框架中。表18.1总结了第一代和第二代新凯恩斯主义方法的区别。

表18.1 第一代和第二代新凯恩斯主义建模策略的比较

	第一代新凯恩斯主义模型	第二代新凯恩斯主义模型
主要研究对象	失业或非充分就业	最优货币政策
动态化	大部分是静态的	动态的
一般均衡	不完全一般均衡	一般均衡
市场出清	市场非出清（这里的出清是指供需匹配）	市场出清
对新古典综合的态度	为折中主义辩护	为一种经济主体同质的瓦尔拉斯式宏观经济学辩护

伴随着这些发展,RBC模型似乎被扫入了历史的尘埃。③ 但事实上这个印象并不准确,因为从本质上讲,第二代新凯恩斯主义模型是RBC模型的发展,它们继承了由卢卡斯设定并由基德兰德和普雷斯科特加以完善的DSGE基本标准。④ 第二代新凯恩斯主义模型和RBC模型都属于DSGE方法,只不过两者代表了同一理论下不同研究思路的演化。

本章分为三个部分。首先,我们介绍垄断竞争框架和卡尔沃定价

---

③ RBC模型被冠之以"陈旧"标签的一个证据是金和雷贝洛毫不犹豫地在《宏观经济学手册》中将他们所撰写的部分命名为"复兴真实经济周期模型"(Resuscitating Real Business Cycles)(King and Rebelo, 2000)。

④ 正如金博尔在提倡这一新的研究方法时所言:"我认为应该更加认真地考虑那种混合模型,即那种一方面尽可能遵循RBC模型范式另一方面为满足逻辑必要性而为之增加一些设定从而引入价格黏性假设的模型"(Kimball, 1995: 1241)。与之一脉相承的加利在描述第二代新凯恩斯主义模型时指出:"该模型具有RBC模型的核心结构,但却叠加了一系列具有凯恩斯主义模型特征的元素"(Gali, 2008: 2)。

(Calvo pricing），从而引出价格黏性假设；其次，我们将介绍各种货币因素以重新回归货币非中性观点，该部分将从简要回顾西姆斯为这一新的研究方法铺平道路谈起；最后，我们对第二代新凯恩斯主义模型未来的发展方向进行展望并在更大的范围上给予点评。

新框架：包含价格黏性的垄断竞争框架

垄断竞争

爱德华·张伯伦（Edward Chamberlin）1933年出版的《垄断竞争理论》（*The Theory of Monopolistic Competition*）一书开创了垄断竞争理论。如其书名所示，张伯伦试图构建一个将垄断和竞争情形结合起来的理论，即一方面大量企业能够自由进入某产业，另一方面每种产品都具有一定的独特性因而每个企业又都具备一定的市场力量。尽管该书颇具开创性，但张伯伦的理论并未成为产业组织领域的主流工具。就此，布拉克曼和海杰拉德曾指出张伯伦的理论之所以被冷落，首先是因为张伯伦没能将其理论的核心要点整合为一个清晰可行的模型（Brackman and Heijdra，2004）；而且当时正赶上凯恩斯革命，因而垄断竞争的理论价值在某种程度上被无情地掩盖了；此外，该理论还受到了各方的强烈批判，比方说弗里德曼和斯蒂格勒都曾在理论和实证层面对垄断竞争理论进行过严厉批评（更多内容详见下文）。

35年后，迪克西特和斯蒂格利茨（Dixit and Stiglitz，1968）通过构建迪克西特-斯蒂格利茨（Dixit-Stiglitz）模型让张伯伦的垄断竞争理论得以复活（参见专栏18.1）。这一模型被广泛用于贸易、经济地理和经济增长等不同的经济学分支。讽刺的是，虽然该模型涉及产品差异性并且在经济学其他子领域得到广泛运用，但研究产品差异性的学者们对本模型不太感兴趣（Archibald，1987）。在宏观经济学领域，布兰查德和清泷信宏（Blanchard and Kiyotaki，[1987] 1991）最早在静态框架中采纳了迪克西特-斯蒂格利茨模型。随后，海洛特和波特尔（Hairault and Portier，1993）首次将垄断竞争纳入动态框架，该模型还包括了技术冲击和货币冲击并且用以比较美国和法国的经济波动。⑤

---

⑤ 与其他采用卡尔沃定价的 DSGE 模型不同，海洛特和波特尔采用了二次的调整成本函数，这样做的缺陷在于调整成本会随所研究价格的变化而变化。

专栏 18.1

迪克西特-斯蒂格利茨垄断竞争模型

1. 偏好

效用函数设定为：

$$u = U[c_0, V(c_1, \ldots, c_n)]$$

其中 c_0 是标准化产品；c_1 到 c_n 可以被视为另一个经济部门中互相可替代的产品——可以把它们称为"制造业"产品。子效用函数 V 被定义为消费所有可能的多样性产品的效用，包括虚拟产品。

假设效用函数 u 在两类产品上是可分且位似（homothetic）的，并进一步假设：①子效用函数 V 中的各产品 c_i 是对称的；②子效用函数 V 具备 CES 函数形式；③效用函数 U 具备柯布-道格拉斯形式，根据假设③可知：

$$u = c^{1-a}V^a; V = \int_{i=1}^{n} [c_i^\rho d_i]^{1/\rho}$$

其中 a 代表制造业产品消费占名义收入 Y 的比例；ρ（$0<\rho<1$）是多样性偏好参数，刻画经济主体对多样性的偏好，当 $\rho=1$ 时，所有产品 c_i 都是完全替代的。

我们也可以用参数 σ 来刻画两种产品之间的替代弹性，它与多样性偏好参数 ρ 的关系是：

$$\sigma \equiv 1/(1-\rho), \sigma > 1$$

2. 需求

设 p_i 是 c_i 的价格，制造业产品的价格指数，并定义其严格递增：

$$P \left[\int_{i=1}^{n} p_i^{1-\sigma} \right]^{1/1-\sigma}$$

效用最大化导致 n 个产品需求方程，对产品 i 的需求是其本身价格和在制造业产品上总消费的对数-线性函数，并且都用制造业产品价格指数进行平减：

$$c_i = a\left(\frac{p_i}{P}\right)\frac{Y}{P}$$

进一步假设企业是原子化的，并且 Y 和 P 视为给定，因此需求函数是常数替代弹性的，弹性为 σ。

3. 生产

假设生产所有制造业产品都需要固定成本 FC 和常数边际成本 MC，且假设它们在所有企业都相等，因此存在内部规模报酬递增。设产量为 x，那么平均成本为 $(MC+FC)/x$。

4. 均衡

每个企业都拥有市场力量，大小用 σ 表示。企业的价格加成为 $\sigma/(\sigma-1)$，其固定不变，并且由替代弹性外生决定。对称均衡价格为：

$$p = \frac{\sigma}{\sigma-1}MC$$

只要企业能够获得正利润，那么就会有新的企业进入市场并开始生产之前没有的新产品。消费者重新分配其支出，此时将降低对每种产品的需求量。平均成本的上升导致利润下降。因此，当边际企业获取零利润时市场达到均衡。均衡产出为：

$$c = (\sigma-1)\frac{FC}{MC}$$

此时满足边际收益等于边际成本，同时等于价格和平均成本，因此需求曲线和平均成本曲线必然相切，如图18.1所示：

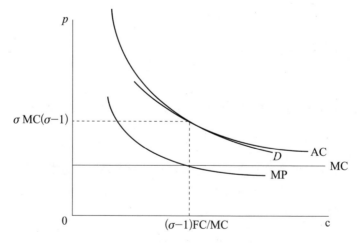

图 18.1　迪克西特－斯蒂格利茨垄断竞争模型⑥

---

⑥ 本图片源自 Neary（2004）。

卡尔沃定价

RBC 模型聚焦于从供给方挖掘决定经济活动的因素，而凯恩斯主义经济学家则诉诸需求方来论证应当采取需求刺激政策来弥补市场的不完美，并且这些刺激能够对经济活动产生持续影响。名义或实际工资刚性（黏性）在早期被视为不完美市场的标志性特征。现在则采用产品的名义价格黏性来刻画市场的这一缺陷。卡尔沃定价被视为在垄断竞争框架中引入价格黏性的常规方法（Calvo，1983）。⑦ 该方法的基本思想在于各个企业并非同步定价，其背后隐含的假设是每一期只有一定比例的企业能够重新定价，而且这部分企业是随机确定的。比方说，假设能够重新定价的企业比例是 1/3，那么平均而言，一个企业要经历 3 个时期才能再次设定价格。

卡尔沃定价堪称一种精妙而便利的设定，但该假设作为一种构建宏观经济学微观基础的方法而被广泛采纳或多或少都有些出人意料。它本身并没有什么直接的理论依据，并且很可能因此而被抛弃掉，然而这并没有发生，至少直到最近。西蒙·伦－刘易斯（Simon Wren-Lewis，2007，2009）表示它之所以被广泛接纳是因为卡尔沃定价能够被视为具有更加坚实基础的罗滕贝格（Rotemberg）菜单成本模型的有效替代。⑧

西姆斯论货币非中性

我们曾在第十二章提及西姆斯对卢卡斯批判持怀疑态度。本节将详细介绍他在货币变动的实际影响这一议题上的建树。作为这一理论研究的第一步，早在 20 世纪 70 年代，西姆斯就开始尝试对凯恩斯主义者和货币主义者的论战进行评判。其中，货币主义者们认为中央银行应该遵循一种稳定增加货币供给的货币规则以减少经济周期波动。如果确实是这样，那么未来的货币供给增长将不会影响当期收入，因

---

⑦ 塔克·云（Yun，1996）最早在垄断竞争框架中引入了卡尔沃定价。他是伍德福德的学生。

⑧ "乍看之下，卡尔沃定价更类似于一种合同理论而不是源自菜单成本理论，而且它似乎和固定合同理论一样都有不一致性的问题。然而，在卡尔沃定价模型设定的经济环境中，企业就好像面临某种菜单成本，这一成本有时很重要以至于企业希望保持价格固定不变，但又并非总是这样"（Wren-Lewis，2009：18）。

为经济主体已经考虑了当期和过去货币增长对收入的影响。利用格兰杰因果检验，西姆斯（1972）证明未来的货币供给增长确实无助于预测当期收入，因而这一因果关系似乎与货币主义者支持的观点有些相似。作为一名在哈佛大学取得博士学位且与芝加哥学派没有什么关联的经济学家，西姆斯的研究结论招致众多非议。"为了反对我的研究结论，他们甚至动用了炮兵部队"（Sims's interview by L-P. Hansen，[2004] 2007：213）。

但是，西姆斯的观点随着时间发生了转变。首先，西姆斯对凯恩斯主义者和货币主义者看待货币问题的观点渐渐都变得不满，认为它们本质上没什么区别。双方都假设政府能够完全操控货币供应量，由此该变量是一个外生变量。此外，它们都存在无法将政策建议转变为一个明确的政策方程的缺陷。至于其先前的结论，西姆斯的一位学生亚什·梅拉（Yash Mehra）更是大胆地反转西姆斯1972年那篇文章的因果关系，将货币供应视为利率和产出冲击的因变量，结果发现利率和产出这两个变量竟然可以通过检验从而成为外生变量。这让西姆斯意识到用模型的预测能力来验证因果关系可能是一种误导（Mehra，1978）。此后西姆斯（1980）试图研究由利率变动引起的货币冲击——而非基础货币数量变动形成的货币冲击——对整个经济体系的影响。按照这一新的思路，货币供应量变成一个内生变量，这就颠覆了凯恩斯主义者和货币主义者的观点，这同样也意味着利率变动具有可预测的实际影响。这正是西姆斯在其1972年那篇论文中所发现的可预期效应；而不可预期的部分则被视为货币政策冲击，后者是第二代新凯恩斯主义经济学家关注的焦点所在。

回归货币和货币政策问题

尽管凯恩斯主义宏观经济学家与弗里德曼、卢卡斯在货币扩张是否能够持久地促进经济活动这一问题上存在严重分歧，但他们都赞同货币冲击确实对实际变量具有短期影响。与此相反，基德兰德和普雷斯科特则坚持认为货币无论在长期还是短期都是中性的。对于大部分经济学家而言，包括那些基本不质疑RBC模型的拥护者们，也很难认同基德兰德和普雷斯科特的观点。例如，泰勒就曾宣称由RBC模型支配的那个年代是黑暗时代（Taylor，2007）。⑨ 一连串论文就此出来回应，它们都试图用实证方法证明货币政策冲击对实际经济的运行有影响。

然而，这些试图将货币因素重新纳入宏观经济分析的努力并非想要回归到弗里德曼的思路上去。弗里德曼常年游说的结果是只有少量中央银行确实采用了他的货币增长规则。而且正如第四章介绍的那样，这些实验的结果也令人失望：当央行将锚定某个货币总量作为其政策目标时，该变量将发生不规则波动，这就是著名的古德哈特定律（Goodhart，1981）。从理论本质上讲，弗里德曼规则暗含的假设是货币流通速度相对稳定且易于预测，而这一假设最终并没有得到证实。因此，学者们在将货币重新纳入模型时对这一议题采用了新的假设。

这一回归的其中一方面是学者们开始意识到之前对中央银行家的想法有所忽略。几十年来，经济学家们似乎都难逃克莱因 20 世纪 50 年代在考尔斯委员会专著中所提出论断的诅咒：

> 经济学家并没有找出美联储在进行货币供给决策时的行为规律。当然我们不排除某些社会学理论可以解释美联储的行为模式，但这些理论可能太复杂了，以至于即便我们能够阐明它，我们也无法将其付诸实践。（Klein，1950：3）

也许在克莱因的年代就这一问题避而不谈是明智的选择，但几十年后情况就并不是这样了。现在经济学家们决定开始致力于根据中央银行的货币政策实际操作来研究其行为。这就开启了一个新的研究视角。随着研究的深入，弗里德曼提倡的货币增长规则逐步让位于利率规则而成为货币政策的工具。

在融合货币理论与宏观经济学的过程中，约翰·泰勒（John Taylor）和迈克尔·伍德福德（Michael Woodford）是两位主要领军人物。其中泰勒的研究成果基于两个强烈的信念。第一，价格黏性是现实经济的一个基本特征，因此任何有效的模型都必须将其纳入其中，这使得泰

---

⑨ 泰勒对 RBC 模型表达了如下不满："我认为这一极端的观点与现实相差太远。即便我能够将弗里德曼和施瓦茨关于美国经济大萧条的证据视为极端的经济周期而暂且搁置一旁，我也很难不把 1981—1982 年的衰退与美联储试图降低通胀率时所扮演的角色联系起来。同样地，如果不考虑名义工资刚性和货币政策，我认为很难解释美国和日本的经济波动为什么不同。最后，经济周期中还存在 RBC 模型无法解释的其他因素，例如价格和产出的相关性"（Taylor，1989：188）。

勒开始拥护交错合同模型。⑩ "完全弹性价格和市场出清假设对我而言毫无价值"（泰勒接受斯诺登和文恩的采访：Snowdon and Vane，1999：186）。第二，货币政策，而不是财政政策，才应该是宏观经济学关注的核心。⑪ 在他看来，经济政策的长期目标就是保持稳定的低通胀，由此才能防止实体经济的扰动。

> 通过系统性地回应经济冲击，经济政策能够抵消这些冲击的影响或者改变经济回归正常状态的速度，故而经济政策能够改变经济波动的程度。(Taylor，[1984] 1986：159)

泰勒独有的特点在于他希望既从理论层面又从实践层面来理解经济政策议题，他曾往返于学界（普林斯顿大学和斯坦福大学）和政策制定机构（他曾任两届美国经济顾问委员会委员，美联储费城分行研究顾问，G. W. 布什政府时期美国财政部分管国际事务的副部长）之间。

伍德福德的原创性体现在以下三方面。第一，在获得 MIT 经济学博士学位前，他学习法律并在耶鲁大学获得法学博士学位，这一法学教育背景使得他对公共政策问题有着持续的热情。⑫ 第二，在专注于货币经济学领域前，他致力于研究多重均衡和太阳黑子模型（sunspot model）等复杂的定量一般均衡模型*。第三，在许多宏观经济学者还在撰写论文时，他就已经开始着笔800多页的皇皇巨著《利息与价格：货币政策理论的基础》(*Interest and Prices: Foundations of a Theory of Monetary Policy*，Woodford，2003) 了。

伍德福德的雄心在于构建遵循以下三个原则的理论模型：①严格遵照卢卡斯方法论原则；②能够经受住实证检验；以及③为中央银行提供行动指南。在考虑中央银行的作为时，伍德福德并不像弗里德曼那样悲观。在他看来，诸如中央银行"不可能从根本上考虑社会公众

---

⑩ 虽然泰勒是最早一批拥护理性预期假设的宏观经济学家，但是他强烈反对萨金特和华莱士根据这一假设推导出来的政策无效性结论。

⑪ 对泰勒来说，没有明确政策结论的模型毫无价值。这便是他对很多新凯恩斯主义模型——例如菜单成本和效率工资模型——嗤之以鼻的原因，因为这些模型纯粹只是用来论证非自愿失业的存在而无法提供明确的政策结论。参见泰勒接受斯诺登和文恩的采访（1999：198）。

⑫ 正如伍德福德在接受帕金的采访时表示："能够对公共政策问题发表意见是我最开始选择学习法学的动因，据此我能够思考这个世界可能是什么样的或者应当是什么样的，而不仅仅是它的现状如何"（Parkin，2002：702）。

* 这些模型旨在研究宏观经济系统的稳定性（或不稳定性）。——译者注

利益"或者"对其所作所为一无所知"的想法应当被抛弃了,他对于假定央行会致力于公众利益毫无疑虑。伍德福德曾表示,对于当今的央行银行家来说,问题不在于他们是否更关心自己的利益,而在于当今世界各国的货币体系都已抛弃了基于金属的稳定锚*,在这种变化的条件下他们的工作变得更加困难了。

泰勒规则

在学界提出的各种新的货币政策规则中,"泰勒规则"最终脱颖而出。它起初由泰勒在1992年卡耐基-罗切斯特会议(Carnegie-Rochester Conference)上提出,当时泰勒谦虚地将其介绍为一种经验规律而不是理论规则:"一个假设的但得到许多实证研究证明的代表性货币政策规则"(Taylor, 1993: 197)。在这篇具有开创性意义的论文里,泰勒曾这样描述这一规则的表现:"令人惊喜的是,该规则与近年来的实际货币政策操作相当吻合"(Taylor, 1993: 202)。泰勒的研究成果很快便在学界流传开并逐渐被应用到政策制定中。泰勒规则是一个反应函数,其将中央银行的短期名义利率(r)视为政策工具。该规则规定r应对产出缺口($y^t - y^*$)和通胀缺口($\pi^t - \pi^*$)作出固定的反应(其中y^t代表实际产出,y^*代表潜在产出;π^t代表实际通胀率,而π^*代表目标通胀率):

$$r_t = \pi_t + a_1(y^t - y^*) + a_2(\pi^t - \pi^*)$$

泰勒在原文中对该规则给出的数值方程是:

$$r = 2 + 0.5y + 0.5(p - 2)$$

在该方程中,r代表美联储联邦基金利率,p是过去四个季度的通胀率,y代表实际产出和潜在产出的偏离百分比(在1984年1季度到1992年3季度区间内,该值是每年2.2%)。泰勒将通胀率目标设为2.0%,与实际GDP增长率目标相等。该规则说明,当通胀高于目标和/或产出缺口为正时,应当提高联邦基金利率。"当通胀率和实际GDP增长率都达到目标时,联邦基金利率应当为4%,也即实际值是2%"(Taylor, 1993: 202)。

泰勒规则具备几大优点。第一,它非常简单;第二,它有助于央行进行决策;第三,它的实证检验结果非常好。但是,囿于其实用主义色

---

* 即抛弃了金银本位制。——译者注

彩，它也存在几个缺陷：它是一种事后经验规则，没有任何微观基础，并且也没有考虑随机冲击。

泰勒规则隐含了一个新的权衡取舍，它集中体现在所谓的泰勒曲线中，即通胀波动与产出波动之间的抉择。相较于菲利普斯暂时的权衡取舍，泰勒的权衡取舍似乎是永久的。因此，"政策制定者们必须决定为了对冲非基础性经济扰动所带来的失业，他们应当选择何种水平的货币政策"（Chatterjee，2002：29）。

为货币政策规则丰富微观基础

在伍德福德对货币理论的诸多建树中，我们在这里仅讨论他与罗滕贝格合著的一篇论文，《一个用于评估货币政策的基于最优决策方法的计量经济学框架》（An Optimization-Based Econometric Framework for the Evaluation of Monetary Policy，Rotemberg and Woodford，1997）。这篇文章的目的是为之前那些具有浓厚实用主义色彩的货币政策规则提供微观基础。[13]

这篇论文的创新之处在于将公共财政理论的一种基本分析方法纳入宏观经济学，宣称货币政策的目标是最大化经济主体的福利。这是一个相当微不足道的论述，直到那时它还没有被视为货币理论的重要基础。在传统宏观经济学中，政策制定者的目标被表示为产出和通胀的二次损失函数，以最小化产出缺口和通胀缺口的平方。[14] 罗滕贝格和伍德福德则开创了基于效用来测度这一损失的先河。

由于这一观点强调中央银行的作用，因此这也暗示着中央银行必须像建模的经济学家那样对整个经济具有完备的知识。在 DSGE 建模策略中，这就意味着中央银行必须首先刻画代表性经济主体的最优决策问题，其次必须明确经济主体面临政策冲击时可能作出的反应，最后必须基于代表性家庭的福利效用来确定采取各种政策工具的优先

---

[13] "本文的主要目的在于转变关于最优货币政策的争论，因此我们将构建不同的最优化模型。与此前的模型比较而言，这些模型和实际数值的拟合结果均表现良好；不同之处在于，本文的模型将不采用那些构建良好但与明确的微观层面的行为假设没有太大关系的方程"（Rotemberg and Woodford，1997：343 −344）。

[14] 在传统观点中，中央银行的目标在于最小化损失函数 $\frac{1}{2}E_t[\sum_{i=0}^{\infty}\beta i(\alpha x_{t+i}^2 + \pi_{t+i}^2)]$，其中，$x$ 是产出缺口，π 是通胀缺口，$\alpha > 0$ 代表相较于通胀中央银行对产出的关注程度。

第十八章
第二代新凯恩斯主义模型

顺序。

当采用完全竞争/弹性价格框架时,构建货币政策规则的议题就是次要的。但在垄断竞争/黏性价格假设下,情况发生了变化,这是因为此时货币政策面临着一个艰巨的任务:平衡这一框架中扭曲所带来的负面影响。[15] 因此卡尔沃定价在罗滕贝格和伍德福德的论证中起到了核心作用。在通胀背景下,卡尔沃定价使得价格和产出在不同制成品的生产者之间出现分化(因为此时部分企业无法重新设定价格)。这导致代表性家庭的配置决策是无效率的。避免这一福利损失的办法是,制造一种特定的情形,使得被要求重新定价的企业没有激励这么做。只要不存在通胀,那么上面这种情形就可以实现,因此相应开出的政策处方是货币当局将阻止通胀率上升设定为其使命。[16] 在这种情况下,经济中的价格分化也会消失。所有企业都会生产同等数量的制成品,因而整个经济的运行就好像处于弹性价格的环境中。当期产出与其自然水平相一致(虽然垄断竞争假设使得这一产出也并非最有效率的)。最终,我们重新证明了那些认为稳定物价重要的观点是合理的。

在罗滕贝格和伍德福德的模型中,这种货币政策除了能够起到稳定物价的作用,对通胀率的稳定也可以稳定产出。伍德福德后来强调:

> 这是因为……从概念上讲,随时间变化的有效率的产出水平与那些削弱企业调整价格激励的产出水平本质上是一回事……而且由于在现实中我们很难实时测度有效率的经济产出水平——其依赖于生产成本、消费需求和投资机会的变动,因此对于中央银行来说,稳定物价是一个更加易于监控的目标。(Woodford,2003:13)

但是,如果中央银行能够在稳定物价的同时稳定产出缺口,那么就无须面对通胀和产出之间的权衡取舍了,这与传统菲利普斯曲线的观点背道而驰。布兰查德和加利将此称为"天赐的巧合"(Blanchard and Gali,2010:16)。然而这一结论未免过于乐观了。这就无怪乎它很快

---

[15] 罗滕贝格和伍德福德(Rotemberg and Woodford,1997)特别关注如何通过货币政策来消除价格黏性带来的扭曲,至于垄断竞争带来的扭曲,他们更倾向采用财政政策来予以解决。

[16] 正如加利(2008)指出的,(政府)在这里需要"在给定价格水平的条件下,采取一种能够与企业的期望价格加成保持一致从而稳定边际成本的政策。如果该政策被预期到会无限期地实施下去,那么就没有企业有激励去调整价格。因为在不改变价格的情形下,企业得以在当期和未来持续地获得最优价格加成"(Gali,2008:75)。

面临学界的挑战。[17]

第二代新凯恩斯主义基准模型[18]

新凯恩斯主义基准模型是 RBC 基准模型发展的结果。与后者一样，它也是以经济主体在面临资源约束的条件下求解其动态最优决策为核心，其决策规则可以由一个欧拉方程来表示。当然，由于加入了垄断竞争、暂时性名义价格刚性和货币当局，情况变得更为复杂，因为均衡牵涉了代表性经济主体、企业和货币当局。第二代新凯恩斯主义模型的核心原创性体现在重新设定了总需求方程的最优条件、推导出一个新的菲利普斯曲线，以及修改了泰勒规则方程。其中前两个方程采用了在稳态附近的对数线性化表达式，用以描述代表性经济主体和制造业企业的最优决策规则。第三个方程刻画了中央银行的最优货币政策规则。最终我们得到一组联立方程，它可以被视为一种现代化的动态的 IS-LM 模型：

> 我们的基准框架是一个包含了货币概念和暂时性名义价格刚性假设的动态一般均衡模型……它和传统 IS-LM 模型一样拥有实证层面的巨大吸引力，但它又严格基于动态一般均衡理论，与现代宏观经济学中的方法论进展保持一致。（Clarida et al., 1999: 1664-1665）

该模型试图研究一个封闭经济如何偏离其确定的稳态增长趋势。[19] 假设该经济拥有完整的资本市场以对冲异质性冲击（idiosyncratic shocks）。所有变量均以对数形式表示。工资和价格具有完全弹性时的产出水平被视为自然产出 z_t，产出缺口 x_t 被定义为实际产出 y_t 对自然产出的偏离：

$$x_t \equiv y_t - z_t$$

第一个方程是总需求方程：考虑到可能的需求冲击，当期的产出缺口与预期的下一期产出缺口正相关，与预期的未来通胀趋势负相关。这

---

[17] Erceg, Henderson, and Levin (2000) 通过将卡尔沃定价运用在工资定价上验证了这一点。

[18] 本节基于 Clarida, Gali, and Gertler (1999) 和 Gali and Gertler (2007)。其他有价值的参考文献包括 Ireland (2004)、Gali (2008) 和 Duarte (2012)。

[19] 克拉里达、加利和格特勒的论文出于便利性考虑而将投资抽象掉，加利和格特勒则考虑了投资，在这里我们遵照前者的设定。

便类似于旧的 IS 函数——可以被称为"跨期的 IS 方程"或"预期的 IS 曲线":

$$x_t = E_t x_{t+1} - \frac{1}{\sigma}[r_t - E_t(\pi_{t+1})] + g_t \quad (18.1)$$

其中 r_t 是名义利率,σ 是常数形式的闲暇跨期替代弹性(参见专栏 9.1),π_t 是 t 期的通胀率。[20] g_t 是具有如下形式的随机冲击项:

$$g_t = \mu g_{t-1} + \hat{g}_t$$

其中 $0 \leq \mu \leq 1$,$\hat{g}_t$ 是一个白噪声过程(具有固定方差和零均值)。g_t 是政府支出的预期变动关于自然产出预期变动的函数,因而可以被视为一种需求冲击。

式(18.1)具有两个主要特征。第一,由于 σ 为正数,当预期未来价格下降 $[E(\pi_{t+1}) < 0]$ 时,经济主体将把消费推延到下一期并且 x_t 下降,这里假设替代效应大于收入效应。第二,它表明了中央银行如何通过调整短期名义利率来影响经济中的实际变量。实际上这会引发实际利率的变动从而影响经济主体的最优决策。

第二个方程是"新菲利普斯曲线":相较于传统菲利普斯曲线,它拥有了前瞻性,它将当期价格水平与当期产出缺口及对未来通胀的预期联系到一起:

$$\pi_t = \lambda x_t + \beta E_t \pi_{t+1} + u_t \quad (18.2)$$

其中 $\lambda < 0$,$0 < \beta < 1$,$u_t = \rho u_{t-1} + \hat{u}_t$,$0 \leq \rho \leq 1$,零均值的随机变量 $\hat{u}_t$ 刻画了除超额需求以外的冲击,加利和格特勒称之为成本推动冲击(cost-push shocks)。

该方程源自价格可调整条件下加总企业定价决策方程在稳态附近的对数线性化。企业定价取决于当期和预期边际成本的加权平均。至于那些保持价格不变的企业,在价格高于边际成本的前提下,只能相应改变其产量来应对变化。因此预期通胀率的增长($E(\pi_{t+1}) - \pi_t$)将带来产出缺口的增加。而且克拉里达、加利和格特勒(1999:1667)已经证明,将该式进行迭代可以得出当期产出与预期的未来产出正相关,并与实际利率负相关。

新旧菲利普斯曲线中有一点区别特别值得关注。菲利普斯曲线的标志是短期内面临通货膨胀和实际经济活动的权衡取舍。在旧菲利普斯曲

---

[20] 在这里 $r_t - E(\pi_{t+1})$ 是费雪方程中关于实际利率的定义。

线中，进入方程的预期项是 $E_{t-1}(\pi_t)$。据此，为了减少当期通胀就必须减少当期经济活动。在新菲利普斯曲线中，预期项是 $E_t(\pi_{t+1})$，因此对未来通胀的预期才是关键，所以当期通胀和经济活动之间的权衡取舍消失了（至少当成本推动冲击项 u_t 的变动消失并且央行关于稳定当期和未来价格的承诺具有可信度时是这样）。[21]

第三个方程是修正后的泰勒规则：该规则表明了央行应该如何锚定名义利率：

$$r_t = \nu r_{t-1} + \phi \pi_t + x_t + \varepsilon_t \tag{18.3}$$

其中 ν 代表利率平滑程度，ϕ 代表了中央银行在通胀缺口问题上赋予的权重，ε_t 代表了货币冲击。[22] 货币当局被预期按照比通胀变化比例更大的幅度来相应调整名义利率。通过提高实际利率，经济得以避免进入偏离均衡的路径。如果货币当局严格遵照上述方式行事，并且进一步假设政府实施财政政策时会遵循跨期预算约束来决策，那么就会得出唯一均衡解。[23]

货币政策冲击

货币政策冲击的概念需要进一步解释。事实上，它看起有些自相矛盾，因为政策通常被认为是对某些外生事件的一种回应。关于这一概念，我们有必要回溯到埃里克·M. 利珀（Eric M. Leeper）为逆转这一常见的不对称性——随机冲击影响私人经济主体的行为，而政策权力机构遵循确定的政策规则，但政策权力机构在制定规则时的假设却是私人经济主体的决策是确定的，政策权力机构则遵循包含随机项的随时机而变动的政策规则*——而提出的建议（Leeper，1991：135）。因此，误差项必须被纳入政策规则中。利珀相当随意地描述了这些误差的起因，提及了与政策实施相关的技术因素——这一概念被多特西和金称为"控制误差"（control errors）（Dotsey and King，1983）。利珀还提到了政策制定者的私人激励以及政策如何回应模型外冲击或经济系统外冲击等其他因素。

---

[21] 然而这里存在加速通胀和经济活动之间的权衡取舍。
[22] 将名义利率作为货币政策工具使得构建 LM 方程不再必要。
[23] 即便政府违背其跨期预算约束条件，只要中央银行允许更高的通胀率，那么仍然存在唯一均衡解。

* 即相机抉择的政策规则。——译者注

因此，货币政策冲击是"那些自主自发的政策变动，即不是中央银行针对其他变量变动所作出的反应"（Gali，2008：8），例如与产出缺口和通胀缺口变化无关的名义利率变动。这样的定义未免含糊其辞并且使这样的政策变动显得不那么重要。然而货币政策冲击实际上在新凯恩斯模型中占据核心的地位。

基于罗滕贝格和伍德福德1997年的文章，克里斯蒂诺亚、艾肯鲍姆和埃文斯在推动这一研究思路的发展上起到了核心作用。他们在1999年发表的论文《货币政策冲击：我们学到了什么以及它们有什么用？》（Monetary Policy Shocks: What Have We Learned and to What End?）希望达到两个目标。第一个是明确货币政策冲击的定义，该冲击必须与中央银行的通常行为相分离，即它们是中央银行为了应对经济非货币层面变动而采取的政策行为。克里斯蒂诺亚等采取了"递归假设"，声称货币政策冲击与货币当局所掌握的信息集相独立。也就是说，考虑方程 $r_t = f(\Omega_t) + \varepsilon_n$（其中 r_t 是名义利率，f 是代表央行反馈规则的线性函数，ε_n 是货币政策冲击），其中 Ω_t 中的变量被假定为不会立刻对货币政策冲击产生反应。还存在另外两种货币政策冲击的定义，一种由伯南克（1986）和西姆斯（1986）提出，另一种由克里斯蒂那·罗默（Christina Romer）和戴维·罗默（David Romer）（1989）提出。其中 C. 罗默和 D. 罗默的"叙事方法"试图从历史记录而不是统计数据中寻找证据，两位作者特别检查了美联储涉及政策讨论的各类会议纪要，目的是首先找出那些不能被证实为对实体经济作出反应的货币政策变动事件，其次再评估这些货币政策冲击是否可以解释实际变量的变动。

克里斯蒂诺亚、艾肯鲍姆和埃文斯的第二个目标是用实证检验内生变量对这些货币政策冲击的反应。为此他们采用了结构向量自回归方法（SVAR），该方法根据经济理论结论来设定约束限制，在这里的约束限制是递归假设。他们还利用脉冲响应函数来刻画数据。[24] 以紧缩性货币政策冲击为例，他们发现了以下特征事实：①联邦基金利率最初上升，直到六个季度后回归初始值；②总产出下降并在六个季度后到达波谷，而且十五个半年期后仍然低于初始值；③价格水平起初变化微弱，只在第六个季度才开始下降，这显示经济中存在价格刚性；④实际工资温和下降；⑤利润下降。注意②和③意味着产出的立即下降和延迟的通胀下

---

[24] 脉冲响应函数刻画了在某个处于均衡状态的经济中添加一个冲击后会产生的结果，而且可以研究所分析变量在该冲击后返回初始均衡状态所采取的路径。

降之间存在权衡取舍。扩张性货币政策冲击对经济产生的影响刚好相反。

带有多重扭曲的新凯恩斯主义模型

RBC 模型无法复制上述特征事实，那么新凯恩斯主义基准模型是否可以呢？换言之，在对数线性化形式下新凯恩斯主义基准模型里的货币冲击所引发的脉冲响应函数，是否与基于实际经济数据估计的 VAR 模型所推导出的脉冲响应函数相匹配呢？答案是否定的。新凯恩斯主义基准模型无法呈现的现象包括：①它无法体现数据呈现出来的驼峰型特征；②它预测通胀和产出在冲击下同时达到峰值，这与现实不符；③它缺乏持久性。[25]

为了解决这一问题，克里斯蒂诺亚、艾肯鲍姆和埃文斯（2005，最早版本发表于 2001 年）通过引入更多扭曲项来对基准模型进行拓展。货币政策冲击仍然是模型中不确定性的唯一来源，递归假设也仍然保留，但也引入了很多附加内容。他们的模型包含了金融中介、货币当局和财政权力机构，并在劳动力市场中引入了垄断竞争框架。沿袭埃塞克、亨德森和莱文（Erceg, Henderson, and Levin, 2000），他们还在工资合同和价格合同中采用了卡尔沃定价模式。[26] 最后这个变动被认为对该模型的结果产生了主要影响——按照克里斯蒂诺亚等的说法："本模型最关键的名义摩擦体现在工资合同而非价格合同中"（[2001] 2005：2）。此外，还新增四个假设：①引入关于消费偏好习惯的假设；②引入投资的调整成本假设以平滑投资；③设定了可变的资本利用率；④假设企业必须借贷营运资本以支付工资。参照罗滕贝格和伍德福德（1997）的方法，克里斯蒂诺亚等采用了折中方案为参数赋值。对于那些经验数据比较充足的参数，他们的数值是通过校准法得到的，而对于其他的参数，他们诉诸 SVAR 模型来赋值。

上述所有假设加起来使得经由新凯恩斯主义模型对数线性化后所推

---

[25] 参见 Estrella and Fuhrer (2002)。

[26] 家庭是具有垄断力量的差异化劳动供给者。每个家庭都将差异化的劳动卖给代表性完全竞争企业，企业将这些劳动力转化成总劳动力投入 L_t。加总工资率视为给定。家庭和企业一样按照交错定价的方式来设定工资。在每一期，家庭都能够以一个固定的概率重新设定其最优名义工资。

第十八章
第二代新凯恩斯主义模型

导出来的脉冲响应函数与由数据估计出来的实证结果更加匹配。克里斯蒂诺亚、艾肯鲍姆和埃文斯声称模型与经验数据的拟合程度显著上升。单看产出和通胀关系，用他们的话来说：

> 本模型成功刻画出了通胀的惯性反应特点。实际上，在经历政策冲击后，通胀大约要到 3 年后才开始显著上升……模型中的产出反应具有持久性。冲击对产出的影响大约在 1 年后达到峰值。产出反应在 9 个季度内都是正向的，在该阶段累计幅度为 3.14%。（Christiano, Eichenbaum, and Evans, 2005: 21）

然而该模型的缺点在于，与基准模型相比，该模型的扭曲数量大幅增加，这使得模型变得更加复杂，由此背离了卢卡斯和普雷斯科特提倡的简约原则。

随后，弗兰克·斯梅茨（Frank Smets）和拉夫·沃特斯（Raf Wouters）（2003）将克里斯蒂诺亚、艾肯鲍姆和埃文斯 2005 年的模型进行拓展并应用于研究被视为封闭经济的欧元区经济中。他们采用贝叶斯法估计了七大变量（GDP、消费、投资、价格、实际工资、就业率和名义利率）在十种结构性冲击（包括生产率冲击、劳动供给冲击、投资偏好冲击、成本推动冲击以及货币政策冲击等）下的反应，它们并非全部都是序列相关的。他们的模型还采纳了克里斯蒂诺亚等（〔2001〕2005）引入的扭曲（价格和工资黏性、消费惯性、投资形成的调整成本和变化的资本利用率）。在基德兰德－普雷斯科特模型中，劳动生产率是顺周期的，而在本模型中，只有引入固定生产成本假设后才能得出同样的结论。

斯梅茨－沃特斯模型取得了空前的成功，尤其是得到了中央银行研究部门的关注。实际上当时世界各国的中央银行还是很少使用 RBC 模型，他们基本上仍在沿袭基于克莱因传统的模型，尽管这些模型非常复杂。但这一情况很快发生了改变，越来越多的中央银行开始将斯梅茨－沃特斯模型作为政策分析和经济预测的工具（当然，中央银行并没有因此抛弃传统的凯恩斯主义模型）。[27]

---

[27] 例如，欧洲央行采用的艾瑞亚－韦德模型（Area Wide model，AWM）仍然遵照了新古典综合的观点："该模型有一个长期均衡，这遵循了古典经济学理论，而短期的动态特征则是由需求驱动的"（Fagan, Henry, and Mestre, 2001, abstract）。

新凯恩斯主义和 RBC 模型的综合

我们在第二章中曾讨论过理论综合的问题。我当时认为从狭义来看,理论综合是把在某种程度上看上去并无关联的两种理论框架整合在一起的结果。换言之,理论综合后产生的新理论包含了此前两种理论的部分元素,而作为代价,我们不得不抛弃其他元素。在前文我曾指出,就传统的凯恩斯主义和瓦尔拉斯主义范式来讲,它们并未在这样意义的理论综合上取得实质性进展。我也曾指出,所谓的新古典综合与其说是一种理论综合,倒不如说是一种理论分裂,因为它坚持凯恩斯主义和瓦尔拉斯主义理论可以并列,尽管它们并不能被整合在一起。但这里我们面临着一种不同的情况,因为这种理论综合实际上发生了,它将新凯恩斯主义和 RBC 的研究思路结合在了一起。[23]

新凯恩斯主义者对这一综合的贡献在于垄断竞争和价格黏性,以及对央行角色的关注。作为交换,他们接纳了 RBC(进而 DSGE)模型的基本准则,放弃了对市场非出清结果的论证,尤其是非自愿失业概念。他们也不再支持新古典综合的观点。对 RBC 经济学家来说,他们放弃了完全竞争和弹性价格框架,也抛弃了古典二分法。表 18.2 总结了这些权衡取舍。

表 18.2 新凯恩斯主义 – RBC 综合

综合中的新凯恩斯主义视角 (第一代新凯恩斯主义模型)		综合中的 RBC 视角	
放弃的信条	保留的信条	放弃的信条	保留的信条
·非自愿失业 ·新古典综合	·不完全竞争 ·价格刚性 ·货币非中性	·完全竞争 ·价格弹性 ·货币中性	·DSGE 建模法 和卢卡斯准则

上表第一列罗列了第一代新凯恩斯主义模型中被第二代新凯恩斯主义放弃的信条,第二列则罗列了那些得以保留的信条;第三列和第四列

---

[23] 古德弗兰德和金正确认识到了这个现象,但却错误地为之贴上了"新新古典综合"(new neoclassical synthesis)的标签。他们写道:"我们将这种新型的宏观经济学研究路径称为'新新古典综合',因为它继承了旧综合思想的精髓"(Goodfriend and King, 1997: 255)。实际上与此相反,"旧"新古典综合与所谓的新新古典综合并没有任何关系,参见 Duarte and De Vroey(2013)。

分别罗列了 RBC 模型中被放弃和保留的假设。最终的结果是，第二代新凯恩斯主义模型既不是第一代凯恩斯主义模型也不是 RBC 模型，它已经属于一种不同的类型了。

这次理论综合并不是新凯恩斯主义者和 RBC 经济学家们明确进行妥协或者说坐下来协商的结果。相反，这一理论转变是渐进的且没有事前计划的。事后我们才恍然大悟宏观经济学已经在不经意间偏离了 RBC 模型。

作为第一代新凯恩斯主义者的代表人物，布兰查德对第二代新凯恩斯主义的兴起表示支持和欣慰，他对这次理论演化作出如下解释：

> 宏观经济学在经历了 20 世纪 70 年代的理论大爆炸（这一词在这里既有正面的含义也有负面的含义）后，开始出现巨大的进步和实质性的趋同。有一段时间——太长的一段时间——这一学术领域就如同战场。被分裂成不同研究方向的学者们互相漠不关心，或者与其他学者陷入艰苦的论战。然而随着时间的流逝，很大程度上可能是由于经济事实摆在那里，学界才逐渐在经济波动领域和方法论层面达成共识。（Blanchard，2009：210）[29]

无疑，布兰查德的观点在很大程度上是对的，即经济事实是最终的评判者。理论模型能否和数据拟合本身就是 DSGE 所关注的核心问题，它为模型能否被接受设立了严格的标准。然而有一些怀疑的视角也并非不可。芝加哥大学的计量经济学教授哈拉尔德·乌利希（Harald Uhlig）在《经济学与现实》（Economics and Reality）一文中讨论了宏观经济学理论发展遵循经验结果的观点是否正确。为此，他考察了宏观经济学的四个研究领域——菲利普斯曲线、价格黏性、货币政策对产出的影响以及经济周期波动的起因，它们在传统观念中均被视为"实证研究影响经济学理论发展的铁证"（Uhlig，2012：32）。然而乌利希指出，对于以上标准论断，这四个研究领域都是模棱两可的。以第二代新凯恩斯主义模型为例，他指出，通过将凯恩斯主义的需求驱动原则嫁接到 RBC 框架上，斯梅茨-沃特斯模型"就把经济周期起因的研究思路拉回到凯恩斯主义视角中"（Uhlig，2012：40）。实际上没有其他论文比斯梅茨-

---

[29] 伍德福德（2009：268-269）也表达了类似的观点。不过曼昆（2006）和索洛（2010）对此有些犹豫。他们乐意看到价格刚性和市场失灵又回到了宏观经济学的理论前沿，但仍对 DSGE 方法和卢卡斯原则保持了冷淡的态度。

沃特斯模型更符合实证证据了。然而，在乌利希看来，对凯恩斯主义的回归并不能证实那种经验事实总是能够自我验证的观点。相反，他认为这一变化更多是出于"理论设计和经济学家本人之前所秉持的思想"（Uhlig, 2012: 20）。乌利希并不认为事情非黑即白，相反，他认为模糊性无处不在并且无法彻底解决。我也赞同这一看法。通过研究第二代新凯恩斯主义模型的发展历程我们可以看到，将经济现实排除在外的想法是荒谬的，但认为它是唯一起作用的因素也是幼稚的。

在探究这一已经实现的理论综合时，另一个会被关注的问题是："谁赢了？他赢了什么？"正如伦-刘易斯在其博客"主流宏观经济学"（Mainly Macroeconomics）上发表的一篇文章《建立新凯恩斯主义 DSGE 模型是否是一次浮士德式的交易*？》（Are New Keynesian DSGE Models a Faustian Bargain?）所问到的。㉚ 与伦-刘易斯的观点一致，我也认为答案是否定的。对我来说，这一综合完全是一场双赢。然而，尽管双方都可能宣告自己获得了胜利，但却是基于不同的理由。对于 RBC 学者们而言，他们很高兴看到在长年奋斗后卢卡斯和基德兰德-普雷斯科特的方法论被学界主流所接纳。因此从方法论的角度来看，显然是 RBC 方法获得了胜利。但从理论基本取向和导致的结果来看，情况就反过来了。仅就价格黏性假设再次成为宏观经济学基石这一点而言，这便可以说是一次惊人的回归——只要想想当初整个学界对基于价格黏性的非瓦尔拉斯均衡模型是如何予以无情的拒绝，我们就不难理解为什么这称得上一种惊人的回归了。而且，政策结论也（稍稍）偏离了 RBC 模型的观点。因此对于布兰查德和伍德福德等第一代新凯恩斯主义者来说，他们对两种理论的融合表示宽慰很可能也是一种胜利者的姿态。

无人抵制的垄断竞争框架

当张伯伦提出垄断竞争框架后，弗里德曼和斯蒂格勒予以了强烈的反对。起初斯蒂格勒在其 1946 年版的教科书《价格理论》（*The Theory of Price*）中对张伯伦的观点给予了一定的认可。但他很快改变了主意。当他于 1949 年在伦敦政治经济学院（LSE）任教时，他对垄断竞争理论展开了严厉的批判，称之为毫无意义的理论探索。他认为所谓的"一

---

* "浮士德式的交易"原意是指把灵魂出卖给魔鬼。——译者注
㉚ http://mainlymacro.blogspot.be/2014/02/are-new-keynesian-dsge-models-faustian.html。

群生产差异化产品的生产者"是一个模糊不清的定义。斯蒂格勒认为没必要在完全竞争和纯粹垄断中加入一个中间情形（完全竞争被视为竞争过程的集中体现从而具有重要的理论价值）。弗里德曼完全同意斯蒂格勒的观点，在其《实证经济学方法论》（The Methodology of Positive Economics）一文中，他基于与斯蒂格勒相同的原因指出垄断理论框架"没有任何一个特征可以使其发展为有用的一般化理论"（Friedman，1953：38）。㉛弗里德曼认为垄断竞争理论之所以没有被淘汰只是因为它会给人以错觉，让学者们误以为垄断竞争是一种更加贴近于经济现实的理论框架。

在这里我们之所以绕道去讨论弗里德曼和斯蒂格勒对垄断竞争理论的态度，是因为我预想卢卡斯和普雷斯科特以及其追随者们会步他们的后尘。然而情况并不是这样。迪克西特-斯蒂格利茨垄断竞争理论几乎是悄无声息地被纳入宏观经济学框架，似乎这是宏观经济学理论发展的正常一步。至于普雷斯科特，我几乎没有找到他对垄断竞争理论发表的看法。例外的一条信息是他在1998年接受斯诺登和文恩（2005）的采访时对这一研究思路表达了开放的态度。当被问到"如何看待最近将名义价格刚性、不完全信贷市场和其他凯恩斯主义特征引入RBC模型的发展"时，他回答：

> 我喜欢将理论进行量化的方法论。引入带有价格黏性的垄断竞争框架有助于尝试构建完整的货币运行机制，虽然我并不像大部分人所希望的那样认为这将成功，但它仍是一次不错的尝试。（Snowdon and Vane，2005：350）

上述引文的第一句话可以看出普雷斯科特在量化理论方面的执着，而他的其余回答有些避实就虚，不过至少他并不完全否认这一研究思路。普雷斯科特之所以秉持这种态度，很可能是因为科尔和奥汉安（Cole and Ohanian，2002，2004）的研究。㉜他们用一个不完全竞争框架下的一般均衡模型证明罗斯福新政无助于解决美国经济的大萧条，反而是拖长了大萧条的时间。毫无疑问，这一结论非常符合普雷斯科特的

㉛ "按照（张伯伦的）定义，每个企业都是一个独立的产业。采用所谓的'紧密'替代性或'实质性'交叉弹性差异是在回避问题，其将模糊性以及难以界定的术语引入了抽象模型，但一方面模型没有为这些术语留下理论空间，另一方面又让理论分析变得没有意义"（Friedman，1953：38-39）。

㉜ 参见 Pensieroso（2007）。

观念。

如果我的观点是正确的，即基于他们自身的研究思路，RBC 经济学家们（或者更宽泛地说卢卡斯研究计划的支持者）应该对 20 世纪 90 年代宏观经济学的理论发展表现出不温不火的态度，那么我们就可以预期他们之后会进行反击。实际上这确实发生了，尽管不是以正面交锋的形式。

共识中的裂痕

就新凯恩斯主义－RBC 综合所达成的共识而言，其第一个裂痕体现为学界在理论和经验层面对卡尔沃定价模型提出的质疑。戈洛索夫和卢卡斯并不认为卡尔沃定价是菜单成本下行为的一个好的替代（Golosov and Lucas, 2007）。通过构建一个双冲击模型（总体通胀冲击和对企业的异质性冲击），他们证明了价格的波动主要源自异质性冲击。而且他们认为，在这种异质性冲击下卡尔沃定价并没有太多持久性。基于同样的思路，一些研究还质疑现实经济中的价格刚性。例如比尔斯和克列诺利用美国劳动统计局的一组未公开数据（包含 350 种消费和服务的样本数据，其代表了 1995—1997 年美国 70% 的消费支出）进行研究，结果显示大约 50% 的商品价格调整频率低于 4.3 个月（Bils and Klenow, 2004）。这一数据削弱了价格刚性的影响，不过并非定论。这组数据也为凯霍对 DSGE 价格形成机制假设的质疑提供了佐证：

> 将价格刚性假设引入 DSGE 模型并能够经得住数据检验的严肃研究还很难称得上成熟。虽然价格刚性本身可能是一个重要的现象，但目前研究价格刚性的各种模型在定量分析上都不是很有前景。我发现许多经济学家在写论文时都以价格刚性模型为基础并以此来研究各种问题，尤其是政策问题。但我认为这是在浪费时间。（Kehoe, P., 2003: 9-10）

如果与比尔斯和克列诺所推导数据类似的数据不断增多并达成共识，那么就可以得出结论：他们终究会为 DSGE 模型采用价格弹性假设进行辩护。如果抛弃价格刚性假设，那么垄断竞争框架以及与之相关的稳定政策就没有存在的理由了。

第二个裂痕是由明尼苏达学派的多产且好斗的三人组经济学家沙里（V. V. Chari）、凯霍和艾伦·麦格拉坦（Ellen McGrattan）通过 2009 年的文章《新凯恩斯主义模型：仍不足以用来进行政策分析》（New Keynesian Models: Not Yet Useful for Policy Analysis）开启的。它的直接攻击目标是斯梅茨－沃特斯模型，该模型被认为代表了新凯恩斯主义模型发展的最高水平，但他们的批判也拓展到了更大范围的第二代新凯恩斯主义模型。根据他们的观点，斯梅茨－沃特斯模型的问题在于其所设定的几种冲击采用了令人怀疑的结构式（Chari, Kehoe, and McGrattan, 2009: 246-247）。尤其是对于在斯梅茨－沃特斯模型中具有重要地位的工资加成冲击（即对包含了一个连续统的不同劳动的劳动力加总指数的冲击），沙里、凯霍和麦格拉坦认为它们应该是简化式而不是结构式冲击。这些冲击可能源自工会谈判力量的波动，也可能源自对家庭偏好的外生冲击。基于不同的解释，我们得出的政策结论便大相径庭。在第一种情况下，政府应当努力削弱工会的谈判力量；在第二种情况下，政府应当部分容忍这一冲击带来的经济波动。沙里、凯霍和麦格拉坦得出的结论是："除非我们已经从微观层面为这些解释中的任何一种找到了支持它的确凿证据，否则我们就不应该将新凯恩斯主义模型用于政策分析"（Chari, Kehoe, and McGrattan, 2009: 255）。

沙里、凯霍和麦格拉坦还质疑第二代新凯恩斯主义模型是否严格遵循了 RBC 模型的基本原则。对他们而言，新兴古典主义学者（即他们自己）和新凯恩斯主义学者在方法论上的对立并未消除。新兴古典主义学者是吝啬的，他们"希望模型简洁、参数数量少并且具有坚实的微观基础，而且能够接受没有模型能够或者应该与现实数据完美拟合的观点"（Chari, et al., 2009: 243）。在他们看来，新凯恩斯主义者并不符合上述原则，因为他们的优先目标是要不惜一切代价使模型与实际数据拟合，为此他们"不断在模型中加入冲击和其他特征，然后用旧有的总体数据来估计新增加的参数"（Chari, et al., 2009: 243）。结果就是出现了自由参数，而这又导致"模型不能被用于政策分析"（Chari, et al., 2009: 243）。

然而，沙里、凯霍和麦格拉坦并没有在他们的论文中宣判新凯恩斯主义模型的死刑。他们认为为 RBC 模型加入各种摩擦——包括引入不完全市场——并没有什么问题。他们也强调新凯恩斯主义模型的政策结论更接近于 RBC 模型而不是传统凯恩斯主义理论。用他们的话说，唯一存在的问题就是新凯恩斯主义模型必须"停止仅为了让模型与旧的总体时间序列数据更加贴合而不断加入毫无微观基础的参数"（Chari, et al., 2009: 265）。但是这种和解的语气仍然不能掩盖深刻的分歧：沙里等人对新凯恩斯主义经济学家提出的要求恰恰是让后者放弃他们一直以来最热衷的建模方法。因此无怪乎新凯恩斯主义者们迅速展开回应，他们并没有听从沙里及其同事们的建议并进行修改，而是找到了一种弥补工资加成冲击缺乏识别这一不足的工具。㉝

我的评价

由于第二代新凯恩斯主义模型是 RBC 模型的发展，而后者又继承了卢卡斯主义宏观经济学，因此我们在前面对它们的大部分评价也适用于此处，不过还是有必要增加几点新看法。

垄断竞争的局限性

乍看之下采纳垄断竞争框架的 DSGE 宏观经济学似乎是向现实走了一大步：经济主体不再都是价格接受者，垄断竞争下的企业具有了一定的市场力量从而成为价格制定者，它们能够在自己的边际成本上有一个价格加成，这简直堪称标准的理论发展的范本。根据这种标准观点，构建经济理论必须首先刻画抽象的经济状态，随后再引入各种不完美的假设（比如"摩擦"或者"扭曲"）。㉞ 但我个人认为，引入垄断竞争框架只是宏观经济学理论迈向经济现实的一小步。以市场力量为例，如果没有市场准入门槛且不存在固定成本，那么企业利润显然就是零，垄断竞争情形将不再维系。至于不完全替代产品的概念，其含义和作用自张伯伦以来就没有太多进展，唯一的进步也仅仅是采用迪克西特－斯蒂格利茨加总法对其给出了一个技术性定义。至于经济主体的偏好，对多样性的偏好不仅仅是一个理想化的假设，它甚至还暗示了经济主体对那些并不存在的商品也拥有偏好。再考虑企业问题，正如尼瑞机智的描述所体现的，我们无法刻画出比这更加转瞬即逝的企业形态：

㉝ 参见 Gali, Smets, and Wouters (2011)。

㉞ 柯薛拉柯塔对这一观点给出了坦率的阐述："宏观经济学家总是将现实世界中的某些重要特征排除在他们的模型之外。在其他人看来，可能是宏观经济学家遗漏了这些变量。但是在更多的情况下，宏观经济学家们不得不刻意这样对现实进行抽象。在任何一个时点上，宏观经济学家所能做的工作总是会受到概念上和可计算性方面的巨大限制。宏观经济学的不断发展就是要打破这些障碍"（Kocherlakota, 2010: 6）。

那些新加入的企业从何而来？那些既存的企业向何处去？垄断竞争模型并没有比完全竞争模型给出更好的解释。那些作为既存企业复制品的新企业就像是龙的牙齿一样，只要观察到细微的盈利机会就会涌现出来，而既存企业只要在产业出现衰退时就悄无声息地消失。(Neary，2004：177 −178)

因此，我们可以得出这样一个矛盾的结论：垄断竞争只代表了对完全竞争理论最小的偏离，但却给人们一种它是迈向现实经济的重要一步的错觉。因此其精巧性和可操作性才是使其广为接受的根本原因。

对经济周期波动的解释不再是单一的因果关系

虽然第二代新凯恩斯主义经济学自 RBC 模型发展而来，但在对经济周期的解释问题上，最终发生了很大的变化。基德兰德和普雷斯科特将技术冲击视为经济波动的主要起因，暂不论这一判断是否正确，但它至少给出了明确的答案。但是在沙里、凯霍和麦格拉坦模型以及斯梅茨−沃特斯模型里，我们除了看到一系列联合的扭曲外，没能找到任何直白的解释。仅就实质内容而非技术而言，对经济周期波动的理论解释似乎一路倒退回了哈伯勒（Haberler）在《繁荣与萧条》(*Prosperity and Depression*,·1937) 一书中所表达的折中解释。

革命的纯粹性

我认为由卢卡斯、基德兰德和普雷斯科特掀起的宏观经济学转变可以被喻为一种革命。革命一旦成功，人们就可能不再严格遵循最初建立的那些基本原则了。随着时间的流逝，革命的纯粹性也往往受损，实用主义开始占据主导。DSGE 模型在早期仍然严格坚守其方法论的纯粹性——追求简约、执着于理论的微观基础、要求理论的内部一致性胜过外部一致性、坚信经济学理论存在坚如磐石的理论基础。㉟ 我认为从 RBC 模型转化为第二代新凯恩斯主义模型证明了对上述原则的放松

㉟ "理想化的模型当然是能够同时保持内部一致性和外部一致性的。但是在现实中，完美永不可能，在宏观经济学界尤其如此。我想要澄清的一点在于：塑造了现代宏观经济学学科特征（并凝聚了学界共识）的方法论始终在坚守内部一致性的原则不可妥协。基于此，所有不能实现内部一致性的模型都是错误的（因此应当被拒绝），相反，在找到更好的模型之前，不能实现外部一致性的模型至少是可以被接纳的"（Wren-Lewis，2007：48）。

(很难评价其好坏)。沙里等的论文就可以看作对回归这种纯粹性的请求。

模型背后的故事

我们在第十五章指出，RBC 模型背后的故事是一些完全等同而又自给自足的单人经济，与现实相距甚远。第二代新凯恩斯主义模型似乎在很大程度上回归了现实：构建了具有市场力量并且能够自主定价的企业，能够在模型中刻画中央银行和保险市场，无疑这些都是现实经济的重要特征。之前提到的理论与其所描述的现实世界之间的鸿沟似乎已经被填埋。

对我而言，这种印象实际上是混淆是非。第二代新凯恩斯主义模型除了在建模上更复杂一点外，它与 RBC 模型所讲的故事其实是相同的。第一个变化在于新凯恩斯主义模型在生产环节增加了一层，隐士不再是消费单一物品，而是能够无成本地从不同企业那里消费不同质的产品；第二个变化是不同的经济主体——企业和隐士——之间存在交易，但问题在于这个故事中的所谓企业其实并非实际存在，它们的出现是纯粹技术性的；企业是有效提供生产技术转化的供应者。换言之，如果把企业去除，然后假设每个隐士都生产一种特定的产品并且他们最终互相进行交易，那么也完全没问题。㊱ 关键在于均衡形成机制这一关键因素在第二代新凯恩斯主义模型和 RBC 模型中完全一致——经济均衡的形成和代表性经济主体最优决策的形成互为彼此不可缺少的部分。一般均衡中的互动——如麦肯齐（McKensie）所强调的，一般均衡就是个体均衡的一般化过程——依然缺失，因为该模型并不需要一般化过程。至于货币当局，其存在和作用也都是非自然的。虽然其稳定物价的功能具有现实意义，但这也只是烟幕弹，因为该模型中的价格指数纯粹是人为构建的（更不要提这个所谓的货币经济模型中并没有现金）。

与大家的常识相反，在这里我们得到的结论是，第二代新凯恩斯主义宏观经济学和 RBC 宏观经济学一样，其背后都是一个巨大的"假设"。不过在这里我再次强调，这并不能构成抛弃它的充分理由，但同时也不应该有所隐瞒。

㊱ 诚然假设存在无穷多的隐士会削弱可信度，但假设存在各种各样的隐士或存活无限期的隐士也会削弱可信度。

进步？

尽管存在这些批评，但我认为第二代新凯恩斯主义模型还是代表了DSGE方法的进一步发展。采用第二代新凯恩斯主义而非其他理论必然是有一定争议的，特别是采用这种方法意味着我们将试图解决市场协调失灵的议题忽略掉。然而采用这种方法也是考虑到模型的可操作性而不得不走上的弯路。即便如此，从发展的角度看，我们比三十年前更难断定DSGE研究计划是否将宏观经济学引入歧途，特别是当我们将这一研究计划和宏观经济学思想分叉点上的其他竞争性研究计划加以比较时，这种困难更加凸显。

我相信我在前文所强调的RBC模型的各种局限性也同样适用于新凯恩斯主义模型。无论其文字论述和模型构建变得多么复杂，它的解释力还是很弱。实际上新凯恩斯主义模型对现实的解释并不比RBC模型更直接，这也是为了优先保证模型内部一致性而必须付出的代价。就这两个模型而言，应该严格限制对政策制定提建议也是同样适用的。

准备好进行政策实践？

是否就像沙里、凯霍和麦格拉坦所言，与新古典经济学一方不同，第二代新凯恩斯主义模型还不足以用来提出政策建议？上述论断的问题在于政策分析的含义本身就是模糊不清的。宏观经济学本身就和政策结论紧密相连，因此断言某一模型还不足以用于政策分析是说不通的。据此而言，沙里等人只不过是认为斯梅茨－沃特斯模型不是一个好的宏观经济学理论（正如传统凯恩斯主义模型）罢了。他们还建立了模型完美的结构特征和提出政策建议适当性方面的逻辑关系。㊲ 这也正是为什么沙里主张新凯恩斯主义经济学家不应该将他们的模型推论付诸政策制定实践中去："新凯恩斯主义模型还没有为提供季度性政策建议准备好"（Chari et al., 2009: 264）。

我同意最后这一观点，但这句话对偏好于"新兴古典"建模策略的沙里、凯霍和麦格拉坦也同样适用！在我看来，他们"没有准备好"的结论应当针对整个DSGE方法。正如第十七章的结论所言，致力于

㊲ "卢卡斯批判的实践效果是，学术导向和政策导向的宏观经济学家现在都不得不严肃对待政策分析，当他们基于定量的一般均衡模型进行资产分析时，其中关于偏好和技术的参数应该是独立于政策的"（Chari et al. 2007: 4）。

DSGE 研究的经济学家——无论他是新兴古典主义经济学家还是新凯恩斯主义经济学家——都必须谨慎对待政策建议。他们或许可以阐述一般原则性问题，但他们也必须同时承认这既源自他们的意识形态，也源自他们在对待不确定问题上的总体专业知识。

结　语

本章详细讨论了第二代新凯恩斯主义模型如何逐渐脱胎于 RBC 模型，这一切都是逐步发生的，直到某个时间节点，新一代的 DSGE 研究方法出现了。在特定的关键时刻，第二代新凯恩斯主义模型将原来对立的两种理论综合在一起，这意味着终结了之前意识形态和方法论层面的争论。但在随后的发展阶段中，这一共识又出现了裂痕。

具有讽刺意味的是，就在这一新的建模策略趋于稳定时，2008 年经济衰退使该模型的局限性凸显出来（它是封闭经济，没有异质性，没有失业，并且特别是没有金融摩擦）。借用莱荣霍夫德的表述：由于第二代新凯恩斯主义模型属于 DSGE 方法，这就意味着它无法解释经济在偏离了"正常轨道"时的状态。乌利希在如下论述中抓住了这一令人沮丧的现状：

> 几乎就要成功构建一个可靠的 DSGE 模型的研究计划正面临被学术殿堂逐步驱逐的过程（虽然那些与政策制定有关的机构仍在努力实现这一计划）。正当统计推断替代了校准法，以及关于经济结构性变化的研究以更复杂且有趣的量化方式被提出时，那些用以支撑模型构建的共识却被这些事件*破坏了，经济科学的关注点也随之而分化到了不同的方向。（Uhlig，2011：23-24）

---

* 这里的"这些事件"指 2008 年金融危机。——译者注

第三部分
一个更宽广的视野

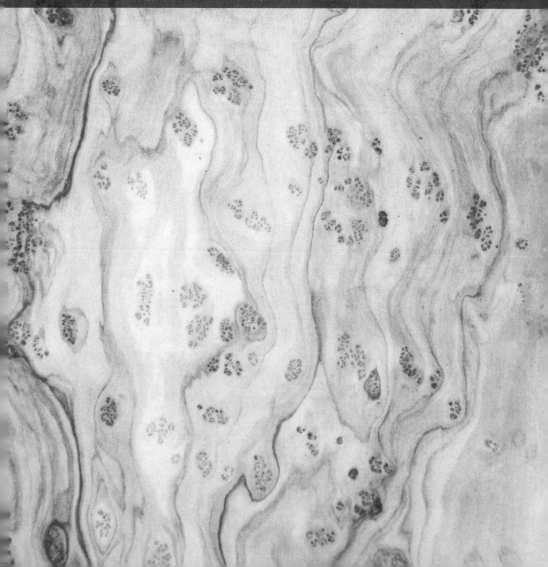

第十九章
马歇尔-瓦尔拉斯大分流视角下的宏观经济学史

我将在本章论证新古典学派思想中的马歇尔主义和瓦尔拉斯主义是两种可替代的研究方法。① 虽然这看上去与本书的目的无关,但事实并非如此,我将说明马歇尔-瓦尔拉斯大分流是理解宏观经济学史的一把钥匙。

马歇尔-瓦尔拉斯大分流

表 19.1 罗列了马歇尔主义和瓦尔拉斯主义在其基本表征方面的区别和共性,我希望读者能够主要关注两者的区别。然而我们也必须注意到它们之间有一些基本的共性,表 19.1 中提到了三点:①两者都以主观价值论(subjective theory of value)为基础;②它们采纳了相同的均衡概念,即静态均衡,且存在向均衡配置调整的非均衡状态;③两者都认为市场出清是必然结论。此外,表 19.1 没有提及的一点是,两者都没有特别关注劳动力市场。就我们的研究目的而言,没有必要就这些共性予以置评。至于区别,我们在前面的章节中已经涉及了其中的一些,因此,这里将聚焦于几个需要特别注意的区别。

表 19.1 马歇尔主义和瓦尔拉斯主义研究方法:区别与共性

	马歇尔主义研究方法	瓦尔拉斯主义研究方法
价值论	主观价值论	主观价值论

---

① De Vroey (2012) 更系统地论述了马歇尔-瓦尔拉斯大分流。

(续表)

	马歇尔主义研究方法	瓦尔拉斯主义研究方法
一般性目标	在经验可证实的条件下解决实际问题	追寻事物的准则而不诉诸经验研究
方法论优先性	外部一致性	内部一致性
处理复杂性的方法	局部均衡分析：先研究特定市场，随后再将之整合	一般均衡分析：从整体经济分析入手，尽可能地简化分析
代表性经济体	独立分割且具有各自均衡的市场	在一次交易中包含所有经济主体和商品的统一大市场
数学方法	辅助	必备要素
微观基础	属于背景知识	必备要素
均衡	静态均衡	静态均衡（有一个附加说明）
交易技术：		
·价格形成机制	经济主体是价格-数量制定者	拍卖者假设
·信息	完全信息，包括对市场供需函数的知识	完全信息，但不了解市场供需函数
交易技术的含义	可能会由完全竞争转向不完全竞争	不允许不完全竞争
市场出清假设	视为前提假设	视为前提假设

一般性目标

惠特克形容马歇尔是"一个对朴素的理论深表怀疑，并急于改变它以适应变幻莫测的现实的学者"（Whitaker，1990：220）。对马歇尔来说，就像那句著名论断所表达的：经济理论是探寻客观真理的引擎。他试图解释日常商业行为并解决实际问题，例如，对某种特定物品的需求增加会对其价格产生什么影响。

与此相反，瓦尔拉斯更关心经济规律，更多地从一种哲学层面来思索经济问题——具体来说，就是分散经济的均衡是否在逻辑上存在且有效率，这一疑问可以追溯到亚当·斯密为尝试阐明"看不见的手"这一市场机制所作出的努力。然而，相较于斯密，瓦尔拉斯将这一问题提升到前所未有的高度抽象层面。瓦尔拉斯很明白自己的理论是一个理想的构建，甚至是一种理论寓言。瓦尔拉斯在《纯粹经济学要义》的序言中指出，该书旨在探讨理论上的理想情况，而非刻画现实，现实在与理论的关系中不过是一个陪衬。

下述来自根岸隆的引文恰如其分地总结了马歇尔和瓦尔拉斯在试图达到的目标层面有着本质区别：

> 马歇尔主义模型对于解决希克斯所称的那种特定历史或经验问题很有帮助。相反，瓦尔拉斯主义模型对这样的实际问题一般没有什么用处……瓦尔拉斯的理论兴趣并不在于解决实际问题，按照希克斯的说法，瓦尔拉斯的兴趣在于寻找那些决定市场经济运行的基本规律。（Negishi，1987：590）

不过，我并不太认同根岸隆根据两者的区别而得到的如下结论：

> 不可否认，对于构成当前主流经济学基石的瓦尔拉斯一般均衡分析而言，马歇尔的局部均衡分析是其中必不可少的一个部分。（Negishi，1989：345）

处理复杂性

区分马歇尔和瓦尔拉斯的标准方式是前者聚焦于局部均衡分析而后者聚焦于一般均衡理论。这毫无疑问是正确的。然而我们更应该注意到，这两种不同的选择本质上反映了两位学者对处理构建经济学理论时所遇到难题的不同认知方式。

对马歇尔来说，为了破解复杂性带来的死结，必须首先将经济分为不同的经济活动分支并分开来研究；其次是要区分三种不同的时间范围。具体如图 19.1 所示。[②]

马歇尔的观点并不是说理论应当局限于研究单个经济分支，而是强调经济学家应该逐步地对经济进行研究。在他的渔业模型中（见图 19.2），马歇尔研究了（交易日）暂时均衡、短期均衡和长期均衡的渐近关系，并将渔业的结果与替代品肉类产业的需求变动联系起来，这就综合了跨期相关性和临近两分支产业间的相关性。[③] 这种研究思路可以被称为"拓展的局部均衡分析"，但它并不是一般均衡分析。

[②] 图 19.1 中的矩形代表给定时间范围内的各个经济分支，环绕不同经济分支（从 1 到 n）的圆形代表了整个经济体。

[③] 后来的马歇尔主义经济学家们完全继承了这种建模思路，例如见 Friedman（1953：114）以及 Clower and Due（1972：158）。

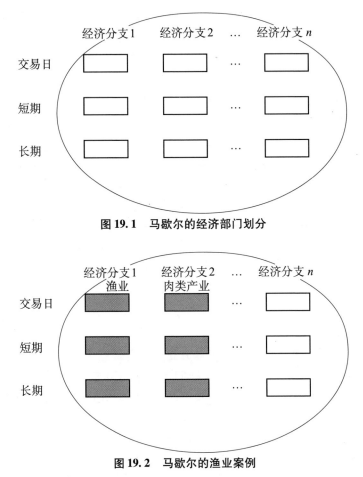

图 19.1　马歇尔的经济部门划分

图 19.2　马歇尔的渔业案例

我们在瓦尔拉斯的研究中找不到类似的两步法。瓦尔拉斯从一开始便将研究整体经济视为建立一般均衡分析框架的前提。为了规避复杂性，瓦尔拉斯的独特方法是从最简单的经济模型开始研究，即从一个只包含两种产品（燕麦和小麦）的交易模型开始。一旦发现了决定这一简单经济模型均衡的基本规律，瓦尔拉斯就继续研究更复杂一点的经济，将其拓展为包含 n 种产品的交易模型。随后，最终产品的生产被添加进来。最终，瓦尔拉斯构建了一系列模型链，从最简单的模型一步步趋于完善：两种产品的交易模型、n 种产品的交易模型、生产模型、资本形成和信贷经济模型以及最终货币模型。然而，正如图 19.3 所示，即便最复杂的模型也无法刻画现实。

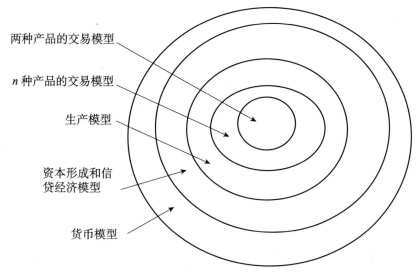

图 19.3　瓦尔拉斯处理复杂性的策略

微观基础

微观基础就是要求宏观经济学理论应该以选择理论为基础来构建模型。瓦尔拉斯严格遵循这一准则——实际上，他和杰文斯都是这一准则的创始人。他的分析始于求解经济主体的最优化问题，随后只有在第二阶段才从个人决策推演出整个市场的超额需求函数。马歇尔当然也支持经济主体的行为基于最优选择这一观点。他不断强调自己所谓的"替代原则"（substitution principle）。但是，马歇尔能够接受将构建市场层次的供需函数作为分析的起点，而经济主体背后的选择仅仅简单提及。这一点可以在马歇尔《经济学原理》第五卷第二章的谷物模型中得到很好的佐证：马歇尔仅用了一段话来阐明某人决定采摘多少蓝莓：她会采摘使采摘劳动的边际负效用和享用蓝莓的边际正效用相等数量的蓝莓。马歇尔只在这一段话中提到了选择理论，随即就跳到他研究的主要目标，即市场供需的互动问题上去了。《经济学原理》中最具理论性的一卷便是第五卷，而在该卷的其他章节中，马歇尔采用同样的方法进行了论证。虽然马歇尔经常提及经济主体的选择，尤其是企业的决策过程，但他的分析还是完全基于市场供需分析（尽管微观基础在《经济学原理》的数学附录中具有重要地位）。

均衡

如前文所述,马歇尔和瓦尔拉斯均基于静态均衡分析。但必须附加说明的是,瓦尔拉斯在《纯粹经济学要义》中无意识地偏离了传统均衡概念。传统均衡概念与瓦尔拉斯最简单的模型是一致的,至少直到生产模型。但在后续的资本形成和信贷经济模型中,瓦尔拉斯的推理采用了类似于新瓦尔拉斯主义的均衡概念——跨期均衡——这一概念被希克斯在《价值与资本》一书中再次提及,随后成为阿罗-德布鲁-麦肯齐模型的核心,并且被卢卡斯引入了宏观经济学。④

交易技术和代表性经济

在一般均衡的文献中,经济被狭义地理解为一系列经济主体(包括他们的禀赋、偏好和目标)、一系列产品和一系列企业(包括他们的产权结构和技术约束)。一般均衡理论的任务是分析给定经济在某一时点或时限内均衡的存在性、唯一性、稳定性以及相关的福利特征。但理论研究并不应该止步于此。我们所讨论的均衡经济也应该被视为一种社会体系,包含最低限度意义上的一系列制度、贸易约定、游戏规则和交流手段。通过将这一系列制度性特征纳入模型,我们便拓展了经济概念的边界,在这个意义上,马歇尔主义和瓦尔拉斯主义所研究的经济完全就是两种不同的对象。

瓦尔拉斯主义的经济包括唯一的统一大市场,其中包含了所有参与单一集中式交易的经济主体和商品,价格形成过程由第三方拍卖者(他本身是非经济主体)来主导。拍卖者宣布价格,而经济主体都是价格接受者。拍卖者的职能在于构建合适的价格向量以使得所有经济主体都能制订最优计划。在瓦尔拉斯主义经济的运行中,拍卖者是一个非常关键的角色。许多一般均衡理论家都表示仅能勉强接受拍卖者假定并公开宣称并不喜欢这一假设。就我个人而言,我认为这个虚构的第三方拍卖者是瓦尔拉斯研究方法中不可或缺的一部分。

采纳拍卖者假设这一交易技术暗含了一系列结果,其中有两点必须强调。第一,拍卖者假设和完全竞争市场假设相辅相成。这源自拍卖者主导的体系所暗含的沟通结构。在瓦尔拉斯经济中,孤立的经济主体和

---

④ 关于这一点,参见 Diewert (1977)、Donzelli (1990) 以及 Van Witteloostuijn and Maks (1990)。

拍卖者形成一系列双边关系。在市场均衡形成之前，经济主体只与拍卖者具有社会联系。经济主体彼此之间并无任何互动或沟通。因此，当某一经济主体对拍卖者宣布的价格作出反应时，他并不知道其他的经济主体如何行动。实际上，经济主体可能处于垄断地位却意识不到，因而也就无法利用这一优势。我们可以换一个稍微不同的方式来看这同一件事情：垄断或寡头垄断理论的一个核心特征是，拥有市场力量的经济主体一定知道他们所销售产品的目标需求函数，但这就与拍卖者交易技术相冲突了，因为在拍卖者假设中，经济主体对市场超额需求函数一无所知。因此瓦尔拉斯交易技术隐含了完全竞争市场。

第二，我们在此想强调，瓦尔拉斯理论与价格刚性同样天生不相容。拍卖者是经济学家人为发明的，他们希望借此回避令人生畏的难题，即一些逻辑上可行的均衡状态是如何达到的。正如卢卡斯（1987：1952）所说，阻碍拍卖者完成她被布置的任务是没有意义的。因此，"在瓦尔拉斯经济中价格具有弹性"和"在瓦尔拉斯经济中均衡价格由拍卖者设定"这两个命题本质上是一回事。

回到马歇尔主义理论，正如我们在第一章所指出的那样，它依赖于如下假设：经济主体能够在思维层面重构他所参与市场的均衡配置。也就是说，拍卖者假设为经济主体强大的个人知识和计算能力所取代。马歇尔主义的这种假设具备一个重要的优势，那就是可以放松紧紧捆绑着瓦尔拉斯方法的完全竞争。关于竞争，奈特曾这样阐述马歇尔主义的观点：完全竞争市场至少需要满足九个要求，其中包括完全流动性、个体间充分沟通以及排除任何形式的串谋等（Knight，1921：76）。对我们而言，奈特的观点之所以有趣，是因为他承认竞争是一个程度问题。换句话说，与瓦尔拉斯主义不同，马歇尔主义方法承认对完全竞争的偏离。

到目前为止，我们对马歇尔主义交易技术的刻画仅适用于单一市场。但为了一览全局，我们必须了解马歇尔局部均衡所分析的市场处于何种制度环境中（正如第十四章介绍的哈特模型所做的那样）。然后我们就会发现马歇尔主义经济与瓦尔拉斯主义经济有着完全不同的构造。马歇尔主义经济由不同的独立市场组成，而瓦尔拉斯主义经济实际上是一个单一市场。⑤

---

⑤ 用来描述瓦尔拉斯主义经济的术语往往具有误导性，常常是把马歇尔主义经济的特征转移到了瓦尔拉斯主义的世界中。瓦尔拉斯主义经济并没有被细分为单独的市场。比如，当我们说市场 x 处于超额需求时，这里的市场并不是指马歇尔体系中那种用以形成均衡的特定机制设置。它仅仅是指在所有商品的价格向量条件下，某种商品 x 存在超额需求。

何者更优吗？

最后，让我们来探究一下是否可以说马歇尔主义和瓦尔拉斯主义方法哪一种更优。前文那些提出马歇尔-瓦尔拉斯大分流观点的经济学家们——如弗里德曼、斯蒂格勒、克洛尔和莱荣霍夫德——都毫无例外地抱怨瓦尔拉斯主义的霸权而为马歇尔主义辩护。于我而言，没有什么理由去贬低瓦尔拉斯而抬高马歇尔。相反，我认为它们是两种可替代的研究方法，两者各有优劣。马歇尔主义的研究策略固然更适合深入分析某些具体问题，但它也存在一些问题。第一，它所描述的研究对象往往是随意的（因为严格来说，不能将某一个产业或市场从经济的其余部分中分离出来）。第二，"其他条件不变"总是一种相当投机取巧的方法（coup de force）。第三，将经济中的各个部分整合起来已经被证明极其困难。与此相对，从一开始就把经济视为整体的瓦尔拉斯则更为明智。不过瓦尔拉斯方法论的缺点也很明显：这种抽象层面的分析与现实经济的关联是十分有限的。

基于马歇尔-瓦尔拉斯大分流的宏观经济学史

马歇尔-瓦尔拉斯大分流是否能够帮助我们理解宏观经济学史演化的规律呢？我在前文中已初步阐明：卢卡斯革命无疑是将马歇尔主义推向瓦尔拉斯主义的重要转折点。本节将进一步证实这一论断并探究其细节。表 19.2 总结了凯恩斯主义（即 IS-LM）模型和 DSGE 方法在表 19.1 所列的基准下表现如何。

如表 19.2 所示，凯恩斯主义在所有方面都坚决秉持马歇尔主义，只是在并不怎么有用的市场出清假设上与马歇尔主义相异。而对 DSGE 方法而言，我们必须在此给出一个前提说明：到目前为止，本书所称的"瓦尔拉斯主义"既包含瓦尔拉斯理论，又包含以阿罗-德布鲁-麦肯齐模型为代表的新瓦尔拉斯理论。之所以用"瓦尔拉斯主义"来概括这两种理论，是因为后者对瓦尔拉斯所开创的研究思路进行了高度规范的拓展。然而两者在均衡这一点上有所区别，即构成新瓦尔拉斯理论基础的跨期均衡概念并不是对瓦尔拉斯理论的静态均衡概念进行拓展，而是一种替代。在表 19.2 中，我将 DSGE 方法归类到瓦尔拉斯主义标签下，在这里它代表的是广义的——包含瓦尔拉斯理论和新瓦尔拉斯理论——瓦尔拉斯主义。但是在均衡概念上，我必须具体指出 DSGE 模型归属于新瓦尔拉斯主义,因为它们都采纳了跨期均衡概念。

表 19.2　凯恩斯主义和 DSGE 方法的对比

	凯恩斯主义宏观经济学	DSGE 宏观经济学
一般性目标(包括对经验研究的态度)	马歇尔主义	瓦尔拉斯主义(除了对经验研究的态度)
方法论优先性(内部或外部一致性)	马歇尔主义	瓦尔拉斯主义
处置复杂性的方法	马歇尔主义	瓦尔拉斯主义
代表性经济体	马歇尔主义	瓦尔拉斯主义
数学方法的角色	马歇尔主义	瓦尔拉斯主义
微观基础	马歇尔主义	瓦尔拉斯主义
均衡	马歇尔主义	新瓦尔拉斯主义
交易技术(价格形成和信息)	马歇尔主义	不同阶段的 DSGE 方法具有不同的观点

接下来我们将进一步具体分析宏观经济学史上各个主要思想理论在面对上述基准时的表现。

凯恩斯的《通论》

许多解读凯恩斯研究成果的文献都宣称凯恩斯是正统的马歇尔主义者。[6] 克洛尔就给出了基本理由:

> 凯恩斯的经济学思想并非诞生于一片真空中。在凯恩斯的时代,经济学由阿尔弗雷德·马歇尔的理论主导。凯恩斯并非没有了解瓦尔拉斯理论,但他的家庭背景、教育经历以及在国王学院的任教生涯进一步强化了其他有利于养成马歇尔思维习惯的思想对他的影响。(Clower,1997:36)

但我们不能仅仅笼统地将凯恩斯视为一个遵循马歇尔传统的学者。他对马歇尔的理论和方法论精髓也了如指掌。比如我们在第一章就已经看到,凯恩斯的有效需求理论不过是马歇尔对企业短期最优生产决策的拓展。

凯恩斯的名字并未出现在表 19.2 中,但在几乎所有基准下他的思想都与 IS-LM 模型类似。唯一的例外在于对待理论和经验研究的态度

---

[6] 例如 Friedman([1989]1997)、Clower(1975)、Leijonhufvud(2006b)、Hayes(2006)和 Lawlor(2006)。

上。实际上,凯恩斯一直都认为《通论》不应该被付诸经验检验。国际联盟曾要求凯恩斯对丁伯根在计量经济学方面的开创性研究成果《经济周期理论的统计学验证》(Statistical Testing of Business Cycle Theories, 1939)予以评述(Keynes, 1973: 277-320),我们曾在第一章的脚注㉕提及了丁伯根的这一研究。这引发了凯恩斯和泰勒——后者是国际联盟的联络人,以及凯恩斯与哈罗德、丁伯根之间的一系列通信。随着1939年9月《经济学杂志》发表了一篇综述性文章,以及丁伯根和凯恩斯(1940)对其相继进行了回应,论战达到了白热化。凯恩斯对丁伯根的研究很不屑,因为他相信经验研究充斥着随意性,因此认为对理论模型进行经验检验得不到什么有用的结论。在给泰勒的一封信中,凯恩斯这样表达了自己的观点:

> 经验研究显然假定了得到的系数在 10 年甚至更长的时期内保持一致。然而我们当然知道它们不是不变的。历年的数据没有理由每年都相同……如果说未来是由历史数据决定的,那么我们置对未来的预期和信心于何地?……就算我们拥有足够多的数据来计算参数和时滞,那么是否会得出多种都同样可能成立的结论呢?退一步来说,单一而机械地从数据中得到的结论又能有多少深度呢?对处理数据方法的选择又会在多大程度上影响我们得到的结论呢?(写给泰勒的信,1938 年 8 月 23 日,Moggridge, 1973: 285-9)

凯恩斯和丁伯根的这次争论将凯恩斯所秉持的奥卡姆剃刀原则展露无遗。虽然凯恩斯在《通论》中反复强调将经济现实纳入理论研究的重要性,但他适可而止,并没有进一步提出必须用经验来验证某种理论模型是否正确。对他来说,经济学理论的进步应当体现为对模型概念的完善而不是用经验来验证。在这一方面,凯恩斯实际上是站在瓦尔拉斯一方的。⑦

在我看来,《通论》毋庸置疑是属于马歇尔主义方法的。但始终有学者认为它属于瓦尔拉斯主义方法。兰格就是其中之一。⑧ 兰格在他1938年的文章《利率和最优的边际消费倾向》(The Rate of Interest and the Optimum Propensity to Consume)中强调,凯恩斯所构建的联立方程

---

⑦ 另见凯恩斯在1938年7月4日写给哈罗德的信(Keynes, 1973: 296)。
⑧ 见 Rubin (2011)。

与瓦尔拉斯的并无二致，凯恩斯的流动性偏好也与瓦尔拉斯的所需现金（encaisse désirée）基本相同。与此类似，在莫迪利安尼 1944 年的那篇著名论文中，他认为他的模型代表了凯恩斯的核心观念，并将之视为一个简化的瓦尔拉斯主义模型。不过，这其中最著名的学者要数帕廷金了。在他第一次尝试解读《通论》三十年后，他在《新帕尔格雷夫经济学大辞典》中关于凯恩斯的条目里写道：

> 因此，《通论》的一个基本贡献在于对瓦尔拉斯理论的一般均衡进行了第一次有效实践：这里的"实践"并非实证，而是指把瓦尔拉斯理论中包含 n 个未知数的 n 个联立方程化简为一个可操作的模型，该模型的推论有助于解释现实经济的运行。（Patinkin，1987：27）

> 《通论》中的分析毫无疑问基于一般均衡。其术语源自马歇尔，但思想是瓦尔拉斯的。希克斯在 IS-LM 模型中显然相当准确而有效地抓住了这一思想。（Patinkin，1987：35）

兰格、莫迪利安尼和帕廷金都没有对他们的观点进行论证。在我看来，他们准确地发现了凯恩斯像瓦尔拉斯那样试图研究不同市场之间的关联这一现象。然而，因为他们理所应当地认为瓦尔拉斯主义是进行一般均衡分析的唯一方法，所以他们才认为凯恩斯理论与瓦尔拉斯主义相契合。如果我们发现了其他可能的方法，那么上述结论也就不再成立了。

希克斯的 IS-LM 模型

作为这些解释的某种延续，IS-LM 模型也常常被人认为属于瓦尔拉斯主义。⑨ 同样地，这种判断往往也是一纸空谈，并无严格论证。造成这一印象的一个可能原因是，作为 IS-LM 传统创始人的希克斯本身就被视为一名瓦尔拉斯主义经济学家——至少当他写下《凯恩斯先生与古典经济学》一文时人们会这么认为。当他写作那本在瓦尔拉斯主义复苏中发挥重要作用的著作《价值与资本》时也是如此。因此 IS-LM 模型几乎被自然而然地视为属于瓦尔拉斯主义。我自己认为希克斯本人对这两种研究思路并无特殊的偏好，对他而言，这两种研究方法适用于不同的

---

⑨ 例如参见 Vercelli（2000）。这一点在 Young-Zilberfarb（2000）所收录的讨论 IS-LM 模型的著作中也被很多学者视为理所当然。

研究目的，而不是两种截然对立的研究思路。⑩

　　为了更认真地研究 IS-LM 模型到底属于马歇尔主义还是瓦尔拉斯主义，我们有必要按照表 19.1 所罗列的标准来进行检验。在这里我们主要聚焦于其中的几点。考虑模型中代表性经济本身的特点，IS-LM 模型由独立运作的不同市场组成，而且它们中的每一个都自主形成均衡。在交易技术方面，并不存在一个拍卖者。至于信息方面，使用 IS-LM 模型的经济学家确实很少会提到他们预设经济主体是全知全能的，他们似乎没有注意到这个模型中的均衡是如何达到的。实际上一旦提出这一问题，我们就会发现，只有假设经济主体能够重构经济的均衡值，即全知全能，才能对该模型的均衡状态进行解释。上述几点特征均表明 IS-LM 模型显然属于马歇尔主义。

　　但是与凯恩斯一样，IS-LM 宏观经济学在试图证明非自愿失业这一方面不算马歇尔主义。在他们看来，为马歇尔框架加入非自愿失业的概念似乎并非难事。但是，我们在前面的章节已经证明上述努力失败了。实际上除非人为加入工资限额假设，我们无法在标准的供需函数中推出定量配给。

　　沿承 IS-LM 宏观经济学发展起来的概念——消费、资产组合选择、投资和劳动力市场——均确认了 IS-LM 模型属于马歇尔主义，因为它们均只分析单一市场情形，而与经济的其他部分独立，这正是马歇尔处理复杂性的方法。最后请注意，我认为 IS-LM 模型属于马歇尔主义的观点实际上与大多数 IS-LM 宏观经济学支持者的看法一致，他们坚定地认为自己的方法与瓦尔拉斯主义宏观经济学是两个极端。⑪

　　特别地，克洛尔-莱荣霍夫德类的非均衡模型显然属于马歇尔主义。而在帕廷金非瓦尔拉斯均衡类的模型中，除了贝纳西模型，其他模型都属于瓦尔拉斯主义。因为这些学者的目的只是通过稍微修改瓦尔拉斯基准模型以推导出他们所认为的凯恩斯主义结论而已。帕廷金仅仅是假设经济向均衡调整的速度很慢，从而希望推导出非自愿失业

---

　　⑩ 更进一步来讲，《价值与资本》并没有像学者们通常宣称的那样包含太多瓦尔拉斯主义的思想，实际上希克斯是透过马歇尔主义的有色眼镜来阅读瓦尔拉斯理论的，参见 Donzelli (2012)。

　　⑪ 例如可参见 Lipsey (2000: 69)。

的存在。非瓦尔拉斯均衡学者则假设存在刚性的价格向量使得资源配置偏离经典的瓦尔拉斯情形。贝纳西对我们的研究目的来说非常有趣，因为他的模型在我们的分类中开创了一种新的结构，即将瓦尔拉斯主义和马歇尔主义的元素融合。一方面，他放弃了瓦尔拉斯的拍卖者交易技术假设，而采用了马歇尔的完全信息交易技术；另一方面，他又坚持了瓦尔拉斯主义的某些基本原则：坚持纳入微观基础、遵循均衡准则、要求市场出清（尽管他没有放弃非自愿失业概念）以及内部一致性优先于实用主义等。

卢卡斯

瓦尔拉斯的《纯粹经济学要义》和新瓦尔拉斯主义模型都试图刻画一个包含大量不同经济主体和商品的高度抽象的经济体。除此之外，新瓦尔拉斯主义将时间流视为一个重要的维度，他们采纳了希克斯的动态概念，而动态分析的关键也就是为所有变量都增加一个表示时间的下角标。随之而来的是对商品的定义也更加丰富。将宏观经济学的研究对象定义为研究经济部门间的相互作用使其成为一般均衡分析的分支。但是，由于宏观经济学是一门应用性学科，而且它希望能提供政策建议，因此宏观经济学不能和瓦尔拉斯主义及新瓦尔拉斯主义保持同样水平的复杂性。所以，瓦尔拉斯主义宏观经济学肩负着将复杂的一般均衡分析转化为简约的一般均衡分析的任务。

如果秉持这一思路，那么就不得不把视野局限于某些简化的瓦尔拉斯经济模型内。尽管卢卡斯及其追随者们并不希望局限于这个思路，但卢卡斯在《预期与货币中性》一文中正是构建了一个瓦尔拉斯式的交换经济模型。表 19.3 展现了这种深刻的思想渊源。

虽然卢卡斯模型和瓦尔拉斯模型在基本构造上非常相似，但前者吸收了一系列新瓦尔拉斯主义的观点——比如跨期替代思想、更复杂的商品定义、经济所处的不同状态以及基于跨期消费/闲暇的均衡定义——使得卢卡斯模型开创出一条新的研究思路，从而能够用于研究经济周期波动。

正如第十一章所言，卢卡斯偏离瓦尔拉斯主义的核心就在于其要求经验检验，这使得纯粹的新瓦尔拉斯主义学者都不认可卢卡斯是他们的一员。

表 19.3　作为瓦尔拉斯两产品交换模型修正版本的卢卡斯货币中性模型

	瓦尔拉斯模型	卢卡斯模型
1. 经济类型	两种产品的交换经济；两种产品本质上有区别并且在同一时期内被消费；存在期内替代效应	生产三种商品（c、c'和闲暇）的自我雇佣经济；c和c'本质上相同但在不同时间被消费；它们不可保存；存在跨期和期内两种替代效应
2. 价格形成机制	试错机制：拍卖者在一个单独的交换集中掌管交易	每一期只存在一次试错过程
3. 货币	无须交易中介	存在交易中介但不进入效用函数，其从一期到另一期的数量波动是随机的
4. 经济主体	n个不同的经济主体，每个只能消费一种产品	$2n$个经济主体分属于交叠的两代人；除年龄外完全同质
5. 信息	完全信息：经济主体具有对所有相关情况的全部信息（在这个情境下意味着具有对两种产品质量的完全信息）	不完全信息：年轻的经济主体不了解两个随机变量的现值（虽然他们知道其密度函数）

第一代新凯恩斯主义模型及其可替代模型

根据研究范围，第一代新凯恩斯主义模型大致可分为三类：①一般均衡模型（研究整个经济体）；②局部均衡模型（仅研究单个市场或者一组市场）；③研究低于市场层级的经济关系的经济模型（比如企业和它的劳动资源池）。效率工资、隐性契约和菜单成本应当属于最后一种，因此它们既算不上瓦尔拉斯主义也算不上马歇尔主义。而交错工资合同模型和卡林－索斯凯斯模型应当被视为马歇尔主义。

第十四章罗列的第一代新凯恩斯主义模型的可替代模型都属于一般均衡模型。但也并不能将它们混为一谈。戴蒙德和罗伯茨与贝纳西一样，试图构造一个包含新型交易技术的瓦尔拉斯主义模型。由于拍卖者假设是推导凯恩斯主义结论的最大障碍，因此这一改进极大地偏离了瓦尔拉斯主义。但是戴蒙德和罗伯茨都没有像贝纳西那样用马歇尔主义的交易技术来替换瓦尔拉斯主义的交易技术，他们采用的是搜寻交易技术或者一种特定时序的交易技术。在我看来，后两种交易技术本身更值得推崇。哈特的研究也很有趣。他试图构建一个包含寡头企业和工会的一般均衡模型。这也是对瓦尔拉斯主义的偏离。如果按照表 19.1 的基准来检验，我们将得出一个混合的结果。实际上哈特模型在处理复杂性、代表性经济体、均衡概念、交易技术（价格形成机制和信息）、竞争结构（注意：马歇尔是允许不完全竞争存在的）和市场出清假设（哈特模型论述了非充分就业而非失业）上都是马歇尔主义的。需要强调的是，哈特模型是马歇尔主义研究方法中的一大进步，因为它可能第一次将马歇尔主义的单一市场分析整合了起来，因此可以称之为第一代马歇尔主义一般均衡模型，或者说不完全竞争的马歇尔主义一般均衡模型（尽管完全竞争在该模型中是一个特例）、简化的而非复杂的一般均衡模型。然而，如果考虑其他基准，哈特模型具备的不适于进行经验检验、内部一致性超过外部一致性、高度依赖数学方法以及包含微观基础等特点则显然是瓦尔拉斯主义的。因此，我认为哈特模型是一个利用瓦尔拉斯主义原则构建出来的简化的马歇尔主义一般均衡模型！

RBC 模型

乍看之下，RBC 模型的分类应该与卢卡斯模型一样：它们都属于瓦尔拉斯主义，但除了一点，即模型的有效性需要经过实证检验，这仍然是一种属于马歇尔主义的特点（虽然校准法是一种比较奇怪的实证方法）。

但是 RBC 模型是否属于瓦尔拉斯主义在另一个方面也会被人质疑。瓦尔拉斯主义和新瓦尔拉斯主义理论一直都在探讨异质性经济主体的最优交易计划是否能同时让经济有效率地运行，因此其所研究的经济模型必须包含异质性和交易过程，而这两点在基德兰德－普雷斯科特模型中无从寻觅。实际上，基德兰德和普雷斯科特的模型仅仅试图研究一系列无联系的单一主体经济，因此我们可以说该模型并没有解决瓦尔拉斯主义的问题。虽然基德兰德和普雷斯科特将他们的模型置于作为瓦尔拉斯理论瑰宝的福利经济学第二定理的光环下，但他们的模型最终被贴上了"非正统"瓦尔拉斯模型的标签，正如凯恩斯原教旨主义者也是这样称呼 IS-LM 模型的。基德兰德－普雷斯科特模型也不能被称为马歇尔主义，因为马歇尔从未关注鲁滨逊·克鲁索式的孤岛经济理论。

此外，有两种情形可以在一定程度上回应对 RBC 模型的质疑。一方面，指责 RBC 模型缺乏对异质性的讨论实际上适用于所有宏观经济学理论，包括凯恩斯主义宏观经济学。如果存在其他能够包含异质性的研究思路，那么我们还可以就此批判 RBC 模型，但事实上并不存在这样的研究思路。另一方面，正如我在前文所言，应当从可延续性，即其初始模型蕴含的发展潜力，而非单纯地从当前的优缺点来判断研究思路的好坏。照此来看，DSGE 宏观经济学无疑是一个不断前进的研究方向。如果非要为单一主体经济模型进行辩护，那么我们自然想起了那句老话"不要把货车放到马匹前面去"。其理由如下。我们应当看到，利用数学方法来严谨地构建动态宏观经济学是一项艰巨的事业。卢卡斯在其1972年的论文中虽然利用世代交叠模型刻画了异质性，但当时这一方法并未显示出良好的研究前景。基德兰德和普雷斯科特则在遵循卢卡斯基本概念和原则的前提下找到了不同的重组方式。尽管他们开创的研究思路背离了瓦尔拉斯主义原则——用单一主体均衡形成过程取代了多主体交易均衡形成过程——但这是为了让模型更具操作性。对均衡路径进行理论化而非对静态均衡位置进行理论化本身就是一项要求非常高的研究计划，需要一步一步推进，将交易过程和异质性推迟到模型构建的后续阶段也是可以理解的。这就相当于将整个研究分支的有效性建立在对未来成就的许诺上。尽管宏观经济学这一学科在认识论层面的警惕性水平比较低，但这仍然是一个有风险的许诺，虽然很少公开承认，但在我写作本书时大家还是对该承诺能否成立持正面的态度。因此，我认为将 RBC 模型归类于瓦尔拉斯主义门下并无不妥，尽管它暂时还不完全属于瓦尔拉斯主义。

第二代新凯恩斯主义模型

在我们的分类下，DSGE 发展的第三次浪潮也或多或少存在一些问题。乍看之下，我们似乎应当将第二代新凯恩斯主义模型与哈特模型划为一类，因为垄断竞争和寡头竞争模型是相似的，且两者都采用了马歇尔主义的交易技术，而且我一直坚持认为瓦尔拉斯主义理论要求采用完全竞争假设也将第二代新凯恩斯主义模型排除在瓦尔拉斯主义之外，但我们应当避免草草作出判断。

前文已然阐明，第二代新凯恩斯主义模型相比于 RBC 模型具有四点区别：产品多样性、不完全竞争、价格刚性和存在遵循一定货币规则的中央银行。产品多样可以有多种形式。其中一种是假设存在无限种中间品并可以无成本地将它们转化为唯一一种最终产品。这些中间品彼此之间属于不完全替代品，这一特征通过迪克西特-斯蒂格利茨加总法（Dixit-Stiglitz aggregator）呈现。不完全竞争采取了垄断竞争的形式，同时由于存在固定成本因而也假设规模报酬递增。第二代新凯恩斯主义模型的标准故事是中间品由企业生产并由家庭购买。价格刚性假设至少会首先作用于中间品价格而不是工资,这就暗示着企业的价格接受行为被替换为价格制定行为。价格刚性最终使得整个经济的资源配置状态与瓦尔拉斯情形下不尽相同。中央银行的存在在这里不需要特别评点。

从表面上看,这些都是对 RBC 模型所做的重要改变。但我们仔细反思就能明白:这些改变在概念性方面并没有看上去那么彻底。实际上,它们都能够被纳入 RBC 模型,也就是该模型的核心问题:代表性家庭如何能够找到它的最优消费-闲暇均衡路径。就企业而言,它实际上只是一个用来表示生产函数的名字。企业需要的唯一假设就是它们要有效率。企业能够自由进入意味着就算企业拥有市场力量从而能够在生产成本的基础上进行加成定价,其利润也仍然是零。这些特征对于模型成立都不是必要的。我这里有另一个版本的克鲁索寓言,即独居者能够自己生产中间品。在这里并不需要劳动力市场。每个独居者都可以专业化生产复合商品的一个组成部分并将它卖给所有其他独居者。这里与 RBC 基准模型相比的创新之处就在于现在有了交易过程,而这是假设复合商品和生产专业化的必然结果。因此,所有这些都可以退回到 RBC 基准模型上。至于中央银行呢?与企业不同,中央银行不可取消。经济中任何活跃的部门都必须有自己的目标函数。但是分配给中央银行的目标就是最大化代表性经济主体的效用,这意味着最终并不需要增加其他目标函数。因此,RBC 基准模型仍然是其内核。

因此,第二代新凯恩斯主义模型引入了新的交易技术和市场结构假设,使得该模型更加贴近现实,并且得到了一个不同于新瓦尔拉斯主义的均衡路径结果,但是其仍然使用了 RBC 基准模型的概念框架。也就是说,模型设定更加复杂,但所要讲述的故事并没有改变。这一观察并不能被认为是负面的。让我们将之与哈特模型快速对比一下就知道原因了。假设哈特在研究完自己的模型后想要将其拓展为动态形式,那么他很快就会意识到自己的模型本身太过复杂,以至于不能实现这一目标。[12] 他需要找到另外一个简单得多的代表性经济,而此时 RBC 模型就是一个很好的选项。因此,第二代新凯恩斯主义模型可以被看作实现我所假想的哈特研究计划的一种方法。

表 19.4 总结了本节所分析的各种模型的特征。

---

[12] 哈特决定放弃一般均衡分析而钻研合同理论。

表 19.4　马歇尔-瓦尔拉斯大分流视角下的宏观经济模型

	马歇尔主义	瓦尔拉斯主义	瓦尔拉斯-马歇尔主义混合	瓦尔拉斯-非马歇尔主义混合
《通论》	●			
IS-LM 宏观经济学	●			
帕廷金		●		
货币主义	●			
莱荣霍夫德	●			
非瓦尔拉斯均衡模型		●		
非瓦尔拉斯均衡模型-贝纳西			●	
新兴古典宏观经济学（卢卡斯）		●		
第一代新凯恩斯主义模型	●			
其他模型-戴蒙德和罗伯茨				●
其他模型-哈特	●			
RBC 模型		●		
第二代新凯恩斯主义模型			●	

结　语

　　我研究宏观经济学史一段时间后突然发现，马歇尔-瓦尔拉斯大分流是理解这段历史的一把有趣的钥匙。最终我们发现，随着宏观经济学领域的逐步发展，马歇尔主义和瓦尔拉斯主义似乎并没有像最初那样严重对立。在卢卡斯的年代就已经有了对经验研究重要且必要的警告。而且正如表 19.4 所示，未来的宏观经济学发展必然会越来越复杂。然而在我看来，这些发展并不会使马歇尔-瓦尔拉斯大分流这一基准失效。

第二十章
关于 DSGE 宏观经济学的论战

尽管2008年经济衰退一度让 DSGE 方法黯然失色,但很少有人会质疑它在当今宏观经济学界占据着统治地位。不过还是有很多人持有异议,本章试图研究一些不同的声音,它们包括:2010年美国众议院下属专门委员会对 DSGE 宏观经济学进行的一次听证会;罗杰·法默(Roger Farmer)试图恢复自我实现预言观点的研究计划;以莱荣霍夫德对凯恩斯主义宏观经济学的批判为灵感的基于经济主体的模型;以及克鲁格曼对回归凯恩斯的呼吁。

DSGE 模型在华盛顿

前文我们所介绍的 DSGE 研究计划的诸多进展并没有使其在经济学界大范围流行起来。2010年7月20日,美国众议院下属的科学与技术专门委员会(Committee on Science and Technology)召开了一场主题为"为现实世界构建经济学科学"的听证会,在此我想通过这个有点出人意料的资料来记录 DSGE 研究计划所面临的这种临界状态。该次会议背后的主旨从其开篇陈述中就可以看出,"(像 DSGE 这样)与现实经济生活相去甚远的理论模型在多大程度上被用来制定政策从而影响了现实世界中人们的日常事务呢"(Hearing,2010:4)。① 此次听证会上受邀的经济学家包括瓦拉达拉詹·V. 沙里(Varadarajan V. Chari)、戴维·科兰德(David Colander)、斯科特·佩奇(Scott Page)、罗伯特·索洛

---

① 我们在本书中严格区分了 DSGE 研究计划及其后续发展——新兴古典主义宏观经济学、RBC 模型和第二代新凯恩斯主义模型(通常与 DSGE 的名字并列)。不过,组织者和与会人员到底采用了哪种理解我们并不清楚。

（Robert Solow）和西德尼·温特（Sydney Winter）。② 正如本书第四章讨论过的弗里德曼和莫迪利安尼的现场辩论的例子一样，真实的辩论总比文字更加生动。由于辩论本身的性质，文字交锋能够使人们以更有利于自己的方式表达观点。但是口头辩论中一针见血的提问可能使人猝不及防或者被打断，这些都可以使旁观者更直接地了解当事人的想法。本部分将首先记录与会者的最初陈述；其次，我将把注意力集中在关于 DSGE 的五大相互冲突的观点中的一种，即沙里和索洛的论战上。

最初的陈述

温特在其最初的陈述中强烈批判了一般意义上的新古典理论，并且尤其批判了 DSGE 模型，因为两者都忽视了现实商业实践——"习惯、组织惯例、组织能力、商业体系和商业过程"。为了证明自己的观点，他以催生次贷危机及之后经济衰退的一系列事件为例，说明 DSGE 模型没有为这些经济现象留下空间。对于未来的研究方向，温特强烈呼吁学界转变当前的研究思路，如其所言，"经济学家们应当致力于理解现实经济到底发生了什么，而不是经济模型能够推演出何种结果"（Winter，2010：25）。

佩奇和科兰德的观点与温特类似，不过他们更关注现实的复杂性而不是制度问题：

> 复杂系统包含了具有多样性、相互关联、彼此依赖的适应性主体，他们共同产生了一系列难以解释或预测的现象。因此复杂系统既非规整的又非混沌的，而是介于其间。（Page，2010：29）

佩奇和科兰德在其陈述中都承认 DSGE 模型是非常强大的——科兰德（2010：48）用"美妙"和"令人印象深刻"来形容它——但他们也都宣称把这些模型通通抛开并转向复杂性这一角度的时机已经成熟。在概括 DSGE 模型的主要缺点（包括忽略异质性经济主体和部门、忽视失业问题和网络联系）时，佩奇还批判了 DSGE 模型的负反馈（negative feedback）假设——面临经济冲击时模型趋向于回到均衡的稳定反馈机制，但现实中我们更多观察到的是正回馈（positive feedback）机制，

---

② 索洛无须再多作介绍。温特与纳尔逊（R. Nelson）曾合著过《经济变迁的演化理论》(*An Evolutionary Theory of Economic Change*，1982)，这是一本宣告制度经济学复兴的专著。佩奇主要研究复杂系统。沙里则是一位坚定的明尼苏达学派经济学家，曾与其他学者合作过一些有影响力的论文，我们在前文中已经讨论过其中的一篇。科兰德则是一位著名的经济思想史学家，一直在跟进经济学理论的最新前沿。

即由此进一步引发崩溃和危机。佩奇和科兰德也都同意过分依赖 DSGE 模型使得一些同样具有潜力的研究思路被忽视,尤其是基于经济主体 (agent-based) 模型:

> 尽管最初的想法是简洁的、先进的,但很多后续改进其实只是在原始 DSGE 宏观模型的变量上标注各种 i 和 t。这就是说,宏观经济学家已经不再有探索其他各种复杂模型的想象力,而这些模型本来可以被探索、应该被探索。(Colander, 2010: 40)

科兰德还认为纯粹的科学研究和应用性的政策研究应当被区分开。在他看来,包括沙里在内的 DSGE 经济学家一度打破这一界线,使人失望。[3] 他认为我们需要更多"具备扎实的关于消费者的经济学理论和计量经济学知识的研究者,而不仅仅是具备生产者方面知识的研究者" (Colander, 2010: 39),比如古德哈特或德格罗伟。

正如前文所述,索洛从一开始就不支持 DSGE 研究方法。他在听证会上的最初陈述中表达了类似的观点:DSGE 方法"没有通过假设检验 (smell test)"(Solow, 2010: 12)。

> (DSGE 模型)所试图讲述的基本故事总是将整体经济视作一个个体,就好像这是一个在给定环境中能够自觉而又理性地来进行最优决策的代表性经济主体。但这显然不足以用来描述一个国家的经济,因为各种经济主体所追求的目标显然并不一致。(Solow, 2010: 14)

在索洛看来,DSGE 方法在理论中忽视了一些非常重要的经济现实,比如利益冲突、不相容的预期和市场失灵。尤其是"DSGE 的故事没有为现实中经常存在特别是当下也存在的失业留下空间,而失业被视为一种经济资源的纯粹浪费"(2010: 13)。此外,DSGE 模型也没有给政府干预留下空间,因为它认为"有意的公共政策只能把事情弄得更糟"(2010: 13)。

在前三位发言者进行控诉后,沙里作为辩护者为 DSGE 模型申辩。

---

[3] "经济学界之所以在政策实践上遭遇失败,主要是因为学者们试图让政策制定者相信现实世界的图景与高度简化的 DSGE 模型所描绘的图景相吻合。但显然哪怕只受过些许学院知识和常识教育的人也明白,DSGE 模型的图景和现实世界宏观经济的图景不可能完全吻合。宣称 DSGE 模型可以指导那些在茫茫黑暗中寻求答案的政策制定者无异于宣称只要会下井字棋便能精通国际象棋"(Colander, 2010: 41)。

他首先指出，上述学者是在把 DSGE 模型当作稻草人来攻击，他们所批判的乃是上一代的模型：

> 1982 年最高水平的 DSGE 模型基于代表性经济主体，并排除了失业、金融因素、价格和工资黏性以及危机和政府机构。但如今学界最高水平的 DSGE 模型已经包含了异质性，包括源自收入波动、失业以及其他因素的各种异质性。今天的模型包含失业，也包含金融部门，还有黏性价格和工资，也吸纳了危机和政府。（Chari，2010：32）

萨默斯曾将 RBC 模型比作一顶帐篷并以此讽刺其缺陷。沙里聪明地反转了这一比喻并将其转化为正面的评价：

> 如我所言，宏观经济学研究就像一顶大帐篷那样容纳了不同观点。我们可以使用共同的术语、共同的方法论，却没必要达成一致的政策建议。我们可以用一句格言来总结宏观经济学的开放性和弹性："如果你有一个有趣且连贯的故事，那么最好用 DSGE 模型来讲述。如果不能，那么这很可能就是一个杂乱的故事。"（Chari，2010：32）

最后，沙里自问自答为什么 DSGE 宏观经济学家没能成功预见 2008 年次贷危机以及能够做什么来应对此类危机。对于为什么没能预见危机，他的回答是因为疏忽大意。学者们太过于关注美国经济了，而它发生严重金融危机的可能性微乎其微，他们忽视了世界其他地区的经济。至于我们能够做什么，沙里坦率地表示：我们应当加大对宏观经济学研究的投入。正如当艾滋病流行时，政府应当增加资源以支持对艾滋病的研究，他认为我们对待经济危机也应当如此。宏观经济学界需要更多地研究资源！

索洛 v. s. 沙里

虽然温特、科兰德和佩奇先后提出批评意见，但他们并非宏观经济学家，因此最值得关注的是索洛和沙里这两位杰出宏观经济学家之间的论战。辩论中两者之间有三轮对话值得仔细挖掘以辨别他们的不同。第一轮是关于他们如何回答委员会主席米勒所提出的问题："政府是否能够有助于经济？"沙里回答道，政策建议已经成为 DSGE 模型中的重要议题。他引用最近一次动态经济学学会（the Society for Economic Dynamics）会议上的情况，指出在 400 篇论文中有 50 篇都在讨论政策问题，不过他并没有深入介绍这些政策结论的内容。索洛立刻回应表示，这些论文所提出政策结论的基本哲学逻辑无非是"现实经济应该更趋向于简洁的经济模型"（Solow，2010：47），这实际上意味着政府所能做的最好的事情就是不要干预经济。因此，对于米勒的问题，本质上沙里的回答是"否"，而索洛的答案是"是"。

第二轮争论的焦点是非自愿失业。对索洛来说，这是一个核心议题，因为它描述了一种生活中的重要现象，特别是在落后地区客观存在。沙里则秉持卢卡斯的观点，认为非自愿失业是一个人为构造的概念，没有理论价值，因此宏观经济学家应当关注解释经济活动水平的变动而把失业问题交给劳动经济学家。

第三轮有趣的对话来自对众议员布隆（Broun）的问题——"经济学家应该彻底抛弃 DSGE 模型还是在充分了解其缺陷的情况下谨慎使用它？"——的回答，当五位与会者中的四位都对 DSGE 模型表达了批评意见时，布隆的这一问题也并不令人意外。

在最初的陈述中，索洛表现出对 DSGE 方法的强烈敌意，因而我们可能会认为他将激进地批判 DSGE 宏观经济学并同意立即将之抛弃。但事实并非如此：

> 我认为应该是后者……我并不想抛弃 DSGE 方法。那些使用 DSGE 方法的经济学家都是我们当中最杰出的一批人……但我确实认为应当放松 DSGE 方法的假设。我认为应当放弃代表性经济主体假设。我也认为应当放弃对均衡方法的执着并采纳其他方法论。但是我也想再补充一点，在不断遭受批评的过程中——包括来自像我这样满腹牢骚的人的批评以及数据的质疑，DSGE 学者们已经进行了大量的修正，而且他们在这一过程中取得了不错的成果。（Solow，2010：52-53）

对沙里来说，索洛的上述论调一定非常悦耳。但索洛始终并不愿意接受沙里的邀请而进入 DSGE 领域。对索洛而言，"宏观经济学内还存在其他更好的传统"（Solow，2010：15）。④

---

④ "沙里博士建议道：'DSGE 是一个巨大的橡皮艇，你不妨上艇一试。'不过我并不愿意登上去。我倒是建议 DSGE 经济学家们下艇来看看。无论在理论层面还是在应用层面，宏观经济学曾经拥有并且依然拥有很多悠久的研究传统，它们起起伏伏，但它们不都是我们应该首次尝试的新鲜事物。"（Solow，2010：57）

如何理解索洛前后矛盾的言论？在上文中我们将参加这次听证会的五位经济学家分为两组，即控诉人和辩护人。但实际情况要比这复杂，因为与温特、佩奇和科兰德相比，索洛相对而言单独属于一个群体。在某些方面，索洛与沙里的观点更接近，而非与前面三位更接近。温特遵循制度经济学的范式来进行辩护，而佩奇和科兰德则支持基于经济主体的模型。索洛是一位新古典经济学家，因而也是一名还原论者——认为复杂性不能被直接纳入理论。与其他三人不同，索洛始终围绕着均衡概念来进行论证。但他与卢卡斯和沙里等DSGE理论家的不同之处在于，他坚持认为宏观经济学理论应当给非均衡状态，包括个人非均衡（比如非自愿失业）留下空间。索洛其实并不反对微观基础，他只是反对单一的建模方法占据统治地位。简言之，他是一名新古典综合经济学家。而且当新兴古典主义和RBC模型占据学界主流时，索洛从中也找不到什么令他眼前一亮的地方，这就引起了他的批评。然而第二代新凯恩斯主义模型的出现使得索洛面临着棘手的困境。一方面，他所偏好的刚性、不完全竞争和货币非中性被纳入了DSGE模型，另一方面，在他的理论框架内同样占据重要地位的非自愿失业和方法论折中主义又无法进入该模型。在我看来，这可以解释他在听证会上为什么会表现出令人费解的态度。

沙里的任务更加艰巨，但他完成得很好。他充分利用了自己的王牌，即自基德兰德和普雷斯科特的开创性论文以来，DSGE研究计划已经取得了巨大的进步。他所说的DSGE宏观经济学是目前唯一的主导力量也是对的，但这一值得怀疑的论点并不是很有分量，因为毕竟在凯恩斯主义经济学被罢黜之前，它也是唯一的主导力量。沙里也从下述事实中受益，即除温特以外，其他参会者对DSGE的批判比预期中温和得多。事实上，到了那场听证会快结束的时候，批评者们并没有再对DSGE方法的实质内容展开攻击，而是对其经济学帝国主义倾向展开讨论。批评该领域缺乏多样性很难称得上是内部批评。最后，沙里也采取了温和的态度，而且他邀请批评者踏入现在的DSGE领域的做法也非常聪明。然而沙里的话并不能全信。DSGE模型可能是一顶大帐篷，但它实际上也有相当的进入门槛，那就是卢卡斯所设定的一系列标准，这才是其他经济学家无法接受的。而索洛奉劝DSGE经济学家放弃对均衡思想的"执着"也是徒劳无功的，因为接受这一邀请就意味着回归新古典综合，而他们并没有意愿去这样做。但正如本书第十四章所提及的，不同于DSGE模型的其他建模思路也已经看到了理论的曙光。

让我感到遗憾的是，沙里并没有认识到 DSGE 的缺陷。在我的评述中，DSGE 方法有两个重要的限制，而且卢卡斯都意识到了。第一，DSGE 方法只有在研究温和的经济波动时才有用，它无法用来解释大萧条（读者对比沙里和温特关于 2008 年经济衰退的发言即可理解这一点）。第二，模型的政策结论基于其假设而成立，因而这些推论其实无法被直接转换成真实世界中政策制定者可以参考的合理依据。正如我前文所坚持的，利用 DSGE 模型推出某些政策结论是正常的，但 DSGE 宏观经济学家们应该承认并不能把这些结论兜售给政策制定者。

总的来说，通过研究这次由众议院专门委员会举办的听证会我们可以得出两个结论。第一，整场听证会并没有像大家所设想的那样激烈。如果参会的众议员们在事后接受采访时表示经济学家们的表现就好像是一个团结的整体并且有着同样的思维方式，那么我并不会感到意外。不过如果邀请其他学者，情况可能就会有所不同。我的第二个结论与索洛的观点有关。他的论述可以表明凯恩斯主义经济学家的观点是多么复杂。他感觉自己仍然像一个"旧"凯恩斯主义者，比如托宾。⑤ 然而他同时又是第一代新凯恩斯主义宏观经济学的贡献者和指导者。他在言行上都坚定地支持新古典综合（他对古典经济学和凯恩斯主义经济学都有卓越的贡献）。然而，这次听证会表明他还在犹豫是否踏出完全认同第二代新凯恩斯主义模型的那一步，因为他感觉为此付出的代价（放弃市场失灵）实在太高了。这就导致索洛成为新古典凯恩斯主义经济学家中的少数。

法默的自我实现预言模型

罗杰·法默属于新瓦尔拉斯主义经济学家，他在 20 世纪 80 年代提出了太阳黑子模型和自我实现预言模型，希望其可以作为替代由卢卡斯开创的研究路径的另一条路线。⑥ 虽然这些模型的建模技术与卢卡斯的一样精湛，但出于各种原因，特别是这一学派的理论很难进行实证检验，使得他们没有取得像卢卡斯那样的成功。法默的原创性就在于试图通过

---

⑤ 在听证会的关键时点上，一位参与者宣称托宾是自己的英雄，沙里也插话说托宾一直为他所敬仰（2010：57）。

⑥ 参见 Azariadis（1981）、Azariadis and Guesnerie（1986）、Benhabib and Farmer（1994）、Cass and Shell（1983）、Farmer（1993）以及 Guesnerie and Woodford（1992）。

融合新瓦尔拉斯理论（复杂性、难以实证、与政策建议无关的一般均衡分析）和宏观经济学（简单化、应用性的、倾向于提出政策建议的一般均衡分析）来研究同一个对象。⑦

最终，法默在这次宏观经济学领域的冒险行动中创立了他自己所称的"法默模型"。该模型的详细内容可参见法默的两本书 [《预期、就业与价格》（*Expectations, Employment and Prices*, 2010a）和《经济如何运行：信心、崩溃和自我实现预言》（*How the Economy Works: Confidence, Crashes and Self-Fulfilling Prophecies*, 2010b）] 以及几篇论文（包括 Farmer, 2008, 2013）。与戴蒙德所追求的目标一样，法默在这些作品中试图用当代经济学理论的术语和工具使动物精神和自我实现预期这一组概念重新焕发生机。

本节将仅仅讨论法默的《预期、就业与价格》一书。这是一本相当令人惊喜的书。第一个原因在于它用如此少的篇幅（仅175页）容纳了如此丰富的内容。法默在他的理论模型中使用了一种H-P滤波法的替代法，该方法能够将中期频率包括在内，而这被H-P滤波法忽略了。他还证明了自然失业率（或路径）概念的错误。最后，他宣称自己的模型能够解释大萧条和2008年经济衰退，并且能够解释期间的各种经济波动。第二个原因在于他证明能够将《通论》中相互分离的有效需求模型和动物精神融合在一起，这足以说明该理论的精湛，更不用说他在有效需求模型中排除了价格刚性假设。第三个令人惊喜的原因在于，为了证明凯恩斯主义理论的正确性，法默所使用的工具都是非凯恩斯主义的：均衡假设、搜寻理论、代表性家庭框架（使得失业者与就业者享有同等的效用）、动态优化以及社会计划者等。很难有人比法默更全能了：他通过把两种理论关联在一起从而突破了原有的局限。

法默模型

在法默提及的诸多议题中，我们将集中研究他是如何将有效需求理论和动物精神融合在一起的。法默的思路分为两步：首先，他构造了一个静态的单产品多重均衡模型；其次，他将该模型拓展为跨期模型，用来研究包含多种最终产品和一种不可生产的资本品的经济。整个经济的

---

⑦ 在这个问题上，伍德福德也作出了类似的尝试，但与法默所用的方法及目的都不同。

不确定性源自经济主体对未来经济状态的预期。在这两个模型中，劳动力市场都是基于搜寻技术的。罗默对自己的研究这样总结道：

> 在本模型中，劳动力市场依赖于搜寻技术来运作，不过我没有预设某种特定的工资协商机制，而是假定所有企业都提供相同的工资。这就导致整体经济存在多种可能的工资水平，而且其中的每一种都使得企业达到零利润均衡。这就为凯恩斯的如下观点构建了微观基础：多种经济活动水平下的宏观经济体都可能是均衡状态。(Farmer，2010a：9)

法默的分析起点是莫滕森-皮赛里德斯匹配模型（Mortensen-Pissarides matching model，1994）。该模型包含随机搜寻和匹配两个过程，关键是后者会影响双方在交易结束后如何分享收益。但是这种匹配方式没法实现法默的多重均衡情形，他需要不确定性。于是法默抛弃了上述设定，并重新假设企业和工人都是价格接受者，并且与商品和劳动的相对价格有关。这就为得到不同实际工资水平下的一系列均衡结果奠定了基础。为了完成模型，还需进一步增加条件。由此，法默认为经济主体关于未来经济状态的信心可以成为决定经济均衡的重要因素。[8]

法默希望得到的自我实现的结果要求经济活动水平受到总需求的驱动，在这个意义上，法默回归了凯恩斯主义。凯恩斯的有效需求模型存在两个缺陷：基于价格刚性假设以及缺少微观基础。在构建自己的模型时，法默必须克服它们。

图 20.1 比较了标准的"凯恩斯交叉"图（见第二章）和法默自己的图。它们的相似性是非常明显的，虽然表达形式不同，但两者都说明就业是由总需求（AD）和总供给（AS）的交点决定的，并且恰好低于充分就业（如图中的 N^{FE} 或 L^*）。

法默模型是一个高度简化的一般均衡模型。它假定经济中存在单一产品，并且该经济体由标准化为 1 单位的代表性家庭组成，每个家庭由标准化为 1 单位的家庭成员组成。闲暇不产生任何效用，因此所有家庭成员都会寻找工作。经济中不存在储蓄，所有收入都用于消费。就业者的收入在家庭间均分。

---

[8] 由于法默的基本模型是静态的，故他需要暂时采用政府的财政政策来解决不确定性问题。因此，家庭面临的预算约束为 $pC = wL(1-\tau) + TR$（其中，p 是物价水平，C 代表消费，w 是名义工资，τ 是税率，TR 是对家庭的一次性转移支付）。这一假设使得可以在凯恩斯交叉图（见图 20.1）中显示总需求，不过法默在跨期模型中将其删除了。

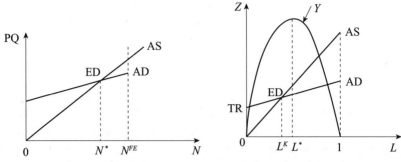

图 20.1　凯恩斯的有效需求模型与法默的有效需求模型

法默的搜寻模型的创新之处在于他将匹配函数表达为 $m = m(H, V)$，其中 H 度量求职者的努力程度，V 代表参与雇佣活动的工人数量。法默假设被企业雇用的工人中有一部分从事雇佣活动，因此被雇用的劳动力 L 要大于实际投入生产函数的劳动力（生产函数为 $Y = AX$，其中 Y 是产出，A 是生产率参数，X 是"有生产力的"工人）。设有效劳动力和参与雇佣活动的劳动力的比值为 $q = X/V$。有效劳动力占被雇用劳动力的比例为 $\Theta = X/L$，法默将其称为"有效雇佣率"，必须满足 $\Theta = 1 - 1/q$。有效雇佣率是内生决定的，但被企业当作参数来使用。其大小取决于市场的紧度（tightness）：劳动力市场紧度越小，q 越小，因此 Θ 越小；反之，当劳动力市场宽松时，少量的参与雇佣活动的工人就能支持大量的劳动力：

> 这种匹配技术使得企业间具有产出外部性。当所有其他企业都提高雇佣量时，对于单个企业来说就更难雇用工人了。（Farmer，2010a：39）

在现货市场条件下，模型均衡要求实际工资等于劳动的边际产量。在搜寻模型中，均衡条件变为 $A\theta = w/p$。该方程使得均衡可以在一系列工资水平和有效雇佣率水平上实现。在均衡零利润假设下，当 q 很大时 w/p 便会很高，反之亦然。由此得出的产出曲线呈凸起状，如图 20.1 所示，当总雇佣劳动力 L 从 0 到 1 变化时，产出先上升后下降。当总雇佣劳动力达到 1 时，所有的工人都在从事雇佣工作而不从事生产。

由社会计划者计算的该经济均衡情形如图 20.2 所示。

基于法默所设定的参数，L^* 和 U^* 形成了劳动力在就业和失业状态之间的最优配置,这一配置又基于 X^* 和 V^*,即分别参与生产活动和雇佣活动的最优工人数量。⑨ 这种状态被法默称为"充分就业"。

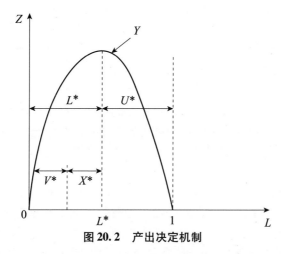

图 20.2 产出决定机制

就我们的研究目的而言,不需要再去描述法默模型如何从家庭和企业最优决策中推导出总供给曲线和总需求曲线。他的核心观点在于,可能存在多元均衡,且它们与充分就业重合的可能性很小。在图 20.1 中,就业水平 L^K（K 代表凯恩斯）就说明了这一点。和《通论》所描述的情况一样,在法默模型中,有效需求决定的就业量也没有理由和充分就业量相等。然而,在这一相同点背后,两者有很多重要的不同之处。在法默模型中,充分就业被定义为一种无效率的均衡,它并没有被定义为非自愿失业的反面。该模型中就业者和失业者的效用是相等的。而且在法默模型中,有效需求决定的就业量既可以低于充分就业（如图 20.1 所示),也可以高于充分就业。法默模型中的工资也是具有弹性的,这与凯恩斯所希望的一样。此外,与凯恩斯的模型不同,该模型并没有任何直接的政策结论。

法默推理的下一步是将这一静态模型拓展为研究企业和家庭最优均衡路径的动态模型。现在经济中包括 n 种最终产品（$1,\cdots,i,\cdots,n$)。政府对家庭征税和转移支付的假设（见脚注⑧）被取消,因为不再需要它们来完成模型。该模型中不存在投资,因而也就不存在储蓄,

---

⑨ 法默模型的结果是 50% 的工人失业,而就业者中有一半的人从事雇佣活动,显然这与现实相去甚远。不过这完全取决于模型中匹配参数的设定,如果 $H=1$,那么存在 $m=V^{0.5}$。法默也假设存在 100% 的职业流动性,即所有工作岗位只存在一期。

这与一般动态模型相比是有些奇怪的，由此消费恒等于产出。资本也以一种不同寻常的方式被引入模型。它由单位投入或资本品 K_t 组成，比方说土地。它每期都在完全竞争的资本市场上被分配给不同的产业，由此产生一系列价格 $p_{(k,t)}$。法默将这一市场类比为单一股票市场。换言之，资本品的价值和股票市场的价值是同一件事情。经济主体具有理性预期，只有在面对决定多重均衡状态的变量时理性预期才会失效。

家庭的最优解由一个欧拉方程表示，代表着消费最终产品和资本品的均衡配置路径。对企业而言，总供给的均衡路径由资本和劳动的一阶条件来推导。法默强调总供给曲线可以被表述为供给与劳动雇佣量之间的适当关系；社会计划者求得的有效率的均衡状态与基本模型一致，但现在它被表示为时间路径（即 $L_s=0.5$，$s=t$，…，∞）。与它相联系的是 p_k 的有效值：p_k^*。和基本模型一样，与搜寻技术相关的非价格外部性导致了多重均衡。因此，对于每一种有效雇佣率参数而言，都存在不同的均衡路径。法默以一种凯恩斯主义的方式来处理这一不确定性，即关注家庭对长期经济状态所持有的信心。凯恩斯对信心的概念泛泛而谈，法默则在自己的模型中将这种信心明确表达为家庭对资本品未来价格序列 $\{p_{k,t}\}$ 的预期：

> 家庭对资本价值预期的变化会影响其支出，因为长期预期影响财富并转而影响当期消费。（Farmer，2010：92）

换言之，"信心决定了我们观测到的失业率"（Farmer，2010b：114）。因此存在一系列连续的"凯恩斯均衡"（L^K），它们与一系列的资产价格（$p_{k,t}$）相联系。由于对某一特定序列来说，它与均衡序列恰好一致的可能性很小，因此它们中的大部分都是无效率的。如果 $p_{k,t} < p_{k,t}^*$，那么失业率就是"无效率得高"（2010a：93），这也就是凯恩斯所说的那种缺乏信心的情况；如果 $p_{k,t} > p_{k,t}^*$，那么失业率就太低了。法默从其模型中得出的政策结论是，为了稳定就业水平，政府有必要采取措施来稳定跨期资产价格 $p_{k,t}$。在该书的应用部分，法默进一步建议该模型的政策结论可以推广到现实中。他的原始建议是，应该制定一篮子证券的价格指数，并让美联储通过买卖其中的股票来钉住价格。通过这种直接锚定的政策工具，股市的全球价值将会保持稳定，因此高失业率也将得到遏制。

评 述

在理论研究高度标准化的时代，经济学家想要在打破常规和遵循方法论标准之间达到某种平衡是非常困难的，但法默做到了。他的研究因其独创性和大胆无畏而脱颖而出，同时也证明了法默将复杂的想法转化为简单模型的高超技术。他有能力将不同领域的想法进行融合，他对凯恩斯主义和 DSGE 方法所进行的新的混合是值得赞扬的。

将多元均衡纳入模型是一个很好的想法，如果不是因为实施起来太过艰难，那么很多人都希望采用它。法默的研究也证实了这一点。然而不得不说，尽管该模型看起来神气十足，但它实际上用了一些很难被接受的强假设。第一是他使用了搜寻模型。搜寻理论学者通过采用一种新的交易技术而为经济主体和企业赋予了异质性：工人具有不同的技能、企业提供了性质不同的岗位、不同的工作地点、将雇佣关系视为持续而稳定的、工资水平分散，并假设经济主体都是价格制定者。而法默模型并没有遵循上述假设。工资议价被视为一种完成匹配过程的自然方式，但法默抛弃了它，并用一种复杂的方法进行替代，这种方法在新瓦尔拉斯主义框架下，而不是在搜寻模型中更讲得通。这是一种特设的理论融合。同样的判断也可以用于该模型的信心函数。法默认为"信心与偏好、禀赋、技术等基础性概念一样是独立的"，并且是"经济周期的驱动因素"（Farmer，2010b：113）。这一命题并未得到严格证实。法默认为对未来资产价值信心的改变具有自我实现效应，但什么能够解释信心的改变呢？这一命题的反面，即资产价值的改变——它们本身可以反映实际的经济情况——能够影响人们的信心，似乎也是说得通的。显然，这些模糊性给法默大胆的政策建议带来了质疑（不过不得不说，他在提出它们时非常谨慎）。

我认为法默模型是他独自研究的成果，它无疑证明了法默本人的创造力，也显示了新古典主义工具箱的可塑性。然而在该书的序言中，法默展现出了更大的野心，"目的是颠覆 20 年来宏观经济学家们已经形成的思维方式"（Farmer，2010a：Ⅶ）。为了实现这一目标，他必须吸引足够多的经济学家来共同完成这项研究计划。

莱荣霍夫德和基于经济主体的模型

莱荣霍夫德所著的《论凯恩斯主义经济学与凯恩斯的经济学》（*On Keynesian Economics and the Economics of Keynes*）致力于对凯恩斯主义宏观经济学进行批判，认为它"违背了初衷"（Leijonhufvud，1993：7），即过于关注工资刚性而不是研究市场协调失败。最新一代的 DSGE 模型被命名为"新凯恩斯主义"的事实也不足以让莱荣霍夫德改变他的看法。⑩

正如本书第六章所言,莱荣霍夫德认为凯恩斯对经济学理论的最大贡献就在于他呼吁宏观经济学家们应当致力于研究市场经济自我调整机制所存在的具体问题,虽然凯恩斯并没能以任何有效的方式解决这个问题。我们在本书第一章也看到,为了达到这一研究目标,必须集中研究经济的运行规律。马歇尔和多数马歇尔主义者理所当然地认为这些规律运转良好。但大萧条摧毁了这一乐观主义的想法,这也促使凯恩斯下决心修正马歇尔主义理论,他试图证明在某些条件下,市场运行规律会发生偏离,特别是在劳动力市场,会使经济无法收敛到它通常的均衡点。但可惜的是凯恩斯缺乏必要的技术工具,这使得《通论》不足以把他的直觉付诸实际。除了散落各处的零星论述以及第十九章的笼统论证,凯恩斯并没有能够深入研究经济的自我调整机制。这就使得他不得不退而求其次,试图通过解释某一时期内非自愿失业现象的客观存在来达成其研究目标。诚如莱荣霍夫德所言,"凯恩斯的理论具有动态的本质,却采用了静态的形式"(Leijonhufvud,1976:95)。

莱荣霍夫德反复强调凯恩斯的失败并不能否定如下核心观点,即协调失败是市场机制良好运转的主要威胁,因此它应该成为宏观经济学的首要研究对象。莱荣霍夫德甚至表示,是否遵循这个总体研究目标是评价宏观经济学进展的标尺。事实上有充分的理由来支持这一观点。由于现实经济是一个复杂的系统,因此市场失灵不应被排除在外,而自我调整机制的失效是最应怀疑的造成市场失灵的原因。莱荣霍夫德承认,缺乏必要的技术工具可以解释为什么经济学家们并不总是遵循这一研究思路。当为既有理论辩护时,我们还可以借助弗里德曼的观点(用新模型来替换旧模型)和维特根斯坦的观念(在明确概念的定义前应当保持沉默)。上述种种限制也让莱荣霍夫德几十年都被限制在错误修正者的位置上。虽然他深受敬重,但他的批判并没有产生太大的影响力。

---

⑩ "今天在技术上更为复杂的 DSGE 理论在本质上和 20 世纪 50 年代的那种简单的静态一般均衡理论没有太大区别,它们都有一个根本的先入之见,即能够用一个稳定的自我调节系统来刻画现实经济,在其中'市场力量'将引导经济趋向一般均衡状态,只有存在这样或那样的'摩擦'时,这种趋向均衡的过程才会受到阻碍。我认为这种宏观经济学思想是错误的,因为它基于对市场经济本质的错误理解,只要学者们仍然坚持这种错误的观念,那么无论数理模型或计量方法在技术上有多少创新,它们都无法带来真正的进步"(Leijonhufvud,2009:2)。

但是到了 20 世纪 90 年代，计算机革命带来的进步使得工具缺失不再成为经济学发展的阻碍。虽然符合马歇尔主义运动规律的复杂的非线性动态系统仍然可能不存在解析解，但考虑到计算机庞大的运算能力使得模拟成为可能，这一缺陷已显得无关紧要。这使得莱荣霍夫德不再是荒野中的独行侠。大批拥有计算机知识的技术型学者——虽然他们并不像莱荣霍夫德那样具有哲学思维——开始追随并践行莱荣霍夫德的理论。他们的研究发展为"基于经济主体的可计算经济学"（agent-based computational economics），莱荣霍夫德对此称赞道：

> 凯恩斯关于货币经济为何无法"自发"完成协调的理论是有缺陷的。但在另一方面，除了盲目坚信一般均衡的稳定性，我们也没有什么充足的证据。从理智层面来讲，这个问题也不可能永远留在那儿。只有基于经济主体的方法才能够研究经济动态系统复杂的自我调节能力，从而帮助我们理解真实经济动态运行的规律。（Leijonhufvud，2006c：1636-1637）[11]

作为这一研究思路的主要拥护者，茨福西翁将基于经济主体的可计算经济学总结为"一系列算法（程序），它们内置于被称为'经济主体'的软件实体"（Tesfatsion，2006：179）。它充分借鉴了来自心理学、生物学、物理学和计算机科学的各种工具。豪伊特更为生动地将之描述为：

> 正如茨福西翁（2006）所言，基于经济主体的可计算经济学主要研究复杂的适应性系统，该系统包含了许多不断互动的经济主体，他们被外生给定了行为法则。这一研究思路的核心思想是复杂系统——比如经济体或蚁群——能够演化出系统内任一单独个体都无法理解的行为模式。因此，与理性预期理论那样预先假设系统中每个人的行为和信心本来就协调一致不同，该方法只假设了简单的行为法则，并允许协调均衡可能只是系统本身所表现出的属性。该方法通过在计算机上"生成"系统来解释系统的行为特征。只要我们设定相应的计算机程序来模拟所研究系统的特征，我们便能将

---

[11] 莱荣霍夫德试图改变宏观经济学研究方向的努力得到了许多人的支持。他们中的一些，例如科兰德和佩奇，参加了上一节所讨论的国会听证会。表达了相似愿望的论文包括 Colander et al.（2008）、De Grauwe（2009，2010）、Hoover（2001，2006）以及 Kirman（2010）。例如，科曼就曾说过，"一直以来宏观经济学理论都强调'合理的微观基础'，但在我看来这显然是误入歧途"（2010：507）。莱荣霍夫德显然会赞同这一观点。

这一程序视作"培养皿"来进行实验。(Howitt, 2008: 157)⑫

关于基于经济主体模型的详细描述超出了本书的范围。我们在这里仅仅总结它所具有的三个基本特征,它们都与莱荣霍夫德的观点一致。第一,可量化的经济主体的行为规律是这些模型的基础。第二,代表性家庭假设被抛弃(以一种比 DSGE 模型更激进的方式引入具有异质性的经济主体)。通过模型构建,基于经济主体的模型为经济主体间的互动行为留出了充足的空间。第三,对均衡采取了一种新的态度:抛弃均衡原则,但在模型中引入有效个体非均衡状态——这正是与 DSGE 方法论的主要不同之处:

> 这一新的研究思路的一个主要特征就在于它不关心个体均衡是否存在。正如生物学家斯图尔特·考夫曼(Stuart Kaufman)所言:"处于均衡状态的有机体已经灭亡了"。相反,这一新的研究思路仅仅关心系统均衡,在其中所有个体的非均衡状态彼此抵消,因而整体系统保持不变,尽管模型中没有任何一个个体处于均衡状态。(Colander et al., 2008: 238)

号召回归凯恩斯的克鲁格曼

作为诺贝尔经济学奖获得者,同时作为广为人知的经济学家,斯蒂格利茨(已在本书第十二章有所讨论)和克鲁格曼都通过其书籍、文章或演讲反复表达对 DSGE 方法的批判。本节将集中研究克鲁格曼发表于 2009 年 9 月 6 日《纽约时报》上的一篇文章《经济学家为何犯错至此?》(How Did Economists Get It So Wrong?)。⑬

诚如其标题所言,该文旨在对当今的宏观经济学进行全面批判。对克鲁格曼而言,抛弃凯恩斯主义而投奔新古典主义,即当今在学界占统治地位的 DSGE 宏观经济学的成果,是误入歧途。在克鲁格曼看来,经济学已经堕落到了"黑暗时代,在其中来之不易的知识都被抛弃了"(Krugman, 2009: 2)。克鲁格曼认为这种退步主要表现在四个层面。第

---

⑫ 更多技术细节参见 Colander (2006)。
⑬ 在这里我们不讨论斯蒂格利茨,因为他的情况更加复杂,他试图通过撰写针对 DSGE 的实质性批评来在元理论方面(meta-theoretical niche)为理论对话作出贡献,例如参见 Stiglitz (2011)。

一，在方法论上，"经济学家们错把华美的数学外衣当作了真理"（p. 3）。第二，在理论背后对经济学的基本看法上，新古典主义经济学基于对市场体系完全信赖这一前提假设（p. 4），而且认为任何有价值的经济学分析都必须基于"个体理性和市场有效假说"（p. 13），但这些假说实际上与观察到的现实情况相悖，甚至从这些假设荒谬地推出了"失业是工人深思熟虑后希望休息一段时间的决策"（p. 15）的结论。这种潘格罗斯式（克鲁格曼借用了凯恩斯的术语）的态度使宏观经济学根本无法解释市场失灵。因此这也得出了他的第三个观点，即宏观经济学不可能预测到经济危机，而且由于分析工具的匮乏，它也无法提供政策建议。第四，克鲁格曼攻击了金融学理论，"有效市场假说蒙蔽了许多经济学家——如果不是大部分经济学家——的眼睛，使得他们对历史上最大的金融泡沫视而不见"（p. 19）。克鲁格曼表示，凯恩斯主义理论完全规避了上述缺点，它不仅成功抓住了危机的本质，即总需求不足；而且还提出了正确的政策建议，即采用积极的财政政策（而不是货币刺激政策）。

克鲁格曼的文章结构严谨，辞藻华丽，不失为一篇精致的雄文。一方面，由于它是一篇杂志文章而非严格的学术论文，因此试图评价它非常困难。另一方面，又因为它试图评价当今的宏观经济学，所以我们必须评价它的有效性，因此从这个意义上讲，我站在克鲁格曼的批评者一边。⑭

我对这篇文章的批判主要有四点。第一，克鲁格曼对凯恩斯主义和新古典主义理论的区别过于粗浅，在他看来，"新古典主义"就是为自由放任政策辩护。我认为这一定义不甚妥当。因为自由放任政策只是古典主义经济学家——如斯密和李嘉图——所赞同的，但他们并不属于新古典主义。而真正属于新古典主义的新古典综合学者们则反对自由放任。第二，克鲁格曼的论述往往具有误导性，比如说他提及：

> 但是那些自称新凯恩斯主义者的经济学家们在面对理性主体和完美市场假设的诱惑时并没有什么免疫力。他们尽可能避免过分偏离新古典主义的正统。（Krugman，2009：7）

其实这段话不偏不倚的表述应该为：

---

⑭ 科克伦就是这些批评者中的一个，而且进行了相当猛烈的抨击。参见 Cochrane (2009)。

基于可操作性方面的原因，新凯恩斯主义者发现在卢卡斯设定的标准下构建理论不失为一个好的选择，他们也同样决定遵循普洛塞尔先抽象再实际、先简单再复杂的建模原则。

第三，我在前文中业已说明，尽管前途明朗，但 DSGE 模型确实带有种种不能被忽视的局限性。其中最重要的两点是，第一，其所有理论命题都基于模型所刻画的经济而非现实经济；第二，它只能解释温和的经济波动。忽略这些局限性当然是错误的，但遗憾的是，在我看来这常常发生。那些宣称市场出清是现实经济的特征、真实生活中的人们具有理性预期，以及非自愿失业在现实中无法存在的宏观经济学家显然犯了认识论上的错误，不过这些误读并不能说明理论本身有错。因此，克鲁格曼的批判并没有真正指向理论本身的缺陷。

第四，克鲁格曼宣称凯恩斯主义优于新古典主义无异于一种权威式的宣判，他并没有给出任何支持这一观点的证明。我多次强调凯恩斯的经济学和凯恩斯主义经济学一直受到概念模糊的困扰，而且我也并不赞同克鲁格曼关于凯恩斯主义理论能够很好地解释大萧条的观点。实际上，在大萧条这个问题上，我认为经济史学家比宏观经济学家，无论他是凯恩斯主义者还是卢卡斯主义者，都更适合解释它为什么会发生。

回到那些强烈驳斥克鲁格曼的经济学家身上，我与他们的观点也并不完全相同，因为在我看来，他们的批判无法终止争议。为了说明这一点，让我们放宽一下视野。首先，让我们回到宏观经济学的专业分工上，我们在前文中已经探讨过这个问题。我认为宏观经济学试图研究市场经济如何运行，从而旨在回答社会在经济方面如何组织才最优这一问题。在很大程度上，这相当于论证政府和市场力量分别扮演什么角色以及处于什么地位。因此，政策议题在宏观经济学中的地位远比其在自然科学以及其他社会科学和经济学分支中重要得多，宏观经济学与所有公民的切身利益密切相关。

因此，针对宏观经济学议题的"对话"可以有不同的层次。让我将它们分为三层："学术探讨"（peer-controlled conversation 或 theoretical conversation）、"公共知识分子对话"（public intellectual conversation）以及"日常闲谈"（armchair conversation）。本书只聚焦于"理论创建式的对话"（production-of-theory conversation），它是学术探讨的一部分，其首要目的是创造新的科学知识。像我所写的这类文章就属于学术探讨的另一部分，它对各种理论创建予以评述，是元理论探讨，即本身并不带来理论进步，但（希望）可以对理论演化提供一些有价值的见解。学术探讨还有一部分是"政策制定艺术的对话"（art-of-policymaking conversation），其参与者仍然是专业的经济学家。正如科兰德在美国国会听证会上所言，这些经济学家是在使用理论而非创造理论。他们给自己设定的任务是将理论转化为具体的政策决策，这常常意味着对理论命题进行大幅度修订。尽管存在不同的组成部分，但学术探讨基本上都是以在专业期刊上发表论文的形式展开的，并且已经通过了同行评议的审查。它们也可能以学术会议或研讨会的形式展开，但听众往往也是专业学者，并且也经过了一定的专业控制程序。其他两种形式的对话——公共知识分子对话和日常闲谈——则缺乏类似的可控性。公共知识分子对话往往具有政策目的，这些公共知识分子旨在说服别人。一般来说，公共知识分子对话发生在已经出于这样或那样的原因（可能是由于之前卓越的理论贡献）而声名显赫并受到大众媒体追捧的学者之间。他们的对话充斥着各种动机。虽然民众的知识素养和教育背景会在一定程度上限制公共知识分子的表述，使其不能完全被传达，但由于公共知识分子的对话很少受到价值观层面的约束，再加上媒体的存在，言论大都广为传播。其他的公共知识分子可能会予以回应，但往往也没有什么用。最后，我们都会参与到对宏观经济的日常闲谈中，无论自己是不是经济学家。正如凯恩斯在《通论》（1936：383）的最后一部分所言，人们在谈论的时候往往意识不到自己所说的内容其实是一些伟大的经济学先驱们——比如亚当·斯密、卡尔·马克思和约翰·梅纳德·凯恩斯——早就说过的话，有时候甚至是对学者们各种观念的奇怪拼凑。

上述所有对话形式都是合法合理的，并且有时会互相重叠，但它们具有不同的游戏规则。人们可以参与不同的对话。比方说弗里德曼就在上述三个领域游刃有余（假设他在饭桌上也谈论经济学的话）。卢卡斯则恰恰相反，他很少偏离学术探讨的领地。也有经济学家可能在其职业生涯的某一时点从学术探讨转向公共知识分子对话，比如克鲁格曼。

克鲁格曼的文章很明显具有严重倾向，但哪个公共知识分子的论点不是这样呢？为了说服别人，当事人就是要挑选有利于自己的辩词来陈述。对异见者的观点进行讽刺和夸张也是这一游戏的一部分。谎言和盲点无处不在。因此，那些按照是否对经济学理论作出贡献的标准（元理论类型）来评估克鲁格曼这篇文章的批评意见也是有价值的。但是我们不应该回避一个问题，即那些放弃学术探讨并转向政治诉求的经济学家，比如克鲁格曼，他们选择这样做的背后是否有一些理性依据呢？我认为是有的。

如果说 DSGE 方法已经取得了不小的成功，那是因为它采纳了瓦尔拉斯主义分支，故而将内部一致性放在优先的地位。回顾我们在本书第十七章引用过的瓦尔拉斯的观点，采用这一理论分支就相当于栽培一棵橡树，必须耗费很长的时间才能有所收获（橡树能够提供树荫），为此我们必须极具耐心。早期的新瓦尔拉斯主义经济学家在保持这种态度上并没有太大问题，他们深知自己的理论并没有直接的效用，并把这归因于其理论不能推出政策结论。对他们来说，严格遵循"不过度开发其模型得出的任何一般化结论"这一信条是比较容易的。

然而，随着宏观经济学归顺瓦尔拉斯主义，情况发生了急剧变化。宏观经济学被认为应当与此时此刻的政策制定有关，因此政策结论成为其核心议题，于是新瓦尔拉斯主义的教条就变得岌岌可危了。为了寻求恰当的政策建议，政府官员和大众自然而然地把宏观经济学家视为专家。所有人都希望宏观经济学家继续扮演这一角色，而这一角色本身又具有一定的吸引力，因此，所有宏观经济学家都不是纯粹的科研工作者。他们中的一些还可能坚持某种意识形态观点（当然我们必须再次强调，并不应该对意识形态问题给予道德批判）。

让我们假设宏观经济学家可以分为两组：自由放任意识形态的支持者和凯恩斯主义意识形态的支持者。代表当今学界最高水准的宏观经济学为了从决策层面来刻画整体经济而放弃了凯恩斯主义思想，因此拥护自由放任主义的学者们与之相处融洽。DSGE 模型的所有推论都和自由放任学派的思想偏好相安无事，因此，除非他们意识到自己的认识论缺陷，否则就会继续兜售其政策建议。而新凯恩斯主义者则遵循卢卡斯革命来构建宏观经济学理论，试图在此基础上构建能够得出凯恩斯主义结论的模型，但这无异于在拳击比赛中自断一臂，虽然也可能取胜，但无疑困难重重。

因此，不难理解为什么具有浓厚意识形态的斯蒂格利茨和克鲁格曼会在他们事业的某一阶段放弃学术探讨并转而尝试解决实际问题，因为此时理论标准的束缚已经使他们不能用理论语言来讨论相关问题了。我们也不难预测斯蒂格利茨和克鲁格曼对 DSGE 方法的批判会越来越激烈，因为自 2008 年经济衰退以来，DSGE 宏观经济学暴露出的缺陷越来越严重。但他们作为公共知识分子的这些言论对宏观经济学理论发展不会有什么影响，我猜测至少没有像对大众的影响那么大。

第二十一章
继往开来

最后一章试图将本书所探究的各种线索汇集起来。首先，我们总结三点一般教训；其次，罗列宏观经济学发展历史上重要的决定性节点；最后，我们会简要考察2008年经济衰退对本学科未来发展的影响。

一般教训

进　步

本书旨在从宏观经济学发展史中探索出一些规律，我们所考察的时期从凯恩斯开始，一直到2008年经济衰退（但不包括2008年经济衰退）。莱荣霍夫德的决策树不失为一个好的指引线索。采用这一分析思路意味着宏观经济学的演化不应该被视为一条直线，而这与很多理论评论家所认为的恰恰相反。① 事实上，研究计划起起伏伏，方法论也常常彼此冲突，历史上存在"成功者"也存在"失败者"。书写一个学科的历史往往就意味着记录那些成功的思想，而那些曾经辉煌一时但后继无人或者不那么辉煌的思想或多或少将被抛弃。虽然我们更关心那些成功者而非失败者对理论发展的贡献，但这并不意味着我们一定要按照成功者的视角来书写历史——这种历史被我们称为辉格主义历史。实际上，莱荣霍夫德的决策树分析让我们明白，学科未来的发展路径是开放的，而所有理论胜利者都只能雄霸一时。一旦我们承认理论演化面临上述约

---

① 例如，沙里曾写道，"学界总是流行把经济学中的关键发展视为各种各样的标志性革命，但在我看来，这是对经济思想史的一种误导。我的观点是，卢卡斯的研究成果是作为一门科学的经济学在发展中自然出现的一个进程"（Chari，1998：171）。

束，那么我们就能看到经过三轮演化浪潮的 DSGE 方法已被证明在其选择的演化路径上取得了令人印象深刻的进步。

革 命

宏观经济学家似乎特别喜欢使用"革命"一词。除了"凯恩斯革命"，我们还经历过"理性预期革命"和"货币主义革命"（或"反向革命"）。对我而言，只要不将其滥用，那么库恩的科学革命概念还是非常有解释力的。我认为纵观整个宏观经济学发展史，只有两个时代称得上科学革命：凯恩斯革命——开创了宏观经济学的革命，以及我所称的"卢卡斯或 DSGE 革命"。其中，凯恩斯革命在三方面取得了突破：①将马歇尔局部均衡分析一般化；②抛弃被认为是经济理论必然结果的市场出清假设；③将之前分离的货币理论和实体经济理论融合起来。虽然凯恩斯本人开创了这一条极具创造性的研究路径，但直到 IS-LM 模型出现后的第二阶段该学说才得以完善。IS-LM 模型成为宏观经济学这一新的经济学分支的核心。至于卢卡斯革命，我认为它一方面将马歇尔主义宏观经济学转变为瓦尔拉斯主义宏观经济学，另一方面为宏观经济学理论构建制定了更严格的基本原则。它是一场方法论革命，用理论的内部一致性原则取代了外部相关性原则。和凯恩斯一样，卢卡斯只是这场革命的开创者，而直到基德兰德和普雷斯科特这一革命才得以完善。在本书中，我将 DSGE 的学说演化分为三个阶段：①以卢卡斯货币供给冲击模型为代表的新兴古典模型；②RBC 模型；③所谓的"新凯恩斯主义"或"DSGE"模型。其中，我在第三阶段选择了第①种说法并在其前面加上"第二代"这一修饰词，因为我认为他们的方法论观点与 20 世纪 80 年代那一批新凯恩斯主义者的观点完全不同。

所谓革命就是要打破学界的共识，因此我们可以从这个视角来研究宏观经济学的演化史。尽管凯恩斯主义宏观经济学最初被大家一致赞同，但它最终也遭到了货币主义的攻击——不过相较于新兴古典主义，货币主义的攻击并不致命，是新兴古典主义成功推翻了凯恩斯主义范式。DSGE 宏观经济学则是在争议不断中逐渐壮大的。与弗里德曼相比，新兴古典主义的攻击毫不掩饰，回想一下卢卡斯和萨金特的论文《凯恩斯主义宏观经济学之后》，以及卢卡斯名为"凯恩斯主义之死"的演讲。传统凯恩斯主义者以及后来的第一代新凯恩斯主义者都进行了相当激烈的反击。但是经过十几年的争论，双方都偃旗息鼓，而那些自称"新凯恩斯主义者"的新一代经济学家们（包括一些原来的第一代新凯恩斯主义者）发现用 RBC 模型的方法来论证凯恩斯主义的议题也不失为一个好策略。

意识形态

我想要指出的第三点一般教训是，将宏观经济学仅仅视为一门实证主义学科的观点是有一定误导性的，因为宏观经济学本身就有强烈的意识形态取向。这并不是说每一个宏观经济学家都是意识形态上的战士——相反，大部分可能不是。实际上，宏观经济学的意识形态层面根植于这门学科的研究对象。宏观经济学最终所关心的是政策制定。因此，宏观经济学中最关键的问题是如何以一种理想的方式在经济层面上去组织社会，而这完全是一个政治议题。说到这里，我同意卢卡斯的观点：如果我们无法避免意识形态问题，那么我们一定要控制它。进行宏观经济学的理论探讨与在餐桌上和朋友们争论经济政策或者在新闻媒体上就不同的意识形态观点进行论战在本质上并没有什么不同。但进行理论探讨的学者必须遵照一些标准来接纳或驳斥某种理论。这种标准越明确越好。正如我们之前所说的，随着 DSGE 宏观经济学的兴起，我们更关注理论的内部一致性而不是其现实价值。诚然，我认为这一观点是非常合理的，但为此付出的沉重代价就是，宏观经济学家在将由模型推导出的结论直接运用到政策制定上时必须异常谨慎。[②] 在这个对业界专家推崇至极的年代，宏观经济学家们反而应该拒绝扮演专家的角色，他们不得不承认自己和政治哲学家们一样被限制了社会价值的发挥。

重要的决定性节点

将宏观经济学的发展与决策树进行对比难免让人提出哪个节点更加重要的疑问。本节将分析其中几个最关键的节点。

马歇尔-瓦尔拉斯大分流

鉴于本书已经专门用一整章来探讨马歇尔-瓦尔拉斯大分流，因此在本节我并没有要补充的观点，只是希望再次强调：我认为马歇尔-瓦尔拉斯大分流是理解宏观经济学演化的一个非常重要的基准。

[②] 这并不是说在凯恩斯主义占主导地位的年代里经济学家更容易扮演专家的角色，而是说当时他们的模型看起来更加贴近现实，因而提出相关的政策建议就不会显得不协调。

非自愿失业和非充分就业大分流

宏观经济学演化决策树的第一个分叉便是那些福利最优化模型和福利次优化模型之间的分流。在后一个分叉内部,又演化出劳动力定量配给和非充分就业两个分流。其中,劳动力定量配给又演化出由个人非均衡引发的非自愿失业和由偶然因素引发的非自愿失业。表21.1罗列了前文所述的主要模型如何归属于上述各类分支。

表21.1 对劳动力市场结果的不同主张③

	次优结果			最优结果
	非自愿失业（个人非均衡）	非自愿失业（偶然因素）	非充分就业	
凯恩斯的《通论》	●			
希克斯的IS-LM宏观经济学	●			
莫迪利安尼的IS-LM宏观经济学			●	
帕廷金的非均衡和克洛尔－莱荣霍夫德的非均衡	●			
菲尔普斯的自然失业率模型		●		
弗里德曼的自然失业率模型		●		
非瓦尔拉斯均衡模型	●			
第一代DSGE：卢卡斯模型				●
FGNK模型：效率工资模型		●		●
FGNK模型：交错合同模型			●	
其他模型：戴蒙德模型			●	
其他模型：罗伯茨模型		●		
其他模型：哈特模型			●	
其他模型：卡林和索斯凯斯模型			●	
第二代DSGE：RBC模型				●
SGNK模型			●	

在现实世界中,非自愿失业的概念是说得通的。问题在于如何将之

---

③ 在本表中,FGNK是第一代新凯恩斯主义模型的简称,SGNK是第二代新凯恩斯主义模型的简称。

整合到理论模型中去。值得注意的一点在于：新古典主义理论以能够作出最优决策的经济主体为理论前提，这与经济主体无法进行选择的结果本身相冲突。而《通论》、希克斯的 IS-LM 模型以及非瓦尔拉斯均衡模型之所以能够得出非自愿失业的结果，是因为它们在模型中强加了外生的刚性假设。帕廷金的黏性假设并没有取得太大的成功。至于效率工资模型，比如本书具体研究的怠工模型，虽然推导出了可以被称为非自愿失业的结果，但这一结果是有效率的，很难与凯恩斯主义经济学家通常所追求的动机相符。

从我的研究中可以看出，偏向于凯恩斯主义的经济学家在其研究目标上面临着一定的困境。一方面，他们聚焦于非自愿失业问题，但事实证明很难用严谨的方法证明非自愿失业存在，而且也不必然支持需求刺激政策；另一方面，他们希望论证需求刺激的必要性，即凯恩斯主义的首要政策工具，但这不一定需要采用非自愿失业假设，采用非充分就业假设就可以达到这一目的。此外，交错合同模型也显示，非充分就业这一思路为刚性假设提供了一些理论基础。第一代凯恩斯主义经济学家们在这个问题上产生了分化。虽然他们都宣称关注非自愿失业问题，以莫迪利安尼为代表的一派在模型的各个方面都仅仅把非充分就业作为分析对象，渐渐地以至于到如今非充分就业假设已经占据主流。但是，非自愿失业概念仍然是凯恩斯主义者们的精神图腾，就好像是他们最后坚守的堡垒，虽然这一标签并不合适，却依然不断出现。④ 对那些像我一样强调必须明确概念定义的学者来说，这令人感到相当遗憾。

对新古典综合的态度

我发现可以用来理解宏观经济学演化史的另一个基准是对新古典综合的态度。所谓新古典综合有两种理解：第一种就是作为 IS-LM 模型的同义词；第二种是指凯恩斯主义和古典主义理论之间的关系。就第一种理解来说，这一概念并没有带来更多的价值。但就第二种理解来说，我们必须进一步作出区分，其中一种理解在字面意思上是讲得通的，另一种从字面上理解则相当麻烦。我们先从前者讲起。建立凯恩斯-瓦尔拉斯综合是关键，更准确地说是论证短期的凯恩斯非均衡状态如何在长期

---

④ 例如可参见 Christiano, Trabandt, and Walentin (2010) 以及 Gali, Smets, and Wouters (2011)。

会趋向于瓦尔拉斯均衡状态是关键。帕廷金就曾沿着这一思路进行研究，但最终失败了。对后一种理解来说，"综合"一词的含义就与其字面意思恰恰完全相反了。也就是说，这里的新古典综合是指我们没有必要在凯恩斯主义和瓦尔拉斯主义之间构造一个综合性理论，而是断定两者都是必要的。正如我们在第二章所言，这种观念起源于希克斯。希克斯不仅盛赞凯恩斯将货币理论的研究重点从长期转向短期，还指出短期和长期问题可以分开来单独研究。这一观点在凯恩斯主义宏观经济学占主流的时期颇为盛行。新古典综合变成一种在宏观经济学领域对两种完全不相容的建模策略进行折中的办法。正如第八章所示，卢卡斯通过确立一系列适用于瓦尔拉斯理论的严格标准并进一步证明这一理论足以用来替代凯恩斯主义理论而强烈批判了这种观点。为了回应卢卡斯，第一代新凯恩斯主义经济学家们将为这种意义上的新古典综合进行辩护视为自己的重要目标。尽管他们勉强地承认瓦尔拉斯理论在长期更有效，但他们也坚定不移地抵制其霸权。因此，曾有一段时间我们只要了解一位学者对新古典综合持有何种态度便能判断他是属于（第一代）新凯恩斯主义者还是属于新兴古典经济学家。随着第二代新凯恩斯主义模型的出现，这种情况发生了改变。第二代新凯恩斯主义经济学家们采取了一种不同的态度，他们通过创立凯恩斯主义–RBC综合而放弃了传统的折中主义宏观经济学观点（这里的综合并不存在概念上的争议）。⑤

向完全的一般均衡分析进军

凯恩斯在法文版《通论》的序言中写道，之所以在书名中使用"一般"（general）一词是因为他希望"将经济系统视作一个整体"（Keynes，[1939] 1979：XXXII）。也就是说，他认为失业问题是经济不同部门之间相互作用而产生的结果。虽然他并没有采用"一般均衡"这一术语，但他的思想无疑与当前我们采用的一般均衡分析思想相契合。后者具有两个基本特点：①必须研究整体经济；②必须研究经济组成部门之间的互动，而不是对它们单独进行分析。

---

⑤ 新古典综合时至今日仍然作为一种少数派观点而存在。2012年，索洛和特夫特主编的《宏观经济学做对了什么？》（What's Right with Macroeconomics?）一书的封底文字写道："本书的贡献者，九位极具声望的宏观经济学家，强调折中主义宏观经济学具有超越专制的经济学范式的品质。"

通过研究各类模型是否遵循完整的一般均衡分析这一基准，我们可以发现宏观经济学演化史上的另一条规律。如表21.2所示，事实上经过多年演化后，宏观经济学才逐渐具有了一种完整的一般均衡分析框架。

表21.2　按照是否采用完整的一般均衡分析区分各类模型

	非完整的一般均衡分析	完整的一般均衡分析
IS-LM 理论模型	●	
IS-LM 实证模型（克莱因-戈德伯格模型）	●	
非瓦尔拉斯均衡模型		●
第一代DSGE：卢卡斯		●
第一代新凯恩斯主义模型	●	
其他模型（戴蒙德，哈特，泰勒）		●
第二代DSGE：RBC		●
第二代新凯恩斯主义模型		●

凯恩斯主义-非凯恩斯主义大分流

凯恩斯主义-非凯恩斯主义大分流恐怕是看起来最重要的用以理解宏观经济学演化史的一个视角了。但当我研究到最后时，发现这一分流实际上比较复杂。

在凯恩斯主义宏观经济学盛行的年代，这一概念的含义比较直观。凯恩斯主义由两个基本元素组成。第一是关于市场经济的利弊。可以用一句广为流传的口号来对这一观点进行总结，即尽管市场经济有诸多好处，但它仍然可能会发生市场失灵，只有政府积极干预，特别是采用需求刺激政策予以调节才能修复市场失灵。与此相反，非凯恩斯主义者们认为不受约束的竞争机制才能引导经济实现最优资源配置——简而言之，就是自由放任原则。前文中我们已经提及，这两个观点已经上升为一种意识形态，在这里意识形态一词并无任何贬义。第二是由马歇尔开创的方法论传统，此后凯恩斯将之拓展到研究整体经济层面，最后通过希克斯和莫迪利安尼构建的正式的模型而得以确立，这套方法论可以被称为"马歇尔-凯恩斯-IS-LM概念体系"。就此而言，凯恩斯主义者意味着在理论层面将工资刚性概念引入这个更广意义上的马歇尔主义话语体系，由此推出失业，并进一步在政策层面强调通过需求刺激政策来对抗失业问题。彼时，非凯恩斯主义经济学也遵循马歇尔传统，因此与凯恩斯主义经济学的概念体系并没有太大区别。唯一的不同就在于前者采用工资弹性假设，据此可推出需求刺激政策并没有什么作用。弗里德曼被视为非凯恩斯主义或反凯恩斯主义经济学家的代表，但他与凯恩斯主义者的差别仅仅体现在观念层面而非概念体系层面。

20 世纪 70 年代卢卡斯模型和非瓦尔拉斯均衡的出现让事情发生了深刻变化。与马歇尔－凯恩斯－希克斯概念体系完全不同的新瓦尔拉斯主义概念体系得以确立。与弗里德曼一样，卢卡斯也在意识形态上被视为非凯恩斯主义或反凯恩斯主义的经济学家。但与弗里德曼不同的是，他同时也在概念体系层面反对凯恩斯主义传统。非瓦尔拉斯均衡经济学家们与弗里德曼相反。他们拥护凯恩斯主义的政策建议，却不认可凯恩斯主义的概念体系。表 21.3 总结了上述各派学者的区别。

表 21.3　20 世纪 70 年代的宏观经济学模型分类

		政策建议	
		需求刺激	自由放任
概念体系	马歇尔－凯恩斯－IS-LM 体系	IS-LM 模型	弗里德曼货币主义
	瓦尔拉斯体系	非瓦尔拉斯均衡模型	卢卡斯模型

直到此时，凯恩斯主义－非凯恩斯主义大分流仍然处于可控状态。随后，既有的语言体系崩溃了。那些采纳了价格黏性或不完全竞争假设的模型被贴上了凯恩斯主义的标签，至于说它们是否证明了非自愿失业或非充分就业或者是否建议需求刺激政策变得无关紧要了。正如卢卡斯所言：

> 如果凯恩斯主义这一术语现在就是指采用任一政策来提升经济运行效率（比如反垄断政策），那么这个术语已经毫无意义了。我们何不使用"马歇尔主义"或者"张伯伦主义"呢？（Lucas. Various. Box 6，1985—1988 年通信）

> 许多一流的经济学家仍然自称"凯恩斯主义者"，而且许多有趣的新研究思路仍然表示受到了"凯恩斯主义问题"的启发或者采用了"凯恩斯主义研究方法"……我猜测这些当代经济学家们并没有详细说明从凯恩斯的思想和方法中继承了什么东西，他们中的一些甚至可能根本没有读过凯恩斯。他们之所以还在用"凯恩斯主义"的标签，只是想要表明他们并不像一个积极分子那样支持某

一特定的经济学理论，而是拥有一种将经济学理论付诸实践的自由精神而已。(Lucas，1995：917)

这是否意味着凯恩斯主义－非凯恩斯主义大分流毫无意义了呢？也不尽然。如果我们仅以一种狭义的意识形态含义来理解它，并将那些支持用需求刺激政策来修复市场失灵的模型归为凯恩斯主义，那么这个概念仍然有助于揭示宏观经济学的演化史。如果我们按照模型的政策结论来分析之前讨论的各种模型，那么我们仍然能够观察到凯恩斯主义－非凯恩斯主义的区分。表 21.4 对此进行了总结。⑥

在我看来，这一往复仍将在宏观经济学的历史长河中继续下去。

表 21.4 各类模型的政策结论

	支持需求刺激	自由放任
《通论》	●	
IS-LM 模型	●	
非均衡理论和非瓦尔拉斯均衡模型	●	
货币主义		●
新兴古典主义模型（卢卡斯）		●
第一代新凯恩斯主义模型	●	
RBC 模型		●
第二代新凯恩斯主义模型	●	

2008 年经济衰退的影响

读者们可能急切地想知道 2008 年经济衰退后宏观经济学发生了什么最新变化。遗憾的是，这是经济思想史学家们现在无法回答的问题。原因很简单：只有当尘埃落定时历史才能够被书写。因此，就经济衰退这个话题，我在这里只列出三个简要的一般性评论。⑦

第一个需要讨论的议题在于 DSGE 方法是否能够解释 2008 年经济衰退。如果这里的"解释"仅仅意味着讲一个完整的故事的话，那么

---

⑥ 表 21.4 对两代新凯恩斯主义模型的划分还是过于粗糙了。某些第一代新凯恩斯主义模型确实证明了需求刺激的正当性，而其他的则没有。对第二代新凯恩斯主义模型而言，它们显然支持价格稳定，但并非一致认同需求刺激政策。

⑦ 一个次要的话题是为什么今天的宏观经济学没能成功预测此次经济衰退。对我而言，这个异议并不算太重要。危机之所以是危机，本质上正是由于它不可预测。如果能够提前预测，那么我们早就会采取相应的手段来避免它出现。

答案是肯定的。例如，普雷斯科特在 2009 年 7 月于巴黎召开的一次会议上就解释了 2008 年经济衰退的爆发原因（Prescott，2009）。他是这样解释的：发生在金融部门的外生冲击影响到了整个经济，因此家庭开始担忧未来政府会调高税率以救助银行体系，基于这种担忧，企业，特别是中小企业，也纷纷削减投资并从商业部门抽走资金，由于劳动力供需两端同时发生变化，就业率下降了，家庭也削减了耐用品的消费，这导致经济活动水平下降。至于外生冲击的原因，不出所料，普雷斯科特认为是政府的失灵，政府犯了两个错误：第一个是早在克林顿总统任期内，美国政府就向国家控制的抵押贷款公司施压，从而强迫它们向无力偿还按揭贷款的家庭发放贷款；第二个是美联储长期实施低利率政策。

普雷斯科特的说法的问题在于，这只是诸多解释中的一个，实际上各种解释也多有重叠。就本书所讨论过的经济学家而言，我更偏好温特在众议院会议上作出的解释。我个人的意见是，当我们需要解释大范围的衰退时——例如大萧条或此次经济衰退——宏观经济学家应当让位于经济史学家，而经济史学家们也应该运用尽可能多的经济学理论来支撑他们的观点。但就具体工作而言，经济史学家需要将一系列事件、政治和制度因素，以及其他所有有助于理解历史的片段整合在一起，来挖掘理论模型所忽略的种种细节，从而超越纯粹的理论以还原历史。卢卡斯曾说过，我们之所以能够建立经济周期理论是因为经济周期都具有相同的特征。但对于大衰退来说，基本上是相反的；它们的特性总是比共性更重要。此外，DSGE 方法基于如下前提，即通过刻画一个高度抽象的理想化经济来展开分析是更明智的。由于对内部一致性原则的坚持，直到现在该方法对理想状态的偏离都是很有限的，所以基于此构建出来的 DSGE 模型，至少在危机发生前，排除了把重要病状引入市场运行机制的可能性，并且也排除了交易系统可能发生我们曾经历过的崩溃的情况。因此，让我们再次回到我在本章前面所提到的观点以及在第十七章所引用的庄子的格言：今天的理论宏观经济学在实用性上所面临的局限性远超社会公众的设想，而那些秉持幼稚认识论的宏观经济学家也没能意识到这一点。

第二个议题是 2008 年经济衰退使得自由市场的支持者和凯恩斯主义经济学家很快转换了地位。现在前者不得不为自己的理念辩护，而后者则在经历了二十余年的沉寂后再次振作起来。但是正如上一章所言，为了抓住事件的本质，我们必须严格区分大众媒体的宣传和元理论散文，以及学术研究。其中最杰出的两位凯恩斯支持者是斯基德尔斯基和克鲁格曼，前者是凯恩斯的传记作家，并且最近刚刚写了《大师归来》（*The Return of the Master*，2009），后者我们则在上一章已经讨论过了。他们的观点非常鲜明，那就是回归凯恩斯主义！对此我不敢表示赞同，因为他们并没有区分作为一种政策视角的凯恩斯主义和作为一种概念体系的凯恩斯主义。他们认为两者是有机联系在一起的。就我而言，我认为我们确实应该再次强调凯恩斯主义的市场失灵，但我很怀疑是否真的要回归凯恩斯主义的概念体系。要求人们回到七十多年前提出的理论相当于假设此后没有什么理论进步，而且相当于认为当时所选择的方法论在今天仍然具有价值。相反，我认为卢卡斯对凯恩斯主义理论的批判言之有理，而且卢卡斯的积极贡献，以及基德兰德和普雷斯科特及后续追随他们的经济学家们对宏观经济学理论发展作出的贡献不应当被抹杀，尽管他们的理论也终将被取代。此外，尽管宏观经济学曾围绕关于现实的观点交流来展开，但它现在已经发生了转变，这是由于需要满足所论证命题应与经济模型相关的要求（换言之，理论和模型的概念已经合并）。我认为在这一点上我们不可能开倒车。任何操作性约束和现实相关性约束之间的困境都会以优先解决前者而告终。因此，我相信斯基德尔斯基和克鲁格曼的呼吁不会在学界掀起太大波澜。

第三个也是最后一个议题是就经济衰退对理论发展的影响进行更加简要的评述。2008年经济衰退显然会在宏观经济学发展史上留下一笔。最明显的标志就是大家普遍承认将金融部门随意整合到宏观经济模型中是一个严重的错误，并且随后出现了大量旨在填补这一缺陷的研究。目前而言，我们还很难判断仅仅将金融部门整合到已有框架内就足以解决问题，还是需要一个更加激进的宏观经济学再定位才能迎来曙光。

参考文献

Abramovitz, M. 1962. "Economic Growth in the United States." *American Economic Review*, 52: 762–782.

Ackley, Gardner. 1959. "Administered Prices and the Inflationary Process." *American Economic Review* 49: 419–430.

Aghion, P., and P. Howitt. 1999. *Endogenous Growth Theory*. Cambridge MA, MIT Press.

2009. *The Economics of Growth*. Cambridge MA, MIT Press.

Akerlof, G., and J. Yellen. 1985a. "Can Small Deviations from Rationality Make Significant Differences to Economic Equilibria"? *American Economic Review* 75: 708–721.

1985b. "A Near-Rational Model of the Business Cycle with Wage and Price Inertia." *Quarterly Journal of Economics, Supplement* 100: 823–838.

eds. 1986. *Efficiency Wage: Models of the Labor Market*. Cambridge, Cambridge University Press.

Altig, D., and E. Nosal. 2013. "An Interview with Neil Wallace." *Federal Reserve Bank of Chicago*, Working Paper 2013–25.

Altonji, J. 1982. "The Intertemporal Substitution Model of Labour Market Fluctuations: An Empirical Study." *Review of Economics and Statistics* 49: 783–824.

Altonji, J., and O. Ashenfelter. 1980. "Wage Movements and the Labour Market Equilibrium Hypothesis." *Economica* 47: 217–245.

Anderson, L. C., and J. L. Jordan. 1968. "Monetary and Fiscal Actions: A Test of Their Relative Importance." *Federal Bank of St Louis Review* 50: 11–24.

Ando, A., and F. Modigliani. 1965. "The Relative Stability of Monetary Velocity and the Investment Multiplier."*American Economic Review* 55: 693–728.

Andolfatto, D. 1996. "Business Cycles and Labor-Market Search." *American Economic Review* 86: 112–132.

Archibald, G. C. 1987. "Monopolistic Competition." In Eatwell, J., Milgate, M. and P. Newman (eds.). *The New Palgrave: A Dictionary of Economics*. London, MacMillan. Vol. 3: 531–534.

Aristotle. 1980. *The Nichomachean Ethics*. Oxford, Oxford University Press (second edition).

Ashenfelter, O. 1984. "Macroeconomic Analyses and Microeconomic Analyses of Labor Supply." *National Bureau of Economic Research*, Working-Paper No. 1500.

Attfield C., Demery, D., and N. Duck. 1991. *Rational Expectations in Macroeconomics: An Introduction to Theory and Evidence* (2nd ed.). Oxford, Blackwell.

Azariadis, C. 1975. "Implicit Contracts and Underemployment Equilibria." *Journal of Political Economy* 83: 1183–2002.

—— 1981. "Self-Fulfilling Prophecies." *Journal of Economic Theory* 25: 380–396.

—— 1987. "Implicit Contracts." In Eatwell, J. Milgate and P. Newman (eds.). *The New Palgrave: A Dictionary of Economics*. London, Macmillan. Vol. 3: 733–736.

Azariadis, C. and R. Guesnerie. 1986. "Sunspots and Cycles." *Review of Economic Studies* 53: 725–737.

Backhouse, R., and M. Boianovsky. 2012. *Transforming Modern Macroeconomics: Exploring Disequilibrium Microfoundations, 1956–2003*. Cambridge, Cambridge University Press.

Backhouse, R., and D. Laidler. 2004. "What Was Lost with IS-LM"? In De Vroey, M. and K. Hoover (eds.). *The IS-LM Model: Its Rise, Fall and Strange Persistence*. Annual Supplement *History of Political Economy* 36: 25–56.

Baily, M. 1974. "Wages and Employment under Uncertain Demand." *Review of Economic Studies* 41: 37–50.

Ball, L., and N. G. Mankiw. 1994. "A Sticky-Price Manifesto." *NBER Working Papers Series*, No. 02138.

Ball L. and D. Romer. 1989. "Are Prices Too Sticky"? *Quarterly Journal of Economics*. 104: 507–524.

Ball, L., and D. Romer. 1990. "Real Rigidities and the Neutrality of Money." *Review of Economics and Statistics* 57: 183–203.

Ball, L. Mankiw, N. G. and D. Romer. 1988. "The New Keynesian Economics and the Output-Inflation Trade-Off." *Brooking Papers on Economic Activity*. No 1: 1–65.

Baranzini, R., and F. Allison. 2014. *Economics and Other Branches – In the Shade of the Oak Tree: Essays in Honour of Pascal Bridel*. London, Pickering & Chatto.

Baranzini, R. and P. Bridel. 2005. "L'Ecole de Lausanne, l'utilité marginale moyenne et l'idée de marché." In G. Bensimon (ed.). *Histoire des représentations du marché*. Paris, Houdiard: 347–365.

Barro, R. 1977. "Unanticipated Money Growth and Unemployment in the United States." *American Economic Review* 67: 101–115.

—— 1979. "Second Thoughts on Keynesian Economics." *American Economic Review* 69: 54–59.

—— 1989. "New Classicals and Keynesians, or the Good Guys and the Bad Guys." *Swiss Journal of Economics and Statistics* 2: 263–273.

Barro, R., and H. Grossman. 1971. "A General Disequilibrium Model of Income and Employment." *American Economic Review* 61: 82–93.

—— 1976. *Money, Employment and Inflation*. Cambridge, Cambridge University Press.

Basu, S. 1996. "Procyclical Productivity: Increasing Returns or Cyclical Utilization"? *Quarterly Journal of Economics* 111: 719–751.

Basu, S., and J. Fernald. 1997. "Returns to Scale in U.S. Production: Estimates and Implications." *Journal of Political Economy* 105: 242–283.

—— 2001. "Why Is Productivity Procyclical? Why Do We Care"? In C. Hulten, E. Dean, and M. Harper (eds.). *New Developments in Productivity Analysis*. Chicago, University of Chicago Press: 225–301.

2002. "Aggregate Productivity and Aggregate Technology." *European Economic Review* 46: 963–991.

Basu, S., Fernald, J. and M. Kimball. 2006. "Are Technology Improvements Contractionary"? *American Economic Review* 6: 1418–1448.

Bateman, B. 1990. "Keynes, Induction, and Econometrics." *History of Political Economy* 22: 359-379.

Batyra, A., and M. De Vroey 2012. "From One to Many Islands: The Emergence of Search and Matching Models." *Bulletin of Economic Research* 64: 393–414.

Bénassy, J.-P. 1975. "Neo-Keynesian Disequilibrium Theory in a Monetary Economy", *Review of Economic Studies* 42: 503–523.

1976. "The Disequilibrium Approach to Monopolistic Price Setting and General Monopolistic Equilibrium." *Review of Economic Studies* 43: 69–81.

1977. "On Quantity Signals and the Foundations of Effective Demand Theory." *The Scandinavian Journal of Economics* 79: 147–168.

1982. *The Economics of Market Disequilibrium*. New York, Academic Press.

1990. "Non-Walrasian Equilibria, Money, and Macroeconomics." In B. Friedman and F. Hahn (eds.). *Handbook of Monetary Economics*. vol. I. Amsterdam, Elseviers Science Publishers: 108–169.

1993. "Nonclearing Markets: Microeconomic Concepts and Macroeconomic Applications." *Journal of Economic Literature* XXXI: 736–761.

Benhabib, J. and R. Farmer. 1994. "Indeterminacy and Sector-specific Externalities." *Journal of Monetary Economics* 37: 421–443.

Benhabib, J., Rogerson, R. and R. Wright 1991. "Homework in Macroeconomics: Household Production and Aggregate Fluctuations." *Journal of Political Economy* 99: 1166–1187.

Bernanke, B. 1986. "Alternative Explanations of the Money-Income Correlation." *Carnegie-Rochester Conference Series on Public Policy.* 25: 49–99.

Bertrand, J. 1883. "Théorie mathématique de la richesse sociale, par Léon Walras, professeur d'économie politique à l'Académie l de Lausanne, Lausanne, 1883. Recherches sur les principes mathématiques de la théorie de richesses, par Augustin Cournot, Paris, 1838." *Journal des Savants*. Septembre: 504-508.

Beveridge, W. H. [1908] 1912. *Unemployment: A Problem of Industry*. London, Garland.

Bils, M. and P. J. Klenow 2004. "Some Evidence on the Importance of Sticky Prices." *Journal of Political Economy* 112: 947– 984.

Blanchard, O. 1987. "Neoclassical Synthesis." In J. Eatwell, M. Milgate and P. Newman (eds.). *The New Palgrave: A Dictionary of Economics*. Vol. 3. London, Macmillan: 634-636.

1990. "Why Does Money Affect Output ? A Survey." In Friedman B. and F.H. Hahn (eds.) *Handbook of Monetary Economics*. Vol. II Amsterdam, Elsevier Science Publishers: 779–835.

2000a. "What do We Know About Macroeconomics That Fisher and Wicksell Did Not"? *Quarterly Journal of Economics* 115: 1375–1409.

2000b. *Macroeconomics*. Englewood Cliffs, Prentice-Hall (second edition).

2009. "The State of Macro." *Annual Review of Economics* 1: 209–228.

Blanchard, O. and S. Fischer (1989) *Lectures on Macroeconomics*. Cambridge MA, MIT Press.

Blanchard, O. and J. Gali 2010. "Labor Markets and Monetary Policy: A New-Keynesian Model with Unemployment." *American Economic Journal-Macro* 2: 1–33.

Blanchard, O. and N. Kiyotaki 1987. "Monopolistic Competition and the Effects of Aggregate Demand." *American Economic Review* 77: 647–666.

Blanchard, O. and L. Summers 1986. "Hysteresis and European Unemployment." In S. Fischer (ed.). *NBER Macroeconomics Annual*. Cambridge MA, MIT Press: 15–77.

1987. "Hysteresis in Unemployment." *European Economic Review* 31: 288–295.

Blinder, A. [1988] 2001. "The Fall and Rise of Keynesian Economics." In B. Snowdon and H. Vane (eds.). *A Macroeconomics Reader*, London, Routledge: 109–134.

Bliss, C. 2008 "Elasticity of Intertemporal Substitution." In Durlauf, S. and Blume, L. (eds.). *The New Palgrave Dictionary of Economics. Second Edition*. London, Palgrave MacMillan.

Blundell, R. Bozio, A. and G. Laroque 2011. "Labor Supply and the Extensive Margin." *American Economic Review Papers and Proceedings* 101: 482–486.

Bodkin R., Klein, L. R. and K. Marwah. 1991. *A History of Macroeconometric Model-Building*. Aldershot, Edward Elgar.

Boianovsky, M. 2002. "Patinkin, the Cowles Commission, and the Theory of Unemployment and Aggregate Supply." *The European Journal of the History of Economic Thought* 9: 226–259.

Boumans, M. 1999. "Representation and Stability in Testing and Measuring Rational Expectations." *Journal of Economic Methodology* 6: 381–402.

2005. *How Economists Model the World to Numbers*. London, Routledge.

Boumans, M. and E-M. Sent 2013. "A Nobel Prize for Empirical macroeconomics: Assessing the Contributions of Thomas Sargent and Christopher Sims." *Review of Political Economy* 25: 39–56.

Brackman, S. and B. J. Heijdra (eds.). *The Monopolistic Competition Revolution in Retrospect*. 2004. Cambridge, Cambridge University Press.

Branson, W. 1972. *Macroeconomic Theory and Policy*. New York, Harper and Row (third edition).

Brock, W. and L. Mirman 1972. "Optimal Economic Growth and Uncertainty. The Discounted Case." *Journal of Economic Theory* 4: 479–513.

Bronfenbrenner, M. and D. Holzman 1963. "Survey of Inflation Theory." *American Economic Review* 53: 593–661.

Browning, M., Hansen, L.-P. and J. Heckman. 1999. "MicroDdata and General Equilibrium Models." In J. Taylor and M. Woodford (eds.). *Handbook of Macroeconomics. Vol. I*. Amsterdam, North-Holland: 543–633.

Brunner, K. 1970. "The 'Monetarist Revolution' in Monetary Theory." *Weltwirtschaftliches Archiv* 105: 1–30.

Brunner, K. and A. Meltzer 1993. *Money and the Economic Issues in Monetary Analysis*. Raffaele Mattioli Foundation. Cambridge, Cambridge University Press.

Buiter, W. 1980. "The Macroeconomics of Dr. Pangloss: A Critical Survey of the New Classical Macroeconomics." *The Economic Journal* 90: 34–50.

Burns, A and W. Mitchell 1946. *Measuring Business Cycles*. New York, National Bureau of Economic Research.

Burnside, G. and M. Eichenbaum 1994. "Factor Hoarding and the Propagation of Business Cycles Shocks." National Bureau of Economic Research. *Working Paper* 4695.

Burnside, G., Eichenbaum, M. and S. Rebelo 1995. "Capital Utilization and Returns to Scale." In Rotemberg, J. and B. Bernanke (eds.). *NBER Macroeconomics Annual*, Cambridge MA, MIT Press: 67–124.

Cagan, P. 1956. "The Monetary Dynamics of Hyperinflation." In M. Friedman (ed.). *Studies in the Quantity Theory of Money*. Chicago, University of Chicago Press: 25–117.

2008. "Monetarism." In Durlauf, S. and L. Blume (eds.). *The New Palgrave Dictionary of Economics Second Edition*. London, Palgrave Macmillan.

Caldwell, B. 1997. "Hayek and Socialism." *Journal of Economic Literature* 35: 1856–1890.

Calvo, G. 1983. 'Staggered Price Setting in a Utility-Maximizing Framework'. *Journal of Monetary Economics* 12: 383–398.

Campbell, J. and N. G. Mankiw 1987. "Are Output Fluctuations Transitory"? *Quarterly Journal of Economics* 102: 857–880.

Caplin, A. and D. Spulber 1987. "Menu Costs and the Neutrality of Money." *Quarterly Journal of Economics* 102: 703–726.

Carlin, W. and D. Soskice 1990. *Macroeconomics and the Wage Bargain: A Modern Approach to Employment, Inflation and the Exchange Rate*. Oxford, Oxford University Press.

2006. *Macreoconomics, Imperfections, Institutions and Policies*. Oxford, Oxford University Press.

Carmichael, H. 1985. "Can Unemployment Be Involuntary? A Comment." *American Economic Review* 75: 1213–1214.

1989. "Self-Enforcing Contracts, Shirking, and Life Cycle Incentives." *The Journal of Economic Perspectives* 3: 65–83

Carroll, C. 2001. "A Theory of the Consumption Function, with and without Liquidity Constraints." *Journal of Economic Perspectives* 15: 23–45.

Cass, D. 1965. "Optimal Growth in an Aggregate Model of Capital Accumulation." *Review of Economic Studies* 32: 233–240.

Cass, D. and Shell 1978. "In Defense of a Basic Approach." In *Models of Monetary Economies: Proceedings and Contributions from Participants of a December 1978 Conference Sponsored by the Federal Reserve Bank of Minneapolis*: 251–260.

Chamberlin, E. 1933. *The Theory of Monopolistic Competition*. Cambridge MA, Harvard University Press.

Chang, Y., Kim S-B, Kwon, K. and R. Rogerson, 2011. "Interpreting Labor Supply Regressions in a Model of Full- and Part-time Work." *American Economic Review* 101: 476–481.

Chari, V. V. 1998. "Nobel Laureate Robert E. Lucas, Jr.: Architect of Modern Macro-Economics." *Journal of Economic Perspectives* 12: 171–886.

2010. "Testimony." *Building a Science of Economics for the Real World*. U. S. House of Representatives. House Committee on Science and Technology, Subcommitte on Investigations and Oversight, June.

Chari, V. V. and P. Kehoe 2007. "Modern Macroeconomics in Practice: How Theory is Shaping Policy." *Journal of Economic Perspectives* 20: 3–28.

Chari, V.V., Kehoe, P. and E. McGratten 2009. "New Keynesian Models: Not Yet Useful for Policy Analysis." *American Economic Journal: Macroeconomics* 1: 242–266.

Chatterjee, S. 2002. "The Taylor Curve and the Uunemployment-Inflation Tradeoff." *Federal Bank of Philadelphia Business Review* 3rd quarter: 26–33.

Cherrier, B. 2011: "The Suspicious Consistency of Milton Friedman's Science and Politics, 1933–1962." In Mirowski P., Stapleford T. and Van Horn, R. (eds.). *Building Chicago Economics: New Perspectives on the History of America's Most Powerful Economic Programme.* Cambridge, Cambridge University Press: 335-367.

Chetty, R. Guren, A. Manoli, D. and A. Weber 2011. "Are Micro and Macro labor Supply Elasticities Consistent? A Review of Evidence on the Intensive and Extensive Margins." *The American Economic Review. Papers and Procedures* 92: 471–475.

Chick, V. 1983. *Macroeconomics after Keynes.* Cambridge MA, MIT Press.

2006. "*The General Theory* Is Difficult; Whose Fault Is That"? *Revista de Economia* 32: 135-151.

Chick, V. and G. Till 2014. "Whatever Happened to Keynes's Monetary Theory"? *Cambridge Journal of Economics* 38: 681–699.

Christ, C. 1951. "*A Test of an Econometric Model for the United States, 1921-1947.*" National Bureau of Economic Research. New York. 1949 Conference on Business Cycles: 35–105.

Christiano, L. and M. Eichenbaum 1992. "Current Real-Business-Cycle Theory and Aggregate Labor-Market Fluctuations." *American Economic Review* 83: 430–450.

Christiano, L., Eichanbaum M. and C. Evans 1999. "Monetary Policy Shocks: What Have We Learned and to What End"? In Woodford, M. and Taylor, J. (eds.). *Handbook of Macroeconomics.* Vol.1A. Amsterdam, Elsevier Science, North-Holland: 65–148.

[2001] 2005. "Nominal Rigidities and the Dynamic Effects of a Shock to Monetary Policy." *Journal of Political Economy* 113: 1–45.

Christiano, L., Trabandt, M. and K. Walentin 2010. "Involuntary Unemployment and the Business Cycle." *NBER Working Paper Series.* Working Paper 15801.

Clarida, R., Gali, J. and M. Gertler 1999. "The Science of Monetary Policy: A New Keynesian Perspective." *Journal of Economic Literature* 37: 1661–1707.

Clower, R. [1965] 1984. "The Keynesian Counterrevolution: A theoretical Appraisal." In Hahn, F. and R. Brechling (eds.). *The Theory of Interest Rates.* London, Macmillan, 103–125. Reprinted in Walker, D. (ed.) *Money and Markets. Essays by Robert Clower.* Cambridge, Cambridge University Press: 34–58.

[1975] 1984. "Reflections on the Keynesian Perplex." In Walker, D. (ed.). *Money and Markets. Essays by Robert Clower.* Cambridge, Cambridge University Press: 187–208.

1984. "Afterword." In Walker D. (ed.). *Money and Markets. Essays by Robert Clower.* Cambridge, Cambridge University Press: 259–272.

1997. "Effective Demand Revisited." In Harcourt, G. C. and P. A. Riach (eds.). *A "Second Edition" of the General Theory.* Vol. I. London, Routledge: 28–51.

Clower R. and J. Due 1972. *Microeconomics.* Homewood, Richard D. Irwin.

Clower, R. and A. Leijonhufvud 1975. "The Coordination of Economic Activities: A Keynesian Perspective." *American Economic Review: Papers and Procedures* 65: 182–188.

Cochcrane, J. 2011. "How Did Paul Krugman Get it so Wrong?" *Economic Affairs* 31: 36–40.

Coddington, A. 1983. *Keynesian Economics. The Search for First Principles.* London, Allen and Unwin.

Colander, D. 2006. "Post-Walrasian Macroeconomics: Some Historical Link." In David Colander (ed.). *Post-Walrasian Macroeconomics. Beyond the Dynamic Stochastic General equilibrium Model*. Cambridge, Cambridge University Press: 46–69.
    2010. "Testimony." *Building a Science of Economics for the Real World*. U. S. House of Representatives. House Committee on Science and Technology, Subcommitte on Investigations and Oversight, June.
Colander, D. and K. Koford. 1985. "Externalities and Macroeconomic Policy." In S. Maital and I. Kipnowski (eds.). *Macroeconomic Conflict and Social Institutions*. Boston, Ballinger: 17–38.
Colander, D., Howitt, P., Kirman, A., Leijonhufvud, A. and P. Mehrling 2008. "Towards an Empirically Based Macroeconomics." *American Economic Review* 98: 236–240.
Cole H. L. and L. E. Ohanian 2002. "The US and UK Great Depressions through the Lens of Neoclassical Growth Theory." *American Economic Review* 92: 28–32.
    2004. "New Deal Policies and the Persistence of the Great Depression: A General Equilibrium Analysis." *Journal of Political Economy* 112: 779–816.
Cooley, T. 1995. *Frontiers of Business Cycle Research*. Princeton, Princeton University Press.
Cooley, T. and G. Hansen 1995. "Money and the Business cycle." In T. Cooley (ed.). *Frontiers of Business Cycle Research*. Princeton, Princeton University Press: 175–215.
Cooley, T. and E. Prescott 1995. "Economic Growth and Business Cycles." In T. Cooley (ed.). *Frontiers of Business Cycle Research*. Princeton, Princeton University Press: 1–37.
Copeland, M. A. and E. M. Martin 1938. *Studies in Income and Wealth*. Volume 2. Conference on Research in National Income and Wealth. NBER.
Cross, R. (ed.). 1995. *The Natural Rate of Unemployment. Reflections on 25 Years of the Hypothesis*. Cambridge, Cambridge University Press.
Danthine, J-P. and J. B. Donaldson 1990. "Efficiency Wages and the Business Cycle Puzzle." *European Economic Review* 34: 1275–1301.
    1993. "Methodological and Empirical Issues in Real Business Cycle Theory." *European Economic Review* 37: 1–35.
    1995. "Non-Walrasian economies." In T. Cooley (ed.). *Frontiers of Business Cycle Research*. Princeton, Princeton University Press: 217–241.
    2001. "Macroeconomic Frictions: What Have We Learned from the Real Business Cycle Research Program"? In J. Drèze (ed.). *Advances in Macroeconomic Theory*. International Economic Association. London, Palgrave: 56–75.
Danthine, S. and M. De Vroey forthcoming. "Integrating Search in Macroeconomics: The Defining Years." *The Journal of the History of Economic Thought*.
Darity, W. Jr. and W. Young 1995. "IS-LM: An Inquest." *History of Political Economy* 27: 1–41.
Debreu, G. 1959. *Theory of Value: An Axiomatic Analysis of Economic Equilibrium*. New York, John Wiley.
De Grauwe, P. 2009 "Top-down versus Bottom-Up Macroeconomics." Paper presented at the CESifo Conference, *What's Wrong with Macroeconomics?* Munich, 6–7 November.
    2010. "The Scientific Foundations of Dynamic Stochastic General Equilibrium (DSGE) Models." *Public Choice* 144: 413–444.
    2012. *Lectures on Behavioral Macroeconomics*. Princeton, Princeton University Press.

De Long, B. 2000. "The Triumph of Monetarism"? *Journal of Economic Perspectives* 14: 83–94.

De Marchi, N. and A. Hirsch. 1991. *Milton Friedman. Economics in Theory and Practice*. Ann Arbor, The University of Michigan Press.

De Vroey M. 1998. "Is the Tâtonnement Hypothesis a Good Caricature of Market Forces"? *The Journal of Economic Methodology* 5: 201–221.

2000. "'IS-LM 'à la Hicks' versus IS-LM 'à la Modigliani'." *History of Political Economy* 32: 293–316.

2004. *Involuntary Unemployment: The Elusive Quest for a Theory*. London: Routledge.

2007. "Did the Market-clearing Postulate Pre-exist New Classical Economics? The Case of Marshallian Theory." *The Manchester School* 75: 328–348.

2009a. "A Marshall-Walras Divide? A Critical Review of the Prevailing Viewpoints." *History of Political Economy* 41: 709–736.

2009b. "On the Right Side for the Wrong Reason: Friedman on the Marshall–Walras Divide." In U. Mäki (ed.). *The Methodology of Positive Economics. Milton Friedman's Essay Fifty Years Later*. Cambridge, Cambridge University Press: 321–346.

2011a. "Lucas on the Relationship between Ideology and Theory." *Economics, The Open-Access, Open-Assessment E-Journal*, 5, 2011–4 http://dx.doi.org/10.5018/economics-ejournal.ja.2011-4 (accessed on February 26, 2015).

2011b. "The Marshallian Roots of Keynes' *General Theory*." In A. Arnon, W. Young and J. Weinberg (eds.). *Perspectives on Keynesian Economics*. New York, Springer: 57–75.

2012. "Marshall and Walras: Incompatible Bedfellows"? *The European Journal of the History of Economic Thought* 19: 765–784.

De Vroey, M. and P. Duarte 2013. "In Search of Lost Time: The Neoclassical Synthesis." *The B.E. Journal of Macroeconomics*. 13, issue 1:1–31.

De Vroey, M. and K. Hoover (eds.). 2004. *The IS-LM Model. Its Rise, Fall and Strange Persistence*: Annual Supplement to Volume 36, *History of Political Economy*. Durham NC: Duke University Press.

De Vroey, M. and L. Pensieroso 2006. "Real Business Cycle Theory and the Great Depression: The Abandonment of the Abstentionist Viewpoint." *Contributions to Macroeconomics*, 6. Article 13.

De Vroey, M. and P. Malgrange 2012. "From *The Keynesian Revolution* to the Klein-Goldberger Model: Klein and the Dynamization of Keynesian Theory." *History of Economic Ideas* XX: 113–135.

Denison, E. F. 1962. *The Sources of Economic Growth in the United States and the Alternatives Before Us*. New York: Committee for Economic Development.

1972. "Some Major Issues in Productivity Analysis: Examination of the Estimates by Jorgenson and Griliches." *Current Business* 49 (5, Part II): 1–27.

Diamond, P. 1965. "National Debt in a Neoclassical Growth Model." *American Economic Review* 55: 1126–1150.

1981. "Mobility Costs, Frictional Unemployment, and Efficiency." *Journal of Political Economy* 89: 789–812.

1982. "Aggregate-Demand Management in Search Equilibrium." *Journal of Political Economy* 50: 881–894.

1984a. *A Search-Equilibrium Approach to the Micro Foundations of Macroeconomics. The Wicksell Lectures 1982*. Cambridge MA, MIT Press.

1984b. "Money in Search Equilibrium." *Econometrica* 52: 1–20.

2010. Autobiography. www.nobelprize.org/nobel_prizes/economic-sciences/laureates/2010/diamond-autobio.pdf. (accessed on February 26, 2015).

2011. "Unemployment, Vacancies and Wages." *American Economic Review* 101: 1045–1072.

Diamond, P. and D. Fudenberg 1989. "Rational Expectations Business Cycles in Search Equilibrium." *Journal of Political Economy* 97: 606–619.

Diewert, W. E. 1978. "Walras's Theory of Capital Formation and the Existence of a Temporary Equilibrium." In E. Schwödiauer (ed.). *Equilibrium and Disequilibrium in Economic Theory*. Reidel Publishing Co: 73–126.

Dimand, R. 1999a. "Beveridge on Unemployment and Cycles Before the *General Theory*." *History of Economic Ideas* VII: 33–51.

1999b. "The Beveridge Retort: Beveridge's Response to the Keynesian Challenge." In Pasinetti, L. and B. Schefold (eds.). *The Impact of Keynes on Economics in the 20th Century*. Cheltenham, Edward Elgar: 221–239.

2008a, "Edmund Phelps and Modern Macroeconomics." *Review of Political Economy* 20: 23–39.

2008b. "Macroeconomics, Origins and History of." In Durlauf, N. and L. Blume (eds.). *The New Palgrave Dictionary of Economics, Second edition*. London, Palgrave Macmillan.

Dixit, A. and J. Stiglitz. 1977. "Monopolistic Competition and Optimum Product Diversity." *American Economic Review* 67: 297–308.

Donzelli, F. 1990. *The Concept of Equilibrium in Neoclassical Economic Theory: An Inquiry into the Evolution of General Competitive Analysis from Walras to the 'Neo-Walrasian Research Programme.'* PhD dissertation, University of Cambridge.

2007. "Equilibrium and Tâtonnement in Walras's *Elements*." *History of Economic Ideas* XV: 83–138.

2012. "Hicks on Walrasian Equilibrium in the 1930s and Beyond." *History of Economic Ideas* 20: 65–112.

Dotsey, M. and R. King 1983. "Monetary Instruments and Policy Rules in a Rational Expectation Environment." *Journal of Monetary Economics* 2: 357–382.

1987. "Business cycles." In J. Eatwell, M. Milgate and P. Newman (eds.) *The New Palgrave: A Dictionary of Economics*. London, Macmillan, Vol. 1. 302–310.

Drèze, J. H. 1975. "Existence of Equilibrium under Price rigidities." *International Economic Review* 16: 301–320.

1993a. *Unemployment Equilibria. Essays in Theory, Econometrics and Policy*. Cambridge, Cambridge University Press.

1993b. *Money and Uncertainty: Inflation, Interest, Indexation*. Roma, Edizioni dell'Elefante.

Duarte, P. 2011. "Recent Developments in Macroeconomics: The DSGE Approach to Business Cycles in Perspective." In John B. Davis and D. Wade Hands (eds.). *The Elgar Companion to Recent Economic Methodology*. Cheltenham, Edward Elgar: 375–403.

2012. "Not Going Away? Microfoundations in the Making of a New Consensus in Macroeconomics." In Duarte, P. and G. Tadeu Lima (eds.). *Microfoundations*

Reconsidered – The Relationship of Micro and Macroeconomics in Historical Perspective. Cheltenham, Edward Elgar: 190–237.

Duarte, P. and K. Hoover 2012. "Observing Shocks." *History of Political Economy* 44. Supplement: 226–249.

Düppe, T. and E. R. Weintraub. 2014. *Finding Equilibrium. Arrow, Debreu, McKenzie and the Problem of Scientific Credit.* Princeton, Princeton University Press.

Edgeworth, F. Y. 1889. "The Mathematical Theory of Political Economy, Eléments d'économie Politique Pure. Par Léon Walras." *Nature.* 40, September 5: 434–436.

Eichenbaum, M. and K. J. Singleton 1986. "Do Equilibrium Real Business Cycle Theories Explain Postwar US Business Cycles"? *NBER Macroeconomics Annual:* 91–134.

Epstein, R. 1987. *A History of Econometrics.* Amsterdam, North-Holland.

Erceg, C., Henderson, D. and A. Levin 2000. "Optimal Monetary Policy with Staggered Wage and Price Contracts." *Journal of Monetary Economics* 46: 281–313.

Estrella, A. and J. Fuhrer 2002. "Dynamic Inconsistencies: Counterfactual Implications of a Class of Rational-Expectations Models." *American Economic Review* 94: 1013–1028.

Evans, C. 1992. "Productivity Shocks and Real Business Cycles." *Journal of Monetary Economics* 19: 191–208.

Evans, G. W. and S. Honkapohja [2005] 2007. "An Interview with Thomas J. Sargent." In Samuelson P. A. and W. Barnett (eds.). *Inside the Economist's Mind. Conversation with Eminent Economists.* Oxford, Blackwell: 307–326.

Fagan, G., Henry, J. and R. Mestre 2005. "An Area-Wide Model for the Euro Area." *Economic Modelling* 22: 39–59.

Fair, R. 2001. "Is There Empirical Support for the 'Modern' View of Macroeconomics"? Yale University. Cowles Foundation for Research in Economics. *Cowles Foundation Discussion Paper* No. 1300.

2012. "Has Macro Progressed?" *Journal of Macroeconomics* 31: 2–10.

Farmer, R. 1993. *The Macroeconomics of Self-Fulfilling Prophecies.* Cambridge MA, MIT Press.

2008. "Aggregate Demand and Supply." *International Journal of Economic Theory* 4: 77–93.

2010a. *Expectations, Employment and Prices.* Oxford, Oxford University Press.

2010b. *How the Economy Works. Confidence, Crashes and Self-fulfilling Prophecies.* Oxford, Oxford University Press.

2013. "Animal Spirits, Financial Crises and Persistent Unemployment." *Economic Journal* 123: 317–340.

Federal Reserve Bank of San Francisco. 1977. "The Monetarist Controversy: A Seminar Discussion between Milton Friedman and Franco Modigliani." *Economic Review*, Supplement Spring.

Feiwell, G. R. 1989. "Testimony II: An Interview with Franco Modigliani." In Feiwell G.R. (ed.). *The Economics of Imperfect Competition and Employment. Joan Robinson and Beyond.* London, Macmillan: 569–581.

Feldstein, M. 1980. "Comment on 'A Competitive Theory of Fluctuations' by F. Kydland and E. Prescott'." In S. Fischer (ed.). *Rational Expectations and Economic Policy.* Chicago, University of Chicago Press: 187–189.

Fenestra, R. C., Inklaar, R. and M. Timmer. 2013. *The Next Generation of the Penn World Table*. University of Groningen. (available at: www.ggdc.net/pwt) (accessed on 26 February 2015)

Fine, B and D. Milonakis. 2009. *From Political Economy to Economics: Method, the Social and the Historical in the Evolution of Economic Theory*. London, Routledge.

Fischer, S. 1977. "Long-Term Contracts, Rational Expectations, and the Optimal Money Supply Rule." *Journal of Political Economy* 85: 191-205.

　1987. "1944, 1963 and 1985: Modiglianesque Macro Models." National Bureau of Economic Research. Working Paper No. 1797.

Fisher, F. M. 1983. *Disequilibrium Foundations of Equilibrium Economics*. Cambridge, Cambridge University Press.

Forder, J. 2010a. "Economists on Samuelson and Solow on the Phillips curve." University of Oxford. Department of Economics. *Economic Series Working Papers* 516.

　2010b. "Friedman's Nobel Lecture and the Phillips curve Myth." *Journal of the History of Economic Thought* 32: 329-348.

　2014. *Macroeconomics and the Phillips Curve Myth*. Oxford, Oxford University Press.

Friedman, B. 1978. "Disscussion of Sargent and Wallace." Federal Reserve Bank of Boston, *After the Phillips Curve: Persistence of High Inflation and High Unemployment*. Proceeding of a Conference held in June 1978. Conference Series No. 19: 73-80.

　1979. "Optimal Expectations and the Extreme Information Assumptions of Rational Expectations Macromodels." *Journal of Monetary Economics* 25: 23-41.

　1984. "Lessons from the 1979-82 Monetary Policy Experiment." *American Economic Review*. 74: 382-387.

　1988. "Lessons on Monetary Policy from the 1980s." *The Journal of Economic Perspectives* 2: 51-72.

Friedman, M 1935. "Professor Pigou's Method for Measuring Elasticities of Demand from Budgetary Data." *Quarterly Journal of Economics* 50: 151-163.

　1938. "Discussion of Copeland and Martin." In Copeland and Martin, *Studies in Income and Wealth. Volume 2*. Conference on Research in National Income and Wealth, NBER: 123-130.

　1941. "Review of *Monopolistic Competition and General Equilibrium* by R. Triffin." *Journal of Farm Economics* 23: 389-391.

　1943. "Methods of Forecasting Inflation." In Friedman, M. Mack, R. and C. Shoup (eds.).*Taxing to Prevent Inflation: Techniques for Estimating Revenue Requirements*. New York, Columbia University Press.

　[1946] 1953. "Lange on Price Flexibility and Employment. A Methodological Criticism." *American Economic Review* 36: 613-31. Reprinted in Friedman, M. *Essays in Positive Economics*, Chicago, University of Chicago Press: 277-300.

　1948. "A Monetary and Fiscal Framework for Economic Stability." *American Economic Review* 38: 245-64. Reprinted in Friedman, M. *Essays in Positive Economics*. Chicago, University of Chicago Press: 133-156.

　[1949] 1953. "The Marshallian Demand Curve." *Journal of Political Economy* 57: 463-95. Reprinted in Friedman, M. *Essays in Positive Economics*. Chicago, University of Chicago Press: 47-99.

1950. "Business Cycles in the United States of America, 1919–1932 by J. Tinbergen." *American Economic Review* 30: 657–660.

1951. "Comment on 'A Test of an Econometric Model for the United States, 1921–1947' by C. Christ." In *Conference on Business Cycles*. New York, National Bureau of Economic Research: 204–250.

[1951] 1953. "The Effects of a Full-Employment Policy on Economic Stability." In Friedman, M. *Essays in Positive Economics*. Chicago, University of Chicago Press: 117–132.

1953. "The Methodology of Positive Economics." In Friedman, M. *Essays in Positive Economics*. Chicago: University of Chicago Press: 3–43.

1955. "Léon Walras and his Economic System." *American Economic Review* 45: 900–909.

1956. "The Quantity Theory of Money – A Restatement." Reprinted in M. Friedman (ed.). *Studies in the Quantity of Money*. Chicago, University of Chicago Press: 3–21.

1957. *A Theory of the Consumption Function*. A Study by the National Bureau of Economic Research. Chicago, University of Chicago Press.

[1958] 1969. "The Supply of Money and Changes in Prices and Output." In *The Relationship of Prices to Economic Stability and Growth*, 85th Congress, 2nd Session, Joint Economic Committee Print, Washington, D. C.: U.S. Government Printing Office. Reprinted in M. Friedman (ed.). *The Optimum Quantity of Money and Other Essays*. Chicago, Aldine:171–187.

1959. "The Demand for Money: Some Theoretical and Empirical Results." *Journal of Political Economy* 67: 327–35. Reprinted in M. Friedman (ed.). *The Optimum Quantity of Money and Other Essays*. Chicago, Aldine: 111–139.

1960. *A Program for Monetary Stability*. New York, Fordham University Press.

1961. "The Lags in Effect on Monetary Policy." Reprinted in M. Friedman (ed.). *The Optimum Quantity of Money and Other Essays*. Chicago, Aldine: 237–260.

1962. *Capitalism and Freedom*. Chicago, University of Chicago Press.

1966. "Interest Rates and the Demand for Money." Reprinted in M. Friedman (ed.). *The Optimum Quantity of Money and Other Essays*. Chicago, Aldine: 141–155.

1968. "The Role of Monetary Policy." *American Economic Review* 58: 1–17.

1969. "The Optimum Quantity of Money." Reprinted in M. Friedman (ed.). *The Optimum Quantity of Money and Other Essays*. Chicago, Aldine: 1–50.

1970a. *The Counter-Revolution in Monetary Theory, First Wincott Memorial Lecture*. London, The Institute of Economic Affairs.

1970b. "A Theoretical Framework for Monetary Analysis." *Journal of Political Economy* 78: 193–238.

1971. "A Monetary Theory of Nominal Income." *Journal of Political Economy* 79: 323–337.

1974a. "A Theoretical Framework for Monetary Analysis." In R. J. Gordon (ed.), *Milton Friedman's Monetary Framework*. Chicago, Chicago University Press: 1–62.

1974b. "Response to the Critics." In R. J. Gordon (ed.). *Milton Friedman's Monetary Framework*. Chicago, Chicago University Press: 132–177.

1976. *Price Theory*. Chicago, Aldine Publisher.

1984. "Lessons from the 1979-82 Monetary Policy Experiment." *American Economic Review* 74: 397–400.

1986. "Keynes's Political Legacy." In J. Burton (ed.). *Keynes's General Theory: Fifty Years On*. London, The Institute of Economic Affairs: 47–55.

1987. "Quantity Theory of Money." In Eatwell, J., Milgate, M. and P. Newman (eds.). *The New Palgrave Dictionary of Economics*. London: MacMillan, vol. 4: 3–20.

[1989] 1997. "John Maynard Keynes." Federal Reserve Bank of Richmond *Economic Quarterly* 82: 1–23.

1993. "Postface." In Lavoie, M. and M. Seccareccia (eds.). *Milton Friedman et son oeuvre*. Montréal, Presses de l'Université de Montréal: 185–190.

2005. "A Natural Experiment in Monetary Policy Covering Three Episodes of Growth and Decline in the Economy and the Stock Market." *Journal of Economic Perspectives* 19: 145–150.

Non dated. Complete bibliography http://hoohila.stanford.edu/friedman/pdfs/116_6 .pdf (October 20, 2014).

Friedman, M. and R. Friedman 1998. *Two Lucky People: Memoirs*. Chicago, University of Chicago Press.

Friedman, M. and D. Meiselman. 1963. "The Relative Stability of Monetary Velocity and the Investment Multiplier in the United States, 1897–1958." In *Stabilization Policies. A Series of Studies Prepared for the Commission on Money and Credit*. Englewood Cliffs, Prentice-Hall: 165–268.

Friedman, M. and A. Schwartz 1963a. *A Monetary History of the United States, 1867–1960*. Princeton, Princeton University Press.

1963b. "Money and Business Cycles." *Review of Economics and Statistics* 45. Supplement: 32–64. Reprinted in Friedman, M. (ed.).*The Optimum Quantity of Money and Other Essays*. Chicago, Aldine: 189–215.

1970. *Monetary Statistics of the United States*. National Bureau of Economic Research Studies in Business Cycles No.20. New York, Columbia University Press.

1982. *Monetary Trends in The United States and the United Kingdom: Their Relation to Income, Prices an Interest Rates 1967–1975*, Chicago, Chicago University Press.

Frisch, H. (1978). "Monetarism and Monetary Economics." In T. Mayer (ed.). *The Structure of Monetarism*. New York, Norton: 113–125.

Frisch, R. (1950). "Alfred Marshall's Theory of Value." *Quarterly Journal of Economics* 64: 495–524.

Frydman, R. 1982. "Towards an Understanding of Market Processes: Individual Expectations, Learning and Convergence to Rational Expectations Equilibrium." *American Economic Review* 72: 652–688.

Frydman, R. and E. Phelps (eds.). 1983. *Individual Forecasting and Aggregate Outcomes. "Rational Expectations" Explained*. Cambridge, Cambridge University Press.

(eds.). 2013. *Rethinking Expectations: The Way Forward for Macroeconomics*. Princeton, Princeton University Press.

Gali, J. 1999. "Technology, Employment and the Business Cycle: Do technology Shocks Explain Aggregate Fluctuations." *American Economic Review* 110: 127–159.

2000. "The Return of the Phillips Curve and Other Recent Developments in Business Cycle Theory." *Spanish Economic Review* 2: 1–10.

2008. *Monetary Policy, Inflation, and the Business Cycle*. Princeton, Princeton University Press.

Gali, J. and M. Gertler 2007. "Macroeconomic Modeling for Monetary Policy Evaluation." *Journal of Economic Perspectives* 21: 25–45.

Gali, J. Smets, F. and R. Wouters 2011. "Unemployment in an Estimated New Keynesian Model." *NBER Macroeconomics Annual*: 329–360.

Garrone, G. and R. Marchionatti. 2004. "Keynes on Econometric Method: A Reassessment of His Debate with Tinbergen and Other econometricians." Universita di Torino. Department of Economics. *Working Paper No. 01/2004*.

Golosov, M. and R. E. Jr. Lucas 2007. "Menu Costs and Phillips Curves." *Journal of Political Economy* 115: 171–199.

Goodfriend, M. and R. King 1997. "The New Neoclassical Synthesis and the Role of Monetary Policy." In B. Bernanke and J. Rotenberg (eds.). *NBER Macroeconomics Annual*. Cambridge MA, MIT Press: 231–283.

Goodhart, C. 1981. "Problems of Monetary Management: The U.K. Experience." In Courakis, A. (ed.). *Inflation, Depression, and Economic Policy in the West*. Lanham, Rowman & Littlefield: 111–146.

Gordon, D. F. 1974. "A Neoclassical Theory of Keynesian Unemployment." *Economic Inquiry* 12: 431–449.

Gordon, R. J. (ed.). 1974. *Milton Friedman's Monetary Framework: A Debate with his Critics*. Chicago, University of Chicago Press.

1976. "Can Econometric Policy Evaluations Be Salvaged? A Comment." In K. Brunner and A.H. Meltzer (eds.). *The Phillips Curve and Labor Markets*, Carnegie-Rochester Conference Series on Public Policy. Vol. 1. Amsterdam, North-Holland: 47–61.

1980. "Comments on Barro and Rush." In S. Fischer (ed.). *Rational Expectations and Economic Policy*. Chicago, The University of Chicago Press: 55–63.

2009. "*Is Modern Macro or 1978-era Macro More Relevant to the Understanding of the Current Economic Crisis*"? A paper presented to the International Colloquium on the History of Economic Though, Sao Paulo, Brazil, August 2009. http://facultyweb.at.northwestern.edu/economics/gordon/GRU_Combined_090909.pdf (accessed on April 22, 2013).

2011. "The History of the Phillips Curve: Consensus and Bifurcation." *Economica* 78: 10–50.

Grandmont, J.-M. 1977. "Temporary General Equilibrium Theory." *Econometrica* 45: 535–572.

Grandmont, J.-M. and G. Laroque 1976. "On Keynesian Temporary Equilibria." *Review of Economic Studies* 43: 53–67.

Granger, C. 1969. "Investigating Causal Relations by Econometric Models and Cross-Spectral Methods." *Econometrica* 37: 424–438.

Greenwood, J. [1994] 2005. "Modern Business Cycle Analysis." *Rochester Center for Economic Research*. Working Paper No. 520.

Grossman, H. 1979. "Why Does Aggregate Employment Fluctuate"? *American Economic Review* 69: 64–69.

Guesnerie, R. and M. Woodford. 1992. "Endogenous Fluctuations." In J.-J. Laffont (ed.). *Advances in Economic Theory. Sixth World Congress*. Vol. 2. Cambridge, Cambridge University Press: 289–412.

Guvenen, F. 2011. "Macroeconomics with Heterogeneity: a Practical Guide." *NBER Working Paper* No. 17622.

Haberler, G. 1937. *Prosperity and Depression*. Geneva: League of Nations (original edition; 1941 new revised and enlarged edition).

Hahn, F. 1982. *Money and Inflation*. Oxford, Basil Blackwell.

1983. "Comment on Axel Leijonhufvud's 'Keynesianism, Monetarism and Rational Expectations: Some Reflections and Conjectures'." In Frydman R. and E. Phelps (eds.). *Individual Forecasting and Aggregate Outcomes, Rational Expectations Explained*. Cambridge, Cambridge University Press: 223–230.

Hahn, F. and T. Negishi. 1962. "A Theorem on Non-Tâtonnement Stability." *Econometrica* 30: 463–469.

Hahn F. and. R. Solow 1995. *A Critical Essay on Modern Macroeconomic Theory*. Oxford, Basil Blackwell.

Hairault, J-O. and F. Portier 1993. "Money, New-Keynesian Macroeconomics and the Business Cycle." *European Economic Review* 37: 1533–1568.

Hall, R. E. 1988a. "Intertemporal Substitution in Consumption." *Journal of Political Economy* 96: 339–357.

1988b. "The Relationship between Price and Marginal Cost in U.S. Industry." *Journal of Political Economy* 96: 921–947.

1990. "Invariance Properties of Solow's Productivity Residual." In Diamond, P. (ed.). *Growth/ Productivity/Unemployment: Essays to Celebrate Bob Solow's Birthday*. Cambridge MA, MIT Press: 71–112.

Halsmeyer, V. and K. Hoover 2013. "Solow's Harrod: Transforming Cyclical Dynamics into a Model of Long-Run Growth." *CHOPE Working Paper* No. 2013-02.

Hammond, J. D. 1992. "An Interview with Milton Friedman on Methodology." In B. Caldwell (ed.). *The Philosophy and Methodology of Economics*, vol. I. Cheltenham, Edward Elgar: 216–238.

1996. *Theory and Measurement: Causality Issues in Milton Friedman's Monetary Economics*. Cambridge, Cambridge University Press.

Hansen, A. 1953. *A Guide to Keynes*. New York, McGraw Hill.

Hansen, G. D. 1985. "Indivisible Labor and the Business Cycle." *Journal of Monetary Economics* 16: 309–327.

Hansen, G. D. and R. Wright [1992] 1994. "The Labor Market in Real Business Cycle Theory." In Miller, P. (ed.). *The Rational Expectations Revolution: Readings from the Front Line*. Cambridge MA, MIT Press: 335–354.

Hansen, L. P. 1982. "Large Sample Properties of Generalized Method of Moments Estimators" *Econometrica* 50: 1029–1054.

[2004] 2007. "An Interview with Christopher Sims." In Samuelson P. A. and W. Barnett (eds.). *Inside the Economist's mind. Conversation with Eminent Economists*. Oxford, Blackwell: 209–227.

Hansen, L. P. and J. Heckman 1996. "The Empirical Foundations of Calibration." *Journal of Economic Perspectives* 10: 87–104.

Hansen, L. P. and T. Sargent 1980. "Formulating and Estimating Dynamic Linear Rational Expectations Models." *Journal of Economic Dynamics and Control* 2: 17–46.

Harrod, R. F. 1937. "Mr. Keynes and Traditional Theory." *Econometrica* 5: 74–86.

Hart, O. 1982. "A Model of Imperfect Competition with Keynesian Features." *The Quarterly Journal of Economics* 97: 109–138.

Hayek, F. [1937] 1948. "Economics and Knowledge." In *Individualism and Economic Order*. Chicago, University of Chicago Press: 33–56.

Hayes, M. 2006. *The Economics of Keynes. A New Guide*. London, Routledge.

Heatcote, J. and K. Storesletten 2009. "Quantitative Macroeconomics with Heterogenous Households." Federal Reserve Bank of Minneapolis. Research Department. *Staff Report* 420.

Heijdra, B. and F. van der Ploeg 2002. *Foundations of Modern Macroeconomics*. Oxford, Oxford University Press.

Hetzel, R. 2007. "The Contributions of Milton Friedman to Economics." *Economic Quarterly, Federal Reserve Bank of Richmond*. Winter: 1–30.

Hicks, J. R. 1932. *The Theory of Wages*. London, Macmillan (first edition).

　　1937. "Mr. Keynes and the 'Classics'. A Suggested Interpretation." *Econometrica* 5: 147–159.

　　[1939] 1946. *Value and Capital*. Oxford, Clarendon Press (second edition).

　　[1957] 1967. "The 'Classics' Again." In *Critical Essays in Monetary Theory*. Oxford, Clarendon Press: 143–154.

Hodrick, R. and E. Prescott [1978] 1997. "Post-War U.S. Business Cycles: A Descriptive Empirical Investigation." *Journal of Money, Credit and Banking* 29: 1–16.

Hoover, K. 1984. "Two Types of Monetarism." *Journal of Economic Literature* 22: 58–76.

　　1988. *The New Classical Macroeconomics: A Skeptical Inquiry*. Oxford, Basil Blackwell.

　　1995. "Facts and Artifacts: Calibration and the Empirical Assessment of Real-Business-Cycle Models." *Oxford Economic Papers* 47: 24–44.

　　2001. *The Methodology of Empirical Macroeconomics*. Cambridge, Cambridge University Press.

　　2003. "A History of Post-war Monetary Economics and Macroeconomics." In Samuels, W., Biddle, J. and J. Davis (eds.). *A Companion to the History of Economic Thought*. Oxford, Blackwell: 411–427.

　　2006. "The Past as Future: The Marshallian Approach to Post Walrasian Econometrics." In Colander, D. (ed.). *Post-Walrasian Macroeconomics. Beyond the Dynamic Stochastic General Equilibrium Model*. Cambridge, Cambridge University Press: 239–257.

　　2014. "The Genesis of Samuelson and Solow's Price-Inflation Phillips curve." CHOPE Working Papers 2014-10.

Hoover, K. and W. Young (2011). "Rational Expectations: Retrospect and Prospect." *Duke University. CHOPE Working Paper*, No. 2011-10.

Howitt, P. 1985. "Transactions Costs and the Theory of Unemployment." *American Economic Review* 75: 88–100.

　　[1986] 1990. "The Keynesian Recovery." In P. Howitt. *The Keynesian Recovery and Other Essays*. New York: Philip Allan: 70–85.

　　1988. "Business Cycles with Costly Search and Recruiting." *The Quarterly Journal of Economics* 103: 147–166.

　　2007. "Edmund Phelps: Macroeconomist and Social Scientist." *Scandinavian Journal of Economics* 109: 203–224.

Howitt, P. and R. P. McAfee 1987. "Costly Search and Recruiting." *International Economic Review* 28: 89–107.

　　1988. "Stability of Equilibria with Externalities." *Quarterly Journal of Economics* 103: 261–277.

　　1992. "Animal Spirits." *American Economic Review* 82: 493–507.

Hulten, C. 2000. "Total Factor Productivity: A Short Biography." *NBER Working Papers Series*. Working Paper 7471.

Humphrey, T. 1985. "The Evolution and Policy Implications of Phillips Curve Analysis." *Federal Reserve Bank of Richmond Economic Review*. March/April: 3–22.

Ireland, P. 2004. "Technology Shocks in the New Keynesian Model." *Review of Economics and Statistics* 86: 923–936.

Jaffé, W. [1981] 1983. "Another Look at Léon Walras' Theory of Tâtonnement." In Walker, D. (ed.). *William Jaffé's Essays on Walras*. Cambridge, Cambridge University Press: 244–266.
Johnson, H. G. 1965. "A Quantity Theorist's Monetary History of the United States." *The Economic Journal* 75: 388–396.
　1970. "Recent Developments in Monetary Theory." In Croome, D. and H. G. Johnson (eds.). *Money in Britain 1959–69*. Oxford, Oxford University Press: 83–114.
　1971. "The Keynesian Revolution and the Monetarist Counter Revolution." *American Economic Review* 61: 1–14.
Jones, C. 1998. *Introduction to Economic Growth*. New York, Norton.
Jorgensen, D. and Z. Griliches. 1967. "The Explanation of Productivity Changes." *Review of Economic Studies* 34: 249–283.
Katz, L. 1986. "Efficiency Wage Theories: A Partial Evaluation." *NBER Macroeconomics Annual* 1: 235–275.
Keane, M. and R. Rogerson. 2010. "Reconciling Micro and Macro Labor Supply Elasticities." Mimeo.
Kehoe, P. 2004. "Economic Dynamic Forum: Patrick Kehoe on Whether Price Rigidities Matter for Business Cycle Analysis." *Economic Dynamics Newsletter* Issue 2.
Kehoe, T. and E. Prescott (eds.). 2007. *Great Depressions of the Twentieth Century*. Minneapolis, Federal Reserve Bank of Minneapolis.
　2007. "Economic Dynamics Interviews: Timothy Kehoe and Edward Prescott on Great Depressions." *Economic Dynamics Newsletter*. Vol. 9. Issue 1, November.
　2008. "Using the General Equilibrium Growth Model to Study Great Depressions: a Reply to Temin." Federal Reserve Bank of Minneapolis. *Research Department Staff Report* 418.
Keynes, J. M. 1936. *The General Theory of Employment, Interest, and Money*. London, Macmillan.
　1937. "The General Theory of Unemployment." *Quarterly Journal of Economics* 51: 209–223.
　1939. "Preface to the French Edition of the *General Theory*." http://cas.umkc.edu/economics/people/facultypages/kregel/courses/econ645/winter2011/generaltheory.pdf (accessed on February 26, 2015).
　1940. *How to Pay for the War?* London, Macmillan
Kimball, M. S. 1995. "The Quantitative Analytics of the Basic Neomonetarist Model." *Journal of Money, Credit and Banking* 27: 1241–1289.
King, J. E. 2002. *A History of Post Keynesian Economics Since 1936*. Cheltenham, Edgar Elgar.
King, R. 1981. "Monetary Information and Monetary Neutrality." *Journal of Monetary Economics* 7: 195–206.
King, R. and C. Plosser 1984. "Money, Credit, and Prices in a Real Business Cycle." *American Economic Review* 74: 363–380.
King, R. and S. Rebelo 2000. "Resuscitating Real Business Cycles." In Woodford, M. and J. Taylor (eds.). *Handbook of Macroeconomics*. Vol. 1B. Amsterdam, North-Holland: 928–1007.
King, R., Plosser, C. and S. Rebelo 1988. "Production, Growth and Business Cycles: I. The Basic Neoclassical Model." *Journal of Monetary Economics* 21: 195–232.
Kirman, A. 2010. "The Economic Crisis is a Crisis for Economic Theory." *CESifo Economic Studies* 56: 498–535.

Klamer, A. 1984. *Conversations with Economists*. Brighton, Harvester Press.
Klein, L. 1947. "Theories of Effective Demand and Employment." *Journal of Political Economy* 55: 108-131.
   1948. *The Keynesian Revolution*. New York, Macmillan.
   1950. *Economic Fluctuations in the United States, 1921–1941*. New York, John Wiley.
   1955. "The Empirical Foundations of Keynesian Economics." In K. Kurihara (ed.). *Post Keynesian Economics*. London, Allen and Unwin: 277–319.
   1977. "Comments on Sargent and Sims." Federal Reserve Bank of Minneapolis Research Department Digital Archives. http://minneapolisfed.contentdm.oclc.org/cdm/ref/collection/p16030coll1/id/45 (accessed on February 26, 2015).
   2006. "Paul Samuelson as a 'Keynesian' Economist." In Szenberg, M., Ramratten, L. and A. Gottesman (eds.). *Samuelsionian Economics and the Twenty-First Century*. Oxford, Oxford University Press: 165–177.
Klein, L. and A. Goldberger 1955. *An Econometric Model of the United States, 1929–1952*. Amsterdam: North-Holland.
Kmenta, J. and J. B. Ramsey (eds.). 1981. *Large-scale Macro-econometric Models: Theory and Practice*. Amsterdam, North-Holland.
Knight, F. 1921. *Risk, Uncertainty and Profit*. Washington DC, Beardbooks.
Kocherlakota, N. 2010. "Modern Macroeconomics Models as Tools for Economic Policy." *The Region*: 5–19.
Kolm, S-C. 1990. "Employment and Fiscal Policy with a Realistic View of the Role of Wages." In Champsaur P., M. Deleau *et al.* (eds.). *Essays in Honour of Edmond Malinvaud. Vol. 2. Macroeconomics*. Cambridge MA, MIT Press: 226–281.
Koopmans, T. 1947. "Measurement without Theory." *Review of Economics and Statistics* 29: 161–172.
   [1965] 1966. "On the Concept of Optimal Economic Growth." *Pontificiae Academiae Scientorum Scripta Varia* 28: 225–300. Reprinted in *The Economic Approach to Development Planning*. Amsterdam, North-Holland.
Kregel, J. A. 1987. "The Effective Demand Approach to Employment and Inflation Analysis." *Journal of Post-Keynesian Economics* 10: 133–145.
Krueger, A. 2003. "An Interview with Edmond Malinvaud." *Journal of Economic Perspectives* 17: 181–198.
Krugman, P. 2009. "How Did Economists Get It so Wrong"? *New York Times Magazine*, September 6.
Krusel, P. and A. A. Smith. 1998. "Income and Wealth Heterogeneity in the Macroeconomy." *Journal of Political Economy* 106: 807–896.
Kydland, F. and E. Prescott 1977. "Rules Rather than Discretion: The Inconsistency of Optimal plans." *Journal of Political Economy* 85: 473–491.
Kydland, F. and E. Prescott. 1982. "Time to Build and Aggregate Fluctuations" *Econometrica* 50: 1345–1370.
Kydland, F. and E. Prescott 1991. "The Econometrics of the General Equilibrium Approach to Business Cycles." *Scandinavian Journal of Economics* 93: 161–178.
   1996. "The Computational Experiment: an Econometric Tool." *The Journal of Economic Perspectives* 10: 69–85.
Laidler, D. 1990. "The Legacy of the Monetarist Controversy." *Federal Reserve Bank of Saint Louis Review* 72: 49–64.

[1991] 2004. "Wage and Price Stickiness in Macroeconomics: An Historical Perspective." The Thirteenth Henry Thornton Lecture. Reprinted in *Macroeconomics in Retrospect. The Selected Essays of David Laidler*. Cheltenham, Edward Elgar: 262–292.

1991. "Karl Brunner's Monetary Economics – An Appraisal." *Journal of Money, Credit and Banking* 23: 634–658.

1997. *The Demand for Money: Theories, Evidence and Problems*. New York, Harper-Collins Publishers (fourth edition).

1999. *Fabricating the Keynesian Revolution: Studies of the Inter-war Literature on Money, the Cycle, and Unemployment*. Cambridge, Cambridge University Press.

2005. "Milton Friedman and the Evolution of Macroeconomics." The University of Western Ontario. *Department of Economics Working-paper* 2005-11.

2007. "Milton Friedman. A Brief Obituary." University of Western Ontario. Department of Economics. *Research Report* #2007-1.

2010. "Lucas, Keynes and the Crisis." *Journal of the History of Economic Thought* 32: 39–62.

2012. "Milton Friedman's Contributions to Macroeconomics and Their Influence." The University of Western Ontario. *EPRI Working Paper* # 2012-2.

Laidler, D. and M. Parkin 1975. "Inflation: A Survey." *The Economic Journal* 85: 741–809.

Lange, O. 1938. "The Rate of Interest and the Optimum Propensity to Consume." *Economica* 5: 12–32.

1944. *Price Flexibility and Employment*. Bloomington, The Principia Press.

Laroque, G. 1986. "Le chômage des années 1970 était-il classique"? *L'Actualité Économique* 62: 350–364.

Lavoie, D. 1985. *Rivalry and Central Planning: The Socialist Calculation Debate Reconsidered*. Cambridge, Cambridge University Press.

Lavoie, M. 2014. *Post-Keynesian Economics: New Foundations*. Cheltenham, Edward Elgar.

Lawlor, M. 2006. *The Economics of Keynes in Historical Context: An Intellectual History of the General Theory*. London, Palgrave MacMillan.

Lawlor M., Darity W.A. Jr. and B. Horn. 1987. "Was Keynes a Chapter Two Keynesian"? *Journal of Post-Keynesian Economics* 10: 516–528.

Layard, R. and S. Nickel 1985. "The Causes of British Unemployment." *National Institute Economic Review* 111: 62–85.

Leeper, E.M. 1991. "Equilibria Under 'Active' and 'Passive' Monetary and Fiscal Policies." *Journal of Monetary Economics* 27: 129–147.

Leeson, R. 2000. *The Eclipse of Keynesianism: The Political Economy of the Chicago Counter-Revolution*. Basingstoke, Palgrave.

2003. *Keynes, Chicago and Friedman*. London, Pickering and Chatto.

Leijonhufvud, A. 1967. "Keynes and the Keynesians: A Suggested Interpretation." *American Economic Review* 57: 401–410.

1968. *On Keynesian Economics and the Economics of Keynes*. Oxford, Oxford University Press.

1969. *Keynes and the Classics: Two Lectures on Keynes' Contributions to Economic Theory*. London, The Institute of Economic Affairs.

1976. "Schools, 'Revolutions', and Research Programmes in Economic Theory." In Latsis J. S. (ed.). *Method and Appraisal in Economics*. Cambridge, Cambridge University Press: 65–108.

1983. "What Would Keynes Have Thought of Rational Expectations"? In Worswick D. and J. Trevithick (eds.). *Keynes and the Modern World*. Cambridge, Cambridge University Press: 179–203.

1984. "Hicks on Time and Money." *Oxford Economic Papers*. November. Supplement: 26–46.

1988. "Did Keynes Mean Anything? Rejoinder to Yeager." *Cato Journal* 8: 209–217.

1993. "Towards a Not-Too-Rational Macroeconomics." *Southern Economic Journal* 60: 1–13.

1994. "Hicks, Keynes and Marshall." In H. Hagemann and Hamadou O. (eds.). *The Legacy of Hicks: His Contributions to Economic Analysis*. London, Routledge: 147–162.

1997. "Models and Theories." *Journal of Economic Methodology* 4: 193–198.

1999. "Mr. Keynes and the Moderns." In Pasinetti L. and B. Schefold (eds.). *The Impact of Keynes on Economics in the 20th Century*. Cheltenham, Edward Elgar: 16–35.

2004. "Celebrating Ned." *Journal of Economic Literature* 42: 811–821.

2006a. "Episodes in a Century of Macroeconomics." In D. Colander (ed.). *Post-Walrasian Macroeconomics: Beyond the Dynamic Stochastic General Equilibrium Model*. Cambridge, Cambridge University Press: 27–45.

2006b. "Keynes as a Marshallian." In R. Backhouse and B. Bateman (eds.). *The Cambridge Companion to Keynes*. Cambridge, Cambridge University Press: 58–77.

2006c. "Agent-Based Macro." In L. Tesfatsion and K. L. Judd (eds.). *Handbook of Computational Economics*. Vol. II. Amsterdam, Elsevier: 1625–1638.

2008. "Keynes and the Crisis." *CEPR Policy Insight*. May. No 23.

2009. "Out of the Corridor: Keynes and the Crisis." *Cambridge Journal of Economics* 33: 741–757.

Leontief, W. 1936. "The Fundamental Assumption of Mr. Keynes' Monetary Theory of Unemployment." *Quarterly Journal of Economics* 51: 192–197.

Lipsey, R. G. 1960. "The Relation between Unemployment and the Rate of Change of Money Wage Rates in the United Kingdom, 1862–1957. A Further Analysis." *Economica* 27: 1–31.

1978. "The Place of the Phillips Curve in Macroeconomic Models." In A. Bergstrom, et al. (eds.). *Stability and Inflation: A Volume of Essays to Honour the Memeory of A. W. H. Phillips*. New York, John Wiley: 49–75.

2000. "IS-LM, Keynesianism, and the New Classicism." In Backhouse, R. and A. Salanti (eds.). *Macroeconomics and the Real World, Vol. 2 Keynesian Economics, Unemployment and Policy*. Oxford, Oxford University Press: 57–82.

Litterman, R. B. and L. Weiss. 1985. "Money, Real Interest Rates, and Output: A Reinterpretation of Postwar U.S. Data." *Econometrica*, 53: 129–156.

Liviatan, N. 2008. "Patinkin, Don (1922–1995)." In Durlauf, S. and L. Blume (eds.). *The New Palgrave Dictionary of Economics. Second Edition*. London, Palgrave Macmillan.

Ljungqvist, L. and T. Sargent 2011. "A Labor Supply Elasticity Accord"? *American Economic Review: Papers and Proceedings* 101: 487–491.

2014. "An Open Letter to Professors Heckman and Prescott." https://files.nyu.edu/ts43/public/research/openletter_H&P.pdf (accessed on February 25, 2014).

Long, J. and C. Plosser 1983. "Real Business Cycles." *Journal of Political Economy* 94: 39–69.

Louçã, F. 2007. *The Years of High Econometrics: A Short History of the Generation That Reinvented Economics*. Abingdon, Routledge.

Lucas, R. E. Jr. [1972] 1981a. Expectations and the Neutrality of Money." In *Studies in Business Cycle Theory*: 65–89.

[1973] 1981a. "Some International Evidence of Output-Inflation Tradeoffs." In *Studies in Business Cycle Theory*: 131–145.

[1975] 1981a. "An Equilibrium Model of the Business Cycle." In *Studies in Business Cycle Theory*: 179–214.

[1976a] 1981a. "Econometric Policy Evaluation: A Critique." In *Studies in Business Cycle Theory*: 104–130.

[1976b] 1981a. A Review: Paul McCracken *et al.* "Towards Full Employment and Price Stability. A Report to the OECD by a Group of Independent Experts OECD. June 1977." In *Studies in Business Cycle Theory*: 262–270

[1977] 1981a. "Understanding Business Cycles." In *Studies in Business Cycle Theory*: 215–239.

[1978] 1981a. "Unemployment Policy." In *Studies in Business Cycle Theory*: 240–247.

[1980a] 1981a. "Methods and Problems in Business Cycle Theory." In *Studies in Business Cycle Theory*: 271–296.

[1980b] 1981a. "Rules, Discretion and the Role of Economic Advisor." In *Studies in Business Cycle Theory*: 248–261.

[1980c] 2013. "The Death of Keynesian Economics." In M. Gillman (ed.). *Collected Papers on Monetary Theory*. Cambridge MA, Harvard University Press: 500–3.

1981a. *Studies in Business Cycle Theory*. Cambridge MA, MIT Press.

1981b. "Tobin and Monetarism: A Review Article." *Journal of Economic Literature* XIX: 558–567.

1986. "Adaptive Behavior and Economic Theory." *Journal of Business* 59: S 401–S426.

1987. *Models of Business Cycle*. Oxford, Basil Blackwell.

1988. "What Economists Do." http://homepage.ntu.edu.tw/~yitingli/file/Workshop/lucas%20speech.pdf (accessed February 2016).

1994. "Review of Milton Friedman and Anna J. Schwartz's 'A Monetary History of the United States, 1867–1960'." *Journal of Monetary Economics* 34: 5–16.

1995. "A Review Article of R. Skidelsky, 'John Maynard Keynes. Volume 1: Hopes Betrayed, 1883–1920', and 'John Maynard Keynes. Volume 2: The Economists as a Savior, 1920–1937'." *The Journal of Modern History* 76: 914–917.

1996. "Nobel Lecture: Monetary Neutrality." *Journal of Political Economy* 104: 661–681.

2001. *Professional Memoir*. Mimeo.

2004. "My Keynesian Education." In De Vroey, M. and K. Hoover (eds.). *The IS-LM Model: Its Rise, Fall, and Strange Persistence*. Durham, Duke University Press: 12–24.

2013. *Collected Papers on Monetary Theory*. Edited by Max Gillman. Cambridge MA, Harvard University Press.

Various. Lucas archives held at Duke University Rare Book, Manuscript, and Special Collections Library

Lucas R. E. Jr. and Prescott, E. 1974. "Equilibrium Search and Unemployment." *Journal of Economic Theory* 7: 103–124.

Lucas R. E. Jr. and L. Rapping 1969. "Real Wages, Employment, and Inflation." *Journal of Political Economy* 77: 721–754.

1972. "Unemployment in the Great Depression: Is There a Full Explanation"? *Journal of Political Economy* 80: 186–191.

Lucas R. E. Jr. and T. Sargent ([1979a] 1994. "After Keynesian Macroeconomics." In Federal Reserve Bank of Boston. *After the Phillips Curve: Persistence of High Inflation and High Unemployment*. Proceeding of a Conference held in June 1978. Conference Series No. 19. Reprinted in P. R. Miller (ed.). *The Rational Expectations Revolution. Readings from the Front Line*. Cambridge MA, MIT Press: 5-30.

(1979b), "Response to Friedman." In Federal Reserve Bank of Boston. *After the Phillips curve: Persistence of High Inflation and High Unemployment*. Proceeding of a Conference held in June 1978. Conference Series No. 19: 81–82.

Mäki, U. (ed.). 2011. *The Methodology of Positive Economics. Reflection on the Milton Friedman Legacy*. Cambridge, Cambridge University Press.

Malinvaud, E. 1953. "Capital Accumulation and Efficient Allocation of Resources." *Econometrica* 21: 233–268.

1970. *Statistical Methods of Econometrics*. Amsterdam, North-Holland.

1972. *Lectures on Microeconomic Theory*. Amsterdam, North-Holland.

1977. *The Theory of Unemployment Reconsidered*. Oxford, Basil Blackwell.

1984. *Mass Unemployment*. Oxford, Basil Blackwell.

1991.*Voies de la recherche macroéconomique*. Paris, Editions Odile Jacob.

Mankiw, N. G. 1985. "Small Menu Costs and Large Business Cycles: A Macroeconomic Model of Monopoly." *Quarterly Journal of Economics* 100: 529–539.

1989. "Real Business Cycles: A New Keynesian Perspective." *Journal of Economic Perspectives* 3: 79–90.

1990. "A Quick Refresher Course in Macroeconomics." *Journal of Economic Literature*. XXVIII: 1645–1660.

1992a. "Macroeconomics in Disarray." *Society*. May–June: 19-24.

1992b."The Reincarnation of Keynesian Economics." *European Economic Review* 36: 559–565.

2006. "The Macroeconomist as Scientist and Engineer." *Journal of Economic Perspective* 20: 29–46.

Mankiw, N. G. and D. Romer 1991. "Introduction." In Mankiw, N. and D. Romer (eds.). *New Keynesian Economics*. Cambridge MA, MIT Press, vol. I: 1–26.

Mankiw, N. G., Rotenberg, J. and L. Summers 1985. "Intertemporal Substitution in Macroeconomics." *Quarterly Journal of Macroeconomics* 100: 225–251.

Manuelli, R. and T. Sargent 1988. "Models of Business Cycles. A Review Article." *Journal of Monetary Economics*. 22: 523–542.

Marshall, A. 1920. *Principles of Economics*. London, Macmillan (eighth edition).

Matthews, R. 1990. "'Marshall and the Labor Market." In J. Whitaker (ed.). *Centenary Essays on Alfred Marshall*. Cambridge, Cambridge University Press: 14–43.

Mayer, T. 1978. "The Structure of Monetarism." In T. Mayer (ed.). *The Structure of Monetarism*. New York, Norton: 1–25.

McCallum, B. 1980. "Rational Expectations and Macroeconomic Stabilization Policy: An Overview." *Journal of Money, Credit and Banking* 12: 716–746.

1984. "Monetarist Rules in the Light of Recent Experience." *American Economic Review* 74: 388–391.

1989. "Real Business Cycle Models." In R. Barro (ed.). *Modern Business Cycle Theory*. Oxford, Basil Blackwell: 16–50.

1999. "An Interview with Robert E. Lucas Jr." *Macroeconomic Dynamics* 3: 278–291.

2002, "Recent Developments in Monetary Policy Analysis: The Roles of Theory and Evidence." Federal Reserve Bank of Richmond. *Economic Quarterly* 88, 1: 67–96.

McKenzie, L. 1987. "General Equilibrium." In J. Eatwell, M. Milgate and P. Newman (eds.). *The New Palgrave: A Dictionary of Economics.* Vol 2. London, MacMillan: 498–512.

McLeod, W. B. and J. Malcomson 1998. "Motivations and Markets." *American Economic Review* 88: 606–620.

Meade J. 1937 "A Simplified Model of Keynes's System." *Review of Economic Studies* 4: 98–107.

Mehra, Y. P. 1978. "Is Money Exogenous in Money-Demand Equations"? *The Journal of Political Economy* 86: 211–228.

Merz, M. 1995. "Search in the Labor Market and the Real Business Cycle." *Journal of Monetary Economics* 36: 269–300.

Mirowski, P. and W. Hands 1998. "A Paradox of Budgets: The Postwar Stabilization of American Neoclassical Demand Theory." In Morgan, M. and Rutherford, M. (eds.). *From Interwar Pluralism to Postwar Neoclassicism.* Durham, Duke University Press: 260–292.

Mishkin, F. 1995. "The Rational Expectations Revolution: A Review Article of Preston J. Miller (ed.). 'The Rational Expectations Revolution: Readings from the Front Line'." *NBER Working Paper Series.* No 5043.

Modigliani, F. 1944. "Liquidity Preference and the Theory of Interest and Money." *Econometrica* 12: 44–88.

1977a. "The Monetarist Controversy Or Should We Forsake Stabilization Policies"? *American Economic Review* 67: 1–19.

1977b. "Comment on Prescott." In Brunner, K. and A. Meltzer (eds.). *Optimal Policies, Control Theory and Technology Exports.* Carnegie-Rochester Conference Series on Public Policies.

1978. "Comments on Fair." In Federal Reserve Bank of Boston. *After the Phillips Curve: Persistence of High Inflation and High Unemployment.* Conference Series No. 19.

Moggridge, D. (ed.). 1973. *The Collected Writings of John Maynard Keynes. Vol. XIV, The General Theory and After, Part II. Defense and Development.* London, Macmillan.

1992. *Maynard Keynes: An Economist's Biography.* London, Routledge.

Morgan, M. 1989. *The History of Econometric Ideas.* Cambridge, Cambridge University Press.

2012. *The World in the Model. How Economists Work and Think.* Cambridge, Cambridge University Press.

Moscarini, G. and R. Wright 2007. "An Interview with Peter Diamond." *Macroeconomic Dynamics,* 11: 543–565.

Muellbauer, J. and R. Portes 1978. "Macroeconomic Models with Quantity Rationing." *Economic Journal* 88: 788–821.

Muth, J. 1961. "Rational Expectations and the Theory of Price Movements." *Econometrica* 29: 315–335.

Neary, J. P. (2004), "Monopolistic Competition and International Trade Theory." In Brackman, S. and B. J. Heijdra (eds.). *The Monopolistic Competition Revolution in Retrospect.* Cambridge, Cambridge University Press: 159–184.

Negishi, T. 1979. *Microeconomic Foundations of Keynesian Economics.* Amsterdam, North-Holland.

Nelson, C. and C. Plosser 1982. "Trends and Random Walks in Macroeconomic Time Series: Some Evidence and Implications." *Journal of Monetary Economics* 10: 139–162.

Nelson, R. and S. Winter. 1982. *An Evolutionary Theory of Economic Change.* Cambridge MA, Harvard University Press.

Obstfeld, M. and K. Rogoff. 1996. *Foundations of International Macroeconomics.* Cambridge MA, MIT Press.

Okun, A. 1980. "Rational-Expectations-With-Misperceptions as a Theory of the Business Cycle." *Journal of Money, Credit and Banking* 12: 817–825.

1981. *Prices and Quantities: A Macroeconomic Analysis.* Oxford, Basil Blackwell.

Page, S. 2010. "Testimony." *Building a Science of Economics for the Real World.* House of Representatives. House Committee on Science and Technology. Subcommittee on Investigations and Oversight. July 20. Washington, D.C. (available at: http://science.house.gov/publications/hearings_markups_details.aspx?).NewsID=2916) (accessed on May 15, 2011).

Parker, R. E 2007. "Robert Lucas. Interview." *The Economics of the Great Depression: A Twenty-First Century Look Back at the Economics of the Interwar Period.* Cheltenham, Edward Elgar: 88–101.

Parkin, M. 1984. *Macroeconomics.* Englewood Cliffs, Prentice-Hall (fourth edition).

2002. "Talking with Michael Woodford." *Economics.* Boston, Addison-Wesley: 702–704 (6th edition).

Patinkin, D. 1965. *Money, Interest and Prices.* New York, Harper and Row (second edition; first edition 1956).

1987. "Keynes, John Maynard." In J. Eatwell, M. Milgate and P. Newman (eds.). *The New Palgrave: A Dictionary of Economics.* Vol. 3. London, Macmillan: 19–41.

1990. "On Different Interpretations of the *General Theory.*" *Journal of Monetary Economics* 26: 205–245.

Various. Patinkin Lucas archives held at Duke University Rare Book, Manuscript, and Special Collections Library

Pearce, K. and K. Hoover 1995. "After the Revolution: Paul Samuelson and the Textbook Keynesian Model." In A. Cottrell and M. S. Lawlor (eds.). *New Perspectives on Keynes.* Durham, Duke University Press: 183–216.

Pensieroso, L. 2007. "Real Business Cycle Models of the Great Depression: A Critical Survey." *Journal of Economic Surveys* 21: 110–142.

Phelps, E. 1961. "The Golden Rule of Accumulation: A Fable for Growthmen." *American Economic Review* 51: 638–643.

1967. "Phillips Curves, Inflation, Expectations and Optimal Employment Over Time." *Economica* 34: 254–281.

1968. "Money-Wage Dynamics and Labor Market Equilibrium." *Journal of Political Economy* 76: 678–711.

1985. *Political Economy.* New York, Norton.

1990. *Seven Schools of Macroeconomic Thought.* Oxford, Clarendon Press.

1994. *Structural Slumps: The Modern Equilibrium Theory of Unemployment, Interest, and Assets.* Cambridge MA, Harvard University Press.

1995. "The Origins and Further Development of the Natural Rate of Unemployment." In R. Cross (ed.). *The Natural Rate of Unemployment. Reflections on 25 Years of the Hypothesis.* Cambridge, Cambridge University Press: 15–31.

1997. *Rewarding Work: How to Restore Participation and Self Support to Free Enterprise.* Cambridge MA, Harvard University Press.

2006. "Autobiography: Becoming an Economist." *Nobel Prizes and Laureates.* www.nobelprize.org/nobel_prizes/economic-sciences/laureates/2006/phelps-bio.html (accessed on February 26, 2015).

2007. "Macroeconomics for a Modern Economy." *American Economic Review* 97: 543-561.

Phelps, E. et al. 1970. *Microeconomic Foundations of Employment and Inflation Theory.* New York, Norton.

Phelps, E. and J. Taylor 1977. "Stabilizing Powers of Monetary Policy under Rational Expectations." *Journal of Political Economy* 85: 163-190.

Phillips, A. W. H. 1958. "The Relation between Unemployment and the Rate of Change of Money Wage Rates in the United Kingdom, 1861-1957." *Economica* 25: 283-299.

Picard, P. 1993. *Wages and Unemployment: A Study in Non-Walrasian Macroeconomics.* Cambridge, Cambridge University Press.

Pierce, J. 1984. "Did Financial Innovation Hurt the Great Monetarist Experienced"? *American Economic Review* 74: 392-396.

Pigou, A. C. 1933. *The Theory of Unemployment.* London: Macmillan.

1943. "The Classical Stationary State." *Economic Journal* 53: 343-351.

Piore, M. 2011. "Keynes and Marx, Duncan and Me." MIT, *Department of Economics, Working Paper* 13-13.

Plosser, C. 1989. "Understanding Real Business Cycles." *Journal of Economic Perspectives* 3: 51-77.

Poole, W. 1979. "Summary and Evaluation." In Federal Reserve Bank of Boston, *After the Phillips Curve: Persistence of High Inflation and High Unemployment.* Proceedings of a Conference held in June 1978, Conference Series No. 19: 210-215.

1988. "Monetary Policy Lessons of Recent Inflation and Disinflation". *The Journal of Economic Perspectives* 2: 73-100.

Prescott, E. [1986a] 1994. "Theory Ahead of Business Cycle Measurement." In Miller, P. (ed.). *The Rational expectations Revolution. Readings from the Front Line.* Cambridge MA, MIT Press: 265-288.

[1986b] 1994. "Response to a Skeptic." In P. Miller (ed.). *The Rational expectations Revolution: Readings from the Front Line.* Cambridge MA, MIT Press: 297-306.

2006. "The Transformation of Macroeconomic Policy and Research." *Journal of Political Economy* 114: 203-235.

2009. "Effective Measures Against the Recession." Conference. July 6, 2009. http://fr.slideshare.net/madridnetwork/effective-measures-against-the-recessio (accessed on February 23, 2015).

Prescott, E. and G. V. Candler 2008. "Calibration." In Durlauf, S. and Blume, L. (eds.). *The New Palgrave Dictionary of Economics. Second Edition.* London, Palgrave.

Prescott, E., Guenther A., Kehoe P. and R. Manuelli 1983. "Can the Cycle be Reconciled with a Consistent Theory of Expectations? Or, a Progress Report on Business Cycle Theory", Federal Reserve Bank of Minneapolis. *Working Paper 239.*

Qin, D. 1993. *The Formation of Econometrics: A Historical Perspective.* Oxford, Clarendon Press.

2013. *A History of Econometrics: The Reformation from the 1970s.* Oxford, Oxford University Press.

Ramilho da Silva, D. 2013. "Lucas's Early Research and the Natural Rate of Unemployment." Duke University. *CHOPE Working Paper* No. 2013-01.

Ramsey, F. 1928. "A Mathematical Theory of Saving." *Economic Journal* 38: 543–559.

Rees, A 1970. "On Equilibrium in Labor Markets." *Journal of Political Economy* 78: 306–310.

Rios-Rull, J.-V. 1995. "Models with Heterogeneous Agents." In T. Cooley (ed.). *Frontiers of Business Cycle Research*. Princeton, Princeton University Press: 98–125.

Roberts, J. 1987. "An Equilibrium Model with Involuntary Unemployment at Flexible, Competitive Prices and Wages." *American Economic Review* 77: 856–874.

Rogerson, R. 1988. "Indivisible Labor, Lotteries and Equilibrium." *Journal of Monetary Economics* 21: 3–16.

— 1997. "Theory Ahead of Language in the Economics of Unemployment." *Journal of Economic Perspectives* 11: 73–92.

Rogoff, K. 1986. "Theory Ahead of Business Cycle Measurement: A Comment." *Carnegie-Rochester Conference Series on Public Policy* 25: 45–48.

Romer, D. 2011. *Advanced Macroeconomics*. New York, McGraw-Hill (fourth edition).

Romer, C. and D. Romer 1989. "Does Monetary Policy Matter? A New Test in the Spirit of Friedman and Schwartz." In Blanchard, O. and S. Fischer (eds.). *NBER Macroeconomics Annual 1989*: 121–184.

Rotemberg, J. and M. Woodford 1997. "An Optimization-Based Econometric Frame-Work for the Evaluation of Monetary Policy." *NBER Macroeconomics Annual*: 297–344.

Rowthorn, R. E. 1977. "Conflict, Inflation and Money." *Cambridge Journal of Economics* 1: 215–239.

Royal Swedish Academy of Science (2011), "Scientific Background of the Sverige Riksbank Prize in Economic Science in Memory of Alfred Nobel 2011. Empirical Macroeconomics." (www.nobelprize.org/nobel_prizes/economics/laureates/2011/advanced.html) (accessed on February 26 2015).

Rubin, G. 2002. "From Equilibrium to Disequilibrium: The Genesis of Don Patinkin's Interpretation of the Keynesian Theory." *The European Journal of the History of Economic Thought* 9: 205–225.

— 2005. "Patinkin and the Pigou Effect: Or How a Keynesian Economist Came to Accept an Anti-Keynesian Argument." *The European Journal of the History of Economic Thought* 12: 47–72.

— 2011. "*Oskar Lange and the Influence of Walrasian Theory during the Keynesian revolution.*" Mimeo.

— 2012. "Don Patinkin's PhD Dissertation as the Prehistory of Disequilibrium Theories." *History of Political Economy* 44: 235–276.

Salop, S. 1979. "A Model of the Natural Rate of Unemployment." *American Economic Review* 69: 117–125.

Samuelson, P. A. 1947. *Foundations of Economic Analysis*. Cambridge MA, Harvard University Press.

— 1955. *Economics. An Introductory Analysis*. New York, McGraw-Hill (third edition).

— 1964. "The General Theory." In R. Lekachman (ed.). *Keynes's General Theory. Reports of Three Decades*. London, Macmillan: 315–347.

1983. "Comment on Leijonhufvud." In Worswick, D. and J. Trevithick (eds.). *Keynes and the Modern World. Proceedings of the Keynes's Centenary Conference.* Cambridge, Cambridge University Press: 212–216.

Samuelson, P.A. and R. Solow 1960. "Analytical Aspects of Anti-Inflation Policy." *American Economic Review* 50: 177–194.

Sargent, T. 1972. "Rational Expectations and the Term Structure of Interest Rates." *Journal of Money, Credit and Banking* 41: 74–97.

1977. "Is Keynesian Economics a Dead End"? University of Minnesota and Federal Reserve Bank of Minneapolis. *Working Paper* No. 101. https://files.nyu.edu/ts43/public/research/Sargent_Keynesian_dead_end.pdf (accessed on April 24, 2014).

1987. "Some of Milton Friedman's Scientific Contributions to Macroeconomics." *Hoover Institute Discussion Paper.*

1996. "Expectations and the Nonneutrality of Lucas." *Journal of Monetary Economics* 37: 535–548.

Sargent, T. and C. Sims 1977. "Business Cycle Modeling Without Pretending to Have too Much a Priori Economic Theory." In Federal Reserve Bank of Minneapolis. *New Methods in Business Cycle Research: Proceedings from a Conference*: 45–109.

Sargent, T. and N. Wallace 1975. "Rational Expectations, the Optimal Monetary Instrument, and the Optimal Money Supply Rule." *Journal of Political Economy* 83: 241–254.

Sawyer, M. 1982. *Macroeconomics in Question. The Keynesian-Monetarist Orthodoxies and the Kaleckian Alternative.* Brighton, Wheatsheaf.

Schumpeter, J. A. [1941] 1952. "Alfred Marshall, 1842–1924. Alfred Marshall's *Principles*: a Semi-Centennial Appraisal." In J. A. Schumpeter *Ten Great Economists: From Marx to Keynes.* London, Allen and Unwin: 91–109.

Sent, E-M. 1998. *The Evolving Rationality of Rational Expectations: An Assessment of Thomas Sargent's Achievements.* Cambridge, Cambridge University Press.

2002. "How (not) to Influence People: the Contrary Tale of John F. Muth." *History of Political Economy* 34: 291–319.

2008. "Sargent, Thomas." In Durlauf, S and L. E. Blume (eds.). *The New Palgrave Dictionary of Economics: Second Edition.* London, Palgrave Macmillan.

Serletis, A. 2007. *The Demand for Money: Theoretical and Empirical Approaches.* Boston, Springer (second edition).

Shackle, G. L. S. 1967. *The Years of High Theory: Invention and Tradition in Economic Thought.* Cambridge, Cambridge University Press.

Shapiro, C. and J. Stiglitz 1984. "Equilibrium Unemployment as Worker Discipline Device." *American Economic Review* 74: 433–444.

Shiller, R. 1975. "Rational Expectations and the Dynamic Structure of Macroeconomic Models: A Critical Review." *Journal of Monetary Economics* 4: 1–44.

Silvestre, J. 1982. "Fixprice Analysis in Exchange Economies." *Journal of Economic Theory* 26: 28–58.

Sims, C. 1972. "Money, Income, and Causality." *American Economic Review* 62: 540–552.

1980. "Macroeconomics and Reality." *Econometrica* 48: 1–48.

1982. "Policy Analysis with Econometric Models." *Brooking Papers on Economic Activity* No. I: 107–152.

1996. "Macroeconomics and Methodology." *Journal of Economic Perspectives* 10: 105–120.

2011. "Statistical Modeling of Monetary Policy and Its Effects." Sims's Nobel Prize Lecture. December 8, 2011. www.nobelprize.org/nobel_prizes/economics/laureates/2011/sims-lecture.html (accessed on February 25, 2015).

2012. "Statistical Modeling of Monetary Policy and Its Effects." *American Economic Review* 102: 1187–1205.

Skidelsky, R. 1983. *John Maynard Keynes: Hopes Betrayed, 1883–1920*. London, Macmillan.

1992. *John Maynard Keynes: The Economist as Savior, 1920–1937*. London, Macmillan.

2000. *John Maynard Keynes: Fighting for Britain*. London, Macmillan.

2009. *The Return of the Master*. New York, Public Affairs.

Sleeman, A. G. 2011. "The Phillips Curve: A Rushed Job"? *The Journal of Economic Perspectives* 25: 223–238.

Smets, F. and R. Wouters 2003. "An Estimated Dynamic Stochastic General Equilibrium of the Euro Area." *Journal of the European Economic Association* 5: 1123–1175.

Snowdon, B. and H. R. Vane 1998. 'Transforming Macroeconomics: An Interview with Robert E. Lucas Jr." *Journal of Economic Methodology* 5: 115–145.

Snowdon, B. and H. Vane 1999. *Conversations with Leading Economists*. Cheltenham, Edward Elgar: 193–207.

2005. *Modern Macroeconomics. Its Origins, Development and Current State*, Cheltenham, Edward Elgar.

2006. "Milton Friedman, 1912–2006, Polemicist, Scholar, and Giant of Twentieth-Century Economics." *World Economics* 7: 1–43.

Snowdon, B. Vane, H. and P. Wynarczyk 1994. *A Modern Guide to Macroeconomics: An Introduction to Competing Schools of Thought*. Aldershot, Edward Elgar.

Solow, R. 1956. "A Contribution to the Theory of Economic Growth." *The Quarterly Journal of Economics* 70: 65–94.

1957. "Technical Change and the Aggregate Production Function." *The Review of Economics and Statistics* 39: 312–320.

(1978), "Summary and Evaluation." In Federal Reserve Bank of Boston, *After the Phillips Curve: Persistence of High Inflation and High Unemployment*. Proceedings of a Conference held in June 1978. Conference Series No. 19: 203–209.

1980. "What to Do (Macroeconomically) when OPEC Comes"? In S. Fischer (ed.). *Rational Expectations and Economic Policy*. Chicago, University of Chicago Press: 249–264.

1988. "Growth Theory and After." *American Economic Review* 3: 307–317.

2000. "Towards a Macroeconomics of the Medium Run." *Journal of Economic Perspectives* 14: 151–158.

2001. "From Neoclassical Growth Theory to New Classical Macroeconomics." In J. Drèze (ed.). *Advances in Macroeconomic Theory*. IEA Conference volume 33. Palgrave-Macmillan: 19–29.

2008. "The State of Macroeconomics." *Journal of Economic Perspectives* 22: 243–246.

2010. "Testimony." *Building a Science of Economics for the Real World*. U.S. House of Representatives. House Committee on Science and Technology. Subcommittee on Investigations and Oversight. July 20. Washington, D. C. (available at: http://science.house.gov/publications/hearings_markups_details.aspx?) .NewsID=2916 (accessed on May 15, 2011).

Solow, R. and J-P. Touffut (2012) (eds.), *What's Right With Macroeconomics?* Cheltenham, Edward Elgar.

Spear, E. and R. Wright 1998. "Interview with David Cass." *Macroeconomic Dynamics* 2: 533–558.

Stigler, G. 1949. *Five Lectures on Economic Problems: London School of Economics.* London, Longmans Green.

Stiglitz, J. 2011. "Rethinking Macroeconomics: What Failed and How Repair It." *Journal of the European Economic Association* 9: 591–645.

Stock, J. and M. Watson 2001. "Vector Autoregressions." *Journal of Economic Perspectives* 15: 101–115.

Summers, L. [1986] 1994. "Some Skeptical Observations on Real Business Cycle Theory." In Miller, P. (ed.). *The Rational Expectations Revolution: Readings from the Front Line.* Cambridge MA, MIT Press: 289–295.

— 1988. "Should Keynesian Economics Dispense with the Phillips Curve"? In R. Cross (ed.). *Unemployment, Hysteresis, and the Natural Rate Hypothesis.* Oxford, Basil Blackwell: 11–25.

Tabellini G, 2005. "Finn Kydland and Edward Prescott's Contribution to the Theory of Macroeconomic Policy." *Scandinavian Journal of Economics* 107: 203–216.

Tapp, G. 2012. "An Interview with Chris Sims, 2011 Nobel Laureate." www.frbatlanta.org/news/conferences/12zero_degrees_sims_transcript.cfm (accessed on May 28, 2013).

Taylor, J. B. 1979. "Estimation and Control of an Econometric Model with Rational Expectations." *Econometrica* 47: 1267–1286.

— [1984] 1986. "An Appeal for Rationality in the Policy Activism Debate." In Wafer R. J. (ed.). *The Monetary versus Fiscal Monetary Debate: Lessons from Two Decades.* Littelfield, Rowman and Allenfeld: 151–163.

— 1989. "The Evolution of Ideas in Macroeconomics." *The Economic Record* 65: 185–189.

— 1993. "Discretion versus Policy Rules in Practice." *Carnegie-Rochester Conference Series on Public Policy* 39: 195–214.

— 1999. "Staggered Prices and Wage Setting in Macroeconomics." in Taylor, J. B. and M. Woodford (eds.). *Handbook of Macroeconomics.* Vol. I. Amsterdam, Elsevier Science: 1009–1050.

— 2001. "An Interview with Milton Friedman." *Macrodynamics* 5: 101–131.

— 2007. "Thirty-Five Years of Model Building for Monetary Policy Evaluation: Breakthroughs, Dark Ages, and a Renaissance." *Journal of Money, Credit and Banking* 39, Supplement 1: 193–201.

Temin, P. 1976. *Did Monetary Forces Cause the Great Depression?* New York, Norton.

Testfatsion, L. 2006. "Agent-Based Computational Modeling and Macroeconomics." In Colander, D. (ed.). *Post-Walrasian Macroeconomics: Beyond the Dynamic Stochastic General Equilibrium Model.* Cambridge, Cambridge University Press: 175–201.

The Region 1993. "Interview with Robert E. Lucas Jr." *Federal Reserve Bank of Minneapolis,* June issue.

— 1996. "Interview with Edward C. Prescott." *Federal Reserve Bank of Minneapolis,* September issue.

2002. "Interview with Robert Solow." *Federal Reserve Bank of Minneapolis*, September issue.

2005. "Interview with Robert Barro." *Federal Reserve Bank of Minneapolis*, September: 1–16.

Thygesen, N. 1977. "The Scientific Contribution of Milton Friedman." *Scandinavian Journal of Economics* 79: 56–98.

Tinbergen. J. 1939. *Statistical Testing of Business Cycle Theories*. Geneva, League of Nations.

Tobin, J. 1947. "Money Wage Rates and Employment." in Harris S. (ed.). *The New Economics. Keynes's Influence on Theory and Public Policy*. New York, A. Knopf: 572–587.

1970. "Money and Income: *Post Hoc Ergo Propter Hoc*"? *The Quarterly Journal of Economics* 84: 301–317.

[1972] 1987. "The Wage-Price Mechanism." In *Essays in Economics, Volume 2. Consumption an Econometrics*. Amsterdam, North-Holland: 17–32.

1972. "Inflation and Unemployment." *American Economic Review* 62: 1–19.

1980. *Asset Accumulation and Economic Activity*. Yrjö Jahnsson Lectures. Oxford, Basil Blackwell.

1981. "Comments on Sims and McNees." In Kmenta, J. and J.B. Ramsey (eds.). *Large-Scale Macro-Econometric Models. Theory and Practice*. Amsterdam, North-Holland: 391–392.

1987. "Okun, Arthur M." In J. Eatwell, M. Millgate and P. Newman (eds.). *The New Palgrave Dictionary of Economics*. Vol. 3. London, MacMillan: 700–701.

1992. "An Old Keynesian Counterattacks." *Eastern Economic Journal* 18: 387–400.

1993. "Price Flexibility and Output Stability. An Old Keynesian View." *Journal of Economic Perspectives* 7: 45–65.

Trevithick, J. 1992. *Involuntary Unemployment: Macroeconomics From A Keynesian Perspective*. Hertfordshire, Harvester Wheatsheaf.

Uhlig, H. 2012. "Economics and Reality." *Journal of Macroeconomics* 34: 29–41.

Usabiaga Ibanez, C. 1999.*The Current State of Macroeconomics: Leading Thinkers in Conversations*. Basingstoke, MacMillan.

Van Witteloostuijn, A. and J. A. H. Maks 1990. "Walras on Temporary Equilibrium and Dynamics." *History of Political Economy* 22: 223–237.

Vane, H. and C. Mulhearn 2009. "Interview with Edmund S. Phelps." *Journal of Economic Perspectives* 23: 109–124.

Varian, H. 1977. "Non-Walrasian Equilibria." *Econometrica* 45: 573–590.

Vercelli, A. 1991. *Methodological Foundations of Macroeconomics: Keynes and Lucas*. Cambridge, Cambridge University Press.

Viner, J. [1931] 1953. "Cost Curves and Supply Curves"? In Stigler, G. and K. Boulding (eds.). *Readings in Price Theory*. London, Allen and Unwin: 198–232.

Visco, I. 2014. "Lawrence R. Klein: Macroeconomics, Econometrics and Economic Policy." *Journal of Policy Modeling* 36: 605–628.

Walker, D. 1983. (ed.). *William Jaffé's Essays on Walras*. Cambridge, Cambridge University Press.

1984. (ed.). *Money and Markets. Essays by Robert Clower*. Cambridge, Cambridge University Press.

Walras, L. 1954. *Elements of Pure Economics*. Translated by W. Jaffé from *Eléments d'économie pure* (definitive edition 1926). Homewood, Irwin.

2000. *Oeuvres diverses, Auguste et Léon Walras, Oeuvres économiques complètes.* Vol. XIII, P. Dockès, C. Mouchot and J.-P. Potier (eds.). Paris, Economica.

Watson, B. 1968. *The Complete Work of Chuang Tzu.* New York, Columbia University Press.

Weintraub, E. R. 1979. *Microfoundations: The Compatibility of Microfoundations and Macroeconomics.* New York, Cambridge University Press.

1983. "On the Existence of Competitive Equilibrium." *Journal of Economic Literature* 21: 1–39.

1990. "Methodology Does not Matter, But the History of Thought Might." In S. Honkepohja (ed.). *The State of Macroeconomics. Proceedings of the Symposium, Whiter Macreoeconomics.* Oxford, Oxford University Press: 263–280.

Weiss, A. 1980. "Job Queues and Layoffs in Labor Markets with Flexible Wages." *Journal of Political Economy* 88: 526–38.

Whitaker, J. 1990. "What Happened to the Second Volume of the *Principles*? The Thorny Path to Marshall's Last Books." In Whitaker (ed.). *Centenary Essays on Alfred Marshall.* Cambridge, Cambridge University Press: 193–222.

Williamson, S. 2005. *Macroeconomics.* Boston, Addison Wesley (second edition).

Winter, S. 2010. "Testimony." Building a Science of Economics for the Real World, U.S. House of Representatives. House Committee on Science and Technology, Subcommitte on Investigations and Oversight, June.

Woodford, M. 1999. "Revolution and Evolution in Twentieth Century Macroeconomics." (available at: www.columbia.edu/~mw2230/) (accessed on February 26, 2015.).

2003. *Interest and Prices: Foundations of a Theory of Monetary Policy.* Princeton, Princeton University Press.

2009. "Convergence in Macroeconomics: Elements of the New Synthesis." *American Economic Journal: Macroeconomics* 1: 267–79.

Wren-Lewis S. 2007. "Are there Dangers in the Microfoundation Consensus"? In P. Arestis (ed.). *Is there a New Consensus in Macroeconomics?* Basingstoke, Palgrave-MacMillan: 43–60.

2009. "Internal Consistency, Nominal Inertia and the Microfoundations of Macro-Economics." *Journal of Economic Methodology* 18: 129–146.

Wren Lewis blog *Mainly Macroeconomics.* http://mainlymacro.blogspot.be/2014/02/ Friday 14 February 2014 (accessed on February 26, 2015).

Yeager, L. 1960. "*Methodenstreit* over Demand Curves." *Journal of Political Economy* 68: 53–64.

Young, W. 1987. *Interpreting Mr Keynes. The IS-LM Enigma.* London, Polity Press.

2014. *Real Business Cycle Models in Economics.* Abingdon, Routledge.

Young, W., and B. Z. Zilberfarb (eds.). 2000. *IS-LM and Modern Macroeconomics.* Boston, Kluwer Academic Publishers.

Yun, T. 1996. "Nominal Price Rigidity, Money Supply Endogeneity and Business Cycles." *Journal of Monetary Economics* 37: 345–370.

Zeuthen, F. 1980. *Problems of Monopoly and Economic Welfare.* London, Routledge.

索 引

注：①以下标注的页码为英文原书页码，见正文边栏；②学术术语前加"＊"以示区别。

Abramovitz, Moses, 270—271, 摩西·阿布拉莫维茨

Ackley, Gardner, 79, 加德纳·阿克利

＊Agent-based models, 229, 358, 370—372, 基于经济主体的模型

Aghion, Philippe, 255, 菲利普·阿吉翁

Akerlof, George, 225, 229, 236—237, 乔治·阿克洛夫

Allison, François, 195, 弗朗索瓦·阿利森

＊Alternatives to Lucas, 247, 替代卢卡斯的研究思路

Altig, David, 170, 戴维·阿尔蒂格

Altonji, Joseph, 285, 约瑟夫·阿尔托吉

Andolfatto, David, 285, 287—288, 戴维·安多尔法托

Andersen, Leonall C., 84, 利尔诺·C.安德森

Ando, A., 41, 80—81, 206, 艾伯特·安多

＊Animal spirits, 7—8, 108, 248, 364—365, 动物精神

Archibald, George Christopher, 309, 乔治·克里斯托弗·阿奇博尔德

Arrow, Kenneth, 51, 55, 72, 180—181, 193, 347, 肯尼斯·阿罗

Ashenfelter, Orley, 192, 285, 奥利·阿什菲尔特

Attfield, Cliff, 158 克里夫·阿特菲尔德

＊Auctioneer, 12, 53—54, 114—117, 119, 121—122, 128, 131, 133, 135—136, 140—141, 157—158, 184—185, 194, 213, 248, 257, 301, 344—345, 350—353, 拍卖者

Azariadis, Costas, 175, 364, 科斯塔斯·阿萨里迪斯

＊incomplete contract, 228—229, 不完全合同

Backhouse, Roger, 24, 123, 129, 173, 罗杰·巴克豪斯

Baily, Martin, 225, 马丁·贝利

Ball & Mankiw, 226—227, 236, 238, 鲍尔和曼昆

Ball, Lawrence, 225, 劳伦斯·鲍尔

Baranzini, Roberto, 195, 罗伯托·巴兰齐尼

Barro, Robert, 57, 123, 136, 141—142, 151, 177, 262, 罗伯特·巴罗

*Barro-Grossman model, 57, 123—129, 131, 134—135, 137, 139—141, 巴罗-格罗斯曼模型

Basu, Susanto, 295—297, 苏桑托·巴苏

Bateman, Bradley, 25, 布拉德利·巴特曼

Batyra, Anna, 14, 45, 安娜·巴特尔

Becker, Gary, 65, 加里·贝克尔

Benassy, Jean-Pascal., 123—124, 131—136, 138, 141, 144, 350—353, 让-帕斯卡·贝纳西

*Benassy model, 131—136, 140—141, 贝纳西模型

Benhabib, Jess, 288—289, 364, 杰西·贝哈鲍比

Bernanke, Ben, 322, 本·伯南克

Bertrand, Joseph, 53, 63, 约瑟夫·伯特兰德

Beveridge, William Henry, 14—15, 威廉·亨利·贝弗里奇

Bils, Mark, 329, 马克·比利斯

Blanchard, Olivier, 47, 49, 108, 227, 309, 319, 326—327, 奥利弗·布兰查德

Blinder, Alan, 19, 艾伦·布林德

Bliss, Christopher, 156, 克里斯托弗·布利斯

Blundell, Richard, 298, 理查德·布伦德尔

Bodkin, Ronald, 37, 40, 罗纳德·博德金

Boianovsky, Mauro, 56, 123, 129, 173, 毛罗·博亚诺夫斯基

Bozio, Antoine, 298, 安托万·博齐尔

Brackman, Steven, 309, 斯蒂文·布拉克曼

Branson, William, 10, 威廉·布兰森

Brock, William, 262—263, 威廉·布洛克

Browning, Martin, 287, 马丁·布朗宁

Brunner, Karl, 65, 80, 85—86, 卡尔·布伦纳

Buiter, William, 195, 威廉·比特

Burns, Arthur, 67, 72, 167, 阿瑟·罗西尼

Burnside, Craig, 294—295, 克雷格·伯恩赛德

*Business fluctuations, 25, 68, 74, 78—79, 152, 161—162, 175, 196—198, 226, 249, 251—252, 261—264, 266—268, 283—284, 293—296, 303—305, 310, 332, 351, 365, 经济波动

*Business cycle theory, See DSGE macroeconomics, 经济周期理论, 见 DSGE 宏观经济学

Cagan, Phillip, 65, 69, 76, 菲利普·卡甘

Caldwel, Bruce, 299, 布鲁斯·考德威尔

*Calibration, 263—264, 274, 278—279, 289, 292, 297, 301—302, 304, 324, 335, 353, 校准法

*Journ. Econ. Persp. symposium on, 292, 《经济学展望杂志》关于校准法的

研讨会

Calvo, Guillermo, 310, 313, 吉列尔莫·卡尔沃

*Calvo pricing, 308, 310, 312—313, 318—319, 324, 329, 卡尔沃定价

*Cambridge cash balance equation, 75 剑桥现金余额方程

Campbell, John, 268, 约翰·坎贝尔

Caplin, Andrew, 235, 安德鲁·卡普林

Carlin, Wendy, 226, 温迪·卡林

*Carlin & Soskice model, 246, 352, 卡林－索斯基斯模型

Carmichael, Lorne, 231, 洛恩·卡迈克尔

Carroll, Christopher, 67, 克里斯托弗·卡罗尔

Cass, David, 138, 193—194, 263, 275, 291, 戴维·卡斯

*Central bank, 49, 63, 66, 80, 92, 102—103, 159, 274, 284, 308, 313—321, 325, 333, 335, 355, 中央银行

*microfoundations, 317 微观基础

Chamberlin, Edward, 309, 328, 331, 385, 爱德华·张伯伦

Chari, Varadarajan Venkata, 329—332, 334, 378, 瓦拉达拉詹·文卡塔·沙里

*Chari versus Solow, 361—364 沙里与索洛的论战

*Testimony U. S. House of Representatives, 358—364, 美国众议院听证会证词

Cherrier, Beatrice, 89, 比阿特丽斯·切利耶尔

Chatterjee, Satyajit, 317, 萨特亚吉特·查特吉

Chetty, Raj, 297, 拉杰·切蒂

*Chicago, 35, 50, 55, 66, 72, 153—154, 170, 313, 327, 芝加哥学派

Chick, Victoria, 25, 维多利亚·奇克

Christ, Carl, 40, 72, 73, 卡尔·克里斯特

Christiano, Lawrence, 289, 293, 295, 322—324, 332, 382, 劳伦斯·克里斯蒂亚诺

Chuang Tzu, 299, 387, 庄子

Clarida, Richard, 307, 319—321, 理查德·克拉里达

Clower, Robert, 7, 16, 24, 57, 112—127, 131—132, 135, 138—139, 141, 143—144, 255—256, 341, 346—347, 罗伯特·克洛尔

*Clower's Counter-Revolution model, 118—122, 克洛尔的反向革命模型

Coase, Ronald, 200, 罗纳德·科斯

Cochrane, John, 373, 约翰·科克伦

Coddington, Alan, 49, 115, 艾伦·科丁顿

Colander, David, xiii, 23, 225, 306, 372, 375, 戴维·科兰德

Testimony U. S. House of Representatives, 358—364, 美国众议院听证会证词

Cole, Harold, 303, 329, 哈罗德·科尔

*Complexity, 341, 351, 353, 复杂性

*Marshall and Walras on, 341—343, 马歇尔与瓦尔拉斯论复杂性

Cooley, Thomas, 262, 266, 托马斯·库利

*Coordination failures, 118, 120, 247, 253—257, 276, 302, 334, 370—371, 协调失灵

Copeland, Morris, 270, 莫里斯·科普兰

Cournot, Antoine-Augustin, 258—259, 安东尼－奥古斯丁·古诺

*Cournot-Nash, 257, 古诺－纳什均衡
*Cowles Commission, 26, 35, 38, 50—51, 54—55, 72—73, 167, 189, 194, 278, 300, 315, 考尔斯委员会

Danthine, Jean-Pierre, 289, 304, 让－皮埃尔·丹斯尼
Danthine, Samuel, 287, 塞缪尔·丹斯尼
*Danthine & Donaldson, 289, 丹尼斯与唐纳森论战
*assessing RBC modeling, 292, 评估 RBC 模型
*RBC model with shirking, 289—291, 包含怠工的 RBC 模型
Darity, William Jr., 21, 48, 小威廉·达里蒂
Davidson, Paul, 85, 保罗·戴维森
De Grauwe, Paul, 300, 302, 360, 保罗·德格罗维
De Long, Bradford, 77, 92, 布拉德福德·德龙
De Marchi, Neil, 65, 70, 尼尔·德马奇
De Vroey, Michel, 7, 10, 14, 30, 34, 45, 47—48, 71, 106, 176, 199, 247, 280, 287, 303, 325, 339, 米歇尔·德弗洛埃
Debreu, Gerald, 51, 55, 72, 131, 180, 181, 184, 193, 247, 347, 杰拉德·德布鲁
*Decision tree metaphor, xvi, 173, 378, 决策树的比喻/隐喻
*Decisional nodes, 378, 380—386, 决策节点
Demery, David, 158, 戴维·德默里

Dennis, Richard, 323, 理查德·丹尼斯
Diamond, Peter, 247, 256—257, 259, 287—288, 352—353, 364, 彼得·戴蒙德
*Diamond verus Lucas, 251—254, 戴蒙德和卢卡斯的论战
*search externalities model, 247—255, 搜寻外部性模型
Dickinson, David, 299, 戴维·迪金森
Diewert, Erwin, 344, 欧文·狄沃特
Dimand, Robert, 14, 96, 罗伯特·戴曼德
*Disequilibrium, See also Equilibrium, 非均衡, 另见均衡
*individual disequilibrium, 6, 14, 33, 36, 56—57, 61, 64, 110, 139, 145, 217, 220—221, 231, 363, 372, 381, 个体非均衡
*market non-clearing, 11, 市场非出清
*Patinkin's disequilibrium interpretation of Keynes, 55, 帕廷金对凯恩斯理论的一个非均衡解释
Dixit, Avinash, 309, 阿维纳什·迪克西特
*Dixit-Stiglitz monopolistic competition model, 309—310, 312, 迪克西特－斯蒂格利茨垄断竞争模型
Donaldson, John B., 289—292, 297, 304, 约翰·B. 唐纳森
Donzelli, Franco, 53—54, 136, 181, 344, 350, 弗朗哥·唐泽利
Dotsey, Michael, 266, 322, 迈克尔·多特西
Douglas, Paul, 57, 保罗·道格拉斯
Drèze, Jacques, 123—124, 129—131, 133—136, 139—141, 雅克·德

索引

雷茨

*DSGE macroeconomics, xv, 90, 94, 141, 151—173, 186, 191—192, 302, 331, 348, 354, 358—377, 379—380, DSGE 宏观经济学

*Dual decision hypothesis, 118, 二元决策假设

Duarte, Pedro Garcia, 47, 167, 263, 319, 325, 佩德罗加西亚·杜阿尔特

Duck, Nigel, 158, 奈杰尔·达克

Due, John, 341, 约翰·杜

Düppe, Till, 51, 蒂尔·杜佩

*Econometrics, See Macroeconometric models, 计量经济学, 见宏观计量经济学模型

*Economy, 54, 经济

*planning economy, 54, 263, 274, 300, 计划经济

*Marshallian economy, 55, 119, 301, 344—346, 马歇尔式经济

*Walrasian economy, 54, 瓦尔拉斯式经济

Edgeworth, Francis Ysidro, 53—54, 59, 63, 弗朗西斯·伊西德罗·埃奇沃思

*Efficiency wages, 效率工资

*the shirking model, 229—232, 怠工模型

Eichenbaum, Martin, 262, 289, 293—295, 322—324, 332, 马丁·艾肯鲍姆

Epstein, Roy, 50, 罗伊·爱普斯坦

*Equilibrium, See also Disequilibrium, 均衡, 另见非均衡

*'normal equilibrium', 10—13, 104, 182, 240—241, 正常均衡

*center of gravity, 10, 50, 106—107, 182, 209, 重心

*common-sense understanding of, 183, 常识解释

*Cournot-Nash equilibrium, 257, 古诺-纳什均衡

*equilibrium as a state of rest, 10, 181—183, 稳态均衡

*equilibrium discipline, 34, 57, 139, 163—164, 184, 186, 188, 209—210, 221—222, 229, 231, 252, 260, 303, 305, 351, 365, 均衡原则

*full equilibrium, 10—11, 46, 58, 106—107, 115, 完全均衡

*intertemporal equilibrium, 181, 183, 186, 344, 347, 跨期均衡

*market clearing, 9—10, 17, 20, 32, 34, 106, 138—140, 152, 163, 209, 229, 231, 256, 339, 347, 351, 市场出清

*Marshallian general equilibrium, 8, 74, 86, 116, 135, 353, 马歇尔一般均衡

*multiple equilibria, 227, 247, 250, 252—255, 316, 365, 369, 多重均衡

*non-Walrasian equilibrium, 64, 89, 117, 123—142, 142, 144, 188, 214, 231, 244, 248, 327, 350—351, 382, 385, 非瓦尔拉斯均衡

*partial equilibrium, 8, 16, 57, 74, 128, 132, 157—158, 188, 217, 225, 227—228, 232, 258, 341, 346, 352, 379, 局部均衡

*steady state equilibrium, 97, 100—101, 250—251, 254, 稳态均衡

*temporary equilibrium, 9—11, 107, 115, 129—130, 暂时均衡

*Walrasian general equilibrium, 7, 55, 86, 105, 116, 285, 354, 瓦尔拉斯一般均衡

Erceg, Christopher, 319, 324, 克里斯托弗·埃塞克

Estrella, Arturo, 323, 阿图罗·埃斯特雷亚

Evans, George William, 297, 乔治·威廉·埃文斯

*Expectations, 8, 预期

*adaptive expectations, 105, 155, 239, 243, 245, 适应性预期

*rational expectations, See Rational expectations, 理性预期, 见理性预期

Fagan, Gabriel, 325, 加布里埃尔·费根

Fair, Ray, 301, 雷·费尔

*False prices, 53, 125, 127, 129, 虚假价格

Farmer, Roger, 358, 364, 367, 370, 罗杰·法默

*Farmer's model, 365—369 法默模型

Feiwel, George, 107, 乔治·费韦尔

Feldstein, Martin, 221, 马丁·菲尔德斯坦

Fellner, Wolfgang, 95, 沃尔夫冈·费尔纳

Fernald, John, 295—296 约翰·费尔纳德

*First-generation new Keynesian models, 225, 第一代新凯恩斯主义模型

*assessment, 238, 评估

*authors and main features, 225—228, 作者及主要特征

Fischer, Stanley, 213, 225, 227, See also staggering/staggered contracts model, 斯坦利·费希尔, 另见交错合同模型

Forder, James, 46, 107, 詹姆斯·福德

Friedman, Benjamin, 91, 209—210, 212, 本杰明·弗里德曼

*reacting to Lucas & Sargent, 209, 对卢卡斯与萨金特论战的回应

*velocity of money (Friedman on), 91, 论货币流通速度

Friedman, Milton, 4, 48, 65—111, 144, 158, 165, 182, 197, 213, 269—270, 328, 341, 347, 米尔顿·弗里德曼

*Friedman & Schwartz, Monetary History of the U.S. (1963), 68, 弗里德曼和施瓦茨,《美国货币史》(1963年)

*Friedman & Stigler on Chamberlin, 309, 328, 弗里德曼和斯蒂格勒对张伯伦的垄断竞争理论的讨论

*Expectations-augmented Phillips curve model, 102—108, 加入预期的菲利普斯曲线模型

*Friedman on Keynes, 73—74, 弗里德曼对凯恩斯的讨论

*Friedman on method, 70—73, 弗里德曼对方法论的讨论

*Friedman versus Modigliani, 81—85, 弗里德曼与莫迪利安尼的论战

*Friedman versus Phelps, 108—111, 弗里德曼与菲尔普斯的对比

*the man and his work, 65—70, 生平与成果

Friedman, Rose, 66, 90, 罗丝·弗里德曼

Frisch, Ragnar, 80, 182, 266, 267, 297, 朗纳·弗里希

Frydman, Roman, 96, 212, 罗曼·弗莱德曼

Fudenberg, Drew, 123—129, 249, 德鲁·富登堡

Fuhrer, Jeffery, 323, 杰弗瑞·费勒

Gali, Jordi, 107, 136, 139—142, 195, 296, 331, 乔迪·加利

Garrone, Giovanna, 25, 乔凡娜·伽罗内

Georgescu-Roegen, Nicholas, 7, 尼古拉斯·杰奥尔杰斯库-罗根

Gertler, Mark, 117, 307, 马克·格特勒

Goldberger, Arthur, 26, 35, 38—39, 阿瑟·戈德伯格

Golosov, Mikhail, 329, 米哈伊尔·戈洛索夫

Goodfriend, Malvin, 325, 马尔文·古德弗兰德

Goodhart, Charles, 293—295, 315, 查尔斯·古德哈特

Gordon, Donald F., 225, 唐纳德·F. 戈登

Gordon, Robert, 65—66, 68, 70, 204, 206, 221, 225, 262, 罗伯特·戈登

*reviving the Phillips curve, 213—215, 复兴菲利普斯曲线

*Government spending shocks model, 289, 政府支出冲击模型

Grandmont, Jean-Michel, 25, 123, 131, 185, 让-米歇尔·格朗蒙

Granger, Clive William, 204, 206, 313, 克莱夫·威廉·格兰杰

*Great Depression, 3, 大萧条

*Friedman & Schwarz on, 68—69, 弗里德曼和施瓦茨对此的论述

*Lucas on, 198—199, 卢卡斯对此的论述

Greenwood, Jeremy, 261, 杰瑞米·格林伍德

Griliches, Zvi, 202, 267—268, 271, 兹维·格里利谢斯

Grossman, Herschel, 57, 123—129, 136, 139—142, 赫歇尔·格罗斯曼

Grunberg, Emile, 82, 埃米·格伦伯格

Guesnerie, Roger, 364, 罗杰·盖内里

Guren, Adam, 298, 亚当·古伦

Haavelmo, Trygve, 207, 特吕格弗·哈维默

Haberler, Gottfried, 25, 195, 331, 戈特弗里德·哈伯勒

Hahn, Frank, 35, 38—39, 107, 117, 弗兰克·哈恩

Hairault, Jean-Olivier, 310, 让-奥利维尔·海洛特

Hall, Robert, 70, 287, 293—295, 罗伯特·霍尔

Halsmeyer, Verena, 267, 维蕾娜·汉斯梅尔

Hammond, Daniel, 65—66, 68, 丹尼尔·哈蒙德

Hands, Wade, 72, 韦德·汉兹

Hansen, Alvin, 35, 阿尔文·汉森

Hansen, Gary, 131, 262, 加里·汉森

Hansen, Lars Peter, 204, 206—207, 221, 225, 262, 拉斯·彼得·汉森

*Journ. Econ. Persp. symposium on calibration, 292, 《经济学展望杂志》关于校准法的研讨会

Harrod, Roy, 24—25, 185, 204, 206, 313, 罗伊·哈罗德

Hart, Oliver, XV, 247, 奥利弗·哈特

*Hart's model, 198—199, 268, 271, 哈特模型

Hayek, Friedrich, 200, 202, 299—302, 弗里德里希·哈耶克

Hayes, Mark, 347, 马克·海斯

Heckman, James, 287, 297—298, 詹姆斯·赫克曼

*Journ. Econ. Persp. symposium on calibration, 292, 《经济学展望杂志》关于校准法的研讨会

Heijdra, Ben J., 171, 233, 237—238, 309, 本·J.海杰拉德

Heller, Walter, 211, 沃尔特·赫勒

Henderson, Dale, 319, 324, 戴尔·亨德森

Henry, Jerome, 325, 杰罗姆·亨利

*Hermits, 275, 276, 333, 355, 隐士

Hetzel, Robert, 61, 65, 289—291, 罗伯特·赫泽尔

Hicks, John Richard, 10, 27—30, 35, 46, 54, 76, 189, 191, 约翰·理查德·希克斯

Hirsch, Abraham, 65, 251, 亚伯拉罕·赫希

Hodrick, Robert, 268, 罗伯特·霍德里克

*Hodrick-Prescott filter, 208, 268, 霍德里克-普雷斯科特滤波法（H—P滤波法）

Honkapohja, Seppo, 297, 夏普尔·宏克普亚

Hoover, Kevin, 46, 48, 152, 167, 171, 263, 267, 279, 372, 凯文·胡佛

Horn, Brady, 21, 布雷迪·霍恩

*Household production model, 288—289, 家庭生产模型

Howitt, Peter, 21, 96, 116, 236, 326, 彼得·豪伊特

Hulton, Charles, 269, 查尔斯·赫尔顿

Hume, David, 226, 大卫·休谟

Humphrey, Thomas, 41, 托马斯·汉弗莱

Hurwicz, Leonid, 51, 里奥尼德·赫维克兹

*Hysteresis, 108, 滞后

*Ideology, 72, 87—89, 169, 199, 224, 302, 305, 376, 380, 384, 200, 意识形态

*presence in Friedman's work, 89—90, 在弗里德曼成果中的表现

*presence in Lucas's work, 201, 在卢卡斯成果中的表现

*Implicit contract models, 140, 225, 228—229, 231, 隐性合同模型

*Indivisible labor model, 285—288, 劳动力不可分模型

*Inflation, 12, 39, 42, 45—46, 66, 74, 79, 90, 95—96, 101, 105, 125, 155—157, 243, 317—324, 通货膨胀

*Information, 7, 12, 112, 114, 116, 162, 212, 216, 300, 322, 340, 350, 352, 信息

*Misperception, 105, 错误感知

*perfect information, 8, 12, 18, 47, 110, 161—162, 232, 351—352, 完全信息

*Involuntary unemployment, See Unemployment, 非自愿失业, 见失业

*Intertemporal elasticity of substitution, 156, 272, 297, 跨期替代弹性

Ireland, Peter, 319, 彼得·爱尔兰

*IS-LM model, 24, 27—49, 53, 84,

116，147，239—246，320，349—351，382，384，386，See Keynesian macroeconomics，IS-LM 模型，见凯恩斯主义宏观经济学

* assessment，48，评估

* Hicks's model，27—37，46，47，49，希克斯的 IS-LM 模型

* Marshallian or Walrasian?，43，349，马歇尔主义还是瓦尔拉斯主义？

* Modigliani's model，27，30—34，36，41，莫迪利安尼的 IS-LM 模型

Jaffé，William，54，55，71，威廉·贾菲

Jahnsson，Yrjö，136，218，乔治·约翰逊

Johnson，Harry，65，68，79，87，170，哈里·约翰逊

Jones，Charles，266—267，查尔斯·琼斯

Jordan，Jeffery L.，84，杰弗瑞·L. 乔丹

Jorgensen，Dale，267—268，271，294，戴尔·乔根森

Katz，Lawrence，230，劳伦斯·卡茨

Keane，Michael，298，迈克尔·基恩

Kehoe，Patrick，329—330，334，帕特里克·凯霍

Kehoe，Timothy，303，305，蒂莫西·凯霍

Keynes，John Maynard，3—9，16—24，约翰·梅纳德·凯恩斯

* as a Marshallian economist，106，114，341，347，371，作为马歇尔主义经济学家的凯恩斯

* Keynes on Tinbergen，25，51，72，74，192，297，347—348，凯恩斯对丁伯根的评论

* Keynesian macroeconomics，See IS-LM model，凯恩斯主义宏观经济学，见 IS-LM 模型

* compared with DSGE program，347—348，与 DSGE 模型对比

* compared with new classical macroeconomics，186—190，与新兴古典主义宏观经济学对比

* emergence，3—26 凯恩斯主义宏观经济学的兴起

* Keynesian program，See Keynesian macroeconomics，凯恩斯主义研究计划，见凯恩斯主义宏观经济学

* Keynesians against Lucas，凯恩斯主义与卢卡斯的交锋

* assessment，222—223，评估

* first skirmishes，208—212，首次冲突

* Tobin versus Lucas on market clearing，218—220，托宾与卢卡斯关于市场出清假设的论战

* the battle over involuntary unemployment，220—222，关于非自愿失业的论战

Kimball，Miles，295—296，308，迈尔斯·金博尔

King，Robert，262—263，266，268，271—272，284，296，308，322，325，罗伯特·金

Kirman，Alan，301，372，艾伦·科曼

Klamer，Arjo，151，162，188，198，202，222，阿加·克莱默

Klein，Lawrence，26，34—40，50—53，206，280，315，劳伦斯·克莱因

* *The Keynesian Revolution*（1948），34—37，《凯恩斯革命》（1948 年）

* implementing the neoclassical synthesis program，50，55，实施新古典综合

计划

*Klein-Goldberger model (1955), 35—37, 克莱因-戈德伯格模型 (1955 年)

Klenow, Peter, 329, 皮特·克莱诺

Kmenta, Jan, 221, 简·克曼塔

Kocherlakota, Narayana, 152—153, 331, 纳拉亚纳·柯薛拉柯塔

Koford, Kenneth, 225, 肯尼斯·考福德

Kolm, Serge-Christophe, 232, 赛琪-克里斯托弗·科姆

Koopmans, Tjalling, 51, 72, 167, 206, 248, 263, 加林·库普曼斯

Kregel, Jan, 17, 简·克雷格尔

Krugman, Paul, 358, 保罗·克鲁格曼

*New York Times Magazine, 373—377《纽约时报杂志》

*Kydland and Prescott, 93, 142, 171—172, 196, 198, 261—281, 284, 292, See RBC modeling, 基德兰德和普雷斯科特, 见 RBC 模型

*on time inconsistency, 171—172, 论时间不一致性

*"Time to build and aggregate fluctuations" (1982), 261, 262,《建设时间与总波动》(1982 年)

*Journ. Econ. Persp. symposium on calibration, 292,《经济学展望杂志》关于校准法的研讨会

Kydland, Finn, 93, 151, 171, 221, 262—266, 278, 芬恩·基德兰德

*Labor market, 6, 12, 29, 42, 49, 60—61, 103, 125, 128, 137, 147, 216, 240—241, 243, 381, 劳动力市场

*labor rationing, 6, 34, 120, 127, 劳动力定量配给

*vacancies, 14, 44, 97, 职位空缺

*wage floor, 13, 22, 工资限额

*Labor supply, 6, 36, 40, 119, 145, 155, 230, 241, 劳动供给

Laidler, David, 24—25, 65, 67, 75, 79, 301, 戴维·莱德勒

*Laissez faire, 4, 88, 168—169, 189, 200, 300, 374, 376, 386, 自由放任

Lange, Oskar, 31—32, 51, 55—56, 248, 奥斯卡·兰格

Laroque, Guy, 123, 138, 298, 盖伊·拉罗克

Lavoie, Don, 299, 唐·拉沃

Lawlor, Michael S., 21, 347, 迈克尔·S.劳勒

Layard, Richard, 239, 理查德·莱亚德

Leeper, Eric M., 322, 埃里克·M.利珀

Leeson, Robert, 42, 73, 罗伯特·利森

Leijonhufvud, Axel, 4—5, 9, 25, 112—122, 197, 335, 347, 370—372, 阿克塞尔·莱荣霍夫德

*On Keynesian economics and the Economics of Keynes, 112—114, 370,《论凯恩斯主义经济学与凯恩斯经济学》(1968 年)

*mentor of agent-based modeling, 370—372, 提出基于经济主体的模型

Leontief, Wassily, 31, 华西里·列昂惕夫

Lerner, Abba, 95, 阿贝·勒纳

*Levels of conversation, 375, 对话的层次

Levin, Andrew, 319, 安德鲁·莱文

Lewis, Gregg, 57, 格雷格·刘易斯

Lipsey, Richard, 43—45, 181, 204,

223，理查德·利普塞

* on the Phillips curve, 42—45，论菲利普斯曲线

* Liquidity trap, 30, 35, 76，流动性陷阱

Litterman, Robert, 262，罗伯特·利特曼

Liviatan, Nissan, 55，尼桑·利维亚坦

Ljungqvist, Lars, 297—298，拉尔斯·扬奎斯特

Long, John, 151, 262，约翰·朗

Louçã, Francisco, 50, 207，弗朗西斯科·卢卡

Lucas, Robert E. Jr., 56, 93, 139, 151, 155, 161, 166, 174, 188, 191, 252, 329, 345, 385，小罗伯特·E. 卢卡斯

* 'Lucas Critique', 166—167, 204—208，卢卡斯批判

* "After Keynesian macroeconomics" (1979), 208,《凯恩斯主义宏观经济学之后》(1979 年)

"Expectations and the neutrality of money" (1972), 49—157,《预期与货币中性》(1972 年)

* political agenda, 199—201，政治议程

* on Keynes, 162—164，论凯恩斯

* on Keynesian macroeconomics, 164—169，论凯恩斯主义宏观经济学

* on the Great Depression, 198, 303，论大萧条

* on Tobin, 218—220，论托宾

* Lucas-Rapping supply function, 155, 213, 264，卢卡斯－拉平供给函数

* the Keynesians-Lucas battle over involuntary unemployment, 220—222，凯恩斯主义者与卢卡斯关于非自愿失业的论战

* on method, 176—181，论方法论

* ambiguities, 196—199, 202, 203，模棱两可

* on the neoclassical synthesis, 48, 56, 168, 201, 219，论新古典综合

* comparing Keynesian and new classical macro, 186—190，比较凯恩斯主义与新兴古典宏观经济学

* on equilibrium, 183—186，论均衡

* Lucasian macroeconomics, See DSGE Macroeconomics，卢卡斯主义宏观经济学，见 DSGE 宏观经济学

MacLeod, Bentley, 231，本特利·麦克劳德

* Macroeconometric models, 25, 27, 34—41, 49, 166—167, 170, 207，宏观计量经济学模型

* econometric testing versus calibration, 278，计量经济学检验与校准法

* Granger causality test, 204，格兰杰因果检验

* structural models, 48, 51，结构模型

* structural VAR models, 206，结构 VAR 模型

* system of equations, 32, 38, 77, 86, 278, 320，方程组

* VAR approach, 205—206, 208，VAR 方法

Mäki, Uskali, 70，乌斯卡利·米克

Maks, J. A., 344，J. A. 马克斯

Malcomson, James, 231，詹姆斯·马尔科姆森

Malgrange, Pierre, 34, 152，皮埃尔·麦格兰奇

Malinvaud, Edmond, 51, 136—138,

171，263，埃德蒙·马林沃
* classical unemployment，137，267，古典主义失业
* Keynesian unemployment，137，279，凯恩斯主义失业
* repressed inflation，137，372，抑制性通货膨胀
Mankiw, N. Gregory，3，47，116，225，236，306，326，N. 格里高利·曼昆
* on RBC modeling，284，285，论 RBC 模型
Manuelli, Rodolfo，34，152，鲁道夫·曼纽利
Marchiotti, Roberto，25，罗伯托·马尔基奥蒂
* Markets（the working of），45—46，54，94，152，154，158，161，163，166，市场（机制）
* speed of adjustment，63，170—171，调整速度
* period of exchange，9，6，10，103，155，219—220，313，交易期
* adjustment process，8，22，54，58，61，101，113，117—119，183，245，调整过程
* islands parable，96，111，孤岛寓言
* the week device，10，按周交易设定
* trade technology，13，14，45，97，98，116，184，222，248，340，344—346，355，370，交易技术
* trading off the supply curve，56，139，交易偏离供给曲线
Marschak, Jacob，51，55，57，雅各布·马尔沙克
Marshall, Alfred，8—9，14，153，182，341，阿尔弗雷德·马歇尔
* Marshall on equilibrium，9—14，马歇尔论均衡
* lack of unemployment in，9—14，缺乏失业概念
* corn market model，9，谷物市场模型
* fishing industry model，9，渔业模型
* Marshall-Walras divide，71—73，143，339—357，380，马歇尔-瓦尔拉斯大分流
* Friedman on the Marshall-Walras divide，71—73，弗里德曼论马歇尔-瓦尔拉斯大分流
Martin, M.，270，M. 马丁
Marwah, Kanta，37，40，康塔·马尔瓦
Marx, Karl，246，375，卡尔·马克思
Matsuyama, Kiminori，200，松山公纪
Matthews, Robert，12，罗伯特·马修斯
Mayer, Thomas，65，80，托马斯·梅耶尔
McAfee, Preston，255，普雷斯顿·麦卡菲
McCallum, Bennett，91，151，171，198，262，266，282—284，班尼特·麦卡勒姆
* on RBC modeling，283，334，论 RBC 模型
McCracken, Paul，211，保罗·麦克拉肯
McGrattan, Ellen，330，334，埃伦·麦格拉坦
McKensie, Lionel，55，193，333，344，347，莱昂内尔·麦肯齐
Meade, James，24，詹姆斯·米德
Mehra, Yash，314，亚什·梅拉
Meiselma, David，69，79，戴维·迈泽尔曼
Meltzer, Allan，65，85，86，197，艾

伦·梅尔泽

* Menu-cost and near-rationality models, 236—238, 菜单成本与近似理性模型

Merz, Monika, 287, 288, 莫妮卡·默茨

Mestre, Ricardo, 325, 李嘉图·梅斯特雷

* Microfoundations, 48, 49, 97, 188, 206, 222, 248, 267, 317—319, 343—344, 微观基础

Miller, Brad, 361, 布拉德·米勒

Mirman, Leonard, 262, 伦纳德·米尔曼

Mirowski, Philip, 72, 菲利普·米洛夫斯基

Mishkin, Frederic, 151, 弗雷德里克·米什金

Mitchell, Wesley, 67, 72, 167, 韦斯利·米切尔

Modigliani, Franco, xiv, 27, 30—36, 51, 56, 64, 80, 117, 147, 155, 164, 170, 189, 204, 208, 212, 223—224, 232, 236, 261, 281, 349, 359, 弗兰科·莫迪利安尼

* Modigliani versus Friedman, 81—85, 莫迪利安尼与弗里德曼的论战

* IS-LM model, 30—36, 51, 84, 147, 莫迪利安尼的 IS-LM 模型

Moggridge, Donald, 3, 192, 唐纳德·莫德里奇

Monetarism, 65—94, 196—198, See Friedman, M., 货币主义, 见 M. 弗里德曼

* limitations of, 85—87, 货币主义的缺陷

* main tenets of, 74—80, 货币主义的主要信条

* the fall of, 90—94, 货币主义的衰亡

* Monetary growth rule, 75, 80, 85, 货币增长规则

* Monetary Policy, 69, 102, 109, 314—319, 322—323, See Taylor rule, 货币政策, 见泰勒规则

* in second-generation new Keynesan modeling, 314, 第二代新凯恩斯主义模型的货币政策

* policy ineffectiveness proposition (Sargent & Wallace), 171, 232—233, 236, 政策无效性命题 (萨金特和华莱士)

* *Monetary History of the United States* (Friedman & Schwartz), 68,《美国货币史》(弗里德曼和施瓦茨)

* Money, 3, 20, 28, 75—78, 83—84, 96, 157—161, 188, 314—317, 货币

* demand for, 20, 28, 30, 68—69, 74, 76, 79, 81, 85, 90, 92, 166, 货币需求

* supply of, 58, 69, 74—78, 85, 315, 货币供给

* preference for liquidity, 76, 349, 流动性偏好

* in second-generation new Keynesian modeling, 92, 291, 308, 314, 326, 355, 363, 383, 第二代新凯恩斯主义模型中的货币设定

* money neutrality, 95, 236—237, 货币中性

* money non-neutrality, 81, 103, 225, 232, 245, 291, 308, 363, 货币非中性

* Sims on money non-neutrality, 313—314, 西姆斯论货币非中性

Money, Interest and Prices (Patinkin 1956), 50, 55,《货币、利息和价格》（帕廷金，1956 年）

*Monopolistic competition, 238, 307, 309—313, 319, 325, 328—329, 331—332, 垄断竞争

Morgan, Mary, 50, 177, 207, 玛丽·摩根

Mortensen, Dale, 365, 戴尔·莫滕森

Moscarini, Giuseppe, 247, 248, 249, 253, 朱塞佩·莫斯科尼

Muellbauer, John, 123, 约翰·米尔鲍尔

Mulhearn, Chris, 96, 109, 克里斯·马尔赫恩

Muth, John, 158, 176, 约翰·穆特

*National Bureau of Economic Research (NBER), 67, 美国国家经济研究局

*Natural rate of unemployment, 40, 自然失业率

*Friedman's model, 102—108, 弗里德曼的自然失业率模型

*Phelps's model, 97—102, 109, 菲尔普斯的自然失业率模型

*Phelps versus Friedman, 108—111, 菲尔普斯与弗里德曼的比较

Neary, J. Peter, 312, 331—332, J. 彼得·尼瑞

Negishi, Takashi, 123, 135, 248, 341, 根岸隆

Nelson, Carl, 262, 268, 卡尔·纳尔逊

*Neoclassical growth model, See also Solow model, 267, 278, 280, 304, See also Solow model, 新古典增长模型，另见索洛模型

*Neoclassical synthesis, 27, 46—48, 96, 141, 168, 198, 227, 285, 325, 382—383, 新古典综合

*Lucas's dismissal of, 165, 168, 卢克斯对新古典综合的批判

*neoclassical synthesis program, 35, 47—48, 新古典综合计划

*neoclassical synthesis program (Klein), 50—64 新古典综合计划（克莱因）

*neoclassical synthesis program (Patinkin), 50—64, 新古典综合计划（帕廷金）

*Neo-Walrasian theory, 55, 168, 176, 193—194, 202, 252, 347, 351, 353, 364, 新瓦尔拉斯主义理论

*New classical macroeconomics, See Lucas, R. E. Jr., 新兴古典主义宏观经济学，见小罗伯特·E. 卢卡斯

*New Keynesian, See First-generation new Keynesian models and second-generation Keynesian models, 新凯恩斯主义，见第一代新凯恩斯主义模型和第二代新凯恩斯主义模型

*difference between first-and second generation, 308, 309, 两代新凯恩斯主义模型的区别

*New Keynesian/RBC synthesis, 325—327, 新凯恩斯主义/RBC 综合

*cracks in the consensus, 329, 共识中的裂痕

Nickel, Stephen, 239, 斯蒂·芬尼克尔

*Non-exploitation principle, 195, 202—203, 305, 376, 非过度开发原则

*Non-Walrasian equilibrium models, 89, 123—144, 327, 350—351, 382, 非瓦尔拉斯主义均衡模型

*notional versus effective supply and de-

mand, 121, 125, 127, 名义供需与有效供需
* an aborted takeoff, 140, 被中断的思潮
* constrained quantities, 126, 受约束的产量
* non-Walrasian (the meaning of), 138, 非瓦尔拉斯主义（的含义）
* regimes, 125, 128, 134, 137, 状态类型
Nosal, Ed, 170, 艾德·诺萨尔

Obstfeld, Maurice, 199, 莫里斯·奥布斯特费尔德
Ohanian, Lee, 303, 329, 李·奥汉安
Okun, Arthur, 204, 236, 248, 257, 阿瑟·奥肯
* Prices and Quantities (Okun 1981), 215, 217, 《价格与数量》（奥肯, 1981年）
* On Keynesian Economics and the Economics of Keynes (Leijonhufvud 1968), 112—117, 《论凯恩斯主义经济学与凯恩斯经济学》（莱荣霍夫德, 1968年）

Page, Scott, 358—359, 362, 斯科特·佩奇
* Testimony U.S. House of Representatives, 358, 364, 美国众议院听证会证词
* Panglossian vision of the economy, 194, 对经济潘格罗斯式的愿景
Pareto, Vilfredo, 232, 251, 263, 274, 284, 维弗雷多·帕累托
Parker, Richard, 167—168, 理查德·帕克
Parkin, Michael, 79, 168, 316, 迈克尔·帕廷金
Patinkin, Don, xv, 5, 21, 50—64, 82, 85, 88, 112—114, 117, 122—127, 138—139, 141, 143—144, 146—147, 173, 349—351, 382, 唐·帕廷金
* disequilibrium theory of unemployment, 131, 非均衡失业理论
* Money, Interest and Prices, 50, 55—57, 59, 《货币、利息与价格》
* on Keynes and Walras, 56—59, 论凯恩斯和瓦尔拉斯
Pensieroso, Luca, 199, 303, 329, 卢卡·潘西洛索
* Permanent income, 67, 76, 81—82, 永久性收入
Phelps, Edmund, xv, 65, 95—111, 212, 225, 232, 埃德蒙德·菲尔普斯
* Phelps versus Friedman, 108—111, 菲尔普斯与弗里德曼的论战
* Phelps's model, 97—102, 菲尔普斯模型
* the man and his work, 96—97, 生平与成果
* Phillips curve, 41, 菲利普斯曲线
* Gordon's reconstruction, 213—215, 戈登重塑菲利普斯曲线
* Lipsey's contribution, 43—45, 利普塞的贡献
* new Phillips curve, 319, 321, 新菲利普斯曲线
* Phillips' 1958 article, 41—42, 菲利普斯1958年的论文
* Samuelson & Solow on the Phillips curve, 45, 萨缪尔森与索洛关于菲利普斯曲线的论战
Phillips, Alban William Housego, 13,

27，41—44，95，213，奥尔本·威廉·豪斯戈·菲利普斯

Picard, Pierre, 123, 129, 131, 133, 皮埃尔·皮卡德

Pierce, James, 91, 詹姆斯·皮尔斯

*Pigou effect, See real-balance effect, 庇古效应, 见实际货币余额效应

Pigou, Arthur Cecil, 7, 14—16, 58, 191, 218, 阿瑟·塞西尔·庇古

Piore, Michael, 176, 迈克尔·皮奥利

Plosser, Charles, 195, 262—263, 266, 268, 272, 275, 277, 284, 296, 374, 查尔斯·普洛索

Poole, William, 91, 209, 威廉·普尔

Portes, Richard, 123, 128, 140, 理查德·波特斯

Portier, Franck, 310, 弗兰克·波特尔

Prescott, Edward, xv, 142, 158, 171—172, 174, 181, 196—199, 239, 253, 260—281, 283, 287, 291, 303—305, 386, 爱德华·普雷斯科特

*basic methodological standpoint, 280, 基本的方法论观点

*contrasting Keynesian and RBC models, 280, 对比凯恩斯主义和RBC模型

*"Theory ahead of business cycle measurement" (1986), 266, 280, 《经济周期测度的理论先驱》(1986年)

Qin, Duo, 50, 207, 琴·杜奥

*Quantity theory of money, 55, 75, 82, 85, 197, 货币数量论

*Friedman's rehabilitation of, 75—77, 弗里德曼重建货币数量论

Ramsey, Frank, 263, 弗兰克·拉姆齐

Ramsey, James B., 221, 詹姆斯·B.拉姆齐

Rapping, Leonard, 155—156, 198, 210, 伦纳德·拉平

*Rational expectations, 96, 152, 154, 158—161, 204, 213, 232, 305, 理性预期

*gradual acceptance of, 212, 逐步被接纳的理性预期

*implications of, 171—172, 理性预期的启示

*rational expectations revolution, 151, 169—172, 206, 379, 理性预期革命

*RBC modeling, xvi, 94, 261—306, See Kydland and Prescott model, RBC模型, 见基德兰德和普雷斯科特模型

*early criticisms, 282—285, 早期的批判

*further developments, 282—298, 深度拓展

*assessment, 299—306, 评价

*baseline model, 261, 272, 275—276, 285, 319, 355, 基准模型

*the story behind the model, 274, 模型背后的故事

*limitations of, 302—306, 局限性

*methodological breakthrough, 282—283, 296—298, 方法论突破

*questioning the causal role of technology shocks, 293—296, 对技术冲击地位的质疑

*Walrasian character of, 353, RBC模型的瓦尔拉斯主义特征

*"Real wages, employment and inflation" (1969), 155—157, 《实际工资、就

业与通胀》（1969年）

*real-balance effect，58，88，实际货币余额效应

Rebelo, Sergio, 263, 266, 268, 271—272, 294, 296, 308, 塞尔吉奥·雷贝洛

Rees, Albert, 198, 阿尔伯特·雷斯

Ricardo, David, 73, 165, 176, 374, 大卫·李嘉图

Roberts, John, 247, 256—257, 约翰·罗伯茨

*coordination failures model, 256—257, 协调失灵模型

Robinson Crusoe, 275, 277, 283, 354, 鲁滨逊·克鲁索

Rogerson, Richard, 107, 285, 288—289, 298, 理查德·罗杰森

Rogoff, Kenneth, 199, 299, 肯尼斯·罗格夫

Romer, Christina, 322, 克里斯蒂娜·罗默

Romer, David, 225, 227, 236, 266, 275, 322, 戴维·罗默

Rotenberg, Julio, 285, 胡里奥·罗滕贝格

Rowthorn, Robert, 239, 罗伯特·罗索恩

Rubin, Goulven, xix, 32, 34, 56—57, 61, 88, 119, 122, 349, 古尔旺·鲁宾

Salop, Steven, 225, 斯蒂文·萨洛普

*Samuelson & Solow on the Phillips curve, 45, 萨缪尔森和索洛论菲利普斯曲线

Samuelson, Paul A., 25, 34, 45—46, 54, 55, 152, 保罗·A. 萨缪尔森

Sargent, Thomas, 94, 152, 154, 158, 161, 163, 166, 170—171, 176, 187, 188, 224, 254, 298, 托马斯·萨金特

Sawyer, Malcolm, 239, 马尔科姆·索耶

Schultz, Theodore, 271, 西奥多·舒尔茨

Schwartz, Anna, 67—69, 74, 77—78, 84, See Friedman and *Monetary History of the U. S.*, 安娜·施瓦茨，见弗里德曼以及《美国货币史》

*Scientific revolution, 88, 151, 174, 280, 379, 科学革命

*Search externalities model, 118, 247, 搜寻外部性模型

*Diamond, 247—256, 戴蒙德

*Howitt, 255—256, 豪伊特

*Search, 14, 118, 215—217, 222, 247—256, 353, 365—367, 搜寻

*Diamond's search eternality model, 247—256, 戴蒙德搜寻外部性模型

*Howitt on, 255—256, 豪伊特对搜寻的评论

*Phelps's search model, 97—102 菲尔普斯的搜寻模型

*Second-generation new Keynesian modeling, 92, 153, 206, 208, 239, 291, 296, 307—335, 354—356, 363, 383, 第二代新凯恩斯主义模型

*Smets-Wouters model, 325, 327, 330, 334, 斯梅茨－沃特斯模型

*multiple distortions, 323—325, 多重扰动

*assessment, 331—335, 评价

*baseline model, 319—322, 基准模型

*cracks in the consensus, 329—331, 共识中的裂痕

*money and monetary policy in, 314—317, 货币与货币政策

*monetary policy shocks in, 322—323,

货币政策冲击

*new Phillips curve, 319, 321, 新菲利普斯曲线

*Walrasian or Marshallian?, 354, 瓦尔拉斯主义还是马歇尔主义?

*Self-fulfilling prophecies, 254, 358, 364—370, 自我实现预言

Sent, Esther-Mirjam, 154, 176, 206, 伊斯特-米亚姆·森特

Serletis, Apostolos, 75, 阿帕斯特洛斯·瑟雷特斯

Shackle, George Lennox Sharman, 8, 乔治·伦诺克斯·沙曼·沙克尔

Shapiro, Carl, 225, 229—232, 289, 卡尔·夏皮罗

Shell, Karl, 193, 275, 364, 卡尔·谢尔

Shiller, Robert, 212, 罗伯特·席勒

*Shirking model, 229—232, 289—291, 怠工模型

*Shocks, 58, 61, 157, 160, 205, 208, 214, 233, 251, 272, 282, 289, 293—296, 322, 387, 冲击

*governmental shocks, 295, 政府冲击

*monetary policy shocks, 314, 322—324, 货币政策冲击

*multiple distortions, 323—325, 多重扰动

*technology shocks, 93, 272, 277, 283, 289, 293, 295—296, 332, 技术冲击

Silvestre, Joaquim, 134, 乔吉姆·希尔维斯特

Simon, Herbert, 176, 赫伯特·西蒙

Sims, Christopher, 167, 201, 206—208, 222, 262, 292—293, 313—314, 322, 克里斯托弗·西姆斯

*Journ. Econ. Persp. symposium on calibration, 292, 《经济学展望杂志》关于校准法的研讨会

*Sims on Keynesian econometric models, 206, 西姆斯对凯恩斯主义计量经济学模型的评论

*Sims on money non-neutrality, 313—314, 西姆斯对货币非中性的评论

*Sims on the Lucas Critique, 204—208, 西姆斯对卢卡斯批判的评论

Singleton, Kenneth J., 262, 肯尼斯·J. 辛格尔顿

Skidelsky, Robert, 3—4, 301, 387, 罗伯特·斯基德尔斯基

Sleeman, Allan G., 42, 艾伦·G. 斯利曼

Smets, Frank, 324—325, 331, 382, 弗兰克·斯梅茨

*Smets-Wouters model, 325, 327, 330, 斯梅茨-沃特斯模型

Smith, Adam, 6, 53, 181, 282, 300, 341, 374—375, 亚当·斯密

Snowdon, Brian, 4, 47, 65—66, 74, 89, 151, 154, 157, 174, 185, 193, 208, 227, 315, 328, 布莱恩·斯诺登

*Socialist calculation debate, 299, 社会主义者计算辩论

*Solow model, 266—269, 索洛模型

*early reception, 269—272, 早期评述

*Solow residual, 268—269, 271—272, 274, 索洛残值

Solow, Robert, 45, 47, 137, 194, 195, 209, 220—222, 266—268, 271, 276—277, 326, 360—362, 罗伯特·索洛

*Solow versus Chari, 361—364, 索洛与沙里的论战

*Testimony U. S. House of Representatives, 358—364, 美国众议院听证

会证词

Soskice, David, 226, 239—246, 戴维·索斯基斯

*Spill-over effect, 120, 125, 132, 溢出效应

Spulber, Daniel, 235, 丹尼尔·斯普尔伯

*Stability, 41, 63, 80—83, 90, 121, 319, 稳定性

*monetarism on stability, 80—81, 货币主义对稳定性的评论

*Staggering contracts model, 232—236, 266, 382, 交错合同模型

Steinbeck, John, 222, 约翰·斯坦贝克

Stigler, George, 65, 153, 309, 328, 346, 乔治·斯蒂格勒

Stiglitz, Joseph, 225, 229—230, 376—377, 约瑟夫·斯蒂格利茨

Stock, James, 205, 詹姆斯·斯托克

Summers, Lawrence, 108, 282—285, 293, 303, 361, 劳伦斯·萨默斯

*on RBC modeling, 282—283, 论 RBC 模型

*Tâtonnement, 52—54, 58—59, 114, 128—129, 131, 352, 试错机制

*Taylor rule, 316—317, 319, 321, 泰勒规则

Taylor, John, 66, 89, 94, 111, 201, 225, 232, 235, 262, 314—317, 约翰·泰勒

Temin, Peter, 80, 305, 彼得·特明

Tesfatsion, Leigh, 372, 利·茨福西翁

*The General Theory of Employment, Interest, and Money (Keynes 1936), 3, 《就业、利息与货币通论》(凯恩斯, 1936 年)

*animal spirits, 7—8, 108, 364—365, 动物精神

*assessment, 23—24, 评价

*effective demand model, 5, 16—22, 365—366, 有效需求模型

*Keynes's program, 8, 17, 23, 34, 凯恩斯的研究计划

Thygesen, Niels, 65, 79, 107, 尼尔斯·蒂格森

Till, Geoff, 301, 杰夫·蒂尔

*Time, 3—8, 10, 12, 13, 14, 16, 18, 23, 29, 33, 37, 39, 41, 52, 54, 63, 66—68, 72, 73, 78, 103, 106, 115, 143, 145, 154, 156, 163, 170, 171, 176, 178, 182—185, 191—192, 208, 213, 227, 273, 305, 315, 323, 331, 369, 385, 时间

*logical time, 12, 54, 63, 逻辑时间

*points in time, 184, 时点

*short-/long-period distinction, 13, 短期/长期区分

*time inconsistency, 171—172, 时间不一致性

Tinbergen, Jan, 25, 51, 72, 74, 192, 297, 347—348, 简·丁伯根

Tobin, James, 31, 80, 146, 200, 204, 212—213, 217—219, 221, 223, 364, 詹姆斯·托宾

*Asset Accumulation and Economic Activity (Tobin 1980), 218, 《资本积累和经济行为》(托宾, 1980 年)

*Tobin versus Lucas on market clearing, 218—220, 托宾与卢卡斯关于市场出清的论战

*Total factor productivity, 267—271, 276, 294, 296, 全要素生产率

Touffut, Jean-Philippe, 383, 让－菲利普·塔夫特

Trabandt, Mathias, 382, 马赛厄斯·特拉蓬特

Trevithick, James, 21, 詹姆斯·特里维克

Triffin, Robert, 71, 罗伯特·特里芬

*U. S. House of Representatives, 358, 364, 387, 美国众议院

*Hearings on DSGE, 358—364, 关于 DSGE 的听证会

Uhlig, Harald, 327, 335, 哈拉尔德·乌利希

*Underemployment, 33—34, 56, 64, 82, 102, 147, 236, 245, 381, 385, 非充分就业

*difference from unemployment, 333, 与失业的区别

*underemployment in Modigliani's model, 30—34, 236, 莫迪利安尼模型中的非充分就业

*Unemployment, See natural rate of unemployment, 失业, 见自然失业率

*equilibrium rate of unemployment, 96, 240, 245, 均衡失业率

*frictional unemployment, 6, 9, 14—16, 40, 44—45, 102, 108, 110, 145, 216—217, 摩擦失业

*involuntary unemployment, 6—7, 16—23, 32—33, 36, 44, 58, 64, 110, 113, 121, 136, 139—140, 144—145, 220—222, 229, 231, 244—246, 非自愿失业

*in the casual sense, 110, 145, 217, 381, 偶然的非自愿失业

*in the individual disequilibrium sense, 110, 145, 217, 作为个体非均衡的非自愿失业

*the battle over, 220—222, 关于非自愿失业的论战

*search unemployment, 14, 111, 287, 搜寻失业

Usubiaga Ibanez, 151, 乌萨比亚加·衣斑娜

*Validation, 261—281, 300, 验证
*ex ante validation, 300, 事前验证
*ex post validation, 301, 事后验证

van der Ploeg, Frederick, 171, 233, 237—238, 弗雷德里克·范·德普洛格

van Witteloostuijn, Argen, 344, 阿根·范·威特卢斯汀

Vane, Howard, 4, 47, 65—66, 74, 89, 96, 109, 151, 154, 157, 174, 185, 193, 198, 208, 227, 315, 328, 霍华德·文恩

Varian, Hal, 123, 135, 哈尔·范里安

*Velocity of money, 75—76, 90—91, 货币流通速度

Vercelli, Alessandro, 176, 349, 亚历山德罗·韦尔切利

Viner, Jacob, 181, 雅各布·瓦伊纳

Visco, Ignazio, 34, 伊格纳齐奥·维斯卡

von Mises, Ludwig, 299, 路德维希·冯·米塞斯

*Wage, xiv, 5—6, 9, 13, 37, 52, 64, 98, 100, 125, 155, 216, 228—229, 239, 257, 290, 324, 330, 352, 370, 385, 工资

*money wage, 21, 24, 32, 35, 62,

98，101，103，240，货币工资
*real wage，4，30，36，39，56，59，103，119，128，137，155—157，233，235，240，244，255，265，273—274，287，323—324，366—367，实际工资
*wage rigidity，xv，6，21—22，24—25，29，31—32，119，146—147，185，187，225，232，238，239，248，312，365—366，370，384，工资刚性
Walentin，Karl，382，卡尔·瓦伦丁
Walker，Donald，7，54，135，唐纳德·沃克
Wallace，Neil，151，170—172，213，232，235—236，315，尼尔·华莱士
Walras，Léon，7—8，50，53，63，72，105，141，153，168，176—177，188，195，218，275—276，340，349，里昂·瓦尔拉斯
*Walrasian theory，47，50，52，54，55，57—58，61，64，72，77，114，116，135，141，146，194，199，202，218，222—223，299，306，325，345，347，349，351，353—354，364，383，瓦尔拉斯主义理论
*Walras on tâtonnement，53，55，瓦尔拉斯对试错机制的评论
*Walras's Law，21，118—119，120，122，125，129，瓦尔拉斯定律
*Walrasian auctioneer，See Auctioneer，瓦尔拉斯主义拍卖者，见拍卖者
Watson，Burton，299，伯顿·沃森
Watson，Mark，205，马克·沃森

*Wealth effects，63，财富效应
Weintraub，Eliot Roy，51，123，185，194，艾略特·罗伊·温特劳布
Weiss，Lawrence，225，劳伦斯·韦斯
Whitaker，John，339，约翰·惠特克
Williamson，Stephen，232，268—269，斯蒂芬·威廉姆森
Winter，Sydney，359，361—363，西德尼·温特
*Testimony House of Representatives，358—364，美国众议院听证会
Woodford，Michael，47，264，276，315—316，324，326—327，364，迈克尔·伍德福德
*Interest and Prices（2003），316，《利息与价格》（2003年）
Wouters，Raf，324，330—331，382，拉夫·沃特斯
Wren-Lewis，Simon，288，313，327，西蒙·雷恩－刘易斯
Wright，Robert，193，249，252—253，285，288，罗伯特·赖特

Yeager，Leland，57，115，利兰·耶格尔
Yellen，Janet，225，229，236—237，珍妮特·耶伦
Younes，Yves，123，伊夫斯·尤尼斯
Young，Warren，24，48，210，263—264，沃伦·杨
Yun，Tack，313，塔克·云

Zeuthen，Frederik，244，弗雷德里克·措伊滕
Zilberfarb，Ben-Zion，349，本－锡安·泽博法布

译后记

鉴于阅读本书的读者大部分均是经济学科班出身，或者至少已经掌握了一定的经济学知识，故译者在这里开门见山地告知诸君：本书是一部优秀的关于现代宏观经济思想史的总结提炼之作，不过它也并非包罗万象。从具体内容来看：

第一，本书系统总结了宏观经济学中波动领域分支的思想演进路径，并对重要理论发展节点上的关键模型——包括凯恩斯主义 IS-LM 模型、拉平－卢卡斯模型、基德兰德－普雷斯科特模型、第二代新凯恩斯主义模型等——予以适当的分析和评估，还对 2008 年金融危机以来 DSGE 宏观经济学的发展状况给出了评价。

第二，本书通过横向和纵向的对比分析来研究宏观经济学史上的重要理论突破，从而将宏观经济理论的本质特征予以归纳总结，包括一般均衡与非均衡、代表性和异质性经济主体、非自愿失业和摩擦性失业、拍卖者假设与合同定价机制、市场出清和非出清、货币资产与实物资产等。

第三，本书没有涉及宏观经济学中增长领域分支的理论演进脉络——对新古典增长模型和内生增长模型只是一笔带过，因此对于试图研究内生增长动力、人力资本、产业演进等领域的宏观学者们而言，本书参考价值有限。

第四，本书集中讨论思想和理论的演进，对宏观经济学赖以存在的经济现实以及相关的政策推论着笔较少，特别是忽略了"面对市场失灵时政府到底应该如何面对"（Azariadis，2018）这一重要的现实议题。

通篇来看，本书试图为读者们理清那些我们日常所接触的模型中的关键方程究竟是如何在宏观经济理论演进的历史中被无数聪慧而机敏的大脑所建构、解构和重构的，本书也试图阐明一些奇怪的、不符合常识的模型设定如何牢牢屹立于经济学方法论基石之上。在译者的印象中，专门论述宏观经济学思想史的著作少之又少，相关内容除了埃德蒙德·菲尔普斯于1990年出版的演讲集《宏观经济思想七学派》（中译本于2015年出版），基本上只是散见在主流宏观经济学教科书的各个章节或者夹杂在经济思想史的专著里，而且篇幅仅限于凯恩斯、弗里德曼等经济学家，深入剖析卢卡斯的文章非常罕见，很不成体系，因而也就难以达到所期望的思想深度，本书无疑在一定程度上填补了这一空白。

虽然思想史著作往往带着些许刻板和枯燥，然而如果读者带着问题和反思来阅读，就会发现其中无处不闪耀着智慧的火花，并且实际上可以收获很多启迪和乐趣。因此，译者希望在这里将全书的研究逻辑梳理出来，并结合自身翻译过程的感悟予以点评，供诸君参考。

1. 为什么要阅读本书？

1.1 作为分析框架的宏观经济学

思想史的议题一定与现实密切相关。2018年，阿萨里迪斯在《经济学文献杂志》（*Journal of Economic Literature*）发表了一篇讨论本书的文章，开篇便提出："从现实层面看，宏观经济学是为了理解和应对经济周期、银行危机和失业，特别是20世纪30年代大萧条等社会问题而出现的；而从理论层面看，宏观经济学是为了回应马克思对资本主义社会的根本性批判而发展并完善起来的"（Azariadis, 2018）。普雷斯科特（2016）认为理论就是一系列用来回应现实议题、用以建构经济模型的工具，好的模型必须能够作出科学的推论从而回应各种现实议题。

让我们首先来思考一个现实问题：发生在八十余年前的大萧条等现实问题如今就消失了吗？答案当然是没有。2018年，中美贸易摩擦的突然爆发让中外学界和业界措手不及。专业人士们未曾料想2008年美国次贷危机以来，随着整个西方世界趋向于政治保守主义，逆全球化思潮竟会以如此意料之外的形式引发世界各国在贸易层面展开激烈对抗，这使得全球经济在震荡中积聚了巨大的不确定性。大家更未曾料想，作为世界贸易体系中心同时也是世界头号大国的美国会在短短一年之内相继与中国、欧盟、日本、拉丁美洲国家等展开激烈交锋。

我们无意去探讨国际政治层面的细节，但作为学者或业界从业人员，我们应当反思并试图挖掘隐藏在这个大背景背后的经济逻辑：为什么世界各国会普遍进入经济下行？这种下行会演变为大萧条那样的全球性危机吗？为什么各国都或多或少存在内部社会矛盾激化、科技创新活力不足、寡头竞争缺乏效率等一系列社会经济问题？这些现象背后是由什么因素驱动的？在这样的经济波动中，政府、企业和个人的最优选择又是什么？

试举一简单而具体的例子。根据教育部的统计数据，2019年全国考研人数达到290万，较2018年的238万激增52万，增幅达到了21.8%。这对于宏观经济而言有什么影响呢？

通过查询相关资料可知每年的研究生录取率基本稳定在1/3，由此可以估算，相较于往年的就业市场，2019年会多出约17万人因成功读研而放弃就业，并且还多出35万人因试图离开就业市场而不得从而极有可能成为新增失业人口。按中国每年新增1000万就业人口来计算，这35万人就是3%的新增失业率；而按中国城镇就业人口约4亿计算，这就是0.085%。再考虑到大学生就业能力应该强于一般人群，因此粗略估计中国2019年的失业率增长0.2—0.3个百分点是比较合理的。

根据官方公布的数据可知，中国的城镇调查失业率约为5%，而2019年《政府工作报告》给出的目标是5.5%以内。由此可见，仅因为研究生涌入高校继续"深造"所反映的全社会失业率变动就已经能给政府全年经济目标造成重大压力。如果深入分析我们还能看到，研究生大量沉积在高校而迟迟不愿意进入就业市场至少在某种层面上反映了：①宏观经济的基本面仍处于低谷，终端需求不足使得企业没有雇佣激励；②企业所需人才和毕业生出现结构性错配，就业市场摩擦加大；③出国深造门槛抬高，高端人才出路收窄；④一次收入分配比重不太合理，劳动力相对价格调整过缓。由此，我们预料到政府会密集出台一系列政策来稳定就业，比如研究生扩招、鼓励创新创业、降低大中型城市落户门槛、提高教育科研经费投入等。

当然，上述分析不很严格，只是一个初步的估计，但大体上"模拟"了单个宏观事件下各类主体的行为逻辑和应激反应。我们从研究生报考人数推演到经济需求不足，这说明某些局部事件能够对整个经济产生较大影响。这便是宏观经济学有意思的地方。它是一门包罗万象的学科，任何经济行为、社会矛盾、国际问题乃至于政治事件背后都意味着可能出现一系列的宏观结果。正如伍德福德所言，宏观经济学是一门探讨利率、价格、汇率的决定机制以及它们如何与政府政策一起影响经济整体波动的学科；宏观经济学家不仅活跃于货币基金组织和世界银行等国际组织中，也在各国政府的政策制定中发挥着不可替代的作用（Woodford，1999）。

用比较接地气的话来讲，宏观经济学家既要研究衣食住行，也要分析农工贸服，更要研判市场走势，剖析监管政策，把握国际局势。宏观经济学本质上就是要解释并试图预测上述所有经济现实，辨明它们的起因是什么，结果是什么，逻辑链条是什么，以及会引发什么，是围绕着这些现实议题不断演化、发展的一整套逻辑体系。而本书所要探讨的，恰恰是这一系列理论之间的关联和区别，以及它们在多大程度上回应了现实议题，又在多大程度上实现了逻辑自洽。按照本书作者德弗洛埃教授的观点，这便是本书的核心议题之一，即理论的"外部一致性"和"内部一致性"问题。尽管时至今日，对这门学科而言"跨越外部一致性和内部一致性仍然是一个乌托邦式的野心"。

1.2　从基本经济现实到宏观经济学理论

从经济史的角度来看，宏观经济学最初源于经验研究，表现为对时间序列数据进行统计分析。尽管诸如马克思那样的伟大经济学家曾细致考察了商业活动和资本生产的规律，但 19 世纪的经济波动并未被当时的经济学家们提炼为一种理论，更未对推崇"市场机制"的主流经济学造成太多影响。彼时货币经济学被视为一门研究银行体系如何运转以及如何维持本国黄金储备和金本位制度的技术性学科，在其术语体系内很少考虑经济波动、就业、分配等议题（Woodford，1999）。

经济学界最早开始系统地从经验层面研究经济周期问题要回溯到米切尔的相关成果（Mitchell，1913，1927；转引自 Prescott，2016）。这与以凯恩斯主义为代表的宏观经济理论的发展并行不悖。米切尔一手开创了美国国家经济研究局（NBER），研究了一系列先行、滞后以及同步经济指标以界定"经济周期"并且给出了"经济衰退"的最初定义。在同一时期，学者们试图识别出有规律的基钦周期（Kitchin cycle，1923，又称存货周期，约 3 年）、朱格拉周期（Juglar cycle，1862，又称资本投资周期，约 10 年）、库兹涅茨周期（Kuznets cycle，1930，又称地产周期，约 20 年）以及康德拉季耶夫周期（Kondratiev cycle，1926，约 50 年），然而现实的复杂性让辨别确定性周期成为一种空谈，现代宏观经济学家已不再认为经济波动是由确定的周期组合而成。此外，这一时期库兹涅茨、科林·克拉克（Colin Clark）和理查德·斯通（Richard

Stone)还初步尝试构建了国民经济账户,第二次世界大战后该统计标准由美国率先采纳,并由联合国于 1953 年正式公布①。而关于宏观经济数据的时间序列模型最早是由丁伯根于 1952 年建立的。

经验研究严格遵循数据本身变动的逻辑,往往不为理论所限制,同时也逐渐变成理论(模型)建构的最终目标。Kaldor(1957)以美国和英国经济为例总结了经济增长中的几个典型事实:①人均实际产出 y_t/l_t 和人均资本存量 k_t/l_t 以稳定的速度增长;②实际工资 w_t 稳定增长;③实际利率 r_t 保持稳定;④资本产出比 y_t/k_t 保持稳定;⑤资本 k_t 和劳动力 l_t 在国民收入 y_t 中的份额大体稳定,消费 c_t 和投资 i_t 占国民产出 y_t 的份额也大体稳定;⑥人均产出增速存在国别差异。

与之相对应的,普雷斯科特指出从美国 1950—1979 年的宏观数据中可总结出经济波动的几个典型事实:①消费 c_t、投资 i_t、劳动小时数 h_t 和劳动生产率 y_t/l_t 顺周期变动;②投资 i_t 的标准差远高于消费 c_t 的标准差;③劳动小时数 h_t 和劳动生产率 y_t/l_t 正交(即不相关),且劳动小时数 h_t 具有更大的波动性(约 2 倍);④对数季度 GDP 的标准差约为 1.8%,且其一阶序列相关系数 p 约为 0.74;⑤资本存量 k_t 滞后于产出 y_t,滞后阶数随着资本耐久度上升而上升;存货基本上是顺周期的,生产性耐久品存货滞后于产出几个季度(Prescott,2016)。

之所以罗列以上经济现实,是因为对经济现实的不同理解反映了不同理论学派的本质区别。对此阿萨里迪斯总结道:

> 从庇古到普雷斯科特等的古典和新古典主义经济学家相信波动是市场自动调节的机制;从希克斯到伍德福德等的凯恩斯主义经济学家则怀疑市场机制自发调节的有效性,认为政府出台逆周期政策能够加速调节过程;从弗里德曼到伯南克等的货币主义经济学家强调货币政策在调节经济波动中的重要作用;而从凯恩斯到法默等的预期学派代表学者则强调政策能够引导预期从而纠正市场机制协调失灵;此外,诺思和阿西莫格鲁则将产权制度和政治制度视为经济增长和波动的根本驱动因素。之所以出现上述区别,是因为宏观经济学者们采用了不同的假设和基准模型来刻画经济现实。(Azariadis,2018)

---

① 联合国国民账户体系(United Nations System of National Accounts)于 1953 年首次发布,后又经 1968 年、1993 年和 2008 年三次修订。

乍看之下，上述各学派的观点针锋相对、水火不容，但就理论演化的实际情况而言，不同理论模型之间的区别并没有想象中那么大，它们均试图在一个逻辑自洽的框架内回应上述典型事实，但又留下了诸多与现实不符的谜题。进而论之，一些细节的设定和其背后的理论依据——比如预期形式、失业形式、效用函数和生产函数形式、技术形式——才是整个宏观经济学理论演化的关键线索。正如阿萨里迪斯所强调的，无论未来宏观经济学理论如何发展，解释现实的经济波动、经济增长并提出政策建议仍然是这门学科的宗旨，就经济泡沫、流动性危机、增长和波动的驱动因素、金融摩擦、信贷传导机制等具体议题展开定量和定性的讨论也是这门学科不断演化的根本动力。

1.3 学习宏观经济学史的意义何在？

国内的经济学教育——特别是本科高年级阶段和研究生阶段的经济学教育——注重讲解模型建构和应用，教师们往往比较喜欢直接运用数学方法来推导模型（写板书和准备 PPT 时这样做确实比较方便），但对于模型的理论渊源、基本假设、建模技巧以及经济现实等问题讲解得不深。这容易导致学生对相关知识理解不透彻，甚至丧失对经济学最初的兴趣，而课后又不得不通过大量做习题来应付考试。因此高年级的宏观经济学课程逐渐变成"数学课""刷题课"和"背诵课"。

此外，一部分数学基础好的学生在学习过程中又认为戴维·罗默的《高级宏观经济学》过于"简单"，于是纷纷转向学习扬奎斯特和萨金特编写的《递归宏观经济理论》（或者龚六堂和苗建军老师编撰的《动态经济学方法》），后者纯然更像是一本围绕数学方法编写的宏观经济学模型操作指南，学习门槛较高，这进一步导致国内宏观经济学教学向数理化的"黑板经济学"发展。当然，这样的问题并非国内所独有，本书作者德弗洛埃教授在前言中也提及：

> 我希望本书尤其适用于那些研究生和年轻学者们，他们常年接受纯粹的技术层面的训练，聚焦于前沿模型，但对思想的历史发展一无所知——或者根本不屑于了解过时的文献，认为过去在概念和方法论层面的争论在今天已经失去学术意义。

从译者自身的学习经验来看，宏观经济学（甚至整个经济学学科）的研究逻辑首先在于寻找并定义常量和变量，其次是寻找常量与变量之间的数量关系，最终推导出符合客观现实的逻辑关系。长久以来，国内的经济学教育恐怕忽视了第一步和第三步的重要性，其标志性表现是：一些宏观经济研究者既没有读过《通论》原著，也没有深刻掌握国民经济账户的统计分类标准；而业界从业人员则试图通过大量辛苦的工作来挖掘数量关系，但对数据背后的内在逻辑关系又浅尝辄止。

译者认为，这是因为中国社会经济长期以来处于快速发展阶段，新的客观经验事实不断涌现，新的问题和挑战不断暴露，国内经济学家所掌握的"经验原材料"的折旧率相当高，他们必须迅速使用定量方法加以研究，争分夺秒地将经验和现象提取为政策建议乃至于提炼为某种理论，从而在客观现实发生变动前迅速占据学术阵地。在这样的大前提下，纠缠于定义和概念是没有意义的。因此，国内学界更喜爱"套用"现有的西方经济学理论，对其稍加修改并利用国内的经验数据加以验证。

当然，这也并不是只有在中国经济学界才出现的特殊状况，事实上自西方国家进入"金发女孩经济"② 以来，整个经济学界都在向经验实证的方向转变，对于热爱这门学科的大部分研究者来说，纯理论研究不幸沦为理想与现实权衡取舍下的牺牲品，很多学者不得不"为五斗米折腰"。

因此，本书能够为那些深受高级宏观经济学课程"折磨"的研究生，以及那些仍然"初心难忘"的研究者提供一个回顾与反思的机会，并能够为他们的学习和研究提供切实的帮助。

2. 如何阅读本书？

如何阅读本书这个问题可以拆分为两个小问题。第一，我们在阅读本书前应该掌握的基本知识框架是什么？第二，本书各章节的具体内容是什么？其逻辑关系又是什么？在此我们分而论之。

2.1 宏观经济学的基本框架：一个基准模型

为了让读者更好地理解本书所讨论问题的基本框架，译者在这里提供一个最标准的确定性分散经济基准模型。需要说明的是：①该基准模

---

② 金发女孩经济（Goldilocks Economy）是指某个经济体内高增长和低通胀同时存在，而且利率保持在较低水平的状态。

型属于简化的 RBC 模型，选用该模型的主要考虑是 RBC 模型发扬了卢卡斯所制定的 DSGE 原则，其模型建构上承凯恩斯主义 IS-LM 模型，下接第二代新凯恩斯主义模型，具有较好的理论连续性；②采用分散经济的好处是可以直接求出由价格、工资和利率表示的商品、劳动力和资本市场的供需函数，从而可以与中级经济学的内容衔接上；③按照动态随机一般均衡分类标准，该模型满足动态、一般和均衡的标准，但唯独剔除了随机项，这是因为基准模型主要是为读者建立一个标准分析框架，而该框架的核心特征与是否存在随机项关系不大。

该模型源自吉尔曼③的《现代宏观经济学高级教程：分析与应用》第八至十四章，与此相对应的是德弗洛埃教授在本书第十五章中关于 RBC 模型的论述。不过德弗洛埃教授只给出了 RBC 模型的基本架构而没有列出详细的求解过程，其主要着墨之处是讨论 RBC 模型的基本设定与卢卡斯及第二代新凯恩斯主义模型的异同。

该模型的基本设定是：存在一个代表性消费者和一个代表性企业，该消费者拥有企业的全部产权（因此他有权获得该企业的全部利润π_t）。该模型求解的关键步骤是：①定义消费者最优目标函数、预算约束以及相关的资本动态积累方程（储蓄－投资恒等式），利用贝尔曼方程形式求解；②定义企业目标最大化函数和生产函数（约束），求解两种生产要素（劳动力和资本）的边际最优条件，即劳动力和资本的需求函数；③在定义的均衡条件下求解l_t/k_t和k_t的表达式。

在本小节，我们将集中介绍该基准模型。在下一小节，我们将梳理本书各章内容并指明每一章所讨论的理论问题与该基准模型的关联。

2.1.1 消费者问题

定义消费者的当期储蓄量s_t和投资量i_t为：

$$s_t = k_{t+1}^s - k_t^s(1-\delta_k), i_t = k_{t+1}^d - k_t^d(1-\delta_k) \qquad (1)$$

其中δ_k代表资本折旧率，这里的上角标 d 和 s 分别代表需求和供给。

由消费者的当期储蓄量s_t，我们可以推导出消费者的预算约束恒等式为：

$$c_t^d = y_t - s_t$$

---

③ 这里提一句，吉尔曼本人是卢卡斯的学生，按吉尔曼原书的说法，该模型直接来源于卢卡斯的教材。

在这里，y_t 代表消费者的总收入，它由三方面组成，即工资收入 $w_t l_t^s$、资本收入 $r_t k_t^s$ 和产权收入 π_t。因此，可以将消费者预算约束改写为：

$$
\begin{aligned}
c_t^d &= w_t l_t^s + r_t k_t^s + \pi_t - s_t \\
&= w_t l_t^s + r_t k_t^s + \pi_t - k_{t+1}^s + k_t^s(1-\delta_k) \quad (2)
\end{aligned}
$$

特别需要说明的是，预算约束式是一个恒等式，方程左右可以随意移项（且任意移项后的左右式均有经济学意义），由式（2）我们可以看到，消费者每一期所需要选择的变量（即控制变量）是：通过劳动力市场向企业提供多少劳动力 l_t^s、通过资本市场的"储蓄－投资"机制向下一期提供多少存量资本 k_{t+1}^s。唯一剩下的变量 k_t^s 在 t 期内无法由消费者自行选择，因为它是由经济主体上一期的行为决定的。为了求得控制变量（或者直白一点称之为选择向量）(l_t^s, k_{t+1}^s)，我们需要一个凸的效用集来进行最优化。

贝尔曼形式的消费者最优问题如下所示：

$$V(k_t^s) = \max_{c_t^d, x_t, l_t^s, k_{t+1}^s} u(c_t^d, x_t) + \beta V(k_{t+1}^s) \quad (3)$$

请读者注意，式（3）特别注明了该最优问题的控制变量 $(c_t^d, x_t, l_t^s, k_{t+1}^s)$ 和状态变量 (k_t^s)，此处 $u(c_t^d, x_t)$ 为效用函数，x_t 代表闲暇，β 是主观贴现因子。

与式（3）对应的约束条件包括时间禀赋约束和预算约束，它们分别可以表示为：

$$\text{s.t.1}: x_t = T - l_t^s \quad (4)$$

$$\text{s.t.2}: c_t^d = w_t l_t^s + r_t k_t^s + \pi_t - k_{t+1}^s + k_t^s(1-\delta_k) \quad (5)$$

将两个约束条件带入式（3），可得：

$$
\begin{aligned}
V(k_t^s) = \max_{l_t^s, k_{t+1}^s} u(&w_t l_t^s + r_t k_t^s + \pi_t - k_{t+1}^s \\
&+ k_t^s(1-\delta_k), T - l_t^s) + \beta V(k_{t+1}^s) \quad (6)
\end{aligned}
$$

通过上述变换，我们将控制变量缩减为 l_t^s 和 k_{t+1}^s，这样便大大简化了求解过程，根据标准的贝尔曼方程求解过程，易得一阶条件（F.O.C.）：

$$\text{F.O.C.1}: \frac{\partial V(k_t^s)}{\partial l_t^s} = \frac{\partial u}{\partial c_t^d} w_t + \frac{\partial u}{\partial x_t}(-1) = 0 \quad (7)$$

$$\text{F.O.C.2}: \frac{\partial V(k_t^s)}{\partial k_{t+1}^s} = \frac{\partial u}{\partial c_t^d}(-1) + \beta \frac{\partial V(k_{t+1}^s)}{\partial k_{t+1}^s} = 0 \quad (8)$$

第三个条件由包络定理给出：

$$\text{F. O. C. 3}: \frac{\partial V(k_t^s)}{\partial k_t^s} = \frac{\partial u}{\partial c_t^d}(1 + r_t - \delta_k) \tag{9}$$

假设效用函数 $u(c_t^d, x_t)$ 为对数形式，即：

$$u(c_t^d, x_t) = \ln c_t^d + \alpha \ln x_t \tag{10}$$

定义 $\beta = 1/(1+\rho)$，则将式（9）带入式（8）可以得到跨期条件的欧拉方程：

$$\frac{c_{t+1}^d}{c_t^d} = \frac{1 + r_t - \delta_k}{1 + \rho} \tag{11}$$

整理式（7）可得期内条件：

$$w_t = \frac{\alpha / x_t}{1 / c_t^d} \tag{12}$$

式（11）和式（12）是该模型的第一组关键方程。

具体来看：式（11）表明我们应该如何在当期的消费和下一期的消费中进行跨期选择，其传导机制是利率 r_t。该方程背后的经济学含义是④：如果放弃当期消费，那么这部分消费将转化为本期储蓄，进而形成投资并转化为存量资本，到了下一期，每单位资本获得 $(1+r_t)$ 收益，计提折旧后，消费者得到 $(1+r_t-\delta_k)$ 单位的回报并转化为下一期消费，由此当期消费减少的效用要与下一期消费增加的效用相等。式（12）表明我们应该如何在本期消费和本期闲暇之间作出选择，即如果当期减少 1 单位闲暇，那么失去的闲暇可以转化为劳动力并赚取相应的工资，由这部分工资换来的消费品的效用应该与失去闲暇的效用损失相等。

2.1.2 企业问题

企业的最优问题是在生产函数的约束下实现利润最大化，即：

$$\max_{y_t, l_t^d, k_t^d} \pi_t = y_t - w_t l_t^d - r_t k_t^d \tag{13}$$

企业面临的生产技术约束（生产函数）为：

$$y_t = A_G (l_t^d)^\gamma (k_t^d)^{1-\gamma} \tag{14}$$

将式（14）带入企业最优问题式（13）可得：

$$\max_{l_t^d, k_t^d} \pi_t = A_G (l_t^d)^\gamma (k_t^d)^{1-\gamma} - w_t l_t^d - r_t k_t^d \tag{15}$$

由式（15）可知，企业最优问题是一个期内静态问题，对控制变量 l_t^d

---

④ 这里的解释实际上是复述了变分法的基本概念。

和 k_t^d 求导，易得一阶条件：

$$\text{F.O.C.1}: w_t = \gamma A_G (l_t^d)^{\gamma-1} (k_t^d)^{1-\gamma} \tag{16}$$

$$\text{F.O.C.2}: r_t = (1-\gamma) A_G (l_t^d)^{\gamma} (k_t^d)^{-\gamma} \tag{17}$$

至此，消费者问题和企业问题的全部关键方程均已求出，即：

$$[\text{预算约束}]: c_t^d = w_t l_t^s + r_t k_t^s + \pi_t - k_{t+1}^s + k_t^s(1-\delta_k) \tag{5}$$

$$[\text{跨期条件}]: \frac{c_{t+1}^d}{c_t^d} = \frac{1+r_t-\delta_k}{1+\rho} \tag{11}$$

$$[\text{期内条件}]: w_t = \frac{\alpha/x_t}{1/c_t^d} \tag{12}$$

$$[\text{劳动需求}]: w_t = \gamma A_G (l_t^d)^{\gamma-1} (k_t^d)^{1-\gamma} \tag{16}$$

$$[\text{资本需求}]: r_t = (1-\gamma) A_G (l_t^d)^{\gamma} (k_t^d)^{-\gamma} \tag{17}$$

2.1.3　经济学意义

无论经济学试图研究何种特殊的经济现象，隐藏在这些现象背后的本质是不会改变的。具体来说，由基准模型推导出来的上述 5 个关键方程本质上反映了如下三条基本定理。

第一，经济循环（或者说经济运行的各个环节）是宏观经济分析的骨架。梳理历史文献可知，从斯密《国富论》（1776）开始的古典政治经济学把经济分为生产、收入、分配、支出来加以论述。而魁奈的《经济表》（1758）第一次将上述环节推演成逻辑自洽、循环往复的宏观经济体系。马克思在《资本论》（1865）第一卷首次对经济生产环节进行微观剖析，并且试图在一个近似于里昂惕夫生产函数的假设下刻画整个经济循环［后来凯恩斯的得意弟子之一斯拉法（1960）将其模型化］。到了边际革命以后，马歇尔和瓦尔拉斯提出了局部均衡和一般均衡分析法。凯恩斯则界定了现代宏观经济学主要研究对象并且在《通论》（1936）第十八章再次提炼了宏观经济恒等式和相关议题。凯恩斯的主要贡献是开创性地研究了一个货币经济中的信贷（资本）市场是如何影响总需求曲线的形状的，并论证了在非自愿失业情形下的总供给函数为什么呈现出正斜率，从而引导后来的学者将宏观经济体系高度总结为 IS-LM 模型。至此，宏观经济学才逐步构建出自己的学科边界，并逐渐演化为经济学的一个主要分支。

因此，虽然现代宏观经济学看似与古典经济学理论距离非常遥远，但现代宏观经济学本质上仍然是研究如何区分并刻画生产部门和消费部门的主要特征,以及如何论述商品市场、劳动力市场和资本市场的均衡和非均衡状态。因此,国民经济恒等式、预算约束恒等式和财政收支恒等式以及各市场的出清条件便成为整个宏观经济学的骨架。简而言之,从研究对象和基本框架讲,现代宏观经济学和百年前的古典政治经济学并没有太大区别。

第二,千规律,万规律,价值规律第一条。⑤ 从理论上说,只要所有变量均位于笛卡尔坐标系,那么由于消费者、生产者的选择集均是凸集,且所有约束条件均以超平面(线性)的形式表示,那么所有经济行为的本质都是作为边际条件的"价格"(即基准模型中的r_t和w_t)所决定的消费者(或企业)最优解。用简单的话来说,与变量对应的价格因素决定该变量在当期和未来各期的配置状态。这个规律表明,宏观经济学必然拥有微观基础。换言之,作为宏观经济学起源的凯恩斯《通论》及其所衍生的 IS-LM 模型与出现更早的拉姆齐模型(1928)一定拥有本质上的关联。⑥ 然而,从宏观经济学史的角度来看,微观基础并不是从一开始就参与了宏观模型建构(或者说,凯恩斯等人将微观基础视为众所周知的原理而未加以论述),因此抽象逻辑脉络和学科思想理论演化路径的错位阻碍了当代宏观经济学者回溯《通论》乃至于更早的马歇尔和古典经济学。

第三,一般均衡理论是基态,非均衡现象本质上是某些参数没有被数理化的一般均衡。一切现实经济行为都可以通过在基准模型上添加"模块"来刻画,例如:技术A_G从常量变为随机序列、资源禀赋变化、效用函数$u(c,x)$的形式变化、多元资产定价和套利问题、非完全竞争条件下资本和劳动的边际条件变动、多元生产部门和人力资本问题、投资和储蓄过程中存在金融中介和信贷限制、合同与劳动力市场扭曲、国际贸易和汇率机制、财政和货币政策,等等。但万变不离其宗,上述模型拓展仍然遵循基本的价值规律以及与之相对应的动态求解方法。

需要注意的问题是,随着添加的"模块"越发复杂,模型越有可能不存在解析解,因此我们必须诉诸其他办法来近似刻画模型动态;而且,现实中经济主体和价格信号的定义随时随势在变化,这就导致它们和模型中的数学符号并不能完全画上等号。也就是说,一方面,就福利经济学意义而言,很多构建复杂的宏观经济模型只能给出近似解,另一

---

⑤ 这句话是向孙冶方先生致敬。
⑥ 事实上,凯恩斯曾对其爱徒拉姆齐的英年早逝表示扼腕痛惜。

方面，很多符合现实的非均衡模型无法给出解析解。但上述问题并不妨碍我们以基准模型为出发点来理解各种经济变量的关系，我们仍然可以把均衡作为一个参照系来考察模型的基本特征、命题推论和福利损失。

与本书作者德弗洛埃教授一样，译者在这里也不打算将基准模型的实证部分展现给读者，因为那样我们需要从基本经济现实谈起，而这就会涉及很多具体的实证议题。下一节我们将集中精力将本书主要章节的内容与基准模型的关系梳理出来，供读者在阅读本书时有一个清晰的脉络作参考。

2.2 本书各章节的主要内容和逻辑关系

与大部分学者"想当然"的认识不同，本书作者并没有以凯恩斯的《通论》和卢卡斯的"理性预期革命"作为整个宏观经济学史的重要节点。相反，德弗洛埃教授从一开始就明确界定了从"凯恩斯的经济学"向"凯恩斯主义经济学"转变的第一个时期（20 世纪 40 年代—70 年代），以及由"卢卡斯革命"向"动态随机一般均衡"转变的第二个时期（20 世纪 70 年代—2008 年金融危机），这便是本书副标题"从凯恩斯到卢卡斯及其后"的含义。这种划分严格遵循了科学范式的定义，抹去了经济思想演进过程中的个人英雄主义色彩，因此较为规范严谨。随后，德弗洛埃教授又根据莱荣霍夫德提出的决策树（专栏 0.1）给前述两个时期划分补充了思想演进的具体节点（见表 0.1）。

2.2.1 凯恩斯主义宏观经济学

本书的第一部分"凯恩斯与凯恩斯主义宏观经济学"主要论述了宏观经济学草创时期的思想演进过程。起初，作为马歇尔的弟子，凯恩斯自然沿承了马歇尔的局部均衡分析方法（见第一章）。但作为一名活跃于当时英国学界和政界的货币经济学者，凯恩斯基于现实中大量存在的失业现象（严格来说，大萧条以前这种失业现象就已经在西欧诸国很普遍了）而不得不下决心重构马歇尔的体系。

具体来说，凯恩斯观察到了如下经济现实：①经济体系，特别是市场体系存在失灵；②这种失灵表现为存在大量非自愿失业的劳动力；③非自愿失业并不是由工资刚性引起的；④为了解决市场失灵，政府需要进行干预。根据上述经济现实，《通论》对经济运行各环节展开分析并试图构建一个完整的经济循环图景。但是《通论》通篇仅停留于文字描述，其中掺杂着大量模糊的定义和似是而非的论断，故后来希克斯和莫迪利安尼等人相继将《通论》的主要观点模型化，进而形成了主流的传统凯恩斯主义 IS-LM 模型（第二章）。具体来看，该模型的第一个关键方程是将总需求分解为消费、投资和政府购买：

$$Y = Y^D = E = E(Y, r, G, T) = C(Y - T) + I(r) + G \quad (18)$$

其中 E 代表计划支出，T 代表一次性税收。注意式（18）与上一节基准模型中的预算约束恒等式（2）其实完全一致，区别在于这里凯恩斯设定消费 C 是收入 Y 的函数，且边际消费倾向 E_Y 等于常数。请读者注意，恰恰是由于这个"方便"的设定掩盖了消费者关于跨期消费和收入的最优选择，由此该模型剔除了微观经济基础。

设下标表示求导，则直接对式（18）求导得出：

$$Y_r = E_Y \times Y_r + E_r \quad (19)$$

这便是投资储蓄（IS）曲线的表达式，该式表示了资本市场的均衡，其中 $E_r < 0$ 表明 IS 曲线斜率为负。这里的 IS 曲线所要表达的意思很简单：由于 $E_Y < 1$，所以必须通过扩大投资 I 来弥补计划支出 E 和实际支出 Y 之间的缺口（即所谓有效需求不足）。

与 IS 曲线相关的是反映了货币市场供需的 LM 曲线：

$$M^D / \bar{P} = L(r + \pi^e, Y); L_{r+\pi^e} < 0, L_Y > 0 \quad (20)$$

为了使分析更简约，在这里用泰勒给出的 MP 曲线替代 LM 曲线，则有：

$$r = r(Y, \pi), i = r(Y, \pi) + \pi^e; r_Y > 0, r_\pi > 0 \quad (21)$$

将 IS 曲线和 MP 曲线表达式对价格求导，可知：

$$Y_{\pi|AD} = E_Y \times Y_{\pi|AD} + E_r \times r_{\pi|AD}$$
$$r_{\pi|AD} = r_\pi + r_Y \times Y_{\pi|AD} \quad (22)$$

联立（22）中的两式求得价格与支出的总需求斜率为负：

$$Y_{\pi|AD} = \frac{r_\pi}{[(1 - E_Y)/E_r] - r_Y} < 0 \quad (23)$$

与上一节基准模型的总需求函数对比，可知两者都有负斜率。因此，凯恩斯 IS-LM 模型以及相应的总需求（AD）本质上都是基准模型的简化形式。

总供给方面，凯恩斯在《通论》第三章给出了一个非常标准的设定，一般可以将其理解为名义工资 $\bar{W}$ 存在刚性（后来大部分凯恩斯主义经济学家采纳了这一设定）：

$$Y_L = \bar{W}/P \quad (24)$$

注意式（24）是劳动力边际产品最优条件［对应基准模型中的式（16）］，因此可以很自然地推导出斜率为正的总供给函数（AS）。对式（24）存在另一种解释，那就是非理性预期（Phelps，1990）。其经济学含义在于如果劳动者锚定名义工资 W 而不是实际工资 W/P，那么 P 的变化本身会导致实际工资变动从而影响企业的边际产出，但却不会影响到劳动者的就业决策。对此《通论》第二章有一段经典的表述：

> 货币工资的变动和其相对应的实际工资的变动通常远不具有相同的方向，而几乎总是方向相反的。就是说，可以发现：当货币工资上升时，实际工资下降；而当货币工资下降时，实际工资上升。这是由于在短期内，下降的货币工资和上升的实际工资各自处于独立的原因而可能与就业量的减少有关；劳动者在就业量减少时易于接受工资的削减，而在同一的就业量减少的情况下，实际工资不可避免地要上升，其原因在于：当产量减少时，劳动者在同一数量的资本设备下的边际生产率会增加。

这一段表述实际上通过非理性预期设定而将总供给函数与菲利普斯曲线联系起来。而工资-价格刚性和非理性预期（乃至于后来的适应性预期）其实是凯恩斯主义内部的一个重要分歧。凯恩斯的本意是利用非理性预期在马歇尔分析框架内解释非自愿失业，但后来的凯恩斯主义经济学家们偏向于用工资-价格刚性假设来取代非理性预期，因为前者在数学上更直观。

上述各式组成了完整的传统凯恩斯主义 IS-LM 模型，实现了从"凯恩斯的经济学"向"凯恩斯主义经济学"的转变，可以看到整个建构过程非常简约而精妙。不过《通论》原著的文字相当冗杂且思辨性很强，如果读者没有深刻掌握 IS-LM 模型的精髓就直接阅读很可能会经历"从入门到放弃"的体验。

本书作者德弗洛埃教授显然也意识到了上述问题，他给出了经济学家们建构和完善 IS-LM 模型的更多历史细节，具体来看：①希克斯（第二章第一节）详细剖析了古典经济学的总供需模型建构和凯恩斯体系模型建构的异同，即投资函数 I 和流动性需求函数 L 中是否存在利率 r 自变量，从而形成了基本的 IS-LM 模型架构；②莫迪利安尼（第二章第二节）明确将名义工资刚性模型化，特别是提出了"保留工资"来论证工资刚性的合理性，从而为凯恩斯体系补齐了总供给（AS）一侧的方程；③克莱因（第二章第三节）一方面提出了劳动力双方议价能力的不同导致了工资刚性（这就涉及合同理论），另一方面又开创了偏向经验实证的克莱因-戈德伯格宏观计量模型（即联立方程）；④最初用来刻画工资变动率和失业率关系的菲利普斯曲线（第二章第四节）转化为刻画物价水平和失业率的菲利普斯曲线并纳入宏观经济模型，这实际上是对工资刚性假设的一个巧妙替换，本质上还是试图推导出正斜率的总供给曲线。按照伍德福德的看法，上述演化代表了凯恩斯主义经济学向一般均衡宏观理论和联立方程计量方法发展的趋势（Woodford，1999）。

在这里特别强调一下物价-就业形式的菲利普斯曲线的推导过程。结合前文的总供给函数，只要设工资是由上一期物价水平决定的，即：

$$W_t = A P_{t-1} \tag{25}$$

那么易知：

$$Y'_{L,t} = A P_{t-1} / P_t = A/(1 + \pi_t) \tag{26}$$

由此，产出（就业）与通胀存在永久的正相关关系，反之通胀和失业率便存在负相关关系。需要读者在此注意，菲利普斯曲线的重要意义不仅仅是将劳动力需求条件重述一遍，关键是将名义价格变量和实际产出变量联系在一起（Woodford，1999）。

在第二章第五节，作者提出了"新古典综合"问题，按照希克斯的观点，所谓的"新古典综合"指的是："凯恩斯主义和古典主义理论的区别在于，前者占据了短期视角，并试图用非均衡方法加以分析；后者占据了长期视角，并利用均衡方法来予以研究。"上述论述是任何一本中级宏观经济学教材都会抛出的经典论题，即"凯恩斯主义适用于要素价格无法迅速变动的短期，而长期中市场失灵会随着要素调整而被自动修正，因此从长期来看古典经济学的市场调节机制将自动引导市场走向均衡"（Woodford，1999）。从译者的角度来看，之所以存在"新古典综合"这个概念，本质上是因为凯恩斯的论述（以及后续的 IS-LM 模型）人为设定消费边际倾向为常数且采用固定工资假设或者说非理性预期假设（主要争议在非理性预期上），因此从假设层面否定了市场自发调节的可能性。

对于这一问题，德弗洛埃教授严格区分了"新古典综合计划"（neoclassical synthesis program）和"新古典综合观点"（neoclassical synthesis viewpoint）。新古典综合计划试图弥合凯恩斯主义和瓦尔拉斯主义，即将凯恩斯主义宏观经济学视为某种特例，认为通过赋予其微观基础可以将其合二为一，这便是本书第三章的主要内容。帕廷金（1956）为此构建了一个与前文 IS-LM 模型极其相似的模型（见第三章第三节）。在该模型里帕廷金诉诸"调整过程漫长而迟缓"的假设（即用工资和价格黏性假设取代了刚性假设）来弥合凯恩斯主义和瓦尔拉斯主义的缺口。而持有"新古典综合观点"的经济学家们（以索洛为代表）则认为凯恩斯主义和瓦尔拉斯主义分别适用于不同的情形，没有必要也不可能将两者融合。

抛开政府干预主义的意识形态色彩不谈，凯恩斯主义在经济思想史上的重大贡献在于其第一次定量刻画了各种政策对相关经济变量的影响方式和作用程度，并且将各类经济现实——工资刚性、政府刺激政策——糅合成一个整体的动态框架（Woodford, 1999）。第二章最后，德弗洛埃教授也对 IS-LM 模型给出了盖棺定论式的评价，他指出：

> IS-LM 模型主要拥有两个优势。第一是能够以一个简约而又符合直觉的形式来为经济上的各种关联关系建模，在这一点上 IS-LM 模型无与伦比，即便是根据其最基本的形式也可以推出令人信服的关于真实世界的推论。……（第二个优势是）IS-LM 模型赖以生存的关键就在于其多样性：在充分就业和失业条件下，它都可以用来分析货币政策和财政政策；它经过微调就可以得出货币数量论或纯粹的凯恩斯主义结论。……（因此）虽然该理论不再是大部分宏观经济学者在研究生期间所接受的学术训练的核心内容，也不再是宏观经济学学术前沿的核心议题，但它仍然是经济学本科教科书中的核心内容，它也仍然活跃在远离宏观经济学理论界的应用宏观经济学领域，而且直到最近它仍然是各国政府和中央银行用以制定政策的宏观计量模型的核心。

第一部分的后续章节逐一罗列了传统凯恩斯主义宏观经济学最兴盛时期里各种范式内部的理论演进。第四章论述了米尔顿·弗里德曼的"货币主义"观点。从纯理论层面来看，其理论贡献集中于两个方面。第一，用永久性收入理论取代了凯恩斯的消费函数，本质是赋予了消费函数以动态形式，核心推论是暂时性的政策干涉不会引发经济主体改变其消费行为，从而试图推翻凯恩斯消费函数和政府购买乘数。第二，通过提出锚定多种资产价格（相对收益率）的货币需求方程而推翻了 IS-LM 模型中锚定单一利率变量的货币需求方程，由此论证现实中货币需求的利率弹性应该比凯恩斯模型设定的要低，故而极端的"流动性陷阱"不会存在（见第四章"再造货币数量论"这一小节）。简而论之，弗里德曼实质上是试图充分利用实证方法来证明古典货币需求方程优于凯恩斯主义的货币需求方程，因此货币供给增加最终只会造成通胀而无法改变实际变量（就业或者消费）（Woodford，1999）。

但是，一旦我们采纳了"新古典综合"的观点，那么对大部分凯恩斯主义者而言，弗里德曼的核心推论只是论证了货币政策和财政政策作为短期需求刺激工具同样有效，因此弗里德曼始终没有根本性颠覆IS-LM 模型的基本架构（尽管他内心里终其一生都致力于此）。需要特别说明，虽然并未完成理论突破，但在政策的实际运用方面，弗里德曼的货币主义让货币政策逐渐走向了宏观调控的舞台中央，也成为当下宏观调控工具的首选。至于弗里德曼在实证方法论方面的成就，以及他作为公共知识分子在宣扬经济自由主义方面作出的努力，德弗洛埃教授给出了详细且颇有见地的论述，译者在此不赘述。

第五章论述了菲尔普斯和弗里德曼基于同样的出发点，即"在研究通胀和失业关系时应该纳入预期假设和长期或稳态视角"，两人几乎同时提出了"自然失业率"的概念。其中菲尔普斯提出了著名的职位搜寻模型（第五章第一节），该模型如今基本上成为研究劳动力市场机制的各类 DSGE 模型的标准配置，但在当时更多属于一种微观视角的"偏方"。该模型的核心设定是：①企业存在职位以及职位的空缺，为空缺职位填补劳动力需要耗费雇佣成本，因此企业倾向于抬升工资并保留一定的空缺职位以避免员工流动率过高；②企业在不完全信息条件下预期其他企业的工资并形成相对工资定价。基于上述假设，菲尔普斯推出非自愿失业必然客观存在（虽然该模型的失业在定义上更接近于摩擦性失业），并进一步推出标准的菲利普斯曲线（即工资变动率与失业率的负相关关系）。进一步加入预期因素后，菲利普斯曲线本身发生了移动，典型的工资变动率与失业率的负相关关系不再成立。与之相对应，弗里德曼则利用文字而不是复杂的数理模型来论述自然失业率的存在（第五章第二节）。他指出：

> 当面临没有预期到的名义需求增加时，企业产品的出售价格早于企业的生产要素价格提高，故而实际工资下降；而工人预期的实际工资会上升，这是因为他们更倾向于用前期的物价水平来评价当期工资。因此，对企业主来说事后的实际工资下降了，而对工人来说事前的实际工资上升了，这就确保了就业量在增长。

这种让企业和工人无法预期到的物价变动便是前文中 IS-LM 模型总

供给曲线具有正斜率的原因。而一旦这种预期被经济主体成功捕获,那么菲利普斯曲线便会立刻消失。必须强调,这一观点后来被卢卡斯再次模型化,并成为理性预期革命的前奏。

第六章论述了莱荣霍夫德和克洛尔对非自愿失业定义的讨论。他们沿袭帕廷金关于价格黏性的设定,认为均衡调节机制受到某种外生阻碍,并提出要抛弃瓦尔拉斯式拍卖者交易技术的观点。特别地,克洛尔基于"二元决策"假设来刻画消费者买与卖分离的情形,从而证明短期消费也受到当期收入(而非永久性收入)的影响,由此回到了传统的凯恩斯消费函数。该思路形成了"非瓦尔拉斯均衡模型"(见第七章)。这一派经济学家试图将价格刚性和非自愿失业纳入一种能够达到均衡状态的模型,但这种均衡与瓦尔拉斯均衡定义完全不同。其中巴罗和格罗斯曼(第七章第一节)构建了一个商品市场和劳动力市场供需均衡模型,并指出在价格刚性的假设下,各市场如何出现定量配给均衡(短边交易);德雷茨和贝纳西的模型比较相似(第七章第二、三节),都是一个基于外生禀赋的最优选择模型,但由于经济主体面临交易上限和下限进而存在边角解,只要该上下限消失,那么模型就回归于一般的最优选择模型。这些模型的基本形式都和基准模型中的消费者问题相似。

德弗洛埃教授在第一部分的最后一章,即第八章对凯恩斯主义宏观经济学的各类模型加以总结。需要特别说明的是,凯恩斯在《通论》中并未试图摒弃"微观基础",但是由于后来宏观计量模型大行其道,凯恩斯主义学者们愈发用宏观变量之间的统计关系代替微观经济主体在各种约束下的行为特征来开展研究,导致宏观经济学和微观理论基础之间的裂痕越来越大。本书第一部分也试图阐明,弗里德曼的永久性收入理论和托宾的流动性资产理论已经显著改善了主流凯恩斯主义宏观经济学在微观基础方面的缺陷。凯恩斯主义所提出的政策工具箱——财政政策和货币政策——也在现实中发挥着不可替代的作用。总而言之,凯恩斯在总需求层面的基本假设得到了来自理论和经验的双重支持。

因此,到20世纪60年代为止,凯恩斯主义宏观经济学的主要分歧(也正是表8.1中的分类标准)集中在总供给一侧以及方法论层面:第一,不同经济学家对非自愿失业概念的定义不同,即①将非自愿失业理解为一种瞬时实现的经济最终状态(即静止状态);②将非自愿失业理解为经济向均衡调整过程中出现的暂时性状态(实现均衡后就消失);③将非自愿失业理解为调整过程面临的某种阻碍。第二,不同模型采用的基本方法存在是马歇尔主义还是瓦尔拉斯主义的区别。

简而言之,虽然凯恩斯本人定义了宏观经济学的研究对象、基本议题和分析框架,但由于凯恩斯主义宏观经济学过分依赖于外生的刚性假设(凯恩斯本人虽然极力回避工资刚性,但又添加了非理性预期,这同样没有理论支撑),从而在失业方面并没有给出强有力的解释。凯恩斯深刻地洞见了失业问题特别是作为非均衡状态的非自愿失业现象在经济学领域的重要地位,但彼时学者们并未成功将失业概念理论化和模型化。

2.2.2 新兴古典宏观经济学: 第一代 DSGE 模型

就经济史来看,20 世纪 70 年代失业率和通货膨胀率同时居高不下的"滞胀"是引发卢卡斯革命的现实因素(Azariadis, 2018)。凯恩斯主义学者们对人口结构变动下自然失业率和劳动生产率的过高估计则是罪魁祸首(Woodford, 1999)。然而从理论演进的角度来看,卢卡斯革命的内涵要复杂得多。

在第二部分"DSGE 宏观经济学"一开始,德弗洛埃教授便对卢卡斯革命给出了一个综合性判断(第九章):"卢卡斯发起的宏观经济学革命具有典型的库恩式科学范式革命的特征:它既包含研究议题的变化,又涉及概念体系的革新,并辅之以新的数学方法的突破,当然,也吸引并逐步培养出了新一代的宏观经济学者。"借用柯薛拉柯塔(2010)的定义,卢卡斯所开创的范式可以用动态随机一般均衡来刻画,其中:"'动态'是指家庭和企业具有前瞻性行为,'随机'代表外部冲击的类型,'一般'代表模型刻画整体经济,'均衡'代表家庭和企业面临着明确的约束和目标。"

将这四个特点与凯恩斯主义模型进行对比,就能发现两者之间的核心区别。首先,虽然弗里德曼提出了永久性收入假说,但拉姆齐模型并未广泛用于凯恩斯主义模型建构,故而传统凯恩斯主义理论更偏好比较静态分析,其动态特征更多是源自计量方法的设定而非理论推论。其次,随机冲击项是新纳入模型的特征,用来刻画外生扰动对模型动态的影响,这是凯恩斯主义模型所忽视的。最后,正如上一节译者所言,虽然凯恩斯没有在《通论》中阐述微观基础可能是因为他将其视为众所周知的事实,但传统凯恩斯主义模型毕竟没有将一般均衡方法纳入理论建构,而这本质上是因为在完全竞争框架下一般均衡方法无法解释劳动力市场存在非自愿失业现象。

简单对比新旧思想的主要区别后,让我们回到正题。由于小罗伯特·卢卡斯名声斐然且仍然在世（其实际上为本书英文版写了推荐语，很多学者恐怕不敢相信），因此学界无法像评价凯恩斯那样对卢卡斯进行盖棺定论式的评价，这导致他成为让当今经济学者们既熟悉又陌生的经济学巨擘，德弗洛埃教授也提到这一点："我曾给三、四年级的博士生开设了宏观经济学史课程，这时我才发现他们对卢卡斯的研究有多陌生。他们都听过卢卡斯的大名，也知道卢卡斯在宏观经济学领域的开创性地位，但他们对他的了解也仅限于此。"

鉴于此，德弗洛埃教授在第九章第二节介绍了卢卡斯的学术经历，随后从第三节开始详细介绍卢卡斯在理论方面的重要贡献，包括：①卢卡斯和拉平（1969）首次采用了瓦尔拉斯主义的均衡设定，并通过适应性预期假设代替凯恩斯的固定工资假设推导出了一个具有正斜率的卢卡斯－拉平供给函数（这其实是对凯恩斯总供给函数的一个改进）；②卢卡斯（1972）利用卢卡斯－拉平总供给函数以及具有对数化迪克西特－斯蒂格利茨垄断竞争特征的总需求函数，在理性预期的假设下证明未被预期到的货币冲击才会影响产出（这正是弗里德曼提出的命题，见第五章第二节），这就为模型赋予了新的动态特征。这一结论衍生出著名的"卢卡斯批判"，即货币政策改变了菲利普斯曲线的横截项而没有影响产出和通胀水平，随后该结论被推演为"待估参数会随着政策变量的变化而变化，因而传统的计量经济模型对评价不同经济政策的具体效果毫无帮助。"

事实上，第九至十一章所讨论的其他主题，均建立在上述两篇论文的核心命题之上。因此译者在这里强烈建议读者仔细研读第九章的模型部分。而鉴于德弗洛埃教授并未给出卢卡斯－拉平供给函数的详细推导，而这一方程又是卢卡斯和凯恩斯理论的重要区别，故译者在这里补充该方程的推导过程供读者参考。⑦

设消费者效用、预算约束和生产函数具有如下形式：

$$U_i = C_i - \frac{1}{\gamma} L_i^\gamma \tag{27}$$

$$\text{s. t. 1}: P C_i = P_i Q_i \tag{28}$$

$$\text{s. t. 2}: Q_i = L_i \tag{29}$$

上述各式中，下标 i 表示任意经济主体，Q_i 表示产量，L_i 表示劳动力，P 是总价格指数，P_i 为产品价格。将两个约束带入效用函数可知：

---

⑦ 该部分源自罗默（2009）第六章 A 部分。

$$U_i = \frac{P_i L_i}{P} - \frac{1}{\gamma} L_i^\gamma \qquad (30)$$

求一阶条件可知：

$$L_i = \left(\frac{P_i}{P}\right)^{\frac{1}{\gamma-1}} \qquad (31)$$

将式（31）对数化，并用小写字母表示对数形式，可知：

$$l_i = \frac{1}{\gamma - 1}(p_i - p) \qquad (32)$$

在这里引入适应性预期，考虑到企业定价时无法区分产品价格 p_i 和总价格指数 p，故存在：

$$p_i = p + p_i - p = p + r_i \qquad (33)$$

这里的 $r_i = p_i - p$ 表示相对价格。因此企业的产出函数可以表达为一个相对价格的预期形式，即：

$$l_i = \frac{1}{\gamma - 1} E(r_i \mid p_i) \qquad (34)$$

根据统计学原理，当 r_i 和 p_i 都是正态分布时，存在 $E(r_i \mid p_i) = \alpha + \beta p_i$，设 V_r 为 r_i 的方差且 V_p 为 p_i 的方差，易知：

$$E(r_i \mid p_i) = -\frac{V_r}{V_r + V_p} E(p) + \frac{V_r}{V_r + V_p} p_i \qquad (35)$$

将式（35）带入对数化一阶条件式（32）可推知：

$$l_i = \frac{1}{\gamma - 1} \frac{V_r}{V_r + V_p} [p_i - E(p)] \qquad (36)$$

按照卢卡斯的设定，$\bar{l_i} = \bar{q_i} = y$，$\bar{p_i} = p$，则式（36）求平均数可得：

$$y = b[p - E(p)] \qquad (37)$$

式（37）即是本书式（9.1）的简化形式，即一个标准的具有正斜率的总供给函数。

此外，译者还想就理性预期设定进行补充说明。这一概念最早源自穆特在《计量经济学》（*Econometrica*）上发表的文章《理性预期和价格变动的理论》（Rational Expectations and the Theory of Price Movements）并最早被运用于股票市场研究（Muth，1961）。以第九章卢卡斯（1972）模型中的货币为例，设 $m_t = m_{t-1} + g + v_t$，其中 v_t 是随机扰动项，理性预期的核心特征在于当 $E(m_t) = m_{t-1} + g$ 时，那么易知 $m_t - E(m_t) = v_t$。也就是说，理性预期设定使得任意变量的差分项里只保留唯一的随机扰动项。这一设定的好处显而易见。将这一等式与卢卡斯-拉平供给函数结合在一起即可推出新兴古典模型的核心推论"未被预期到的货币冲击v_t才会影响产出"。与此相关的核心政策建议是央行不能在通胀和失业目标之间相机抉择,其首要任务应该是不惜一切代价稳定通胀(Woodford,1999)。

卢卡斯的贡献当然不仅仅限于为宏观经济学贡献一两个精妙的模型。德弗洛埃教授从第十章开始具体梳理卢卡斯对宏观经济学学科发展的重要贡献,包括:①推动经济周期取代失业问题成为宏观经济学的核心研究对象(第十章第一节);②提出了严格的宏观经济学建模标准(第十章第二节);③论证了经济模型和客观现实之间的关系(第十章第二节);④用动态均衡取代了静态均衡和非均衡(第十章第三节)。本章最后德弗洛埃教授对比了凯恩斯主义和卢卡斯新兴古典宏观经济学的异同(表10.1)。

虽然第十一章题为"评价卢卡斯",但其主要内容是讨论卢卡斯与其他思想流派的关系。德弗洛埃教授首先集中点评了卢卡斯与凯恩斯在理性预期假设方面的联系,指出凯恩斯并非没有考虑理性预期设定,但确实未能将其理论化,"数十年后,是卢卡斯找到了在计量经济学中引入预期概念的方法,从而填补了这一学术缺陷。"其次讨论了卢卡斯与新瓦尔拉斯主义者们就将理论模型付诸实证检验的分歧,即阿罗、德布鲁等人抵制对理论模型进行实证检验。再次,DSGE方法在从新兴古典宏观经济学转向RBC模型时抛弃了货币设定,而卢卡斯并没有对此表示反对(请读者注意,上一小节我们的基准模型也相应剔除了货币设定)。最后,关于DSGE模型的适用场景,卢卡斯认为RBC模型是对温和经济波动的近似模拟,因而无法解释大萧条等特例。

在译者看来,卢卡斯主义方法论的核心仍然包括理论和实证两个层面。理论层面是以DSGE为核心特征的数理建模思想突破,即"无论数学模型表面看起来多么神秘艰涩,其最终总是一套逻辑故事。这个故事在最初的时候可能并不清晰,但随着我们在引入概念和梳理论证的逻辑步骤两方面都'做得更好',故事本身就会进步。"经验方面即"构建更完善的经济模型,以使其更加符合实际经济的时间序列数据结果。……评判理论/模型好坏的标准就是看其给出正确预测的能力,如果一个模型能够将历史数据拟合得越好,那么其对未来政策的评估就越可信。"也就是说,卢卡斯在经济学方法论方面的重要贡献在于系统性地平衡了理论叙事和经验叙事的关系(当然,这也造成其思想的模糊性),特别是对于一个痴迷于理论建构的技术型学者而言,坚持"实践是检验真理的唯一标准"并不容易。纵观学史，迄今为止达到这一思想层次并取得相应成就的学者确实只有凯恩斯和卢卡斯两人。

德弗洛埃教授在第十二章罗列了一系列学者对卢卡斯革命的回应，包括：①创建了 VAR 和 SVAR 方法的西姆斯一方面接纳了理性预期假设，另一方面对卢卡斯批判予以回击，其观点主要侧重经验实证方面；②以卢卡斯发表的演讲"凯恩斯主义经济学之死"（1979）为代表，卢卡斯等学者开始公开批判凯恩斯主义并引发凯恩斯主义者的强烈回应。③托宾和莫迪利安尼关于理性预期假设的回应，其中托宾关于经济主体信息获取机制和学习反馈机制的讨论点中了理性预期的命门，但是由于凯恩斯主义者们更关注菲利普斯曲线是否会被推翻，即"只要价格通胀和工资的相关性显著小于1，那么自然失业率和卢卡斯－拉平劳动力供给方程的政策推论都可以忽略"，因此理性预期假设对他们而言并非不能接受。特别地，戈登和奥肯分别对菲利普斯曲线存在的合理性给出了更多的证据。④以托宾为代表的学者对市场出清假设予以强烈回应。⑤关于非自愿失业问题，尽管卢卡斯本人不得不承认客观现实中确实存在或多或少的非自愿失业，但他本人为了坚持"均衡"原则而坚决反对将其纳入宏观经济理论体系。

第十三章论述了凯恩斯主义者们为了回应卢卡斯批判和 DSGE 建模原则而作出的努力，他们部分接受了卢卡斯的原则，比如说宏观经济学应该具有微观基础，并且和弗里德曼的货币主义达成了和解，但他们仍然试图坚持凯恩斯主义模型的根本特征，即非自愿失业、黏性和货币非中性（见第十三章第一节）。具体来看：①阿萨里迪斯的隐性合同模型通过假设劳动者相对于企业的风险厌恶程度更高，并且经济条件不好时工人的失业机会成本较低，证明了工资合同倾向于平滑工资但无法平滑就业量，也就是说，失业也是一种自愿的均衡；②夏皮罗和斯蒂格利茨的效率工资模型的核心设定是为了防止工人在工作中偷懒，企业必须设定高于均衡工资的效率工资，该模型的独到之处是试图利用卢卡斯的均衡原则推导出失业情形，这和隐性合同模型的内核是一致的；③费希尔构建了一个交错工资模型并将其纳入卢卡斯（1972）的总供需模型，在这种特殊设定下，即便存在理性预期，交错工资合同导致的工资刚性也仍然会使得产出因货币政策而发生变化，然而这类模型并没有关注失业问题；④曼昆和阿克洛夫等的菜单成本模型提出必须考虑由于企业重新定价存在成本而造成的价格刚性。

第十四章罗列了一些学者遵循卢卡斯的建模思路而提出的某些精巧

的模块，但这些模型设定并不是基于标准的经济体系，而是聚焦于某些环节（比如交换、分配环节等）的特征。包括：①戴蒙德的椰子模型，考虑了交易环节搜寻外部性和多重均衡的可能性；②罗伯茨的协作失灵模型，考虑了一种特殊的交易机制，在这种设定下经济主体要么达成交易，要么交易失败，在后一种情形下，经济主体进行自我雇佣并消耗天然禀赋（也就是家庭自我雇佣状态）；③哈特的不完全竞争模型，本质是讨论寡头经济以及工会力量导致的不充分就业。

2.2.3 RBC 和新凯恩斯主义模型：第二代和第三代 DSGE 模型

译者打算将 RBC 模型和新凯恩斯主义模型合并在一起讨论，因为两者之间的相似性远远大于差异性。本文介绍的基准模型与 RBC 模型（见第十五章）的基本建构完全一致，在这里不再赘述。需要特别说明，基德兰德和普雷斯科特（1982）的理论突破在于：①继承了拉姆齐（1928）、库普曼斯（［1965］1966）和卡斯（1965）的跨期消费储蓄模型（即基准模型中消费者的贝尔曼最优问题），为消费－储蓄行为添加了微观基础；②继承了新古典增长模型，特别是索洛模型（1965）中的资本动态积累方程，从而刻画了典型的经济增长事实；③抛弃了货币经济设定，用技术冲击替代了货币冲击，并使用了索洛的全要素生产率概念对技术加以定义，从而明确了总供给技术冲击对经济的驱动作用（注意我们的基准模型并没有添加随机冲击）；④采用校准法而非传统计量方法来对模型结果进行实证检验，补齐了新兴古典模型只善于定性分析的短板，其模拟结果（表 15.1）堪称惊艳；⑤论证了经济波动并无福利损失，而是经济对外生冲击的最优反应（Woodford，1999）。

不过，RBC 模型也存在两个缺陷。第一，留下了工资－就业之谜，正如德弗洛埃教授所言：“时间序列数据显示工作小时数比实际工资的波动性更大以及两者的相关性几乎为零。但基德兰德和普雷斯科特的模型显示两者波动性基本相同且相关系数几乎等于1。”第二，其结果与时间序列 VAR 模型的结果不一致，后者表明现实经济面对货币政策或其他冲击时会呈现"驼峰式"波动，这与一次性外生冲击的脉冲反应函数大相径庭。

第十六章首先给出了一些学者对 RBC 模型的回应，主要是回应技术进步是否驱动经济这一观点。随后，针对工资－就业之谜：①汉森和罗杰森分别构建了不可分劳动模型，即采用就业概率和固定的工作小时数表示代表性工作时间从而取代原有的设定，这样微观观测到的个体跨期劳动替代弹性较低与加总后的"总劳动供给"跨期替代弹性较高并不冲突；②本哈比、罗杰森和赖特（1991）试图将家庭生产部门纳入模型，并给出了消费者在家庭部门和厂商之间的边际替代条件；③克里斯蒂亚诺和艾肯鲍姆（1992）为模型增加了政府支出冲击，以此影响劳动力供给函数；④丹斯尼和唐纳森（1995）将效率工资理论引入RBC模型；⑤汉森、赫克曼（1996）和西姆斯（1996）对校准法提出批判，认为微观经验数据还不足以支撑校准法的广泛应用；⑥霍尔（1990）主要质疑技术因素在经济周期中的驱动作用，尤其是采用全要素生产率来定义技术进步的方法。我们可以看到，整个第十六章罗列的建模方法基本上是在RBC模型框架内的修补和增添，不可分劳动、政府支出冲击等设定后来基本上成为DSGE模型的标准配置，因此建议读者多花点时间在本章。

德弗洛埃教授在第十七章给出了他本人对RBC模型的评价。作者一开头便提及RBC模型的基本模型设定（第十七章第一、二节），比如集中经济（文中表述为计划经济），再次将20世纪30年代哈耶克和兰格等人提出的"社会主义计划是否可行"问题抛向学界。作者指出，由于瓦尔拉斯一般均衡方法以拍卖者假设为基础，因此不可避免地导致集中经济和分散经济在数理层面完全等同。此外，哈耶克及奥地利学派虽然对计划经济予以犀利的批判，但时至今日也没有提出能够取代DSGE方法的数理模型，因此他们的批判对DSGE方法本身并不构成致命性的打击。随后，作者罗列了RBC模型的局限性（第十七章第三节），包括：①由于采纳了均衡原则，RBC宏观经济学在很大程度上只能解释温和或常规的经济波动，面对大萧条（或2008年金融危机）这类剧烈的经济危机则束手无策；②利用校准法进行数据模拟和解释经济周期的驱动因素是两回事；③虽然卢卡斯强调"理论命题适用于虚构的经济模型而非现实经济。因此，按照严格的方法论信条来看，哪怕模拟的结果非常贴合现实，也不能将理论结论拓展到现实情形"，但普雷斯科特本人一直没有对模型和现实加以区分。

第十七章最后，德弗洛埃教授对RBC模型以及当代宏观经济学者给出了一个复杂的评价："对于今天的经济学家而言，随着专业分工的细化，他们不可能再像凯恩斯那样一方面开创一套经济学理论另一方面又同时在政策建议方面名声斐然。当今的典型DSGE宏观经济学家们能够构建复杂的模型来刻画经济，但他们除了向大众宣扬一些基本原则，其实很少对现实经济的政策议题提出多少意见。"这句评述恰好回应了其在第十七章题记中的引文"人皆知有用之用,而莫知无用之用"(语出《庄子·内篇·人间世》)。

继续追溯理论演进的脚步,第十八章开始讨论第二代新凯恩斯主义模型(恐怕这也是读者们最熟稔于心的模型)。从理论建构的完成度来看,该章是全书最核心的章节。作者在本章开头便指出:"从本质上讲,第二代新凯恩斯主义模型是 RBC 模型的发展,它们继承了由卢卡斯设定并由基德兰德和普雷斯科特加以完善的 DSGE 基本标准。"在德弗洛埃教授看来,第二代新凯恩斯主义模型对 RBC 最重要的修正体现在"第一,用垄断竞争和刚性价格假设代替最初的完全竞争和弹性价格假设;第二,回归到货币这一经济活动的重要方面。"

具体来看,第十八章第一节介绍了:①迪克西特和斯蒂格利茨(1968)的垄断竞争框架,读者如果还有印象的话应该想到卢卡斯模型(1972)中的对数化总需求函数(见第九章)便是由这种垄断竞争框架推导出来的,其具体的推导过程详见专栏18.1,该框架的核心特点是将不同产品的替代弹性转化为价格加成指数;②卡尔沃(1983)交错定价机制,即每一期只有部分企业定价(这一设定缺乏微观理论基础,但得到经验证据的支持),由此企业的定价过程变为一个跨期决策问题。随后,第十八章第三、四节讨论了如何将货币问题重新纳入一般均衡框架,其核心设定是聚焦于货币供给量的各类货币政策,包括著名的泰勒规则。其中罗滕贝格和伍德福德关于货币政策微观基础的论证尤其重要,他们论证了在垄断竞争和卡尔沃定价机制下,只有阻止通货膨胀才能保证经济主体无福利损失。

第十八章第五节给出了第二代新凯恩斯主义模型的三个关键方程:①动态 IS 方程(DIS),由消费者跨期最优条件推导出来;②新菲利普斯曲线(NKPC)(对应于凯恩斯的总供给函数),由企业在垄断竞争和卡尔沃定价机制下利润最大化推导出来;③修正后的泰勒规则(TR)(对应于凯恩斯的 LM 曲线),代表了央行等货币当局在最优通胀目标和潜在产出目标之间权衡取舍从而最小化损失函数,体现为利用货币政策来影响货币市场(以及资本市场)。读者如果对本文前面介绍的基准模型以及凯恩斯主义的 IS-LM 模型还有印象的话,读到这里应该会对第二代新凯恩斯主义模型所推导出的三个关键方程感到非常震撼。

第十八章第六、七节进一步论述了第二代新凯恩斯主义模型的后续拓展,最重要的是克里斯蒂诺亚、艾肯鲍姆和埃文斯(2005,即著名的 CEE 模型)为模型添加了"金融中介、货币当局和财政权力机构,并在劳动力市场中引入了垄断竞争框架"。此外还为工资合同设定了卡尔沃定价机制,并且"①引入关于消费偏好习惯的假设;②引入投资的调整成本假设以平滑投资;③设定了可变的资本利用率;④假设企业必须借贷营运资本以支付工资"。德弗洛埃教授还介绍了斯梅茨和沃特斯(2003,即更加著名的 SW 模型)的贡献,他们在 CEE 模型的基础上"采用贝叶斯法估计了七大变量(GDP、消费、投资、价格、实际工资、就业率和名义利率)在十种结构性冲击(包括生产率冲击、劳动供给冲击、投资偏好冲击、成本推动冲击以及货币政策冲击)下的反应。"阿萨里迪斯指出,现有 DSGE 模型的各类冲击形式基本可以分为在既定政策规则下未被预料到的随机冲击,以及由政治制度、文化演变、国际规则变动所带来的随机冲击,后者是最前沿的宏观模型所聚焦的(Azariadis,2018)。

由于 CEE 模型和 SW 模型过于庞杂,因此其实际上已经不适合作为某种标准模型放在宏观经济学教科书或经济思想史的著作中加以研究了。德弗洛埃教授在第十八章列出三个关键方程也只是为了说明 DSGE 模型的可塑性以及新凯恩斯主义模型诞生以来所爆发的强劲生命力。从经济思想史的角度来看,更重要的是探讨传统凯恩斯主义理论、RBC 模型和新凯恩斯主义模型的关联(参见表 18.2)。对此乌利希(2012)表示"通过将凯恩斯主义的需求驱动原则嫁接到 RBC 框架上,斯梅茨-沃特斯模型'就把经济周期起因的研究思路拉回到凯恩斯主义视角中'。"

就译者看来,第二代新凯恩斯主义模型显然解决了 RBC 模型在实证层面的缺陷,补齐了卢卡斯提出的 DSGE 方法论理论大厦的实证一侧的地基。不过,它的缺陷也显而易见:①垄断竞争框架本质上是对垄断竞争情形的技术性刻画,卡尔沃定价机制也不存在太坚实的微观经济理论基础,但这两点假设又占据了举足轻重的地位;②作者指出第二代新凯恩斯主义模型背后的故事与 RBC 模型没有本质区别,仍然是一个自给自足的代表性经济,"这个故事中的所谓企业其实并非实际存在,它们的出现是纯粹技术性的";③最关键的一点在于:"具有讽刺意味的是,就在这一新的建模策略趋于稳定时,2008 年经济衰退使该模型的局限性凸显出来(它是封闭经济,没有异质性,没有失业,并且特别是没有金融摩擦)。借用莱荣霍夫德的表述:由于第二代新凯恩斯主义模型属于 DSGE 方法,这就意味着它无法解释经济在偏离了'正常轨道'时的状态";④DSGE 模型在实证方面与传统的宏观计量模型,特别是各大央行和政府采用的 VAR、SVAR 模型相比并没有太大优势。

最后译者补充一点，从 IS-LM 模型到第二代新凯恩斯主义模型，虽然模型的数理建构越来越复杂，但失业问题始终是宏观经济学的"阿喀琉斯之踵"。菲尔普斯本人更是将工资价格设定和预期形式作为划分宏观经济学思想的根本依据，由此可见失业问题在宏观经济学体系中的重要地位。阿萨里迪斯则指出："回顾（宏观经济学的）八十年，我们可以清晰地看到两条脉络。第一，由凯恩斯的非自愿失业概念向戴蒙德、莫滕森和皮萨里德斯的摩擦或搜寻失业概念的转变；第二，用企业黏性定价推论替代掉外生的价格刚性假设。"（Azariadis，2018）

由于"单纯的外部原因只能引起事物的机械的运动，即范围的大小，数量的增减，不能说明事物何以有性质上的千差万别及其互相变化"（毛泽东，1937），因此根据奥卡姆剃刀原则，现代宏观经济学的很多新"模块"过于庞杂，其本质是为基准模型添加一系列新的结构和新的外生参数。例如普雷斯科特就花费了大量篇幅指出相较于新古典增长、资本利用率等关键设定，垄断竞争架构、非技术型外生冲击、货币政策规则等设定对模型特征的影响相对较少（Prescott，2016）。从本质上讲，当一个模型包含几百个外生参数时，那就相当于没有任何外生参数。阿萨里迪斯也特别强调了这一点（Azariadis，2018）。

当然，模型的建构是需要众多学者耗费无数脑力才能够实现的。鉴于此，上述判断有点"站着说话不腰疼"了，但如果我们跳出当代视角而从宏观经济学八十余年的发展历史来看，这一批判并不算特别严厉。

2.2.4 继往开来：2008 年经济衰退宏观经济学何去何从

简单总结一下本书第三部分的内容。第十九章提出了如何在马歇尔-瓦尔拉斯大分流视角下梳理宏观经济学演进脉络；第二十章讨论了 2008 年经济衰退以后学界对 DSGE 方法的反思；第二十一章从方法论角度对宏观经济学发展史中的各个流派进行了再梳理，也对宏观经济学史涉及的关键概念和重要议题进行了再评价。

鉴于译者序的出发点是为读者梳理宏观经济学的基本框架结构，而从模型建构的角度来说，到第十八章为止出现的凯恩斯主义 IS-LM 模型、RBC 模型和第二代新凯恩斯主义模型已经完整刻画了整个宏观经济学的演进过程，因此译者并不打算对第三部分进行更多点评。

但必须强调的是，本书第三部分的对比和剖析是建立在对前述模型的深刻认识之上的，因此它更像是作者给读者们布置的作业题的答案，译者建议读者在自我梳理完宏观经济学史的主线脉络前不要轻易翻阅这一答案。不过，如果读者已经阅读完第三部分，那么就不难发现，德弗洛埃教授在其中抽丝剥茧、穿针引线，将整个学科演进史中的核心特征进行高度提炼，其中关于马歇尔－瓦尔拉斯大分流、非自愿失业的广义边际和集约边际、需求刺激和自由放任的政策取向等论述非常精妙，建议读者细细阅读、反复体会。

此外，鉴于德弗洛埃教授在应邀为本书撰写的中文版序中对宏观经济学的最新发展补充了很多内容，尤其是介绍了2008年金融危机发生以来的宏观经济学动态，故而译者就不再对此话题赘言了，希望读者可以认真研读该中文版序。

3. 译后感

万变不离其宗，究其根本，宏观经济学是经济科学的一个分支，而经济科学的本质是研究人的行为。把握并解释现实、寻找常量和变量仍然是这门学科的核心任务。正如阿萨里迪斯所指出的，近代以来无数物理学家为统一相对论和量子力学而耕耘终生，那么宏观经济学家也应该将弥合宏观理论和宏观计量结果之间的裂痕视为矢志不渝的学术追求。因此，译者在这里想用一句话来概括学习并翻译本书后的体会，那就是：正如引力是唯一能够跨越高维时空传递信息和爱的超弦，相对价格是唯一能够穿透历史周期揭露人性本能和经济本质的密码。

4. 关于翻译本书的缘起

2016年本书英文版刚刚出版后，译者在人大经济论坛（现更名为"经管之家"）上看到了此书的信息，是时译者"二进宫"选修了高级宏观经济学的相关课程，因此一边学习相关课程一边阅读本书。在这段学习过程中，译者体会到两点：第一，无论宏观经济模型多么复杂，根本上也只是传统凯恩斯IS-LM模型、索洛模型和拉姆齐模型（OLG模型⑧）之间的排列组合，复杂一些再加上多产业部门、博弈论或者合同理论的模块，但并不改变模型的基本内核；第二，IS-LM模型、索洛模型和拉姆

---

⑧ OLG模型是拉姆齐模型的变种，两者的基本思路是一致的。

齐模型三者的关联性非常不直观，很容易把初学者绕晕，为此，译者专门翻阅了高鸿业先生翻译的《就业、利息和货币通论》以寻找灵感，随后又尝试将本书前两章的关键内容翻译成中文，本意是作为自己《通论》读书笔记的一个补充。

其后，北京大学光华管理学院的陈玉宇老师看到了译者最初翻译的两章内容并鼓励译者尽快将全书翻译出来。当时译者还未联系到北京大学出版社，但已经于2016年年底将全书的关键内容翻译出来（主要翻译了书中的模型部分）。从2017年6月到2017年12月，北大出版社购得本书版权后，清华大学李雨纱博士和伯克利大学刘云博博士、莱斯大学牛铭梓博士先后加入了翻译工作，本书的主要翻译工作也是在这段时间内完成的。2018年2月以后，本书进入了第4次和第5次校对，北京大学李劲林博士和清华大学张驰博士也加入负责部分章节的校对。2018年9月，北京大学陈仪老师加入并参与了第6次的校对工作并提出了详尽的修改意见。2019年年初，德弗洛埃教授及时将英文原版中存在的错误清单反馈给我们。此后一直到出版阶段，整个翻译团队仍然在进行反复的纠错校正工作。

2019年是译者步入燕园的第十个年头，在这里我要感谢我的导师刘伟老师。刘老师一直以来都要求学生们务必以极端严肃和踏实的态度做学问，2018年夏天他拿到本书未经校对的初稿后告诉译者，要不计成本地把这份工作完成好，既要对得起原作者几十年如一日的辛勤耕耘，也要经得起学界同仁们的严苛检验。此外，还要感谢黄桂田老师和张辉老师，两位恩师在译者的求学过程中一直给予最无私的帮助，很多独到的见解和观点是在与两位恩师的切磋交谈中，甚至是在觥筹交错中领悟的，两位于译者而言亦师亦友，他们经常毫不避讳地指出译者在学术以及为人处世方面的缺陷和短处，让译者受用颇深。感谢方敏老师，是他用深厚的政治经济学底蕴、别致的人格魅力和高贵的酒品感染了译者，让我坚定秉持将"知""行"合而为一的学术信念。感谢张亚光老师，每当枯燥的翻译工作让人神经麻木的时候，译者总会放下键盘默写几段《道德经》来振奋精神，这是多年前张老师教给我们的独门秘籍。感谢杜丽群老师，是她将我引入了经济思想史的大门，并一直给予我鼓励和支持。

本书系教育部哲学社会科学研究重大课题攻关项目的资助项目（项目名称：建设现代化经济体系的路径与策略研究，项目号：18JZD029）。在本书最后的校对工作中，我们有幸得到了陈昌盛老师、陈彦斌老师、苏剑老师、夏晓华老师、徐高老师、韩晗老师、刘冲老师、傅志明老师、许文立老师、唐琦老师、闫佶老师,以及李敏波博士、李承健博士、梁志兵博士、辛星博士、陈叙同博士的帮助,在此特别感谢上述前辈和同仁们对本书提出的各项修订意见。感谢赖建诚老师和苏剑老师拨冗为本书写推荐序,同时感谢罗卫东老师、陈彦斌老师、颜色老师及徐高老师的倾情推荐。感谢北京大学出版社林君秀老师、王晶编辑,这本译著所耗费的精力较一般图书而言可能数倍不止,多亏她们耐心、细致的工作才得以让本书顺利付梓。

此外,感谢父母和徐佩玉女士。家人的关怀总是春风化雨、润物无声的。当然,如果没有你们,本书的出版日期似乎确实有可能再提前一些。

感谢国家开发银行的诸位领导和同事,很多"宏观"问题是译者在工作以后接触到具体实务时才顿悟的,正所谓"魔鬼躲在细节里"。只有在最基础的信贷工作和评审工作中,译者才真正体会了宏观经济理论中所谓的"摩擦"、信号问题和货币传导机制等究竟如何真实地存在于客观经济现实中;也只有在业界的摸爬滚打里,译者才真正了解了充满"经营风险"的金融是如何在一个不完美的市场结构里将千千万万风险厌恶者的储蓄汇总并疏导到界别分明、功能各异的金融资产上,进而打通实体经济的传导机制。译者十分庆幸自己能够一边研习理论问题一边在日常工作中窥得宏观经济体系运行的一隅,译者无法想象如果自己仍然端坐在燕园的书斋里,如何能够在繁杂多变的经济现实里求取真知一瓢。

最后,借用译者 4 年前说过的一句老话来结束这篇后记:总有一天,你会因为仿佛发现这个世界的本质而不禁潸然泪下。

房誉
2019 年 6 月
于香港中环

参考文献[9]

Azariadis, C. (2018). Riddles and Models: A Review Essay on Michel De Vroey's A History of Macroeconomics from Keynes to Lucas and Beyond. *Journal of Economic Lit-*

---

[9] 这里只列出为写译后记而专门参考的文献,提到的其他文献名在书的正文中已出现过,可参考第 404 页的参考文献列表。

erature, 56 (4): 1538 −1576.

Galí, J. (2015). *Monetary Policy, Inflation, And The Business Cycle: An Introduction To The New Keynesian Framework And Its Applications (Second Edition)*. Princeton University Press.

Kaldor, N. (1957). A Model of Economic Growth. The Economic Journal, 268 (67): 591 −624.

Prescott, E. C. (2016). RBC Methodology and the Development of Aggregate Economic Theory. In H. U. John B. Taylor, *Handbook of Macroeconomics (Volume 2)*. North-Holland.

Ramsey, F. P. (1928). A Mathematical Theory of Saving. Economic Journal, 152 (38): 543 −559.

Woodford, M. (1999). Revolution and Evolution in Twentieth-Century Macroeconomics.

埃德蒙德·菲尔普斯（2015）. 宏观经济思想七学派. 机械工业出版社.

戴维·罗默（2009）. 高级宏观经济学（第三版）. 上海财经大学出版社.

龚六堂，苗建军（2014）. 动态经济学方法（第三版）. 北京大学出版社.

马克斯·吉尔曼（2014）. 现代宏观经济学高级教程：分析与应用. 格致出版社/上海三联书店/上海人民出版社.

毛泽东（1937）. 毛泽东选集（第一卷）. 人民出版社.

扬奎斯特，萨金特（2005）. 递归宏观经济理论（第二版）. 人民大学出版社.